Till Karmann • Simon Wendt • Tobias Endler •
Martin Thunert • (Hrsg.)

Till Karmann • Simon Wendt •
Tobias Endler • Martin Thunert (Hrsg.)

Zeitenwende 9/11?
Eine transatlantische Bilanz

Verlag Barbara Budrich
Opladen • Berlin • Toronto 2016

Bibliografische Information der Deutschen Nationalbibliothek
Die Deutsche Nationalbibliothek verzeichnet diese Publikation in der Deutschen
Nationalbibliografie; detaillierte bibliografische Daten sind im Internet über
http://dnb.d-nb.de abrufbar.

Gedruckt auf säurefreiem und alterungsbeständigem Papier

ISBN **978-3-8474-0562-7 (Paperback)**
eISBN 978-3-8474-0955-7 (eBook)

Umschlaggestaltung: disegno visuelle kommunikation, Wuppertal – disegno-
kommunikation.de
Titelbildnachweis: U.S. Navy Photo by Photographer's Mate 2nd Class Jim Watson
Lektorat: Judith Henning, Hamburg – www.buchfinken.com
Typographisches Lektorat: Ulrike Weingärtner, Gründau
Druck: paper & tinta, Warschau
Printed in Europe

Inhaltsverzeichnis

Außen- und Sicherheitspolitik

Einwanderungspolitik und Politik der Vielfalt

Die Rolle der Medien

Einleitung: Zeitenwende 9/11? Begrifflichkeiten, Herangehensweisen und Themenfelder in transatlantischer Perspektive

Tobias Endler, Till Karmann, Martin Thunert und Simon Wendt

1 Der Kampf mit der Hydra: Der 11. September und der ‚War on Terror'

Als sich am 11. September 2001 aus buchstäblich heiterem Himmel zwei Passagierflugzeuge in die Zwillingstürme des World Trade Center bohren, stehen die Vereinigten Staaten von Amerika unter Schock. Wenig später ist klar: Beinahe 3.000 Menschen fallen insgesamt dem terroristischen Massenmord zum Opfer. Der Einsturz der Türme – Inbegriff kapitalistischer Größe – ist von drastischer Bildsymbolik. Die Plötzlichkeit des Angriffs reißt die USA mit radikaler Wucht aus ihrem scheinbaren Zustand der Unverwundbarkeit. Ein von wirtschaftlichem Wachstum geprägtes Jahrzehnt, in dem außenpolitische Fragen eine untergeordnete Rolle spielten, geht abrupt zu Ende. Die bis zu diesem Zeitpunkt scheinbar übermächtige Weltmacht stürzt in eine Krise, die sich schnell zu einer Identitätskrise auswächst, wenn auch unmittelbar nach den Anschlägen die Geschlossenheit der Bevölkerung größer ist denn je: Die Zustimmungswerte zur Amtsführung von George W. Bush schnellen auf 90% hoch – der höchste jemals von Gallup gemessene Wert.[1] Der Präsident zieht Parallelen zum Angriff auf Pearl Harbor; in seiner Rede vor dem Kongress neun Tage nach den Anschlägen führt er den Krieg der USA gegen „Faschismus, Nazismus und Totalitarismus" im Zweiten Weltkrieg an.[2] Wie zumeist bei Herausforderungen dieser Größenordnung wird Politik aufgrund des tiefen Gefühls der Verwundbarkeit zur Stunde der Exekutive; weite Teile der Öffentlichkeit, einschließlich der Medien und breiter Mehrheiten im Kongress, sammeln sich um die Flagge (‚*rally around the flag*'). Sie begünstigen auf diese

---

1   http://www.gallup.com/poll/4924/bush-job-approval-highest-gallup-history.aspx, abgerufen am 16.7.2015.
2   „Address to the Joint Session of the 107th Congress, September 20, 2001." Selected Speeches of President George W. Bush, 2001-2008. S. 65-74. http://georgewbush-whitehouse. achives.gov/infocus/bushrecord/documents/Selected_Speeches_George_W_Bush.pdf, abgerufen am 20.7.2015.

Weise den umfassenden Machtanspruch der Exekutive, der die Grenze zwischen verfassungsgemäßer Machtausübung und deren Übertretung mitunter verwischen lässt.

Diese Entwicklungen sind einer von mehreren Gründen dafür, warum einige Beobachter 9/11 rückblickend als Zeitenwende betrachten. Schließlich schien der Terrorangriff auf brutale und endgültige Weise Francis Fukuyamas These vom Ende der Geschichte zu widerlegen und vielmehr dem notorischen Pessimisten Samuel Huntington Recht zu geben, der den Kampf der Kulturen vorhergesagt hatte.[3] Oder ist der 11. September 2001 im Rückblick eher als Katalysator anzusehen, der bereits zuvor existente Entwicklungen in den wichtigsten Politikfeldern verdichtet und beschleunigt hat – und auch den außenpolitischen Aktionsradius der Weltmacht genauer akzentuiert, nicht aber von Grund auf neu definiert oder gar geschaffen hat? Auf der Skala zwischen diesen Deutungsalternativen lassen sich die meisten Beiträge dieses Bandes verorten. Unzweifelhaft sorgt der Anschlag für eine scharfe politische Zäsur: Der Kampf gegen den Terror und damit die nationale Sicherheit werden von einem Tag auf den anderen zur Hauptsache der Regierungspolitik, beinahe alle innen- wie außenpolitischen Ressourcen sind darauf ausgerichtet. Der noch vor Ablauf des Jahres 2001 in Rekordzeit und mit überwältigenden Mehrheiten vom Kongress verabschiedete USA PATRIOT Act greift tief in die Privatsphäre der Bürger ein, was diese (notgedrungen) hinnehmen. Eine eigenwillige Verfassungsinterpretation, die Theorie der einheitlichen Exekutive (*unitary executive theory*), wird von den Rechtsberatern der Bush-Administration – insbesondere im Umfeld des Vizepräsidenten Cheney – bemüht, um die von der Exekutive angeordnete unbegrenzte Internierung (zumeist nicht-amerikanischer) Verdächtiger zu rechtfertigen. Diese bleiben zudem ohne Rechtsbeistand. Nicht zuletzt leitet die Regierung Verhörpraktiken bei Terrorverdächtigen ein, die ein Jahre später eingesetzter Untersuchungsausschuss des US-Senats sowie Bushs Nachfolger Obama als Folter bezeichnen werden.[4]

Das prekäre politische Klima wird zusätzlich dadurch angeheizt, dass die US-Regierung ihre Bürger über Monate in einen künstlichen Alarmzustand versetzt. Ein eigens entworfenes Farb-System wird eingeführt, fünf Farben signalisieren den Grad der Bedrohung für das Land. Alarm Orange, die zweithöchste Stufe, sorgt für scharfe Sicherheitsmaßnahmen an sämtlichen Verkehrsknotenpunkten; Atomkraftwerke, aber auch Einkaufszentren werden

---

3   Francis Fukuyama, *The End of History and the Last Man*. New York: The Free Press, 1992. Samuel P. Huntington, *The Clash of Civilizations and the Remaking of World Order*. New York: Simon & Schuster, 1996.

4   Zu dieser Theorie vgl. Martin Thunert: „Beyond the Imperial Presidency: Presidential Power and its Limits during the George W. Bush Presidency", in: Wilfried Mausbach, Dietmar Schloss, Martin Thunert (eds): *The American Presidency – Multidisciplinary Perspectives*, Heidelberg: Universitätsverlag Winter 2012, S. 148-150.

streng kontrolliert. Noch über Jahre hinweg gilt durchgängig Gelb für die „erhöhte" Gefahr eines Anschlags. Ein Land hat sich verändert.

Die grellen Farben des Alarmzustands bleiben auch im übertragenen Sinn für das komplette Jahrzehnt nach den Terroranschlägen präsent. In unregelmäßigen Abständen flammt die Debatte um den „richtigen", sprich: abschließend zielführenden Weg im Kampf gegen den globalen Terrorismus auf. Die hitzigen Wortgefechte bewegen sich im roten Bereich, als die USA 2002 damit beginnen, im Schauplatz Afghanistan aufgegriffene Kämpfer, von der Bush-Regierung als *unlawful combatants*' bezeichnet, auf unbestimmte Zeit und meist ohne Anklageerhebung im US-Stützpunkt Guantánamo auf Kuba zu internieren. 2003 folgt der Einmarsch in den Irak mit einer ‚Koalition der Willigen', ab 2004 führt die Weltmacht die ersten Drohnenangriffe etwa in Pakistan durch. Anfang Mai 2011wird der Drahtzieher der 9/11-Anschläge, Osama bin Laden, in Pakistan lokalisiert und getötet, und auch, als das Land am 11. Jahrestag der Anschläge (11./12. September 2012) den Tod des US-Botschafters und weiterer Mitarbeiter im libyschen Bengasi zu beklagen hat, herrscht Alarm.

Und doch beginnt die Warnfarbe gegen Ende der ersten Dekade des 21. Jahrhunderts zu verblassen. Neue Sorgen schieben sich in den Vordergrund, allen voran die tiefgreifende Wirtschaftskrise, die lange über 2008 hinausreichen wird. Gleichzeitig registriert die US-amerikanische Bevölkerung, dass es der Bush- wie später auch der Obama-Regierung gelungen ist, einen neuerlichen Anschlag in der Größenordnung von 9/11 auf US-Territorium zu verhindern. Das heißt freilich nicht, dass die Auseinandersetzung um eine effektive Terror-Bekämpfung abreißt. Politische Entscheider, die investigativen Medien und vor allem die Intellektuellen des Landes ringen bis zum heutigen Tag darum, die richtigen Lehren aus der Katastrophe und dem Umgang damit zu ziehen: Sollte nach den Erfahrungen in Afghanistan und im Irak nicht zukünftig auf Stabilisierungsmissionen verzichtet werden? Oder steht Washington trotz enormer Kosten und ungewissen Ausgangs dafür, Weichen in anderen Kulturkreisen zu stellen? Angesichts der chaotischen Entwicklungen in Nordafrika, in denen der anfangs so gefeierte Arabische Frühling versinkt, und angesichts eines vom Bürgerkrieg zerrütteten Syriens und des vom Megaterror des ‚Islamischen Staates' (IS) umgepflügten Iraks mehren sich auch innerhalb der Vereinigten Staaten die Stimmen, die davor warnen, an den Diktaturen anderer Länder zu rütteln. Offenkundig ist auch der Obama-Regierung nicht daran gelegen, über die aktuellen Herausforderungen hinaus in weitere Konflikte *on the ground* verwickelt zu werden. Doch bleibt das Thema umstritten, die öffentliche Meinung schwankt. So geht – parallel zur wachsenden Bedrohung durch den IS (zumindest in der Perzeption der US-Amerikaner) – die Zustimmung zu Militärinterventionen seit etwa anderthalb Jahren wieder nach oben. In einer Umfrage des Pew Research Center vom September 2014 sagen nur noch knapp 40% der Bevölkerung, ihr Land „tue zu viel, um die Probleme der Welt zu lösen." Noch im Spätherbst des Jahres zuvor war mehr als jeder zweite US-Amerikaner dieser Auffassung. Anders ausgedrückt: 31% sind dieser Tage der Meinung, die USA zeige zu wenig Engagement, globale Herausforderungen wie den IS-Terror anzugehen; noch im November 2013 fanden das lediglich 17%.[5]

2 Hybrider Terror

Aus der Pew Umfrage wird deutlich, in welchem Dilemma viele der Befragten stecken. Eine beträchtliche Anzahl scheint bereit – oder fühlt gar eine Verantwortung – für ein US-amerikanisches Engagement auch an weit entfernten Orten auf dem Planeten. Dies auch dann, wenn die von dort ausgehende Bedrohung für die Vereinigten Staaten nur marginal oder nicht unmittelbarer Natur ist. Andererseits darf der Preis nicht zu hoch sein. Zu viele Soldatenleben und Steuergelder haben die Einsätze vor Ort in Afghanistan und im Irak gefordert. Diese allen Entscheidungen zugrundeliegende Spannung ist den Zuständigen in der Regierung und den Expertengremien bewusst. Für sie steht fest: Die Bekämpfung des internationalen Terrorismus darf nicht abreißen, sie muss aber zunehmend anders ablaufen, nämlich „klinischer", d.h. mit einem deutlich verringerten Risiko für US-amerikanische Streitkräfte, mit geringerem (finanziellen) Aufwand und falls möglich unter Vermeidung des sogenannten *blowback*, also der Vergeltungsgefühle und Radikalisierungseffekte, die Häuserkämpfe in Bagdad und getötete Zivilisten in Kabul unvermeidlich auslösen.

Schon seit einiger Zeit konzentrieren sich daher US-Strategen mit Nachdruck – und unverminderter Härte – darauf, ihrem Land im Kampf gegen den Terror aus der Distanz zu einem Sieg zu verhelfen. Mehr als alles andere symbolisiert der Einsatz von bewaffneten Drohnen die asymmetrische Kriegsführung des 21. Jahrhunderts. Doch gerade als diese neuartigen, ebenfalls umstrittenen Waffensysteme beim Gegner Wirkung zu zeigen beginnen, ändert dieser vermeintlich seine Strategie: Dem IS geht es um die Beherrschung von Territorium, den Aufbau semi-staatlicher Strukturen im Grenzgebiet von Irak und Syrien samt Flughafen und Energieversorgung. Im Sommer 2014 erfolgt die Ausrufung des Kalifats. Die terroristische Bedrohung hat somit zwei Grundformen angenommen, die nebeneinander bestehen: Unverändert gilt die fortwährende Unberechenbarkeit radikalisierter (und chronisch schwierig zu lokalisierender) Einzeltäter, also jener fanatisierten Kämpfer, die im Januar 2015

---

5   Bruce Drake, „5 takeaways on how Americans view a world in crisis", Pew Research Center, 4.9.2014. http://www.pewresearch.org/fact-tank/2014/09/04/5-takeaways-on-how-americans-view-a-world-in-crisis/, abgerufen am 9.6.2015.

ein Blutbad in den Redaktionsräumen der französischen Satirezeitschrift *Charlie Hebdo* anrichten. Der Anschlag macht den Europäern auf schmerzliche Weise klar, dass die terroristische Gefahr nicht nur die US-Amerikaner, sondern den Westen als Ganzes konfrontiert. Eine Bekämpfung dieser Tätergruppe mithilfe von Drohnen mag in manchen Regionen Afghanistans und Pakistans praktikabel sein, nicht aber in der Innenstadt von Paris. Das fundamentalistische Regime ‚Islamischer Staat' unter der Regie von Abu Bakr al-Baghdadi dürfte davon abgesehen schon bald in der Lage sein, sich eines Drohnenbeschusses zu erwehren. Es ist jedenfalls schwer vorstellbar, dass das Kalifat – schon aufgrund seiner Größe, aber auch aufgrund seiner Wehrhaftigkeit – durch den punktuellen Einsatz unbemannter Flugobjekte in die Knie gezwungen werden kann.

Somit sieht sich der Betrachter knapp anderthalb Jahrzehnte nach dem 11. September einer ernüchternden Bilanz gegenüber. Der Kampf gegen den Terror ähnelt dem Kampf gegen die Hydra. Der Einmarsch in Afghanistan, die Tötung bin Ladens, das Eingreifen in Libyen, aber umgekehrt auch die Zurückhaltung im syrischen Konflikt haben ein erneutes 9/11 verhindert, die Gefahr aber nicht unter Kontrolle gebracht. Stattdessen hat die Hydra mehr Köpfe als zuvor, nicht zuletzt in Europa.

Die Suche der Regierungsstrategen nach der richtigen Taktik setzt sich fort. Es geht ihnen konkret von Fall zu Fall darum, der Terrorgefahr Herr und gleichzeitig der schwankenden Akzeptanz in der US-Bevölkerung in dieser Frage gerecht zu werden. Parallel hierzu reflektiert eine Vielzahl außen- wie innenpolitischer Experten den Umgang der Regierung mit einer hybriden und chronisch schwer zu greifenden, sicherlich aber langfristigen Gefahr für die USA – und, wie immer deutlicher wird, für die Welt. Experten, investigative Journalisten, hohe Regierungsbeamte, Intellektuelle, sie alle suchen nach einem umfassenden Konzept, einer analytischen Aufarbeitung des Geschehens und einer Vision für das innen- und außenpolitische Selbstverständnis der Weltmacht USA, das sich daraus ableiten lässt.

Wenn man sich die Entwicklung bis heute ansieht und die Tatsache anerkennt, dass die terroristische Bedrohung momentan zumindest für den Westen zwar nicht ganz so spektakulär, aber unvermindert gleich hoch ist, lohnt es, im Rückblick auf beinahe 15 Jahre die Streitfrage nach der „Zäsur 11. September" noch einmal zu beleuchten. Der vorliegende Band bietet – in den meisten Fällen transatlantische – Antworten an.

3 Zeitenwende 9/11?

Hat der 11. September 2001 die Welt wirklich nachhaltig verändert? Zum zehnten Jahrestag der Anschläge fand vom 9.-11. September 2011 am Heidelberg Center for American Studies (HCA) der Universität Heidelberg eine multidisziplinäre Fachtagung statt, um dieser Frage auf den Grund zu gehen. Ziel war es, das einschneidende Ereignis 9/11 in den Kontext der zurückliegenden Dekade einzuordnen, es in seinen Auswirkungen und nationalen wie transatlantischen Dimensionen zu reflektieren, und nicht zuletzt, es im Hinblick auf zu erwartende Konsequenzen neu zu bewerten. Entsprechend der – bewusst breit angelegten – Themenstellung, richteten viele der in den Monaten und Jahren nach der Tagung ausgearbeiteten Beiträge einen vergleichenden Blick auf politische und gesellschaftliche Entwicklungen in den USA und Europa, und hier vor allem in Deutschland. Darüber hinaus bezogen die Teilnehmer insbesondere diejenigen transatlantischen Verbindungen und Wechselbeziehungen in die Analyse ein, die im vorliegenden Kontext eine gewichtige Rolle spielen, und zwar im Hinblick auf Außen- und Sicherheitspolitik, Innen- und speziell Migrationspolitik sowie die Rolle der Medien. Das Wirkungsfeld letzterer ist angesichts globaler Live-Berichterstattung, interaktiver medialer Formate, einer wachsenden Anzahl von Online-Zeitschriften und zahlloser Blog-Foren längst grenzüberschreitend und nicht zuletzt transatlantisch aufgespannt.

Bevor wir uns im Rahmen der Einzelbeiträge der Frage widmen können, ob der 11. September als Zeitenwende angesehen werden kann, gilt es eine konzeptuelle und analytische Basis für ihre Erörterung zu schaffen. Im Verlauf der Tagung am HCA schälten sich in diesem Zusammenhang drei zentrale Begriffe heraus, die wir nun den politikfeldspezifischen Beiträgen voranstellen können. Die Termini ‚Zeitenwende‘, ‚Epoche‘ und ‚Zäsur‘, dies wurde in den Debatten und auch bei der abschließenden öffentlichen Podiumsdiskussion deutlich, sind von grundlegender Bedeutung, um den Problemkomplex 9/11 zu fassen.

Unter ‚Zeitenwende‘ versteht man in der Regel das Ende einer Epoche oder Ära und den Beginn einer neuen Zeit.[6] Um diesen Begriff besser einordnen zu können, scheint es zunächst sinnvoll, den hiermit inhaltlich eng verknüpften Begriff ‚Epoche‘ näher zu bestimmen. Der deutsche Historiker Christoph Cornelißen definiert ‚Epoche‘ als einen „Zeitabschnitt, dessen Anfang und Ende durch markante Zäsuren bzw. durch einen qualitativen Wandel der Verhältnisse gekennzeichnet ist."[7] Sämtliche Beiträge in *Zeitenwende 9/11?* kreisen um die Frage, was unter jenem „qualitativen

---

6 Zum Umgang mit dem Begriff ‚Zeitenwende‘ ausführlich der Beitrag von Philipp Gassert in diesem Band.
7 Christoph Cornelißen, „Epoche", in: Stefan Jordan (Hrsg.), *Lexikon Geschichtswissenschaft. 100 Grundbegriffe*, Leipzig 2002, S. 70.

Wandel der Verhältnisse" mit Bezug auf 9/11 zu verstehen ist. Mit anderen Worten: Die Autoren zielen auf eine Konkretisierung von Conelißens Definition am Fallbeispiel 9/11 ab.

Conelißen führt darüber hinaus den Begriff ‚Zäsur' an, der in der öffentlichen Diskussion über den 11. September oft synonym mit ‚Zeitenwende' gebraucht wird. Für unsere Zwecke tut jedoch eine separate, enge Definition Not. Dabei schließen wir an die Überlegungen des Heidelberger Historikers Manfred Berg an, der den epochalen Charakter des 11. September kritisch hinterfragt. Berg versteht in seinem Aufsatz für die *Zeithistorischen Forschungen* (2011) unter einer Zäsur Ereigniskomplexe, „die existierende politische, soziale, ökonomische und kulturelle Entwicklungstrends abbrechen und neuen Trends und Kräften zum Durchbruch verhelfen."[8] Demnach würden dann also nur solche Ereignisse als Zäsur bezeichnet, welche die sogenannte *longue durée*, also die langfristig wirkenden Faktoren der Weltgeschichte, nachhaltig beeinflussen.[9] In diesem Zusammenhang bringt Berg eine analytische Unterscheidung ein, die auf Überlegungen seines Historiker-Kollegen Martin Sabrow beruht. Sabrow hat bezüglich der Frage nach der Qualität von Zäsuren vorgeschlagen, zwischen „historiographischen Deutungszäsuren" und „sinnweltlichen Ordnungszäsuren" zu unterscheiden.[10] Historiographische Deutungszäsuren bezeichnen im Wesentlichen die rückblickende wissenschaftliche Deutung eines Ereignisses und dessen Verortung im Kontext einer bestimmten historischen Periode. Sinnweltliche Ordnungszäsuren bezeichnen im Gegensatz dazu die Wahrnehmung von historischen Ereignissen als Zäsur durch die Zeitgenossen. Während also WissenschaftlerInnen den 11. September vielleicht nicht unbedingt als Zeitenwende ansehen, können Zeitgenossen dies durchaus so wahrnehmen. Diese Wahrnehmung wiederum kann dann tatsächlichen Wandel anstoßen.

Sabrows Unterscheidung bedeutet, dass man „sinnweltliche Ordnungszäsuren," also die Wahrnehmung des 11. September als Zäsur, ernst nehmen muss, da sie zum Motor tatsächlicher politischer Veränderungen werden können. Ein Beispiel hierfür wären die Versuche der US-Regierung unter Präsident George W. Bush, militärische Interventionen zunächst in Afghanistan und später im Irak nicht zuletzt durch eine Betonung des Zäsurcharakters von 9/11 zu legitimieren. Ähnlich ist der seit den Anschlägen immer wieder gebrauchte Vergleich des 11. September mit dem japanischen Angriff auf Pearl Harbor im Jahr 1941 zu sehen. Diese häufig angeführte Parallele betont den epochalen

---

8   Manfred Berg, „Der 11. September – eine historische Zäsur?", *Zeithistorische Forschungen/Studies in Contemporary History* 8/3 (2011), S. 463-474.

9   Fernand Braudel: „Geschichte und Sozialwissenschaften: Die longue durée", in: *Schrift und Materie der Geschichte: Vorschläge zu einer systematischen Aneignung historischer Prozesse.* Hrsg. von Claudia Honegger. Frankfurt am Main: Suhrkamp, 1977. S. 47-85.

10 Martin Sabrow, „Zur Deutungsmacht historischer Zäsuren". Impulsreferat in der Podiumsdiskussion ‚Historische Zäsuren' auf dem Berliner Historikertag, 29.9.2010.

Einschnitt, den der Terrorangriff bedeutet, aber auch das Moment der Überraschung und das – zynisch formuliert – effektive Kosten-Nutzen-Kalkül, dass beiden Angriffen zugrunde lag: Beide Male gelang es den Tätern, mit vergleichsweise wenig Aufwand extremen Schaden anzurichten. Darüber hinaus halten sich nach Ansicht der Verfasser die Analogien jedoch in Grenzen. Dies schon deshalb, weil Pearl Harbor sich ca. 4.000 Kilometer vor der amerikanischen Westküste abspielte, weswegen große Teile der Bevölkerung auf dem Festland den japanischen Angriff nicht unbedingt mit einer neuen Verwundbarkeit der USA gleichsetzten – im Unterschied zu den Attacken des 11. September. Dennoch gilt: Selbst wenn man die Diagnose einer ‚Zäsur 9/11' nicht teilt – ernst nehmen sollte man die Wirkmächtigkeit des scheinbar bloßen Redens über dieses Ereignis als Zäsur in jedem Fall.

4 Katalysator 9/11?

Generell lässt sich eine mit zunehmendem zeitlichem Abstand zu den Ereignissen immer größer werdende Skepsis bezüglich der epochalen Bedeutung der Anschläge konstatieren, wobei sich die Forschung hier vor allem auf zwei Bereiche konzentriert: die Weltpolitik und die Außenpolitik der USA.

Zunächst gibt es nach wie vor gewichtige Stimmen, die den 11. September sehr wohl als Zeitenwende im Sinne einer Wasserscheide einstufen, die den ‚Fluss der Geschichte' entscheidend in eine andere Richtung gelenkt habe. So argumentiert etwa der Historiker Richard W. Bulliet von der Columbia University. Bulliet führt an, dass selbst der „ökonomische Kollaps von 2008 zu großen Teilen eine Konsequenz der neuen Richtung" sei, in welche die Geschichte im Nachklang der Terroranschläge ‚geflossen' sei. Demnach habe es neben den militärischen Vergeltungsmaßnahmen für die US-Regierung ebenso hohe Priorität gehabt, die „optimistische Grundeinstellung" der Bevölkerung der 90er Jahre aufrechtzuerhalten, und zwar primär im Sinne amerikanischer Wirtschafts- und speziell Kaufkraft. Schließlich hätten die Terroristen gezielt das Symbol US-amerikanischer Wirtschaftsstärke schlechthin zu Fall gebracht – in der Folge war es daher zentral, dass der öffentliche ‚Handelsplatz' nicht zum Erliegen kam. Neben vielen seriösen und sinnvollen Investitionen kam es auch zu unkontrollierter Spekulation, nicht zuletzt auf dem Haus- und Grundstücksmarkt – ein Szenario, das 2008 mit dem Zerplatzen der Finanzblase endet. Bulliet stellt klar, dass die amerikanische Reaktion auf 9/11 die Finanzkrise von 2008 nicht verursachte. Dennoch gäbe es zwar keinen direkten kausalen Zusammenhang, doch sehr wohl einen großen Einfluss des 11. September auf die Folgejahre, so der Historiker zum zehnten Jahrestag der Anschläge. Naturgemäß zurückhaltender, weil nur zwei Jahre nach den Anschlägen, äußert sich Mary L. Dudziak, die Herausgeberin von *September 11 in History*: *A Watershed Moment?* Dudziak mahnt zur Vorsicht in dieser Frage, die sie zumindest zum damaligen Zeitpunkt für noch nicht beantwortbar hält. In der Einleitung des Sammelbandes weist sie darauf hin, in welchem Ausmaß bereits die „Idee von Veränderung die Art und Weise betrifft, wie ein Ereignis Teil des historischen Gedächtnisses wird."[11] Andere Experten sind sich eine Dekade nach 9/11 ihrer Sache sicher: Zumindest in Bezug auf die Weltpolitik, so ihre Einschätzung, habe der 11. September keine neue Epoche eingeläutet. Vielmehr müsse dieser Vorfall als Kulminationspunkt von Entwicklungen angesehen werden, die bereits mit dem Ende des Kalten Krieges begonnen hätten. In diesem Zusammenhang hat der Politikwissenschaftler Harald Müller betont, dass der 9. November 1989 im Unterschied zu 9/11 eine tatsächliche Zeitenwende sei, da der Fall der Mauer zu einer „tektonischen Verschiebung der Machtverhältnisse" in der Welt geführt habe.[12]

Im Gegensatz hierzu gilt der 11. September vielen ExpertInnen nicht als Zeitenwende, sondern vielmehr als Katalysator, der schon vorher bestehende Entwicklungen in der Weltpolitik verdichtet und damit verstärkt bzw. beschleunigt hat. Ein Beispiel hierfür ist die internationale Sicherheitspolitik: So haben die Anschläge den bereits zuvor erkennbaren Trend zur „Entstaatlichung" internationaler Sicherheitspolitik intensiviert. Schon in den 1990er Jahren erkannten Sicherheitsexperten, dass der Nationalstaat in Bezug auf die Frage, was geschützt werden muss und von wem oder was Bedrohungen ausgehen, zunehmend in den Hintergrund rückt. Sicherheit wird schrittweise zu einem transnationalen Problem. Diese Herausforderung wird geradezu exemplarisch durch die grenzüberschreitende Bedrohung des modernen Terrorismus symbolisiert, so nach dem 11. September 2001 in New York auch auf Bali 2002, in Madrid 2004, in London 2005, in Mumbai 2008, in Nairobi 2013 und zuletzt in Paris zu Jahresbeginn 2015. Die Ausrufung des Kalifats ‚Islamischer Staat' Mitte 2014 wiederum stellt dieses Perzeptionsschema infrage bzw. fügt ihm eine zweite, daneben bestehende Dimension hinzu: Der Terror gründet seinen eigenen Staat. Er ist damit lokalisierbar; das Kalifat hat Grenzen, es hat Ressourcen und eine Infrastruktur zu verlieren, aber auch ein höheres Verteidigungspotenzial. Da die ‚klassische' Terrorbedrohung durch notorisch schwer zu lokalisierende ‚Guerilla'-Terrorgruppen jedoch keineswegs behoben ist (sondern allenfalls durch die Rekrutierung von Kämpfern auch in den Ländern, die den Terror bekämpfen, noch verstärkt wird), sieht sich die Welt mit IS und anderen Terrortypen einer doppelten Gefahrendimension gegenüber.

---

11 Richard W. Bulliet, „9/11: Landmark or Watershed?", http://essays.ssrc.org/ 10yearsafter911/911-landmark-or-watershed/, abgerufen am 29.6.2015. Übersetzung ins Deutsche durch die Autoren. Mary L. Dudziak, *September 11 in History: A Watershed Moment?* Duke University Press Books, 2003. S. 3. Übersetzung ins Deutsche durch die Autoren.
12 Harald Müller, *Supermacht in der Sackgasse? Die Weltordnung nach dem 11. September.* Frankfurt am Main: Fischer Taschenbuch Verlag, 2003. S. 11ff.

In Bezug auf die US-amerikanische Außenpolitik fällt das Urteil bezüglich der Frage nach dem Zäsurcharakter des 11. September nicht ganz so eindeutig aus. In der US-amerikanischen Fachzeitschrift *Foreign Affairs* gibt der Historiker Melvyn P. Leffler zu, dass es verlockend sei, die Anschläge als Beginn eines fundamentalen Wandels in der US-amerikanischen Außenpolitik zu interpretieren.[13] Laut Leffler ist eine solche Interpretation aber schlichtweg falsch, da weder das Streben nach militärischer Vormachtstellung noch der Unilateralismus der USA ein neues Element ihrer Außenpolitik sei. Ähnlich argumentiert der Yale-Historiker John Lewis Gaddis, der neben der Vorherrschaft der Vereinigten Staaten zumindest in der westlichen Hemisphäre und dem Anspruch des Landes, alleine und ohne Absprachen mit anderen (etwa im Rahmen der UN) zu agieren, noch eine dritte traditionelle Säule US-amerikanischer Außenpolitik benennt: präemptives Handeln, also den Gegner auszuschalten, bevor dieser einem selbst gefährlich werden kann.[14]

Auch in diesem Zusammenhang wird oft angedeutet, dass die Anschläge den Effekt eines Katalysators hatten, also bereits vorhandene Entwicklungen verstärkt oder diesen zur Entfaltung verholfen hätten. Lefflers Einschätzung widerspricht jedoch solchen Stimmen, die einen „Paradigmenwechsel" in der US-Außen- und Sicherheitspolitik nach dem 11. September postulieren. Aus Sicht des Autorenduos Ivo Daalder und James Lindsay hingegen hat die Regierung George W. Bush zwar die Anschläge nicht unbedingt kommen sehen, reagiert aber entschieden darauf, indem sie unmittelbar danach den Kurs radikal ändert. Lindsay und Daalder glauben gar eine „Revolution" in der Außenpolitik zu erkennen.[15]

Kann man daher in Bezug auf die US-amerikanische Außen- und Sicherheitspolitik tatsächlich von einer Zeitenwende sprechen, oder müssen wir Lefflers Einschätzung zustimmen? Und wie bewerten wir diese Frage in Bezug auf die deutsche Außenpolitik? Doch damit nicht genug: Der vorliegende Band möchte die Frage nach dem Zäsurcharakter des 11. September zusätzlich auf andere Themenfelder ausweiten, welche sowohl in den USA als auch in Deutschland und Europa sichtbare Veränderungen erfahren haben, darunter die

---

13 Melvyn P. Leffler, „September 11 in Retrospect", *Foreign Affairs*, September/October 2011. https://www.foreignaffairs.com/articles/2011-08-19/september-11-retrospect, abgerufen am 3.6.2015.

14 Siehe John Lewis Gaddis, *Surprise, Security, and the American Experience*. Cambridge: Harvard University Press, 2004.

15 Ivo H. Daalder und James M. Lindsay, *America Unbound: The Bush Revolution in Foreign Policy*. Washington, D.C.: Brookings Institution Press, 2003. Für Philip Gordon ist diese Revolution allerdings nicht von langer Dauer: Bereits im Sommer 2006 seien die Ziele der Bush-Doktrin schon aus Budget-Gründen schlicht nicht länger aufrecht zu erhalten, so Gordon. Siehe: Philip H. Gordon, „The End of the Bush Revolution", *Foreign Affairs*, July/August 2006. https://www.foreignaffairs.com/articles/2006-07-01/end-bush-revolution, abgerufen am 1.9.2015.

gegenseitige Wahrnehmung der atlantischen Partner im Spiegel der intellektuellen Verarbeitung von 9/11, Migration und Einwanderung, Debatten über Religion und die mediale Interpretation des internationalen Terrorismus.

5 Analyseebenen und thematische Aspekte: Zur Struktur von Zeitenwende 9/11?

Um die zentrale Fragestellung des Buches umfassend beantworten zu können, müssen wir verschiedene Analyseebenen in den Blick nehmen. Zunächst widmen wir uns der geographischen Analyseebene. Hierbei scheint es uns angesichts der globalen Auswirkungen der Anschläge essentiell zu sein, sowohl die globale als auch die nationale sowie die lokale Ebene in unsere Analyse einzubeziehen. In Bezug auf die globale Ebene sollten wir vor allem nach den transnationalen Austauschprozessen und Verflechtungen fragen, die durch den 11. September angestoßen wurden. Insbesondere die transatlantische Zusammenarbeit, aber auch die Spannungen zwischen den USA und Deutschland bzw. Europa im Bereich der Einwanderungs- und Sicherheitspolitik sind hierbei von großem Interesse.

Auf nationalstaatlicher Ebene sollten wir nicht nur Entwicklungen in der Außenpolitik betrachten, sondern, sofern möglich, auch lokale Gegebenheiten innerhalb einzelner Länder in den Blick nehmen, da sich dort nationale und transnationale Entwicklungen teilweise massiv auf das Alltagsleben von Menschen auswirken. Ein Beispiel hierfür wäre die Grenzregion zwischen den USA und Mexiko, wo sich seit den Anschlägen von 2001 nachhaltige Spannungen zwischen dem Bedürfnis nach Sicherheit und der Förderung freien Handels und wirtschaftlich relevanter Einwanderung entwickelt haben. Ähnliches könnte auch für Menschen muslimischen Glaubens in den USA und Europa gesagt werden, deren Leben durch politische Entscheidungen im Zuge der Anschläge teilweise spürbaren Einschränkungen ausgesetzt war und ist. Zu fragen ist in diesem Zusammenhang, ob man auch auf dieser lokalen Ebene von einer Zeitenwende sprechen kann. Vor dem Hintergrund gegenwärtiger Entwicklungen und der rapide ansteigenden Flüchtlingsströme gen Europa gewinnt dieser Aspekt an brisanter Aktualität: Viele Menschen befürchten im Zuge der Migrationsbewegungen eine Unterwanderung durch den islamistischen Terror (wenn sich diese Angst in der Praxis auch bisher nicht bewahrheitet hat).

Neben der geographischen Analyseebene ist die bereits angesprochene analytische Unterscheidung zwischen „historiographischen Deutungszäsuren" und „sinnweltlichen Ordnungszäsuren" hilfreich. Hierbei zielen die AutorInnen dieses Bandes darauf ab, zum einen gezielt die politischen und gesellschaftlichen Verhältnisse vor und nach dem 11. September auf globaler, nationaler und lokaler Ebene zu untersuchen, um die nachhaltige Qualität des Wandels seit den Anschlägen bewerten zu können. Zum anderen wenden sich die Verfasser einiger Beiträge den Wahrnehmungen der Anschläge zu, die eng mit den politischen und gesellschaftlichen Veränderungen verknüpft sind. Ein zentrales Thema der Untersuchung dieser Wahrnehmungen ist Sicherheit: Alle Untersuchungsbereiche dieses Bandes hängen direkt oder indirekt mit Bedrohungswahrnehmungen und dem Bedürfnis nach Aufrechterhaltung oder Wiederherstellung von Sicherheit zusammen. Es gilt in diesem Zusammenhang zu untersuchen, inwiefern eine nachhaltige Veränderung in der Wahrnehmung von Sicherheit in den USA und Europa zu erkennen ist. Hieraus folgt die Frage, welchen Einfluss diese veränderten Wahrnehmungen auf politische und gesellschaftliche Entwicklungen seit dem 11. September 2001 hatten. Haben diese z.B. zu langfristigen Veränderungen in den USA geführt, weil dort die Bedrohung durch den transnationalen Terrorismus anders eingeschätzt wird als in Europa? Und welche Auswirkungen hatten die Wahrnehmungslücken (bisher) auf das Verhältnis von USA und Deutschland, welche auf das transatlantische Wertesystem? Sollte ein solches Wertesystem nach wie vor existieren, und sollte es strukturell betroffen sein, könnte dann der 11. September als der Beginn einer Zeitenwende in den transatlantischen Beziehungen zwischen den USA und Europa interpretiert werden?

Die Mehrzahl der Beiträge dieses Bandes stellt eine überarbeitete und aktualisierte Form der Vorträge und Kommentare dar, die auf der Tagung gehalten wurden.[16] Zwei Beiträge aus der Praxis wurden in unmittelbarer zeitlicher Nähe zum 10. Jahrestag des 11. September verfasst und sind in unveränderter Form widergegeben: Der Festvortrag des heutigen Außenministers der Bundesrepublik Deutschland, Frank-Walter Steinmeier, sowie den eigens für diesen Anlass verfassten Aufsatz des zum Zeitpunkt der Anschläge amtierenden (mittlerweile verstorbenen) Verteidigungsministers Peter Struck. Steinmeier und Struck wurden aufgrund ihrer politischen Ämter zum Zeitpunkt der Anschläge eingeladen. Ersterer schreibt seinen Beitrag aus der Perspektive des Staatssekretärs im Kanzleramt Schröder, letzterer aus der Warte des Bundesverteidigungsministers, der er im rot-grünen Kabinett Schröder/Fischer war. Zusätzlich haben die Herausgeber WissenschaftlerInnen, die zur Tagung eingeladen, aber verhindert waren, sowie einige passiv an der Tagung teilnehmende Fachleute gebeten, ihre Überlegungen zur Thematik einzureichen.

---

16 Wo dies nicht der Fall ist, steht ein Hinweis in der Fußnote zu Beginn des Beitrages.

6 Die Beiträge dieses Bandes

Der Hauptteil des vorliegenden Sammelbandes gliedert sich in drei Abschnitte: Erstens Außen- und Sicherheitspolitik, zweitens Einwanderungspolitik und Politik der Vielfalt sowie drittens die Rolle der Medien.

Vorangestellt wurde den drei Abschnitten ein Beitrag des Mannheimer Zeithistorikers PHILIPP GASSERT zur welthistorischen Bedeutung des 11. September 2001. Gasserts Aufsatz versteht sich als direkte Antwort auf die Überlegungen seines Potsdamer Kollegen Martin Sabrow, Direktor des Zentrums für Zeithistorische Forschung (ZZF), der sich anhand der Kontrastierung von 9/11 mit dem Fall der Berliner Mauer um eine „fachtheoretische Rehabilitierung des Zäsurbegriffes" bemüht. Während nach Sabrow das erste Ereignis lediglich vorherrschende Sichtweisen bestätigte und damit als „orthodoxe Zäsur" klassifiziert werden muss, erzwang 1989 neue gesellschaftliche Sichtachsen und verdient damit das Prädikat der „heterodoxen Zäsur". Mittels eines konzeptionellen Rückgriffes auf die Überlegungen von Pierre Bourdieu und Reinhart Koselleck wendet sich Gassert in einem ersten Schritt gegen diese ereignistheoretische Dichotomie. In einem zweiten Schritt fragt er sodann mit Blick auf die US-Außenpolitik und die globale Situation, inwiefern der 11. September tatsächlich bereits vorhandene Sichtweisen bestätigt oder durch politische Relevanz neu geschaffen und damit selber Handlungsmacht erlangt habe. Darauf aufbauend wirft Gassert die Frage auf, ob 9/11 damit nicht doch zu einem Katalysator welthistorischen Wandels geworden sei. Er habe die Welt zwar nicht grundsätzlich verändert, dennoch aber latente Machtverschiebungen aufgezeigt und damit eindrücklich das Ende der ideologischen Großkonflikte und des Kalten Krieges verdeutlicht. Somit schreibt Gassert im Großen 9/11 aus weltordnungspolitischer Sicht den katalysatorischen Effekt zu, den die weiteren Analysen dieses Bandes diesem Schicksalstag im Kleinen politikfeldspezifisch attestieren.

Die Heidelberger Amerikawissenschaftler und Mitherausgeber TOBIAS ENDLER und MARTIN THUNERT ergänzen den durch den Beitrag von Gassert gestellten konzeptionellen Rahmen zur welthistorischen Einordnung der Terroranschläge um die Dimension ihrer Aufarbeitung im transatlantischen intellektuellen Diskurs. Zunächst zeichnen die Autoren den intellektuellen Diskurs in den gegenseitigen Beziehungen zwischen Europa und Nordamerika – insbesondere den USA – nach, der sich über Jahrzehnte nicht zuletzt an der Frage nach einer Wertegemeinschaft über den Atlantik hinweg orientierte. Für Endler und Thunert fungiert als Träger dieses Diskurses bis in die Gegenwart die – im Sinne einer über Diskursbeziehungen verflochtene, jedoch nicht in ihren Einschätzungen homogene – Gemeinschaft der ‚öffentlichen Intellektuellen' (*public intellectuals*). Diese Vor-Denker fungieren im besten Fall als

Impuls- und Ideengeber sowie Moderatoren in der öffentlichen Debatte. Während der 11. September 2001 den transatlantischen intellektuellen Diskurs zweifellos befördert hat, fragen die Autoren, ob er ihn auch verändert hat, und welche Charakteristika bis hin zu einer ‚diskursiven Wasserscheide' diese Veränderung gegebenenfalls auszeichnen. In der Folge legen Endler und Thunert dar, wie sich der Diskurs im Nachklang der Anschläge zwar an der Oberfläche gewandelt, unterhalb dieser auf konkrete politisch-administrative Maßnahmen wie auch Legitimitätsfragen des Militärischen abzielenden Ebene jedoch traditionell unterschiedliche Bedrohungswahrnehmungen offengelegt hat. Im Rückblick auf knapp anderthalb Dekaden zeigt sich, wie auch der 9/11-Diskurs im Rahmen bestehender kultureller Deutungsmuster der internationalen Politik – z.B. Huntingtons ‚Kampf der Kulturen' –, der Globalisierungsdebatte und der sich verändernden globalen Machtverhältnisse geführt wird.

7 Außen- und Sicherheitspolitik

Bei FRANK-WALTER STEINMEIERs Beitrag handelt es sich um den Nachdruck des Manuskriptes seiner Rede mit dem ursprünglichen Vortragstitel „Zeitenwende 9/11? Innenansichten aus dem Kanzleramt". Mit dieser Rede eröffnete der gegenwärtig amtierende deutsche Außenminister in einem öffentlichen Abendvortrag die zuvor erwähnte Konferenz zum Thema. Steinmeier, zum Zeitpunkt der Anschläge Chef des Bundeskanzleramtes sowie Geheimdienstkoordinator und damit führend involviert in das umgehend nach den Anschlägen einsetzende deutsche Krisenmanagement, lässt einerseits seine persönlichen Erinnerungen dieses Tages Revue passieren und bilanziert im Kontext des „massivsten Terrorangriffs" auf die USA, den er als „tiefgreifende Zäsur für das amerikanische Sicherheitsgefühl" bewertet, auch den Schock und das Mitgefühl der deutschen Zivilgesellschaft. Diese Eindrücke korrelieren mit denjenigen im Kanzleramt, wie Steinmeier aus Sicht des Politikers und Zeitzeugen ergänzt: „[A]m Tag nach den Anschlägen [...] konnte es keinen politischen Alltag mehr geben". Aus den atmosphärischen Beklemmungen der Zeit heraus erklärt Steinmeier auch die Entstehung der umstrittenen Formel der „uneingeschränkten Solidarität", die inzwischen Anlass für „Legendenbildung" gewesen sei. Er konstatiert ebenso den beinahe-Zerfall der rot-grünen Koalition 2001 im Kontext des Afghanistan-Einsatzes wie auch das spätere Irak-Zerwürfnis mit den USA.

In seinem eigens für diesen Band verfassten Beitrag kritisiert PETER STRUCK, zum Zeitpunkt der Anschläge Vorsitzender der SPD-Bundestagsfraktion, die „Ausmaße der Terrorbekämpfung" als „hysterisch" und spricht ihnen nachhaltige Auswirkungen auf das Spannungsgefüge von Sicherheit und Freiheit zum Nachteil letzterer zu. 9/11 habe, so Struck weiter, aufgrund der

Konfrontation der Bundeswehr mit neuen Einsatzszenarien als Katalysator für deren Umbau von einer „Verteidigungsarmee" zu einer „Armee im Einsatz" gewirkt. Diese Entwicklung stehe sowohl im Kontext eines Mentalitätswandels der Bevölkerung gegenüber (moralisch gerechtfertigten) Interventionen, als auch in dichter Kontinuitätslinie mit weiteren Konflikten vom Balkan bis zum Irak. Kritisch bewertet Struck in diesem Zusammenhang den US-geführten Angriff auf den Irak 2003, den er „nicht mittragen" konnte und welcher ein „tiefes Zerwürfnis im westlichen Bündnis" zur Folge gehabt habe. Obwohl er Al-Qaida aus Sicht des Jahres 2012 als deutlich geschwächt bewertet, kündigt Struck den „Kampf gegen den Terror" sowie die weitere Balkan-Präsenz auch als zukünftige Herausforderung für die Bundeswehr an. „Der Transformationsprozess deutscher Sicherheitspolitik", der „gerade erst begonnen" habe, dürfe nicht von Budgetfragen abhängen, sondern müsse sich von sicherheitspolitischen Notwendigkeiten leiten lassen und entlang dieser gestaltet werden.

Der Kieler Politologe und Experte für Terrorismus- und Sicherheitspolitikforschung, WILHELM KNELANGEN, knüpft gleich auf mehrfache Art und Weise an die Ausführungen seiner oben genannten Wissenschaftskollegen an. Gleich zu Beginn ergänzt er die ordnungspolitischen Überlegungen des Historikers Gassert zur globalen Dimension von 9/11 um eine knappe Skizze der Deutungsmuster seiner eigenen Disziplin, den Internationalen Beziehungen. Diese skizziert Knelangen als eine zwischen den Extremen einer durch 9/11 eingeleiteten „Epoche der Konflikte" einerseits sowie den kontinuitätsbetonenden Mantras verschiedener Denkschulen andererseits alternierende Debatte. Gleichzeitig hebt Knelangen aber hervor, dass unterhalb der „geschichtstheoretischen Ebene" der 11. September als internationale Krise bewertet werde, welche „in Teilen auch zu einer Revision der bis dahin eingeübten sicherheitspolitischen Handlungs- und Reaktionsmuster" geführt habe. Knelangen beschränkt sich nicht auf die Auswirkungen von 9/11 auf den Einsatz militärischer Mittel, sondern beleuchtet den Einfluss des 11. September auf alle sicherheitspolitischen Instrumente, die diesem Teilgebiet der Außenpolitik deutschlandintern sowie -extern im „Kampf gegen den Terrorismus" zur Verfügung stehen. Im Gegensatz zur „innenpolitischen Dimension", die Knelangen von 9/11 als nahezu unberührt und „weitgehend in bekannten Bahnen" verlaufend evaluiert, attestiert Knelangen der Sicherheitspolitik nach außen eine durch 9/11 ausgelöste, „signifikante Zäsur".

Anschließend stellt KAI OPPERMANN, Reader an der University of Sussex, in seinem Beitrag die These auf den Prüfstand, 9/11 müsse für die deutsche Außenpolitik der Stellenwert einer Zeitenwende zugestanden werden. Mit Blick auf die bundesrepublikanische Nachkriegsgeschichte konstituiert Oppermann dabei zunächst die historiographische Kontrastfolie als Ausgangsbasis seiner Analyse. Diese führt ihn zu dem Befund, dass die „tatsächliche Zeitenwende" für den Kurs der deutschen Außenpolitik nicht der 11. September, sondern das „Wendejahr" gewesen sei. Anders als 2001 habe 1989/90 durch die Konvergenz des ausklingenden Kalten Krieges mit dem Fall der Mauer und dem Wiedervereinigungsprozess die Handlungsoptionen deutscher Außenpolitik ebenso grundlegend verändert wie nachhaltig erweitert. Dennoch habe 9/11 für den vor einem Vierteljahrhundert eingeleiteten Prozess der „Normalisierung" deutscher Außenpolitik eine katalysatorische Wirkung entfaltet. Denn auf den Schock der Terroranschläge, so Oppermann, sei eine „Phase außergewöhnlicher Politik" gefolgt, die erstmals interessenbasierte Argumentationsmuster zur Legitimation deutscher Militäreinsätze im Ausland ermöglicht habe. Dies verdeutliche nicht zuletzt auch die berühmte Formulierung Strucks, „die Sicherheit Deutschlands werde ‚nicht nur, aber auch am Hindukusch verteidigt'."

Das transatlantische Pendant zu Oppermanns Analyse liefert SIMON KOSCHUT, momentan Gastprofessor für Internationale Beziehungen und Europäische Integration an der FU Berlin. Koschut ist sich der Möglichkeit von Wechselwirkungen zwischen Politikwissenschaften und Politik bewusst. Aus diesem Grund stellt er die Frage nach den Auswirkungen der Terroranschläge nicht nur auf Ebene der US-amerikanischen Außenpolitik, sondern ergänzt diese zusätzlich um die seines eigenen Fachs. Mit Blick auf die zuletzt genannte Dimension lautet das Ergebnis von Koschuts Betrachtung, dass der 11. September zwar das Primat nationaler Sicherheit aufgewertet habe. Damit einhergehend hätten auch bereits obsolet geglaubte staatszentristische Theorien erneut Auftrieb erhalten, allerdings vermag Koschut darin keinen grundlegenden Wandel zu erkennen. Zu einem ganz ähnlichen Ergebnis kommt Koschut für das Feld der US-amerikanischen Außenpolitik. Nach 9/11 habe Bush den „selektiven Multilateralismus" der Clinton-Administration nur „außerhalb der Institutionen" fortgeführt. Der auf den 11. September folgende Irakkrieg habe die USA zwar „militärisch müde" gemacht und „ökonomisch ausgezehrt", aber „dennoch nicht zu einer merklichen Reduktion der globalen Truppenpräsenz der USA" geführt – so lauten nur zwei analytische Verdichtungen, mit denen Koschut pointiert auf die Einbettung ‚neuer' Elemente US-amerikanischer Außenpolitik nach 9/11 in Kontinuitäten größerer Entwicklungslinien abhebt.

Während der „global war on terror" nur eines von mehreren Elementen ist, die Koschuts Gesamtbilanz konstituieren, nimmt dieser im Zuschnitt von ROBIN SCHROEDERs Untersuchung zur Sicherheitspolitik die zentrale Rolle ein. Von „Medien und der Öffentlichkeit häufig nicht wahrgenommen", habe der „Krieg gegen den Terror" mit der Schwächung Al Qaedas und der Verhinderung zahlreicher im Land geplanter Anschläge zwar Teilziele erreicht. Dennoch stellt Schroeder „Amerikas längstem Krieg" eine „düstere Bilanz" aus. Mit Blick auf sein „gewaltiges Ausmaß" – der territorialen Entgrenzung, Hunderttausenden von Toten, Kosten in Billionenhöhe – spricht Schroeder dem Antiterrorkrieg jedoch jegliche Verhältnismäßigkeit ab. Zu verstehen sei diese „extreme Reaktion" nur durch das extreme Ereignis 9/11. Anders als Koschut, welcher der Bedrohungsperzeption globaler Risiken in den USA über die letzten Dekaden „weitgehende Kontinuität" bescheinigt, sieht Schroeder diese durch 9/11 „um ein Vielfaches potenziert". Entsprechend schärfer akzentuiert er den handlungsinduzierenden Charakter dieses Schocks: „Reflexartig" hätten die USA mit Militär und dem Versuch „strategischer Demokratisierung", mit dichotomer Freund-Feind-Einteilungen der Welt reagiert.

8 Einwanderungspolitik und Politik der Vielfalt

Das Erkenntnisinteresse der in den USA lebenden Historikerin DOROTHEE SCHNEIDER gilt den Auswirkungen der Terroranschläge auf die US-amerikanische Einwanderungspolitik. Konkret geht Schneider der Frage nach, ob die Antiterrormaßnahmen der Bush-Administration den rechtlichen Status oder die soziokulturelle Identität von Migranten veränderten. Sie konstatiert für die USA eine Verstetigung von Ressentiments gegenüber Personen mit arabisch-kulturellem Erbe, welche sie in der Öffentlichkeit vermehrt zu Opfern tätlicher Übergriffe werden lasse. Obwohl dieses Stereotyp einer arabischstämmigen „Fünften Kolonne", wie Schneider mit Verweis auf die hohen Opferzahlen der Anschläge unter nicht-Amerikanern und Migranten belegt, auf irrationalen Ängsten basierte, gelang es selbst den staatlichen Behörden nicht, sich der systematischen Stigmatisierung durch „racial profiling" ausgemachter Personen zu entziehen. Doch wenn sich auch institutionalisierte Restriktionen, die sich besonders gegen Personen mit arabisch-kulturellem Erbe richten und einer erfolgreichen Integration entgegenstehen, noch nie so lange halten konnten, ist 9/11 aus der Sicht Schneiders keine Zeitenwende.

Ein weiterer Beitrag zu diesem Themenkomplex stammt von der Berner Kultur- und Sozialwissenschaftlerin SABINA VON FISCHER. Er ergänzt die Fremdwahrnehmung amerikanischer Muslime um deren eigene Perspektive. Auf übergeordneter Ebene geht von Fischer der Frage nach, ob es durch 9/11 zu einer „Expansion der muslimisch-amerikanischen Solidarität" gekommen sei und dies zur „Verdichtung einer islamischen Identität" in den USA beigetragen habe. Exemplarisch wendet sich von Fischer dieser Leitfrage am Beispiel „narrativer Praxis muslimisch-amerikanischer Organisationen" zu, indem sie mit „korpuslinguistischem Instrumentarium" zentrale Texte dieser Institutionen nach sprachlichen Mustern im Zuge der Anschläge untersucht. Auf diese Weise kommt von Fischer zu dem Ergebnis, dass „die Narrativisierung des heterogenen muslimisch-amerikanischen Kollektivs durch und nach 9/11 inklusiver geworden" sei, sich also eine „zunehmende Ethnifizierung" der „Kategorie Muslim" abzeichne. Als maßgeblich für diese Entwicklung sieht von Fischer das „[f]eindselige Klima in den USA gegen Muslime" sowie die gemeinsame Erfahrung der Diskriminierung dieser Gruppe. Dies reflektiere sich auch in deren Vokabular, genauer: Der Übernahme des ursprünglich gegen sie gerichteten Vokabulars, was es den amerikanischen Muslimen ermögliche, ihre Identität nicht länger exklusiv in Abgrenzung zu den USA zu definieren, sondern dies inklusiv als Gruppe zu tun.

Der 11. September und die zuvor von Schneider dargestellten Eingriffe der USA in ihre Einwanderungspolitik hätten sich nur mittelbar auf die Europäischen Union ausgewirkt, meint ALEXANDRA SCHMID, die zu diesem Thema an der Universität Passau forschte. Sie tritt damit der These entgegen, dass es in Folge der Anschläge zu einem bedingten Wandel der Risikoperzeption, einer daraus resultierenden Versicherheitlichung *(Securitization)* des Politikfeldes, sowie einer restriktiveren Migrationspolitik durch die politischen Entscheidungsträger gekommen sei. Schmid folgt im Gegensatz dazu der Auffassung, dass dieser Wandel bereits mit dem Ende des Ost-West-Konflikts stattgefunden habe und deshalb bereits damals sukzessive restriktive Maßnahmen eingeführt worden seien. Obwohl Politiker einiger EU-Mitgliedsstaaten nach dem 11. September gezielt versucht hätten, die Anschläge mit dem Themenfeld der europäischen Migrationspolitik zu verknüpfen, sei dies nicht haltbar gewesen und gescheitert. Dennoch seien im Zuge der US-amerikanischen Antiterrorpolitik sowie durch die Anschläge von London und Madrid „ursprünglich für das Migrationsmanagement entwickelte Steuerungsinstrumente zum Zwecke der Terrorismusbekämpfung zweckentfremdet" worden.

9 Die Rolle der Medien

„Was in New York und Washington geschah, konnte seine Wirkung überhaupt erst dadurch entfalten, dass und wie davon berichtet wurde", lautet ein Diktum aus dem Fachbereich von TIM KARIS, Kommunikations- und Medienwissenschaftler aus Bochum. Terrorismus, so Karis, sei in erster Linie eine Kommunikationsstrategie, deren einzelne Akte für sich genommen unbedeutend seien. Diese entfalteten sich erst durch ihren Symbolgehalt, den er in ihrer Medialität begründet sieht. Am 11. September 2001 habe dieser Mechanismus aufgrund der Bedeutung der Anschlagsziele ganz besonders kraftvoll und mit bisher unbekannter Intensität funktioniert. Neben der Visualität der Bilder, die in Endlosschleife um den Globus liefen, misst Karis auch dem Live-Charakter der Berichterstattung große Bedeutung bei. Diese habe dem Gros der Rezipienten ein Gefühl des Miterlebens, des „auch-von-der-Gefahr-Betroffenseins" vermittelt. Am 11. September 2001 verließen die Medien damit die ihnen zugedachte Rolle der Berichterstattung und wurden zum Teil des Geschehens selbst, so Karis.

Ergänzend dazu geht die Heidelberger Nordamerikawissenschaftlerin EVA-MARIA MAYER der Frage nach, ob der 11. September für die Darstellung und Interpretation von Terrorismus in der medialen Berichterstattung in den USA als Paradigmenwechsel bewertet werden müsse. Noch nie zuvor in der Geschichte, so Mayer, hätten Terroranschläge das journalistische Interesse mit derart absoluten Zügen auf sich kanalisiert; sie sieht 9/11 daher als quantitativen „Höhepunkt". Diesen relativiert Mayer jedoch mit drei Argumenten als „vorläufig". Erstens ordne sich der 11. September insgesamt in die Gesamttendenz einer kontinuierlichen Zunahme der thematischen Berichterstattung ein. Zweitens habe er in seiner medialen Verbreitung auch von technologischen Neuerungen und sozialen Trends profitiert, die sich bis heute deutlich weiterentwickelt hätten. Drittens sei die mediale Dominanz von 9/11 selber nur von kurzer Dauer gewesen und habe schnell wieder ein normales Maß erreicht. Deutlich nachhaltiger war aus Sicht Mayers dagegen der Effekt, den 9/11 in qualitativer Hinsicht hatte. Dass mit 9/11 Terroranschläge erstmals rhetorisch zum „Krieg" stilisiert und aufgewertet wurden, habe alternative Interpretationen verhindert und mittelfristig andere gesellschaftliche Probleme von der politischen Agenda verdrängt.

Mit dem 11. September sei es Al-Qaida auch in der Bundesrepublik gelungen, so WOLFGANG FRINDTE, NICOLE HAUßECKER und JENS JIRSCHITZKA, eine „diffuse Atmosphäre von Unsicherheit und Angst zu verbreiten und diese durch weitere medienwirksame Anschläge kontinuierlich aufrechtzuerhalten." Für die Medienpsychologen aus Jena steht dabei das Bedrohungsempfinden in keiner Relation zu der tatsächlichen Bedrohungslage. In ihrer Untersuchung gehen sie daher von einem Zusammenhang zwischen dem Einfluss der Medien und der Wahrnehmung von Terrorismus als Gefahr im Allgemeinen sowie von Muslimen und Islam im Besonderen aus. Spezifisch fragen sie dabei einerseits nach der Rolle der Verbreitungsmedien für die mediale Konstruktion von Terror. Andererseits gilt das Interesse des Teams um Frindte der Wahrnehmung durch die Mediennutzer, also der individuellen Interpretation der medialen Deutungsangebote. Durch die Auswertung umfassender Datenerhebungen weisen die Medienpsychologen für die Qualität der Berichterstattung eine deutliche Wirkung auf das Bedrohungsempfinden der Rezipienten nach, nicht aber für die Quantität. Die Verbreitungsmedien treffe zwar keine Schuld an den Anschlägen, spätestens seit 9/11 hätten sich diese „auf eine ungewollte, aber für die Mediennutzerinnen und Mediennutzer tragische Symbiose mit dem Terrorismus eingelassen."

Die wirkungsmächtigen Bilder der terroristischen Anschläge des 11. September 2001 haben sich in das kollektive Gedächtnis von Millionen von Menschen aller Länder und Kulturkreise eingebrannt. Volker Ullrichs Einschätzung in der *Zeit* schon zu Ende desselben Monats repräsentiert wohl die Mehrheit der Meinungen in Deutschland zum damaligen Zeitpunkt: „Stehen wir wieder vor einer Zeitenwende? Werden die Geschichtsbücher einst den 11. September

2001 [...] als einen weltgeschichtlichen Einschnitt beschreiben? Wir wissen es nicht. Aber wir ahnen, dass es so sein könnte."[17] *Zeitenwende 9/11?*, aus dem Vorteil einer Warte wissenschaftlicher Expertise heraus (der Band versteht sich nicht zuletzt als Debattenforum divergierender, aber letztlich sich zu einem Gesamtbild ergänzender Einschätzungen) und im Luxus des Rückblicks auf beinahe anderthalb Jahrzehnte Aufarbeitung und Analyse, will seinen LeserInnen Antworten anbieten. Auf deren Grundlage soll sich jede/r selbst ein Urteil bilden.

---

[17] Volker Ullrich, „Zeitenwende. Warum der 11. September 2001 an den 28. Juni 1914 erinnert", *Die Zeit*, 20.9.2001.

Der 11. September 2001 – ein welthistorischer Wendepunkt?

Philipp Gassert

Dramatische Geschehnisse wie die terroristischen Angriffe des 11. September 2001 oder der Fall der Berliner Mauer am 9. November 1989 rufen beim Publikum die untrügliche Neigung hervor, das augenblicklich als schockierend Erlebte als Teil einer umstürzenden Neuordnung der Welt zu deuten – als epochale Zäsur, als welthistorischen Wendepunkt eben. Die Ermordung Kennedys im November 1963, der Ölpreisschock 1973, die Explosion des Atomkraftwerkes in Tschernobyl im April 1986 bieten umfassendes Anschauungsmaterial für eine derartige Wahrnehmung, wonach der Lauf der Weltgeschichte sich durch ein dramatisches Ereignis ändert. „Es ist einer jener Wendepunkte", konstatierte die *New York Times* am 14. September, „nach denen es eine Welt ‚davor' und ‚danach' gibt."[1] Fast gleichlautend stellten führende deutsche Zeitungen den Zäsurcharakter des 11. September heraus. *Die Welt* sprach davon, dass eine „neue Zeitrechnung beginnt". *Die Zeit* griff ein Zitat des Schriftstellers Paul Auster auf, wonach das 21. Jahrhundert jetzt begonnen habe; „Wir sind aus dem Paradies der Unbefangenheit vertrieben worden", konstatierte die *Süddeutsche Zeitung*; der *Spiegel* sah „das Anbrechen einer neuen, einer dunkleren Zeit auf dem Planeten Erde" voraus.[2]

Zehn Jahre nach den Anschlägen von New York und Washington macht sich Ernüchterung breit. Das Pendel schlägt in die Gegenrichtung zurück. Nicht wenige der zum Jubiläum auf den Markt geworfenen Publikationen machen es sich zur Aufgabe, den Zäsurcharakter des 11. September zu relativieren, den „Mythos 9/11" zu zerstören.[3] Auch diese Deutung ist zeitgenössisch angelegt. So hatte der *Guardian* Anfang Oktober 2001 eine Umfrage unter britischen

---

1   It is „one of those moments in which history splits, and we define the world as ‚before' and ‚after'"; „The War Against America; An Unfathomable Attack", *The New York Times*, 12. September 2001.

2   Paul Auster, „Jetzt beginnt das 21. Jahrhundert: Wir wussten, dass die geschehen könnte. Nun ist es viel schlimmer", in: *Die Zeit*, Nr. 38, 13. September 2001; weitere Quellenzitate bei Margit Reiter, „‚Uneingeschränkte Solidarität'? Wahrnehmungen und Deutungen des 11. September in Deutschland", in: dies., Helga Embacher (Hrsg.), *Europa und der 11. September 2001*, Wien 2011, S. 43-76, hier: S. 45f.; siehe auch Stephan Alexander Weichert, *Die Krise als Medienereignis. Über den 11. September im deutschen Fernsehen*, Köln 2006.

3   Vgl. stellvertretend für viele Michael Butter, Birte Christ, Patrick Keller (Hrsg.), *9/11. Kein Tag, der die Welt veränderte*, Paderborn 2011.

Politikern und Intellektuellen veranstaltet. Der britisch-pakistanische Publizist Tariq Ali z.b. hielt die Vorstellung für „lächerlich", mit 9/11 habe sich alles geändert. Hatte der amerikanische Journalist Roger Rosenblatt nach dem 11. September das Ende des „Zeitalters der Ironie" verkündet, die Seichtigkeit und den allgegenwärtigen Zynismus in der Populärkultur für tot erklärt, so stellten nun Kommentatoren fest, es werde so viel gewitzelt wie ehedem – nur leider nicht auf höherem Niveau.[4] Hollywood fiel in alte Routinen zurück, Reality Shows, für eine Woche tabu, kehrten im Dutzend zurück. Arnold Schwarzeneggers Film, *Collateral Damage*, dessen Kino-Start verschoben worden war, weil der Plot einen terroristischen Akt zum Inhalt hat, wurde Anfang 2002 im Triumph eröffnet: Am ersten Wochenende erzielte er Kassenrekord.[5]

Angesichts der katastrophalen Bilder aus New York wurde von der millionenfach gemachten Erfahrung, dass das Leben für einige Stunden, vielleicht für ein, zwei oder drei Tage „still gestanden hatte", vielfach darauf geschlossen, dass das „Leben an sich" sich verändert habe. Weil Routinen jäh unterbrochen wurden, schien makrosozialer Wandel vorprogrammiert. Doch mit historischer Distanz relativiert sich nicht nur für rückblickende Historiker, sondern auch für das einzelne Individuum die Bedeutung des Einschnitts. So fragten sich nach wenigen Wochen mehr oder weniger berufene Künstler, Schriftsteller und Unternehmer, was der 11. September verändert habe. Vor allem Männer unter den Befragten gaben zu Protokoll, dass man trotz der Wut über die Anschläge „so normal wie möglich" weiter leben müsse.[6] Der Anteil derjenigen, die für „business as usual" plädierten, wuchs in den folgenden Wochen an. Unter der Überschrift „A Crisis Can't Last Forever" zog der *San Francisco Chronicle* die Schlussfolgerung, der Alltag habe Amerika wieder eingeholt; die Kirchen seien nach dem 11. September voll gewesen, nun stünden sie werktags wieder leer; auch im Kongress in Washington sei der Geist der Überparteilichkeit verflogen.[7]

4   Elisabeth Noelle-Neumann, „Public Opinion Responses in Germany", in: Bradley S. Greenberg (Hrsg.), *Communication and Terrorism. Public and Media Responses to 9/11*, Cresskill, NJ 2002, S. 305-316.

5   Thomas Pollard, Hollywood 9/11: „Time of Crisis", in: Matthew J. Morgan (Hrsg.), *The Impact of 9/11 on the Media, Arts, and Entertainment. The Day that Changed Everything?* New York 2009, S. 195-207, hier: S. 197; Bernd Scheffer, „„... wie im Film': Der 11. September und die USA als Teil Hollywoods", in: Matthias N. Lorenz (Hg.), *Narrative des Entsetzens. Künstlerische, mediale und intellektuelle Deutungen des 11. September*, Würzburg 2004, S. 81-103, hier: S. 88.

6   So der damalige Bertelsmann-Chef Thomas Middelhoff, „Wie hat der 11. September für Sie die Welt verändert", Umfrage in *Die Welt*, 11. November 2001, http://www. welt.de/print-wams/article616974/Wie-hat-der-11-September-fuer-Sie-die-Welt-veraendert-2.html. (30. November 2013).

7   Louis Freedberg, „A Crisis Can't Last forever: Post-9/11 looks a lot like Pre-9/11", in: *The San Francisco Chronicle*, 10. März 2002, http://www.sfgate.com/opinion/article/ TERRORISM-A-Crisis-Can-t-Last-Forever-2866572.php (30. November 2013).

Während unsere mediale Kultur individuelle Ereignisse betont und ereignisge-
schichtliche Trugschlüsse produziert, neigen rückblickende Historikerinnen
und Historiker dazu, den Zäsurcharakter von Ereignissen zu relativieren.[8]
Auch Schriftsteller stimmten schon zuvor in diesen Tenor ein.[9] Was wir als
Zäsur erkennen, ist in erster Linie ein Produkt unseres Geistes. Zäsuren sind,
dessen ist sich die Geschichtswissenschaft seit langem bewusst, rhetorische
Krücken, um den Wandel zu konturieren, um Ordnung ins Meer der Fakten zu
bringen. Sie sind, wie alles historische Wissen, notwendig perspektivisch und
können sich bestenfalls nur auf einzelne Bereiche der sozialen Wirklichkeit
beziehen.[10] So hat die durch 9/11 ausgelöste Ereigniskette (vor allem mit den
Kriegen in Afghanistan und Irak) zweifelsfrei gravierende Auswirkungen auf
das weltpolitische Standing der USA und auf die transatlantischen Beziehungen gehabt.[11] Zugleich muss auch hier konstatiert werden, dass latent angelegte
Entwicklungen manifest wurden. So gibt es beispielsweise weltweit ältere
Tendenzen eines Antiamerikanismus, der nach 9/11 nicht erst erfunden werden
musste, sondern nun im Zeichen der Kritik an Bush dramatisch durchzubre-
chen schien.[12] Auch der viel diskutierte „Aufstieg der Anderen" (Fareed Zakaria), d.h. „neuer" Großmächte wie China, Indien und Brasilien, war längst vor-
gezeichnet.[13]

Der Potsdamer Historiker Martin Sabrow hat in einem Vortrag auf dem Berliner Historikertag 2012 und jetzt einem grundlegenden Aufsatz zu „Zäsuren in
der Zeitgeschichte" gegen die radikal konstruktivistische Sicht von Zäsuren
argumentiert und zwischen orthodoxen und heterodoxen Zäsuren unterschieden. Orthodoxe Zäsuren bestätigten die „vorherrschende Weltsicht einer Ge-

8   Manfred Berg, „Der 11. September – eine historische Zäsur?", in: *Zeithistorische
     Forschungen*, 8, 2011, Heft 3, http://www.zeithistorische-forschungen.de/site/40209189/
     default.aspx (30. November 2013).
9   David Simpson, „Telling Like it Isn't", in: Ann Keniston, Jeanne Follansbee Quinn (Hg.),
     Literature after 9/11, London 2008, S. 209-223.
10   Johann Gustav Droysen, *Historik. Vorlesungen über Enyklopädie und Methodologie der Ge-
     schichte*, 7. Aufl. 1937 [1858], Darmstadt 1977, S. 20f.
11   Hans-Peter Schwarz, „America, Germany, and the Atlantic Community After the Cold War",
     Cambridge 2004, in: Detlef Junker (Hrsg.), *The United States in Germany in the Era of the
     Cold War, 1945-1990*, Vol. 2: 1968-1990, S. 535-565; Stephen F. Szabo, *Parting Ways. The
     Crisis in German-American Relations*, Washington, D.C. 2004; Günther Heydemann, Jan
     Gülzau (Hrsg.), *Konsens, Krise und Konflikt. Die deutsch-amerikanischen Beziehungen im
     Zeichen von Terror und Irak-Krieg. Eine Dokumentation 2001-2008*, Bonn 2010.
12   Peter J. Katzenstein, Robert O. Keohane (Hrsg.), *Anti-Americanisms in World Politics*, Ita-
     haca 2007; Margit Reiter, Helga Embacher (Hrsg.), *Europa und der 11. September 2001*,
     Wien 2011.
13   Fareed Zakaria, *Der Aufstieg der anderen. Das postamerikanische Zeitalter*, München 2009;
     „Declinism" war indes bereits in den 1970er und 1980er Jahren eine vielfach verbreitete in-
     tellektuelle Strömung in den USA, vgl. Philipp Gassert, *Erzählungen vom Ende: Rückblick
     und Ausblick auf das amerikanische Jahrhundert*, in: Osteuropa 61, 2011, S. 13-29.

sellschaft", heterodoxe Zäsuren „erzwingen Neuinterpretationen, stellen Zeitgenossen vor Anpassungsprobleme, die den Gegensatz von biografischer Kontinuität sowie von politischer und sinnweltlicher Diskontinuität zu bewältigen verlangen."[14] Dadurch wird das sinnweltlich Erlebte handlungsrelevant. Sabrows Lesart zufolge zählt der 11. September, im Unterschied zum 9. November 1989, zu den orthodoxen Zäsuren. 9/11 habe gesellschaftliche Basisnormen bestätigt und nicht in Frage gestellt. Es habe die Menschen nicht zu einer grundsätzlichen Neuinterpretation der Geschichte gezwungen. Im Unterschied zum Mauerfall, auf den in Teilen Europas ein Systemwechsel folgte, habe die terroristische Attacke nicht die sozial gültigen Maßstäbe aufgehoben. Im Falle des Erdrutsches von 1989/90 würden nachträgliche Deutung und sinnweltlich erlebte Deutungszäsur eins, weshalb der Einschnitt 9. November selbst Handlungsmacht erlangte. Hinter den 9. November könne niemand gedanklich zurück, der 11. September habe „keine neuen Sichtachsen und Denkhorizonte" geschaffen.[15]

Dies möchte ich bezweifeln. So sinnvoll Sabrows fachtheoretische Rehabilitierung des Zäsurbegriffs ist, so wenig teile ich seine Kontrastierung von Mauerfall und 9/11 als heterodoxem und orthodoxem Ereignis. Auch der 11. September bietet Anschauungsmaterial dafür, dass soziale Akteure, weil sie vom katalytischen Charakter des Ereignisses überzeugt waren, oder wenigstens so agierten, als wäre dies der Fall, das „kritische Ereignis" quasi selbst herbeiführten. Dabei wurden mentale Schranken gesetzt, hinter die wir nicht zurückkehren können, wodurch eine neue gesellschaftliche Situation entsteht. Auch bei 9/11 wird das Ereignis nachträglich im Lichte der zeitgenössischen Setzung von Sinn gedeutet, fällt sinnweltliche Neuorientierung und historische Deutung zusammen. Umgekehrt lässt sich auch für den 9. November argumentieren, dass trotz vorübergehender Unterbrechung der Routinen das Leben weiterging, dass je nach Standort und Perspektive der Mauerfall beispielsweise im britischen und amerikanischen Konservatismus gängige Vorstellungen von der Überlegenheit der westlichen Gesellschafts- und Werteordnung triumphal bestätigte. In diesem Fall hätte das Ereignis Mauerfall also orthodoxe Wirkungen hervorgerufen.[16] Ähnlich erzwang auch im Fall von 9/11 das Ereignis zwar nicht für jeden notwendigerweise sinnweltliche Neuorientierungen. Doch unter Mithilfe medialer und politischer Akteure absorbierte es Aufmerksamkeit und machte die Deutung in Hinblick auf die nachfolgende Praxis in machen Aspekten doch auch zum Wendepunkt.

---

14 Martin Sabrow, „Zäsuren in der Zeitgeschichte", in: Frank Bösch, Jürgen Danyel (Hrsg.), *Zeitgeschichte – Konzepte und Methoden*, Göttingen 2012, S. 109-130, hier: S. 126.
15 Ebd., S. 128.
16 Bekannt geworden ist vor allem in der Formel vom „Ende der Geschichte", Francis Fukuyama, *The End of History and the Last Man*, New York 1992; auch als Bestätigung der konventionellen Sicht des Kalten Krieges bzw. der sowjetischen Herausforderung vgl. John Lewis Gaddis, *We Now.Know. Rethinking Cold War History*, Oxford 1997.

Im Folgenden möchte ich zunächst Aspekte der Theorie des Ereignisses beleuchten und greife dazu Überlegungen vor allem von Pierre Bourdieu und Reinhart Koselleck auf. In einem zweiten Schritt wird gefragt, inwiefern Reaktionen auf 9/11 neuartig waren, inwiefern sie eingeschliffene Weltsichten bestätigten, inwiefern die zeitgenössische Annahme vom transformatorischen Charakter des 11. Septembers politische Relevanz erhielt. Etablierten gesellschaftliche, politische und kulturelle Akteure neue Muster der Weltsicht? Waren sie gefangen in existierenden Narrativen – wie z. B. der Vorstellung vom „Clash of Civilizations" (Samuel Huntington) oder amerikanischer Hegemonie? In einem dritten Schritt frage ich dann, inwiefern diese spezielle Rezeption von 9/11 selbst zum Katalysator historischen Wandels wurde. Hat das Ereignis als politisches und mediales Artefakt dem strukturellen Kontext, der es ermöglicht hatte, etwas Neues hinzugefügt? Wirkt es am Ende strukturtransformierend? Bei der vorliegenden Analyse konzentriere ich mich auf die US-Außenpolitik und auf die globale Situation. Innere Entwicklungen, vor allem die Fragen der inneren Sicherheit in den westlichen Staaten, lasse ich außen vor, auch wenn sich hier mit dem 11. September die Toleranzgrenzen verschoben haben und der Aufbau eines nationalen aber auch internationalen Sicherheitsstaates neue Qualitäten erreichte – insbesondere in den USA und Großbritannien.[17]

Abschließend möchte ich begründen, warum der 11. September das Prädikat des historischen Wendepunktes bei aller Skepsis doch auch verdienen könnte, obwohl 12 Jahre nach den Ereignissen der Anspruch zu hoch greifen würde, hier eine abschließende Klärung zu erzielen. Denn diese Geschichte ist noch nicht erkaltet.[18] 9/11 legte erstens latente Strukturen frei, was für alle historischen Zäsuren gilt, aber die den Zeitgenossen dadurch ins Bewusstsein drangen. Er provozierte zweitens Handlungen, die das Gegenteil der ursprünglich intendierten Ziele erreichten und so transformatorisch wirkten. Denn nach dem 11. September scheiterte der Versuch der Regierung Bush einer sicherheitspolitischen Revolution zur Sicherung einer amerikanischen Hegemonie. Doch nun wurde die bipolare Weltordnung des Kalten Krieges endgültig überwunden, die noch in den Köpfen steckte. Der neokonservative Versuch, den unipolaren Moment der 1990er Jahre zu verstetigen, missglückte. Eine neue Weltordnung kündigte sich an. Aber dennoch ging damit nicht das Ende der globalen Dominanz der USA einher, von der in den 1990er Jahren viel die Rede war. Denn diese war umgekehrt in den 1990er Jahren keinesfalls so überwältigend und uneingeschränkt gewesen, wie es zeitweilig den Anschein haben mochte. Vor allem besteht die amerikanische Hegemonie im kulturellen Sektor weiter,

17 Stephan Büsching, *Rechtstaat und Terrorismus. Die sicherheitspolitische Reaktion der USA, Deutschlands und Großbritanniens auf den internationalen Terrorismus*, Frankfurt/Main 2010.
18 Hans-Peter Schwarz, „Die Neueste Zeitgeschichte", in: *VfZ* 51, 2003, S. 5-28.

auch wirtschaftlich und vor allem militärisch bleiben die USA Nr. 1. Hier trug der 11. September zur Festigung einer neuen, noch namenlosen Ordnung einer globalisierten Welt bei[19], bzw. zur Festigung entsprechender Wahrnehmungsmuster, so dass deren Konturen nach dem gar nicht so plötzlichen Ende des Kalten Krieges nun sichtbarer wurden.

1 Zur Theorie des Ereignisses: Was ist ein Wendepunkt?

Hierzu greife ich noch einmal die Überlegungen von Martin Sabrow auf, der den Zäsurbegriff „fachtheoretisch" rehabilitieren möchte. Bei aller berechtigten Skepsis gegenüber universalhistorischen Zäsuren müsse systematischer über die „aufschließende und auf die einengende Kraft von Zäsuren" reflektiert werden. Dabei sei es erforderlich, zwischen historisch nachträglich deutenden Zäsuren (typischen von Historikern gesetzten Einschnitten wie 1789, 1848 oder 1968) und zeitgenössisch „sinnweltlicher Ordnungszäsur" zu unterscheiden. Während erstere Setzungen der Nachlebenden seien und dabei ganz besonders der Geschichtswissenschaft, hätten letztere, wie Sabrow mit Blick auf den Umbruch des 9. November 1989 argumentiert, als Einschnitt „selbst Handlungsmacht" erlangt. Weil Menschen davon überzeugt gewesen wären, dass nun eine neue Epoche begonnen hätte, wäre das Ereignis selbst zum Auslöser historischen Wandels geworden.[20] In der Retrospektive sehe die Welt anders aus als zuvor, man könne die alte Bundesrepublik und ihre ideologische und gesellschaftliche Grundstruktur gar nicht mehr anders als im Lichte der nachfolgenden Wiedervereinigung interpretieren. 9/11 indes spricht Sabrow eine derartige „game changing function" ab.

Auch für den 9. November 1989 gilt, dass dieser zwar zum Ende der Sowjetunion führte und sich somit die geopolitische Landschaft dramatisch änderte. Der Sozialismus war in Europa als Gesellschaftssystem gescheitert. Der 9. November löste im ehemaligen Osteuropa einen umfassenden sozialen Wandel und eine Umwertung vieler Wertvorstellungen aus, während jedoch ein nicht weniger großer Teil Europas sich in seinem gesellschaftlichen Grundkonsens nachhaltig bestärkt fühlen konnte. Der Fall der Mauer hatte die dortige soziale

---

19 Timothy Garton Ash, *Jahrhundertwende. Weltpolitische Betrachtungen 2000-2010*, Bonn 2010, S. 18, spricht von einer „namenlosen Dekade" in Hinblick auf das erste Jahrzehnt des 21. Jahrhunderts, vgl. auch John Lewis Gaddis, *The Age of Terror: America and the World After September 11*, New York 2008, S. 3, zur Ära nach dem Kalten Krieg: „We have had a good name for it, and now it's over."
20 Sabrow, „Zäsuren", S. 122.

Wirklichkeit (vorerst) nur touchiert.[21] In den 1960er und 1970er Jahren einsetzende Prozesse des makrosozialen und makroökonomischen Wandels, wie die
Deindustrialisierung, die wachsende Verunsicherung der Arbeitsbiographien,
Medialisierung, die Entvölkerung der ländlichen Regionen, der flächende-
ckende Durchbruch zur Konsumgesellschaft, der viel beschworene Wertewan-
del waren auch schon davor im Gange und wurden von der deutsch-deutschen
Wiedervereinigung auch nicht abgebogen.[22] Alle Mal wirkte der Umbruch
1990 systemstabilisierend für die politische, rechtliche und soziale Ordnung
der BRD und des Grundgesetzes – wenn das Vorhandene schlicht und einfach
auf die DDR-Gesellschaft aufgepfropft wurde, wie etwa die politisch sinnvolle, aber ökonomisch problematische Einführung der DM und des westdeutschen Sozialstaats in den neuen Ländern zeigte.[23] Das bedeutet, dass sich auch
beim Mauerfall heterodoxe und orthodoxe Qualitäten identifizieren lassen.
Auch hier klaffen die historiographische Deutung und zeitgenössisches Bewusstsein auseinander, die Qualität der Zäsur 9. November im Vergleich zu
9/11 ist so offensichtlich nicht, wie Sabrow vorgeschlagen hat.[24]

Für wie bedeutend man den 11. September 2001 als historisches Datum – als
Wendepunkt, Zäsur usw. – erachtet, hängt auch davon ab, für wie hoch man
die Rolle individueller Ereignisse bzw. des Handelns einzelner Personen für
den historischen Wandel sieht, unter welchen theoretischen Prämissen man
von Ereignissen spricht. Historikerinnen und Historiker blicken gern hinter die
Kulisse des bloß Ereignishaften.[25] In unseren Quartieren regiert die Skepsis,

21 Andreas Wirsching, *Der Preis der Freiheit. Geschichte Europas in unserer Zeit*, München
    2012, arbeitet zum Beispiel die katalytische Funktion in Bezug auf die Vertiefung der Euro-
    päischen Union heraus, sieht jedoch zugleich die Kontinuität langfristiger Problemkonstella-
    tionen.
22 Anselm Doering-Manteuffel, Lutz Raphael, *Nach dem Boom. Perspektiven auf die Zeitge-
    schichte seit 1970*, Göttingen 2008; Konrad Jarausch (Hrsg.), *Das Ende der Zuversicht? Die
    siebziger Jahre als Geschichte*. Göttingen 2008; Thomas Raithel, Andreas Rödder, Andreas
    Wirsching (Hrsg.), *Auf dem Weg in eine neue Moderne? Die Bundesrepublik Deutschland in
    den siebziger und achtziger Jahren*, München 2009; kritisch zur Krisendebatte Martin H.
    Geyer, „Auf der Suche nach der Gegenwart: Neue Arbeiten zur Geschichte der 1970er und
    1980er Jahre“, in: *Archiv für Sozialgeschichte* 50, 2010, S. 643-669, hier: S. 650.
23 Gerhard A. Ritter, *Der Preis der Einheit. Die Wiedervereinigung und die Krise des Sozial-
    staates*, München 2006; Andreas Rödder, *Deutschland einig Vaterland. Die Geschichte der
    Wiedervereinigung*, München 2009, S. 300ff., 317ff.
24 So lässt sich z.B. auch für die Französische Revolution anführen, dass diese zeitgenössisch
    als epochaler Umschwung empfunden wurde, aber nachträglich Historiker den Umbruchcha-
    rakter der Ereignisse von 1789 relativierten, vgl. François Furet, *Penser la Révolution
    française*, Paris 1978; auch der Zäsurcharakter von 1968 wurde nicht allein von Historikern
    „erfunden“, sondern von zeitgenössischen Akteuren frühzeitig selbst ins Spiel gebracht,
    bleibt aber hochgradig umstritten, vgl. Philipp Gassert: „Das kurze ‚1968‘ zwischen Ge-
    schichtswissenschaft und Erinnerungskultur: Neuere Forschungen zur Protestgeschichte der
    1960er-Jahre“, in: *HSK*, 30.04.2010, <http://hsozkult.geschichte.hu-berlin.de/forum/2010-
    04-001>.
25 Volker Sellin, *Einführung in die Geschichtswissenschaft*, Göttingen 1995, S. 152.

wenn es um den Erklärungswert einzelner Ereignisse geht.[26] Unter dem Einfluss der französischen Annales-Schule und sozialwissenschaftlicher Theorien, wurden lange Zeit Strukturen und anonyme Prozesse untersucht, wenig Raum wurde individuellem Handeln und Erleiden eingeräumt. So sprach Emmanuel Le Roy Ladurie in den 1960er Jahren davon, dass die Sozialgeschichte das „Todesurteil" über das Ereignis verkündet habe.[27] In den 1970er Jahren wendete sich das Blatt. Die Studentenrevolte um 1968, der deutsche Herbst 1977, der Fall der Mauer 1989, nährten Zweifel an anonymer Strukturgeschichte. Alltags- und kulturhistorische Fragestellungen taten ein Übriges, individuelle Erfahrungen in der Historiographie aufzuwerten.

Pierre Bourdieu hat in den 1980er Jahren eine Theorie des „kritischen Ereignisses" formuliert, die als Ausgangspunkt weiterer Überlegungen dienen kann. Bourdieu wollte verstehen, wie krisenhafte Spannungen in allgemeine Krisen umschlagen.[28] Er entwarf ein analytisches Raster, mit dem er Struktur und Ereignis systematisch aufeinander bezog. Bourdieu zufolge sind kritische Ereignisse diejenigen Ereignisse, die zur Überführung von Strukturkonflikten in eine allgemeine Krisensituation führen. Er definierte dies wie folgt: a) sie synchronisieren die Wahrnehmung heterogener Akteure, b) sie führen einen Bruch mit dem Alltag und der normalen Zeitwahrnehmung herbei, c) sie zwingen Individuen und Gruppen zur Stellungnahme und d) sie rufen Erwartungen und Ansprüche hervor. 9/11 kann auf diesen Katalog unmittelbar angewendet werden: a) und b), die Synchronisierung der Wahrnehmung heterogener Akteure und der Bruch der Alltagsroutine, waren rasend schnell erfüllt. Auch c), der Zwang zur Stellungnahme, war da, auf die Dramatik des 11. September mussten Journalisten und Politiker auf beiden Seiten des Atlantiks reagieren; die amerikanische Bevölkerung erwartete d), dass ihre Regierung handeln würde.[29]

Bourdieu macht darauf aufmerksam, dass die Akteure aufgrund ihrer Einschätzung der Lage das Ereignis als krisenhaft und zum Handeln zwingend wahrnehmen müssen, damit es zum „kritischen Ereignis" wird. D.h., Erwartungen werden formuliert. Der Clou sind die Wechselbeziehungen zwischen Ereignis und Struktur. Ersteres ist nun nicht mehr nur Oberflächenirritation wie bei Fernand Braudels Geschichte des Mittelmeers. Es wird eine Verbindung zwischen erstens dem „externen Ereignis", sowie zweitens dessen Wahrnehmung

---

26 In diesem Sinne vor allem die Beiträge in Mary L. Dudziak (Hrsg.), *September 11 in History: A Watershed Moment?* Durham/London 2003.

27 Andreas Suter, Manfred Hettling (Hrsg.), „Struktur und Ereignis – Wege zu einer Sozialgeschichte des Ereignisses", in: dies. (Hrsg.), *Struktur und Ereignis*, Göttingen 2001, S. 7-32, hier: S. 25.

28 Ausführlich hierzu Ingrid Gilcher-Holtey, „,Kritische Ereignisse' und ‚kritischer Moment': Pierre Bourdieus Modell der Vermittlung von Ereignis und Struktur", in: ebd., S. 120-137, hier: S. 121.

29 Pierre Bourdieu, *Homo academicus*, Frankfurt 1988, S. 281ff.

durch die Akteure und drittens der gesellschaftlichen Situation der Akteure hergestellt, was wiederum bestimmte Reaktionen erklärt. Damit stellt Bourdieu eine Vermittlung zwischen individuellem Handeln, der auf Ereignisse reagierenden Mikroebene, und den überindividuellen Strukturen, das heißt der Makroebene her. Indes ist damit noch nichts darüber ausgesagt, ob dieses Handeln auch Wirkungen hat und sozialen Wandel auslösen kann. Vielmehr muss das „kritische Ereignis", so die Bielefelder Historikerin Ingrid Gilcher-Holtey in ihren Untersuchungen zum „Mai 1968" in Frankreich, den Möglichkeitsraum der Akteure erweitern. Dies führe jedoch nur dann zu gesellschaftlichen Umbrüchen, wenn sich dadurch in den Institutionen und festgefügten Ordnungsvorstellungen etwas ändere. Bei „1968" sei dies nicht der Fall gewesen, sondern habe sich die bestehende Ordnung stabilisiert.[30]

Strukturen, so schreibt Reinhart Koselleck, werden letztlich „nur greifbar im Medium von Ereignissen".[31] Das Ereignis sei Indikator für „soziale, rechtliche oder wirtschaftliche Vorgegebenheiten langfristiger Art". Zugleich gilt, dass Strukturen den Verlauf von Ereignissen bestimmen, oder überhaupt erst bestimmte Ereignisse ermöglichen. Indes bleibt es dabei, dass es einen kategorialen, nicht aufzuhebenden Unterschied zwischen Ereignis und Struktur gibt. Das Ereignis mag strukturdeterminiert sein, aber der Zufall spielt eine Rolle, so dass sich Handeln nie allein aus Strukturbedingungen erklärt. Koselleck erläutert dies am Beispiel der Schlacht von Leuthen (1757). Der überraschende Sieg Friedrichs des Großen habe die Schlacht zum Symbol gemacht und diese so strukturelle Wirkung entfaltet. Bestimmte Schlussfolgerungen aus dem Ablauf der Schlacht hätten etwa zu einer Aufwertung des kriegerischen Risikos in den militärischen Planungen Preußens und Deutschlands geführt. Die Geschichte eines Ereignisses gewönne so ihren Stellenwert „für strukturelle Aussagen, für prozessuales Geschehen".[32]

Ein historischer Wendepunkt ist nach meiner Definition nun genau ein solcher Moment, in dem ein ereignishaftes Geschehen soziale Strukturen und Bedingungen des Handelns offenlegt, aber auch über die partielle Durchbrechung einer Routine und die Deutung des Vorgefallenen als „Wende" zum Ausgangspunkt oder Katalysator historischen Wandels wird, oder werden kann, und damit auch langfristig strukturtransformierende Wirkungen hat. Durch den 11. September 2001 scheint vielen Menschen in ihrem Selbstverständnis schlagartig eine bestimmte historische Konstellation bewusst geworden zu sein, die bis dahin nur eine latente Möglichkeit gewesen war. Das bisher Angelegte wurde nun in seiner Wahrnehmung manifest. Hierdurch aber wurde eine Kette von

---

30 Gilcher-Holtey, „Kritische Ereignisse", S. 136f.
31 Reinhart Koselleck, „Ereignis und Struktur", in: ders., Wolf-Dieter Stempel (Hrsg.), *Geschichte – Ereignis und Erzählung*, München 1973, S. 560-571, hier: S. 565.
32 Ebd., S. 570.

Handlungen provoziert, die keinesfalls den alten Status wiederherstellten, sondern durchaus einen folgenreichen, das Bewusstsein und die Wahrnehmung der Welt ändernden Schock zur Folge hatten. Insofern war auch der 11. September ein heterodoxes Ereignis. 9/11 hinterfragte alte Gewissheiten und rief Prozesse hervor, die einen Strukturwandel beschleunigten.[33]

2 Alter Wein in neuen Schläuchen? Präsident Bush deutet den 11. September

Sehen wir uns dies an einem konkreten Beispiel an. Der 11. September führte überall in der Welt zu einem vorübergehenden Bruch der Alltagsroutinen. Die Nachricht von den Anschlägen verbreitete sich wie ein Lauffeuer um die Welt. Der 11. September verlangte Menschen in den unterschiedlichen kulturellen Kontexten Reaktionen ab. Schon eine Stunde nach den Anschlägen hatten 70% der Deutschen davon erfahren, am Tag darauf war die gesamte Bevölkerung informiert, Alte, Kranke, Kleinkinder und Jugendliche eingeschlossen. In den USA verbreitete sich die Nachricht noch schneller. Dort hatten eine Stunde nach dem Aufprall des ersten Flugzeuges 90% der Bevölkerung davon gehört.[34] Soweit Fernsehen und Internet reichten, sahen – und die Betonung liegt hier auf „sehen" – Menschen in aller Welt die schrecklichen Bilder.[35] Marshall McLuhans „globales Dorf" war für ein paar Stunden gefühlte Realität geworden.

In der Auffassung, dass wir nun „alle Amerikaner" sind – so der bekannte Ausruf von Le Monde – kam ein global identitätsstiftendes Moment zum Ausdruck.[36] Viele reagierten mit Trauer und Entsetzen, wenn auch zum Teil mit Genugtuung, dass es nun die von terroristischen Attacken bisher scheinbar verschonten Amerikaner „endlich auch einmal" traf. In der Geschichte der Massenmedien ist der 11. September 2001 mit Einschränkungen ein Einschnitt. Dank der in den 1990er Jahren aufgebauten globalen medialen Strukturen, kam eine Synchronisierung der Ikonographie des Ereignisses zustande. Das war in dieser Quantität und Qualität neu. Zwar können auch Naturkatastrophen wie die Tsunami im Indischen Ozean 2004 oder das Seebeben vor Fukushima mit

---

33 John Mueller, „The Long-Term Political and Economic Consequences of 9/11", in: Matthew S. Morgan, The Impact of 9/11 on Politics and War: The Day that Changed Everything? New York 2009, S. 8-15.

34 Vgl. den Beitrag von Eva-Maria Mayer in diesem Band (S. 4).

35 Anne Becker, 9/11 als Bildereignis. Zur visuellen Bewältigung des Anschlags, Bielefeld 2013.

36 Jean-Marie Colombani, „Nous sommes tous Américains", Le Monde, 13. September 2001.

der anschließenden Nuklearkatastrophe 2011 eine global umspannende Medienreaktion und Synchronisierung der Wahrnehmungen sehr heterogener Akteure herbeiführen[37]. Doch die Unterschiede in der Art und Weise der Reaktionen liegen auch auf der Hand. Denn die Tsunami 2004 evozierte zwar Vorstellungen einer Weltgesellschaft und rief weltweit Solidarität hervor, war jedoch kein politisches Ereignis im engeren Sinne wie 9/11 und provozierte daher auch keinen politischen Handlungszwang in den meisten Ländern. Unterschiede werden auch deutlich in der fehlenden Sichtbarkeit der Akteursebene. Anders als nach dem 11. September konnten wenige die Namen der privaten und politischen Akteure nennen, die in Indonesien und weltweit Hilfsmaßnahmen koordinierten.

Das Bild von dem unmittelbar bevorstehenden Aufprall des zweiten Flugzeuges (UA 175) in den Südturm des World Trade Centers ist heute eine weltweit zitierbare Bildikone. Menschen in unterschiedlichen kulturellen Kontexten können es zuordnen. Das heißt, der 11. September stellte auf bisher unbekannte Weise eine Weltöffentlichkeit her. Die Schockwellen erreichten nicht nur einen segmentierten Meinungsmarkt oder die industrialisierte Welt. Der 11. September erreichte buchstäblich die Menschheit. Indes – und dies wäre eine Einschränkung zur Vorstellung eines „medialen Wendepunktes" 9/11 – war technologisch gesehen der 11. September nicht innovativ: Bei der Erstverwertung dominierte ein traditionelles Medium: Das Fernsehen, durch das 47% der Menschen von dem Anschlag erfuhren; auch in der Zweitverwertung kam, jedenfalls in westlichen Ländern, ein etabliertes Medium zum Zug, nämlich Zeitungen. Diese waren am folgenden Tag komplett ausverkauft. Blogs und webbasierte Medien bestimmten erst in dritter Linie den Deutungsmarkt. Hier zeigten sich die Grenzen der damals noch neuen Medien. Denn populäre Seiten wie *Spiegel Online* waren aufgrund der massiven Zugriffe schnell blockiert. Nur 3% erfuhren via Internet zuerst vom 11. September.[38]

Die Terroristen zielten auf den medialen Effekt – darüber besteht Konsens. Ohne die Medien wäre der 11. September kein „kritisches Ereignis", wäre die Wahrnehmung heterogener Akteure nicht synchronisiert worden, hätte der Bruch der Alltagsroutinen nicht den Zwang zur Stellungnahme provoziert. Diese Feststellung ist banal, doch sie verdient nachdrückliche Betonung. Da-

---

37   Boris Holzer, „Seebeben mit Zuschauer: Die Tsunami-Katastrophe als Weltereignis", in: Stefan Nacke, René Unkelbach, Tobias Werron (Hrsg.), *Weltereignisse. Theoretische und empirische Perspektiven*, Wiesbaden 2008, S. 227-244.

38   Brian A. Monahan, *The Shock of the News. Media Coverage and the Making of 9/11*, New York 2010, S. 12f.

mit der Terror als solcher erkannt werden kann, braucht er bestimmte, das Au-ßergewöhnliche betonende mediale Formen der Repräsentation.[39] Die Behauptung vom Wendepunkt war Teil des terroristischen Kalküls, aber sie war auch den Existenzbedingungen moderner Massenkommunikation geschuldet. Dieser mediale Reflex, der ja eigentlich ein ereignisgeschichtlicher Trugschluss ist, stellte den kommunikativen Rahmen her, innerhalb dessen sich dann der amerikanische Präsident George W. Bush artikulieren musste. Und er hat den Erwartungen der Terroristen entsprechend reagiert, auch wenn er die Erwartungen des amerikanischen Publikums im Auge hatte.

Am 20. September sprach Bush zur Lage der Nation vor beiden Häusern des Kongresses:

„On September the 11th, enemies of freedom committed an act of war against our country. Americans have known wars – but for the past 136 years, they have been wars on foreign soil, except for one Sunday in 1941. Americans have known the casualties of war – but not at the center of a great city on a peaceful morning. Americans have known surprise attacks – but never before on thousands of civilians. All of this was brought upon us in a single day – and night fell on a different world, a world where freedom itself is under attack."[40]

In seiner Rede verband er die Behauptung des Neuen mit historischen Erfahrungswerten. Präsident Bush sprach von einer veränderten Welt („night fell on a different world"); der Vergleich mit dem Angriff auf Pearl Harbor („one Sunday in 1941"), die Höhe der zivilen Opfer, die Tatsache, dass zum ersten Mal seit dem Ende des Amerikanischen Bürgerkrieges („seit 136 Jahren") wieder Kriegsopfer auf amerikanischem Boden zu beklagen wären (eine historisch nicht ganz korrekte Aussage), hob die Neuartigkeit der Erfahrung für die lebende Generation von Amerikanern hervor – nicht aber für die amerikanische Nation in ihrer Geschichte.

Hier befand sich der Präsident weitgehend im Einklang mit der veröffentlichten Meinung, die ebenfalls das Unerhörte, Neuartige, nie Dagewesene betonte. Die Trauer und die Wut, auch „das Bedürfnis nach Rache"[41], lässt sich auch damit erklären, dass die längst im Kalten Krieg zur Fiktion gewordene territoriale Unversehrtheit der USA plötzlich nicht mehr selbstverständlich war. In der ersten Schrecksekunde fragten sich viele Menschen, ob sich dieses filmreife Szenario tatsächlich vor ihnen abspielte. Denn 9/11 hatte große Ähnlichkeit mit populärkulturellen Inszenierungen von Katastrophen, denen nicht zu-

---

39 Vgl. u.a. David Altheide, „Fear, Terrorism, and Popular Culture", in: Jeff Birkenstein, Anna Froula, Karen Randell (Hrsg.), *Reframing 9/11. Film, Popular Culture and the „War on Terror"*, New York 2010, S. 11-22.

40 George W. Bush, Address to the Joint Session of Congress and the American People, 20. September 2001, in: National Archives, Internet Archive, https://ia701206.us.archive.org/10/items/gwb2001-09-20.flac16/gwb2001-09-20transcript.txt (30. November 2013).

41 Detlef Junker, *Power and Mission. Was Amerika antreibt*, Freiburg i.Br. 2003, S. 152.

letzt New York gerne als Kulisse diente, so dass einige Autoren sogar argumentierten, dass sich die Terroristen letztlich von Hollywood hätten inspirieren lassen.[42] Es waren denn auch Filmszenarien, die den Rahmen für Reaktionen steckten. Dabei gab es ganz andere Erfahrungswerte, an welche die Politik hätte anknüpfen können. Denn die USA hatten mit dem Oklahoma City Bombing erst sechs Jahre zuvor schon einmal Ähnliches erlebt. Und auch die Sprengung der amerikanischen Botschaften in Kenia und Tansania hatte zwei Jahre später zu sehr hohen Opferzahlen geführt. Anders als 1995 und 1998 wurde der Terroranschlag des 11. September 2001 jedoch nicht als Terroranschlag, sondern als Kriegserklärung an Amerika interpretiert. Dabei gingen die Medien, auch die internationalen Medien, hier durchaus mit ihrer Interpretation der Politik voran.

Entscheidend ist daher, welche Deutung die US-Regierung und viele Journalisten den Ereignissen des 11. September beimaßen.[43] Bush stellte die Neuartigkeit der Angriffe in den Vordergrund, die eine andere Qualität erreicht hätten als frühere Attacken auf die USA (was nicht zu bestreiten ist), aber er erklärte den Terrorakt vom 11. September nicht mit den neuen Herausforderungen, etwa als Modernisierungs- und Globalisierungskonflikt. Vielmehr interpretierte er das Ereignis in den gewohnten Kategorien der Konflikte des 20. Jahrhunderts:

> „We have seen their kind before. They are the heirs of all the murderous ideologies of the 20th century. By sacrificing human life to serve their radical visions – by abandoning every value except the will to power – they follow in the path of fascism, and Nazism, and totalitarianism.“[44]

Der Präsident stellte eine klare Kontinuität mit dem Zweiten Weltkrieg und dem Kalten Krieg her, betonte demnach die orthodoxe Qualität der Ereignisse, so wie auch die ersten medialen Reaktionen aus dem Lehrbuch des Kalten Krieges hätten stammen können. Als Referenzpunkt dienten oft die virtuellen atomaren Attacken kultureller Manifestationen des nuklearen Tods wie in „Dr. Strangelove" oder „The Day After". Nicht umsonst wurde nach den Anschlägen der Ort, an dem das World Trade Center einst gestanden hatte, als „Ground Zero" bezeichnet – ein Begriff, der herkömmlicher Weise das Epizentrum einer atomaren Explosion beschreibt.[45]

---

42 Dabei wird u.a. gerne auf *The Siege* (1998) verwiesen, vgl. etwa das „Foreword" zu Birkenstein, Anna Froula, Karen Randell, *Reframing 9/11*, UK 2011, S. xi.
43 Dies wurde auch von zeitgenössischer, durchaus interessierter Kritik immer wieder hervorgehoben, vgl. etwa die frühere US-Außenministerin der Clinton-Administration Madeleine K. Albright, „Bridges, Bombs, or Bluster?", in: *Foreign Affairs* 82, Nr. 5, September/Oktober 2003, S. 2-18.
44 President George W. Bush's Address to Congress and the Nation on Terrorism, 20. September 2001, http://www.johnstonsarchive.net/terrorism/bush911c.html.
45 Auf die Parallelen zum Kalten Krieg hat insbesondere auch Bernd Greiner hingewiesen, vgl. ders. *9/11. Der Tag, die Angst, die Folgen*, München 2011, S. 86f., 128f.

Das „Pearl Harbor unserer Generation" tauchte in medialen Reflexen, aber auch in Präsident Bushs ersten Reaktionen noch am 11. September auf; auch die Definition des Angriffes auf das World Trade Center als „ein kriegerischer Akt". Bush hat später über seine erste Reaktion gesagt, „[i]n diesem Augenblick wurde mir klar, dass wir in den Krieg gehen würden."[46] Wie vor ihm Woodrow Wilson, Franklin D. Roosevelt und Lyndon B. Johnson, oder schon früher Abraham Lincoln und Thomas Jefferson, definierte Bush diesen Kampf gegen die Terroristen als identitär mit den Zielen der zivilisierten Welt:

> „This is not, however, just America's fight. And what is at stake is not just America's freedom. This is the world's fight. This is civilization's fight. This is the fight of all who believe in progress and pluralism, tolerance and freedom."[47]

In diesen wilsonianischen Tönen klingen die klassischen Formeln etwa aus der Begründung des Kriegseintritts durch Woodrow Wilson in den Ersten Weltkrieg 1917 keinesfalls zufällig an. Daher wird die Reaktion auf den 11. September gerne auch in die große Kontinuität von Amerikas Mission im 20. Jahrhundert gestellt.[48]

Das ist paradox: Während Bush und andere führende Politiker der USA einerseits den Zäsur-Charakter von 9/11 und dessen „welterschütternde Qualität" betonten, blieb andererseits die Reaktion im Rahmen überkommener Vorstellungen zwischenstaatlicher Kriege. Die Analogie zu Pearl Harbor hat daher nachdenklich gestimmt. Denn Pearl Harbor war der Angriff einer regulären Armee auf ein militärisches Ziel gewesen, es war Auftakt zu einem konventionellen Krieg. Es war kein terroristischer Akt wie der 11. September 2001. Bush knüpfte an die Erinnerungen der „greatest generation" an, d.h. der Generation des Zweiten Weltkriegs, die ihrerseits in den 1990er Jahren zum viel beachteten Medienstereotyp geworden war.[49] Bush wollte sich als ein den Vorvätern (einschließlich des eigenen Vaters) würdiger Krieger erweisen, indem er vom Pearl Harbor seiner Generation sprach. In diesem Sinne wurde der Krieg gegen Afghanistan als ein „Krieg gegen den Terror" anfangs auch bildlich inszeniert, in Formen, die etwa an den D-Day erinnerten, so wie auch die New Yorker „Firefighters" ihre Suche nach Überlebenden mit einem Re-Enactment des berühmten Fotos von Joe Rosenthal auf Iwo Jima durch eine entsprechende Szene auf den rauchenden Trümmern des World Trade Centers krönten.[50]

---

46 Junker, *Power and Mission*, S. 157.
47 President George W. Bush's Address to Congress, a.a.O.
48 Tomy Smith, *America's Mission: The United States and the Worldwide Struggle for Democracy in the Twentieth Century*, Princeton 1995; Walter A. McDougall, *Promised Land, Crusader State: The American Encounter with the World Since 1776*, Boston 1997.
49 Tom Brokaw, *The Greatest Generation*, New York 1998.
50 Becker, *9/11 als Bildereignis*, S. 310f.

Die Regierung Bush und mit ihr die öffentliche Meinung hat bestehende Weltbilder nicht über den Haufen geworfen. Im Gegenteil: Der Angriff einer nicht-
staatlichen, recht losen Gruppierung, die ohne Waffen agierte bzw. für ihren
Angriff „herkömmliche Transportmittel" (Ernst-Otto Czempiel) zu Waffen
umfunktionierte, wurde in den Kategorien staatlicher Machtausübung und der
Großkonflikte des 20. Jahrhunderts interpretiert. Zwar hätten sich Mittel der
Kriegsführung geändert, so Bush, dennoch blieb es beim Terror als kriegeri-
schem Akt: „This is a different kind of war that requires a different type of
approach and a different type of mentality."[51] In Hinblick auf die Kriegsführung war das Ereignis heterodox, auch wenn selbst die Formulierung „Krieg
gegen den Terror" nicht neu gewesen ist. Ronald Reagan hatte diesen angekündigt, war aber nach dem Debakel der terroristischen Anschläge auf die
amerikanische Botschaft und die westlichen Militärkontingente in Beirut 1983
jedoch vorsichtig geworden.[52] Auch Bill Clinton hatte dem Terrorismus gleich
mehrfach den Krieg erklärt. Insofern konnte Bush auch hier an eine etablierte
semantische Struktur anknüpfen; aber es sollte sich zeigen, dass er den 11.
September nicht allein als Anlass zur Verfolgung von individuellen terroristischen Netzwerken sah, sondern deren tatsächliche oder vermutliche staatliche
Basis angreifen wollte. Hier kam das strukturtransformierende Element der
Reaktion dann zum Tragen.[53]

3 Der 11. September und historischer Wandel

Dass Präsident George W. Bush auf den 11. September reagierte, war unaus-
weichlich. Hier gab es – im Sinne Bourdieus – den Zwang des Ereignisses zur
öffentlichen Äußerung. Aber dass ein Krieg „gegen den Terror" geführt wurde,
war nicht im Ereignis selbst angelegt, sondern Ergebnis politischer Entscheidungen: Hier spielte der persönliche Faktor eine Rolle: Die planlos dahin düm-
pelnde Präsidentschaft von George W. Bush erhielt plötzlich einen Auftrag,
eine Mission und ein politisches Ziel. Zugleich verflüssigte 9/11 die Politik.
Das Ereignis legte Möglichkeitsstrukturen bloß, die eine Gruppe neokonservativer Sicherheitsexperten, außenpolitischer Vordenker und Falken – oft verein-
fachend als Neocons zusammengefasst – nutzten. Sie hofften ihre in den
1980er Jahren bereits erkennbar formulierten Pläne nun in die Tat umzusetzen.

51 President George W. Bush's Address to Congress, a.a.O.
52 David C. Wills, *The First War on Terrorism: Counter-Terrorism Policy During the Reagan
    Administration*, New York 2003.
53 Bruno S. Frey, Simon Luechinger, „Countering Terrorism: Beyond Deterrence", in: Matthew
    J. Morgan (Hrsg.), *The Impact of 9/11 on Politics and War. The Day that Changed Every-
    thing*, New York 2009, S. 131-140 sowie Lamont Colucci, „Grand Strategy Transformed:
    9/11 and the Birth of Crusading Realism", in: ebd., S. 167-176.

Diese radikale Minderheit ergriff die Chance, die sich nun bot. Diese neo-konservativen Strategen wollten eine neue „unipolare Ordnung" nach dem Kalten Krieg dauerhaft machen, bzw. eine amerikanische Weltvorherrschaft perpetuieren. Sie lehnten die klassischen Mittel des Kalten Krieges wie „Abschreckung", „Containment", aber auch die wilsonianische Idee einer „kollektiven Sicherheit" ab.[54] Dies brach daher mit außenpolitischen Traditionen der USA vor allem im Kalten Krieg, obwohl seither in der Literatur immer wieder darauf aufmerksam gemacht wird, dass es eine lange Tradition unilateralen Handelns in der US-Außenpolitik gibt, an die Bush angeknüpft hat.[55]

Die Ziele dieser Neokonservativen sind oft beschrieben worden; sie waren konservativ, weil sie in der Tradition von Hobbes ein pessimistisches Weltbild besaßen, sie standen in der Tradition von Leo Strauss dem Liberalismus und dem Appeasement der 1930er Jahre kritisch gegenüber, weil dies den Holocaust ermöglicht habe. Sie verachteten einen von Ihnen zum Teil historisch völlig fehlinterpretierten Multilateralismus wilsonianischer Prägung, sie lehnten Ideen einer Weltinnenpolitik ab, sie setzten auf nationale Souveränität – wenn auch nicht in Bezug auf Amerikas Gegner, deren Souveränität sie nicht respektierten. Was sich nach dem Ende der Sowjetunion 1990/91 als vorübergehendes Faktum eingestellt hatte, nämlich die weitgehend unangefochtene militärische Dominanz der USA, das wollten die Neocons nun zu einer die Politik der USA verpflichtenden Norm machen. Auch wurde ein altes Tabu gebrochen, indem nun affirmativ von einem amerikanischen „Imperium" gesprochen wurde. „Empire" war seit Beginn des 20. Jahrhunderts in der US-Außenpolitik ein weitgehend diskreditierter Begriff.[56]

Eine solche Außenpolitik setzte weniger auf „soft power", das heißt auf positive Anreize und integrative Mechanismen, auf „Einladungen" ins amerikanische Imperium wie Geir Lundestad die amerikanische Hegemonie im Kalten Krieg einmal bezeichnet hat.[57] Die Neocons setzten primär auf militärische Macht; ein Teil ihrer politischen Vormänner wie Donald Rumsfeld erlagen technizistischen Fiktionen, sie vertrauten auf revolutionäre Militärtechnologie und propagierten ein Militärimperialismus zum Sparpreis. Dieses Programm stellte weniger in seiner Betonung technischer Mittel (denn das hat in den

54 Stephen Halper, Jonathan Clarke, *America Alone: The Neo-Conservatives and the Global Order*, Cambridge 2004, S. 12ff.; Tobias Endler, *How to be a Superpower. The Public Intellectual Debate on the Global Role of the United States after September 11*, Opladen 2012, S. 47ff.

55 U.a. McDougall, *Crusader State*; auch die Experten für innere Sicherheit sahen ihre Stunde gekommen, ihren Zielen einer verlässlicheren Kontrolle von Grenzüberschreitungen im Zeitalter der Globalisierung ein Stück näher zu kommen.

56 Klaus Schwabe, *Weltmacht und Weltordnung: Amerikanische Außenpolitik von 1898 bis zur Gegenwart – Eine Jahrhundertgeschichte*, Paderborn 2007, S. 484.

57 Geir Lundestad, „Empire by Invitation? The United States and Western Europe, 1945-1952", in: *Journal of Peace Research*, Vol. 23, No. 3, September 1986, S. 263-277.

USA, wie in den meisten Demokratien, durchaus Tradition, denn Technik schützt die amerikanische Bürgerin und Bürger in Uniform), als in der hybriden Verachtung von soft power und Verbündeten einen relativen Abschied von bisherigen Traditionen der amerikanischen Außenpolitik dar. Weder Wilson, noch Roosevelt, noch Eisenhower, noch Kennedy waren dem vermessenen Glauben erlegen, Amerika könne seine Sicherheit allein garantieren oder die „Herkulesaufgabe" einer Demokratisierung der Welt allein bewältigen. Selbst Ronald Reagan, der mit „Star Wars" (SDI) Amerika unverwundbar machen und von Bündniszwängen befreien wollte, hat die militärische Stärke Amerikas nicht in dieser Weise überschätzt, sondern war ein besonnener Krieger.[58]

Vermutlich hätten sich in der amerikanischen Politik, wie unter der Regierung des älteren Bush, diese rechts-konservativen Einflüsse nicht durchsetzen können, hätte nicht der 11. September, das kritische Ereignis, die Gelegenheit dazu eröffnet. Denn dieses Programm war konservativ (bewahrend), weil es die weltpolitische Hegemonie der USA als Nationalstaat zu zementieren hoffte; es war transformativ, weil es kein bündnistechnisch flankiertes Handeln empfahl und sich die Idee des Präventivkrieges zu eigen machte – auch wenn es durchaus eine Tradition präventiven Handelns in den USA gibt. Der Krieg in Afghanistan, der ja von Beginn an der Krieg einer Koalition von Staaten gegen einen offensichtlich dem Terrornetzwerk Al-Kaida Schutz bietendes Regime war, lässt sich noch in herkömmlichen Begriffen der US-Außenpolitik begreifen. Doch der Angriff auf den Irak stellt einen Bruch mit bisherigen Prämissen dar. Es ist vermutlich kein Zufall, dass sich der ältere Bush und dessen außenpolitische Berater, Jim Baker und Brent Scowcroft, aber auch Colin Powell, gegen diesen ‚revolutionären' Krieg wendeten.[59]

Inzwischen wissen wir, dass das neo-konservative Experiment des „Projekts für ein neues amerikanisches Jahrhundert"[60] gescheitert ist; mit militärischer Macht im Alleingang war weder ein Sieg im Irak noch in Afghanistan zu erreichen; die USA hatten einen dramatischen Fall ihres öffentlichen Ansehens zu verkraften; der Krieg hat die Ideale, für die er ostentativ geführt wurde, nämlich Freiheit, Gleichheit, Pluralismus und Toleranz, nachhaltig beschädigt. Bush griff in seinen Reden auf stabile Traditionen der US-Außenpolitik und des US-Selbstverständnisses zurück – die Idee eines demokratischen Internationalismus, die am wirkmächtigsten von Wilson formuliert wurde; die Idee

---

58   James Mann, *The Rebellion of Ronald Reagan: A History of the End of the Cold War*, New York 2009.
59   Bob Woodward, *Plan of Attack*, New York 2004, S. 159f.
60   Rebuilding America's Defenses: Strategies, Forces and Resources for a New Century. A Report by the Project for a New American Century (September 2000); die Seite des PNAC ist inzwischen geschlossen, das Dokument findet sich jedoch zum Beispiel unter https:// wikispooks.com/wiki/File:RebuildingAmericasDefenses.pdf.

des ideologischen Konflikts zwischen der offenen Gesellschaft und ihren Feinden, der von Roosevelt modifizierte Wilsonianismus. Aber mit diesem krassem Unilateralismus und imperialistischen Dominanz-Streben wurden stabile Traditionen der US-Außenpolitik des 20. Jahrhunderts verlassen – ungeachtet dessen, dass die Forschung die Kontinuität des Interventionismus in der „Dritten Welt" sowie die durchgängige Bereitschaft der USA zum unilateralen Handeln betont.

Der relative Bruch wird deutlicher, wenn wir sechzig Jahre zurückgehen und danach fragen, wie das „amerikanische Jahrhundert" definiert worden ist. Henry Luce stellte in seinem berühmten *Life*-Leitartikel im Februar 1941 die These auf, die Welt des 20. Jahrhunderts werde eine von amerikanischen Idealen geprägt Welt sein: Das war zu diesem Zeitpunkt eine steile These, denn 1941 hatten sich Hitlers Armeen noch im Vormarsch befunden. Anders als im Jahr 1919, so Luce, als die USA durch ihren leichtfertigen Rückzug aus der Weltpolitik eine goldene Gelegenheit verspielt hätten, müsse sich Amerika 1941 seiner politischen und moralischen Verantwortung stellen. Luce appellierte an das Gewissen seiner Landsleute; er suchte die Amerikaner in einer weltpolitisch offenen Situation zu mobilisieren. Denn dominant war zu diesem Zeitpunkt eine Strömung eines außenpolitischen Isolationismus, die sich nach den Erfahrungen des Ersten Weltkrieges schwertat, Roosevelt in seinen Warnungen vor Hitler und den Weltmachtambitionen des nationalsozialistischen Deutschland zu folgen.

Dieses amerikanische Jahrhundert, wie es Luce im Kontext der Zeit wirkmächtig erklärte, war ein weltanschauliches Programm; hier liegt eine offensichtliche Kontinuität zum „Krieg gegen den Terror"; denn eine Invasion im Irak sollte auch als Initialzündung für eine Demokratisierung der islamisch-arabischen Welt dienen (wenngleich diese Begründung zum Teil erst nachgeschoben wurde).[61] Doch Luce definierte das amerikanische Jahrhundert nicht allein als Hegemonie der in den Gründungsdokumenten der amerikanischen Republik kodifizierten Werte des liberalen Verfassungsstaates, sondern er fordert die Amerikaner dazu auf, „life, liberty, and the pursuit of happiness", d.h. Freiheit und die Befriedigung individueller Bedürfnisse, für alle Menschen sicher zu stellen. Luce wusste, dass die USA weltweit Einfluss ausübten nicht primär aufgrund militärischer Macht, sondern aufgrund ihrer kulturellen und ökonomischen Wirkung. Amerika sei Weltmacht [Z] „in allen trivialen, jedoch menschlichen Dingen: Von Sansibar bis Hamburg bereiteten Jazz, Hollywood und amerikanischer Slang, amerikanische Maschinen und Patente dem amerikanischen Jahrhundert den Weg", so Luce.[62]

---

61 Dass diese Demokratisierung dann durchaus nicht nach dem Geschmack der US-Regierung war, zeigen die jüngsten Auseinandersetzungen um Ägypten.
62 Henry R. Luce, „The American Century", in: *Life*, 17. Februar 1941, S. 61-65; wiederabgedruckt in der *New York Times*, 4. März 1941, S. 14f.

Im Endeffekt unterschätzte die von der Bush-Administration forcierte Militarisierung der US-Außenpolitik diese weichen Faktoren, von denen Luce und seine Nachfolger eine Vorstellung hatten. Davor hatte z.b. auch Eisenhower gewarnt, wenn er um „kostengünstigere" Nuklearwaffen warb, um den militärisch-industriellen Komplex zurückzudrängen.[63] Gerade die amerikanische Mission in Deutschland und Europa nach dem Zweiten Weltkrieg hatte zwar auf einer robusten und unübersehbaren Militärpräsenz beruht, doch zugleich setzten die USA auf kulturelle Ausstrahlung und „weiche" Faktoren.[64] In der zweiten Amtszeit Bush schwang das Pendel ein Stück weit zurück. Indes wird es noch dauern, bis der Schaden repariert ist, wenn er überhaupt repariert werden kann. Denn das Primat der Sicherheitspolitik und militärischer Lösungen, und die Militarisierung der amerikanischen Außenpolitik, gegen den erklärten Willen führender Militärs, stellte eine Überschätzung amerikanischer Möglichkeiten dar. Schon der erste Golfkrieg war nur mit Hilfe der Matrikularbeiträge verbündeter Staaten gewonnen worden. Nur war die fehlende Reichweite der mächtigsten Militärmaschinerie der Welt dieses Mal offenkundig geworden.

Eine Folge ist die relative Unlust des Westens, sich in humanitären und friedensschaffenden Missionen unter Einsatz militärischer Kräfte zu beteiligen. Die auf den 11. September folgenden Kriege, an denen die NATO-Verbündeten sich trotz der Ablehnung des Einmarsches in den Irak fast durchweg beteiligten, haben angesichts der dort gemachten ambivalenten Erfahrungen (vor allem in Afghanistan), den westlichen Demokratien den Appetit auf ein Eingreifen in Krisenländern verdorben – mit der Ausnahme vielleicht von Frankreich, das sich am vehementesten gegen den Einmarsch im Irak gewendet hatte. Das gilt ganz sicher für die Bundesrepublik Deutschland, wo die letzte Bundesregierung weder in Libyen, noch Mali, noch in Syrien ihren Verbündeten beistehen wollte und somit die relativ aktive Phase militärischen Engagements zu Zeiten der Rot-Grünen Koalition unter Schröder und Fischer beendet hat. Aber auch die USA sind wieder ein zögerlicher Welthegemon geworden. Auch dem amerikanischen Publikum ist wenig nach militärischen Abenteuern zumute, wie Umfragen zeigen.[65]

Dennoch sollten wir die USA künftig nicht unterschätzen. Denn anders als in den meisten andern entwickelten Industrieländern wächst ihre Bevölkerung kräftig weiter, weshalb sie ihren Anteil am Welt-Bruttosozialprodukt vermutlich halten werden; es ist seit den 1970er Jahren bemerkenswert stabil geblieben und dürfte auch gegen Ende unseres Jahrhunderts weiter bei etwa 25%

63   Vgl. Schwabe, *Weltmacht*, S. 296f.
64   Vgl. etwa Reinhild Kreis, *Orte für Amerika. Deutsch-amerikanische Institute und Amerikahäuser in der Bundesrepublik seit den 1960er Jahren*, Stuttgart 2012.
65   Vgl. den Special Report „Time to cheer up: America's Foreign Policy", *The Economist*, 23. November 2013.

liegen.[66] Hinzu kommt, dass Henry Luces Programm einer weltweiten Ausdehnung der liberalen Demokratie und der damit einhergehenden populären Kultur auch außerhalb des atlantischen Westens nach wie vor Strahlkraft besitzt.[67] Es wäre auch verfrüht, etwa Hollywood als globale Traumfabrik abzuschreiben. Ebenfalls nicht überholt zu sein scheint mir die Tatsache, dass der uralte amerikanische Traum, von dem Henry Luce sprach – Frieden, Freiheit und Menschenrechte, persönliche Glückserfüllung der möglichst großen Zahl in einer guten und gerechten Ordnung in der Welt –, nach wie vor weltweit die meisten Menschen inspiriert. Dieses amerikanische Jahrhundert ist noch nicht zu Ende, auch wenn es vielleicht künftig nicht mehr so genannt werden wird.

4 Schluss

Aufbauend auf Überlegungen von Pierre Bourdieu, Reinhart Koselleck und anderen habe ich einen historischen Wendepunkt als ein Ereignis definiert, das Akteure zu Reaktionen zwingt, indem es heterogene Wahrnehmungen synchronisiert. Ereignisse legen offen, was Menschen für soziale Grundstrukturen halten. Indem wir das Vorgefallene als Wendepunkt deuten, bilden wir ein Strukturargument darüber aus, wie unsere Welt beschaffen ist. Diese Mechanismen lassen sich am Beispiel des 11. September plausibel machen: Einzelne Individuen, kräftig angeheizt durch die Medien, sehen das Ereignis als Zäsur: „Après le 11 septembre, plus rien ne sera comme avant", wie ein französischer Abgeordneter noch im März 2003 meinte.[68] Menschen weltweit und vor allem die Regierung Bush 43 stellten sich in diesen Rahmen: Sie interpretierten die Angriffe als neuartig und unerhört, als heterodoxes Ereignis; doch sie verstanden sie zugleich im Sinne einer historischen Kontinuität, der Auseinandersetzung der offenen Gesellschaft mit ihren Feinden: Faschismus und Kommunismus wurden durch Islamismus ersetzt. Insofern hat der 11. September – nach der Defnition Sabrows – durchaus auch orthodoxe Wirkungen gehabt.

Zwar suchte die Administration Bush das kritische Ereignis 11. September dafür zu nutzen, die internationalen Beziehungen zu revolutionieren, aber dies mit einem konservativen Ziel: Die in den 1990er Jahren, nach dem Kollaps der Sowjetunion vorübergehend unipolare Weltordnung sollte dauerhaft stabilisiert werden. Der damit einhergehende Bruch mit stabilen Traditionen der US-

66 Vgl. Philipp Gassert, „Erzählungen vom Ende: Rückblick und Ausblick auf das amerikanische Jahrhundert", in: *Osteuropa* 61, 2011, S. 13-29.

67 Wolfgang Kraushaar, *Der Aufruhr der Ausgebildeten. Vom Arabischen Frühling zur Occupy-Bewegung*, Hamburg 2012.

68 http://www.assemblee-nationale.fr/12/cra/2002-2003/161.asp.

Außenpolitik (vor allem der bündnispolitischen Absicherung der US-Hegemonie) scheiterte. Für das zweite amerikanische Jahrhundert in seiner neokonservativen Lesart bedeutete der Irak-Krieg indes das Aus. Reumütig kehrten die USA zwar nicht ganz auf den Tugendpfad verstärkter multilateraler Kooperationen zurück, aber sie mobilisierten ihre Diplomatie erneut. Das nach dem 11. September 2001 in Bagdad und Kabul gescheiterte Experiment weltweiter Demokratisierung und nation building verdeutlichte, dass wir nicht mehr im Zeitalter der großen ideologischen Konflikte des 20. Jahrhunderts sind und dass die damaligen Mittel in der heutigen Welt nicht mehr ein Rezept für Erfolg sind.

Insofern hat das kritische Ereignis des 11. September die Welt zwar nicht grundstürzend verändert, aber aufgrund der nun entfachten Kriege sind latente Machtverschiebungen im globalen Rahmen deutlich geworden. Die Grenzen amerikanischer Macht zeigten sich, neue Bedrohungsszenarien wurden aktiviert.[69] Das Ereignis hatte daher heterodoxe Wirkungen, hat mentale Anpassungen erzwungen, und so neue Wahrnehmungsmuster zu etablieren geholfen. Denn der fundamentalistische Terrorismus war zwar nicht neu, aber bis 9/11 kaum ins Bewusstsein gedrungen. Mit diesem neuen Szenario einer Bedrohung der freiheitlichen Ordnungen des Westens durch Terror und neue Radikalismen war der Kalte Krieg nun endgültig vorbei.

---

69 Bruce Cummings, „The Assumptions Did It", in: Melvyn P. Leffler, Jeffrey W. Legro, *In Uncertain Times. American Foreign Policy after the Berlin Wall and 9/11*, Ithaca 2011, S. 131-149, hier S. 143ff.

Der Streit der Worte und das Ringen um Sinn: Der 11. September 2001 und seine Aufarbeitung im transatlantischen intellektuellen Diskurs

Tobias Endler und Martin Thunert

Seit Jahrzehnten werden die transatlantischen Beziehungen von einem intellektuellen Diskurs unterfüttert, der zweierlei zum Gegenstand hat: Die gegenseitigen Beziehungen zwischen Europa und Nordamerika – insbesondere den USA –, wie etwa die Frage nach der Wertegemeinschaft über den Atlantik hinweg, und darüber hinaus spezifische Fragen und Herausforderungen, die sich auf beiden Seiten des Atlantiks stellen. Träger dieses Diskurses, den wir im Folgenden nur in schmalen Auszügen nachzeichnen können, sind neben freischaffenden Schriftstellern, Kulturschaffenden und Philosophen auch Experten aus Universitäten und Think Tanks, reflektierende Praktiker sowie fachkundige und meinungsstarke Journalisten. Zusammenfassend bezeichnen wir diese Gruppe als Gemeinschaft der ‚öffentlichen Intellektuellen' (*public intellectuals*). Diese Vor-Denker fungieren im besten Fall als Impuls- und Ideengeber sowie Moderatoren in der öffentlichen Debatte.[1]

Bereits unmittelbar nach dem Ende des Kalten Krieges sollte einer der beiden oben genannten Aspekte des transatlantischen Streitgesprächs bis auf weiteres in den Vordergrund rücken; die konkrete Konfrontation mit unterschiedlichen, jedoch zusammenhängenden Problemlagen, die auf beiden Seiten des Atlantiks auftreten: demographischer Wandel, Sozialmodelle und Sozialsysteme, Fragen zur Wirtschaftsverfassung und den Implikationen der Globalisierung, nicht zuletzt auch zum Umgang mit Zuwanderung und der Integration von Einwanderern. Von einer Dominanz sicherheitspolitischer Fragen, wie noch zu Zeiten des Kalten Krieges, konnte in den 1990er Jahren trotz des bewaffneten Konfliktes in Ex-Jugoslawien nicht mehr die Rede sein. Im Gegenteil: Der transatlantische intellektuelle Diskurs zeichnet sich spätestens seit damals durch eine beachtliche thematische und weltanschauliche Breite aus.[2]

---

1 Dazu ausführlich: Tobias Endler, *How to Be a Superpower: The Public Intellectual Debate on the Global Role of the United States after September 11*, Opladen & Toronto: Budrich Publishers, 2012.

2 Dies illustrieren u.a. die folgenden US-Publikationen zu Europa: Walter Laqueur, *After the Fall: The End of the European Dream and the Decline of a Continent*, New York: St. Martin's Press, 2011; Stephen Hill, *Europe's Promise: Why the European Way is the Best Hope in an Insecure Age*, Berkeley, CA: University of California Press, 2010; Jeremy Rifkin, *The*

1 Der transatlantische intellektuelle Diskurs vor und nach dem 11. September

Der 11. September 2001 hat den transatlantischen intellektuellen Diskurs zweifellos befördert. Doch hat er ihn auch verändert, und wenn ja, trägt diese Veränderung Züge einer Zeitenwende? Wie wir zeigen werden, hat sich der Diskurs in der Folge der Anschläge zwar an der Oberfläche gewandelt, indem er sich für mehrere Jahre auf die Frage nach dem richtigen Umgang mit den Herausforderungen des vorwiegend islamistischen Terrorismus in all ihren Dimensionen konzentrierte. Doch unterhalb dieses auf konkrete politisch-administrative Maßnahmen wie auch Legitimitätsfragen des Militärischen abzielenden Diskurses sollten traditionell unterschiedliche Bedrohungswahrnehmungen deutlich werden. Auch kamen ältere Debatten über die ‚Wesensart' von Amerikanern und Europäern wieder zum Vorschein.[3] Wir können zunächst festhalten: Die Ereignisse des 11. September haben die seit dem Ende des Ost-West-Konfliktes erreichte Diskursbreite, aber auch die Diskursrichtung, insgesamt kaum verändert: Auch der 9/11-Diskurs wird im Rahmen bestehender kultureller Deutungsmuster der internationalen Politik – z.B. Huntingtons ‚Kampf der Kulturen' –, der Globalisierungsdebatte und der sich verändernden globalen Machtverhältnisse geführt. Zwar kehren nach den Anschlägen Sicherheitsfragen an die Spitze der Agenda zurück, doch insgesamt überwiegen die Kontinuitäten. Anders ausgedrückt: Der Terrorismus-Diskurs hat die Debatten um Globalisierung und gemeinsame Herausforderungen in anderen Politikfeldern nicht an den Rand gedrängt, wohl aber den Sicherheitsaspekt stärker in den Vordergrund gerückt und somit die Rolle des Katalysators übernommen. Insofern halten wir den Zäsurcharakter von 9/11 in jedem Fall für geringer als den Einschnitt, den das Ende des Ost-West-Konfliktes zwischen 1989 und 1991 bedeutete.

Während des Kalten Krieges war der transatlantische intellektuelle Diskurs – trotz teilweise vehementer Meinungsverschiedenheiten in einzelnen Sachfragen – aus US-Perspektive in ein Gefühl der transatlantischen Verbundenheit eingebettet, das über die intellektuellen Eliten hinausging. Schließlich hatten die in den USA tonangebenden außenpolitischen Kreise nach dem

---

European Dream: How Europe's Vision of the Future is Quietly Eclipsing the American Dream, New York: Penguin, 2008; Christopher Caldwell, *Reflections on the Revolution in Europe*, New York: Doubleday, 2008; George Weigel, *The Cube and the Cathedral: Europe, America, and Politics Without God*, New York: Basic Books, 2005; Todd Lindberg (ed.), *Beyond Paradise and Power: Europe, America, and the Future of a Troubled Partnership*, New York: Routledge, 2005.

3   Im Folgenden wird aufgrund der besseren Lesbarkeit und des eindeutigen Kontexts „Amerikaner" synonym mit „US-Amerikaner" und „amerikanisch" synonym mit „US-amerikanisch" verwendet.

Zweiten Weltkrieg die Ostgrenze Amerikas de facto an die Elbe und nach Berlin verlegt. Damals lautete die Strategie, (West-)Europa den USA ähnlicher zu machen und den westlichen Teil des alten Kontinents wirtschaftlich und politisch an die neue Supermacht zu binden. Ob die USA dies nur aufgrund der perzipierten oder tatsächlichen sowjetischen Bedrohung taten oder ob eine starke emotionale Europabindung der Nachkriegseliten dafür verantwortlich war, sei dahingestellt. Das intellektuelle Bewusstsein vieler Amerikaner, zum transatlantischen Westen zu gehören, wurde jedenfalls zwischen 1945 und den frühen 1990er Jahren aufgrund der US-Truppenpräsenz um zahlreiche persönliche Erfahrungen in Europa stationierter Amerikaner erweitert. In der Sache gab es an der amerikanischen Unterstützung nicht nur für die NATO, sondern auch die europäische Integration während des Kalten Krieges kaum ernsthafte Zweifel. Der britische Intellektuelle Timothy Garton Ash, der den transatlantischen Austausch wie kein Zweiter beobachtet und mitgestaltet, bezeichnet die Nachkriegsjahrzehnte daher als „Phase transatlantischer Wärme," die in den USA gerade auch außerhalb der Ostküsteneliten zu spüren war.[4] Doch diese Wärmephase kühlte auf US-Seite nicht zuletzt aufgrund des umfassenden Truppenrückzugs der Amerikaner seit Beginn der 1990er Jahre merklich ab. Dabei konstatiert Garton Ash für diesen Zeitraum zunächst weniger das Heraufziehen eines konsistenten, dem Anti-Amerikanismus spiegelbildlich gegenüberstehenden ‚Anti-Europäismus‘, sondern vielmehr eine schleichende Sprachlosigkeit weiter Teile der US-Öffentlichkeit gegenüber europäischen Dingen – gekoppelt mit einer zunehmenden ‚Musealisierung‘ Europas. Garton Ash berichtet in seinen Büchern immer wieder von Reisen im frommen ‚Herzland‘ Amerikas und seinen dortigen Gesprächen mit europäisch-stämmigen Amerikanern. Diesen fällt zu Europa rein gar nichts ein, was laut Autor weniger Desinteresse als Bezuglosigkeit bekundet.[5] Im Landesinneren, weit weg von der Ostküste, hat insbesondere der großflächige Truppenabzug aus Deutschland die öffentliche Wahrnehmung Europas entscheidend geschwächt; eine parochiale Medienlandschaft trägt das ihre zu dieser Sprachlosigkeit bei. Flankierend hierzu formuliert der Mainstream der amerikanischen Europaanalyse nach dem Ende des Ost-West-Konfliktes, aber noch vor den Terroranschlägen 2001, mindestens zwei geostrategische Grundbeobachtungen in Bezug auf Europa, die bis heute erhalten bleiben.

Erstens hat Europa die geopolitische Zentralität in der Weltpolitik, die es im Kalten Krieg aufgrund der sowjetischen Bedrohung künstlich aufrecht-

---

4 Vgl. Timothy Garton Ash: „Anti-Europeanism in America", in ders.: *Facts are Subversive: Political Writing from a Decade without a Name*, London: Atlantic Books, 2009, S. 221-234, speziell S. 229; und Timothy Garton Ash: *Freie Welt: Europa, Amerika und die Chancen der Krise*, München / Wien: Hanser, 2004, S. 126-128.

5 Vgl. Timothy Garton Ash, *Free World: Why a crisis of the West reveals the opportunity of our time*, London: Random House, 2004, S. 101.

erhalten konnte, mit dem Ende desselben unwiederbringlich verloren. Die Einschätzungen eines führenden Vertreters pragmatischer und unideologischer Außenpolitik, Joseph S. Nye, verdeutlichen diese Sicht. Gegenüber China und Asien spielt Europa in den Überlegungen des Harvard-Politologen zu den Machtkonstellationen der Zukunft allenfalls eine Nebenrolle.[6]

Die zweite Grundbeobachtung, die nicht mit 9/11 beginnt, aber verschärft wird, betrifft die nach US-Auffassung in (Kontinental-)Europa weit verbreitete Geringschätzung militärischer Macht. Insbesondere der europäische Kontinent zeichnet sich demnach durch seine Weigerung aus, die Ausgaben für Verteidigung und Sicherheit zum Zweck der Streitkräftemodernisierung signifikant zu erhöhen. Von wenigen Ausnahmen abgesehen, eignen sich Europas Streitkräfte lediglich für Friedenseinsätze, kaum für Kampfeinsätze, so die Einschätzung. ‚Burden sharing‘ ist freilich im atlantischen Bündnis kein neues Thema und war auch vor dem 11. September – etwa im Rahmen der Militäreinsätze in Bosnien und im Kosovo – sehr präsent. Aber das Thema hat seit den Terroranschlägen 2001 eine neue Zuspitzung erfahren, die bis in die Gegenwart reicht. Die amerikanischen Klagen über die mangelnden militärischen Fähigkeiten der europäischen Verbündeten ziehen sich durch intellektuelle Debatten – Europäer sind von der Venus, Amerikaner vom Mars – und politische Reden, zuletzt die des scheidenden US-Verteidigungsministers Robert Gates am 9. Juni 2011 in Brüssel: „Wenn aktuelle Trends zum Niedergang der europäischen Verteidigungsressourcen nicht gestoppt und rückgängig gemacht werden, könnten künftige US-Führer – für die der Kalte Krieg nicht wie für mich eine einschneidende Erfahrung war – die amerikanische Investition in die Nato nicht länger als lohnend ansehen."[7]

Für Neokonservative wie Robert Kagan (den Urheber des kosmischen Vergleichs oben) resultiert die europäische Geringschätzung der Machtpolitik sowie die bedingungslose Präferenz – insbesondere Deutschlands und der Benelux-Staaten – für internationale Organisationen, Multilateralismus, supranationale Einrichtungen wie den Internationalen Strafgerichtshof sowie ‚sozialarbeiterische‘ Konfliktlösungsansätze aus den spezifisch kontinentaleuropäischen Erfahrungen mit Krieg.[8] Hinzu kommen laut Kagan die technologischen Verschiebungen zugunsten der USA seit dem Zweiten Weltkrieg und insbesondere die kollektive Präferenz der Europäer für einen stark ausgebauten und kostspieligen Wohlfahrtsstaat, der das Gefühl äußerer Bedrohungen schwin-

---

6   Vgl. Joseph S. Nye, *The Future of Power* (New York, 2011), sowie die Rezension des Buches durch Herfried Münkler in der *Zeit* vom 18.8.2011.

7   Zitiert nach Spiegel-Online vom 10.6.2011: http://www.spiegel.de/politik/ausland/0,1518, 768032,00.html, abgerufen am 20.9.2015.

8   Vgl. Robert Kagan: „Power and Weakness", in *Policy Review 113* (2002) und ders., *Of Paradise and Power: America and Europe in the New World Order*, New York: Alfred Knopf, 2003. Charles Krauthammer, Bill Kristol, Norman Podhoretz und andere Neocons schätzen die Situation ähnlich ein.

den lasse – und zur Ineffizienz der europäischen Wirtschaft beitrage. Für Kagan ist die EU ein unter amerikanischem Schutz aufgebautes, spezifisch europäisches Verhandlungsinstrumentarium zur postmodernen Konfliktregelung. Doch stellt er klar, dass sich dieses Modell nicht weiter exportieren lässt und selbst innerhalb Europas an seine Grenzen stößt. Kagans Bewertung spiegelt den Tenor der Neokonservativen, wonach die Europäer die Welt unter der Prämisse militärisch-technologischer Schwäche und anhand der Standards ihres eigenen postmodernen Verhandlungsregimes betrachten. Sie gelangten daher zu katastrophalen Fehlschlüssen, was den Umgang mit der ,realen' vormodernen und modernen Welt angeht: Diese, so die Neocons, lässt sich zum gegenwärtigen Zeitpunkt nicht mit postmodernen Methoden befrieden und sichern.[9]

2 Europäische Schlappschwänze, amerikanische Helden?

Hat Europa nach dem Niedergang seiner geopolitischen Zentralität somit auch seine kulturelle Faszination für die Nordamerikaner verloren? Auch diese Frage beantwortet der Engländer Garton Ash uneingeschränkt mit Ja.[10] Der letzte kultursuchende Amerikaner in Paris ist nach dieser Lesart Woody Allen, dessen wesentliche Filme seit 2001 alle in Europa spielen.[11] Allerdings ist das Europa in Allens Filmen entweder ein nostalgisches Europa der Roaring Twenties oder eine träumerische Hommage an eine niedergehende europäische Oberschicht, welche die Ostküstenamerikaner schon zu Zeiten Henry James' fasziniert hat. Mit der Staatschuldenkrise, der Jugendarbeitslosigkeit, den Demographieproblemen oder gar der Flüchtlingskrise, mit denen der alte Kontinent derzeit zu kämpfen hat, hat das Europa des Kult-Filmemachers wenig zu tun.[12] Allen, in der liberalen New Yorker Intellektuellenszene zuhause, steht freilich nicht für die Mehrheit. Doch schlägt ein wachsendes Desinteresse an Europa einerseits und eine teils berechtigte Euro-Skepsis andererseits selbst im konservativen Lager nur für kurze Zeit in undifferenziertes ,Euro-Bashing' um. Auf dem Höhepunkt der Irak-Krise allerdings charakterisiert Garton Ash die populistisch-konservative Europasicht in den USA wie folgt:

---

9   Stellvertretend für die neokonservative Europasicht siehe Kagan, *Of Paradise and Power*, für teils stark divergierende Blickwinkel auf die heutige Welt, siehe Norman Podhoretz, *World War IV: The Long Struggle Against Islamofascism*, New York: Doubleday, 2007.
10 Garton Ash, *Free World*, S. 134.
11 Match Point (2005), Vicky Cristina Barcelona (2008), Midnight in Paris (2011), From Rome, with Love (2012), Magic in the Moonlight (2014).
12 Vgl. die Rezension von Midnight in Paris durch Georg Diez im *Spiegel* 33/2011 vom 15.8.2011, S. 142-43.

„The current stereotype of Europeans is easily summarized. Europeans are wimps. They are weak, petulant, hypocritical, disunited, duplicitous, sometimes anti-Semitic and often anti-American appeasers. In a word: ‚Euroweenies.' Their values and their spines have dissolved in a lukewarm bath of multilateral, transnational, secular, and postmodern fudge. They spend their euros on wine, holidays, and bloated welfare states instead of on defence. Then they jeer from the sidelines while the United States does the hard and dirty business of keeping the world safe for Europeans. Americans, by contrast, are strong, principled defenders of freedom, standing tall in the patriotic service of the world's last truly sovereign nation-state."[13]

Insbesondere bei Teilen der amerikanischen Rechten – bei Konservativen wie Jonah Goldberg, einem leitenden Redakteur der traditionell konservativen Zeitschrift *National Review*, oder auch Mark Steyn und weiteren Autoren der Hauszeitschrift des American Enterprise Institute – vergröberte sich in den Jahren nach dem 11. September legitime und informierte Kritik an der Europäischen Union, an Haltungen der europäischen Öffentlichkeit zu Fragen von Krieg, Frieden und multilateralen Institutionen sowie an Entwicklungen in Europa zu stark verallgemeinernder Schelte an allem Europäischen.[14] Der größten Abneigung durften sich zu dieser Zeit allerdings nicht die Deutschen, sondern die Franzosen und speziell die französische Regierung unter Präsident Chirac sicher sein.[15] Dennoch stellen diese Aufwallungen keine Zeitenwende dar; vielmehr verdichteten sich latent vorhandene folkloristische Stereotypen über Europäer an sich und über die Franzosen im Speziellen zu einem zeitweise populären Anti-Europäismus, der indes keinesfalls in einem symmetrischen Verhältnis zu dem in Europa und anderswo weit verbreiteten Anti-Amerikanismus steht. Weder vor noch nach 9/11 ist ‚Euro-Bashing' eine weitverbreitete Obsession in den USA. Wir stufen das Phänomen eher als eine folkloristische Pose der amerikanischen Spaßgesellschaft (etwa im Rahmen der Satiresendung *The Daily Show*) oder allenfalls als ein Steckenpferd einiger weniger amerikanischer Rechtsintellektueller ein.

13   Garton Ash, „Anti-Europeanism in America", S. 222.
14   Mark Steyn, *America Alone: The End of the World as We Know it*, Washington DC: Regenery Publishing, 2003. Die Dezember-Ausgabe 2002 von *The American Enterprise* widmet sich dem Themenschwerpunkt „Continental Drift: Europe and the US Part Company".
15   Justin Vaisse, „American Francophobia Takes a New Turn", in *French Politics, Culture & Society*, 21. Jg, Nr. 2 (Sommer 2003), S. 17-33.

3 Der Kampf der (Erklärungs-)Kulturen

Schon am 11. September 2001 beginnt in amerikanischen Intellektuellenkreisen die fieberhafte Suche nach einer Erklärung für das Unfassbare. Das Mehrheitsnarrativ sieht die Hauptursache des 11. September außerhalb der USA. In fataler Weise und in aller Brutalität scheint sich Samuel Huntingtons Diktum vom Kampf der Kulturen nun zu bewahrheiten. Kritiker hatten dem Harvard-Professor während der Neunziger Jahre wiederholt vorgeworfen, mit seiner These übermäßig simplifizierend vorzugehen. Schlimmer noch: In aufhetzerischer Weise leiste Huntington der von ihm prognostizierten Konfrontation entlang religiöser Demarkationslinien indirekt argumentativ Vorschub, etwa mit seiner berüchtigten Aussage, der Islam habe „blutige Grenzen."[16] Sein Schema des „Westen gegen den Rest" schien in den Augen vieler Leser die islamische Zivilisation als den Erzfeind der westlichen Welt festzulegen. In der Tat hegte Huntington keine Hoffnungen auf eine Verbesserung der Beziehungen; für ihn hatte es die Welt mit einem „andauernden und hoch konfliktbeladenen Verhältnis zwischen Islam und Christentum" zu tun.[17]

Nach 9/11 bietet sich nun, auf der hektischen Suche nach Gründen, wie es überhaupt zu einer solchen Katastrophe kommen konnte, für ein Heer von Analysten im Kielwasser Huntingtons das Deutungsmuster „Islamistischer Fanatismus" und damit die Gegenüberstellung von religiösem Fundamentalismus und aufgeklärtem Westen an wie selten zuvor. Das gilt zunächst innerhalb der USA, dort bezeichnenderweise allerdings auch für Gelehrte, die nach dem Erscheinen von Huntingtons Artikel der zentralen These noch reserviert gegenübergestanden hatten. So schreibt etwa der im Libanon geborene Fouad Ajami 2008 in der *New York Times*, er habe, nicht zuletzt vor dem Hintergrund der Terroranschläge, seine Meinung geändert. „Beinahe fünfzehn Jahre" nach dem Erscheinen des ursprünglichen Textes, so Ajami, erscheine ihm Huntingtons Argument eines „Zusammenpralls der Kulturen" nun „überzeugender als die Kritik, die ich damals daran vorgebracht hatte."[18] Ajami – im Jahr 2014 verstorben – bleibt dieser Einschätzung fortan treu. Er lässt auch in einem Interview vom Frühling 2013 keinen Zweifel daran, wer in diesem Konflikt aus seiner Sicht bis heute im Recht ist – und wichtiger noch, wer ihn ausgelöst hat. Für Ajami sind die Aggressoren radikale Islamisten, die Vereinigten Staaten hingegen weiterhin die „überragende liberale Macht in der Welt." Schon nach dem Ende des Kalten Krieges, und auch im ersten Jahrzehnt des neuen Jahrtausends, sei die „amerikanische Führung" bei den „Befreiungsfeldzügen in

---

16 Samuel Huntington, „The Clash of Civilizations?", *Foreign Affairs*, Vol. 72, Nr.3 (Sommer 1993). Übersetzung ins Deutsche durch die Autoren.

17 Samuel Huntington, *The Clash of Civilizations*, New York: Simon & Schuster, 1996. S. 209. Übersetzung ins Deutsche durch die Autoren.

18 Fouad Ajami, „The Clash", *New York Times*, 6.1.2008. Übersetzung ins Deutsche durch die Autoren.

der islamischen Welt" – Kuwait 1991, Bosnien, Kosovo, Afghanistan, Irak (2003) und Libyen – „essentiell" gewesen. Ajami gesteht zu, dass die Amerikaner im Kampf gegen den Terrorismus nicht immer „brillant" agiert hätten, doch gäbe es keinen Zweifel daran, dass dieser „Krieg" Amerika „aufgezwungen" worden sei.[19] Eine Reihe amerikanischer Beobachter, etwa vom linken Rand (Howard Zinn, Noam Chomsky, auch die gebürtige Kanadierin Naomi Klein), sieht das erwartungsgemäß anders. Aus wiederum anderen Gründen kommt auch aus dem libertär-isolationistischen Lager Kritik an dieser Sichtweise. So warnt Benjamin Friedman vom Cato Institute davor, sich noch weiter in globale Konflikte zu verstricken, während seine Kollegin Emma Ashford davon abrät, den amerikanischen NATO-Partnern ihrer Meinung nach irreführende Signale zu senden, was die vermeintlich allumfassende Einsatzbereitschaft der USA angeht.[20]

Besonders deutlich werden die Unterschiede in der Einordnung der Situation wie der geeigneten Maßnahmen jedoch, wenn man Stimmen außerhalb der USA in Betracht zieht – zum Beispiel in Deutschland. Hier wird der Anschlag auf das World Trade Center primär innerhalb des kritischen Globalisierungsdiskurses gedeutet: Die Twin Towers gelten vielen Publizisten, Journalisten und Intellektuellen als das Symbol einer amerikanisierten Globalisierung, die anderen Gesellschaften das kapitalistische Wirtschaftsmodell aufzwingt. Aber auch die Weltpolitik der USA wird als Grund für 9/11 herangezogen.[21] Für den deutschen Friedensforscher Ernst-Otto Czempiel ist schon zwei Tage nach 9/11 klar, dass es die Welt nicht mit einem Kampf der Kulturen zu tun hat. Vielmehr spiele sich ein anderes Szenario ab, nämlich der „Clash zwischen den Weltherrschermächten," also den Industriestaaten, und den „von diesen Mächten Beherrschten," also den Entwicklungsländern, den Verlierern der globalisierten Wirtschaft unserer Zeit. Letztere sind laut Czempiel „eigentlich alle Staaten, die unter dem Führungsdruck des Westens leiden, und zwar sowohl wirtschaftlich wie auch politisch."[22] Gegen diese Auslegung wehrt sich der Kolumnist Henryk M. Broder entschieden. Ebenfalls noch in der Woche der Anschläge polemisiert er scharf gegen all diejenigen Analysten, welche die Terroranschläge im Zusammenhang mit dem Kampf zwischen Erster und Dritter Welt deuten. Für ihn sind die Attentäter klar von religiösem Radikalismus

---

19   Alle Zitate: Interview mit Fouad Ajami. Per Email geführt von den Autoren am 16.4.2013. Übersetzung ins Deutsche durch die Autoren.

20   Benjamin H. Friedman, „The Pentagon's Bloat", *Boston Globe*, 17.2.2015. http://www.cato.org/publications/commentary/ashton-carter-military-leaders-must-pivot-spending-priorities, abgerufen am 2.3.2015. Emma Ashford, „NATO's Latest Gambit: Membership Not Required", *National Interest* (Online), 2.3.2015. http://www.cato.org/publications/commentary/natos-latest-gambit-membership-not-required, abgerufen am 2.6.2015.

21   Zusammenfassend Tobias Jaecker, *Hass, Neid, Wahn: Anti-Amerikanismus in den deutschen Medien*, Frankfurt/New York: Campus Verlag 2014, S. 38-40.

22   Ernst-Otto Czempiel, „Wir wissen, was getan werden muss", *Die Welt*, 13.9.2001. S. 6.

motiviert und schlicht „fanatische[…] Moslems."[23] Während somit schon der Charakter des Konflikts äußerst kontrovers ist, wird ebenso sehr um die zu ergreifenden Maßnahmen gerungen, wie ein Interview mit dem damaligen deutschen Außenminister Fischer in der *taz* deutlich macht: „Meinen Sie, ich will in den Krieg ziehen?," fragt ein sichtlich unter Druck stehender Fischer zweieinhalb Wochen nach den Anschlägen – und lässt gleichzeitig keinen Zweifel daran, dass auch für ihn, ähnlich wie für Ajami, die Terroranschläge etwas Aufgezwungenes sind, dem sich die Länder des Westens nun gemeinsam wohl oder übel stellen müssten.[24]

4 What We're Fighting For

Das militärische Eingreifen der USA in Afghanistan und – in ungleich größerem Maße – knapp anderthalb Jahre später im Irak ruft international viel Kritik hervor: Sollte etwa etwas dran sein an der These vom Kampf der Kulturen, und falls ja, wer könnte in diesem Fall an eine militärische Lösung glauben? Auf einer grundsätzlicheren Ebene bestimmt eine dreifache Frage das Geschehen: Welche Reaktion auf den globalen Terror ist nicht nur effektiv, sondern auch legitim und nicht zuletzt sinnvoll (also so angelegt, dass sie nicht noch mehr Terror heraufbeschwört)? Die Antworten hierauf gehen schon zum Jahresende 2001 weit auseinander, je nachdem, auf welcher Seite des Atlantiks man die intellektuelle Debatte verfolgt. Und ein knappes halbes Jahr nach 9/11 wird die längst brüchig gewordene Identität einer lange Zeit beschworenen transatlantischen Wertegemeinschaft in ihrer ganzen Fragilität deutlich. Mitte Februar 2002 veröffentlichen sechzig führende US-Intellektuelle, darunter weltweit prominente Stimmen wie Francis Fukuyama, Theda Skocpol, Jean Bethke Elshtain und Michael Walzer, ein Manifest für die Legitimität einer bewaffneten militärischen Reaktion: „What We're Fighting For (Wofür wir kämpfen)."[25] Der Terroranschlag der Islamisten richte sich – da er mit keinerlei politischen Forderungen verbunden war – nicht nur gegen die US-amerikanische Regierung, sondern vor allem gegen die amerikanische Gesellschaft: „Clearly, then, our attackers despise not just our government, but our overall society, our entire way of living. Fundamentally, their grievance concerns not only what our leaders do, but also who we are." In ihrer Streitschrift erklären die US-amerikanischen Denker den militärischen Kampf gegen den Terror zu einer gerechten Sache.

---

23 Henryk M. Broder, „Nur nicht provozieren!", *Der Spiegel*, Nr.38, 15.9.2001.
24 „Meinen Sie, ich will in den Krieg ziehen?", *taz*, 29.9.2001. S. 2ff.
25 „What We're Fighting For: A Letter from America". Der komplette Text findet sich hier: http://americanvalues.org/catalog/pdfs/what-are-we-fighting-for.pdf, abgerufen am 31.3. 2015.

Große Teile des Landes, allen voran Regierung und Legislative, haben sich dieser Überzeugung zu diesem Zeitpunkt längst verschrieben: Schon drei Tage nach den Angriffen hatte der Kongress die Genehmigung zum Einsatz militärischer Gewalt (Authorization for Use of Military Force, kurz AUMF) verabschiedet. Das Gesetz gibt dem Präsidenten freie Hand, die „notwendige und angemessene Gewalt" gegen alle diejenigen anzuwenden, die mit den Attacken des 11. September in Verbindung gebracht werden bzw. diesen Personen Unterschlupf gewähren.[26] Am 7. Oktober 2001, kein ganzer Monat ist seit dem Terroranschlag auf die Zwillingstürme in New York und das Pentagon vergangen, beginnt Amerika seine Operation Enduring Freedom: Stellungen der Taliban in Afghanistan werden aus der Luft und mit Spezialkräften angegriffen, um die in erster Linie am Boden operierenden Kämpfer der sogenannten Nord-Allianz zu unterstützen.[27] Dieser gelingt es dadurch schon Ende November 2001, die Hauptstadt Kabul einzunehmen, im Dezember sind auch die Provinzhauptstädte Kandahar und Kunduz unter Kontrolle der von den Amerikanern geführten Einheiten. Noch vor Weihnachten 2001 wird Hamid Karzai auf der ersten Afghanistan-Konferenz auf dem Petersberg bei Bonn zum Präsidenten der Übergangsregierung ernannt.

Ob dieses atemberaubenden Tempos womöglich etwas verspätet, aber nichtsdestotrotz enorm schnell, folgt dann zu Beginn des neuen Jahres die intellektuelle Unterfütterung amerikanischer Außenpolitik, lagerübergreifend und voll der großen Geste: „What We're Fighting For." Die Autoren führen das Recht eines jeden Menschen auf Freiheit und Individualität an; hingegen dürfe niemand im Namen Gottes töten. Das Schriftstück appelliert an universale Werte, geht aber noch einen Schritt weiter, indem es sie auch universell einfordert – bzw. das Recht, sich hierfür notfalls mit Gewalt einzusetzen. Der 11. September sei darüber hinaus eine jener Situationen, in denen es „für eine Nation notwendig wird, sich mit Waffengewalt zu verteidigen," so der erste Satz des Textes. Mit anderen Worten: Die amerikanische Intervention in Afghanistan ist berechtigt, denn, so die Autoren, „es gibt Zeiten, in denen es nicht nur moralisch gerechtfertigt, sondern sogar moralisch geboten ist, Krieg zu führen – als Antwort auf katastrophale Gewaltakte, Hass und Ungerechtigkeit." Der Text stößt zwar bei Teilen der dogmatischen amerikanischen Linken auf Ablehnung (Gore Vidal, Howard Zinn und andere distanzieren sich davon), doch findet sich auf der Unterzeichnerliste ein breites Spektrum politischer Po-

---

26   Siehe hierzu den kompletten Text: https://www.govtrack.us/congress/bills/107/sjres23/text, abgerufen am 20.4.2015. Übersetzung ins Deutsche durch die Autoren.

27   Nordallianz-Führer Ahmed Schah Massud war 48 Stunden vor den Anschlägen in New York und Washington in Afghanistan von zwei arabischen Selbstmordattentätern im Auftrag Osama Bin Ladens getötet worden.

sitionen: Konservative wie Huntington, Fukuyama, Elshtain und Michael No-
vak stellen sich in der Frage des „gerechten Krieges" neben liberale und kommunitaristische Denker wie Walzer und Amitai Etzioni.[28]

Freilich stimmen dieser Sicht längst nicht alle prominenten Beobachter
amerikanischer Außenpolitik zu. Der Erzrealist John Mearsheimer hält seine
Landsleute, und das schließt die Intellektuellen ein, in der Terrorfrage für ei-
nigermaßen hysterisch. Mit seiner harschen Kritik an der amerikanischen An-
titerror-Strategie ist Mearsheimer sogar recht nah bei den Stimmen aus dem
linken Lager, wenn auch aus gänzlich anderen Gründen. Während des folgenden Jahrzehnts bleibt Mearsheimer seiner Einschätzung treu, und Anfang 2011
schreibt er mit dem Vorteil der Rückschau auf seiner Seite: „Es stand nie infrage, dass Washington nach diesem furchtbaren Tag den Terrorismus als
größte Bedrohung behandeln würde. Allerdings war eingangs nicht klar, wie
die Administration mit dem Problem umgehen würde. Doch im Verlauf des
folgenden Jahres verwarf Bush das Prinzip ausgewählter Waffengänge und
machte sich das Prinzip globaler Vorherrschaft zu Eigen" – in den Augen
Mearsheimers ein Fehler, wie er auch in einem von den Autoren geführten Interview im Herbst 2013 klarstellt.[29] Der Professor aus Chicago kann die seines
Erachtens bis heute übertriebene Furcht seiner Landsleute vor einem weiteren
Terroranschlag nicht nachvollziehen; den Aufwand der Amerikaner in dieser
Sache hält er für absurd. So sei es wahrscheinlicher, „in der Badewanne zu
ertrinken oder an einer Erdnuss zu ersticken, als von einem Terroristen getötet
zu werden." Daher solle sein Land nicht weiter „hunderte Milliarden Euro
[sic]" dafür ausgeben, „den Unterhosenbomber, den Schuhbomber" und andere in den Griff zu bekommen, sondern sich auf seine Stärke besinnen.[30]

Über zehn Jahre zuvor, nur Monate nach den Anschlägen, sieht die Welt
jedoch vermeintlich anders aus, und so entspinnt sich rasch eine transatlantische Debatte. Im Spätfrühling 2002 verfassen in Deutschland über einhundert
Intellektuelle einen hochkritischen Gegenentwurf zum amerikanischen Manifest vom Februar: „Eine Welt der Gerechtigkeit und des Friedens," so der Titel,
könne nicht auf einer Grundlage aus Gewalt fußen.[31] Es greift freilich zu kurz,
wenn man wie Paul Richard Blum konstatiert, der Briefwechsel sei lediglich
„ein interessantes Dokument transatlantischer Missverständnisse." Blum führt
denn auch selbst an, dass Reibung nicht zuletzt deswegen entsteht, weil aus

---

28 Zur Ablehnung der Argumentation, vgl. u.a. Gore Vidal, *Ewiger Krieg für ewigen Frieden:
    Wie Amerika den Hass erntet, den es gesät hat*, Hamburg: Europäische Verlagsanstalt, 2002.
29 John Mearsheimer, „Imperial by Design", *The National Interest*, Nr. 111 (Januar/Februar
    2011). S. 16-34. Übersetzung ins Deutsche durch die Autoren.
30 Alle Zitate: Interview mit John Mearsheimer, geführt von den Autoren am 7.10.2013 in Chi-
    cago. Übersetzung ins Deutsche durch die Autoren.
31 „Eine Welt der Gerechtigkeit und des Friedens sieht anders aus." Der komplette Text findet
    sich hier: https://www.neues-deutschland.de/artikel/16709.eine-welt-der-gerechtigkeit-und-
    des-friedens-sieht-anders-aus.html, abgerufen am 1.4.2015.

Sicht der US-Intellektuellen „nicht die USA allein, sondern die ‚American Values', die Werte, mit denen sich jeder Bürger der Vereinigten Staaten identifizieren" könne, zu verteidigen seien.[32] Aus der Warte anderer Nationen kann zu diesem Zeitpunkt durchaus der Eindruck entstehen, Amerika stülpe dem gesamten Westen sein Verständnis dieses gewaltigen Konfliktes – und der in diesem Zusammenhang notwendigen Maßnahmen – über.

Im vorliegenden Zusammenhang geht es letztlich jedoch weniger um die Qualität und die einzelnen Merkmale dieser Ideale selbst (die u.a. auch politisch definiert sein können), sondern darum, dass sich im Selbstverständnis amerikanischer Intellektueller ihre Arbeit aus kritischer, nicht primär interessegeleiteter Warte auf der einen Seite und das Beziehen einer eindeutigen, wertebasierten Position und hieraus erwachsenden Weltsicht auf der anderen Seite nicht ausschließen. So erklärt sich auch die ‚gesalzene' Antwort aus den USA, die nur drei Monate später auf den deutschen Antwortbrief folgt, der zuvor den Atlantik Richtung Westen überquert hatte. Im August erwidern die Amerikaner unverhohlen vorwurfsvoll, ihre deutschen Kritiker ersparten sich die Mühe einer „schlüssigen moralischen Position." In den Augen der US-Intellektuellen ist die deutsche Kritik am Vorgehen der USA nicht nur pharisäerhaft – schließlich legten es die deutschen Denker darauf an, „die Vereinigten Staaten für so ziemlich alles anzuprangern, was sie in der Welt nach 1945 getan haben" –, sondern auch unverantwortlich, weil eine „klare und in sich schlüssige Position zu den moralischen Grundfragen" eben nicht bezogen würde.[33] Mit anderen Worten: Deutschland ist besserwisserisch, entzieht sich gleichzeitig aber der Verantwortung einer eindeutigen Positionierung in einer schwierigen und potenziell äußerst kostspieligen Frage. Dabei gibt es auch auf deutscher Seite durchaus Kritik an dieser Haltung. Hans Christoph Buch unterstellt seinen intellektuellen KollegInnen „schieren Antiamerikanismus"; schlimmer wiege noch, dass der „vage[...] Pazifismus", der in deren Brief zur Schau gestellt werde, „Kriege zu ächten glaubt, indem er sie ignoriert."[34] Auch Peter Schneider hält die Unterzeichner des Briefs für gefährlich naiv; ihre „falsche Gewissheit" hat für ihn mit einem „Denk- und Gefühlsverbot" zu tun: „Das Böse, davon scheinen die deutschen Verfasser überzeugt zu sein, gibt es gar nicht,

32 Paul Richard Blum, „Transatlantische Missverständnisse: Der Briefwechsel amerikanischer und deutscher Intellektueller über den 11. September", veröffentlicht am 14.8.2002 bei HSozKult: http://www.hsozkult.de/debate/id/diskussionen-84?title=transatlantische-missverstaendnisse-der-briefwechsel-amerikanischer-und-deutscher-intellektueller-ueber-den-11-september&recno=231&q=&sort=&fq=&total=235&page=12, abgerufen am 2.3. 2015.

33 Vgl. hierzu „Streitpunkt Gerechter Krieg: US-Brandbrief gegen deutsche Intellektuelle", *Der Spiegel*, 9.8.2002. http://www.spiegel.de/kultur/gesellschaft/streitpunkt-gerechter-krieg-us-brandbrief-gegen-deutsche-intellektuelle-a-208801.html, abgerufen am 2.4.2015.

34 Hans Christoph Buch, „Schlagabtausch", *Der Tagesspiegel*, 14.8.2002. S. 23.

folglich muss es auch nicht, und notfalls mit Gewalt, gestoppt werden."[35] Richtig liegt wohl der überzeugte Transatlantiker Richard Herzinger, wenn er trocken feststellt, dass der 11. September für die Deutschen „das Ende seliger Unmündigkeit" bedeutet. Was Herzinger hieraus schließt, ist für seine Landsleute allerdings deutlich schwerer zu verdauen: „Mehr kritisches Selbstbewusstsein im Umgang mit dem großen Freund ist ohne Übernahme von politisch-militärischer Verantwortung nicht zu haben."[36] Wenn Herzinger die Frage einer militärischen Verpflichtung Deutschlands im Kampf gegen den globalen Terrorismus anspricht, kommt er tatsächlich den Amerikanern sogar zuvor, die ihren Vorstellungen betreffend dieses Themas erst später konkret Ausdruck verleihen werden. Schon unmittelbar nach den Anschlägen wirft Herzingers Insistieren auf einem – auch – militärischen Engagement Deutschlands jedoch eine weitere Frage auf: Wie weit sollte bzw. darf die Kooperation mit den Vereinigten Staaten für Deutschland überhaupt gehen? Trägt die Weltmacht nicht eine Mitverantwortung für die Anschläge?

Die meisten Kommentatoren schrecken davor zurück, Amerika anzukreiden, es hätte den 11. September letztlich selbst verschuldet. Eine notorische Ausnahme bildet hier das Lager der Verschwörungstheoretiker, das hier nur der Vollständigkeit halber kurze Erwähnung finden soll. Dessen meist hanebüchene und zudem häufig anonyme Informationsquellen haben zwar in den USA ihren Ursprung (dort v.a. im Internet), finden aber insbesondere in Deutschland prominente Verbreitung. Oftmals driften die Argumente dabei ins Antisemitische (Mathias Bröckers) bzw. Islamophobe (Udo Ulfkotte) ab. So behauptet der frühere SPD-Bundesforschungsminister Andreas von Bülow, ähnlich wie auch der Verschwörungsguru Bröckers, dass die Geheimdienste der USA und Israels hinter den Anschlägen stecken. Was die Absurdität ihrer Thesen angeht, stehen ihnen der ehemalige *FAZ*-Journalist Ulfkotte und der Buchautor Gerhard Wisnewski in nichts nach.[37]

35 Peter Schneider, „Die falsche Gewissheit", *Der Spiegel*, Nr. 35, 26.8.2002. S. 168.
36 Richard Herzinger, „Vertraute Reflexe: Der übliche Antiamerikanismus", *Die Zeit*, Nr.40, 27.9.2001.
37 Andreas von Bülow, *Die CIA und der 11. September: Internationaler Terror und die Rolle der Geheimdienste*, München: Piper Verlag, 2004. Mathias Bröckers und Andreas Hauß, *Fakten, Fälschungen und die unterdrückten Beweise des 11.9.*, Frankfurt: Zweitausendeins, 2003. Udo Ulfkotte, *Propheten des Terrors: Das geheime Netzwerk der Islamisten*, München: Goldmann, 2001. Gerhard Wisnewski, *Mythos 9/11: Der Wahrheit auf der Spur: Neue Enthüllungen*, München: Droemer Knaur, 2004.

5 Die Rolle der USA in den Augen der Anderen: Zwischen konkreter Kritik und Anti-Amerikanismus

Jenseits dieser kruden Weltbilder lässt sich in der transatlantischen Debatte schon bald ein fließender Übergang beobachten, der von einer US-kritischen Sicht zu einer prinzipiellen Kritik über den eigentlichen Anlass (9/11 und Amerikas militärische Antwort darauf) hinausreicht. Letztere trägt laut verschiedener Beobachter deutlich anti-amerikanische Züge.[38] Zunächst wirft Friedensforscher Czempiel die naheliegende und legitime Frage auf, wie „wir überhaupt in eine Situation gekommen [sind], in der solche Attentäter entstehen." Er stellt klar: „Natürlich tragen die Täter die Verantwortung dafür, und wenn wir sie kriegen, werden wir sie in diese Verantwortung nehmen." Trotzdem sei die Frage der Entstehung „die entscheidende Frage, die der Westen an sich selbst richten muss."[39] Für den Schriftsteller Günter Grass scheint diese Frage schon im Oktober 2001 beantwortet. Grass, bei oben angeführtem Briefwechsel nicht mit von der Partie, lokalisiert in einem *Spiegel*-Interview schon früh die Ursachen des Terrors im Westen und lässt keinen Zweifel daran, welche Verantwortung er in dieser Angelegenheit bei den Vereinigten Staaten sieht. Deren Politik der Ausbeutung habe großen Anteil daran, zuvor unbescholtene Bürger zu Terroristen zu machen. Grass macht sich Sorgen, dass der Kampf gegen den Terror zu einem „latenten Kriegszustand über Jahre" wird, und zwar „in der Diktion der Vereinigten Staaten von Schurke zu Schurke, von Schurkenstaat zu Schurkenstaat." Zumindest im Vorlauf zum Irak-Krieg anderthalb Jahre später schwingt in der Rhetorik der außenpolitischen Falken Amerikas jene Selbstgewissheit mit, die sie laut Grass „die Welt nach ihrem eigenen Bild pauschal in Gut und Böse" einteilen lässt.[40] Ähnlich wie Grass argumentiert auch die kanadische Globalisierungskritikerin Naomi Klein. Jede Andeutung, Amerika hätte die Attacken „verdient," hält Klein für „hässlich und gefährlich." Jedoch müsse man fragen, ob die amerikanische Außenpolitik nicht die Bedingungen erst geschaffen habe, unter denen die „verdrehte Logik" der Attentäter „heranwachsen" konnte, nämlich „einen Krieg nicht so sehr gegen den US-Imperialismus, sondern gegen die vermeintliche amerikanische Undurchlässigkeit" zu führen. Klein hält es durchaus für möglich, wenn nicht gar wahrscheinlich, dass andere Völker der Erde dermaßen an ihrer permanenten Übervorteilung durch Amerika leiden, dass ihr „blinder Hass" bei ihnen

---

38   Dazu ausführlich: Andrei S. Markovits, *Uncouth Nation: Why Europe Dislikes America*, Princeton: Princeton University Press, 2007 und ders: *Amerika, dich haßt sich's besser: Antiamerikanismus und Antisemitismus in Westeuropa*, Hamburg: KVV, 2004.

39   Czempiel, „Wir wissen, was getan werden muss".

40   Holger Kulick, „Interview mit Günter Grass: ‚Amerikanische Politik muss Gegenstand der Kritik bleiben'", *Der Spiegel*, 10.10.2001. http://www.spiegel.de/kultur/gesellschaft/interview-mit-guenter-grass-amerikanische-politik-muss-gegenstand-der-kritik-bleiben-a-161444.html, abgerufen am 4.4.2015.

den Wunsch entstehen lässt, die Weltmacht schlicht ebenfalls leiden zu sehen.[41]

Klein bekommt für ihren Standpunkt Rückendeckung von einer weiteren Globalisierungskritikerin, der indischen Aktivistin, Autorin und Journalistin Arundhati Roy. Deren Verurteilung der amerikanischen Reaktion auf den 11. September zeigt, dass sich die Kontroverse um den Kampf gegen den Terror nicht auf den Westen beschränkt. Roy geht allerdings noch einen Schritt weiter als Klein. So bezeichnet sie im Oktober 2001 im *Guardian* die Anschläge als Reaktion auf die imperiale Außenpolitik der USA, welche im Gewand der Globalisierung daherkomme und weltweit mit ihrer rücksichtslosen Profit-Politik großes Leid auslöse. Allerdings stellt die Autorin eingangs klar, dass jedweder Akt des Terrorismus weder zu entschuldigen noch zu rechtfertigen sei. Deutlich wird dennoch, wie die amerikanische Regierung aus Sicht von Roy den Terror gezielt als Vorwand nutzt, ihre imperiale Politik dem eigenen Volk wie auch den anderen Völkern der Erde zu verkaufen. Mit dem 11. September habe dieses langjährige Vorgehen lediglich eine neue Dimension angenommen. Sei seitens der US-Regierung von Freiheit die Rede (wie mit Bezug auf den Einmarsch in Afghanistan), so sei damit stets die eigene Freiheit gemeint, „zu dominieren, zu erniedrigen und zu unterwerfen, üblicherweise im Dienst der eigentlichen Religion Amerikas, des ‚freien Marktes.'"[42] Roys Einschätzung einer in ihren Grundzügen stets imperialen US-Außenpolitik teilen auch zahlreiche französische Intellektuelle, die den Amerikanern darüber hinaus einen heftigen missionarischen Eifer unterstellen. Auf die militärische Offensive der USA in Afghanistan reagiert eine Gruppe von über 100 Denkern der Grande Nation mit einem offenen Brief in *Le Monde*. Ihr „Aufruf gegen den Krieg in Afghanistan" bezeichnet die US-Initiative als kontraproduktiv im Kampf gegen den Terrorismus. Viel schwerer wiegt jedoch der unverblümte Vorwurf, die Vereinigten Staaten betrieben einen „imperialistischen Kreuzzug."[43]

Der slowenische Philosoph Slavoj Žižek, im Verlauf der Jahrzehnte Visiting Professor an einer ganzen Reihe US-amerikanischer Universitäten und damit mit einer respektablen Innenansicht ausgestattet, schreibt den Vereinigten Staaten in ähnlicher Weise eine stark ausgeprägte imperiale Tendenz zu – allerdings ist dieser Imperialismus bei ihm ganz klar ökonomischer Natur. In seinem Buch *Welcome to the Desert of the Real*, erschienen im Jahr nach den Terroranschlägen, argumentiert der notorisch streitbare Žižek gewohnt kontrovers, dass der globale Kapitalismus und der (religiöse) Fundamentalismus,

41 Naomi Klein, „Game Over: The End of Warfare as Play", *The Los Angeles Times*, 16.9.2001. http://articles.latimes.com/2001/sep/16/opinion/op-46323, abgerufen am 31.3.2015. Übersetzung ins Deutsche durch die Autoren.

42 Arundhati Roy, „Brutality Smeared in Peanut Butter. Why America must Stop the War now", *The Guardian*, 23.10.2001. http://www.theguardian.com/world/2001/oct/23/afghanistan. terrorism8, abgerufen am 3.4.2015. Übersetzung ins Deutsche durch die Autoren.

43 „113 Intellectuels Français Lancent un Appel contre la Guerre en Afghanistan", *Le Monde*, 22.10.2001. Übersetzung ins Deutsche durch die Autoren.

wie er im globalen Terrorismus seinen Ausdruck finde, zusammen zwei Hälften eines Ganzen bildeten. Die falsche Wahrnehmung einer ausschließlich externen Bedrohung – nämlich des Terrorismus – sorge bei den US-Bürgern dafür, dass das System des globalen Kapitalismus nicht auf sein Bedrohungspotenzial hin hinterfragt werde. Mit anderen Worten: Eine externe Bedrohungsperzeption hält das kapitalistische System am Laufen, welches wiederum auf globale Dominanz ausgelegt ist. So kommt die in Žižeks Augen längst überfällige Diskussion über alternative sozioökonomische Modelle niemals zum Laufen.

Provokanter noch nimmt sich ein zweites Argument aus, dass Žižek ins Feld führt: Der Philosoph unterstellt den Amerikanern einen psychologischen Komplex. Diese hätten mit den Terroranschlägen eine ausschließlich extern begründete Rechtfertigung für ihr imperiales Auftreten in der Welt gefunden, an die sie tatsächlich glaubten, die also nicht nur vorgeschoben sei. In diesem Sinne wünschten die Amerikaner die Attacken sogar herbei; letztere seien gleichsam „triebhaft angelegt" und bildeten somit eine herbeigesehnte spektakuläre Erfahrung, wie sie sich auch in zahlreichen Katastrophenfilmen aus der Traumfabrik Hollywood spiegele.[44] Für den 2015 verstorbenen Roberto Galeano, laut *Guardian* der „Hofdichter der Anti-Globalisierungsbewegung", ist die Sache hingegen viel schlichter: Er sieht in allen außenpolitischen Entscheidungsprozessen und den daraus abgeleiteten Handlungen der Vereinigten Staaten deren imperialistisches Bestreben verwirklicht; alles andere sind seines Erachtens Vorwände.[45] Für Galeano hat sich an diesem Prinzip auch mit der Präsidentschaft Obamas nichts geändert. In einem Kapitel seines letzten Buches, *Children of the Days* (auf Englisch 2013 erschienen), durchleuchtet der Autor Obamas Verständnis von Außenpolitik, gerade mit Bezug auf die Maßnahmen und v.a. die Haltung, die Amerika bei der globalen Bekämpfung terroristischer Gefahren für sich beansprucht. Als der US-Präsident 2009 den Friedensnobelpreis entgegennimmt, verkündet er, dass es „Zeiten gibt, in denen für Nationen die Anwendung von Gewalt nicht nur notwendig wird, sondern moralisch gerechtfertigt ist." Galeanos Sarkasmus ist beißend, wenn er schreibt, dass bereits „viereinhalb Jahrhunderte früher, als es noch keinen Nobelpreis gab und das Böse nicht in Ländern hauste, wo es Öl gibt, sondern in jenen, wo Gold und Silber zu finden war", andere den Krieg als nicht nur notwendig, sondern auch moralisch gerechtfertigt verteidigt hätten.[46]

---

44   Slavoj Žižek, *Welcome to the Desert of the Real*. New York: Verso, 2002, S. 18. Vergleiche zu diesem Argument speziell das Kapitel „Passions of the Real, Passions of Semblance", S. 5-40.

45   Gary Younge, „Eduardo Galeano: ‚My Great Fear is that we are all Suffering from Amnesia'", *The Guardian*, 23.7.2013.

46   Roberto Galeano, *Children of the Days: A Calendar of Human History*. New York: Nation Books, 2013. S. 374. Übersetzung ins Deutsche durch die Autoren.

Kritische Ansätze wie etwa die Galeanos oder Roys gehen dem deutschen Historiker Dan Diner entschieden zu weit. Diner, Historiker an der Hebräischen Universität Jerusalem, sieht in diesen Vorwürfen blanken Anti-Amerikanismus. In einer Stellungnahme vom Oktober 2001 macht er deutlich, dass es sich für ihn hierbei schlechterdings um „den projektiven Vorwurf an die USA [handelt], für alle Übel der Welt ursächlich zu sein." Laut Diner hat diese „Ideologie mittlerweile auf weite Teile der Welt übergegriffen." Den USA werde die Schuld an weltweiter Ungleichheit primär im ökonomischen Sinne zugeschoben, und dieses latente Gefühl wachsender Ablehnung sorge dafür, dass „im Fall, dass Amerika ein Unglück oder ein Schaden" widerfahre, „jene weltweit sich breit machende heimliche Freude" aufkomme.[47] Diner spricht mit dieser Einschätzung wohl noch immer für eine Minderheit. Jedoch hat das Phänomen des Anti-Amerikanismus, der in der Dekade nach dem 11. September unbestritten an Anhängern gewonnen hat, seitdem bereits zahlreiche Analysten – vor allem auf unserer Seite des Atlantiks, und nicht zuletzt in Deutschland – beschäftigt. Einige vermuten, dass eine zunehmend prominente antiamerikanische Haltung bei der breiten Bevölkerung wie den politischen Vordenkern womöglich mehr mit der eigenen Rolle (Deutschlands, Europas) in der Welt des 21. Jahrhunderts zu tun hat als mit den USA selbst. In der Abgrenzung von Amerika wird das eigene Profil geschärft, wenn etwa sicherheits- oder energiepolitische Fragen zur Sprache kommen.

6 In Abgrenzung zu Amerika: Europäische Identitätsfindung

Eben jene Vorzeichen meint die *Zeit* im Sommer 2003 zu erkennen, als der deutsche Philosoph Jürgen Habermas mit seinem Europa-Projekt an die Öffentlichkeit tritt. Unmittelbar nach dem (offiziell verkündeten) Ende des Irak-Krieges kündigt Habermas an, ein neues Selbstbewusstsein der Europäer inspirieren zu wollen. Zusammen mit einer gemischt europäisch-amerikanischen Gruppe Intellektueller, u.a. Jacques Derrida, Adolf Muschg, Umberto Eco, Fernando Savater und Richard Rorty, appelliert Habermas an die europäische Öffentlichkeit, zu einem Zeitpunkt, als sich Europa „schwach und uneinig [präsentiert], auf der Weltbühne an den Rand gedrängt durch die kraftstrotzenden und alleingängerischen Vereinigten Staaten," wie es die *Zeit* formuliert. Diese Initiative wird nicht nur von Deutschlands führender Wochenzeitung durchaus kritisch wahrgenommen:

„‚Was ist europäisch?' lautet die Leitfrage des ganzen Unternehmens, und die Antwort heißt, mehr oder weniger deutlich: was nicht amerikanisch ist."

---

47   Alle Zitate aus: Dan Diner, „Überdosis an Neid & Angst", *Der Focus*, Nr. 43, 22.10.2001.

Allerdings gestehen auch die Kritiker zu, dass Habermas weiß „und sagt, dass die fundamentalen europäischen Werte nicht exklusiv europäisch sind, sondern westlich und letztlich universal."[48] Dennoch ist das Habermas-Derrida-Manifest vom 31. Mai 2003 (von den Massendemonstrationen gegen den drohenden Irak-Krieg Mitte Februar inspiriert) für Andrei Markovits Beweis genug, dass diese von ihm an sich durchaus geschätzten Denker einen Fehler wiederholen, vor dem schon die deutsch-amerikanische Philosophin Hannah Arendt in den 1950er Jahren gewarnt hatte: die europäische Identitätsfindung mangels eines positiven Katalogs an Gemeinsamkeiten europäischer Staaten und Gesellschaften auf eine Andersheit von Amerika oder auf Anti-Amerikanismus zu gründen. Indem er einen Gedanken des deutschen Sozialwissenschaftlers Volker Heins aufgreift, stellt Markovits fest, dass die USA der Ära Bush – aber auch ganz generell – von deutschen Intellektuellen wie Habermas oder Ulrich Beck zum Zweck moralisch überlegener Identitätsfindung ‚orientalisiert‘, d.h. zum ‚Anderen‘ (Other) gemacht würden.[49] Markovits zeigt in seinem Buch, dass der Anti-Amerikanismus dieser Identitätsfindung nur wenig mit der Realität der Politik des US-Präsidenten George W. Bush und seiner Anti-Terrorpolitik zu tun hat. Vielmehr handelt es sich laut Autor um ein bis ins 19. Jahrhundert zurückreichendes vorurteilsgeladenes Klischee-Bild. Europäische Antipathien würden demnach nicht zuletzt von einem Gefühl der eigenen Hilflosigkeit gegenüber einer vermeintlich unausweichlichen ‚Amerikanisierung‘ ganzer Bereiche des täglichen Lebens ausgelöst.

Mit Markovits‘ Analyse werden die längeren Linien hinter der intellektuellen Auseinandersetzung über die Folgen des 11. September 2001 sichtbar. Gleichzeitig ist allen Beteiligten klar, dass nicht nur Werte in der globalisierten Welt des 21. Jahrhunderts – zumindest potenziell ihrer Verbreitung nach – universal sind, sondern auch Gefahren, wie sie u.a. vom Terrorismus ausgehen. So bezeichnet Hans Magnus Enzensberger nur eine Woche nach den Anschlägen von New York die Globalisierung unserer Zeit als „irreversible[n] Prozess", der „alle Systeme" erfasst habe: „Deshalb fallen auch seine Kosten überall und in jeder Sphäre an." Diese Kosten – neutraler formuliert: Auswirkungen – schließen auch den Schrecken des grenzüberschreitenden Terrorismus ein. Für Enzensberger ist der Terrorismus damit keine Reaktion auf die Globalisierung, sondern eine ihrer in Kauf zu nehmenden Folgen (eine Auslegung, die Czempiels Sichtweise klar widerspricht).[50] Susan Sontag schlägt in einem Kommentar für die *FAZ* in die gleiche Kerbe, als sie zwei Jahre nach Enzensberger im Herbst 2003 auf den Irak-Krieg und Amerikas Kampf gegen den

---

48 Jan Ross, „Die Geister des Pralinengipfels", *Die Zeit*, Nr. 24, 5.6.2003. Der zugrundeliegende, von Jürgen Habermas und Jacques Derrida verfasste Aufsatz mit dem Titel „Unsere Erneuerung. Nach dem Krieg: Die Wiedergeburt Europas" erschien am 31.5.2003 in der *Frankfurter Allgemeinen Zeitung*, S. 33 ff.
49 Markovits, *Uncouth Nation*, S. 201-223.
50 Hans Magnus Enzensberger, „Die Wiederkehr des Menschenopfers", *Frankfurter Allgemeine Zeitung*, 18.9.2001, S. 49.

Terrorismus zurückblickt. „Die Vorherrschaft Amerikas ist eine Tatsache", schreibt Sontag. „Aber Amerika, wie inzwischen auch seine derzeitige Regierung einzusehen beginnt, kann nicht alles alleine machen. Die Zukunft unserer Welt ist synkretistisch, unrein. Wir können uns nicht voneinander abkapseln. Wir fließen immer mehr ineinander."[51]

7 Vom Wert der Streitkultur: Das fortwährende Ringen um Sinngebung

Noch bevor das zweite Flugzeug am Morgen des 11. September den Südturm des World Trade Center verwüstet, wird den schreckensstarren Beobachtern in New York und an den Fernsehbildschirmen rund um die Welt bewusst, wie perfide die Terroristen die Macht der Bilder für sich zu nutzen wissen. Sie inszenieren das „Massaker als Medienspektakel" und potenzieren damit das Einschüchterungspotenzial der Tat. Auf grausame Weise kommt so ein weiterer Aspekt der stetig fortschreitenden Globalisierung zum Tragen: Die Mediatisierung der Geschehnisse, neben dem damals noch dominanten Medium TV zunehmend auch über das Internet. Letzteres sollte im Verlauf des folgenden Jahrzehnts als maßgebliche Plattform für universell verfügbare und vermeintlich unbegrenzte Informations- und Interpretationsmöglichkeiten, aber auch wilde Spekulationen dienen. Am Tag der Anschläge selbst und in den Wochen und Monaten danach herrschte hingegen noch das Fernsehen vor. Es mutet zynisch an, dass sich wohl ausgerechnet die Attentäter von der „symbolischen Bildlogik des Westens", den Katastrophenfilmen Hollywoods wie *Stirb Langsam* oder *Deep Impact*, inspirieren ließen.[52] Ebenso schwer wiegt für den Philosophen Peter Sloterdijk, dass die Medien mit ihrer grellen Verstärkung des Unfassbaren zur Hysterisierung der Menschen am Tag der Anschläge und danach noch beigetragen hätten: „Die entführten Flugzeuge haben auf Grund der schnellen und grenzenlosen Mediatisierung der Katastrophe riesige Krater in den Gehirnen der Angegriffenen aufgerissen." Sloterdijk klagt, dass somit „[n]ach den beklagenswerten Toten in den Gebäuden und den Flugzeugen [...] das langfristig größte Opfer die Distanz-Vernunft [ist], deren spezifische Kultivierung das Wesensmerkmal der westlichen Zivilisation gewesen sein mag."[53]

Man könnte argumentieren, dass die Intellektuellen unserer Tage im Idealfall daran arbeiten, das von Sloterdijk beschriebene „Opfer" so gering wie möglich zu halten bzw. vielleicht sogar schrittweise zurückzunehmen: Ihnen

51 Susan Sontag, „Literatur ist Freiheit", *Frankfurter Allgemeine Zeitung*, 13.10.2003. S. 9.
52 Beide Zitate aus: Enzensberger, „Die Wiederkehr des Menschenopfers".
53 Peter Sloterdijk, „Die Schrift an der Wand", *Der Focus*, Nr. 39, 24.9.2001.

geht es ja genau um eine reflektierte und damit mit Distanz zum Geschehen verbundene, letztlich vernunftbetonte Debatte. Nicht nur die Intellektuellen Amerikas, der ältesten Demokratie der Welt, halten zumindest ihrem Selbstverständnis nach diesen Anspruch auf den fortwährenden Streit der Meinungen als Herz eben dieses Demokratieverständnisses bis heute aufrecht – freilich, ohne ihm jederzeit gerecht zu werden.

Stefan Kornelius von der *Süddeutschen Zeitung* schreibt den Anschlägen des 11. September ein knappes Jahrzehnt später, nachdem US-Spezialkräfte den Kopf der Anschläge Osama bin Laden getötet haben, den Charakter einer Zeitenwende zu. Für ihn ist der 11. September auch im Rückblick der Tag, „der die Welt lähmte und alle Leichtigkeit der Zeit nach dem Kalten Krieg [...] und jeden Glauben an die postideologische Zeit zerstörte." Während Kornelius' Einschätzung im vorliegenden Band durchaus kontrovers diskutiert wird, liegt er mit einer zweiten Aussage absolut richtig, wie sich spätestens mit dem Anschlag auf *Charlie Hebdo* Anfang 2015 in tragischer Weise beweisen wird: „Die Tötung [bin Ladens] wird nun in Washington und in New York wie eine Befreiung und vor allem wie ein Sieg empfunden," schreibt Kornelius damals. Doch er warnt: „Beides sind trügerische Gefühle: Der Terror ist nicht besiegt."[54] Einer weiteren Einschätzung des Journalisten, veröffentlicht zum 10. Jahrestag der Anschläge, würden unserer Einschätzung nach allerdings die wenigsten Intellektuellen auf beiden Seiten des Atlantiks – und in anderen Teilen der Welt – zustimmen: „Über den 11. September 2001 ist eigentlich alles geschrieben und gesagt worden."[55] Bemerkenswert – und bedauernswert – ist allerdings: Das radikale Ereignis 11. September hat zwar einen intensiven Meinungsaustausch bzw. ein Gefecht der Stellungnahmen über den Atlantik hinweg und weltweit nach sich gezogen (und die oftmals konträren Sichtweisen auf die Welt offengelegt), die Intellektuellen auf allen Seiten haben aber diesen Schock nicht wirklich dazu genutzt, ihren globalen Dialog auf eine andere Ebene zu heben. Hierdurch hätten sie womöglich zu einer anderen, grenzüberschreitenden Verständigungsebene im 21. Jahrhundert beigetragen. Stattdessen haben sich die Gräben im Verlauf der Dekade nach 9/11 eher vertieft. Gegen Ende des Jahrzehnts sieht sich die westliche Welt bereits einer neuen Krise gegenüber, das Thema ,Bedrohung durch den Terror' rückt wieder in den Hintergrund und somit kommt auch die intellektuelle Beschäftigung damit zum Erliegen. Eine Chance ist vertan: Die Intellektuellen unserer Zeit haben eine große Möglichkeit, die aus der Katastrophe erwachsen war, allzu leichtfertig vergeben.

54 Alle Zitate: Stefan Kornelius, „Wie Obama Osama bezwang", *Süddeutsche Zeitung*, 3.5. 2011. http://www.sueddeutsche.de/politik/zugriffsorder-fuer-bin-laden-wie-obama-osama-bezwang-1.1092280, abgerufen am 9.5.2015.
55 Stefan Kornelius, „Angst essen Amerika auf", *Süddeutsche Zeitung*, 13.9.2011. http://www.sueddeutsche.de/politik/zehn-jahr-angst-essen-amerika-auf-1.1141313, abgerufen am 9.5.2015.

Rede des Vorsitzenden der SPD-Bundestagsfraktion Dr. Frank-Walter Steinmeier zum zehnten Jahrestag der Terroranschläge des 11. September 2001[1]

Frank-Walter Steinmeier

Sehr geehrter Herr Professor Berg,
Sehr geehrter Herr Karmann,
Sehr geehrter Herr Dr. Mausbach,
meine Damen und Herren,

Jahrestage sind Tage des Gedenkens und der Rückbesinnung. Allen hier im Raum stehen die Bilder der schrecklichen und beispiellosen Ereignisse vom 11. September 2001 vor Augen, die damals in alle Welt gesendet wurden und die uns in diesen Tagen allerorten wieder begegnen.

Diese Bilder rufen uns das katastrophale Ausmaß der Anschläge in wache Erinnerung, die viele tausend Menschen das Leben gekostet haben. Der 10. Jahrestag des 11. September ist auch und in erster Linie ein Tag der Trauer um die unschuldigen Opfer und der Anteilnahme für ihre Angehörigen.

Jahrestage sind häufig genug aber auch die Stunde von Legendenbildung und Geschichtsdeutung, und das erleben wir in diesen Tagen auch. Manche verschrobene Verschwörungstheorie lebt wieder auf, manche steile These wird neu geboren.

Ich will mich daran nicht beteiligen. Dazu bin ich als jemand, der eng involviert war in viele Entscheidungen,[2] die zu treffen waren, nicht berufen.

Ich will stattdessen versuchen, Ihnen einen Eindruck zu vermitteln, wie ich persönlich die Ereignisse damals erlebt habe, unter welchen Umständen

---

1 Es gilt das gesprochene Wort. Anmerkung der Herausgeber: Bei dem vorliegenden Text handelt es sich um das gedruckte Manuskript einer Rede, die Frank-Walter Steinmeier am 9. September 2011 als Eröffnungsvortrag der am Heidelberg Center for American Studies stattfindenden Konferenz „Zeitenwende 11. September? Eine transatlantische Bilanz zehn Jahre danach" (9.-11. September 2011) an der Ruprecht-Karls-Universität Heidelberg hielt. Wir danken Herrn Dr. Steinmeier für die Überlassung des Redemanuskriptes sowie Herrn Stephan Steinlein. Es gilt das gesprochene Wort.

2 Anmerkung der Herausgeber: Zum Zeitpunkt der Terroranschläge war Frank-Walter Steinmeier Chef des Kanzleramtes unter dem damaligen Bundeskanzler Gerhard Schröder. In dieser Funktion koordinierte er die Nachrichtendienste und leitete unmittelbar nach den Anschlägen den im Bundeskanzleramt tagenden Krisenstab.

wir zu handeln hatten und was uns zu Entscheidungen bewegt hat, über die auch aktuell zuweilen kritisch, auch selbstkritisch, diskutiert wird.

Mich selbst haben die Nachrichten über die Ereignisse von New York und Washington im Auto erreicht, als ich mich von einem Kurzurlaub im Elsaß mit Frau und Tochter auf dem Weg nach Berlin befand. Es war auf der Höhe von Stuttgart, als ich einen Anruf bekam und mein Büro mich informierte, dass ein Flugzeug in das World Trade Center gestürzt war. Noch während des Telefonats geschah der zweite Anschlag und wenig später der dritte, auf das Pentagon in Washington.

Noch von unterwegs haben wir mit dem Krisenmanagement begonnen, telefoniert, das Lagezentrum in Alarmbereitschaft versetzt und erste Entscheidungen getroffen.

Am frühen Morgen des 12. September bin ich mit dem Hubschrauber in Berlin im Kanzleramt eingetroffen. Die Stimmung, auf die ich dort traf, ist mir bis heute sehr präsent: Beklemmend und düster war sie, geprägt von der Befürchtung, dass dies alles nicht das Ende von etwas, sondern erst der Anfang sein könnte.

Natürlich war uns allen klar, dass es hier um mehr ging als eine – wenn auch schwere – Serie von Terroranschlägen.

Es war der massivste Angriff, den die Vereinigten Staaten jemals in ihrer Geschichte auf eigenem Territorium erlebt hatten. Das war eine tiefgreifende Zäsur für das amerikanische Sicherheitsgefühl. Und es war ein Angriff, der nicht nur den USA alleine, sondern der gesamten westlichen Welt galt. Und das möglicherweise nicht nur in einem symbolischen Sinne! Niemand wusste damals, was in den nächsten Tagen und Wochen folgen würde.

Deutschland wurde damals erfasst von einer Woge der Trauer, des Mitgefühls und der Solidarität mit den Vereinigten Staaten. Das wurde sichtbar auf den Straßen rund um's Brandenburger Tor. Und die, die in der Politik Verantwortung trugen, waren davon nicht unberührt. Das teilt sich nicht mit bei der Lektüre alter Akten. Aber es war so.

Der Schock und die Betroffenheit waren allenthalben zu spüren. Und zugleich war die Angst und die Verunsicherung in der deutschen Bevölkerung mit Händen zu greifen.

Für diejenigen, die wie ich mit dem Krisenmanagement befasst waren, ging es deshalb zu allererst darum, die Gefahr möglicher weiterer Anschläge abzuwehren.

Es war eine Situation, in der jeden Tag mit weiteren Anschlägen gerechnet werden musste. Eine Situation, in der es viele ernstzunehmende Hinweise auf

Schläferzellen in den USA, aber auch in Europa gab. Eine Situation, in der wir gezwungen waren, alle denkbaren Terrorszenarien ins Auge zu fassen, wie zum Beispiel den Einsatz von Chemiewaffen mit Sprühflugzeugen, auf denen Mohammed Atta, einer der Attentäter, angeblich Flugübungen unternommen hatte. Wir hatten es zu tun mit idiotischen Trittbrettfahrern, die die Angst vor Anthrax-Attacken mit Brief-Attrappen geschürt haben und mit Gerüchten über Stämme von Pocken-Viren, die in die Hände von Terroristen gelangen könnten.

Es war – kurz gesagt – eine Atmosphäre, in der viele Menschen Angst hatten, Angst, die jederzeit in Hysterie umschlagen konnte und in der es galt, effektive Gefahrenabwehr zu betreiben ohne den Rechtsstaat zu schleifen.

Vom ersten Tag an und über Monate hinweg haben wir unter meiner Leitung jeden Morgen im Kanzleramt eine Sicherheitslage abgehalten. Wir haben damals die gesamte Infrastruktur – Flughäfen, Bahnhöfe, Industrieanlagen, die Wasserversorgung – auf ihre Anfälligkeit für Terrorattacken geprüft. Wir haben die Spielräume der Ermittlungsbehörden und Geheimdienste, die Möglichkeiten der Zusammenarbeit und des Datenaustauschs national und international erweitert.

Das alles hatte zweifellos seinen Preis: Wir waren gezwungen, das Spannungsverhältnis von Freiheit und Sicherheit neu zu vermessen. Wir hatten auszuloten, was vertretbar und vereinbar war mit den Schutzrechten des Einzelnen, und was notwendig war, um Sicherheitslücken zu schließen.

Das war ein schmaler Grat. Aber als jemand, der dafür mit Verantwortung getragen hat, glaube ich, dass es uns gelungen ist, Sicherheit unter schwierigsten Bedingungen zu gewährleisten, ohne unsere Zivilität preis zu geben.

Ob das immer und überall gleichermaßen gelungen ist, darüber kann man diskutieren. Und das haben wir ja mit unseren Partnern jenseits des Atlantiks auch mehr als einmal getan: Wenn es um Verhörmethoden, die Praxis von Renditions oder den Umgang mit terrorverdächtigen Gefangenen ging.

Wir waren nicht immer und nicht zu jeder Zeit einer Meinung. Ich hatte zuweilen durchaus heftige Auseinandersetzungen mit meiner damaligen Kollegin Condoleezza Rice. Aber ich habe den Eindruck, dass auch in den USA das Bewusstsein gewachsen ist, dass es in manchen Bereichen zu gefährlichen Grenzüberschreitungen gekommen ist. Und dass wir am Ende nichts davon haben, wenn wir Werte preisgeben, die die Kultur des Westens attraktiv gemacht hat für andere.

Meine Damen und Herren, am Tag nach den verheerenden Anschlägen, am 12. September, konnte es keinen politischen Alltag mehr geben. Es gab stattdessen eine Sondersitzung des Bundestages und eine Regierungserklärung, in der

Kanzler Schröder den USA die „uneingeschränkte Solidarität"[3] der Bundesrepublik versicherte.

Darüber ist in den folgenden Jahren viel und strittig diskutiert worden. Von Blankoscheck, von allzu blinder Gefolgschaft war zu lesen, in jüngster Zeit sogar davon, dass Deutschland sich ohne Not aufgedrängt habe.

Es ist viel hineingelesen worden in diese Formulierung und inzwischen ranken sich ganze Legenden um ihr Zustandekommen. Und es ist schon amüsant, wenn man die Menschen kennt, die sich da jetzt äußern: Manche, die gar nicht so nah dran waren, reklamieren jetzt die Mitautorenschaft. Und manche, die näher dran waren, suchen heute Distanz.

Nach meiner Erinnerung war es alles etwas schlichter:

Wer sich die Bilder der Zerstörung in Erinnerung ruft, die Schockwelle, von der die USA ergriffen wurde, die Betroffenheit und die offenen Solidaritätsbekundungen zehntausender von Menschen alleine hier in Berlin, der wird vielleicht verstehen, dass es hier weniger um den Entwurf eines fein ziselierten Vertragstextes mit Bedingungen und Nebenbedingungen der Solidarität ging, sondern dass hier auch Emotion mit im Spiel war, dass das bedingungslose Bekenntnis zur Freundschaft mit den USA auch Ausdruck des Entsetzens war, von dem wir alle erfasst waren – und des Verständnisses für eine eng befreundete Nation, die das zweite Mal nach Pearl Harbor auf eigenem Territorium angegriffen worden war und nicht nur Trauer, sondern auch Demütigung empfand.

Dieses Bekenntnis war deshalb damals in der Sekunde, als es gesprochen wurde, selbstverständlicher, als es mit Wissen um die Geschichte in den 10 Jahren danach aussieht!

Ich war jedenfalls sehr einverstanden mit dieser Formulierung, nicht nur, weil es um unseren engsten Verbündeten ging, dem Deutschland seinen Wiederaufstieg in den Kreis der westlichen Demokratien verdankte.

Nicht nur, weil die Attentäter von New York und Washington ihre Anschläge von deutschem Boden aus vorbereitet hatten, wofür es schon am 12. September handfeste Indizien gab.

Sondern auch und nicht zuletzt, weil es um eine Bedrohung ging, die den gesamten Westen und damit auch uns selbst unmittelbar betraf.

Als der Satz von der uneingeschränkten Solidarität fiel, war den Amerikanern längst nicht vollends klar, wie sie auf die Anschläge reagieren würden; aber

---

3   Anmerkung der Herausgeber: Vgl. Gerhard Schröder, Erklärung der Bundesregierung zu den Anschlägen in den Vereinigten Staaten von Amerika, 12. September 2001, Deutscher Bundestag, *Plenarprotokoll*, 14/186, S. 18293.

erst recht nicht, in welchem Umfang sie auf die Unterstützung von Partnern angewiesen sein würden.

Allerdings hat sich bei uns auch niemand Illusionen gemacht. Die tiefe Demütigung einer der letzten verbliebenen Großmächte, auch die fortbestehende Terrorgefahr, ließ erwarten, dass es auch militärische Reaktionen der USA geben würde.

Die verwegene These allerdings, die mancherorts zu lesen war in den letzten Tagen, dass Kanzler Schröder am 12. September die Gunst der Stunde genutzt habe, damit Deutschland endlich auch militärisch wieder eine Rolle in der Welt spielen könnte: Die lässt sich aus dem Geschehen jedenfalls beim besten Willen nicht ableiten.

Aber nicht nur das! Das, was ich im *Spiegel* lese, ist eine nachträgliche Deutung, die mit Blick auf die damalige Lage in der rot-grünen Koalition auch nicht gerade naheliegend ist.[4]

Wir hatten in den Jahren zuvor in den Koalitionsparteien mehrfach hart gerungen, als es um eine deutsche Beteiligung an den Einsätzen in Mazedonien und im Kosovo ging. Das alles war frisch genug, um zu ahnen, dass eine Unterstützung der Amerikaner – jenseits von politischen Solidaritätszusicherungen – auf ähnliche Vorbehalte und Kritik stoßen würde. Tatsächlich begann eine Zeit heftiger Auseinandersetzungen, an der die Koalition hätte zerbrechen können.

Obwohl der Großteil der angefragten Unterstützung gar nicht für Afghanistan vorgesehen war, sondern für Sicherungsaufgaben am Horn von Afrika und in Kuwait stationiert werden sollte; obwohl nur 100 Soldaten von dem angefragten rund 1000 Mann starken Kontingent für Afghanistan vorgesehen waren, wurde der Streit innerhalb der Koalitionsparteien erbittert und leidenschaftlich geführt.

Kanzler Schröder hat sich damals persönlich bemüht, Kritiker zu überzeugen. Aber es war nicht abzusehen, ob die Regierungsmehrheit stehen würde.

Schröder musste am Ende sein ganzes Gewicht als Kanzler in die Waagschale werfen. Er hat, wie Sie sich erinnern, damals die Zustimmung zu OEF[5] mit der Vertrauensfrage verbunden. Er hat die Kanzlermehrheit mit denkbar knapper Mehrheit erreicht – und nur weil die Kritiker auf Seiten der Grünen per Los bestimmt hatten, wer ablehnen dürfe und wer zustimmen müsse, um die Koalition zu retten.

---

4   Anmerkung der Herausgeber: Frank-Walter Steinmeier bezog sich dabei auf den Artikel „Ein Deutscher Krieg" im *Spiegel* vom 5. September 2011. Das Fazit des Berichtes über die Intention der rot-grünen Bundesregierung im Kontext des Afghanistan-Krieges lautete: „Die Deutschen wurden nicht von den USA nach Afghanistan gedrängt, sie wollten dorthin." Christoph Schwennicke, „Ein deutscher Krieg", *Spiegel* 36/ 2011, S. 74-87.

5   Anmerkung der Herausgeber: OEF steht für „Operation Enduring Freedom".

Natürlich war der Druck der Vertrauensfrage für die Abgeordneten spürbar. Aber es gab auch die Einsicht, dass es nicht nur um ein Zeichen von Solidarität und Mitverantwortung ging, das von den Verbündeten erwartet wurde. Das auch. Aber vor allem ging es um einen Einsatz, der im Interesse unserer eigenen Sicherheit lag.

Diese Bündnissolidarität hat zehn Jahre und mehrere wechselnde Bundesregierungen überdauert. Und sie hat auch über Phasen gehalten, in denen es um das transatlantische Verhältnis nicht zum Besten stand.

Und die gab es natürlich auch. Es ist kein Geheimnis, dass wir grundlegend anderer Auffassung in Bezug auf den Irak waren, und zwar schon seit Ende 2001, als zum ersten Mal über mögliche Verbindungen zwischen Saddam Hussein und Al Kaida spekuliert wurde. Wir haben uns auch den missionarischen Impetus von Präsident Bush und Verteidigungsminister Rumsfeld – die Schwarz-Weiß-Sicht auf die Welt, die Rede von der Achse des Bösen und dergleichen – nie zu eigen gemacht.

Und auch das gemeinsame Afghanistan-Engagement war nicht immer frei von Spannungen. Es hat Versäumnisse gegeben, Fehleinschätzungen und Rückschläge, auch bei uns:

Die Vorstellung, das westliche Demokratiemodell auf eine durch Stammesstrukturen geprägte Gesellschaft wie die Afghanistans zu übertragen, waren offensichtlich zu optimistisch; wir haben es gerade am Anfang sicher auch versäumt, weithin sichtbare Leuchttürme des zivilen Wiederaufbaus zu errichten, die das Vertrauen und die Zuversicht der afghanischen Bevölkerung hätten stärken können; und immer wieder haben wir erleben müssen, wie mühsam erarbeitetes Vertrauen durch zivile Opfer erschüttert und untergraben wurde.

Wir haben über die Jahre immer wieder intensive und kontroverse Diskussionen innerhalb der NATO mit den USA geführt: Über die Ziele der Mission, über die richtige Operationsführung, über die geeigneten Mittel.

Auch zehn Jahre nach Beginn des internationalen Engagements bleibt mit Blick auf die Lage in Afghanistan noch viel Anlass zur Sorge. Wir sind bei Weitem nicht so weit, wie wir kommen wollten. Die Sicherheitslage ist nach wie vor angespannt. Der Wiederaufbau hat noch keine selbsttragende wirtschaftliche Entwicklung in Gang setzen können. Wir sind weit entfernt davon, rechtsstaatliche Standards landesweit zu verankern. Und die politischen Strukturen sind nach wie vor, gerade in den Regionen, viel zu schwach ausgeprägt.

Vom Ziel der Musterdemokratie nach westeuropäischem Modell hat die internationale Gemeinschaft sich schon vor Jahren verabschiedet. Aber: es ist gelungen, realistische Hilfestellung zu leisten, um Sicherheit, Achtung vor Menschenrechten und Respektierung von Wahlergebnissen zu erreichen. Und das war schwer genug.

Und wir sollten mit Blick auf den 11. September eines nicht kleinreden: Es ist gelungen, die Taliban von der Macht zu vertreiben und von der Macht fernzuhalten. Al Kaida hat eine zentrale Rückzugsbasis verloren und ist insgesamt deutlich geschwächt.

Der Tod von Osama Bin Laden bedeutet nicht das Ende von Al Kaida, aber er hat dem Terrornetzwerk eine wichtige Identifikations- und Integrationsfigur geraubt.

Wenn heute manche sagen: „Ihr habt doch damals übertrieben, Al Kaida war nie wieder in der Lage, einen Anschlag wie den am 11. September zu wiederholen", dann sage ich: Gerade weil wir gehandelt haben, ist es nicht wieder zu Anschlägen in dieser Dimension gekommen!

Es ist nicht hoch genug einzuschätzen, dass es gelungen ist, über einen so langen Zeitraum eine so breite Allianz von Partnern auf die gemeinsame Aufgabe der Stabilisierung Afghanistans zu verpflichten.

Das Ende der militärischen Kampfeinsätze in Afghanistan rückt nun in greifbare Nähe. Ich habe mich – gegenüber Verbündeten, aber auch hierzulande – immer wieder stark gemacht für den Grundsatz: „Gemeinsam rein – gemeinsam raus". Und deshalb halte ich es für einen beachtlichen Erfolg, dass sich alle Partner gemeinsam mit der afghanischen Regierung auf einen klaren Zeitplan zur Übergabe der Sicherheitsverantwortung verständigt haben und niemand der Versuchung erlegen ist, in einen Wettlauf um den frühesten Abzugstermin einzutreten.

Wir haben gemeinsam die Weichen auf eine Beendigung der Kampfeinsätze gestellt. Und wir sind uns zugleich einig, dass dies nicht gleichbedeutend sein darf mit der Beendigung des Engagements der internationalen Gemeinschaft insgesamt – wenn wir nicht riskieren wollen, dass das Land nach Abzug der ausländischen Truppen wieder in Krieg und Bürgerkrieg zurückfällt. Darum wird es bei der Afghanistan-Konferenz in Bonn in knapp drei Monaten gehen müssen.[6]

Klar ist im Übrigen auch: Das absehbare Ende des militärischen Einsatzes in Afghanistan bedeutet nicht das Ende des internationalen Kampfes gegen den

---

6   Anmerkung der Herausgeber: Steinmeier bezog sich hier auf die Internationale Afghanistan-Konferenz, die am 5. Dezember 2011 in Bonn stattfand. Zu den Ergebnissen der Konferenz vgl. die „Conference Conclusions", online einsehbar auf den Seiten des Auswärtigen Amtes unter: http://www.auswaertiges-amt.de/cae/servlet/contentblob/603684/publication-File/162762/Conference_Conclusions_International_Afghanistan_Coference_Bonn_2011_engl.pdf, S. 1-7.

Terrorismus. Al Kaida ist geschwächt. Aber es gibt keinen Anlass, die Hände in den Schoß zu legen.

Aber der Charakter des Kampfes gegen den Terrorismus wird sich zweifellos verändern. Darüber wird heute im Rahmen dieser Veranstaltung noch im Detail zu reden sein.

Man muss jedenfalls kein Prophet sein, um vorauszusagen: Er wird die transatlantische Agenda der kommenden 10 Jahre nicht in gleicher Weise bestimmen wie die zurückliegenden 10 Jahre.

Das ist jedenfalls meine Hoffnung. Und sie wird getragen von der Erkenntnis, dass es genügend gemeinsame Aufgaben jenseits des Kampfes gegen den Terror gibt, denen sich die transatlantische Allianz verstärkt widmen sollte und müsste.

Das sage ich auch und gerade mit Blick auf die arabische Welt und den Nahen Osten, eine Region, auf die wir in den Jahren nach dem 11. September mit besonderer Aufmerksamkeit und einiger Besorgnis geblickt haben, weil sie als Ort potentieller Terrorismusgefahr galt.

Die extremsten Befürchtungen haben sich glücklicherweise nicht erfüllt. Der von Al Kaida in die arabische Welt getragene Keim der Radikalisierung ist nicht aufgegangen. Der „Clash of Civilisations" ist ausgeblieben.[7]

Aber mein Eindruck ist, dass wir gerade dabei sind, eine historische Chance zu verspielen.

Es vollziehen sich in der arabischen Welt Veränderungen ungeheurer Dimension, die erhebliche Chancen, aber gleich große Risiken bergen.

Das Risiko liegt nicht in mangelnder Leidenschaft der Menschen in Ägypten und Tunesien für die Demokratie. Von uns allen unerwartet, haben die Menschen dort nach jahrzehntelanger Gängelung und Unterdrückung ihren ganzen Mut zusammengenommen, um Autokraten aus den Sesseln der Macht zu vertreiben und Demokratie an ihre Stelle zu setzen. Die Säulen der Macht, die die alten Regime getragen haben, waren morsch; sie fielen schneller in sich zusammen, als die mutige Opposition glaubte. Aber täuschen wir uns nicht; die Säulen für eine neue Demokratie stehen noch nicht. Eines liegt doch auf der Hand: Wenn der Aufstand gegen die Autokraten in der Maghreb-Region, wenn der Schrei nach Demokratie dort den Menschen am Ende größere Unsicherheit, höhere Arbeitslosigkeit oder mehr Armut bringt, dann ist die Zukunft in diesem Teil der Welt höchst ungewiss. Und wir Deutschen wissen aus unserer

---

7   Anmerkung der Herausgeber: Zur – nicht unumstrittenen – These Huntingtons, dass es einen Antagonismus zwischen verschiedenen Kulturkreisen (insbesondere zwischen der westlichen und islamischen Welt) gäbe, vgl. Samuel P. Huntington: *Kampf der Kulturen. Die Neugestaltung der Weltpolitik im 21. Jahrhundert*, Hamburg 1997.

eigenen Geschichte: Demokratie braucht zu allererst Demokraten. Und Demokratie braucht Erfolg! Daran können wir mitwirken. Aber tun wir's mit Entschiedenheit?

Immerhin: die Weltgemeinschaft schaut auf Libyen. Wir alle sind froh, dass die Gewaltherrschaft Gaddafis beendet wurde und Libyen die Chance zum Neuanfang hat. Und für Libyen sahen wir erst letzte Woche Bilder einer Geberkonferenz in Paris, präsidiert von Sarkozy und Cameron.

Aber was ist mit den Staaten, die die Befreiung aus eigener Kraft geschafft haben, über die es keine Bilder gab und die schon jetzt wieder in Vergessenheit zu geraten drohen. Ich fürchte, Europa und der Westen begehen gerade einen folgenreichen Fehler.

Mit anderen Worten: Wenn wir die mit dem arabischen Frühling eröffnete historische Chance nutzen wollen, wenn wir die Beziehungen zur arabischen Welt auf eine neue Grundlage stellen wollen, wenn wir Belastungen der Vergangenheit zurück lassen und eine Partnerschaft neuer Qualität entwickeln wollen, dann ist dies eine Aufgabe, die nur vergleichbar ist mit dem Wandel in Osteuropa nach dem Fall der Mauer. Und die werden wir nur schultern, wenn wir uns in einer gemeinschaftlichen Kraftanstrengung der gesamten Region zuwenden.

Die Unterstützung des demokratischen Aufbruchs in der arabischen Welt kann – und nach meiner Überzeugung: muss – eines der großen transatlantischen Projekte des kommenden Jahrzehnts sein – wenn wir das wollen und wenn wir das gemeinsam vorantreiben!

Die Chance auf einen politischen Neuanfang in den Beziehungen zwischen der westlichen Welt und den islamischen Staaten dürfen wir nicht verspielen. Auch und gerade weil wir vor 10 Jahren erlebt haben, wohin Entfremdung und Feindschaft führen können.

Und deshalb würde ich mir sehr wünschen, dass wir uns etwas von der gemeinsamen transatlantischen Entschlossenheit bewahren, die wir im Kampf gegen den Terror bewiesen haben, um der arabischen Welt auf neue Weise zu begegnen:

Mit Augenmaß, ohne missionarischen Anspruch, ohne naive Euphorie, aber mit offenem Visier, ausgestreckter Hand und der Entschlossenheit zu echter Partnerschaft.

Zeitenwende 11. September? Eine persönliche Bilanz

Peter Struck

„Extrem laut und unglaublich nah", so heißt ein amerikanischer Spielfilm, der die Ereignisse des 11. Septembers 2001 aus der Sicht eines Kindes verarbeitet. Zehn Jahre nachdem die Terrorakte von New York, Washington D.C. und Pennsylvania die Agenda der internationalen Politik in Atem hielten, hat die Historisierung der Ereignisse begonnen. Und dennoch – die Bilder der einstürzenden Türme des World Trade Centers sind den meisten von uns noch immer, wie es der Film suggeriert, „unglaublich nah".

Es gehört zu den banaleren Erkenntnissen, dass der 11. September die Welt in der wir leben, verändert hat. Die augenscheinlichste Konsequenz der Anschläge war der Sturz des Taliban-Regimes in Afghanistan und in dessen Folge der Einsatz der internationalen Schutztruppe (ISAF). Ein Einsatz der bis zum heutigen Tag das Leben von 53 deutschen Soldaten gekostet hat und der noch immer die außenpolitische Debatte in Deutschland maßgeblich bestimmt. Während der Einsatz in Afghanistan noch im unmittelbaren Zusammenhang mit dem 11. September stand, die Ausbildungslager von Al Kaida befanden sich bekanntlich dort, lässt sich diese Verbindung zu dem kurz darauf von Präsident George W. Bush begonnenen Krieg gegen den Irak nicht herstellen. Gleichwohl, ohne den 11. September wäre auch die „Operation Iraqi Freedom", die die Belastbarkeit des atlantischen Bündnisses auf eine harte Probe gestellt hat, nicht denkbar gewesen. Erst die Anschläge des Terrornetzwerks lieferten der Bush-Administration den Begründungszusammenhang für ihre Kriegspläne. Doch neben den unmittelbaren Auswirkungen, dem Sturz des Diktators Saddam Hussein, gefolgt von einem noch immer nicht vollständig beendeten Bürgerkrieg im Irak und dem Aufbau eines neuen Staatswesens in Afghanistan, hat der 11. September weitere, tiefgreifende Auswirkungen auf die internationale Politik gehabt. Auswirkungen, die die Bürgerinnen und Bürger in unseren freiheitlichen Demokratien quasi jeden Tag zu spüren bekommen. So haben sich Sicherheitsvorkehrungen an strategisch empfindlichen Knotenpunkten wie z.B. Flughäfen, massiv verstärkt. Sinnbildlich für die Reaktion des Staates auf die terroristischen Gefahren stehen die neuen Sicherheitseinrichtungen vor dem Reichstagsgebäude. Nicht immer haben die demokratischen Staaten in der notwendigen Abwägung zwischen der Verteidigung von Freiheitsrechten und dem Schutz der Bevölkerung die richtige Balance gefunden. Militärisch ist es den Terroristen niemals gelungen, die westlichen

Demokratien in ihrer Existenz ernsthaft zu gefährden, gleichwohl konnten es Osama Bin Laden und seine Mitstreiter als politischen Erfolg verbuchen, ihre Gegner zu Überreaktionen wie die Androhung und Anwendung von Folter oder die ungerechtfertigte Diskriminierung von Menschen muslimischen Glaubens verleitet zu haben, der ihnen in der Folge neue Anhänger und vor allem politisches Prestige einbrachte. Im Rückblick muss man Al Kaida und ihren Verbündeten zugestehen, dass es eine klandestine Organisation in der Geschichte nur sehr selten vermochte, die Agenda der internationalen Politik in einer Weise zu dominieren, wie es Osama Bin Laden gelungen ist. Dennoch: Nach nun mehr als zehn Jahren können wir feststellen, dass Al Kaida in ihrer Funktionsfähigkeit massiv geschwächt ist. Die meisten führenden Mitglieder befinden sich in Haft oder sind, wie Osama Bin Laden, nicht mehr am Leben. Nach gegenwärtigem Wissensstand ist Al Kaida nicht mehr in der Lage, Großoperationen durchzuführen. Dies ist zweifelsohne ein wichtiger Erfolg, der dazu beigetragen hat, unsere Bevölkerung vor weiteren Attentaten zu schützen. Dieser Erfolg beruht auf einer Kombination von politischem Druck, militärischen Erfolgen, vor allem aber den Leistungen unserer Strafverfolgungsbehörden. Nicht zuletzt darf in diesem Zusammenhang die internationale Kooperation als Faktor nicht übersehen werden, da insbesondere die enge Zusammenarbeit der Geheimdienste einen wertvollen Beitrag zu erfolgreichen Terrorbekämpfung leistet.

Zu einer Bilanz des 11. September gehört aber nicht nur eine Beschäftigung mit den Erfolgen der Terrorbekämpfung; ein ausgewogenes Bild ergibt sich erst dann, wenn wir auch einen Blick auf die Regionen und Politikfelder werfen, die aufgrund der politischen und finanziellen Ressourcen, die in Folge der Anschläge von New York und Washington für die Terrorbekämpfung verwandt wurden, wenig Beachtung fanden. Die Konzentration auf die Terrorbekämpfung, die vor allem in den USA während der ersten Jahre nach den Anschlägen zum Teil hysterische Ausmaße annahm, hat die Fähigkeit der westlichen Staaten eingeschränkt, sich Themen wie der globalen Erwärmung oder der Konsolidierung der Staatsfinanzen zuzuwenden. Auch müssen wir heute feststellen, dass wir bestimmte Entwicklungen, wie den ökonomischen und politischen Aufstieg von Schwellenländern wie Brasilien, Indien oder China, weder ausreichend zur Kenntnis genommen, noch die eigene Politik konzeptionell ausreichend auf diese neuen Trends ausgerichtet haben. So heißt es in einem Papier des Auswärtigen Amtes von 2002, die Vermutung, dass das 21. Jahrhundert ein Jahrhundert Asiens werde, habe den politischen Verwerfungen nach dem 11. September nicht standgehalten. Eine Sicht, die heute nur wenige Experten, geschweige Politiker öffentlich vertreten würden.

Die wichtigste Veränderung der Koordinaten deutscher Sicherheitspolitik seit 1990 ist einfach zu beschreiben: Der Ost-West-Konflikt ist überwunden, die damaligen Bedrohungen sind Geschichte. Seitdem ist Deutschland größer, reicher und international wichtiger geworden. Aber: Das von Fukuyama vorhergesagte „Ende der Geschichte" hat sich nicht eingestellt. Die Herausforderungen im Bereich der Sicherheit sind zwar andere, in ihrer Dimension aber nicht geringer geworden. Und: Die Erwartungen befreundeter Nationen an Deutschland sind insgesamt gestiegen. Wir müssen, auch das hat uns der 11. September gelehrt, noch mehr als früher, die internationalen Beziehungen aktiv mitgestalten. Deutschland fällt dies aus historischen Gründen schwer. Nach dem moralischen Zusammenbruch von 1945 hatten wir uns gut eingerichtet in einer mehrheitlichen Position der Ablehnung staatlicher Gewaltmittel, außer zur Landesverteidigung. Gleichzeitig waren – und bleiben – wir sicher eingebettet in eine kollektive Verteidigungsgemeinschaft. Daher ist die Umorientierung in die Richtung, die unsere Bündnispartner von uns erwarten, ein Prozess, der nicht konfliktfrei verläuft, weder im Inneren noch nach außen. Die Ereignisse des 11. Septembers haben hier wie ein Katalysator gewirkt. Doch die anhaltende Debatte über die Reform der Bundeswehr zeigt auch, dass dieser Prozess nicht abgeschlossen ist. Die Politik bleibt unter dem Druck, ihre Instrumente ständig anzupassen und für die nötigen parlamentarischen und gesellschaftlichen Mehrheiten zu werben.

Einige der Wegmarken der vergangenen Jahre illustrieren diese Entwicklungen. Sie prägen unsere kollektive Beurteilung von Sicherheitspolitik, und damit auch die Richtung ihrer künftigen Weiterentwicklung. Vielfach sind wir noch damit befasst, die früher übernommenen Aufgaben abzuarbeiten, das gilt nicht nur für den 11. September, sondern auch für die Konflikte in Bosnien-Herzegowina, dem Kosovo, Afghanistan, Irak und Libyen.

Das Ende des Kalten Krieges hat bestehende Gewissheiten aufgelöst und den Rest der Welt nachhaltig verändert. Diese Umwälzungen fanden in zwei Ausprägungen statt: Zum einen auf friedliche Art; wie hier und in unseren mitteleuropäischen Nachbarstaaten. Dies hat zu einer beispiellosen Annäherung zwischen Ost und West geführt. Das Ergebnis ist eine Ausweitung der NATO und der Europäischen Union von Estland, über Ungarn und die Slowakei, bis nach Rumänien und Bulgarien. Eine friedliche Einigung des Kontinents, ganz so, wie sie Willy Brandt in seiner Nobelpreisrede 1971 damals noch visionär skizzierte. Aber, es gibt auch die andere, die Schattenseite der Umwälzungen. Diese ist im ehemaligen Jugoslawien am deutlichsten sichtbar geworden. Die Kriege vor unserer eigenen Haustür wurden mit unvorstellbarer Heftigkeit und Brutalität geführt. Deutschland wurde gezwungen, Stellung zu beziehen. Es ging um die Frage angemessenen moralischen und militärischen Verhaltens: Wie ist zu handeln angesichts großer Not und schlimmer Menschenrechtsverletzungen? Exemplarisch konnte eine Mehrheit in Deutschland davon überzeugt werden, dass Nichteingreifen die schlechtere Option wäre. Umgekehrt gesagt: Dass der Einsatz staatlicher Gewalt das kleinere Übel und insofern die richtige Wahl war.

Jedoch war in diesem Zusammenhang nicht nur der Einsatz von deutschem Militär von großer Bedeutung – wobei das Militär für uns sicherlich im Zentrum stand – sondern auch die neuen Aufgaben, die sich für die Vereinten Nationen ergaben, und die Anpassungen, die wir in der NATO und der Europäischen Union vornehmen mussten. Die Herausforderungen waren und sind enorm. Wir mussten kriegerische Auseinandersetzungen beenden und einen stabilen und tragfähigen Frieden verhandeln. Und wir mussten die neuen Staaten auf ihrem Weg in die internationale Gemeinschaft begleiten. Dazu haben wir diplomatische, politische und wirtschaftliche Mittel eingesetzt – und zum ersten Mal in unserer Nachkriegsgeschichte auch militärische.

Leider wurde uns keine Atempause vergönnt, um uns mit ganzer Kraft den Folgen des Jugoslawienkrieges widmen zu können. Der 11. September 2001 hat eine vollkommen neuartige Dimension der Bedrohung offenbart. In der Folge entstand eine ebenso neuartige Form globaler Reaktion: Der Weltsicherheitsrat der Vereinten Nationen stellte eine Bedrohung des Weltfriedens fest, die klassische Legitimierung zum Einsatz militärischer Gewalt, und betrat damit politisches und juristisches Neuland in der Terrorbekämpfung. Gleichzeitig erklärte die NATO den Bündnisfall, zum ersten Mal seit ihrem Bestehen. Unser damaliger Bundeskanzler Gerhard Schröder versprach den USA direkt danach die uneingeschränkte Solidarität Deutschlands. Und Sie wissen alle, was die Anschläge auslösten: Den internationalen Einsatz in Afghanistan und die amerikanische Intervention im Irak.

Afghanistan stand und steht dabei besonders im Zentrum unserer Aufmerksamkeit. Dieses Land und dieser Einsatz der Bundeswehr liegen mir besonders am Herzen. Sie kennen alle den Satz, den ich 2003 bei einer Pressekonferenz sagte: „Deutschland wird auch am Hindukusch verteidigt." Mit diesem Satz, den ich damals spontan formuliert habe, werde ich seitdem immer wieder konfrontiert und in Verbindung gebracht. Für die einen war er die pure Provokation, für die anderen eine Selbstverständlichkeit und die griffige Umschreibung der neuen Sicherheitsbedürfnisse. Für mich war und ist er nicht mehr und nicht weniger als die Antwort auf die neue Bedrohung, die von Afghanistan ausging. Die deutsche Debatte findet teilweise auf fahrlässige Art losgelöst von den wahren Ursachen des Afghanistan-Engagements statt. Daher lohnt ein genauerer Blick. Die Taliban hatten Al Kaida Zuflucht für die Terroristenausbildung geboten. Von Afghanistan aus planten selbsternannte Gotteskrieger zerstörerische Angriffe auf die westliche Welt. An weiteren Orten kam es ebenfalls zu furchtbaren Attentaten. Deutschland ist davon bislang verschont geblieben. Wie wir spätestens seit den gescheiterten Kofferbombenattentaten in Köln und

Dortmund wissen, verdanken wir das dem Glück und der hervorragenden Arbeit unseres Sicherheitsapparats. Eine Garantie auf Unversehrtheit ist das allerdings nicht.

Ich bin der tiefen Überzeugung, dass es dem Westen gelingen muss, den Terror im afghanischen Raum und in der pakistanischen Nachbarregion zu zerschlagen. Eine Niederlage wäre eine Ermunterung an den islamistischen Terrorismus zu weiteren Aktivitäten. Wer leichthin verlangt, dass die Bundeswehr sich schnellstens zurückziehen müsse, sollte wissen, dass genau dies das Ziel der Terroristen ist. Sie würden diesen Rückzug nicht als humanitären Erfolg für die Menschen in Afghanistan sehen, sondern als Sieg. Als Sieg in einem Krieg, den sie gegen das afghanische Volk ebenso wie gegen den Westen führen.

Das bedeutet umgekehrt aber nicht, dass wir dort ewig bleiben können. Der von fast allen Parteien getragene Beschluss, die Bundeswehr bis 2014 abzuziehen, spiegelt die Mehrheitsmeinung der Bevölkerung wieder. Das müssen wir akzeptieren. Aber zwischen politischem und gesellschaftlichem Willen und den militärischen Notwendigkeiten klafft manchmal eine Lücke. Wir müssen den Abzug daher behutsam und schrittweise durchführen. Und wir müssen der afghanischen Regierung mit jedem Schritt mehr Verantwortung für die Sicherheit ihrer Bürger übertragen. Unser ziviles Engagement für Afghanistan endet damit nicht, es muss sogar noch intensiviert werden. Nur dann ist gewährleistet, dass der Terror dort keine Heimat mehr findet. Das war und ist das Ziel unseres Einsatzes am Hindukusch.

Aus diesen Gründen war es für mich überhaupt keine Frage, dass der Bundeswehreinsatz in Afghanistan zur Verteidigung der freiheitlichen Demokratien und damit auch zur Verteidigung Deutschlands notwendig war. Als ich diese Meinung aussprach, wusste ich natürlich, dass das ein Tabubruch im Verteidigungsverständnis der Bundesrepublik Deutschland war. Aber ich wusste auch, dass es angesichts der neuen Gefährdungen keine Beschränkung auf die klassische Territorialverteidigung mehr geben konnte. Was unsere Soldatinnen und Soldaten in diesem Einsatz geleistet haben und immer noch leisten, verdient höchste Anerkennung. Das Umfeld ist fremd. Sie operieren gemeinsam mit verbündeten Truppen und der afghanischen Armee. Sie schaffen ein vertrauensvolles Verhältnis zur Bevölkerung. Und sie setzen tagtäglich ihr Leben aufs Spiel. Ich verfolge das weiterhin mit großer Aufmerksamkeit und mit größtem Respekt. Und wenn diese jungen Männer und Frauen wieder aus dem Einsatz zurück sind, müssen wir ihnen auch im Alltag diese Anerkennung zuteilwerden lassen.

Der Einsatz in Afghanistan war nicht die einzige Folge des 11. September 2001. Immerhin, bei dieser Operation standen wir Seite an Seite mit unseren Verbündeten. Doch diese Einigkeit endete, als es um den Krieg im Irak ging. Die Entscheidung der amerikanischen Regierung unter George Bush, den Irak anzugreifen, konnten wir nicht mittragen. Sie erinnern sich an die heftigen Debatten, die wir darüber in Deutschland hatten. Aber in dieser Frage waren wir uns ebenso sicher, wie eine überwältigende Mehrheit der Bürgerinnen und Bürger. Die Folge war ein tiefes Zerwürfnisse im westlichen Bündnis. Auf der einen Seite die USA mit Großbritannien, auf der anderen Seite Frankreich und wir. Unsere Ablehnung dieses Einsatzes auch im Weltsicherheitsrat ist uns sehr schwer gefallen. Wir wollten unter allen Umständen vermeiden, dass wir für uns alleine stehen, deswegen war es uns so wichtig, dass Frankreich und andere europäische Länder unseren Kurs mittrugen.

Im Nachhinein haben wir Recht behalten. Aber in der internationalen Politik geht es nicht darum festzustellen, wer es besser wusste. Das transatlantische Bündnis ist für uns fundamental wichtig. Daher haben wir uns erfolgreich darum bemüht, wieder eine vertrauensvolle Basis mit Washington zu schaffen und es ist uns gelungen. Auch das war ein Schritt hin zu mehr Gestaltungskraft deutscher Sicherheitspolitik, denn gestalten können wir nur im Verbund, gemeinsam mit unseren Partnern.

Die Stabilisierung des Balkans und der Kampf gegen den Terrorismus sind zwei der langfristigen Aufgaben deutscher Sicherheitspolitik, die uns seit Jahren immer wieder aufs Neue beschäftigen. In den vergangenen Jahren sind aber noch weitere Wegmarken hinzugekommen, die ebenfalls das Potential haben, sich langfristig in unseren Planungen und Konzeptionen niederzuschlagen.

Da sind die Umbrüche im Nahen Osten und Nordafrika durch den sogenannten Arabischen Frühling. Diese Entwicklung hat uns alle überrascht. Aber selbstverständlich müssen wir den Menschen in der Region auf ihrem Weg zu mehr Demokratie und Mitbestimmung beistehen. Das liegt auch in unserem eigenen nationalen Interesse. Daran beteiligt sich im Übrigen auch die Friedrich-Ebert-Stiftung, die in den meisten nordafrikanischen Ländern vertreten ist, in einigen seit vierzig Jahren.

Durch den Arabischen Frühling ist deutlich geworden, dass wir eine bessere Balance zwischen der Förderung von Stabilität und dem Einfordern demokratischer und rechtstaatlicher Standards finden müssen. Denn unsere Sicherheit ist mittelbar und unmittelbar von Entwicklungen in unserer Nachbarschaft betroffen. Die EU und Deutschland müssen dabei eine relevante und konstruktive Rolle spielen, denn die Schaffung demokratischer Gesellschaften ist ein Ziel, das wir alle teilen.

Wer heutzutage über die Neuausrichtung der Außen- und Sicherheitspolitik spricht, kann die Beschäftigung mit der Wirtschafts- und Finanzkrise nicht vermeiden. Denn insbesondere in Europa konsumiert die Krise inzwischen fast vollständig die Ressourcen der Politik. Bereits 2008 hat der ehemalige amerikanische Generalstabschef der U.S. Army, Michael Mullen, die Wirtschaftskrise als die wichtigste sicherheitspolitische Herausforderung identifiziert, eine Ansicht, die ich teile, denn die wirtschaftliche Leistungsfähigkeit eines Landes berührt direkt die Grundlagen unserer Sicherheitspolitik.

So erodieren sowohl in Deutschland als auch in anderen EU-Ländern die Budgets der Verteidigungsministerien. Und je länger die Krise anhält, desto drastischer fallen diese Kürzungen aus. Erst jüngst gab die spanische Regierung einen weiteren Rückbau ihrer Armee bekannt. Es wird gespart, gekürzt und gestrichen. Doch wer erwartet hatte, dass der Spardruck zumindest zu einer Koordinierung mit den Partnern in EU oder NATO sowie zur Aufteilung von Aufgaben („Pooling und Sharing") geführt hätte, sieht sich getäuscht. Auch die aktuelle Bundeswehrreform kann hier als Beispiel herangezogen werden, denn sie ist leider weniger von sicherheitspolitischen Überlegungen geleitet, als vielmehr von der derzeitigen Kassenlage geprägt. Das eigentliche Ziel ist zwar die Erhöhung der Kräfte für den Auslandseinsatz. Ob dies aber bei gleichzeitigem Einsparen erreicht werden kann, muss bezweifelt werden. Dies ist eine Politik, die unserer Glaubwürdigkeit im Bündnis zu schaden droht, denn an die größte Wirtschaftsmacht in Europa werden zu Recht besonders anspruchsvolle Maßstäbe angelegt.

Auch die USA werden das gegenwärtige finanzielle Volumen ihres militärischen Engagements voraussichtlich nicht aufrechterhalten können. Der aktuelle Spardruck auf den amerikanischen Verteidigungshaushalt ist dabei auch eine Folge der Politik nach dem 11. September, die den U.S. Haushalt nicht nur durch dramatisch erhöhte Aufwendungen für Sicherheitsmaßnahmen, sondern vor allem auch durch die Kriege in Afghanistan und im Irak stark belastet hat.

Diese Entwicklung birgt die Gefahr in sich, das Vertrauen der Staaten untereinander und die Bereitschaft zur sicherheitspolitischen Zusammenarbeit zu mindern. In der Not ist sich jeder selbst der Nächste. Jeder spart, wo es sich in seinem nationalen Haushalt eben anbietet. Die Wirkung für die Gesamtstärke der Bündnisse ist verheerend. Die stärkere Verschränkung der vielen Armeen in Europa unter dem Dach der EU oder der NATO wird nicht gefördert. Es werden keine Voraussetzungen dafür geschaffen, dass wir vielleicht einmal von einer genuin europäischen Armee sprechen können. Die wichtigen kleinen Schritte, die es auf dem Weg dahin braucht, werden nicht gegangen, obwohl gerade die finanziellen Engpässe dies noch dringlicher macht. Stattdessen leisten wir uns viele Bonsai-Armeen in Europa. Insbesondere von Deutschland wird hier mehr erwartet. Wir sind in anderen Bereichen, wie z.B. der Wirtschafts- und Finanzpolitik, der Motor Europas. Und in der Sicherheitspolitik stellen wir uns hinten an? Das darf nicht der Gestaltungsanspruch deutscher Sicherheitspolitik in Europa sein.

Deutschland gestaltet Außenpolitik gemeinsam mit seinen Partnern. Die multilaterale Einbettung, besonders in Europa, gehört zu unserer Staatsräson. Damit sind wir in der Vergangenheit gut gefahren. Und in diesem vertrauten Rahmen konnten wir Schritt für Schritt mehr Verantwortung übernehmen. Die aktuellste Herausforderung für uns ist daher die Wiederbelebung dieses Rahmens. Wir müssen Wege aufzeichnen, wie Europa das Gemeinsame an der Sicherheits- und Verteidigungspolitik stärken kann. Wir müssen auch in der NATO wieder deutlicher machen, wo wir ein besonders wichtiges Aufgabenfeld der Europäer sehen. Damit werden wir zu einem ernst zu nehmenden Partner der USA und können unseren Teil der Verantwortung im europäischen Verbund schultern. Damit können wir auch die Vereinten Nationen in ihrem Friedensauftrag stärken.

Der 11. September hat auch in unserem Land Spuren hinterlassen. Der Einsatz in Afghanistan hat unser Land verändert und aus der Bundeswehr endgültig eine Armee im Einsatz gemacht. Die vom damaligen Innenminister Otto Schily auf den Weg gebrachte Gesetzgebung, vor allem aber die engagierte Arbeit unserer Sicherheitsbehörden, hat maßgeblich dazu beigetragen, dass unser Land von Terrorakten verschont geblieben ist. Mehr als zehn Jahre nach dem 11. September hat sich aber auch die Diskussion in den Vereinigten Staaten verändert; so vermeidet Präsident Obama z.B. den von George W. Bush Vorgänger geprägten Begriff „Krieg gegen den Terror" und reduziert damit die von seinem Vorgänger suggerierte Erwartung, man könne den Terrorismus wie in einem konventionellen Krieg „besiegen". Die Kontroverse über die Legitimität der Mittel in der Terrorbekämpfung hält unterdessen an. Nicht nur die Aufrechterhaltung des Lagers in Guantánamo, sondern auch der immer intensiver werdende Einsatz von Drohnen zeigt deutlich, wie stark die traditionellen völkerrechtlichen Maßstäbe, insbesondere der der staatlichen Souveränität, seit dem 11. September unter Druck geraten sind. Der Transformationsprozess der deutschen Sicherheitspolitik hat gerade erst begonnen.

Die deutsche Reaktion auf 9/11: Eine „neue" Politik der Terrorismusbekämpfung?

Wilhelm Knelangen

1 9/11 und die Debatte über Kontinuität und Wandel in den Internationalen Beziehungen

Hat sich die Welt mit dem 11. September 2001 verändert? Wenn ja, wie stark ist der Wandel, der auf die Anschläge von New York und Washington zurückzuführen ist? Wurden für das internationale System, das nach dem Ende des Ost-West-Konflikts treffend als „Weltübergangsgesellschaft" gekennzeichnet worden war, an diesem Tag Konturen einer neuen Ordnung erkennbar?[1] Oder übersähe eine solche Einschätzung die Elemente der Kontinuität, welche die Weltpolitik vor und nach 9/11 gleichermaßen prägen? Die bisherigen Antworten, die in der politikwissenschaftlichen Teildisziplin der Internationalen Beziehungen zu diesen Fragen vorgelegt worden sind, gehen weit auseinander.[2] So wurde auf der einen Seite argumentiert, das Zeitalter der Globalisierung sei mit 9/11 an sein Ende gekommen, die Jahre seit 1989 seien lediglich eine Übergangsphase zwischen zwei „Epochen des Konflikts" gewesen.[3] Der „Krieg ge-

---

1 Reinhard Meyers, „Von der Globalisierung zur Fragmentierung? Skizzen zum Wandel des Sicherheitsbegriffs und des Kriegsbildes in der Weltübergangsgesellschaft", in: Paul Kevenhörster, Wichard Woyke (Hrsg.), *Internationale Politik nach dem Ost-West-Konflikt. Globale und regionale Herausforderungen*, Münster 1995, S. 33-82.

2 Siehe etwa Robert O. Keohane, „The Globalization of informal violence, theories of World Politics and ‚the liberalism of fear'", in: Craig J. Calhoun, Paul Price, Ashley Timmer (Hrsg.), *Understanding September 11*, New York 2002, S. 77-91; Barry Buzan, „Implications for the Study of International Relations", in: Mary Buckley, Rick Fawn (Hrsg.), *Global Responses to Terrorism: 9/11, Afghanistan and Beyond*, London u.a. 2003, S. 296-309; Ken Booth, Timothy Dunne (Hrsg.), *Worlds in collision. Terror and the future of global order*, Houndmills, Basingstoke u.a. 2002; Joanne J. Meyerowitz (Hrsg.), *History and September 11th*, Philadelphia 2003; Jack Snyder, „One World, Rival Theories", in: *Foreign Policy* 145, 2004, 11-12, S. 52-62.

3 So John Gray, „The era of globalisation is over", in: *New Statesman* 30, 2001, 24.9.2001, S. 25-27.

gen den Terrorismus" werde für die nächsten Jahre und Jahrzehnte „the defining paradigm for the struggle for global order" sein.[4] Aus verschiedenen Theorierichtungen stieß diese Sichtweise auf Kritik. Aus neorealistischer Sicht wurde etwa argumentiert, die grundlegenden Strukturmerkmale der Weltpolitik – Dominanz der Staaten, ungleiche Machtverteilung, Bedeutung militärischer Instrumente – hätten sich nicht nur nicht verändert, sondern seien in ihrer Wirkungsmacht sogar noch akzentuiert worden.[5] Aus liberaler Sicht wurde betont, dass die internationale Politik vorher wie nachher von der Persistenz globaler Gefahren und Probleme bestimmt werde, zu denen neben der ungleichen Entwicklung, regionalen Konflikten oder dem Klimawandel eben auch der transnationale Terrorismus gehöre.[6] Konstruktivistische Interpretationen argumentieren schließlich, dass es weniger die materielle Veränderung selbst sei, die den eigentlichen Moment des Wandels darstelle, sondern die gesellschaftlich geteilte Überzeugung, dass sich Grundsätzliches verändert habe.[7]

Welche der kontroversen Positionen sich langfristig als die wirkmächtigere erweisen wird und ob der 11. September 2001 eine tiefgreifende historische Zäsur darstellt, kann auch zehn Jahre nach den Ereignissen kaum ausgemacht werden. In der Geschichtswissenschaft ist herausgearbeitet worden, dass die Frage nach der historischen Periodisierung ohnehin nicht unabhängig von der gewählten theoretischen Perspektive, der damit verbundenen Gewichtung einzelner Faktoren sowie dem je eigenen Erkenntnisinteresse zu beantworten ist.[8]

4   Ken Booth, Timothy Dunne, „Preface", in: dies. (Hrsg.), *Worlds in collision. Terror and the future of global order*, Houndmills, Basingstoke u.a. 2002, S. ix-x, hier S. ix.
5   Vgl. Kenneth Waltz, „The continuity of international politics", in: Ken Booth, Timothy Dunne (Hrsg.), *Worlds in collision. Terror and the future of global order*, Houndmills, Basingstoke u.a. 2002, S. 348-353; Colin S. Gray, „World Politics as Usual after September 11: Realism Vindicated", in: Ken Booth, Timothy Dunne (Hrsg.), *Worlds in collision. Terror and the future of global order*, Houndmills, Basingstoke u.a. 2002, S. 226-234.
6   Vgl. Harald Müller, *Amerika schlägt zurück. Die Weltordnung nach dem 11. September*, Frankfurt/Main 2003; Thomas Risse, „Der 9.11. und der 11.9. Folgen für das Fach Internationale Beziehungen", in: *Zeitschrift für Internationale Beziehungen* 11, 2004, 1, S. 111-121.
7   Vgl. Caroline Kennedy-Pipe, Nicholas Rengger, „Apocalypse now? Continuities or disjunctions in world politics after 9/11", in: *International Affairs* 82, 2006, 3, S. 539-552. Dass die Ereignisse von 9/11 keine gleichsam evidente Bedeutung haben, sondern dass diese in gesellschaftlichen Diskursen konstruiert wird, betont auch Dirk Nabers, „Filling the Void of Meaning: Identity Construction in U.S. Foreign Policy After September 11, 2001", in: *Foreign Policy Analysis* 5, 2009, 2, S. 191-214.
8   Zur Frage der Periodisierung und der Bedeutung von Zäsuren in der Geschichtswissenschaft siehe Hans-Peter Schwarz, „Segmentäre Zäsuren. 1949-1989: eine Außenpolitik der gleitenden Übergänge", in: Martin Broszat (Hrsg.), *Zäsuren nach 1945. Essays zur Periodisierung der deutschen Nachkriegsgeschichte*, München 1990, S. 11-19; Lucian Hölscher, „Die Einheit der Geschichte und die Konstruktivität historischer Wirklichkeit. Die Geschichtswissenschaft zwischen Realität und Fiktion", in: Evelyn Schulz, Wolfgang Sonne (Hrsg.), *Kontinuität und Wandel. Geschichtsbilder in verschiedenen Fächern und Kulturen*, Zürich 1999, S. 19-40; Jürgen Osterhammel, „Über die Periodisierung der neueren Geschichte", in: *Berlin-*

Es mag daher mit den begrenzten Möglichkeiten zur trennscharfen Unterscheidung zwischen Dynamik und Stabilität zusammenhängen, dass die Debatte über den „historischen Ort" des 11. September 2001 in den Internationalen Beziehungen zwar kurz nach den Anschlägen aufflackerte, aber ebenso rasch wieder verebbte.[9] Die Zurückhaltung dürfte indes auch mit der Skepsis gegenüber dem Unterfangen zusammenhängen, in holistischer Manier von diesem Datum ausgehend Aussagen über den Entwicklungsgang der „ganzen Welt" machen zu wollen, die überdies stärker als in der Vergangenheit durch Akteursvielfalt, komplexe Interdependenz und Globalisierung geprägt ist.[10]

Gleichwohl: Unterhalb der geschichtstheoretischen Ebene herrscht in der Debatte weitgehende Einigkeit darüber, dass die Anschläge von New York und Washington von Staaten und internationalen Organisationen als eine Krise wahrgenommen worden sind, die zu einer Überprüfung und in Teilen auch zu einer Revision der bis dahin eingeübten sicherheitspolitischen Handlungs- und Reaktionsmuster führte.[11] Die Regierungen und Parlamente deklarierten in seltener Einigkeit den Kampf gegen den Terrorismus als überragende sicherheitspolitische Herausforderung, die ein entschlossenes Vorgehen erfordere. Die institutionellen Strukturen der Polizei- und Strafverfolgungsbehörden wie auch der Nachrichtendienste sind nach 9/11 flächendeckend reformiert und ihre Kompetenzen sowie Eingriffsbefugnisse kontinuierlich erweitert worden. Umgekehrt finden sich vielfach Einschränkungen individueller Freiheitsrechte sowie Verschärfungen des Einwanderungs- und Asylrechts. Weit über den Raum der westlichen Welt hinaus haben sich die Regierungen und Parlamente überdies sicherheitspolitisch neu positioniert, als sie – freilich mit Abstufungen – ihre Solidarität mit den USA erklärten und die Bereitschaft unterstrichen, sich an der militärischen Koalition gegen den Terrorismus zu beteiligen. Auch

Brandenburgische Akademie der Wissenschaften, Berichte und Abhandlungen 10, 2006, S. 45-64.

9   Dass Kontinuität und Wandel in den Internationalen Beziehungen vielfach bemühte Konzepte sind, deren forschungspraktische Operationalisierung jedoch erhebliche Schwierigkeiten bereitet, wird ausführlich diskutiert bei Monika Medick-Krakau, „Außenpolitischer Wandel. Diskussionsstand – Erklärungsansätze – Zwischenergebnisse", in: dies. (Hrsg.), *Außenpolitischer Wandel in theoretischer und vergleichender Perspektive: die USA und die Bundesrepublik Deutschland*, Baden-Baden 1999, S. 3-33.

10   Vgl. dazu George Lawson u.a. (Hrsg.), *The global 1989. Continuity and change in world politics*, Cambridge 2010.

11   Die Literatur, die sich mit der Frage der Entwicklung politischer Systeme und Politikfelder „nach 9/11" beschäftigt, ist nicht mehr zu übersehen. Siehe nur Christian Walter u.a. (Hrsg.), *Terrorism as a challenge for national and international law: security versus liberty?*, Berlin 2004; Asaf Siniver (Hrsg.), *International terrorism post-9/11. Comparative dynamics and responses*, London u.a. 2010; Thomas Jäger (Hrsg.), *Die Welt nach 9/11. Auswirkungen des Terrorismus auf Staatenwelt und Gesellschaft*, Wiesbaden 2011; Kent Roach, *The 9/11 effect. Comparative counter-terrorism*, Cambridge u.a. 2011.

internationale Organisationen wie die UNO, die NATO oder die Europäische Union haben eigene Initiativen zur Terrorismusbekämpfung entwickelt.[12]

Den Wandel auf der Ebene einzelner politischer Systeme und Organisationen zu analysieren, könnte für die eingangs aufgeworfene Frage nach der „Veränderung der Welt" viel versprechend sein. Wenn sich etwa in einer Vielzahl von Fällen ein grundlegender Wandel institutioneller Strukturen, vorherrschender Muster der Politikgestaltung oder sicherheitspolitischer Ziele und Mittel nachweisen ließe, so dürfte das allgemeine Aussagen über die strukturprägende Kraft des 11. September 2001 zulassen. Im Folgenden soll daher am Beispiel der Bundesrepublik Deutschland untersucht werden, ob die Anschläge von New York, Washington D.C. und Pennsylvania zu einer „neuen" Politik der Terrorismusbekämpfung geführt haben, die als eine Abkehr von traditionellen außen- und sicherheitspolitischen Mustern gelten kann. Diese Fragestellung ist auch deshalb von besonderem Interesse, weil sie an eine bereits seit mehr als zwanzig Jahren geführte Debatte über Kontinuität und Wandel der deutschen Außen- und Sicherheitspolitik anschließt.[13] Darin wurde durchaus konzediert, dass sich der außenpolitische Stil der Bundesrepublik nach 1990 in Richtung eines stärkeren Machtbewusstseins verändert habe und – insbesondere – die Einsätze der Bundeswehr außerhalb der Bündnisverteidigung ein erkennbares Element des Wandels darstellen. Insgesamt jedoch, so die überwiegend vertretene Sicht, habe das Ende des Ost-West-Konflikts und die neue Rolle Deutschlands nicht zu einer grundlegenden Neuorientierung geführt.[14] Nach wie vor seien für die deutsche Außen- und Sicherheitspolitik die Orientierung an Werten und am Völkerrecht, das Bekenntnis zu multilateralen Strukturen und zur europäischen Integration, die Skepsis gegenüber dem Einsatz militärischer Mittel und die außenpolitische Kultur einer „Zivilmacht" bzw. eines „Handelsstaates" kennzeichnend.[15] Wenn damit der 9. November 1989 nach überwiegender Ansicht nicht zu einem grundlegenden Kurswechsel der deutschen Außen- und Sicherheitspolitik geführt hat – welcher Stellenwert kommt dann dem 11. September 2001 zu? Um diese Frage zu beantworten, sollen im Folgenden

12 Vgl. Ulrich Schneckener (Hrsg.), *Chancen und Risiken multilateraler Terrorismusbekämpfung*, Berlin 2007.

13 Vgl. Hans-Peter Schwarz, *Die Zentralmacht Europas. Deutschlands Rückkehr auf die Weltbühne*, Berlin 1994; Michael Staack, *Handelsstaat Deutschland. deutsche Außenpolitik in einem neuen internationalen System*, Paderborn u.a. 2000; Helga Haftendorn, *Deutsche Außenpolitik zwischen Selbstbeschränkung und Selbstbehauptung. 1945-2000*, Stuttgart u.a. 2001.

14 So etwa der Tenor bei Wolfgang Wagner, „Zwischen Multilateralismus und militärischer Zurückhaltung: die Sicherheits- und Verteidigungspolitik Deutschlands", in: Manfred G Schmidt / Reimut Zohlnhöfer (Hrsg.), *Regieren in der Bundesrepublik Deutschland. Innen- und Außenpolitik seit 1949*, Wiesbaden 2006, S. 447-465. Anderer Ansicht beispielsweise Gregor Schöllgen, *Der Auftritt. Deutschlands Rückkehr auf die Weltbühne*, München 2003.

15 Vgl. Hanns W. Maull, „Außenpolitische Kultur", in: Karl-Rudolf Korte/Werner Weidenfeld (Hrsg.), *Deutschland-Trendbuch. Fakten und Orientierungen*, Opladen 2001, S. 645-672.

zunächst die Grundlinien der deutschen Anti-Terrorismus-Politik vor 2001 skizziert werden. Wenn es im weiteren Untersuchungsgang um die deutsche Politik zur Bekämpfung des Terrorismus geht, wie sie nach 9/11 entwickelt worden ist, soll die in Deutschland ehedem dominante Dimension der *inneren* Sicherheit ebenso beleuchtet werden wie jene Aspekte, die traditionell der *äußeren* Sicherheit zugerechnet werden.[16]

2 Vor 9/11: Terrorismus als ein primär nationales Problem

Wie für die meisten anderen Gesellschaften Westeuropas war die Bedrohung durch terroristische Gewalt für die Bundesrepublik Deutschland keine grundsätzlich neue Erfahrung.[17] Die Anschläge linksterroristischer Gruppierungen, allen voran die Aktivitäten der Rote Armee Fraktion (RAF), sind vielmehr bereits seit den frühen 1970er Jahren als eine sicherheitspolitische Herausforderung ersten Ranges wahrgenommen worden. Mehr noch: In großen Teilen der westdeutschen politischen Elite und Öffentlichkeit galt der Terrorismus als eine eminente Gefahr für den Bestand des Staates und die Stabilität der freiheitlichen demokratischen Grundordnung insgesamt.[18] Die terroristische Bedrohung lieferte deshalb das entscheidende Rechtfertigungsmuster für einen bis dahin nicht gekannten personellen und technischen Ausbau der Sicherheitsbehörden, für neue Kompetenzen von Polizei und Strafjustiz sowie für eine erhebliche Verschärfung der Regelungen des Strafrechts und des Strafprozessrechts.[19] Im Unterschied zur Debatte nach dem 11. September 2001 verblieb die deutsche Diskussion der 1970er und 1980er Jahre allerdings weitgehend innerhalb des innenpolitischen Koordinatensystems. Denn trotz regelmäßiger Verbindungen mit westeuropäischen und arabischen Gruppierungen in den Bereichen Ausbildung und Logistik konzentrierte sich der Aktionsradius der RAF

---

16 Die Darstellung stützt sich in den Kapiteln 2-4 wesentlich auf meinen Beitrag Wilhelm Knelangen, „Die deutsche Politik der Terrorismusbekämpfung", in: Thomas Jäger u.a. (Hrsg.), *Deutsche Außenpolitik. Sicherheit, Wohlfahrt, Institutionen und Normen*, 2. Aufl. Wiesbaden 2011, S. 198-223.

17 Vgl. dazu Marianne van Leeuwen (Hrsg.), *Confronting Terrorism. European Experiences, Threat Perceptions and Policies*, The Hague 2003 sowie Jan Oskar Engene, *Terrorism in Western Europe. Expalining the Trends since 1950*, Cheltenham 2004.

18 Vgl. für ein zeitgenössisches Urteil Geoffrey Pridham, „Terrorism and the state in West Germany during the 1970s. A Threat to Stability or a Case of Political Over-Reaction?", in: Juliet Lodge (Hrsg.), *Terrorism. A challenge to the state*, Oxford 1981, S. 11-56. Eine historische Analyse bietet Stephan Scheiper, *Innere Sicherheit. Politische Anti-Terror-Konzepte in der Bundesrepublik Deutschland während der 1970er Jahre*, Paderborn u.a. 2010.

19 Dieser Prozess wird analysiert bei Heiner Busch u.a., *Die Polizei in der Bundesrepublik*, Frankfurt/Main u.a. 1985, S. 227-250.

auf das Gebiet der Bundesrepublik, deren staatliche und gesellschaftliche Ordnung beseitigt werden sollte.[20] Hinzu kam, dass ausländische Tätergruppen Deutschland – von spektakulären Ausnahmen wie dem Anschlag der palästinensischen Terrororganisation „Schwarzer September" auf die israelische Olympia-Mannschaft 1972 abgesehen – zwar als Rückzugsraum, aber kaum als Schauplatz für Attentate ins Visier genommen hatten.

Seit Mitte der 1970er Jahre hatte es neben den eingespielten Formen der bilateralen Kooperation mehrere Ansätze zu einer internationalen Zusammenarbeit im Bereich der Terrorismusbekämpfung gegeben. Die in diesem Kontext entstandenen Institutionen wie das 1976 gegründete innen- und justizpolitische Netzwerk TREVI oder die „Police Working Group on Terrorism" dienten allerdings primär dem informellen Informations- und Erfahrungsaustausch auf der Ebene hoher Beamter aus Ministerien und Sicherheitsbehörden.[21] Die Bemühungen um die Vereinbarung internationaler Rechtsgrundsätze für die Terrorismusbekämpfung, die in mehreren Konventionen des Europarates und der Vereinten Nationen mündeten, hatten naturgemäß formelleren Charakter.[22] Dennoch blieben der Terrorismus und seine Bekämpfung aus deutscher Perspektive bis Mitte der 1990er Jahre in erster Linie ein Problem der Innenpolitik. Mit diesem Befund korrespondiert die in Deutschland traditionell vorherrschende Einschätzung, dass es sich beim Terrorismus um eine – wenn auch besonders schwere – Form politischer Kriminalität handelt, die im Rahmen der von den Prinzipien des Rechtsstaates gesetzten Grenzen mit den Mitteln der Gefahrenabwehr und Strafverfolgung angemessen bekämpft werden könne.[23] Diesem ausgesprochen zivilen Charakter der Anti-Terrorismus-Politik entspricht es, dass das Feld in erster Linie als das Geschäft von Polizei, Strafjustiz und Nachrichtendiensten angesehen wurde, wohingegen das Militär keine Rolle in der Bekämpfung von Terrorismus spielte.

Mit der Entstehung und Ausbreitung neuer transnationaler und netzwerkartiger Strukturen während der 1990er Jahre und insbesondere mit dem 11. September 2001 haben sich die Rahmenbedingungen der deutschen Politik der Terrorismusbekämpfung grundlegend verändert. Nunmehr wurde die Bekämpfung des

---

20 Vgl. Ulrich Schneckener, *Transnationaler Terrorismus. Charakter und Hintergründe des „neuen" Terrorismus*, Frankfurt/Main 2006, S. 40-44. Siehe auch Matthias Dahlke, *Demokratischer Staat und transnationaler Terrorismus. Drei Wege zur Unnachgiebigkeit in Westeuropa 1972-1975*, München 2011, der die Reaktionen in Deutschland, Österreich und den Niederlanden vergleichend analysiert.

21 Vgl. Wilhelm Knelangen, *Das Politikfeld innere Sicherheit im Integrationsprozess. Die Entstehung einer europäischen Politik der inneren Sicherheit*, Opladen 2001, S. 88-95.

22 Vgl. David Freestone, „International cooperation against terrorism and the development of international law principles of jurisdiction", in: Rosalyn Higgins (Hrsg.), *Terrorism and International Law*, London 1997, S. 43-67.

23 Peter J. Katzenstein, *West Germany's Internal Security Policy: State and Violence in the 1970s and 1980s*, Ithaca, 1990.

transnationalen Terrorismus zu einem herausragenden Thema nicht nur der Innenpolitik, sondern auch der deutschen Außen- und Sicherheitspolitik.[24] Erstens führten die Spuren der Attentäter auch nach Hamburg, so dass die deutschen Sicherheitsbehörden unmittelbar in die grenzüberschreitenden Ermittlungen und die Prävention weiterer Anschläge eingebunden wurden. Zweitens schärften die Anschläge von New York, Washington D.C. und Pennsylvania den Blick dafür, dass es sich beim transnationalen Terrorismus um eine Bedrohung handelt, die sich potentiell auch gegen die Bundesrepublik richtet und die deshalb der internationalen Zusammenarbeit bedarf.[25] Drittens entwickelte sich der Terrorismus zu einem Gegenstand, der die Gestaltung der internationalen Beziehungen nach 2001 wesentlich strukturierte. Gerade die entschiedene Reaktion der USA, eine seit dem Ende des Ost-West-Konflikts nicht mehr gekannte Mobilisierung politischer, militärischer und nicht zuletzt finanzieller Ressourcen für den Kampf gegen den Terrorismus vorzubereiten, bedeutete für die deutsche Seite eine große Herausforderung. Es galt nicht nur, die Leistungsfähigkeit des eigenen Sicherheitssystems zu überprüfen und, wo nötig, Reformen einzuleiten. Schnell wurde überdies deutlich, dass die Positionierung im Kampf gegen den Terrorismus der entscheidende Bestimmungsfaktor für die Rolle der Bundesrepublik im westlichen Bündnissystem und für die Zukunft der transatlantischen Beziehungen sein würde.

3 Die Reaktion auf 9/11 im Innern: Reform der Rechtsgrundlagen und der institutionellen Architektur der „inneren" Sicherheit

Die Reform der gesetzlichen und institutionellen Grundlagen des deutschen Systems der inneren Sicherheit hatte von vornherein eine internationale Dimension. Zum einen wurde die Leistungsfähigkeit der Behörden von anderen Regierungen kritisch beäugt, nachdem wichtige Teile der Anschläge unbehelligt in Hamburg vorbereitet werden konnten. Damit zusammenhängend versuchte die Bundesregierung mit der Ankündigung von Maßnahmenpaketen

---

24 Zum deutschen Ansatz der Terrorismusbekämpfung siehe umfassend Johannes Urban, *Die Bekämpfung des Internationalen Islamistischen Terrorismus*, Wiesbaden 2006.

25 2006 bezeichnete die Bundesregierung den Terrorismus sogar als „derzeit unmittelbarste Gefahr für unsere Sicherheit", vgl. Bundesministerium der Verteidigung, Weißbuch zur Sicherheitspolitik Deutschlands, Berlin 2006, S. 21. Die Sicherheitsbehörden haben diese Einschätzung jahrelang mit dem Hinweis unterstrichen, das Land sei „Teil eines allgemeinen Gefahrenraumes" und die Gefährdungslage „abstrakt hoch". Dass sich Deutschland tatsächlich im Visier von terroristischen Straftätern befindet, wurde durch die nur zufällig gescheiterten bzw. erst nach äußerst intensiven Fahndungsmaßnahmen vereitelten Attentatsplänen der sog. „Kofferbomber" (2006) bzw. der „Sauerland-Gruppe" (2007) offenkundig.

nicht nur gegenüber der eigenen Wählerschaft, sondern auch gegenüber der internationalen Gemeinschaft Handlungsfähigkeit zu demonstrieren. Die beiden „Sicherheitspakete", die der Bundestag im Herbst 2001 durchsetzte, wurden daher explizit damit begründet, internationale Vorgaben (VN, EU) umsetzen zu müssen, aber auch ein Signal der Entschlossenheit in Richtung der USA auszustrahlen. Vor dem Deutschen Bundestag kündigte Bundesinnenminister Schily bereits am 19. September 2001 die ersten Eckpunkte für eine Reform der gesetzlichen Grundlagen der deutschen Terrorismusbekämpfung an. Innerhalb kürzester Zeit verabschiedete der Bundestag das „Erste Sicherheitspaket". Dieses beinhaltete die Ausweitung der Strafbarkeit der Mitgliedschaft in einer terroristischen Vereinigung auf ausländische Organisationen (§ 129b StGB) und die Streichung des Religionsprivilegs im Vereinsrecht, so dass unter bestimmten Bedingungen die Möglichkeit des Verbots von extremistischen religiösen Vereinigungen eröffnet wurde. Darüber hinaus wurde für die neuen Aufgaben der Sicherheitsbehörden und der Bundeswehr eine Aufstockung der Etats um 1,5 Milliarden Euro beschlossen.[26] Während die Inhalte des ersten Paketes bereits vor dem 11. September 2001 auf der politischen Agenda gestanden hatten, stellte das „Zweite Sicherheitspaket" (Terrorismusbekämpfungsgesetz) eine umfassende Reaktion auf die Neubewertung der Sicherheitslage nach 9/11 dar. Die Bundesregierung legte ein umfangreiches Programm mit mehr als 100 Einzelmaßnahmen vor, die von (zum Teil befristeten) erweiterten Auskunftsrechten und Ermittlungskompetenzen für die Polizei- und Nachrichtendienste sowie Änderungen der Einreisebestimmungen über die Einführung biometrischer Merkmale in Ausweispapieren bis zur Verbesserung der Flugsicherheit durch den Einsatz von *Sky Marshals* des BGS reichten.[27] Durch das Terrorismusbekämpfungsergänzungsgesetz vom Dezember 2006 sind die befristeten Auskunftsrechte der Nachrichtendienste nicht nur verlängert, sondern auch – wiederum befristet – ausgeweitet worden.[28] Eine heftige politische Kontroverse entspann sich schließlich um die – später vom Bundesverfassungsgericht für verfassungswidrig erklärte – Vorratsdatenspeicherung von Telekommunikationsdaten, die der Bundestag im November 2007 im Zuge der Umsetzung einer EU-Richtlinie beschlossen hatte.[29]

Als zweiter Schwerpunkt der deutschen Reaktion auf die neue Situation entwickelte sich eine Debatte über die Reform der institutionellen Architektur der

---

26 Vgl. Markus Rau, „Country Report on Germany", in: Christian Walter u.a. (Hrsg.), *Terrorism as a challenge for national and international law: security versus liberty?*, Berlin 2004, S. 311-362, hier S. 315-321.

27 Vgl. ebd., S. 327-345.

28 Vgl. dazu Wilhelm Knelangen, „Terrorismusbekämpfung in Deutschland", in: Institut für Sicherheitspolitik an der Universität Kiel (Hrsg.): *Jahrbuch Terrorismus 2006*, Opladen 2007, S. 183-197.

29 Vgl. Andreas Busch, „Kontinuität statt Wandel: Die Innen- und Rechtspolitik der Großen Koalition", in: Christoph Egle, Reimut Zohlnhöfer (Hrsg.), *Die Große Koalition 2005-2009*, Wiesbaden 2010, S. 401-430, hier S. 418-422.

Terrorismusbekämpfung, die zum einen ein spezifisches Ergebnis der deutschen Erfahrungen mit terroristischer Gewalt darstellt, vor allem aber die föderale Staatsorganisation widerspiegelt.[30] Die Verantwortung für die Polizei liegt überwiegend bei den Ländern, während der Bund lediglich im Bereich des Bundeskriminalamts und der Bundespolizei eigene Kompetenzen hat. Auch im Bereich der Nachrichtendienste sind die Kompetenzen verteilt, denn neben dem Bundesnachrichtendienst, dem Militärischen Abschirmdienst und dem Bundesamt für Verfassungsschutz arbeiten auf Ebene der Länder 16 eigenständige Landesämter für Verfassungsschutz. Hinzu kommen das Militärische Nachrichtenwesen der Bundeswehr und das Kommando Strategische Aufklärung.[31] Obwohl es aus den beiden großen politischen Lagern Vorschläge für eine Verlagerung der Kompetenzen zugunsten des Bundes gegeben hatte, blieb die Aufgabenverteilung aufgrund des Widerstandes der Länder zunächst bestehen. Einen Schritt zur Zentralisierung der Polizeibefugnisse war aber mit der Änderung des Gesetzes über das Bundeskriminalamt verbunden, das zum 1. Januar 2009 in Kraft trat. Mit dieser Gesetzesnovelle wurde dem BKA die Aufgabe der präventiven Gefahrenabwehr im Bereich des transnationalen Terrorismus übertragen, während es zuvor lediglich für die Strafverfolgung zuständig war. Neben dieser Erweiterung der Kompetenzen des BKA war insbesondere die Online-Durchsuchung von Rechnern umstritten, die das BKA nunmehr nach Anordnung durch einen Richter durchführen kann.[32]

Während die institutionelle Sicherheitsarchitektur nur maßvoll reformiert wurde, konzentrierte sich die Debatte auf die Frage, wie die vertikale und horizontale Zusammenarbeit der Behörden verbessert werden kann. Dabei sollte geklärt werden, wie die Informationen der Behörden und Dienste zusammengeführt werden können, ohne das grundgesetzlich vorgesehene Trennungsgebot zwischen Polizei und Geheimdiensten zu verletzen. An bereits zuvor eingeführte Koordinierungs- und Informationstreffen der Bundesbehörden BKA, BND und BfV anknüpfend, wurde nach längeren politischen Auseinandersetzungen über das Verhältnis von Zentralisierung und Eigenständigkeit im Dezember 2004 das Gemeinsame Terrorismusabwehrzentrum (GTAZ) in Berlin eingerichtet. Dort arbeiten heute über 200 Beamte der Bundes-, Zoll- und Landeskriminalämter, der Bundespolizei, des Bundes- und Landesverfassungsschutzes, von BND und MAD, des Bundesamts für Migration und Flüchtlinge (BAMF) sowie des Generalbundesanwalts zusammen. Das GTAZ soll einen beschleunigten Informationsaustausch sicherstellen, auf dieser Grundlage ein

---

30 Vgl. Stefan Hansen, *Neue deutsche Sicherheitsarchitektur. Ist eine Reform der Kompetenzverteilung zwischen Polizeibehörden, Nachrichtendiensten und den Streitkräften notwendig?*, Frankfurt/Main 2009.

31 Vgl. Anna Daun, „Die deutschen Nachrichtendienste", in: Anna Daun, Thomas Jäger (Hrsg.), *Geheimdienste in Europa. Transformation, Kooperation und Kontrolle*, Wiesbaden 2009, S. 56-77.

32 Vgl. Matthias Bäcker, *Terrorismusabwehr durch das Bundeskriminalamt*, Berlin 2009.

kohärentes Lagebild erstellen und gemeinsame Analysen durchführen. Die Arbeit des Zentrums erfolgt dabei im Rahmen der gesetzlich vorgesehenen Aufgaben und Kompetenzen der einzelnen Behörden. Anfang 2007 wurde nach dem Vorbild des GTAZ ein Gemeinsames Internet-Zentrum (GIZ) in Berlin eingerichtet, in dem Experten der Sicherheitsbehörden das Internet, das zunehmend zur islamistischen Propaganda, aber auch zur Vorbereitung von Anschlägen genutzt wird, beobachten. Ein zentrales Instrument für die Koordinierung der Behörden ist die „Antiterrordatei", die auf Grundlage des „Gemeinsame-Dateien-Gesetzes" vom Dezember 2006 eingerichtet wurde und in der Erkenntnisse von BKA, den Bundes- und Landesämtern für Verfassungsschutz, von BND und MAD, den Polizeien von Bund und Ländern und dem Zollkriminalamt zusammengeführt werden.[33]

Wenngleich 9/11 in der Bundesrepublik zu neuen Kompetenzen für die Sicherheitsbehörden und zu einer Reform der institutionellen Strukturen geführt hat, verblieb das deutsche System der inneren Sicherheit weitgehend innerhalb der bekannten Strukturen. Im Bereich der Gesetzgebung kann das einerseits auf die politischen Kräfteverhältnisse zurückgeführt werden. Bis 2005 regierte die SPD gemeinsam mit den Grünen, die einer allzu restriktiven Ausrichtung der Sicherheitsgesetzgebung ablehnend gegenüber standen. Danach regierte zwar eine Große Koalition von CDU und SPD, die sich in Fragen der inneren Sicherheit traditionell näher stehen. Einer allzu weiten Abkehr vom rechtlichen *status quo* stand aber vor allem das Bundesverfassungsgericht entgegen. Ob es um den großen Lauschangriff, das Luftsicherheitsgesetz, die Rasterfahndung, die online-Durchsuchung von Rechnern oder die Vorratsdatenspeicherung ging – in allen Fällen zeigte das Gericht den Innenpolitikern die verfassungsrechtlichen Grenzen auf und markierte damit zugleich den Spielraum des Gesetzgebers.[34] Im Bereich der institutionellen Reform wiederum war es vor allem die Notwendigkeit des föderalen Kompromisses zwischen Bund und Ländern, das den Neigungen zur Zentralisierung entgegen stand. Forderungen nach einer noch weitergehenden Stärkung der Bundesbehörden hatten wegen des Beharrens der Länder auf ihren souveränen Kompetenzen keine Chance auf Durchsetzung.

---

33 Vgl. Reinhard Klee, *Neue Instrumente der Zusammenarbeit von Polizei und Nachrichtendiensten. Geltung, Rang und Reichweite des Trennungsgebots*, Baden-Baden 2010, S. 145-167.
34 Vgl. Martina Schlögel, *Das Bundesverfassungsgericht im Politikfeld Innere Sicherheit.* Frankfurt/Main u.a. 2010.

4 „Äußere" Sicherheit: Deutschland und die internationale Terrorismusbekämpfung

Der VN-Sicherheitsrat stellte mit der Resolution 1368 am 12. September 2001 das Recht der USA auf Selbstverteidigung gegen die Urheber und Hintermänner der Anschläge fest. Die Bundesregierung schloss sich dieser Einschätzung zunächst ohne Einschränkungen an und untermauerte ihre Unterstützung der USA durch die von Bundeskanzler Gerhard Schröder geprägte Formel von der „uneingeschränkten Solidarität". Nachdem der NATO-Rat am 12. September 2001 mit deutscher Zustimmung den Bündnisfall nach Art. 5 des Washingtoner Vertrages festgestellt hatte, erklärte die Bundesregierung ihre Bereitschaft, auch den militärischen Kampf gegen den Terrorismus mit eigenen Truppen zu unterstützen. Gleichwohl sind schon in den ersten Erklärungen von Bundeskanzler Schröder qualifizierende Einlassungen zu den Grundlinien der deutschen Anti-Terrorismus-Politik zu erkennen, die in den folgenden Jahren weitgehend Bestand haben sollten.[35] So hob der damalige Bundeskanzler hervor, dass die Anschläge des 11. September nicht gegen einen Staat, sondern „gegen uns alle gerichtet" seien. Schröder verwies erstens darauf, dass Sicherheit in der „einen Welt" nicht teilbar sei, sondern nur erreicht werden könne, „wenn wir noch enger für unsere Werte zusammenstehen und bei ihrer Durchsetzung zusammenarbeiten"[36]. Militärische Maßnahmen seien möglicherweise notwendig, sie müssten jedoch zweitens in ein umfassenderes Konzept mit (sicherheits-)politischen, wirtschaftlichen und kulturellen Elementen eingebettet sein.[37] Der 11. September 2001 dürfe drittens nicht als Vorwand für einen Kampf der Kulturen missbraucht werden. Ein zentrales Ziel der Bundesregierung bestand deshalb viertens darin, eine möglichst breite „Allianz gegen den Terrorismus" aufzubauen, die nicht nur die westlichen Staaten umfasse, sondern insbesondere auch die islamische Welt mit einbeziehen solle. Fünftens ist von der Bundesregierung immer wieder hervorgehoben worden, dass die Reaktion der Staatengemeinschaft auf einer klaren völkerrechtlichen Grundlage und unter dem Dach der Vereinten Nationen erfolgen müsse. Diese Positionierung entsprach den traditionellen Maximen der deutschen Sicherheitspolitik, die eine multilaterale Politikgestaltung, die Geltung des Völkerrechts und die Führungsrolle der VN in der internationalen Politik traditionell unterstützt hatte. Sie ist jedoch zugleich als eine politische Warnung vor unilateralen US-amerikanischen Entscheidungen verstanden worden.

---

35 Vgl. Dirk Nabers, *Allianz gegen den Terror. Deutschland, Japan und die USA*, Wiesbaden 2005, S. 164-169.

36 Gerhard Schröder, Regierungserklärung vor dem Deutschen Bundestag vom 12.9.2001 zu den Anschlägen in den Vereinigten Staaten von Amerika, Plenarprotokoll 14/186, S. 18293.

37 Vgl. Gerhard Schröder, Regierungserklärung vor dem Deutschen Bundestag vom 19.9.2001 zu den Terroranschlägen in den USA und den Beschlüssen des Sicherheitsrates der Vereinten Nationen sowie der NATO, Plenarprotokoll 14/187, S. 18302.

Wie diese grundsätzliche Positionierung in den deutschen Beiträgen zur internationalen Zusammenarbeit im Bereich der Terrorismusbekämpfung konkretisiert worden ist, soll sogleich erläutert werden. Dabei orientiert sich die Darstellung an einer hilfreichen Unterscheidung von Nora Bensahel, die darauf hingewiesen hat, dass sich hinter der Formel vom „internationalen Kampf gegen den Terrorismus" eine Vielfalt von Kooperationsformen verbirgt.[38] Weil dahinter jeweils eigene Ansatzpunkte stehen und diese durch unterschiedliche Akteurskonstellationen, Ausgangsbedingungen und Zielsetzungen geprägt sind, ist nach ihrer Ansicht in analytischer Perspektive weniger von einer einheitlichen Koalition als vielmehr von einer „Koalition der Koalitionen" gegen den Terrorismus auszugehen. Bensahel unterscheidet die folgenden Handlungszusammenhänge: Die militärische Bekämpfung des Terrorismus (Abschnitt 4.2), die Zusammenarbeit der Polizeien und der Strafverfolgungsbehörden (Abschnitt 4.3), die Zusammenarbeit der Geheimdienste (Abschnitt 4.4) und die Zusammenarbeit beim Wiederaufbau (Abschnitt 4.5).[39] Über diese Felder hinaus kann die Schaffung gemeinsamer Rechtsgrundlagen für die Terrorismusbekämpfung (Abschnitt 4.1) als ein eigenständiges Feld der internationalen Kooperation angesehen werden.

4.1 Die Schaffung gemeinsamer Rechtsgrundlagen

Wenngleich die nationale Ebene mit den maßgeblichen Akteuren Bundesregierung, Bundestag und Bundesrat bei der Gestaltung der Rechtsgrundlagen nach wie vor die zentrale Rolle spielt, kann nicht übersehen werden, dass die internationale Ebene für die Entwicklung und Durchsetzung von Rechtsnormen sukzessive an Bedeutung gewonnen hat. Die Schaffung internationaler Normen entspricht überdies dem Anspruch der deutschen Außen- und Sicherheitspolitik, zu einer Stärkung des Völkerrechts und eines effektiven Multilateralismus beizutragen. Das gilt zunächst für die Vereinten Nationen bzw. für den VN-Sicherheitsrat, der den Mitgliedstaaten mit der Resolution 1373 vom 28. September 2001 in einer beispiellosen Weise verbindliche Vorgaben für die Gestaltung der rechtlichen Grundlagen der Terrorismusbekämpfung gemacht hat. Die Mitgliedstaaten wurden verpflichtet, in ihren nationalen Gesetzen die Ausübung und die Unterstützung terroristischer Aktivitäten unter Strafe zu stellen. Die Resolution sieht zudem die Einführung von Instrumenten zur Bekämpfung der Finanzierung und der Beherbergung des Terrorismus

---

38 Nora Bensahel, „A Coalition of Coalitions: International Cooperation Against Terrorism", in: *Studies in Conflict & Terrorism* 29, 2006, S. 35-49.

39 Bensahel unterscheidet zudem die Zusammenarbeit bei der Bekämpfung der Finanzierung des Terrorismus, die in diesem Beitrag aber außerhalb der Betrachtung bleiben soll.

vor.[40] Die zweite wichtige Arena für die Vereinbarung von Rechtsnormen jenseits des Nationalstaats ist die Europäische Union.[41] Am 21. September 2001 verabschiedeten die Staats- und Regierungschefs der EU den „Aktionsplan zur Bekämpfung des Terrorismus", der in den vergangenen Jahren im Lichte neuer Entwicklungen mehrfach überarbeitet worden ist und nunmehr über 150 Einzelmaßnahmen umfasst. Die Vereinbarung gemeinsamer Rechtsgrundlagen spielte dabei eine wichtige Rolle, weil sie die grenzüberschreitende Zusammenarbeit der Behörden erleichtern soll. So gelang im Winter 2001/02 die Einigung über den vor 9/11 lange umstrittenen Europäischen Haftbefehl, der das Verfahren zur Auslieferung von Straftätern erheblich vereinfacht. Mit einem Rahmenbeschluss zum Terrorismus einigte sich der Rat der Innen- und Justizminister auf eine gemeinsame strafrechtliche Definition des Terrorismustatbestands. Überdies vereinbarten die Mitgliedstaaten die Einrichtung der staatsanwaltschaftlichen Koordinierungsstelle Eurojust sowie – in Umsetzung von Resolution 1373 – Maßnahmen zur Bekämpfung der Terrorismusfinanzierung. Nach den Anschlägen von Madrid (2004) und London (2005) wurde der Katalog noch einmal um neue gesetzgeberische Projekte ergänzt, beispielsweise um die Schaffung einer Europäischen Beweisanordnung und eines Europäischen Strafregisters, die Einführung biometrischer Daten in Ausweis- und Visapapieren sowie die Vorratsspeicherung von Telekommunikationsdaten.

4.2 Der militärische Kampf gegen den Terrorismus

Die Frage, welche Rolle militärische Instrumente im Kampf gegen den Terrorismus spielen können bzw. sollen, war schon vor dem 11. September 2001 zwischen den USA und den europäischen NATO-Partnern umstritten. Dass es dennoch schon am 12. September 2001 zur (vorläufigen und am 4. Oktober 2001 in Kraft getretenen) Feststellung des Bündnisfalles gemäß Art. 5 durch den NATO-Rat kam, bedeutete daher zum einen, dass sie gemeinsam eine militärische Antwort auf die Anschläge für angemessen hielten, spiegelte aber zum anderen den Wunsch der Europäer wider, etwaige Aktionen im multilateralen Kontext der NATO durchzuführen. Ohne Erfolg: In allen zentralen Fragen des „Krieges gegen den Terrorismus" hat die US-Regierung in der ersten Phase nach dem 11. September nicht auf die formalen Entscheidungswege der

---

40 Vgl. Peter Romaniuk, *Multilateral counter-terrorism. The global politics of cooperation and contestation*, London u.a. 2010. Die traditionelle Form der VN-Zusammenarbeit im Bereich der Terrorismusbekämpfung ist die Aushandlung völkerrechtlicher Konventionen zur Festlegung gemeinsamer Rechtsgrundsätze. Seit 1963 sind 13 Konventionen zum Terrorismus vereinbart worden, die von Deutschland allesamt unterzeichnet und ratifiziert worden sind.

41 Vgl. zum Folgenden Wilhelm Knelangen, „Die Europäische Union und der 11. September 2001", in: Thomas Jäger (Hrsg.), *Die Welt nach 9/11. Auswirkungen des Terrorismus auf Staatenwelt und Gesellschaft*, Wiesbaden 2011, S. 508-528.

Allianz, sondern auf bi- und multilaterale Absprachen mit ausgewählten Staaten gesetzt. Die Aktivitäten der USA konzentrierten sich zunächst auf Afghanistan, weil das dort herrschende Taliban-Regime nicht nur die Terroranschläge begrüßt hatte, sondern die fragile Staatlichkeit des Landes vom al-Qaida-Netzwerk als Vorbereitungs-, Ausbildungs- und Führungsstandort genutzt worden war. Die Beiträge der NATO blieben bei dieser Aktion zunächst auf flankierende Maßnahmen beschränkt.[42]

Bundeskanzler Schröder hatte die Bereitschaft der Bundesrepublik zur Teilnahme an militärischen Aktionen der USA bereits mit der Formel der „uneingeschränkten Solidarität" angezeigt. Der Bundestag unterstützte den Willen der Bundesregierung, dieser Bekundung „konkrete Maßnahmen des Beistandes" folgen zu lassen, am 19. September 2001 mit einem Entschließungsantrag. Darin bekräftigte das Parlament, dass zu den Beistandsmaßnahmen „politische und wirtschaftliche Unterstützung" ebenso zählten wie „die Bereitstellung geeigneter militärischer Fähigkeiten" zur Bekämpfung des internationalen Terrorismus".[43] Die Bundesregierung verwies in diesem Zusammenhang auf die aus ihrer Sicht zentrale Bedeutung einer völkerrechtlichen Legitimation von entsprechenden Maßnahmen, die mit der Resolution 1368 des Sicherheitsrates und dem Beschluss des NATO-Rates vom 12. September 2001 als gegeben angesehen werden konnte. An den Kampfhandlungen der Koalitionstruppen in Afghanistan im Rahmen der Operation *Enduring Freedom* (OEF), die am 7. Oktober 2001 begannen und bei denen es darum ging, Terroristen zu verfolgen und ihre Bewegungsfreiheit einzuschränken, beteiligte sich die Bundeswehr allerdings zunächst nicht. Erste indirekte Unterstützungsleistungen übernahm die Bundeswehr aber durch die Teilnahme deutscher Soldaten und Einsatzkontingente im Rahmen der NATO-Operation *Active Endeavour* im östlichen Mittelmeer.[44]

Eine heftige innenpolitische Auseinandersetzung ging dann der Entscheidung des Bundestages über die Beteiligung an der außerhalb der NATO-Strukturen durchgeführten OEF voraus. Bundeskanzler Schröder gelang es nur durch die Verbindung der Sachentscheidung mit der Vertrauensfrage am 16. November

42 Vgl. Johannes Varwick, „Die Nordatlantikorganisation und der amerikanische ,War on Terrorism' – Transformation in der Bedeutungslosigkeit oder Neuanfang?", in: August Pradetto (Hrsg.), *Sicherheit und Verteidigung nach dem 11. September 2001. Akteure – Strategien – Handlungsmuster*, Frankfurt/Main u.a. 2004, S. 201-226.

43 Bundestag, Entschließungsantrag der Fraktionen SPD, CDU/CSU, Bündnis 90/Die Grünen und FDP zu der Regierungserklärung des Bundeskanzlers zu den Terroranschlägen in den USA und zu den Beschlüssen des Sicherheitsrats der Vereinten Nationen sowie der NATO, Drucksache 14/6920, S. 2.

44 Vgl. dazu und auch zur OEF im Überblick Christian Freuding, „Die Operation Enduring Freedom und Active Endeavour – Deutschlands militärischer Beitrag zum Kampf gegen den internationalen Terrorismus", in: Hans J. Gießmann, Armin Wagner (Hrsg.), *Armee im Einsatz. Grundlagen, Strategien und Ergebnisse einer Beteiligung der Bundeswehr*, Baden-Baden 2009, S. 340-352.

2001, eine eigene Mehrheit der rot-grünen Koalition für die Entsendung von bis zu 3.900 Soldaten zustande zu bringen. Ab Februar 2002 wurden Verbände der deutschen Marine an das Horn von Afrika verlegt, um gemeinsam mit ihren internationalen Partnern die Seewege zu überwachen und die Nachschublinien Al Quaedas zu blockieren. Zum Schutz Kuwaits und der Koalitionskräfte vor einem möglichen Einsatz von Massenvernichtungswaffen stationierte die Bundeswehr zwischen Februar 2002 und Juli 2003 außerdem bis zu 250 ABC-Schutz-Soldaten mit sechs ABC-Spürpanzern „Fuchs" in Kuwait. Eine nicht genau bekannte Anzahl von Kräften des Kommandos Spezialkräfte (KSK) beteiligte sich überdies während dieser Phase in Afghanistan an offensiven Einsätzen zur Jagd auf Terroristen.

Weniger umstritten als die Beteiligung an der OEF war das deutsche Engagement im Rahmen der *International Security Assistance Force* (ISAF), die nach der ersten Bonner Afghanistankonferenz auf Grundlage der Resolution 1386 des VN-Sicherheitsrates am 20. Dezember 2001 eingesetzt worden war.[45] Der Bundestag stimmte zwei Tage später der deutschen Beteiligung an dieser Operation mit übergroßer Mehrheit zu. Der Auftrag der ISAF besteht darin, die afghanische Regierung bei der Herstellung von Sicherheit im Land zu unterstützen, damit die Vereinten Nationen und andere Organisationen ihre Hilfs-, Ausbildungs- und Stabilisierungseinsätze durchführen können. In der deutschen Debatte firmierte die ISAF deshalb lange als „Afghanistan-Schutztruppe". Das Mandat des Sicherheitsrates war allerdings von Beginn an robust, denn es autorisierte die teilnehmenden Staaten „to take all necessary means to fulfil its mandate".[46] Die nationalen Mandate, die der Bundestag alljährlich erneuerte, setzten einer offensiven Auslegung dieser Formel allerdings enge Grenzen. Die Soldaten der Bundeswehr waren zunächst in der Region Kabul eingesetzt, im Zuge der Ausweitung der ISAF auf das gesamte Staatsgebiet übernahm Deutschland die *Provincial Reconstruction Teams* (PRT) in den nördlichen Regionen Kundus (seit Oktober 2003) und Feyzabad (seit Juli 2004). Deutschland stellt nach den USA und Großbritannien weiterhin das drittgrößte militärische Kontingent in Afghanistan.[47]

Nicht zuletzt als Reaktion auf die wachsende Kritik der ISAF-Partner an der deutschen Politik der militärischen Zurückhaltung weitete die Bundesrepublik ihr Engagement in den Folgejahren mehrfach aus.[48] An einem Punkt markierte

---

45 Vgl. zum ISAF-Einsatz Fabian Wätzel, Joachim Krause, „Das deutsche Engagement in Nordafghanistan – eine Bilanz", in: Institut für Sicherheitspolitik an der Universität Kiel (Hrsg.), *Jahrbuch Terrorismus 2009*, Opladen, Farmington Hills 2010, S. 311-339.
46 VN-Sicherheitsrat, Security Council Resolution 1386 (2001), S/RES/1386, Punkt 4.
47 Im August 2011 waren nach Angaben des Bundesministeriums der Verteidigung etwa 5.150 Kräfte im ISAF-Einsatz, im Juni 2012 waren es noch etwa 4.800.
48 Seit dem Sommer 2006 führt die Bundeswehr das ISAF-Regionalkommando Nord, seit Juli 2008 stellt sie in der Nachfolge Norwegens außerdem die *Quick Reaction Force* für die nördliche Region.

die Bundesregierung jedoch die Grenzen ihrer Bereitschaft zur Übernahme von Verantwortung: Obwohl sie sukzessive in den militärischen Kampf gegen den Terrorismus hineingezogen wurde, negierte die Regierung (wie auch weite Teile der Opposition) diese Entwicklung in der Öffentlichkeit. Außerdem unternahm die Regierung diplomatische Anstrengungen, um zu verhindern, dass die Bundeswehr systematisch in Kampfmaßnahmen eingebunden wird. Eine wesentliche Ursache für diese Ambivalenz war die der Debatte zugrunde liegende Unterscheidung zwischen der „Jagd auf Terroristen" im Rahmen der OEF einerseits und dem „Stabilisierungseinsatz" der ISAF andererseits. Diese Differenzierung war aus Sicht der Bundesregierungen durchaus hilfreich, weil sie mit Blick auf eine kritische Öffentlichkeit und gegenüber Skeptikern in den eigenen Reihen zur innenpolitischen Absicherung des Engagements in Afghanistan beitrug.[49] Da die deutschen OEF-Kontingente bei den alljährlich im Bundestag anstehenden Verlängerungsentscheidungen immer stärker verkleinert wurden und sich ihre Verwendung zudem zusehends auf das ostafrikanische Seegebiet reduzierte, konnte in der öffentlichen Diskussion der Eindruck entstehen, Deutschland sei am militärischen Kampf gegen den Terrorismus in Afghanistan nicht beteiligt, sondern leiste im Rahmen des strategischen Ansatzes der „vernetzten Sicherheit", der starkes Gewicht auf zivile Instrumente (Entwicklungshilfe, Polizeiausbildung) legt, lediglich einen Beitrag zur militärischen Absicherung des Wiederaufbauprozesses.[50]

Diese Darstellung verlor jedoch gegen Ende des Jahrzehnts immer stärker an Glaubwürdigkeit. Denn erstens wurde im deutschen Diskurs übersehen, dass im Einsatzgebiet der Bundeswehr zwar tatsächlich Fortschritte beim Wiederaufbau aufgrund der vergleichsweise stabilen Sicherheitslage zu beobachten waren, die ISAF-Kräfte in anderen Landesteilen jedoch schon früh mit starker militärischer Gegenwehr konfrontiert wurden. Zweitens wurde die deutsche Seite aufgrund dieser regional divergierenden Sicherheitslagen mit der Kritik der westlichen Partner konfrontiert, welche die Bundesrepublik zu einem stärkeren militärischen Engagement aufforderten, um einen größeren Beitrag zu dem gemeinsamen Projekt der Stabilisierung Afghanistans zu leisten. Die Debatte spitzte sich zu, als der Bundeswehr im Herbst 2006 vorgeworfen wurde, kanadischen Soldaten ihr Ersuchen um militärische Unterstützung auf Anwei-

49   Vgl. Christian Freuding, „Die Operation Enduring Freedom und Active Endeavour – Deutschlands militärischer Beitrag zum Kampf gegen den internationalen Terrorismus", in: Hans J. Gießmann/Armin Wagner (Hrsg.), *Armee im Einsatz. Grundlagen, Strategien und Ergebnisse einer Beteiligung der Bundeswehr*, Baden-Baden 2009, S. 340-352, hier S. 345.
50   Das Konzept der „vernetzten Sicherheit" ist seit dem Weißbuch des Bundesministerium der Verteidigung von 2006 offizielle Grundlage der deutschen Sicherheitspolitik. Sein Gehalt ist allerdings nicht klar, vgl. Andreas Wittkowsky, Jens Philipp Meierjohann, Das Konzept der vernetzten Sicherheit: Dimensionen, Herausforderungen, Grenzen, Zentrum für internationale Friedenseinsätze, Policy Brief April 2011.

sung der Berliner Regierung verweigert zu haben. Die CDU/SPD-Bundesregierung lehnte Forderungen nach einer Ausweitung des militärischen Engagements, wie sie im Vorfeld des NATO-Gipfels in Riga im November 2006 erhoben worden sind, gleichwohl mit dem Hinweis auf die ohnehin bereits starke Rolle Deutschlands und dem relativen Erfolg des eigenen Ansatzes der „vernetzten Sicherheit" ab.[51]

Wie strikt in der Debatte weiterhin zwischen „Stabilisierung" und „Terroristenjagd" unterschieden wurde, kann auch daran abgelesen werden, dass der Bundestag zwar am 9. März 2007 mit großer Mehrheit dem Wunsch der NATO nach einer Aufstockung des ISAF-Kontingents um RECCE-Tornados und bis zu 500 Soldaten nachkam, gleichzeitig aber festlegte, dass die Aufklärungsergebnisse nur dann an die Truppen der OEF weitergeben werden dürfen, wenn dies für die Sicherheit der ISAF-Kräfte notwendig sei.[52] Die Ambivalenz, einerseits die Bereitschaft zur Lastenteilung im Bündnis immer wieder zu unterstreichen, andererseits aber dezidiert auf dem eigenen Konzept zur Konsolidierung Afghanistans zu beharren und damit die Lastenteilung de facto nur begrenzt zu praktizieren, blieb deshalb ein Merkmal deutscher Sicherheitspolitik.[53]

Spätestens seit 2008 verschlechterte sich auch im Norden Afghanistans die Sicherheitslage so erheblich, dass auch deutsche ISAF-Soldaten regelmäßig in Gefechte mit den erstarkten Taliban-Kräften verwickelt wurden.[54] Dies führte dazu, dass die zivile Aufbauleistung in der Region Kundus im öffentlichen Diskurs zunehmend in Frage gestellt wurde. Vor diesem Hintergrund beschloss der Bundestag am 16. Oktober 2008 die bisherige Obergrenze des deutschen ISAF-Kontingents von 3.500 um etwa 1.000 Soldaten zu erhöhen. Im Gegenzug wurde das OEF-Mandat der Marine geographisch auf das Horn von Afrika beschränkt. Weiterhin vermied die Bundesregierung, den Afghanistan-Einsatz der Bundeswehr als „Krieg" zu bezeichnen, stattdessen sprach insbesondere Verteidigungsminister Franz-Josef Jung beharrlich davon, dass die Bundeswehr lediglich als Teil eines „comprehensive approach" an der Verbesserung der Sicherheitslage vor Ort mitarbeitete. Einen ersten Wendepunkt

51 Dazu siehe Bastian Giegerich, „NATO im Einsatz – Determinanten multilateraler Strategiefähigkeit", in: Anja Seiffert u.a. (Hrsg.), *Der Einsatz der Bundeswehr in Afghanistan. Sozial- und politikwissenschaftliche Perspektiven*, Wiesbaden 2012, S. 65-78, hier S. 71f.

52 Siehe Bundesregierung, Antrag: Beteiligung bewaffneter deutscher Streitkräfte an dem Einsatz einer Internationalen Sicherheitsunterstützungstruppe in Afghanistan unter Führung der NATO, Drucksache 16/4298.

53 Vgl. Markus Kaim, „Deutsches Interesse versus Bündnisverpflichtung: Zur Frage nationaler Handlungsspielräume bei Auslandseinsätzen der Bundeswehr", in: Hans J. Gießmann/Armin Wagner (Hrsg.), *Armee im Einsatz. Grundlagen, Strategien und Ergebnisse einer Beteiligung der Bundeswehr*, Baden-Baden 2009, S. 176-185, hier S. 181.

54 Vgl. Robin Schroeder, „Terrorismus, Aufstandsbekämpfung, Wiederaufbau: Eine Bilanz", in: Institut für Sicherheitspolitik an der Universität Kiel (Hrsg.), *Jahrbuch Terrorismus 2009*, Opladen, Farmington Hills 2010, S. 77-107.

stellte diesbezüglich der Juli 2009 dar, während dem das Verteidigungsministerium als Reaktion auf die zunehmenden feindlichen Angriffe die Einsatzregeln für die deutschen Soldaten änderte, die bis dato vor allem beim Schusswaffengebrauch sehr restriktiv gewesen waren.[55] Dass die neue US-Administration unter Präsident Obama im Lichte der Erfahrungen der Irak-Streitkräfte im Jahr 2009 einen Strategiewechsel auch für Afghanistan ankündigte, der den Schutz der Bevölkerung, die Präsenz in der Fläche und den Kampf gegen Aufständische in den Vordergrund rückte, ist von der deutschen Politik zunächst noch als eine Annäherung an das eigene Konzept der „vernetzten Sicherheit" wahrgenommen worden. Die damit verbundene Forderung der USA, die Aufstockung der Gesamtpräsenz in Afghanistan um 30.000 Soldaten mit eigenen militärischen Beiträgen zu unterstützen, begegnete die Bundesrepublik aber sehr zurückhaltend. Im Rahmen der neuen Afghanistanstrategie beschloss die zögerliche Bundesregierung zu Beginn des Jahres 2010 dennoch, das eigene Kontingent nochmals um 850 Soldaten zu erhöhen, davon 500 Mann zur Verstärkung in Afghanistan und 350 als Reserve. Zugleich wurden die bundesdeutschen Anstrengungen im zivilen Bereich vergrößert, etwa beim Aufbau der Infrastruktur und der Förderung der Wirtschaft.[56]

Zu einem durchgreifenden Wandel der Afghanistanpolitik trugen schließlich vor allem die dramatischen Ereignisse vom Herbst 2009 und Frühjahr 2010 bei. Angesichts zahlreicher ziviler afghanischer Opfer durch die von einem deutschen Offizier angeordnete Bombardierung von zwei Tanklastzügen bei Kundus am 4. September 2009 sowie mit Blick auf die Verluste des deutschen Kontingentes im Frühjahr des darauffolgenden Jahres durch Gefechte mit den Taliban rückte letztlich auch die Bundesregierung von der bis dahin verfolgten Argumentationslinie ab, dass es sich bei der Präsenz deutscher Truppen am Hindukusch nicht um einen Kampfeinsatz handelte. Bundeskanzlerin Angela Merkel bezeichnete den Einsatz erstmals als „kriegsähnlich"; Verteidigungsminister Karl-Theodor zu Guttenberg räumte ein, dass „umgangssprachlich von Krieg" geredet werden könne. Nunmehr verpflichtete sich die Bundesregierung auch offiziell dem Konzept der *counterinsurgency*, das auf die Schaffung von Vertrauen bei der afghanischen Bevölkerung in die Nachhaltigkeit und Ernsthaftigkeit des militärischen und zivilen Engagements der westlichen Staaten zielt. Es setzt die Bereitschaft zu einem robusten, d.h. zunächst auch offensiven und mit schweren Waffen geführten militärischen Vorgehen voraus. In einem vierphasigen Ablauf sollen zunächst die notwendigen Informationen über die Lage in einem Gebiet gesammelt werden (*shape*), bevor in einem zweiten Schritt die Region von aufständischen Kämpfern „gesäubert"

55   Vgl. Fabian Wätzel, Joachim Krause, „Das deutsche Engagement in Nordafghanistan – eine Bilanz", in: Institut für Sicherheitspolitik an der Universität Kiel (Hrsg.), *Jahrbuch Terrorismus 2009*, Opladen, Farmington Hills 2010, S. 311-339, hier S. 329-331.
56   Vgl. Bundesregierung, Auf dem Weg zur Übergabe in Verantwortung: Das deutsche Afghanistan-Engagement nach der Londoner Konferenz, Berlin 2010.

(*clear*) werden soll. Entscheidend für den Erfolg ist die dritte Stufe (*hold*), denn hier geht es darum, die befriedete Fläche dauerhaft zu stabilisieren und Aufständischen die Rückkehr zu verwehren. Auf dieser Grundlage soll dann parallel der Wiederaufbau vor allem der Infrastruktur (*build*) beginnen.[57] Die Rolle, welche die Bundeswehr auf dieser Grundlage seit 2009/10 im Norden Afghanistans spielt, unterscheidet sich mithin deutlich von dem Profil, das lange Jahre in der Öffentlichkeit vermittelt wurde. Die deutschen Streitkräfte handeln als eine „Armee im Kampfeinsatz", die – gestützt auf massive Unterstützung der USA – auch offensive Militäroperationen durchführt und direkten Auseinandersetzungen mit den Aufständischen nicht aus dem Weg geht.

4.3 Die Zusammenarbeit der Polizeien und Strafverfolgungsbehörden

Die internationale Zusammenarbeit der Polizei- und Strafverfolgungsbehörden spielte im Kampf gegen den Terrorismus bereits seit den 1970er Jahren eine wichtige Rolle, so dass nach 9/11 auf bereits eingespielte Muster und Verfahren zurückgegriffen werden konnte.[58] Unmittelbar nach den Anschlägen stand für die deutsche Seite die Kooperation mit den USA im Vordergrund, die in der Folgezeit auch während der Irakkrise noch funktionierte, als die politischen Beziehungen zwischen beiden Ländern belastet waren.[59] Die grenzüberschreitende Zusammenarbeit umfasste freilich weitere Länder und Regionen. Beim BKA sind nach dem 11. September 2001 die internationalen Aktivitäten des Amtes in der Abteilung „Internationale Koordinierung" konzentriert worden. In diesem Zusammenhang spielt die Ausstattungs- und Ausbildungshilfe des BKA ebenso eine zentrale Rolle wie das Netz von 65 Verbindungsbeamten, das nach Saudi-Arabien, Kuwait und in die Maghreb-Staaten ausgeweitet wurde. Das Ziel der Erweiterung dieses geheimdienstlichen Aktionsradius besteht in den Worten des BKA-Präsidenten Jörg Ziercke darin, die Kooperation

---

57 Vgl. dazu umfassend Robin Schroeder, „Das entscheidende Jahr in Afghanistan – Zeigt die Counterinsurgency-Strategie der ISAF Wirkung?", in: Institut für Sicherheitspolitik an der Universität Kiel (Hrsg.), *Jahrbuch Terrorismus 2010*, Opladen, Farmington Hills 2011, S. 240-264.

58 Zur Genese der internationalen Zusammenarbeit siehe Malcolm Anderson, *Policing the World. Interpol and the politics of international police co-operation*, Oxford u.a. 1989; Ethan A. Nadelmann, *Cops across borders. The internationalization of US criminal law enforcement*, University Park, Pa. 1993. Zur jüngeren Entwicklung siehe die Beiträge in: Martin H.W. Möllers, Robert Chr. van Ooyen (Hrsg.), *Europäisierung und Internationalisierung der Polizei*, 3 Bde. 3. Aufl., Frankfurt/Main 2011/12.

59 Vgl. Kristin Hein, „Die Anti-Terrorpolitik der rot-grünen Bundesregierung", in: Sebastian Harnisch u.a. (Hrsg.): *Deutsche Sicherheitspolitik*, Baden-Baden 2004, S. 145-171, hier S. 162-164.

mit den Sicherheitsbehörden anderer Staaten „im Hinblick auf eine Vorverla-
gerungsstrategie neuen Zuschnitts"[60] auszubauen. Mit anderen Worten: Es geht
um den schnellen und möglichst reibungslosen Austausch von Informationen
und Analyseergebnissen, um terroristische Gefahren präventiv abzuwehren.
Den traditionellen Geschäftsweg für den Austausch von polizeilichen Informationen stellt das Netzwerk der Internationalen Kriminalpolizeilichen Organisation (IKPO) dar. Deutsche Regierungen haben seit den 1970er Jahren in
Ergänzung dazu den Ausbau europäischer Kooperationsstrukturen gefördert.
Dazu gehört insbesondere das Europäische Polizeiamt Europol, das durch eine
deutsche Initiative ins Leben gerufen wurde und seit 1999 seine Tätigkeiten
vollständig wahrnimmt. Die Arbeit von Europol konzentriert sich auf den Informationsaustausch und die Analysetätigkeit in Feldern schwerer grenzüberschreitender organisierter Kriminalität. Im Rahmen des oben bereits erwähnten
EU-Aktionsplanes zur Bekämpfung des Terrorismus, den der Rat der Justiz
und Innenminister am 21. September 2011 verabschiedete, wurde bei Europol
eine Sondereinheit „Terrorismus" geschaffen worden, die mit etwa 30 Mitar-
beitern allerdings nur über eine bescheidene Personalausstattung verfügte. Bestandteil des Aktionsplanes war außerdem die bereits seit längerem geplante
Errichtung der staatsanwaltschaftlichen Koordinationsstelle Eurojust, die seit
2002 die Zusammenarbeit der nationalen Staatsanwaltschaften fördert. Die
Vielzahl von weiteren Gremien und Foren, die sich auf der europäischen Ebene
der Bekämpfung des Terrorismus durch Polizeien und Strafverfolgungsbehörden widmen, spiegelt zwar wider, dass die EU in diesem Bereich zu einem
wichtigen Handlungsraum geworden ist.[61] Gleichwohl: Die traditionelle bilaterale Kooperation ist weiterhin von großer Bedeutung – insbesondere dann,
wenn es um sensible Informationen geht.

4.4 Zusammenarbeit der Geheimdienste

Die engen Grenzen einer multilateralen Zusammenarbeit in einem sensiblen
Bereich zeigen sich bei der Zusammenarbeit der Geheimdienste besonders
deutlich. Informationen über die Entwicklung von Terrorgruppierungen, ihre
transnationalen Verflechtungen oder Anschlagsziele sind strategische Ressourcen, die auf der einen Seite die Grundlage eines erfolgreichen operativen
Kampfes gegen den Terrorismus darstellen, auf der anderen Seite aber nur restriktiv weitergegeben werden. Dies hat nicht nur mit politischen Opportunitäten

---

60   Jörg Ziercke, Netzwerke des Terrors – Netzwerke gegen den Terror, Rede anlässlich der
     Herbsttagung des BKA vom 02.04.11.2004, Manuskript.
61   Vgl. Wilhelm Knelangen, „Die Europäische Union – eine ‚starke Macht' im Kampf gegen
     den Terrorismus?", in: Peter Nitschke (Hrsg.), *Globaler Terrorismus und Europa. Stellung-
     nahmen zur Internationalisierung des Terrors*, Wiesbaden 2008, S. 99-123.

zu tun, sondern auch mit dem Schutz der Quellen und der Sicherung des eigenen Wissensbestandes, mit unterschiedlichen organisatorischen Strukturen ebenso wie mit kulturellen Eigenheiten.[62]

Während auf der einen Seite von Praktikern argumentiert wird, dass der 11. September 2001 zu einer Intensivierung des Informationsaustauschs geführt habe,[63] wird andererseits ebenfalls aus der Praxis eingewandt, „anders als bei Polizeien" sei der Austausch von Daten und Kooperation im Bereich der Dienste „nicht erwünscht, sondern die Ausnahme".[64] Paradoxerweise treffen beide Einschätzungen zu. Während es auf der Ebene der strategischen Analyse nach dem 11. September 2001 zu verstärkten Bemühungen um eine Multilateralisierung gekommen ist, bleibt der Austausch von Informationen in konkreten Fällen im Wesentlichen auf die bilaterale Ebene konzentriert. Sie ist überdies an besondere Hürden geknüpft, weil sie häufig ein politisches Einvernehmen voraussetzt. Die multilaterale Kooperation der Geheimdienste hat bereits eine längere Geschichte. 1972 wurde der Berner Club gegründet, dem heute die Inlandsgeheimdienste der EU-Mitgliedstaaten sowie Norwegens und der Schweiz angehören. In diesem Rahmen wurde 2004 die *Counter Terrorist Group* (CTG) gegründet.[65] Innerhalb der EU konzentriert sich darüber hinaus das *Situation Centre* beim Europäischen Auswärtigen Dienst auf die strategischen Aspekte der Geheimdienstkooperation. Außerhalb der EU angesiedelt ist die *Police Working Group on Terrorism*. Von größerer Bedeutung für die geheimdienstliche Arbeit ist gleichwohl der traditionelle Ansatz der informellen Kooperation und des persönlichen Netzwerkes. Das praktische Gewicht der multilateralen Gremien ist deswegen schwer einzuschätzen. In der Regel verarbeiten sie lediglich nicht-personenbezogene Daten. Einer Schätzung zufolge hat sich der Anteil der aus internationalen Verbindungen gewonnen Informationen seit Ende der 1990er Jahre von einem Drittel auf rund die Hälfte des

---

62 Vgl. Rudolf G. Adam, Rudolf G., „Wenn Grenzen fallen: Nachrichtendienstliche Kooperation an der Schwelle von innerer und äußerer Sicherheit", in: Heiko Borchert (Hrsg.): *Verstehen, dass die Welt sich verändert hat: Neue Risiken, neue Anforderungen und die Transformation der Nachrichtendienste*, Baden-Baden 2005, S. 19-33, hier S. 19-21.

63 So die Ansicht von Martin Scheren, „Vernetzte Sicherheit – Zusammenarbeit der Inlandsnachrichten- und Sicherheitsdienste in Europa", in: Anna Daun, Thomas Jäger (Hrsg.), *Geheimdienste in Europa. Transformation, Kooperation und Kontrolle*, Wiesbaden 2009, S. 168-181.

64 Jürgen Storbeck, „Ansätze und Entwicklungsmöglichkeiten europäischer Intelligencestrukturen", in: Anna Daun, Thomas Jäger (Hrsg.), *Geheimdienste in Europa. Transformation, Kooperation und Kontrolle*, Wiesbaden 2009, S. 155-167, hier S. 156.

65 Vgl. Martin Scheren, „Vernetzte Sicherheit – Zusammenarbeit der Inlandsnachrichten- und Sicherheitsdienste in Europa", in: Anna Daun/Thomas Jäger (Hrsg.), *Geheimdienste in Europa. Transformation, Kooperation und Kontrolle*, Wiesbaden 2009, S. 168-181, hier S. 176.

geheim beschafften Wissens erhöht.[66] Wie relevant die entsprechenden Informationen sind, lässt sich aber kaum ermessen.

Nach Einschätzung des ehemaligen Geheimdienstkoordinators im Kanzleramt, Thomas de Maizière, ist der BND zwar ein durchaus leistungsfähiger Dienst, aber „international eher ein kleiner Mitspieler".[67] Das strategische Interesse Deutschlands besteht deshalb darin, an dem internationalen Informationsaufkommen zu partizipieren. Üblicherweise wird der Öffentlichkeit über die konkreten Muster des internationalen Engagements auch der eigenen Dienste kaum Greifbares mitgeteilt. Immerhin ist bekannt, dass beispielsweise die Verhaftung der bereits erwähnten „Kofferbomber" geheimdienstlichen Hinweisen aus dem Libanon und aus Schweden zu verdanken ist, während der Hinweis auf die „Sauerland-Gruppe" von US-Diensten kam. Gleichzeitig wirft die internationale Kooperation der Dienste auch Probleme für die Rechtsstaatlichkeit und die demokratische Kontrolle auf. Besonders deutlich wird dies in Fällen, in denen die deutschen Behörden Informationen von Personen erhalten, die unrechtmäßig festgehalten werden oder möglicherweise gefoltert worden sind. Vor dem Hintergrund der Beteiligung deutscher Beamter an Verhören in Guantanamo und Syrien erklärte die Bundesregierung 2006, es könne kein Zweifel bestehen, „dass die Befragung von Terrorismusverdächtigen, die u.U. Auskunft über terroristische Bedrohungen für Deutschland geben können, gerechtfertigt und im Hinblick auf die Verantwortung der Bundesregierung für die Sicherheit der Bürger in Deutschland geboten war und ist".[68] Für die eigenen Beamten hat die damalige Regierung zwar klargelegt, dass nachrichtendienstliche Befragungen nur mit Einwilligung des Befragten und unter Ausschluss jeden Folterverdachts durchgeführt werden dürfen.[69] Bei der Verarbeitung von Informationen von dritter Seite bleibt das Dilemma zwischen Informations- bzw. Sicherheitsbedürfnis und rechtsstaatlichen Erwägungen allerdings bestehen.

---

66 Vgl. Anna Daun, „Nachrichtendienste in der deutschen Außenpolitik", in: Thomas Jäger, Alexander Höse, Kai Oppermann (Hrsg.), *Deutsche Außenpolitik. Sicherheit, Wohlfahrt, Institutionen und Normen*, Wiesbaden 2007, S. 141-172, hier S. 163.
67 Thomas de Maiziere, „Ich halte etwas von einem starken Staat", *Frankfurter Allgemeine Zeitung*, 11.3.2006.
68 Bundesregierung, Bericht der Bundesregierung (Offene Fassung) gemäß Anforderung des Parlamentarischen Kontrollgremiums vom 25. Januar 2006 zu Vorgängen im Zusammenhang mit dem Irakkrieg und der Bekämpfung des internationalen Terrorismus, Berlin 2006, S. 86.
69 Vgl. Bundesregierung, Bericht der Bundesregierung (Offene Fassung) gemäß Anforderung des Parlamentarischen Kontrollgremiums vom 25. Januar 2006 zu Vorgängen im Zusammenhang mit dem Irakkrieg und der Bekämpfung des internationalen Terrorismus, Berlin 2006, S. 86.

4.5 Zusammenarbeit beim Wiederaufbau

Schon im Herbst 2001 hatte die rot-grüne Bundesregierung deutlich gemacht, dass sie militärische Mittel zur Terrorismusbekämpfung zwar als äußerstes Mittel akzeptiert, dass diese aber in ein übergreifendes und nachhaltiges Konzept eingebettet sein müssten. Aus diesem Grund hat sich die Bundesrepublik während der vergangenen Jahre kontinuierlich für die Entwicklung und den Ausbau ziviler Instrumente der Krisenprävention engagiert. Dieses Konzept geht von der Annahme aus, dass globale Ungerechtigkeit wenn schon nicht die direkte Ursache des Terrorismus, so doch mindestens ein begünstigender Faktor für die Ausbreitung und Attraktivität extremistischer Positionen darstellt. Entsprechend werden die Förderung von Demokratie und Rechtsstaatlichkeit, die Unterstützung der wirtschaftlichen Entwicklung und die Bekämpfung von Armut und Hunger als wichtige Elemente eines „umfassenden friedens- und sicherheitspolitischen Ansatzes"[70] und insofern auch als ein Beitrag zum Kampf gegen den Terrorismus mit zivilen Instrumenten angesehen.

Von herausragender Bedeutung ist in diesem Zusammenhang der Wiederaufbau Afghanistans. Im Rahmen der bilateralen Entwicklungshilfe einschließlich der humanitären Hilfe hat die Bundesrepublik diesen Prozess während der vergangenen Dekade mit insgesamt 1,9 Mrd. Euro unterstützt. Mit etwa 430 Mio. Euro pro Jahr ist Deutschland der größte Afghanistan-Geber innerhalb der EU.[71] Kennzeichen der deutschen Afghanistanpolitik ist ein vielschichtiger und vernetzter Ansatz, der auf die Zusammenarbeit von zivilen, polizeilichen und militärischen Kräften setzt. Im zivilen Bereich stand dabei die Förderung der Wirtschaftsentwicklung im Vordergrund, wobei vor allem die Infrastruktur (elektrisches Netz, Wege, Straßen, Trinkwasserversorgung) und die Bildung im Mittelpunkt stehen. Ein Schlüsselprojekt in Afghanistan ist der Aufbau einer effektiven und verantwortlichen Polizei, für den die Bundesrepublik seit der Petersberg-Konferenz vom Dezember 2001 die internationale Koordination übernommen hat. Das *German Police Project Team* zielt darauf, in einem Land mit zerbrochener Staatlichkeit administrative und organisatorische Strukturen von Polizei und Strafverfolgung aufzubauen. Zum anderen steht die Aus- und Weiterbildung des Polizeipersonals im Vordergrund, um die Grundlage für eine unabhängige afghanische Nationalpolizei zu schaffen. Ersten Erfolgen, wie der Gründung einer Polizeiakademie in Kabul oder der Einführung eines Laufbahn- und Besoldungssystems sowie dem bemerkenswerten finan-

---

70 Heidemarie Wieczorek-Zeul, „Entwicklungspolitik nach dem 11. September: Ein umfassender friedens- und sicherheitspolitischer Ansatz", in: *Entwicklung und Zusammenarbeit* 1/2002, S. 8-10, hier S. 8.
71 Vgl. Bundesregierung, Fortschrittsbericht Afghanistan zur Unterrichtung des Deutschen Bundestages, Dezember 2011, S. 70.

ziellen Engagement der Bundesrepublik stehen allerdings strukturelle Probleme gegenüber. Die großen Erwartungen, welche die Bundesregierung nicht nur gegenüber der eigenen Öffentlichkeit, sondern auch gegenüber den internationalen Partnern geweckt hatte, sind nur in Ansätzen erfüllt worden.[72] Zum einen gelang es der deutschen Seite nicht, die eigenen personellen Planziele für die Aus- und Weiterbildung der Polizei in Afghanistan zu erreichen. Zum anderen fehlt es an Bewaffnung, Munition und Ausrüstung ebenso wie an Fahrzeugen und technischer Ausstattung. Über einschlägiges polizeiliches Wissen, geschweige denn über ein rechtsstaatliches Polizeiverständnis, verfügen viele Polizisten in Afghanistan nicht. Da sie außerdem nach wie vor schlecht bezahlt werden, sind sie anfällig für Korruption und in Kriminalität verwickelt.

Als Reaktion auf die Schwierigkeiten setzte sich die deutsche Regierung mit Erfolg dafür ein, die Aufgabe der Polizeireform zu europäisieren.[73] Die 2007 eingesetzte *European Union Police Mission Afghanistan* (EUPOL) hatte zunächst ein Plansoll von 195 Beamten, im Frühjahr 2008 wurde die Zahl auf Drängen der Bundesrepublik auf 400 erhöht. Damit wollte die deutsche Seite nicht zuletzt den Forderungen nach einer Ausweitung des militärischen Engagements die Spitze nehmen. Die neuen Zielgrößen für die EUPOL-Mission haben die Bundesrepublik und ihre Partner indes lange nicht erreicht. Aber auch unabhängig davon blieb das Engagement der Europäer auch in Fragen des Polizeiaufbaus sowohl personell als auch finanziell deutlich hinter dem der USA zurück, deren Ausbildungsmethoden jedoch aufgrund ihres militärischen Charakters und der kurzen Ausbildungszeiten von der EU kritisch gesehen werden. Vor diesem Hintergrund ist treffend festgestellt worden, Europas ziviles Engagement befinde sich „am Rande des Glaubwürdigkeitsverlustes"[74]. Es bleibt abzuwarten, ob sich daran mit der Perspektive eines Abzugs aus Afghanistan etwas ändert. Im Rahmen der neuen Afghanistanstrategie von 2010 hat die Bundesregierung jedenfalls noch einmal die Bedeutung der zivilen Instrumente unterstrichen und kündigte an, bis 2013 die Mittel für den Wiederaufbau (auf jährlich 430 Millionen Euro) zu verdoppeln. Die Zahl der Polizeiausbilder im nationalen Projekt soll überdies von 123 auf 200 erhöht werden. Weiterhin soll ehemaligen Kämpfern und Mitläufern ein finanzielles Angebot

---

72 Vgl. Ronja Kempin, „Polizeiaufbau in Afghanistan", in: Peter Schmidt (Hrsg.): *Das internationale Engagement in Afghanistan: Strategien, Perspektiven, Konsequenzen*, SWP-Studie S 23, Berlin 2008, S. 37-42.

73 Vgl. dazu Ronja Kempin, Stefan Steinicke, „EUPOL Afghanistan: Europas ziviles Engagement am Rande des Glaubwürdigkeitsverlustes", in: Muriel Asseburg, Ronja Kempin (Hrsg.), *Die EU als strategischer Akteur in der Sicherheits- und Verteidigungspolitik*, SWP-Studie S 32, Berlin 2009, S. 150-163.

74 Ronja Kempin, Stefan Steinicke, „EUPOL Afghanistan: Europas ziviles Engagement am Rande des Glaubwürdigkeitsverlustes", in: Muriel Asseburg, Ronja Kempin (Hrsg.), *Die EU als strategischer Akteur in der Sicherheits- und Verteidigungspolitik*, SWP-Studie S 32, Berlin 2009, S. 150-163.

für die Reintegration in die afghanische Gesellschaft gemacht werden. Schließlich war auch die Aufstockung des eigenen militärischen Kontingents Bestandteil der neuen Strategie.

5 Fazit

Vom 11. September 2001 ging für die Bundesrepublik ein enormer Handlungsdruck aus, der sich nach den Anschlägen von Djerba (2002), Madrid (2004) und London (2005) noch einmal steigerte, weil nicht mehr übersehen werden konnte, dass sich die Bedrohung durch den transnationalen Terrorismus potentiell auch auf die deutsche Gesellschaft richtete. Vor diesem Hintergrund sind die Instrumente und Strategien der Terrorismusbekämpfung verändert worden. Den Sicherheitsbehörden im Innern sind nicht nur neue Kompetenzen und Ressourcen eröffnet worden, sie haben mit dem Ziel eines verbesserten Informationsaustausches auch in institutioneller Hinsicht auf die neue Herausforderung reagiert. Die Wahrung der individuellen Freiheitsrechte bestimmte dabei jeweils nicht die Agenda. Innerhalb der Regierungskoalitionen (SPD/Grüne bis 2005, CDU/SPD 2005-2009, CDU/FDP ab 2009) blieb es dem jeweils kleineren Koalitionspartner vorbehalten, auf Korrekturen im Sinne der bürgerlichen Freiheit zu pochen. In dem zuweilen hektischen politischen Klima nach den Anschlägen in den USA und in Europa setzte sich aber zunächst die Perspektive der Sicherheit durch. Indes: Es passt zur Grundstruktur des politischen Systems der Bundesrepublik, dass die Politik auch in dieser Frage mehrmals nicht das letzte Wort hatte.[75] Die umstrittenen Fragen, mit welchen Instrumenten die Sicherheitsbehörden für die Aufgabe der Terrorismusbekämpfung ausgestattet werden und welche Kompetenzverteilung mit den Anforderungen der Rechtsstaatlichkeit (noch) vereinbar ist, wurden in den vergangenen Jahren regelmäßig letztlich erst vom Bundesverfassungsgericht entschieden.

Die deutsche Politik musste sich aber auch auf dem Terrain der internationalen Zusammenarbeit positionieren. Hier hatte die Bundesrepublik bis dahin nicht in der ersten Reihe gestanden, weil die terroristische Gefahr primär als ein innenpolitisches Problem wahrgenommen wurde. Insofern haben die Anschläge von New York und Washington zu einer grundlegenden Koordinatenverschiebung in der deutschen Sicherheitspolitik geführt. Während der Terrorismus zuvor als eines unter vielen Risiken rubriziert wurde, rückte das Thema jetzt an die Spitze der Agenda. Die jeweiligen Bundesregierungen haben dabei immer

---

75   Vgl. zum Argument der durch das Verfassungsgericht verkörperten „Verfassungssouveräni-
     tät" Heidrun Abromeit, „Volkssouveränität, Parlamentssouveränität, Verfassungssouveräni-
     tät: Drei Realmodelle der Legitimation staatlichen Handelns", in: *Politische Vierteljahres-
     schrift* 36, 1995, S. 49-66.

wieder die grundsätzliche Position vertreten, dass der Kampf gegen den Terrorismus mit militärischen Mitteln nicht zu gewinnen sei. Vielmehr haben sie die besondere Bedeutung von zivilen Instrumenten einer langfristigen Krisenprävention betont. Für diese Dimension, die von verbesserten Bedingungen für wirtschaftliche Entwicklung, über Ausstattungs- und Ausbildungshilfe für Polizei- und Justizbehörden bis zum interkulturellen Dialog reichen kann, hat sich Deutschland mit erheblichem diplomatischen, finanziellen und personellen Aufwand stark gemacht. Diese Prioritätensetzung entspricht einem Ansatz, der den Kampf gegen den Terrorismus letztlich in den Kontext einer „globalen Friedens- und Strukturpolitik" einordnet, um nicht nur den Terrorismus, sondern auch seine Ursachen präventiv zu bekämpfen. Die Erfolgsbilanz ist dabei durchwachsen – vor allem, weil die Interdependenz zwischen Wiederaufbau, Entwicklung und Sicherheit zwar abstrakt reflektiert wurde, in der Umsetzung – vor allem in Afghanistan – jedoch eine unzureichende Verzahnung offensichtlich wurde. Nunmehr bleibt abzuwarten, wie sich der für 2014 angekündigte Abzug der Bundeswehr (und weiterer Armeen) auf die Möglichkeiten des Wiederaufbaus auswirken wird.

Wenngleich die Bundesrepublik in ihren Beiträgen zur Anti-Terrorismus-Koalition den zivilen Grundzug akzentuierte und sich insoweit in der Kontinuität der deutsche Außen- und Sicherheitspolitik bewegte, bleiben Elemente des Wandels unübersehbar. Den entscheidenden Punkt macht die Bereitschaft aus, die internationale Koalition der Terrorismusbekämpfung auch mit militärischen Mitteln zu unterstützen. Innerhalb der deutschen Terrorismusdebatte hatte das Militär bis dahin keinen Platz – die Bundesregierungen hatten vor 9/11 gegenüber allen Versuchen, die Auseinandersetzung mit terroristischen Gruppierungen zu militarisieren, demonstrativ Skepsis geäußert. Die Entscheidung, sich an *Enduring Freedom* mit eigenen Truppen zu beteiligen, markiert deshalb einen Wendepunkt. Auf den ersten Blick setzt der Afghanistan-Einsatz zwar nur fort, was mit Bosnien-Herzegowina und Serbien bzw. dem Kosovo begonnen wurde. Dass sich die Bundeswehr zu einer „Armee im Einsatz" entwickelt hat, ist mithin nicht auf den Kampf gegen den Terrorismus zurückzuführen.[76] Auffällig ist aber, dass nach 9/11 die Rechtfertigung für einen Einsatz erstmals nicht mehr mit dem Verweis auf die Erfahrungen der nationalsozialistischen Gewaltherrschaft verbunden worden ist, sondern mit der Bedrohungslage einerseits und der Notwendigkeit der Solidarität mit den Partnern des westlichen Bündnisses andererseits.[77] Von der Regierung Schröder ist die Entscheidung für einen Einsatz der Streitkräfte zudem mit dem Ziel verbunden

---

76 Vgl. Johannes Varwick, „Bundeswehr", in: Siegmar Schmidt u.a. (Hrsg.), *Handbuch zur deutschen Außenpolitik*, Wiesbaden 2007, S. 246-258, hier S. 246.

77 Victor Mauer, „Politics and the Threat of Transnational Terrorism in Germany", in: Franz Eder (Hrsg.): *Europe and transnational terrorism. Assessing threats and countermeasures*, Baden-Baden 2009, S. 75-105, hier S. 96.

worden, die neue weltpolitische Akteursqualität der Bundesrepublik zu unterstreichen. Bundeskanzler Schröder betonte in seiner Regierungserklärung vom
11. Oktober 2001, die Bereitschaft zu militärischen Beiträgen zum Kampf gegen den Terrorismus bedeute „auch ein weiter entwickeltes Selbstverständnis
deutscher Außenpolitik".[78] In der gleichen Rede erklärte er die Etappe, in der
Deutschland lediglich „sekundäre Hilfsleistungen" erbracht habe, für „unwiederbringlich vorbei".

Erst die jüngere Entwicklung in Afghanistan hat in ganzer Schärfe gezeigt, wie
grundlegend der Wandel ist, von dem der ehemalige Bundeskanzler schon
2001 sprach. Schröder ging es darum, die – innenpolitisch umstrittene – Teilnahme deutscher Soldaten an *Enduring Freedom* (die freilich ganz überwiegend außerhalb Afghanistans erfolgen sollte) generell zu rechtfertigen. Die Beteiligung an der ISAF-Mission war demgegenüber im Bundestag überwiegend
akzeptiert, die Debatte ging jedoch viele Jahre von der Annahme aus, dass es
sich dabei um einen die zivilen Aufbaubemühungen nur absichernden Einsatz
handele. Bis 2008/09 überdeckte die Formel von der „Schutztruppe" die tatsächliche Entwicklung in den Gebieten, für die die Bundeswehr die Verantwortung übernommen hatte. Erst der Strategie-Schwenk der USA, vor allem
aber die Erkenntnis, dass der Erfolg der eigenen Wiederaufbau-Leistungen
durch die Verschlechterung der Sicherheitslage in Nordafghanistan zunichte
gemacht werden würde, haben zu einem politischen Umsteuern der Bundesregierung geführt. Nunmehr schließt die deutsche Strategie auch den offensiven
Einsatz der Armee gegen Aufständische und Kämpfer mit schweren Waffen
ein. Die militärische Sonderrolle, die Deutschland mit Verweis auf seine Vergangenheit beanspruchen konnte und beansprucht hat, wird nicht nur von den
verbündeten Staaten immer weniger akzeptiert. Sie entspricht auch immer weniger dem realen Handeln der Bundesrepublik.

Welche Bedeutung kommt nun 9/11 für die Frage nach Kontinuität und Wandel in der der deutschen Außen- und Sicherheitspolitik zu? Eine vergleichende
Perspektive ist hier hilfreich: Für die ersten zehn Jahre nach der staatlichen
Vereinigung (von 1990 bis 2000) wurden in der politikwissenschaftlichen Literatur überwiegend Elemente der Kontinuität hervorgehoben.[79] Für die zehn
Jahre nach 9/11 kann hingegen zwar kein fundamentaler Bruch festgestellt
werden, aber Akzentverschiebungen und teilweise auch deutlicher Wandel

---

78 Gerhard Schröder, Regierungserklärung vor dem Deutschen Bundestag zur aktuellen Lage
    nach dem Beginn der Operation gegen den internationalen Terrorismus in Afghanistan, Ple-
    narprotokoll 14/192, S. 18683.
79 Die These der Kontinuität wurde um das Jahr 2000 beispielsweise vertreten von Sebastian
    Harnisch, Hanns W. Maull (Hrsg.), *Germany as a Civilian Power? The Foreign Policy of the
    Berlin Republic*, Manchester/New York 2001; Volker Rittberger (Hrsg.), *German Foreign
    Policy since Unification. Theories and case studies*, Manchester 2001; Heinrich Schneider
    u.a. (Hrsg.), *Eine neue deutsche Europapolitik? Rahmenbedingungen, Problemfelder, Opti-
    onen*, Bonn 2002.

sind nicht zu übersehen. In der Literatur wird zum einen die Positionierung der Bundesregierung im Vorfeld des Irak-Kriegs als Beleg für eine ambitioniertere und die eigenen Machtansprüche betonende Sicherheitspolitik interpretiert.[80] Als zweites Kennzeichen des Wandels gilt die veränderte Rolle der Bundeswehr. Nach einem Jahrzehnt militärischem Kampf gegen den Terrorismus lässt sich ein grundsätzlicher Unterschied in der Bereitschaft zum Einsatz der Streitkräfte zwischen der Bundesrepublik und anderen europäischen Staaten kaum mehr behaupten. Seit der Erfahrung des Krieges in Afghanistan gehört der Kampfeinsatz zum „normalen" Handlungsrepertoire der deutschen Sicherheitspolitik. Insofern hat der Afghanistan-Einsatz, der politisch als Konsequenz der Terroranschläge von New York, Washington D.C. und Pennsylvania gerechtfertigt worden ist, dazu beigetragen, dass eine weitere „Reserve" der deutschen Sicherheitspolitik – vermutlich auf Dauer – geschleift worden ist. Um die eingangs aufgeworfene Frage beantworten zu können, ob 9/11 die Welt verändert hat, müssten diese Befunde durch weitere Forschungen ergänzt werden. Für die deutsche Sicherheitspolitik markiert das Datum jedenfalls eine signifikante Zäsur.

---

80   Pointiert etwa bei Gunther Hellmann, „Wider die machtpolitische Resozialisierung der deutschen Außenpolitik: Ein Plädoyer für einen offensiven Idealismus", in: *WeltTrends* 42, 2004, S. 79-88. Siehe auch Thomas Risse, „Kontinuität durch Wandel. Eine ‚neue' deutsche Außenpolitik?", in: *Aus Politik und Zeitgeschichte* B 11/2004, S. 24-31; Wilfried von Bredow, „Hinter dem Kontinuitätsschleier", in: *Internationale Politik* 9/2003, S. 1-11.

Der 11. September 2001 und die Normalisierung der deutschen Außenpolitik[1]

Kai Oppermann

1 Einleitung

Die Anschläge vom 11. September 2001 werden häufig als weltpolitische Zäsur beschrieben.[2] So gilt 9/11 als „formatives Ereignis, [das] eine neue Ära der Weltpolitik"[3] eingeleitet und „die Welt in ein neues Zeitalter der internationalen Politik"[4] katapultiert habe.[5] Auch Analysen der amerikanischen Außenpolitik betonen häufig den Zäsurcharakter des 11. September.[6] Mit Blick auf die deutsche Außen- und Sicherheitspolitik wird 9/11 demgegenüber meistens keine derart einschneidende Bedeutung zugewiesen. Zwar erscheint der 11.

1   Ich danke Gunther Hellmann für seine konstruktive Kritik und seine vielfältigen Hinweise zu meinem Vortrag auf der Tagung „Zeitenwende 9/11? Eine Transatlantische Bilanz zehn Jahre danach" vom 9. bis zum 11. September 2011 in Heidelberg. Außerdem möchte ich mich bei Klaus Brummer, Alexander Höse und den Herausgebern dieses Bandes für ihre wertvollen Anmerkungen und Anregungen zu dem Kapitel bedanken.
2   Für eine Bilanz der vielfältigen Auswirkungen des 11. September auf die internationale Politik vgl. Thomas Jäger (Hrsg.), Die Welt nach 9/11. Auswirkungen des Terrorismus auf Staatenwelt und Gesellschaft, Wiesbaden 2011. Für eine andere Bewertung vgl. Michael Butter, Birte Christ und Patrick Keller (Hrsg.), 9/11. Kein Tag, der die Welt veränderte, Paderborn 2011.
3   Hanns W. Maull, Die deutsche Außenpolitik und der 11. September 2001, Zeitschrift für Politikwissenschaft, 13 (3), 2003, S. 1271; vgl. fast wortgleich Tuomas Forsberg, German Foreign Policy and the War on Iraq: Anti-Americanism, Pacifism or Emancipation?, Security Dialogue, 36 (2), 2005, S. 214.
4   Klaus Brummer, Stefan Fröhlich, Einleitung: Zehn Jahre Deutschland in Afghanistan, in: Klaus Brummer und Stefan Fröhlich (Hrsg.): 10 Jahre Deutschland in Afghanistan, Wiesbaden 2011, S. 3.
5   Vgl. dazu kritisch Harald Müller, Think Big! Der 11. September und seine Konsequenzen für die Internationalen Beziehungen, in: Zeitschrift für Internationale Beziehungen, 11 (1), 2004, S. 123-133.
6   Vgl. John G. Ikenberry, The End of the Neo-Conservative Moment, Survival, 46 (1), 2004, S. 7-22; John Lewis Gaddis, A Grand Strategy of Transformation, Foreign Policy, 133, 2002, S. 50-57; Christian Hacke, Die weltpolitische Rolle der USA nach dem 11. September 2001, Aus Politik und Zeitgeschichte, 51, 2001, S. 16-23. Die Kontinuitäten in der amerikanischen Außenpolitik nach dem 11. September 2001 betont hingegen zum Beispiel Melvyn P. Leffler, 9/11 and American Foreign Policy, Diplomatic History, 29 (3), 2005, S. 395-413.

September 2001 in Bestandsaufnahmen einzelner Bereiche dieser Politik – wie der Terrorismusbekämpfung[7] oder den deutsch-amerikanischen Beziehungen[8] – durchaus als Auslöser eines grundsätzlichen Wandels. Als Gesamtbefund für die deutsche Außenpolitik gilt jedoch, dass der 11. September in erster Linie bereits bestehende Trends verstärkt oder beschleunigt habe. Der Ursprung dieser Trends wird dabei üblicherweise auf den Fall der Berliner Mauer, die deutsche Wiedervereinigung und das Ende der bipolaren Blockkonfrontation datiert.[9] Die Zeitenwende in der deutschen Außenpolitik war somit der 9.11.1989, nicht der 11.9.2001. Auch die Beteiligung am Kosovokrieg 1999[10] und die ablehnende Haltung zum Irakkrieg 2003[11] werden eher als Wendepunkte deutscher Außenpolitik diskutiert als 9/11.

Der vorliegende Beitrag reiht sich in diesen Forschungsstand ein und vermag in den Anschlägen vom 11. September 2001 ebenfalls keine Zeitenwende für die deutsche Außenpolitik zu erkennen. Das heißt allerdings nicht, dass 9/11 nicht wichtige kurz- und langfristige Auswirkungen für die deutsche Außenpolitik gehabt hat. Es ist vielmehr die These dieses Kapitels, dass der 11. September 2001 als bedeutender Katalysator der Normalisierung deutscher Außenpolitik beschrieben werden kann. Der anschließende Abschnitt stellt zunächst die analytische Perspektive einer sich seit 1989/90 normalisierenden deutschen Außenpolitik vor und erfasst den Stand dieses Prozesses vor 9/11. Die darauf folgenden zwei Abschnitte substantiieren die Hauptthese des Kapitels und führen aus, inwiefern der 11. September 2001 eine weitere Normalisierung der deutschen Außenpolitik mit Blick auf den Einsatz militärischer Mittel angestoßen und begünstigt hat. Das Kapitel schließt mit einer kurzen Einordnung seiner zentralen Ergebnisse.

---

7   Vgl. Wilhelm Knelangen, Die deutsche Politik zur Bekämpfung des Terrorismus, in: Thomas Jäger, Alexander Höse und Kai Oppermann (Hrsg.), Deutsche Außenpolitik. Sicherheit, Wohlfahrt, Institutionen und Normen, Wiesbaden 2011, S. 198-223.

8   Vgl. James Sperling, Germany and America in the Twenty-first Century: Repeating the Postwar Patterns of Conflict and Cooperation, in: German Politics, 19 (1), 2010, S. 53-71.

9   Vgl. Maull, Deutsche Außenpolitik und der 11. September, S. 1282-1283; Forsberg, German Foreign Policy, S. 213-215; Stefan Böckenförde, Deutsche Außenpolitik vor neuen sicherheitspolitischen Herausforderungen, in: Thomas Jäger, Alexander Höse und Kai Oppermann (Hrsg.), Deutsche Außenpolitik. Sicherheit, Wohlfahrt, Institutionen und Normen, Wiesbaden 2011, S. 79-104; Ulrich Roos, Deutsche Außenpolitik. Eine Rekonstruktion der grundlegenden Handlungsregeln, Wiesbaden 2010, S. 333-336.

10 Vgl. Alister Miskimmon, Falling into line? Kosovo and the Course of German Foreign Policy, International Affairs, 85 (3), 2009, S. 561-573; Regina Karp, The New German Foreign Policy Consensus, in: The Washington Quarterly, 29 (1), 2006, S. 61-82.

11 Christian Hacke, Die Außenpolitik der Regierung Schröder/Fischer, Aus Politik und Zeitgeschichte, 32-33, 2005, S. 9-15; Hans-Peter Schwarz, Das Ende der Übertreibungen. Deutschlande braucht eine Außenpolitik des Ausgleichs, in: Internationale Politik, 60 (8), 2005, S. 8-15.

2 Die Normalisierung der deutschen Außenpolitik

Die Veränderungen in der deutschen Außenpolitik nach der Wiedervereinigung können auf einer allgemeinen Ebene treffend als Prozess der Normalisierung beschrieben werden – unabhängig davon, ob dieser Prozess als notwendige Emanzipationsleistung begrüßt[12] oder als Militarisierung deutscher Außenpolitik kritisiert[13] wird. Bestandsaufnahmen der Außenpolitik des vereinten Deutschlands verwenden das Konzept der Normalisierung häufig als Maßstab.[14] Als analytische Kategorie fasst ‚Normalisierung' die Annäherung der deutschen Außenpolitik an die außenpolitischen Praktiken anderer westlicher Demokratien in vergleichbarer geopolitischer und geoökonomischer Lage. Den Referenzrahmen bilden dabei insbesondere Frankreich und Großbritannien.[15] In der Substanz verweist die Beobachtung einer sich normalisierenden Außenpolitik Deutschlands auf eine Außenpolitik, die im Vergleich zur ‚alten' Bundesrepublik status- und machtbewusster auftritt. Eine solche Politik zeichnet sich dadurch aus, dass sie in zunehmenden Maße explizit und selbstbewusst definierte ‚nationale' Interessen[16] ins Feld führt und verstärkt bereit ist, diese Interessen auch im offenen Konflikt mit Deutschlands westlichen Verbündeten zu verfolgen. Dieser Wandel zeigt sich besonders deutlich in der deutschen Europapolitik und vor allem in der Haltung der aktuellen und vorigen Bundesregierung zur Eurokrise[17], die von Deutschlands Partnern weithin dafür kritisiert wird, zu sehr auf die Durchsetzung nationaler Interessen zu zielen und

---

12 Gregor Schöllgen, Zehn Jahre als europäische Großmacht. Eine Bilanz deutscher Außenpolitik seit der Vereinigung, in: Politik und Zeitgeschichte, 24, 2000, S. 6-12.
13 Reinhard Mutz, Militärmacht Deutschland? Die Bundeswehr auf der Suche nach ihrer Zukunft, in: Reinhard Mutz, Friedhelm Solms und Gert Krell (Hrsg.), Friedensgutachten 1994, Münster 1994, S. 213-228.
14 Vgl. James McAdams, Germany after Unification. Normal at Last?, in: World Politics, 49 (2), 1997, S. 282-308; Regina Karp, Germany: A ‚Normal' Global Actor?, in: German Politics, 18 (1), 2009, S. 12-35.
15 Vgl. Gunther Hellmann, Rekonstruktion der „Hegemonie des Machtstaates Deutschland unter modernen Bedingungen"? Zwischenbilanzen nach zehn Jahren deutscher Außenpolitik, vorgelegt auf dem 21. Wissenschaftlichen Kongress der DVPW in Halle/Saale, 1.-5. Oktober 2000, S. 24; Hanns W. Maull, „Normalisierung" oder Auszehrung? Deutsche Außenpolitik im Wandel, in: Politik und Zeitgeschichte, 11, 2004, S. 19.
16 Zur (schwierigen) Definition deutscher Interessen vgl. August Pradetto, Ganz und gar nicht ohne Interessen: Deutschland formuliert nicht nur klare Ziele. Es setzt sie auch durch, in: Internationale Politik, 1/2006, S. 114-123; Christian Hacke, Nationales Interesse als Handlungsmaxime für die Außenpolitik Deutschlands, in: Karl Kaiser und Joachim Krause (Hrsg.), Deutschlands neue Außenpolitik, Band 3, Interessen und Strategien, München 1996, S. 3-13.
17 Kai Oppermann, Argumentationsmuster zur Krise in der Eurozone. Eine Analyse von Debattenbeiträgen der Regierung Merkel 2009-2012, in: Integration, 37 (3), 2014, S. 262-274.

darüber die gemeinsame europäische Perspektive aus dem Blick zu verlieren.[18] Dem entspricht, dass Deutschlands Engagement in multilateralen Foren insgesamt selektiver, pragmatischer und instrumenteller geworden ist und dass deutsche Außenpolitik für sich beansprucht, von Fall zu Fall darüber entscheiden zu können, mit welchen Partnern und in welchen Arenen sie ihre Interessen umzusetzen versucht – „so wie die anderen das auch machen".[19] Nicht zuletzt formuliert die ‚normale' deutsche Außenpolitik offensiv die Erwartung nach Mitsprache bei der Gestaltung der internationalen Ordnung und versucht, ihre diesbezüglichen Einflussmöglichkeiten auszubauen.

Ein weiteres konstitutives Element der Normalisierung deutscher Außenpolitik ist schließlich die gewachsene Bereitschaft Deutschlands zum Einsatz militärischer Mittel. Diese Bereitschaft wird oftmals gar als zentraler Lackmustest dafür herangezogen, wie weit der Prozess der Normalisierung bereits vorangeschritten ist.[20] In keinem anderen Bereich treten die weitreichenden Veränderungen deutscher Außenpolitik seit der Wiedervereinigung zudem so offen und nachdrücklich zu Tage wie in diesem. Die Auslandseinsätze der Bundeswehr haben seither sukzessive an Ausmaß und Intensität zugenommen und gehören heute buchstäblich zur Normalität deutscher Außenpolitik.[21] Es gibt somit bereits für die Zeit vor dem 11. September 2001 zahlreiche empirische Evidenzen für einen markanten Normalisierungsprozess in der deutschen Außenpolitik: „Man mag diese Art der ‚Normalisierung' begrüßen oder verdammen, sie zu leugnen wäre aber töricht."[22]

Im Kern wurde die Normalisierung deutscher Außenpolitik seit 1989/90 durch drei Entwicklungen vorangetrieben. Der Ausgangspunkt ist dabei erstens die grundlegend veränderte geopolitische Position des wiedervereinigten Deutschlands als „Zentralmacht Europas".[23] Mit dem Ende der bipolaren Blockkonfrontation und der Wiedererlangung der vollen staatlichen Souveränität Deutschlands sind die besonderen äußeren Beschränkungen entfallen, denen die Außenpolitik der ‚alten' Bundesrepublik ausgesetzt war und die ihrer außenpolitischen Rolle als „Zivilmacht"[24] zugrunde lagen. Das Ende des Ost-

18 Kai Oppermann, National Role Conceptions, Domestic Constraints and the New ‚Normalcy' in German Foreign Policy: The Eurozone Crisis, Libya and Beyond, in: German Politics, 21 (4), 2012, S. 502-519.

19 Gerhard Schröder, Rede auf der Bundesdelegiertenkonferenz der SPD zur Europawahl 1999 am 8. Dezember 1998 in Saarbrücken, Mitteilung für die Presse, 604/98, Bonn: Presseservice der SPD, S. 10.

20 Karp, German Foreign Policy, S. 64.

21 Sven Bernhard Gareis, Militärische Auslandseinsätze und die Transformation der Bundeswehr, in: Thomas Jäger, Alexander Höse und Kai Oppermann (Hrsg.), Deutsche Außenpolitik. Sicherheit, Wohlfahrt, Institutionen und Normen, Wiesbaden 2011, S. 156-161.

22 Hellmann, Rekonstruktion der „Hegemonie", S. 49.

23 Hans-Peter Schwarz, Die Zentralmacht Europas. Deutschlands Rückkehr auf die Weltbühne, Berlin 1994.

24 Hanns W. Maull, Deutschland als Zivilmacht, in: Siegmar Schmidt, Gunther Hellmann und Reinhard Wolf (Hrsg.), Handbuch zur deutschen Außenpolitik, Wiesbaden 2007, S. 73-84.

West-Konflikts hat die außenpolitischen Handlungsmöglichkeiten Deutschlands nachhaltig erweitert und erst die strukturellen Voraussetzungen für den Prozess der Normalisierung geschaffen. Dieser Prozess wurde zudem von zwei weiteren Dynamiken getragen, die sich wechselseitig verstärken: einerseits den gestiegenen Erwartungen *an* die außenpolitische Rolle Deutschlands und andererseits der veränderten Rollenkonzeption der außenpolitischen Entscheidungsträger *für* die deutsche Außenpolitik.[25] Damit steht die Normalisierung deutscher Außenpolitik insgesamt für eine schrittweise Abkehr von der Zivilmachtrolle Deutschlands in der internationalen Politik.

Mit Blick auf die externen Erwartungen an die deutsche Außenpolitik haben insbesondere die USA darauf gedrängt, dass auch Deutschland einen angemessenen Teil der militärischen Lasten im transatlantischen Bündnis trägt und seine traditionellen Vorbehalte gegen den Einsatz militärischer Gewalt aufgibt. Dem entspricht seit dem mit der Regierung Schröder vollzogenen Generationenwechsel an der Spitze der deutschen Außenpolitik auch das gewandelte Selbstverständnis der außenpolitisch Handelnden. Dieses Selbstbild zeigt Deutschland als „normale[n] Alliierte[n]"[26], der bereit und in der Lage ist, seinen gestiegenen internationalen Verpflichtungen nicht zuletzt auch im militärischen Bereich nachzukommen und der daraus die Berechtigung ableiten darf, offener als zuvor eigene nationale Interessen zu verfolgen.[27] Die Bereitschaft Deutschlands, dem erweiterten internationalen Erwartungshorizont zu entsprechen, wird dabei gerade als Nachweis für das gewandelte Selbstverständnis deutscher Außenpolitik angeführt; Gunther Hellmann hat in diesem Zusammenhang bereits frühzeitig treffend eine „Normalitätssehnsucht" in der deutschen Außenpolitik diagnostiziert.[28]

Die Beteiligung der deutschen Bundeswehr an den Luftangriffen der NATO auf Serbien im Kosovokonflikt 1999 markiert vor diesem Hintergrund wie kein anderes Ereignis zugleich das Ausmaß und die Grenzen der Normalisierung der deutschen Außenpolitik zur Jahrtausendwende. So steht der Kosovokonflikt angesichts der militärischen Intensität des Einsatzes der NATO und der Tatsache, dass das deutsche Engagement nicht durch die Vereinten Nationen mandatiert war, für einen qualitativen Einschnitt in den Auslandsein-

---

25 Zu den rollentheoretischen Begriffen, Rollenerwartung und Rollenkonzeption vgl. Cameron G. Thies, Role Theory and Foreign Policy, in: Robert A. Denemark (Hrsg.), The International Studies Encyclopedia, 2010.

26 Gerhard Schröder, Ausgestaltung einer Europäischen Sicherheits- und Verteidigungspolitik. Rede auf der 35. Münchner Tagung für Sicherheitspolitik zum Thema „Deutsche Sicherheitspolitik an der Schwelle des 21. Jahrhunderts" am 6. Februar 1999, in: Bulletin der Bundesregierung, Nr. 8, Bonn 1999, S. 91.

27 Gunther Hellmann, Christian Weber, Frank Sauer und Sonja Schirmbeck, „Selbstbewusst" und „stolz". Das außenpolitische Vokabular der Berliner Republik als Fährte einer Neuorientierung, in: Politische Vierteljahresschrift, 48 (4), 2007, S. 659-662.

28 Hellmann, Rekonstruktion der „Hegemonie", S. 69.

sätzen der Bundeswehr. Er war insoweit ein Kulminationspunkt des sukzessiven Wandels deutscher Außenpolitik in den 1990er Jahren.[29] Die politische Entscheidung für die Beteiligung Deutschlands an der NATO-Mission erfolgte unter massivem Erwartungsdruck vor allem seitens der USA und war wesentlich durch das Bestreben der neuen rot-grünen Bundesregierung geprägt, ihre Verlässlichkeit als transatlantischer Bündnispartner zu demonstrieren.[30]

Zugleich verwiesen die öffentlichen Rechtfertigungsmuster der Bundesregierung für ihre Politik allerdings auch auf die Grenzen der Normalisierung der deutschen Außenpolitik zur Zeit des Kosovokonflikts. Dies zeigt sich insbesondere darin, dass der Einsatz der Bundeswehr weniger durch interessenbasierte Argumente begründet wurde, als durch moralische und humanitäre Imperative.[31] Zwar hat die Bundesregierung durchaus das Interesse Deutschlands ins Feld geführt, Bündnissolidarität zu üben und ihren daraus erwachsenen Verpflichtungen gerecht zu werden. In der Hauptsache hat die Regierung Schröder den NATO-Einsatz und die deutsche Beteiligung daran jedoch durch das Argument zu legitimieren versucht, dass ein militärisches Vorgehen notwendig sei, „um weitere schwere und systematische Verletzungen der Menschenrechte im Kosovo zu unterbinden und um eine humanitäre Katastrophe dort zu verhindern".[32]

Den humanitären Fokus ihrer Argumentation hat die Bundesregierung unter dem Schlagwort „Nie wieder Auschwitz"[33] zudem durch eine geschichtspolitische Begründung unterstrichen, aus der sie eine besondere Verpflichtung für die deutsche Außenpolitik abgeleitet hat, einen drohenden Völkermord im Kosovo und einen „neue[n] Faschismus"[34] auf dem Balkan zu verhindern. Mit diesem stark moralisierenden Rekurs auf die deutsche Geschichte und der Deutung des Bundeswehreinsatzes als Friedenseinsatz[35] hat die Bundesregierung jedoch exakt dem traditionellen Rollenverständnis Deutschlands als Zivilmacht entsprochen, die den Einsatz militärischer Mittel nur als *ultima ratio* zur

---

29 Miskimmon, Falling into line?, S. 561-573; Adrian Hyde-Price, Germany and the Kosovo War: Still a Civilian Power?, in: Douglas Webber (Hrsg.), New Europe, New Germany, Old Foreign Policy?, London 2001, S. 19-34.
30 Joschka Fischer, Die rot-grünen Jahre. Deutsche Außenpolitik vom Kosovo bis zum 11. September, Köln 2007, S. 105-109; Gerhard Schröder, Entscheidungen. Mein Leben in der Politik, Berlin 2007, S. 210.
31 Hacke, Nationales Interesse als Handlungsmaxime, S. 15.
32 Gerhard Schröder, Erklärung der Bundesregierung zur aktuellen Lage im Kosovo nach dem Eingreifen der NATO und zu den Ergebnissen der Sondertagung des Europäischen Rates in Berlin, 26. März 1999, Deutscher Bundestag, Plenarprotokoll, 14/31, S. 2571.
33 Joschka Fischer (7.4.1999), zitiert in: Nico Fried, Fischer: Ich habe gelernt: Nie wieder Auschwitz, Süddeutsche Zeitung, 24.1.2005.
34 Joschka Fischer, Das wäre blutiger Zynismus, Interview mit Joschka Fischer, Der Spiegel, 34, 1995, S. 27.
35 Vgl. Fischer, Die rot-grünen Jahre, S. 108-112.

Abwehr von Verbrechen gegen die Menschlichkeit rechtfertigen kann.[36] Die Normalisierung der deutschen Außenpolitik war mithin nicht so weit fortgeschritten, als dass sich die Bundesregierung darauf verlassen wollte, den Einsatz der Bundeswehr innenpolitisch alleine oder auch nur in erster Linie durch den pragmatisch-nüchternen Verweis auf deutsche Interessen begründen zu können. Vielmehr hat die Bundesregierung ganz im Sinne des Konzepts des „rhetorischen Handelns"[37] zweckrational gerade diejenigen wertbezogenen Argumente für diesen Einsatz in den Vordergrund gerückt, von denen sie in der innenpolitischen Arena eine größere Resonanz erwarten konnte.

Im Ergebnis deutet die Haltung Deutschlands im Kosovokonflikt somit auf einen Doppelbefund für die deutsche Außenpolitik im Vorfeld des 11. September 2001: Einerseits gehörte der Einsatz – wenn auch: weiterhin begrenzter – militärischer Gewalt in der Praxis deutscher Außenpolitik zur Jahrtausendwende bereits zur Normalität; andererseits erinnerten die Rechtfertigungsmuster dieser Einsätze – gerade im Fall des Kosovokrieges – nach wie vor an die traditionelle Rollenkonzeption Deutschlands als Zivilmacht. Ausgehend von diesem Doppelbefund wird der nächste Abschnitt argumentieren, dass 9/11 mit Blick auf die diskursive Begründung für den Einsatz militärischer Mittel den Boden für eine weitere Normalisierung deutscher Außenpolitik bereitet hat.

3 9/11 und das weiterentwickelte Selbstverständnis deutscher Außenpolitik

Die Terroranschläge vom 11. September 2001 haben das alles überragende Thema der deutschen Außenpolitik des vergangenen Jahrzehnts definiert: die Beteiligung Deutschlands im weltweiten Kampf gegen den transnationalen Terrorismus und den Einsatz der Bundeswehr in Afghanistan. Für die deutsche Verteidigungspolitik im engeren Sinne und vor allem für die Streitkräfteplanung hatte 9/11 somit durchaus den Charakter einer Zäsur.[38] Dies verdeutlicht bereits ein kursorischer Vergleich der Verteidigungspolitischen Richtlinien von 1992 und 2003. Während der internationale Terrorismus 1992 mit keinem Wort Erwähnung fand,[39] wurde er in den Richtlinien von 2003 als „strukturbestimmende Aufgabe der Bundeswehr" und eine der wichtigsten Bedrohungen für die Sicherheit Deutschlands gesehen. Der Kampf gegen den Terrorismus

---

36 Thomas Risse, Kontinuität durch Wandel: Eine „neue" deutsche Außenpolitik?, Aus Politik und Zeitgeschichte, 11, 2004, S. 28-29.

37 Frank Schimmelfennig, Rhetorisches Handeln in der internationalen Politik, Zeitschrift für Internationale Beziehungen, 4 (2), 1997, S. 219-254.

38 Vgl. Knelangen, Bekämpfung des Terrorismus, S. 198-223.

39 Bundesministerium der Verteidigung, Verteidigungspolitische Richtlinien für den Geschäftsbereich des Bundesministers für Verteidigung, Bonn 1992.

sei nach dem 11. September 2001 „an die erste Stelle des Aufgabenspektrums der Bundeswehr gerückt".[40] Fast gleichlautend beschreibt das sicherheitspolitische Weißbuch der Bundesregierung von 2006 den internationalen Terrorismus unter mehrfachem Verweis auf die Anschläge des 11. Septembers als „wachsende Bedrohung" und „zentrale Herausforderung" deutscher Sicherheitspolitik.[41]

Im breiteren Kontext der Normalisierung deutscher Außenpolitik erscheinen 9/11 und der Kampf gegen den internationalen Terrorismus hingegen weniger als einschneidende Zäsur denn als Katalysator eines Prozesses, der seinen Ursprung in der tatsächlichen Zeitenwende von 1989/90 hat. So steht die Beteiligung Deutschlands an der *Operation Enduring Freedom* (OEF) und der *International Security Assistance Force* (ISAF) in Afghanistan einerseits in der Kontinuität des Trends zu häufigeren und intensiveren Auslandseinsätzen der Bundeswehr.[42] Mit Blick auf die verwendeten Rechtfertigungsmuster lässt die Entscheidung für einen auch militärischen Beitrag Deutschlands im Kampf gegen den Terrorismus jedoch andererseits eine neue Stufe in der Normalisierung deutscher Außenpolitik erkennen. Diese neue Stufe besteht gerade im Vergleich zum Kosovokonflikt darin, dass die Bundesregierung den Einsatz der Bundeswehr im Rahmen von OEF und ISAF überwiegend in einem interessenbasierten Diskurs begründete, anstatt sich auf humanitäre Argumente oder die besondere historische Verantwortung deutscher Außenpolitik zu fokussieren.[43]

40 Bundesministerium der Verteidigung, Verteidigungspolitische Richtlinien für den Geschäftsbereich des Bundesministers für Verteidigung, Berlin 2003.
41 Bundesministerium der Verteidigung, Weißbuch 2006 zur Sicherheitspolitik Deutschlands und zur Zukunft der Bundeswehr, Berlin 2006.
42 Obwohl in der nachfolgenden Diskussion nicht jeweils explizit zwischen der deutschen Beteiligung an OEF und ISAF differenziert wird, soll die Unterscheidung zwischen den beiden Missionen nicht unterschlagen werden. Vgl. dazu Brummer und Fröhlich, Zehn Jahre Deutschland in Afghanistan. Die OEF ist eine von den USA geführte Militärmission zur Bekämpfung des internationalen Terrorismus. Afghanistan ist dabei nur eines – und in der Praxis eher untergeordnetes – von mehreren Einsatzgebieten. Der deutsche Beitrag zur OEF war von Anfang an vergleichsweise gering – seit 2008 sind im Rahmen der OEF keine deutschen Soldaten mehr in Afghanistan im Einsatz. Die ISAF ist demgegenüber ein von der NATO geführter Stabilisierungseinsatz in Afghanistan. Der Auftrag der ISAF ist im Gegensatz zur OEF nicht die militärische Bekämpfung des Terrorismus. Gleichwohl ist auch die ISAF als Teil des Kampfes gegen den internationalen Terrorismus zu sehen, da die Mission nicht zuletzt sicherstellen sollte, dass Afghanistan nicht erneut zu einem Rückzugsgebiet für transnational agierende Terrornetzwerke wird. Der Einsatz der Bundeswehr im Rahmen der ISAF wurde Ende 2014 beendet.
43 Dies soll nicht darüber hinwegtäuschen, dass die Regierung Schröder auch immer wieder auf die humanitäre Dimension des Engagements der Bundeswehr in Afghanistan und auf die Bedeutung von Demokratieförderung und Menschenrechten hingewiesen hat. Vgl. z.B. Gerhard Schröder, 16. November 2001, Deutscher Bundestag, Plenarprotokoll, 14/202, S. 19856 und 19857; vgl. auch Harald Müller und Jonas Wolff, Demokratischer Krieg am Hindukusch? Eine kritische Analyse der Bundestagsdebatten zur deutschen Afghanistanpolitik

Das von der Bundesregierung angeführte deutsche Interesse, dass Deutschland sich am militärischen Kampf gegen den Terrorismus beteiligen müsse, bestand erstens darin, Bündnissolidarität mit den USA zu demonstrieren. Zwar gehört dieses Argument zum etablierten Kanon von Begründungen für Auslandseinsätze der Bundeswehr. Nie spielte es jedoch eine derart herausgehobene Rolle wie bei der Entscheidung der Regierung Schröder unmittelbar nach dem 11. September 2001, den von den Vereinigten Staaten angeführten Kampf gegen den Terrorismus militärisch zu unterstützen. Beginnend mit der berühmten Formulierung Gerhard Schröders vor dem Deutschen Bundestag am Tag nach den Anschlägen, er habe dem amerikanischen Präsidenten „die uneingeschränkte – ich betone: die uneingeschränkte – Solidarität Deutschlands zugesichert",[44] hat die Bundesregierung ihre Absicht, keinen Zweifel an der Loyalität Deutschlands mit den USA aufkommen zu lassen, zum Leitmotiv der Begründung ihrer Politik gemacht. Es dürfe zwischen Deutschland und den USA kein „Mikromillimeter Distanz" erkennbar werden, so Regierungssprecher Uwe-Karsten Heye, am Tag der Anschläge.[45] Diesem Motiv lag das Argument zugrunde, dass ein unmittelbarer Zusammenhang zu sehen sei zwischen der militärischen Beteiligung Deutschlands im Kampf gegen den Terrorismus und dem genuinen deutschen Interesse, auch weiterhin als zuverlässiger Partner des westlichen Bündnisses wahrgenommen zu werden:

> „Aber es geht bei dieser Frage um weit mehr als um die Bereitstellung von Soldaten. Es geht für Deutschland darum, dass seine Verlässlichkeit als Bündnispartner auf dem Spiel steht. Es geht darum, dass Deutschland bei einem Nein [des Bundestags] aus der internationalen Antiterrorkoalition ausscheren müsste, dass Deutschland als NATO-Partner unglaubwürdig wäre und sich selbst isolieren würde. Niemand, weder die USA noch Großbritannien noch Frankreich oder andere EU-Partner [...], würde Verständnis für eine Haltung unsererseits haben, die signalisiert: Macht ihr mal den Dreck mit der militärischen Bekämpfung von Taliban und Terror allein; wir stehen später mit Carepaketen da. [...] Mit der Ablehnung [der amerikanischen Unterstützungswünsche] würden wir einen hohen Preis zahlen und dem Land auf unabsehbare Zeit Schaden zufügen. Dies darf kein Bundeskanzler zulassen."[46]

Darüber hinaus argumentierte die Bundesregierung zweitens damit, dass Deutschland ein direktes Sicherheitsinteresse an einer militärischen Beteili-

---

2001-2011, in: Klaus Brummer und Stefan Fröhlich (Hrsg.), 10 Jahre Deutschland in Afghanistan, Wiesbaden 2011, S. 210-213. Die These ist lediglich, dass der Verweis auf deutsche Interessen zur Begründung der Regierungspolitik stärker als bei früheren Auslandseinsätzen der Bundeswehr im Vordergrund stand.

44 Gerhard Schröder, Erklärung der Bundesregierung zu den Anschlägen in den Vereinigten Staaten von Amerika, 12. September 2001, Deutscher Bundestag, Plenarprotokoll, 14/186, S. 18293.

45 Uwe-Karsten Heye, zitiert in: Der Spiegel, „Ein deutscher Krieg", 36, 2011, S. 77.

46 Peter Struck, 16. November 2001, Deutscher Bundestag, Plenarprotokoll, 14/202, S. 19864.

gung am Kampf gegen den internationalen Terrorismus insbesondere in Afghanistan habe. Angesichts der Bedrohung durch weitere Terrorakte sei es für Deutschland – so Peter Struck – ein „originäres Eigeninteresse, den Terrorismus in einer internationalen Koalition zu bekämpfen."[47] Als Verteidigungsminister hat Peter Struck dieses Interesse später auf die griffige Formel gebracht, die Sicherheit Deutschlands werde „nicht nur, aber auch am Hindukusch verteidigt".[48] Bundeskanzler Schröder hat den Zusammenhang zwischen den Terroranschlägen vom 11. September und den deutschen Sicherheitsinteressen bereits am Tag nach 9/11 betont, als er die Anschläge in seiner Regierungserklärung gleich mehrfach als „Kriegserklärung" bezeichnete, die „gegen uns alle gerichtet" sei: „Sicherheit ist in unserer Welt nicht teilbar."[49] Die von Schröder verwendete Kriegsmetapher[50] bereitete frühzeitig den Boden für eine Argumentation, der zufolge dem internationalen Terrorismus militärisch begegnet werden müsse und die einen Einsatz der Bundeswehr im Kampf gegen den Terrorismus als notwendige Antwort auf die terroristische Bedrohung der Sicherheit Deutschlands sieht: „Erstmals zwingt uns die internationale Situation, zwingt uns die Kriegserklärung durch den Terrorismus dazu, Bundeswehreinheiten für einen Kampfeinsatz außerhalb des NATO-Vertragsgebietes bereitzustellen."[51]

Die herausgehobene Rolle deutscher Interessen in der Begründung der Regierung Schröder für die Beteiligung der Bundeswehr am Kampf gegen den internationalen Terrorismus ist Ausdruck eines weiteren Schrittes in der Normalisierung deutscher Außenpolitik.[52] Die Anschläge vom 11. September 2001 haben – so meine These – als Katalysator des Normalisierungsprozesses ge-

---

47 Peter Struck, 16. November 2001, Deutscher Bundestag, Plenarprotokoll, 14/202, S. 19863.
48 Peter Struck, 11. März 2004, Erklärung der Bundesregierung „Die neue Bundeswehr – auf richtigem Weg", Deutscher Bundestag, Plenarprotokoll, 15/97, S. 8601.
49 Gerhard Schröder, Erklärung der Bundesregierung zu den Anschlägen in den Vereinigten Staaten von Amerika, 12. September 2001, Deutscher Bundestag, Plenarprotokoll, 14/186, S. 18293-18294.
50 Zur Bedeutung von Kriegsmetaphern in der internationalen Politik im Allgemeinen und im Kampf gegen den internationalen Terrorismus im Besonderen vgl. Alexander Spencer, The Tabloid Terrorist. The Predicative Construction of New Terrorism in the Media. Basingstoke 2010.
51 Gerhard Schröder, 16. November 2001, Deutscher Bundestag, *Plenarprotokoll*, 14/202, S. 19857.
52 Dieser qualitative Befund wird im Ansatz auch durch eine rein quantitative Auswertung der Begründungen für den Afghanistaneinsatz der Bundeswehr in den Bundestagsdebatten zum ISAF-Mandat gestützt. In 37% der Reden zu diesen Debatten wurden danach nationale Interessen und Macht als Argumente für den Einsatz angeführt. 30% der Reden rekurrierten auf das Selbstverständnis Deutschlands und die Rollenerwartungen der Bündnispartner; in 22% der Reden wurde mit den Allianzverpflichtungen Deutschlands argumentiert. An der Spitze dieser quantitativen Analyse steht jedoch das Argument der Demokratieförderung, das in 48% der Reden enthalten war, gefolgt von dem Verweis auf universelle Werte (42%). Vgl. Müller und Wolf, Demokratischer Krieg am Hindukusch?, S. 207-209.

wirkt, da in ihrem Schatten eine interessenbasierte Argumentation für den Einsatz militärischer Gewalt begünstigt wurde. Mit anderen Worten: 9/11 kann als externer Schock beschrieben werden, in dessen Folge die traditionellen Vorbehalte und Widerstände gegen eine primär an deutschen Interessen orientierten Begründung für den Rückgriff auf militärische Mittel im außenpolitischen Diskurs in einer kurzen Phase der außergewöhnlichen Politik nahezu vollständig überlagert wurden.

Diese Phase außergewöhnlicher Politik ist durch zwei Merkmale gekennzeichnet.[53] Erstens war die Entscheidungsfindung der Bundesregierung unmittelbar nach 9/11 fast ausschließlich durch die von der Regierung als solche wahrgenommenen Anforderungen an die veränderte weltpolitische Rolle Deutschlands dominiert. Speziell waren für die zentralen Weichenstellungen der deutschen Politik im Kampf gegen den internationalen Terrorismus in den Tagen und Wochen nach den Anschlägen die antizipierten Erwartungen der USA an Deutschland absolut handlungsleitend. Mit der Bereitstellung deutscher Streitkräfte im Kampf gegen den Terrorismus „nach einer entsprechenden Anforderung der Vereinigten Staaten" erfülle Deutschland, so Bundeskanzler Schröder in der Vertrauensabstimmung im Deutschen Bundestag am 16. November 2001,

> „die an uns gerichteten Erwartungen unserer Partner und wir leisten das, was uns objektiv möglich ist und was politisch verantwortet werden kann. Aber mehr noch: Durch diesen Beitrag kommt das vereinte und souveräne Deutschland seiner gewachsenen Verantwortung in der Welt nach. Wir müssen erkennen: Nach den epochalen Veränderungen seit dem Herbst 1989 hat Deutschland seine volle Souveränität zurück gewonnen. Es hat damit aber auch neue Pflichten übernommen, an die uns die Verbündeten erinnern. Wir haben kein Recht, darüber Klage zu führen. Wir sollten vielmehr damit zufrieden sein, dass wir seit den epochalen Veränderungen 1989 gleichberechtigte Partner in der Staatengemeinschaft sind."[54]

In der Krisensituation nach dem 11. September trafen und verstärkten sich somit das bereits zuvor begründete Selbstverständnis der deutschen Außenpolitik als normaler Alliierter der USA und die Erfahrung deutscher Politik, dass die USA von ihr seit den 1990er Jahren tatsächlich vermehrt eine stärkere Beteiligung an den militärischen Lasten der westlichen Allianz eingefordert hat. In Anbetracht der absehbaren Reaktion der amerikanischen Außenpolitik auf 9/11 war es in dieser Konstellation die zentrale Prämisse deutscher Politik,

---

53 Die Phase außergewöhnlicher Politik beschreibt weniger einen klar abgegrenzten Zeitraum, sondern dient primär als Heuristik, welche die besonderen Rahmenbedingungen deutscher Außenpolitik in den Tagen und Wochen nach 9/11 herausarbeitet. Wollte man ein spezifisches Enddatum dieser Phase benennen, so bietet sich am ehesten die Vertrauensfrage am 16. November 2001 an, mit der die zentralen Grundentscheidungen in der deutschen Politik im Kampf gegen den internationalen Terrorismus in der unmittelbaren Folge der Anschläge vom 11. September 2001 abgeschlossen waren.

54 Gerhard Schröder, 16. November 2001, Deutscher Bundestag, Plenarprotokoll, 14/202, S. 19857.

dass ihre militärische Beteiligung am Kampf gegen den Terrorismus von den USA als zentraler Maßstab für die Verlässlichkeit und Bündnisfähigkeit Deutschlands angelegt werden würde. Diesem Maßstab gerecht zu werden erschien der Bundesregierung als dringliches Gebot der veränderten weltpolitischen Position Deutschlands und wurde zur obersten Richtschnur ihrer Politik:

> „Nach dem Ende des Kalten Krieges, der Wiederherstellung der staatlichen Einheit Deutschlands und der Wiedererlangung unserer vollen Souveränität haben wir uns in einer neuen Weise der internationalen Verantwortung zu stellen, einer Verantwortung, die unserer Rolle als wichtiger europäischer und transatlantischer Partner, aber auch als starker Demokratie und starker Volkswirtschaft im Herzen Europas entspricht. Noch vor zehn Jahren hätte niemand von uns erwartet, dass Deutschland sich anders als durch so etwas wie ‚sekundäre Hilfsleistungen' [...] an internationalen Bemühungen zur Sicherung von Freiheit, Gerechtigkeit und Stabilität beteiligt. [...] Diese Etappe deutscher Nachkriegspolitik – darauf habe ich bereits unmittelbar nach dem 11. September hingewiesen – ist unwiederbringlich vorbei. Gerade wir Deutschen [...] haben nun auch eine Verpflichtung, unserer neuen Verantwortung umfassend gerecht zu werden. Das schließt – und das sage ich ganz unmissverständlich – auch die Beteiligung an militärischen Operationen zur Verteidigung von Freiheit und Menschenrechten, zur Herstellung von Stabilität und Sicherheit ausdrücklich ein."[55]

Der übergeordnete Stellenwert internationaler Rollenerwartungen für die Politik der Regierung Schröder in dieser Phase kommt nicht zuletzt in der bereits zitierten Vertrauensfrage zum Ausdruck, die der Bundeskanzler am 16. November 2001 stellte. Auf diesem Wege löste Schröder die Entscheidung über einen militärischen Beitrag der Bundeswehr zur OEF auch institutionell explizit aus dem Bereich der normalen Politik heraus und setzte sein stärkstes Disziplinarinstrument ein, um seine Politik der Bündnissolidarität gegenüber einer vergleichsweise geringen Zahl von Kritikern innerhalb der Regierungsfraktionen durchzusetzen. Letztendlich riskierte die Bundesregierung mit der Vertrauensfrage ihr politisches Überleben, um den erforderlichen Spielraum zu gewinnen, um den von ihr konstatierten internationalen Anforderungen an Deutschland im Kampf gegen den Terrorismus gerecht zu werden. Gerade ihre Bereitschaft, im Namen der Solidarität mit den USA ein hohes innenpolitisches Risiko in Kauf zu nehmen, wollte die Bundesregierung nach der erfolgreichen Abstimmung an die Bush-Administration kommuniziert wissen und als besonderen Beleg für ihre Verlässlichkeit als Bündnispartner gewürdigt sehen.[56]

In diesem Sinne kann der 11. September 2001 aus Sicht der damaligen Bundesregierung durchaus als „sinnweltliche Ordnungszäsur"[57] beschrieben

---

55 Gerhard Schröder, 11. Oktober 2001, Regierungserklärung zur aktuellen Lage nach Beginn der Operation gegen den internationalen Terrorismus in Afghanistan, Deutscher Bundestag, Plenarprotokoll, 14/192, S. 18682.
56 Der Spiegel, „Ein deutscher Krieg", 36, 2011, S. 85.
57 Vgl. den Einleitungsbeitrag zu diesem Band von Tobias Endler, Till Karmann, Martin Thunert und Simon Wendt.

werden: 9/11 hat die internationalen Erwartungen an deutsche Außenpolitik in der Wahrnehmung der Regierung Schröder schlagartig fokussiert und verschärft, so dass diese Erwartungen in der Phase außergewöhnlicher Politik nach den Anschlägen zur alles überragenden Priorität der deutschen Politik im Kampf gegen den Terrorismus wurden. Dies spiegelt sich auf individueller Ebene auch in den außenpolitischen Überzeugungssystemen der wichtigsten Entscheidungsträger der rot-grünen Bundesregierung wider. Sowohl bei Bundeskanzler Schröder als auch bei Außenminister Fischer hat die Erfahrung des 11. September ein konfliktiveres Bild von der internationalen Politik bewirkt und die Auffassung gestärkt, der Einsatz militärischer Mittel als außenpolitisches Instrument sei unter Umständen angemessen und unerlässlich.[58]

Das zweite Merkmal der Phase außergewöhnlicher Politik ist, dass die Anschläge vom 11. September der Bundesregierung kurzfristig einen ungewöhnlich großen innenpolitischen Spielraum verschafft haben, um im Namen deutscher Interessen eine militärische Beteiligung Deutschlands an der Bekämpfung des Terrorismus durchzusetzen. Insbesondere hat 9/11 die in der außenpolitischen Kultur Deutschlands[59] verwurzelte Zurückhaltung gegenüber dem Einsatz militärischer Gewalt vorübergehend abgeschwächt oder ganz suspendiert, so dass die Regierung Schröder vergleichsweise geringe Begründungsleistungen für ihre Politik erbringen musste.

Sowohl auf Seiten der parlamentarischen Opposition als auch in der öffentlichen Meinung konnte die Bundesregierung auf breite Zustimmung zu ihrer Argumentation zählen, dass die internationale Konstellation nach 9/11 und die Sicherheitsinteressen Deutschlands den Einsatz der Bundeswehr im militärischen Kampf gegen den Terrorismus erforderten. Insbesondere haben die beiden größten Oppositionsfraktionen im Bundestag, CDU/CSU und FDP, der Bundesregierung nach den Anschlägen wiederholt signalisiert, dass sie einen solchen Einsatz unterstützen würden. Ebenso wie die Bundesregierung führte auch die Opposition zur Begründung ihrer Haltung in erster Linie das Gebot der Bündnissolidarität und deutsche Sicherheitsinteressen an. Stellvertretend für diese Positionierung steht der Redebeitrag des Fraktionsvorsitzenden der CDU/CSU im Deutschen Bundestag, Friedrich Merz, in der Aussprache zur

---

58 Akan Malici, Germans as Venutians: The Culture of German Foreign Policy Behavior, in: Foreign Policy Analysis, 2 (1), 2006, S. 51-53.

59 Der Begriff der außenpolitischen Kultur beschreibt die „Summe der in einer Gesellschaft vorherrschenden Einstellungen und Wertvorstellungen zur Außenpolitik [...]", Hanns W. Maull (2001), Außenpolitische Kultur, in: Karl-Rudolf Korte und Werner Weidenfeld (Hg.): Deutschland Trendbuch. Fakten und Orientierungen, Opladen: Leske+Budrich, S. 647. Die tiefe Skepsis gegenüber dem Einsatz militärischer Gewalt in der internationalen Politik wird traditionell zu den Kernbestandteilen der außenpolitischen Kultur Deutschlands gezählt, vgl. z.B. Reinhard Wesel, Deutschlands ‚außenpolitische Kultur'. Zu Entwicklung und Wandel der Haltung der Deutschen zur internationalen Politik, in: Gotthart Breit (Hrsg.), Politische Kultur in Deutschland. Eine Einführung, Schwalbach/Ts. 2004, S. 58-88.

Vertrauensabstimmung. An den Bundeskanzler gerichtet machte er erneut deutlich,

„dass die Union jeden innenpolitischen Streit zurückzustellen bereit ist, um Ihre Regierung zu stützen und vor allem, um breite parlamentarische Mehrheiten für die von Ihnen völlig zu Recht eingeforderte Solidarität mit Amerika zu ermöglichen. [...] Wir stehen zu der Notwendigkeit, die in dem Beschluss des Bundeskabinetts vom 7. November genannten Teile der Bundeswehr im Kampf gegen den Terrorismus einzusetzen. [...] Die Solidarität mit Amerika und das eigene, nationale Interesse unseres Landes gebieten auch zu unserer eigenen Sicherheit den Einsatz der Streitkräfte."[60]

Der breite parlamentarische Konsens in dieser Frage äußerte sich nicht zuletzt in der Entscheidung des Bundestages zur Beteiligung der Bundeswehr an der ISAF vom 22. Dezember 2001, als dem Antrag der Bundesregierung mit Ausnahme der PDS alle Fraktionen in fast vollständiger Geschlossenheit zustimmten.[61] Dieser Konsens konnte auch deshalb erreicht werden, weil die ISAF – in Abgrenzung zur OEF – weniger in den unmittelbaren Zusammenhang der (militärischen) Terrorismusbekämpfung gestellt, sondern mit der Umsetzung der Petersberger Beschlüsse als Stabilisierungseinsatz begründet werden konnte.

In der breiten Öffentlichkeit haben die Anschläge des 11. September einen einzigartigen Aufmerksamkeitsschub für das Problem des internationalen Terrorismus sowie für die Außen- und Sicherheitspolitik im Allgemeinen bewirkt. So katapultierte 9/11 die Bedrohung durch den internationalen Terrorismus in der öffentlichen Wahrnehmung aus dem Nichts auf die zweite Stelle der politischen Prioritätenliste nach der Arbeitslosigkeit: der Anteil der Befragten, die den Kampf gegen den Terrorismus als vordringliches politisches Problem benannt haben, stieg von 0% im August 2001 auf 24% im Oktober 2001 rapide an.[62] Ein ähnliches Bild ergibt sich aus den Politbarometerdaten, nach denen die Außen- und Sicherheitspolitik im Oktober und November 2001 von mehr als 55% der Deutschen zu den beiden wichtigsten Problemen auf der politischen Agenda gezählt wurde, im Vergleich zu durchschnittlich nur 5,7% in

---

60 Friedrich Merz, 16. November 2001, Deutscher Bundestag, Plenarprotokoll, 14/202, S. 19859. Weder CDU/CSU noch FDP ließen in dieser Aussprache einen Zweifel daran, dass sie die Politik der Bundesregierung in der Sache mittrugen, obwohl sie in der damit verknüpften Vertrauensabstimmung mit ‚Nein' stimmten. Der knappe Ausgang der Abstimmung ist somit keinesfalls als Indiz für einen Dissens zwischen der Regierung und den beiden größten Oppositionsfraktionen zum Einsatz der Bundeswehr in Afghanistan zu interpretieren. Dies hat auch Bundeskanzler Schröder explizit anerkannt, vgl. Gerhard Schröder, 16. November 2001, Deutscher Bundestag, Plenarprotokoll, 14/202, S. 19858.

61 Der Antrag der Bundesregierung wurde mit 538 zu 35 Stimmen bei 8 Enthaltungen angenommen. Die Neinstimmen kamen mit 5 Ausnahmen alle aus den Reihen der PDS, vgl. Deutscher Bundestag, Plenarprotokoll, 14/210, S. 20850-20852.

62 Infratest dimap, Deutschlandtrend, „Welches sind Ihrer Meinung nach die wichtigsten politischen Probleme in Deutschland, die vordringlich gelöst werden müssen?", Oktober 2001, S. 7, http://www.infratest-dimap.de/uploads/media/dt0110.pdf (Zugriff: 2.11.2011).

den zwölf Monaten vor 9/11. Diese Daten deuten für die Monate unmittelbar nach dem 11. September auf ein Allzeithoch in der öffentlichen Salienz von Außen- und Sicherheitspolitik in Deutschland mit noch höheren Werten als zur Zeit des Kosovo- oder Irakkriegs.[63]

Das hohe Problembewusstsein für die Bedrohung durch den internationalen Terrorismus ging in der öffentlichen Meinung in dieser Phase zudem mit einer für deutsche Verhältnisse ungewöhnlich breiten Zustimmung für den Einsatz militärischer Mittel zur Abwehr der terroristischen Bedrohung einher. So hielten es im November 2001 61% der Deutschen für richtig, dass die USA in Afghanistan militärisch gegen die Drahtzieher der Anschläge des 11. Septembers vorgingen;[64] 64% waren im Oktober 2001 sogar dafür, dass Deutschland den Vereinigten Staaten dabei militärischen Beistand leisten sollte.[65] Auch der konkrete Beschluss des Bundestags vom 16. November 2001, im Rahmen der OEF deutsche Streitkräfte bereitzustellen, wurde im Dezember 2001 von 65% der Deutschen befürwortet.[66]

9/11 hat in Deutschland also eine kurze Phase außergewöhnlicher Politik eingeleitet, in der die Bundesregierung die von ihr wahrgenommenen Erwartungen an Deutschland zum wesentlichen Maßstab ihrer Politik gemacht hat und dabei wenig Rücksicht auf innenpolitische Kritik und Vorbehalte nehmen wollte und musste. Der Schock des 11. September hat auf diese Weise eine primär auf deutsche Interessen abstellende Begründung für den Einsatz der Bundeswehr in Afghanistan begünstigt. Angesichts der aus dem Selbstverständnis der Bundesregierung heraus antizipierten Erwartungen insbesondere der USA nach militärischer Unterstützung im Kampf gegen den Terrorismus wurde für die Regierung Schröder insbesondere das deutsche Interesse daran,

63 Politbarometer-Zeitreihe 1996-2008, http://www.gesis.org/wahlen/politbarometer/datenzugang (Zugriff: 2.1.2011); vgl. auch Henrike Viehrig, Militärische Auslandseinsätze. Die Entscheidungen europäischer Staaten zwischen 2000 und 2006, Wiesbaden 2010, S. 128-131.

64 Infratest dimap, Deutschlandtrend, „Nach den Terroranschlägen in New York und Washington gehen die USA gegen die Drahtzieher dieser Terroranschläge und ihre Helfershelfer in Afghanistan militärisch vor. Halten Sie das für richtig oder halten Sie das für falsch?", November 2001, S. 14, http://www.infratest-dimap.de/uploads/media/dt0111.pdf (Zugriff: 2.11.2011).

65 Infratest dimap, Deutschlandtrend, „Die USA haben angekündigt, gegen die Drahtzieher der Terroranschläge und ihre Helfershelfer konsequent vorzugehen. Sollte Deutschland den USA bei der Bekämpfung des Terrorismus militärischen Beistand leisten?", Oktober 2001, S. 3-5, http://www.infratest-dimap.de/uploads/media/dt0111.pdf (Zugriff: 2.11.2011). Die große öffentliche Zustimmung für eine militärische Unterstützung der USA im Kampf gegen den Terrorismus umfasste jedoch nicht die Beteiligung der Bundeswehr an Kampfeinsätzen, die bereits im Oktober 2001 nur von knapp einem Drittel der Deutschen befürwortet wurden.

66 Infratest dimap, Deutschlandtrend, „Die Bundesregierung stellt den USA im Kampf gegen den internationalen Terrorismus 3.900 Bundeswehr-Soldaten zur Verfügung. Dazu gehören unter anderem Transportflugzeuge, Sanitäter und 100 Elite-Soldaten. Befürworten Sie den Einsatz der Bundeswehr oder lehnen Sie ihn ab?", Dezember 2001, S. 14, http://www.infratest-dimap.de/uploads/media/dt0112.pdf (Zugriff: 2.11.2011).

in der Krisensituation nach 9/11 (militärische) Bündnissolidarität zu demonstrieren, zum zentralen Maßstab ihrer Politik. Auf innenpolitischer Ebene wurde diese Konsequenz aus den Anschlägen des 11. September weithin geteilt, und das Engagement der Bundeswehr in Afghanistan wurde in Parlament und Öffentlichkeit von großen Mehrheiten befürwortet. In dieser Konstellation konnte eine Argumentation, die zur Begründung des Einsatzes der Bundeswehr das deutsche Interesse, sich als verlässlicher Bündnispartner zu beweisen, anführte und außerdem genuine Sicherheitsinteressen ins Feld führte, innenpolitisch mit breiter Zustimmung rechnen. 9/11 hat somit als Katalysator einer weiteren Normalisierung deutscher Außenpolitik gewirkt, indem die Anschläge im außenpolitischen Diskurs Deutschlands einen günstigen Resonanzboden für eine interessenbasierte Begründung des Einsatzes militärischer Gewalt zur Bekämpfung des Terrorismus geschaffen haben.

Darüber hinaus hat die Bundesregierung die Konstellation außergewöhnlicher Politik nach 9/11 auch aktiv als Gelegenheit genutzt, um offen eine neue Rollenkonzeption für deutsche Außenpolitik als ‚normaler Alliierter' zu reklamieren. Insbesondere hat sie den militärischen Beitrag Deutschlands bei der Bekämpfung des Terrorismus als Beleg dafür in Szene gesetzt, dass deutsche Außenpolitik in ihrem veränderten Selbstverständnis bereit und in der Lage sei, den gestiegenen Erwartungen ihrer internationalen Partner zu entsprechen:

„Die Bereitschaft, auch militärisch für Sicherheit zu sorgen, ist ein wichtiges Bekenntnis zu Deutschlands Allianzen und Partnerschaften. Aber nicht nur das: Die Bereitschaft, unserer größer gewordenen Verantwortung für die internationale Sicherheit gerecht zu werden, bedeutet auch ein weiter entwickeltes Selbstverständnis deutscher Außenpolitik. International Verantwortung zu übernehmen und dabei jedes unmittelbare Risiko zu vermeiden kann und darf nicht die Leitlinie deutscher Außen- und Sicherheitspolitik sein."[67]

Der Einsatz der Bundeswehr in Afghanistan war somit auch ein Signal der erweiterten Handlungsfähigkeit Deutschlands in der Weltpolitik und diente der Bundesregierung zur Demonstration eines normalisierten Selbstverständnisses deutscher Außenpolitik. Den Beweis ihrer Bündnistreue gegenüber den Verbündeten in der Krisensituation nach 9/11 hat die deutsche Außenpolitik in der Folge zur Legitimation ihres Anspruchs ins Feld geführt, nicht nur mit Blick auf Deutschlands Pflichten im Bündnis, sondern auch hinsichtlich seiner Rechte als normaler Alliierter akzeptiert zu werden. Dazu gehört seither insbesondere die Erwartung, von Fall zu Fall nach eigenen Interessen entscheiden zu können, ob und wie Deutschland sich an militärischen Missionen seiner Bündnispartner beteiligt.

---

67 Gerhard Schröder, 11. Oktober 2001, Regierungserklärung zur aktuellen Lage nach Beginn der Operation gegen den internationalen Terrorismus in Afghanistan, Deutscher Bundestag, Plenarprotokoll, 14/192, S. 18683.

So hat die Regierung Schröder ihre Solidarität mit den USA im Kampf gegen den Terrorismus insbesondere in der Auseinandersetzung über den Irakkrieg 2003 als wichtigen Baustein ihrer Rechtfertigung dafür herangezogen, den Erwartungen der USA nach politischer und militärischer Unterstützung in diesem Fall nicht zu entsprechen. Gerade weil Deutschland die Bereitschaft und Fähigkeit, seinen Pflichten als Bündnispartner nachzukommen, nach dem 11. September unzweifelhaft unter Beweis gestellt habe, könne sich deutsche Außenpolitik das Recht herausnehmen, eine Beteiligung am Irakkrieg entgegen den Wünschen der USA abzulehnen, ohne dass damit die Verlässlichkeit Deutschlands als Bündnispartner in Frage zu stellen sei:[68]

„Deutschland steht zu seinen Bündnispflichten in der NATO. Wenn ein Partner angegriffen wird, dann werden wir ihn verteidigen. Das haben wir bewiesen – nicht erst, aber vor allem – als es um die Zustimmung zur Operation Enduring Freedom ging, und das haben wir bewiesen, als wir diese Operation verlängert haben. Das wird so bleiben. [...] Wenige NATO-Mitglieder leisten, was wir leisten. Das darf nicht vergessen werden! [...] Die Bundesrepublik – auch das gilt es in aller Welt klar zu machen – hat in einem Maße internationale Verantwortung übernommen, wie es vor einigen Jahren kaum vorstellbar gewesen wäre: Verantwortung auf dem Balkan, vor allen Dingen aber auch Verantwortung nach den verheerenden Terroranschlägen des 11. September 2001 in New York und Washington. [...] Niemand in Deutschland muss sich angesichts dieser enormen Leistungen verstecken und niemand muss sein Licht unter den Scheffel stellen."[69]

Eine vergleichbare Dynamik ist für die Entscheidung der von Angela Merkel geführten Bundesregierung im März 2011 zu konstatieren, sich nicht an der NATO-Mission *Unified Protector* in Libyen zu beteiligen. Ähnlich wie die Regierung Schröder im Falle des Irakkriegs 2003 hat auch die Regierung Merkel dem deutschen Interesse, in Libyen Bündnissolidarität mit den NATO-Partnern zu üben, in der Abwägung unterschiedlicher Gesichtspunkte eine untergeordnete Bedeutung beigemessen. Trotz des massiven Drucks der westlichen Verbündeten hat die Regierung somit eine Teilnahme Deutschlands an dem Militäreinsatz abgelehnt.[70] Zur Begründung dieser Entscheidung verwies Verteidigungsminister Thomas de Maizière beispielsweise im ZDF heute journal explizit auf das Interessenkalkül der Bundesregierung und demonstrierte damit einmal mehr das veränderte Selbstverständnis deutscher Außenpolitik:

68 Vgl. Forsberg, German Foreign Policy, S. 224-225.
69 Gerhard Schröder, 13. Februar 2003, Unsere Verantwortung für den Frieden, Regierungserklärung zur aktuellen internationalen Lage, Deutscher Bundestag, Plenarprotokoll, 15/25, S. 1874-1875.
70 Gunther Hellmann, Berlins Große Politik im Fall Libyen, in: Welttrends, 80, 2011, S. 19-22.

„Die Völkergemeinschaft sagt, [in Libyen] darf eingegriffen werden. Und wir nehmen uns das Recht im deutschen Interesse zu sagen, wir sind diesmal nicht dabei. [...] Wir sind von dieser militärischen Aktion nicht überzeugt."[71]

Gleichwohl hielt es auch die Regierung Merkel für geboten, ihre Entscheidung gegen die Erwartungen ihrer Bündnispartner in den breiteren Kontext der von der Bundeswehr in Afghanistan geleisteten Bündnissolidarität zu stellen. So entschied der Bundestag auf Antrag der Bundesregierung am 25. März 2011, bis zu 300 zusätzliche Soldaten für AWACS Aufklärungsflüge über Afghanistan bereitzustellen,[72] um Deutschlands in Libyen engagierte NATO-Partner zu entlasten und um – so de Maizière – „ein politisches Zeichen unserer Bündnissolidarität"[73] zu senden. Den bündnispolitischen Zusammenhang zwischen der Nichtteilnahme Deutschlands an der NATO-Mission in Libyen und der Ausweitung des deutschen Engagements in Afghanistan betonte auch Außenminister Guido Westerwelle in der Bundestagsdebatte vom 25. März 2011:

„Die [AWACS-]Entscheidung ist in der Sache richtig; sie ist aber auch unter Bündnisgesichtspunkten richtig. Beides kommt zusammen. [...] Wir beteiligen uns nicht mit Soldaten an einem Kampfeinsatz in Libyen. Das heißt aber nicht, dass wir unsere Verbündeten in Libyen in Gefahr bringen. Wir wollen natürlich nicht zum Ausdruck bringen, wir seien neutral. Wir werden sie entlasten, auch wenn wir selber keine deutschen Kampfhandlungen in Libyen vornehmen werden. Das ist Bündnispolitik der Vernunft."[74]

Die Politik der Bundesregierung in der Libyenkrise sowie ihre Begründung für diese Politik sind insoweit ein weiteres Indiz für den fortschreitenden Prozess der Normalisierung der deutschen Außenpolitik. Sowohl beim Irakkrieg 2003 als auch bei der Libyenintervention der NATO 2011 hat der Nachweis deutscher Bündnissolidarität in Afghanistan – wenn auch in sehr unterschiedlicher Art und Weise – dazu beigetragen, es den Regierungen Schröder und Merkel zu ermöglichen, sich unter Verweis auf deutsche Interessen gegen eine Beteiligung der Bundeswehr an den Militäreinsätzen ihrer Verbündeten zu entscheiden und die bündnispolitischen Konsequenzen dieser Entscheidungen etwas abzumildern.

Im Ergebnis wirkte 9/11 also in doppelter Weise als Katalysator der Normalisierung deutscher Außenpolitik. Erstens zog der Schock des 11. September eine Phase der außergewöhnlichen Politik nach sich, die eine interessenbasierte Begründung für den Einsatz der Bundeswehr in Afghanistan ermög-

---

71 Thomas de Maizière, 18. März 2011, zitiert in: Handelsblatt, Statt in Libyen fliegt Deutschland in Afghanistan, http://www.handelsblatt.com/politik/deutschland/statt-in-libyen-fliegt-deutschland-in-afghanistan/3966958.html?p3966958=all (Zugriff: 3.11.2011).

72 Deutscher Bundestag, 25. März 2011, Plenarprotokoll, 17/100, S. 11477-11492. Noch im Herbst 2010 hatte die Bundesregierung einen entsprechenden Vorstoß der NATO abgelehnt.

73 Thomas de Maizière, 23. März 2011, Deutscher Bundestag, Plenarprotokoll, 17/98, S. 11182.

74 Guido Westerwelle, 25. März 2011, Deutscher Bundestag, Plenarprotokoll, 17/100, S. 11485.

lichte. Zweitens trug die im Kampf gegen den Terrorismus bewiesene Bündnissolidarität zur allianzpolitischen Legitimation der Weigerung Deutschlands
dazu bei, den Krieg gegen den Irak und die Mission der NATO in Libyen militärisch zu unterstützen. Beides markiert eine neue Stufe im Prozess der Normalisierung deutscher Außenpolitik, die maßgeblich von 9/11 angestoßen
wurde. Der nachfolgende Abschnitt wird argumentieren, dass die deutsche Afghanistanpolitik diese neue Stufe des Normalisierungsprozesses auch länger-
fristig eher verfestigt als in Frage gestellt hat.

4 Die Rückkehr der Innenpolitik und der Einsatz der Bundeswehr in Afghanistan

Die Phase der außergewöhnlichen Politik nach 9/11 war nicht von langer
Dauer. Je weiter die Anschläge zurücklagen, je länger der Einsatz der Bundeswehr im Rahmen der ISAF andauerte und je weniger sich die zunächst sehr
optimistischen Einschätzungen der Erfolgsaussichten des Einsatzes bestätigten, desto weniger blieb von der besonderen Konstellation, in der die Grundentscheidungen für das deutsche militärische Engagement in Afghanistan getroffen wurden. In dem Maße, wie der Imperativ der Bündnissolidarität mit
den USA nach der unmittelbaren Krisensituationen des 11. September im außenpolitischen Diskurs Deutschlands an Prägekraft verlor, kehrte auch die Innenpolitik in die deutsche Afghanistanpolitik zurück. Vor allem mit Blick auf
die öffentliche Meinung, in Ansätzen aber auch hinsichtlich der parteipoliti-
schen Kontroverse, ist das innenpolitische Umfeld, in dem die Bundesregierung das deutsche Engagement in Afghanistan seither rechtfertigen muss, deutlich schwieriger geworden.

In der öffentlichen Meinung ist die anfängliche Unterstützung für den Afghanistaneinsatz mittlerweile breiter Skepsis und Ablehnung gewichen. Ohne
diesen Trend im Detail nachzeichnen zu wollen, zeigen die Daten, dass sich
seit 2007 fast durchgängig etwa zwei Drittel der Deutschen für einen möglichst
schnellen Abzug der Bundeswehr aussprechen.[75] So war im September 2011
eine Mehrheit von 66% der Meinung, dass die deutschen Soldaten sofort ab-
gezogen werden sollten.[76] Für 81% der Befragten war es im Januar 2011 eine

---

75 Infratest dimap, Deutschlandtrend, „Sollte die Bundeswehr Ihrer Meinung nach weiterhin in
    Afghanistan stationiert bleiben oder sollte sie sich möglichst schnell aus Afghanistan
    zurückziehen?", Mai 2010, S. 19, http://www.infratest-dimap.de/uploads/media/dt1005_
    bericht.pdf (Zugriff: 4.11.2011).
76 Infratest dimap, Afghanistan-Einsatz der Bundeswehr: Mehrheit für sofortigen Abzug
    der deutschen Soldaten, http://www.infratest-dimap.de/umfragen-analysen/bundesweit/
    umfragen/aktuell/afghanistan-einsatz-der-bundeswehr-mehrheit-fuer-sofortigen-abzug-der-
    deutschen-soldaten (Zugriff: 4.11.2011).

wichtige oder sehr wichtige Aufgabe der Politik, mit diesem Abzug zu beginnen.[77] Lediglich eine Minderheit von 15% der Befragten war im Mai 2010 der Auffassung, der Bundeswehreinsatz in Afghanistan diene der Sicherheit Deutschlands.[78] Dies korrespondiert nicht zuletzt mit der abnehmenden öffentlichen Wahrnehmung des internationalen Terrorismus als Sicherheitsproblem: Im September 2010 gaben nur noch 12% der Deutschen an, sie fühlten sich stark oder sehr stark durch Terroranschläge bedroht.[79]

Darüber hinaus war auch eine zunehmende Politisierung des Afghanistaneinsatzes der Bundeswehr zwischen Regierung und Opposition festzustellen. Insbesondere deutete die bei den sukzessiven ISAF-Mandatsverlängerungen im Bundestag deutlich gestiegene Zahl an ablehnenden Voten auf eine schleichende Erosion des zwischenparteilichen Konsenses zu Afghanistan, der unmittelbar nach 9/11 mit Ausnahme der Linkspartei alle im Bundestag vertretenen Fraktionen einschloss. So stimmten im Januar 2011 immerhin 116 Abgeordnete gegen die bereits elfte Verlängerung des Mandats, 44 davon aus den Reihen von SPD und Bündnis 90/Die Grünen.[80] Das Zehn-Punkte-Papier des damaligen SPD-Kanzlerkandidaten Frank-Walter Steinmeier unmittelbar vor den Bundestagswahlen 2009, das – im Gegensatz zur damaligen Linie der Großen Koalition – einen „genauen Fahrplan" für die Beendigung des militärischen Engagements der Bundeswehr in Afghanistan forderte, ist ein weiteres Indiz dafür, dass die SPD verstärkt bereit war, dieses Thema in die parteipolitische Auseinandersetzung zu ziehen.[81] Dass dies erst recht aus ihrer Rolle als stärkste Oppositionsfraktion heraus galt, zeigte der Abschlussbericht der SPD-Bundestagsfraktion zum Kunduz-Untersuchungsausschuss, mit dem sich die SPD explizit gegen die Bewertung der Ausschussmehrheit von CDU/CSU und

77 Infratest dimap, Deutschlandtrend, „Was sind Ihrer Meinung nach die wichtigsten Probleme und Aufgaben, um die sich die Parteien im Jahr 2011 kümmern sollten? Ist es sehr wichtig, wichtig oder nicht so wichtig,…?", Januar 2011, S. 12, http://www.infratest-dimap.de/uploads/media/dt1101_bericht.pdf (Zugriff: 4.11.2011).

78 „Man hört ja manchmal, dass die Sicherheit Deutschlands auch am Hindukusch, also in Afghanistan, verteidigt wird. Glauben Sie, der Einsatz der Bundeswehr in Afghanistan trägt zur Sicherheit Deutschlands bei, oder glauben Sie das nicht, wird Deutschland dadurch nicht sicherer?", Thomas Petersen (2010), Wird Deutschland am Hindukusch verteidigt?, Frankfurter Allgemeine Zeitung, 26. Mai 2010, S. 5.

79 Thomas Bulmahn, Bedrohungswahrnehmung und Sicherheitsgefühl, in: Sozialwissenschaftliches Institut der Bundeswehr (Hrsg.), Sicherheits- und verteidigungspolitisches Meinungsklima in der Bundesrepublik Deutschland. Ergebnisse der Bevölkerungsbefragung 2010, Forschungsbericht 94, 2011, S. 92.

80 Deutscher Bundestag, 28. Januar 2011, Plenarprotokoll, 17/88, S. 9902-9905. Bei Bündnis 90/Die Grünen wurde der deutsche Beitrag zur ISAF zu diesem Zeitpunkt nur noch von einer kleinen Minderheit der Abgeordneten unterstützt: Den neun Jastimmen aus den Reihen der Grünen standen bei der Mandatsverlängerung im Jahr 2011 22 Neinstimmen und 34 Enthaltungen gegenüber.

81 Frank-Walter Steinmeier, 10 Schritte für Afghanistan, 2009, http://www.spdfraktion.de/rs_datei/0,,12598,00.pdf (Zugriff: 4.11.2011). Vgl. William E. Paterson, Foreign Policy in the Grand Coalition, in: German Politics, 19 (3-4), 2010, S. 506.

FDP stellte und scharfe Kritik am Krisenmanagement der Regierung Merkel übte.[82] Angesichts der großen öffentlichen Skepsis gegenüber dem Afghanistaneinsatz der Bundeswehr blieb es eine ständige Verlockung der Opposition, das Thema weiter zu politisieren und zu einem vorrangigen Schauplatz ihrer politischen Angriffe auf die Koalition zu machen.

Mit der Rückkehr der Innenpolitik in die deutsche Afghanistanpolitik stand die Bundesregierung vor der immer schwierigeren Herausforderung, einen Ausgleich zu finden zwischen den Erwartungen der Bündnispartner, dass Deutschland sein Engagement in Afghanistan fortsetzt und ausbaut, sowie der zunehmenden innenpolitischen Kontroverse über dieses Engagement. Dabei können idealtypisch vier – sich zum Teil überschneidende – Politikmuster herausgearbeitet werden, mit denen die deutsche Außenpolitik versucht hat, einen offenen Konflikt zwischen internationalen und innenpolitischen Anforderungen zu vermeiden.[83] Im Kern waren diese Politikmuster darauf ausgerichtet, genügend innenpolitischen Handlungsspielraum dafür zu wahren, den internationalen Erwartungen an Deutschland in Afghanistan so weit wie möglich zu entsprechen. Zu diesem Zweck knüpften drei Politikmuster an die hergebrachte Rolle Deutschlands als Zivilmacht an und sind insoweit Ausdruck innenpolitischer Widerstände gegen die Normalisierung deutscher Außenpolitik: Diese Muster können benannt werden als Politik der Kompensation, der Internationalisierung des deutschen Beitrags im Kampf gegen den Terrorismus sowie der Abwehr internationaler, auf das Militärische bezogener Erwartungen. Diese drei Muster dienten jedoch vor allem dazu, das letztendlich dominante Muster der deutschen Afghanistanpolitik, die sukzessive Eskalation des Einsatzes der Bundeswehr in Afghanistan, zu flankieren und innenpolitisch abzusichern. Auch unter erschwerten innenpolitischen Bedingungen hat das Engagement Deutschlands im Kampf gegen den internationalen Terrorismus damit zum Prozess der Normalisierung der deutschen Außenpolitik mit Blick auf den Einsatz militärischer Mittel beigetragen.

Die Politik der Kompensation beschreibt dabei erstens eine Politik, welche die nicht-militärischen Beiträge Deutschlands im Antiterrorkampf betont und stärkt, um die von den Verbündeten als solche benannten Defizite im militärischen Engagement der Bundeswehr auszugleichen. Nach außen unterstreicht diese Politik, dass Deutschland ein wertvoller Bündnispartner ist, selbst wenn es militärisch nicht allen internationalen Forderungen gerecht werden kann. Nach innen signalisiert sie, dass die Bundesregierung den Kampf gegen den Terrorismus nicht ausschließlich oder in erster Linie als militärische Aufgabe

---

82 SPD Bundestagsfraktion, Bewertung des Luftangriffs von Kunduz, 11. August 2011, http://www.spdfraktion.de/cnt/rs/rs_dok/0,,57860,00.html (Zugriff: 4.11.2011).

83 Diese Muster haben ihren Ursprung teilweise bereits während der Phase der außergewöhnlichen Politik unmittelbar nach 9/11. Sie rückten jedoch erst im weiteren Verlauf des Einsatzes der Bundeswehr in Afghanistan und unter den veränderten innenpolitischen Rahmenbedingungen in den Vordergrund.

wahrnimmt und kommt damit den traditionellen Vorbehalten in der außenpolitischen Kultur Deutschlands gegen den Einsatz militärischer Gewalt entgegen.

Das beste Beispiel für diese Politik der Kompensation ist die führende Rolle, die Deutschland bei der Ausbildung und Ausstattung der afghanischen Sicherheitskräfte übernommen hat.[84] Der herausgehobene Stellenwert, der dem zivilen Beitrag Deutschlands in diesem Bereich aus Sicht der Bundesregierung beizumessen ist, zeigte sich nicht zuletzt im neuen Afghanistankonzept der Regierung Merkel vom Januar 2010, das an erster und zweiter Stelle eine weitere Verstärkung der deutschen Bemühungen bei der Ausbildung der afghanischen Armee und Polizei vorsah. Bei der Vorstellung des Konzepts vor dem Deutschen Bundestag stellte Angela Merkel zugleich die besonderen Leistungen heraus, die Deutschland auf diesem Feld bereits in der Vergangenheit beigesteuert hat: „Dieser Beitrag Deutschlands" – so Merkel – „kann sich wirklich sehen lassen. Er ist in seiner Bedeutung gar nicht hoch genug einzuschätzen."[85] Ein ähnliches Beispiel für Kompensationsbemühungen bietet die ebenfalls im Afghanistankonzept der Regierung Merkel ausgerufene „Entwicklungsoffensive",[86] die bis 2013 jährlich fast eine Verdopplung der deutschen finanziellen Unterstützung des zivilen Wiederaufbaus Afghanistans vorsah und insofern der viel gescholtenen Scheckbuchdiplomatie der ‚alten' Bundesrepublik nicht unähnlich war. Als weiteres Beispiel kann schließlich das prominente diplomatische Profil angeführt werden, das Deutschland insbesondere als Gastgeber der Petersberg-Konferenzen bei den politischen Bemühungen zur Stabilisierung Afghanistans gewonnen hat.[87]

Dem Anliegen der Bundesregierung, die zivilen Aspekte des deutschen Engagements in Afghanistan gegenüber seinen militärischen Komponenten in den Vordergrund zu stellen, diente zudem das Konzept der vernetzten Sicherheit.[88] Das Konzept beschreibt ein zivil-militärisches Zusammenwirken in der Sicherheitspolitik und betont insbesondere nach deutscher Lesart die zivile Dimension der Konfliktbearbeitung.[89] Ein solches Verständnis vernetzter Sicherheit und die Erfahrung der deutschen Außen- und Sicherheitspolitik mit dem

---

84 Stefan Fröhlich, Deutschlands Rolle in der EU und NATO beim Konfliktmanagement in Afghanistan, in: Klaus Brummer und Stefan Fröhlich (Hrsg.), 10 Jahre Deutschland in Afghanistan, Wiesbaden: VS Verlag für Sozialwissenschaft, 2011, S. 31-43.

85 Angela Merkel, Regierungserklärung zur internationalen Afghanistan-Konferenz am 28. Januar 2010 in London, 27. Januar 2010, Deutscher Bundestag, Plenarprotokoll, 17/18, S. 1522.

86 Angela Merkel, Regierungserklärung zur internationalen Afghanistan-Konferenz am 28. Januar 2010 in London, 27. Januar 2010, Deutscher Bundestag, Plenarprotokoll, 17/18, S. 1522.

87 Vgl. Deutsche Bundesregierung, Das Afghanistan-Konzept der Bundesregierung, 2003, http://www.spdfraktion.de/rs_datei/0,,2635,00.pdf (Zugriff: 8.11.2011).

88 Vgl. Bundesministerium der Verteidigung, Weißbuch 2006 zur Sicherheitspolitik Deutschlands, S. 24-25.

89 Hans-Georg Ehrhart, Zivil-militärisches Zusammenwirken und vernetzte Sicherheit als Herausforderung deutscher Sicherheitspolitik: Der Fall Afghanistan, in: Klaus Brummer und Stefan Fröhlich (Hrsg.), 10 Jahre Deutschland in Afghanistan, Wiesbaden 2011, S. 65-85.

Ansatz wurden von der Bundesregierung nach außen offensiv als konzeptioneller Beitrag Deutschlands zum Antiterrorkampf gepriesen. Innenpolitisch diente der Verweis auf das Konzept dazu, Unterstützung für das im Vergleich zu den transatlantischen Bündnispartnern vermeintlich ‚zivilere' Vorgehen der Bundesregierung im Kampf gegen den Terrorismus zu sichern und vom militärischen Einsatz der Bundeswehr abzulenken.[90] Diesem innenpolitischen Kalkül entsprach auch das Beharren der Bundesregierung auf einer strikten Trennung zwischen der OEF als ein von den USA geführter Kampfeinsatz und der ISAF als Stabilisierungseinsatz der NATO. So argumentierte zum Beispiel Bundeskanzler Schröder vor dem Deutschen Bundestag:

„Kann man die Aufgaben und die Führung der Friedenstruppe von den gebotenen weitergehenden Kriegshandlungen in Afghanistan trennen? Es gibt zwei Kommandostränge: einen, der nach wie vor die vorwiegend amerikanischen Einsätze organisiert und befehligt [...] und einen anderen, davon unabhängigen, der sich auf die Friedenstruppe uns ihre Aufgaben bezieht. Es gibt eine klare Trennung zwischen beiden, was in diesem Haus quer durch alle Parteien immer wieder gefordert worden ist. Das ist also erreicht worden."[91]

Obwohl immer deutlicher wurde, dass diese Abgrenzung in der Praxis weit weniger trennscharf war als von der Bundesregierung suggeriert, nährte sie lange Zeit doch die Illusion, die Bundeswehr sei angesichts des von Anfang an vergleichsweise geringen und mittlerweile vollständig beendeten Beitrags Deutschlands zur OEF in Afghanistan nicht in Kampfhandlungen verwickelt, sondern lediglich mit Wiederaufbaumaßnahmen befasst.[92]

Das zweite Politikmuster, mit dem die Bundesregierung innenpolitischen Vorbehalten gegen die deutsche Beteiligung am Kampf gegen den Terrorismus vorzubeugen versucht hat, kann als Politik der Internationalisierung beschrieben werden. Dieses Muster steht für die enge Einbindung des deutschen Beitrags zur Bekämpfung des internationalen Terrorismus in multilaterale Handlungszusammenhänge und für die innenpolitische Legitimation dieses Beitrags durch den Verweis auf derartige Zusammenhänge. Insbesondere hat die Bundesregierung ihr Engagement in Afghanistan argumentativ an die Konzepte des Multilateralismus und des internationalen Rechts angeschlossen, die im deutschen außenpolitischen Diskurs aus dem traditionellen Rollenverständnis Deutschlands als Zivilmacht heraus positiv besetzt sind und die daher als Le-

90 Franz-Josef Meiers, Der wehrverfassungsrechtliche Parlamentsvorbehalt und die Verteidigung der Sicherheit Deutschlands am Hindukusch, 2001-2011, in: Klaus Brummer und Stefan Fröhlich (Hrsg.), 10 Jahre Deutschland in Afghanistan, Wiesbaden 2011, S. 93-99; Timo Noetzel, The German Politics of War: Kunduz and the War in Afghanistan, in: International Affairs, 87 (2), 2011, S. 401-404.
91 Gerhard Schröder, 22. Dezember 2001, Deutscher Bundestag, Plenarprotokoll, 14/210, S. 20823.
92 Knelangen, Bekämpfung des Terrorismus, S. 208-212.

gitimationsressource für die Normalisierung der deutschen Außenpolitik dienen können. Damit hat die Bundesregierung internationale Foren zur Kooperation in der Antiterrorpolitik in geradezu klassischer Manier[93] genutzt, um innenpolitische Handlungsspielräume für diese Politik zu gewinnen.

Das Bemühen der Bundesregierung um die Internationalisierung ihrer Politik der Terrorismusbekämpfung ist besonders mit Blick auf die Vereinten Nationen (VN) und die Europäische Union (EU) festzustellen. Zum einen hat die deutsche Politik stets auf eine zentrale Rolle der VN im Kampf gegen den internationalen Terrorismus gedrungen und diese Rolle der VN umgekehrt zur Rechtfertigung der deutschen Beteiligung bei der Bekämpfung des Terrorismus ins Feld geführt. Dies gilt sowohl für die VN-Mandatierung der ISAF als auch für die deutschen Beiträge im Rahmen der Unterstützungsmission der Vereinten Nationen in Afghanistan (UNAMA), nicht zuletzt beim Aufbau afghanischer Polizeikräfte.[94] Zum anderen war Deutschland eine treibende Kraft hinter der Europäisierung der Antiterrorpolitik innerhalb der polizeilichen und justiziellen Zusammenarbeit der EU in Strafsachen. Dies knüpfte an die deutsche Haltung vor 9/11 an und steht für ein erfolgreiches *uploading* deutscher Präferenzen für eine multilaterale, nicht-militärische Dimension der Terrorismusbekämpfung auf die europäische Ebene.[95] Im diesem Bereich hat der 11. September 2001 somit auch die weitere Europäisierung der deutschen Außenpolitik befördert.

Drittens hat die Bundesregierung versucht, bestimmte Erwartungen ihrer Bündnispartner an den militärischen Beitrag Deutschlands in Afghanistan zu dämpfen oder abzuwehren. Dieses Muster kam gerade bei solchen Erwartungen zum Tragen, die innenpolitisch besonders großen Konfliktstoff bargen. Herausragende Beispiele sind erstens die nachdrückliche Forderung der USA in einem Schreiben des damaligen Verteidigungsministers Robert Gates Anfang 2008, die Bundeswehr auch für Kampfeinsätze im Süden Afghanistans bereit zu stellen, die von der Regierung Merkel abgewiesen wurde;[96] und zweitens der Druck der Bündnispartner, die besonderen Einsatzvorbehalte der Bundeswehr in Afghanistan aufzuheben, dem sich die Bundesregierung zunächst

---

93 Vgl. Andrew Moravcsik, Introduction. Integrating International and Domestic Theories of International Bargaining, in: Peter B. Evans, Harold K. Jacobson und Robert D. Putnam (Hrsg.), Double-Edged Diplomacy. International Bargaining and Domestic Politics, Berkeley, CA 1993, S. 3-42.

94 Victor Mauer, Politics and the Threat of Transnational Terrorism in Germany, in: Franz Eder und Martin Senn (Hrsg.), Europe and Transnational Terrorism. Assessing Threats and Countermeasures, Baden-Baden 2009, S. 93-95; Fröhlich, Konfliktmanagement in Afghanistan, S. 38-41.

95 Mauer, Transnational Terrorism in Germany, S. 95-96; Knelangen, Bekämpfung des Terrorismus, S. 206-207; Peter J. Katzenstein, Same War – Different Views: Germany, Japan, and Counterterrorism, in: International Organization, 57 (4), 2003, S. 740-743.

96 Stefan Kornelius, „USA fordern Kampfeinsatz der Bundeswehr", Süddeutsche Zeitung, 1. Februar 2008, S. 1; Martin Winter und Stefan Kornelius, „Kampf um die Kampftruppen", Süddeutsche Zeitung, 2./3. Februar 2008, S. 2.

ebenfalls offen widersetzte, bevor sie schließlich doch eine Lockerung der Einsatzregeln der deutschen Streitkräfte beschloss.[97] Zur Begründung ihrer abwehrenden Haltung hat die Bundesregierung dabei einerseits explizit innenpolitische Zwänge angeführt und andererseits ganz im Sinne ihrer Politik der Kompensation argumentiert, dass Deutschland mit seinem militärischen und zivilen Engagement in Afghanistan bereits einen großen Beitrag zur Bekämpfung des Terrorismus leiste.[98] In der Regel hat diese Politik der Abwehr internationaler Erwartungen allerdings nur eine aufschiebende oder abmildernde Wirkung entfaltet und war gegenüber dem Anspruch der Bundesregierung, die an sie gerichteten internationalen Erwartungen möglichst zu erfüllen, nachgeordnet.

Somit stehen die Politik der Kompensation, der Internationalisierung und der Abwehr internationaler Erwartungen in unterschiedlicher Weise für den Versuch der Bundesregierung, innenpolitischen Vorbehalten gegen den Einsatz der Bundeswehr in Afghanistan Rechnung zu tragen und diesen vorzubeugen, ohne die in der Phase der außergewöhnlichen Politik beschlossene Politik der Bündnissolidarität im Grundsatz zu gefährden. Angesichts der Rückkehr der Innenpolitik in die deutsche Politik im Kampf gegen den Terrorismus bemühen diese drei Muster somit das Handlungsrepertoire der ‚alten' deutschen Außenpolitik, um das wieder erstarkte Unbehagen gegenüber der Normalisierung des Einsatzes militärischer Gewalt im Namen deutscher Bündnis- und Sicherheitsinteressen nach 9/11 zu zerstreuen.

In erster Linie hat die Bundesregierung dadurch jedoch eine Politik der sukzessiven Eskalation des militärischen Engagements Deutschlands in Afghanistan begleitet und innenpolitisch zu legitimieren geholfen, die letztendlich das klar dominierende Muster der deutschen Afghanistanpolitik war. Diese Eskalation war getrieben durch eine sich stetig verschlechternde Sicherheitslage in Afghanistan und die anhaltenden Vorwürfe der USA und anderer Verbündeter, Deutschland trage keinen angemessenen Teil der militärischen Lasten und Risiken bei der Bekämpfung des Terrorismus.[99] Angesichts dieses doppelten externen Drucks sah sich die deutsche Außenpolitik regelmäßig veranlasst, nach und nach eine Ausweitung des Einsatzes der Bundeswehr in Afghanistan zu beschließen und ihre Rolle an die steigenden und immer mehr auf das Militärische gerichteten Erwartungen vor allem der USA anzupassen. Nur so schien die Bundesregierung ihren unveränderten Anspruch aufrechterhalten zu können, trotz aller Kritik als verlässlicher Bündnispartner in Afghansitan

---

97 Meiers, Der wehrverfassungsrechtliche Parlamentsvorbehalt, S. 99-103; Noetzel, German Politics of War, S. 404-406.
98 Vgl. Meiers, Der wehrverfassungsrechtliche Parlamentsvorbehalt, S. 100.
99 Vgl. Alexander Höse, Sea Change? Die deutsch-amerikanischen Beziehungen in der Ära Bush, in: Söhnke Schreyer und Jürgen Wilzewski (Hrsg.), Weltmacht in der Krise. Die USA am Ende der Ära George W. Bush, Trier 2010, S. 222-228.

und im Kampf gegen den Terrorismus wahrgenommen zu werden und dem veränderten Selbstverständnis der deutschen Außenpolitik zu entsprechen. Die qualitative und quantitative Ausweitung des deutschen militärischen Engagements in Afghanistan seit 9/11 zeigt sich in den insgesamt vierzehn Verlängerungen des ISAF-Mandats im Deutschen Bundestag: In mehreren Schritten wurde darin unter anderem die Aufstockung des deutschen ISAF-Kontingents von ursprünglich 1200 auf 5350 Soldaten, die Ausweitung des Einsatzgebietes der Bundeswehr sowie die Übernahme von Führungsverantwortung Deutschlands in unterschiedlichen Kontexten beschlossen.[100] Die offensiveren Einsatzregeln der Bundeswehr und die Zahl von 54 in Afghanistan ums Leben gekommenen deutschen Soldaten[101] zeugen ebenfalls von der gestiegenen Intensität des Afghanistaneinsatzes. Schließlich spiegelt sich diese Entwicklung in einer Verschiebung des außenpolitischen Diskurses in Deutschland, in den vermehrt ein militärisches Vokabular Einzug gehalten hat.[102] So spricht die Bundesregierung seit 2008 offiziell von in Afghanistan „gefallenen" Soldaten und nähert sich in ihrem Sprachgebrauch zur Beschreibung des Einsatzes der Bundeswehr – auf wachsenden öffentlichen Druck hin – immer mehr dem Kriegsbegriff an: „Dass die meisten Soldatinnen und Soldaten das, was sie in Afghanistan täglich erleben, Bürgerkrieg oder einfach nur Krieg nennen, das verstehe ich gut."[103]

Die Militarisierung des außenpolitischen Diskurses im Zuge des Afghanistaneinsatzes markiert nicht zuletzt eine signifikante Veränderung der Standards der Angemessenheit in diesem Diskurs, die den Boden für zukünftige Begründungen des Einsatzes militärischer Mittel als Instrument der deutschen Außenpolitik bereitet.[104] Darüber hinaus ist der Kampf gegen den Terrorismus zum Ausgangspunkt einer Diskussion geworden, die bislang bestehende Standards der Angemessenheit gerade mit Blick auf die Strukturen der deutschen Sicherheitspolitik in Frage stellt. Ein besonders prägnantes Beispiel hierfür ist ein Papier der CDU/CSU-Bundestagsfraktion vom 6. Mai 2008, das den transnationalen Terrorismus als „größte Gefahr für die Sicherheit" Deutschlands ausmacht und zur Bekämpfung dieser Gefahr unter anderem den Einsatz der Bundeswehr im Innern, einen Nationalen Sicherheitsrat sowie einen vernetzten

---

100 Vgl. Brummer und Fröhlich, Zehn Jahre Deutschland in Afghanistan, S. 3-30.
101 Vgl. http://www.icasualties.org/OEF/Nationality.aspx?hndQry=Germany (Zugriff: 31. März 2015).
102 Daniel Jacobi, Gunther Hellmann und Sebastian Nieke, Deutschlands Verteidigung am Hindukusch. Ein Fall misslingender Sicherheitskommunikation, in: Klaus Brummer und Stefan Fröhlich (Hrsg.), 10 Jahre Deutschland in Afghanistan, Wiesbaden 2011, S. 181-185.
103 Angela Merkel, Regierungserklärung zum Einsatz der Bundeswehr in Afghanistan, 22. April 2010, Deutscher Bundestag, Plenarprotokoll, 17/37, S. 3476.
104 Zu den veränderten Standards der Angemessenheit in der deutschen Außenpolitik vgl. Gunther Hellmann, Das neue Selbstvertrauen deutscher Außenpolitik und die veränderten Standards der Angemessenheit, in: Thomas Jäger, Alexander Höse und Kai Oppermann (Hrsg.), Deutsche Außenpolitik. Sicherheit, Wohlfahrt, Institutionen und Normen, Wiesbaden 2011, S. 735-757.

Heimatschutz fordert und die Transformation der Bundeswehr zu einer Armee, die „im gesamten Einsatzspektrum operieren" kann, forcieren will.[105] Solche Forderungen gewinnen im Begründungszusammenhang der jahrelangen deutschen Beteiligung am Kampf gegen den internationalen Terrorismus im Zentrum des deutschen Parteiensystems zunehmend an Respektabilität und Resonanz und bereiten somit argumentativ einen weiteren Bedeutungsgewinn der militärischen Dimension deutscher Sicherheitspolitik vor.

Im Ergebnis haben die unterschiedlichen Muster der deutschen Afghanistanpolitik die Normalisierung der Außenpolitik Deutschlands in der Frage des Einsatzes militärischer Mittel somit auch nach der Phase außergewöhnlicher Politik verfestigt und weiter vorangetrieben. Zwar hat sich die Bundesregierung angesichts der zunehmenden Spannungen zwischen den internationalen Erwartungen an das deutsche Engagement in Afghanistan und den wachsenden innenpolitischen Vorbehalten dagegen einiger Rechtfertigungs- und Handlungsmustern aus dem Repertoire einer Zivilmacht bedient. Dies trug letztlich aber vor allem zur innenpolitischen Absicherung einer sukzessiven Ausweitung des deutschen militärischen Beitrags zur Bekämpfung des Terrorismus bei, die den Erwartungen der Verbündeten an Deutschland zu folgen versuchte und damit das neue Selbstverständnis der deutschen Außenpolitik als „normaler Alliierter" unterstrich. Auslandseinsätze der Bundeswehr gehören heute mehr denn je zur Normalität deutscher Außenpolitik.

5 Schluss

Die Anschläge vom 11. September 2001 stellen sich für die deutsche Außenpolitik nicht als Zeitenwende dar. Eine solche Bezeichnung ist für das Ende des Ost-West-Konflikts und die deutsche Wiedervereinigung treffend, nicht aber für 9/11. Dies soll nicht in Abrede stellen, dass die damaligen außenpolitischen Entscheidungsträger in der Bundesregierung, aber auch die Opposition und die breite Öffentlichkeit, die Anschläge vom 11. September als Zäsur wahrgenommen und bewertet haben. Vielmehr war diese Einschätzung gerade konstitutiv für die Phase außergewöhnlicher Politik nach 9/11, in der die Bundesregierung die (antizipierten) Erwartungen der Bündnispartner als alles überragenden Imperativ ihrer Politik begriffen hat und in der eine interessenbasierte Begründung für die militärische Unterstützung der USA im Kampf gegen den Terrorismus innenpolitisch ermöglicht wurde. Insofern war der 11.

---

105 CDU/CSU-Bundestagsfraktion, Eine Sicherheitsstrategie für Deutschland, Beschluss vom 6. Mai 2008, vorgestellt auf der Sicherheitskonferenz der CDU/CSU-Bundestagsfraktion am 7. Mai 2008 in Berlin, http://www.cdu.de/doc/pdfc/080506-beschluss-fraktion-sicherheitsstrategie.pdf (Zugriff: 11.11.2011).

September sicher eine sinnweltliche Ordnungszäsur – durchaus mit realen Konsequenzen für die deutsche Außenpolitik.

Es ginge allerdings fehl, 9/11 auch als historiographische Deutungszäsur für die Außenpolitik Deutschlands zu beschreiben.[106] Die Anschläge vom 11. September haben in der deutschen Außenpolitik rückblickend weder einen Trend abgebrochen noch einen neuen Trend begründet, sondern sie haben katalytisch auf den bereits seit 1989/90 beobachtbaren Prozess der Normalisierung gewirkt. Erstens hat die durch 9/11 ausgelöste Phase außergewöhnlicher Politik eine im Vergleich zu früheren Auslandseinsätzen der Bundeswehr stark auf deutsche Interessen rekurrierende Begründung für die militärische Beteiligung Deutschlands am Kampf gegen den Terrorismus ermöglicht und damit einen weiteren Schritt der Normalisierung deutscher Außenpolitik begünstigt. Zweitens konnte die Bundesregierung den Nachweis ihrer Bündnissolidarität im Antiterrorkampf nutzen, um international und innenpolitisch ein weiter entwickeltes Selbstverständnis deutscher Außenpolitik zu demonstrieren und um sich bündnispolitische Spielräume zu schaffen, um eine Beteiligung der Bundeswehr an Militäreinsätzen der Verbündeten in späteren Konflikten je nach deutschem Interesse von Fall zu Fall abzulehnen. Drittens war die deutsche Afghanistanpolitik auch unter erschwerten innenpolitischen Bedingungen primär durch eine sukzessive Ausweitung des militärischen Engagements Deutschlands bei der Bekämpfung des Terrorismus gekennzeichnet, die durch verschiedene Handlungsmuster aus dem Repertoire der ‚alten‘ Bundesrepublik flankiert und abgesichert wurde, die aber letztendlich die Normalisierung des Einsatzes der Bundeswehr als Instrument deutscher Außenpolitik verfestigt hat.

In längerfristiger Perspektive sollten 9/11 und die deutsche Politik im Kampf gegen den Terrorismus sowohl die innenpolitischen Begründungsschwellen *für* Auslandseinsätze der Bundeswehr als auch die bündnispolitischen Rechtfertigungserfordernisse von Entscheidungen *gegen* eine deutsche Beteiligung an multilateralen Militäreinsetzen verringert haben. Obwohl die Normalisierung der deutschen Außenpolitik nicht als linearer Prozess zu verstehen ist und die gemischte Bilanz des deutschen Engagements in Afghanistan die innenpolitische Skepsis gegenüber weiteren Auslandseinsätzen der Bundeswehr derzeit verstärkt hat, dürften interessenbasierte Entscheidungen und Begründungen für und gegen den Einsatz der Bundeswehr in Zukunft stärker zur Normalität der deutschen Außenpolitik gehören, als dies vor dem 11. September 2001 der Fall war. Diese Impulse von 9/11 für die Normalisierung der deutschen Außenpolitik bleiben auch über den 2014 abgeschlossenen Abzug der Bundeswehr aus Afghanistan hinaus wirksam.

---

106 Zur Unterscheidung zwischen sinnweltlicher Ordnungszäsur und historiographischer Deutungszäsur, vgl. den Einleitungsbeitrag zu diesem Band.

Der 11. September und die amerikanische Außenpolitik

Simon Koschut

1 Einleitung

Die überwältigenden Eindrücke der Medienberichterstattung am Tag des 11. September 2001 selbst und in der Folgezeit ließen viele Beobachter in dem Glauben, sie hätten den Beginn einer neuen Ära der internationalen Beziehungen miterlebt, eine Zeitenwende, durch die „nichts mehr so sein wird wie zuvor".[1] Während es zweifellos wesentliche Veränderungen in vielen Politikfeldern gegeben hat, so sind insgesamt doch Zweifel an dieser Wahrnehmung angebracht. Für die Vereinigten Staaten von Amerika ist es sicher zutreffend, vom 11. September als einem „transformativen Moment" zu sprechen.[2] Die Terroranschläge hinterließen in der amerikanischen Öffentlichkeit ein Gefühl kollektiver Unsicherheit. Der erste Angriff auf das amerikanische Festland seit der Invasion durch englische Truppen aus dem heutigen Kanada im Jahre 1812 machte die USA zu einer „gewöhnlicheren" Nation, insofern sie nun im Gegensatz zur abstrakten Bedrohung durch die Sowjetunion das Gefühl konkreter Verwundbarkeit empfunden hatte.[3] Doch lässt sich aus diesem transformativen Moment auch der Beginn einer neuen Ära ableiten? Mit anderen Worten: verursachte der 11. September einen anhaltenden Wandel in der amerikanischen Außenpolitik bzw. gar eine Zeitenwende[4]?

Der vorliegende Beitrag sucht Antworten auf diese Frage indem er sich zunächst theoretisch mit dem Konzept des außenpolitischen Wandels auseinandersetzt. Dieser Schritt ist notwendig, um später eine qualifizierte Aussage

---

1   „Epoche 9/11", in: Süddeutsche Zeitung, 7./8.9.2002; Jessica T. Matthews, September 11, One Year Later: A World of Change, Policy Brief Nr. 18/2002 (Carnegie Endowment for International Peace), S. 1-12.

2   Vgl. Peter Rudolf, Die USA und die transatlantischen Beziehungen nach dem 11. September 2001, in: Aus Politik und Zeitgeschichte 25, 2002, S. 7-13, S. 7.

3   Vgl. „A Nation Apart. A Survey of America", The Economist, 8.11.2003.

4   Dieser Beitrag folgt der Begriffsdefinition der Herausgeber, die unter Zeitenwende „das Ende einer Epoche oder Ära und den Beginn einer neuen Zeit" verstehen.

über das tatsächliche Ausmaß außenpolitischen Wandels in den USA vornehmen zu können[5]. In einem zweiten Schritt wird daher kurz auf die Frage eingegangen, wie sich der 11. September auf die Theorien der Internationalen Beziehungen und der Außenpolitikanalyse ausgewirkt hat. Diesem theoretischen Teil folgt eine vergleichende empirische Analyse von Veränderungsprozessen in der amerikanischen Außenpolitik unter besonderer Berücksichtigung ihrer transatlantischen Dimension vor und nach den Anschlägen. Abschließend geht der Beitrag zurück auf die eingangs gestellte Frage, ob der 11. September tatsächlich einen anhaltenden Wandel oder gar eine neue Epoche in der amerikanischen Außenpolitik begründet hat.

2 Außenpolitischer Wandel

Wandel und Kontinuität sind nicht erst seit den Umbrüchen im Zuge des Mauerfalls 1989 fester Bestandteil der Disziplin der Internationalen Beziehungen (IB). Die Verwendung von Wandel als analytisches Konzept hat jedoch zu einer theoretischen Kontroverse in der IB-Forschung geführt, die vom beinahe inflationären Gebrauch im Sinne eines permanenten strukturellen Wandels aufgrund von Globalisierungsprozessen und Transnationalisierung bis hin zu denjenigen reicht, die dem Konzept im systemischen Zusammenhang jegliche theoretische Verwertbarkeit absprechen.[6] Dazwischen liegt eine große Bandbreite von Autorinnen und Autoren, die Wandel in den internationalen Beziehungen in erster Linie als akteursspezifische Reaktion auf bestimmte strukturelle Auslöser sehen, wie etwa internationale politische oder demografische Langzeitentwicklungen, bedeutende Erfindungen bzw. technologische Innovationen[7], systemische Brüche wie der Niedergang oder Zusammenbruch von

---

5   Die Herausgeber des vorliegenden Bandes haben die an diesem Sammelband beteiligten Autorinnen und Autoren um eine kurze Zusammenfassung dessen gebeten, was in der jeweiligen Disziplin bzw. Forschungsbereich bisher über die Frage nach dem Zäsurcharakter des 11. September gesagt worden ist.

6   Vgl. exemplarisch Stephan Leibfried, Michael Zürn, Transformation des Staates? Frankfurt am Main 2006; Kenneth N. Waltz, Reflections on the Theory of International Politics: A Response to My Critics, in: Keohane, Robert O. (Hrsg.) Neorealism and its Critics. New York 1986, S. 322-345, S. 343.

7   K.J Holsti, The Problem of Change in International Relations Theory, Institute of International Relations, University of British Columbia 1998, Working Paper 26, S. 11-16.

Imperien[8], internationale Normen[9] oder ganz allgemein „exogeneous shocks"[10] bzw. diplomatische und militärische „big bangs"[11]. Zu letzteren dürfte auch der 11. September zählen. Gemeinsam ist diesen Erklärungsansätzen eine *outside-in*-Perspektive, d.h. außenpolitischer Wandel wird ausschließlich mithilfe systemischer Variablen erklärt. Dem wird eine *inside-out*-Kausalität gegenübergestellt, die sich auf die subsystemische Wirkung lokaler bzw. regionaler Ereignisse und Entwicklungen (z.b. Revolutionen, Bürgerkriege) in Verbindung mit lokalen bzw. regionalen Normen und Ideen konzentriert.[12] Gerade letztere Sichtweise ist im Zuge der jüngsten Transformations- und Wandlungsprozesse im Nahen und Mittleren Osten (*Arab Spring*) wieder stärker in den Vordergrund der wissenschaftlichen Betrachtung des außenpolitischen Wandels gerückt.[13]

Was genau aber ist Außenpolitik? „In theoretischer Perspektive wird Außenpolitik verstanden als ein Interaktionsprozess, in dem ein Staat grundlegende Ziele und Werte in Konkurrenz zu den anderen Staaten zu realisieren versucht".[14] Eine ähnliche Definition verwendet auch Walter Carlsnaes: „Those actions which expressed in the form of explicitly stated goals, commitments and/or directives, and pursued by governmental representatives acting on behalf of their sovereign communities, are directed towards objectives, conditions and actors – both governmental and non-governmental – which they want to affect and which lie beyond their territorial legitimacy".[15] Carlsnaes Definition ist insofern weitergehend, da er auch nichtstaatliche Akteure (z.B.

8   Paul Kennedy, The Rise and Fall of Great Powers, New York 1987, S. 347-437; Emanuel Adler, Michael Barnett, Security Communities, Cambridge 1998, S. 58.
9   Thomas Risse, Stephen C. Ropp und Kathryn Sikkink (Hrsg.), The Power of Human Rights. International Norms and Domestic Change, Cambridge 1999; Margaret E. Keck, Kathryn Sikkink, Activists Beyond Borders, Advocacy Networks in International Politics, Ithaca 1998.
10 Alexander Wendt, Social Theory of International Politics, Cambridge 1999, S. 312.
11 Monika Medick-Krakau, Außenpolitischer Wandel: Diskussionsstand – Erklärungsansätze – Zwischenergebnisse, in: Dies. (Hrsg.) Außenpolitischer Wandel in theoretischer und vergleichender Perspektive: Die USA und die Bundesrepublik Deutschland, Baden-Baden 1999, S. 3-32, S. 8.
12 Barry Buzan, New Patterns of Global Security in the Twenty-First Century, in: International Affairs 67(3), 1991, S. 431-451; Amitav Acharya, The Emerging Regional Architecture of World Politics, in: World Politics 59(4), 2007, S. 629-652.
13 Katarina Dalacoura, The 2011 Uprisings in the Arab Middle East: Political Change and Geopolitical Implications, in: International Affairs 88(1), 2012, S. 63-79; Daniel Byman, Israel's Pessimistic View of the Arab Spring, in: Washington Quarterly 34(3), 2011, S. 123-136; Roberto Aliboni, The International Dimension of the Arab Spring, in: The International Spectator 46(4), 2011, S. 5-9.
14 Helga Haftendorn, Deutsche Außenpolitik zwischen Selbstbehauptung und Selbstbeschränkung. Stuttgart/München 2001, S. 13.
15 Walter Carlsnaes, Foreign Policy, in: Walter Carlnaes, Thomas Risse und Beth A. Simmons (Hrsg.) Handbook of International Relations, London 2002, S. 331-349, S. 335.

al Qaida) als potenzielle Adressaten von (amerikanischer) Außenpolitik berücksichtigt. Allerdings verwenden beide Definitionen eine nach wie vor staatszentrierte Sichtweise, die zwar für die Analyse amerikanischer Außenpolitik ausreichend erscheinen mag, jedoch dem gegenwärtigen Entwicklungsstand der Außenpolitikanalyse (*foreign policy analysis*, FPA) nicht gerecht wird.

Im Zuge von Globalisierungs-, Transnationalisierungs- und Integrationsprozessen werden die Nationalstaaten und ihre Souveränität durch transnationale und intergouvernementale Akteure und Netzwerke zunehmend unterlaufen und querverbunden.[16] Somit ist die Außenpolitik längst nicht mehr die ausschließliche Domäne von Nationalstaaten. Vielmehr lässt sich der Begriff auf eine Vielzahl von Akteuren anwenden, angefangen von sozialen Bewegungen wie der Friedensbewegung bis hin zu regionalen Akteuren wie der Europäischen Union (EU). Es ist daher ohne weiteres möglich, von der Außenpolitik multinationaler Unternehmen, von Nichtregierungsorganisationen, Internationalen Organisationen oder Terrornetzwerken zu sprechen. Nationalstaaten sind zwar nach wie vor die maßgeblichen, jedoch keineswegs die exklusiven Träger von Außenpolitik. Insofern lässt sich Außenpolitik am besten als „the sum of official external relations conducted by an independent actor (usually a state) in international relations"[17] definieren.

Außenpolitischer Wandel ist also keineswegs allein auf den Staat als handelnden Akteur zu beziehen, sondern muss als dynamischer Prozess zwischen transgouvernementalen und transnationalen Akteuren sowie zwischen akteursspezifischer und struktureller Ebene verstanden werden.[18] Zur vergleichenden Bewertung von außenpolitischem Wandel braucht es wiederum einen konkreten Untersuchungsgegenstand (abhängige Variable) sowie einen oder mehrere Einflussfaktoren (unabhängige Variablen) ebenso wie den Bezug auf Stabilitäts- und Kontinuitätsmerkmale als vergleichende Referenzpunkte der Analyse, in diesem Fall die amerikanische Außenpolitik vor und nach dem 11. September 2001.[19] Entscheidend für eine abschließende Bewertung des tatsächlichen Ausmaßes außenpolitischen Wandels ist überdies die Aufstellung objektiver Kriterien, die es erlauben, zwischen unterschiedlichen Formen und Abstufungen eben dieses Wandels zu unterscheiden. Schließlich steht außer Frage, dass der 11. September ein wichtiges Ereignis darstellt, das Verände-

---

16   Anne-Marie Slaughter, A New World Order, Princeton 2005, S. 9; Margaret E. Keck, Kathryn Sikkink, Activists Beyond Borders. Advocacy Networks in International Politics, Ithaca 1998, S. 3.
17   Christopher Hill, The Changing Politics of Foreign Policy, Basingstoke 2003, S. 3.
18   Walter Carlsnaes, The Agency-Structure Problem in Foreign Policy Analysis, in: International Studies Quarterly 36(3), 1992, S. 245-270, S. 256.
19   Simon Koschut, Theorie und Außenpolitikanalyse, in: Koschut, Simon und Kutz, Magnus (Hrsg.) Die Außenpolitik der USA. Theorie – Prozesse – Politikfelder – Regionen, Opladen und Toronto 2012, S. 17-30, S. 20.

rungen in der amerikanischen Außenpolitik hervorgerufen hat. Aufgrund dieser allgemeinen Feststellung lässt sich allerdings nicht sagen, wie viel Wandel tatsächlich stattgefunden hat, wie nachhaltig dieser ist und ob diese Veränderungen als epochale Zäsur oder Zeitenwende interpretiert werden können.

Hierzu hat Monika Medick-Krakau eine exzellente Typologie erstellt, die eine Klassifizierung unterschiedlicher Formen von außenpolitischem Wandel erlaubt. Dabei wird zwischen drei Ebenen unterschieden, die jeweils in aufsteigender Form unterschiedliche Grade außenpolitischen Wandels darstellen (vgl. Tabelle 1). Auf der ersten Ebene steht Wandel für Komplexitätszuwachs oder Ausdifferenzierung, indem neue Elemente ergänzend neben bestehende treten und sich miteinander verbinden. Aus dieser Form des Wandels lassen sich allenfalls sektorenspezifische oder inkrementalistische Anpassungen ableiten (*normal foreign policy change*), nicht jedoch Veränderungen der außenpolitischen Ziele und Mittel. Auf der zweiten Ebene ist Wandel als Transformationsprozess (*foreign policy transformation*) zu verstehen, also als „Entwicklung neuer Formen und Funktionen auf der Basis älterer Muster, von denen etliche Kontinuitätselemente beibehalten werden".[20] Diese Form des außenpolitischen Wandels beruht auf geringfügigen bis moderaten Veränderungen in den Instrumenten und Methoden sowie den Zielen und Problemstellungen. Auf der dritten Ebene umfasst Wandel schließlich fundamentale Diskontinuität im Sinne eines Komplettaustausches bestehender Handlungsnormen und Identitäten (*foreign policy restructuring*). In diesem Fall liegt eine sektorenübergreifende Neuorientierung der außenpolitischen Ziele und Mittel eines Akteurs vor und nur in diesem Fall wäre der Begriff „Zeitenwende" gerechtfertigt.

---

20 Monika Medick-Krakau, Außenpolitischer Wandel: Diskussionsstand – Erklärungsansätze – Zwischenergebnisse, in: Dies. (Hrsg.) Außenpolitischer Wandel in theoretischer und vergleichender Perspektive: Die USA und die Bundesrepublik Deutschland, Baden-Baden 1999, S. 3-32, S. 7.

Tabelle 1: Ebenen des außenpolitischen Wandels

Ebene	Veränderung
Normal foreign policy change	sektorenspezifische oder inkrementalistische Anpassungen (Adaptation)
Foreign policy transformation	Entwicklung neuer Formen und Funktionen auf der Basis älterer Muster (Transformation)
Foreign policy restructuring	Komplettaustausches bestehender Handlungsnormen und Identitäten (Diskontinuität)

Quelle: Monika Medick-Krakau, Außenpolitischer Wandel: Diskussionsstand – Erklärungsansätze – Zwischenergebnisse, in: Dies. (Hrsg.) Außenpolitischer Wandel in theoretischer und vergleichender Perspektive: Die USA und die Bundesrepublik Deutschland. Baden-Baden 1999, S. 3-32, S. 12.

3 Der 11. September 2001 und die Disziplin der Internationalen Beziehungen

Außenpolitikanalyse (FPA) und die Disziplin der Internationalen Beziehungen (IB) existieren als Forschungsfelder traditionell getrennt voneinander. Dies ist jedoch eine künstliche Trennung, da beide über große theoretische und methodische Schnittmengen verfügen. Erstens untersuchen beide Forschungsfelder die Einflussfaktoren und Handlungen von Staaten und nichtstaatlichen Akteuren aus ähnlichen theoretischen Perspektiven. Zweitens sind beide daran interessiert, die Verhaltensweisen staatlicher und nichtstaatlicher Akteure zu erklären, zu verstehen und gegebenenfalls vorherzusagen. Unterschiede ergeben sich allenfalls aus der begrenzten Theoriekapazität von FPA.[21] In jüngster Zeit sind daher Versuche unternommen worden, FPA und IB stärker miteinander zu verbinden. So weist Harald Müller auf einen strukturalistischen Bias in den Großtheorien der IB hin, der durch eine stärkere akteursspezifische Sichtweise

---

21 So ist FPA eher an der Entwicklung von Theorien mittlerer Reichweite interessiert, d.h. Theorien, die entweder nur die Außenpolitik einer bestimmten Staatsform (z.B. Demokratien) oder in bestimmten Situation (z.B. Krisen) erklären können, vgl. Simon Koschut, Theorie und Außenpolitikanalyse, in: Koschut, Simon und Kutz, Magnus (Hrsg.), Die Außenpolitik der USA. Theorie – Prozesse – Politikfelder – Regionen, Opladen, Toronto 2012, S. 17-30, hier S. 19.

behoben werden sollte.[22] Umgekehrt zeigt Walter Carlsnaes, dass FPA vom theoretischen Werkzeugkasten der IB ungeheuer profitieren kann bzw. diesen zum Teil bereits übernommen hat.[23] Mit der künstlichen Trennung von subsystemischen (FPA) und systemischen Theorien (IB) werden dagegen wissenschaftliche Parallelwelten geschaffen, die mit der internationalen (Forschungs-) Realität wenig gemein haben. Die internationale Politik basiert schließlich nicht auf analytisch sauber getrennten Ebenen, sondern stellt vielmehr ein System kommunizierender Röhren dar, in denen sich subsystemische und systemische Ebene miteinander vermischen. Im empirischen Einzelfall mag eine solche Trennung durchaus hilfreich sein. Aus theoretischer Perspektive ergibt sie jedoch wenig Sinn. Der vorliegende Beitrag greift diesen Trend zur Reintegration von IB und FPA[24] auf, indem in der folgenden Betrachtung der Auswirkungen des 11. September auf das Forschungsfeld allgemein von „den" Internationalen Beziehungen (IB) die Rede sein wird (gemeint ist damit FPA und IB).

Die Theoriedebatten in den IB waren immer auch Reaktionen auf neue internationale Ereignisse oder Entwicklungen, die mit den vorhandenen Theorieinstrumenten und Denkmustern nicht erklärt werden konnten. So verwandelte etwa der Mauerfall am 9. November 1989 eine bis zu diesem Zeitpunkt eher lauwarme Theoriendiskussion in eine hitzige Debatte zwischen sogenannten rationalistischen (Neorealismus, Neoliberalismus) und reflektionistischen (Sozialkonstruktivismus, postmoderne und kritische Ansätze) Theorieansätzen, um das unerwartet friedliche Ende des Ost-West-Konflikts aus Sicht der IB-Forschung erklären zu können. Nimmt man den 9.11.1989 als vergleichenden Referenzpunkt, so fällt der theoretische Ertrag des 11.9.2001 bisher eher mager aus. Zwar gibt es eine Fülle empirischer und *policy*-orientierter Studien zu den terroristischen Anschlägen und ihren politischen und soziokulturellen Auswirkungen. Dieser empirischen Masse steht jedoch eine verhältnismäßig geringe Anzahl theoretischer bzw. theorieorientierter Analysen (geschweige denn eine fachübergreifende Theoriedebatte) gegenüber. Nimmt man diese Entwicklung als akademischen Indikator für Wandel in den internationalen Beziehungen, so erscheint für den 11. September – insbesondere vor dem Hintergrund des Mauerfalls 1989 – der Begriff der „Zeitenwende" fehl am Platz. Tatsächlich behalten Barry Buzan und Michael Cox mit ihrer früh geäußerten Beurteilung Recht, dass keine der gegenwärtigen Großtheorien in den IB durch die Ereignisse des 11. Septembers in ihren Grundfesten erschüttert worden

22 Harald Müller, Think Big! Der 11. September und seine Konsequenzen für die Internationalen Beziehungen, in: Zeitschrift für Internationale Beziehungen 11(1), 2004, S. 123-133, S. 131.

23 Walter Carlsnaes, Actors, Structures, and Foreign Policy Analysis, in: Steve Smith, Amelia Hadfield und Tim Dunne (Hrsg.), Foreign Policy. Theories. Actors. Cases. Oxford 2008, S. 85-100.

24 Vgl. hierzu insb. Steve Smith, Amelia Hadfield und Tim Dunne, Introduction, in: Dies. (Hrsg.) Foreign Policy. Theories. Actors. Cases. Oxford 2008, S. 1-8, S. 3 und S. 7.

ist.[25] So stellen bekannte Vertreter der Disziplin zwar selbstkritisch eine wissenschaftliche Vernachlässigung der negativen Auswirkungen von Globalisierung und Interdependenz in Gestalt transnational agierender terroristischer Netzwerke, religiösem Fundamentalismus sowie Privatisierung und Entterritorialisierung von Gewalt fest. Dazu gehört eine kritische Auseinandersetzung mit der Frage, ob bzw. wie das Forschungsfeld Terrorismus angesichts seiner begrifflichen Unschärfe und mangelhaften emprischen Datenlage überhaupt wissenschaftlich erschlossen werden kann.[26] Daraus wird jedoch kein Paradigmenwechsel abgeleitet, sondern lediglich eine Erweiterung und Ausdifferenzierung der Forschungsagenda hinsichtlich dieser Phänomene gefordert.[27] Andere, wie z.B. Harald Müller und Steve Smith, weisen zudem darauf hin, dass die IB-Theorie durch die stärkere Einbeziehung einer interdisziplinären und ethischen Perspektive sowie einer dialektischen Denkweise in Form von Antinomien, Machtasymmetrien und Widersprüchen die Komplexität der internationalen Beziehungen besser als in der Vergangenheit widerspiegeln muss.[28] Schließlich hat der 11. September einer schwelenden Debatte über die Praxisrelevanz und die Praxistauglichkeit der IB-Forschung zusätzlichen Auftrieb verliehen.[29]

Geht man von den direkten Auswirkungen der Anschläge selbst zu deren Auswirkungen auf die Politik über, ergibt sich ein ähnliches Bild. Der 11. September führte zu einer Stärkung des Nationalstaats und des Primats nationaler Sicherheit im Zuge von Antiterrormaßnahmen, militärischer Interventionen und dem öffentlichen Verlangen nach politischer Führung. In diesem Fahrwasser konnten sich (neo-) realistische und staatszentrierte Theorieansätze (zumindest im angloamerikanischen Raum) teilweise rehabilitieren, zeigte doch das weitgehend unilaterale und rasche Vorgehen der USA im Irakkrieg 2003 zunächst die Relevanz (aber letztlich auch die Grenzen) staatlicher militärischer

---

25 Michael Cox, Paradigm Shifts and 9/11: International Relations After the Twin Towers, in: Security Dialogue 33(2), 2002, S. 247; Barry Buzan, Implications for the Study of International Relations, in: Mary Buckley, Rick Fawn (Hrsg.), Global Responses to Terrorism: 9/11, Afghanistan und beyond, London und New York 2003, S. 296-309.

26 Christopher Daase und Alexander Spencer, Terrorismus, in: Carlo Masala, Frank Sauer und Andreas Wilhelm (Hrsg.), Handbuch der Internationalen Politik, Wiesbaden 2010, S. 403-425.

27 Charles A. Kupchan, New Research Agenda? Yes. New Paradigm? No., in: Zeitschrift für Internationale Beziehungen 11(1), 2004, S. 101-109, S. 101; Thomas Risse, Der 9.11. und der 11.9. Folgen für das Fach Internationale Beziehungen, in: Zeitschrift für Internationale Beziehungen 11(1), 2004, S. 111-121, S. 112 und S. 115.

28 Harald Müller, Think Big! Der 11. September und seine Konsequenzen für die Internationalen Beziehungen, in: Zeitschrift für Internationale Beziehungen 11(1), 2004, S. 123-133, S. 126; Steve Smith, Singing Our World into Existence: International Relations Theory and September 11, in: International Studies Quarterly 48, 2004, S. 499-515, S. 499.

29 Gunther Hellmann, Frank Sauer und Sonja Schirmbeck, Zum Verhältnis Wissenschaft, Gesellschaft und Politik, in: Zeitschrift für Internationale Beziehungen 12 (2), 2005, S. 117-124.

Macht, die systemischen Gefahren von Unipolarität und die angebliche Bedeutungslosigkeit internationaler Organisationen und Normen auf. Im Zuge des Irakkrieges führten in den USA Neorealisten wie Stephen Walt und John Mearsheimer anfangs die wissenschaftliche Kritik am militärischen Vorgehen an.[30] Knapp ein Jahrzehnt nach 9/11 stellt John Mearsheimer sogar selbstbewusst fest: „In the wake of September 11 (...) realism has made a stunning comeback."[31] Die vermeintliche „Renaissance des Staates"[32] führte jedoch angesichts des desaströsen Verlaufs des Irakkrieges mitnichten zu einer „Machtverschiebung" innerhalb der Theorien der IB. Tatsächlich bestätigen Mearsheimer und Walt in ihrem 2007 veröffentlichten Buch „Die Israel Lobby" sogar die Erklärungskraft traditioneller liberaler Ansätze.[33] Konstruktivistische und postpositivistische Ansätze sind wiederum bereits theoretisch hinreichend etabliert und empirisch genug gefestigt, um eine Rückkehr der Dominanz (neo-)realistischer Ansätze wie noch zu Beginn der neunziger Jahre zu verhindern. So hat etwa der *securitization*-Ansatz der Kopenhagener Schule viel dazu beigetragen, Sinnkonstruktionen und unterschiedliche Sichtweisen und Reaktionen auf den Terrorismus in westlichen Industrieländern durch kommunikationstheoretische Konzepte wie *framing* zu erklären.[34]

Insofern ist es letztlich richtig, im Zusammenhang des 11. Septembers nicht von einem Paradigmenwechsel in den IB zu sprechen. In Anlehnung an die oben ausgeführte Typologie von Wandel lassen sich allenfalls Elemente einer vorsichtigen Anpassung durch Komplexitätszuwachs und Ausdifferenzierung ausmachen. Mit anderen Worten: der 11. September leuchtete einige blinde Flecken in den Theorien der Internationalen Beziehungen aus ohne dabei die Notwendigkeit neuer „Sehinstrumente" erforderlich zu machen. Aus Sicht der Theorien der IB existieren somit also keine Anhaltspunkte für die These, dass der 11. September als eine Zeitenwende bewertet werden muss. Wie aber verhält es sich auf empirischer Seite? Verursachte der 11. September einen anhaltenden Wandel in der amerikanischen Außenpolitik?

---

30 James Der Derian, 9/11 and Its Consequences for the Discipline, in: Zeitschrift für Internationale Beziehungen 11(1), 2004, S. 89-100, S. 91.

31 John J. Mearsheimer, Structural Realism, in: Tim Dunne, Milja Kurki und Steve Smith (Hrsg), International Relations Theories. Discipline and Diversity. Second Edition. Oxford 2010, S. 77-94, S. 92.

32 So der Titel der 27. Jahrestagung der Deutschen Gesellschaft für Politikwissenschaft am 27./28. November 2009 in Tutzing.

33 John J. Mearsheimer und Stephen M. Walt, The Israel Lobby and US Foreign Policy, New York 2007.

34 Vgl. hierzu Barry Buzan, Ole Waever, und Jaap de Wilde (Hrsg.), Security: A New Framework for Analysis, Boulder 1998; Michael C. Williams, Words, Images, Enemies, Securitization and International Politics, in: International Studies Quarterly 47, 2003, S. 511-531.

4 Kontinuität und Wandel amerikanischer Außenpolitik aus empirischer Perspektive

Im Folgenden werden die Entwicklung der Bedrohungswahrnehmung sowie der Handlungsnormen und diskursiven Argumentationsstrukturen zu multilateralem Handeln und dem Einsatz militärischer Gewalt in der amerikanischen Außenpolitik seit dem Ende des Ost-West-Konflikts analysiert. Diese Kategorien sind zur Beantwortung der Forschungsfrage in zweierlei Hinsicht relevant. Sie beantworten nicht nur allgemein die Frage, wie das außenpolitische Handlungsumfeld wahrgenommen wird und mit welchen Mitteln und mit welchen Akteuren darin agiert werden soll. Vor allem stehen sie repräsentativ für die Kernelemente der sogenannten Bush-Doktrin[35], mit der in der Literatur ein nachhaltiger Wandel in der amerikanischen Außenpolitik nach dem 11. September begründet wird.[36]

4.1 Bedrohungswahrnehmung

Bedrohungswahrnehmungen in der amerikanischen Öffentlichkeit und den politischen Eliten dienen als grobe Richtlinie, die im Wesentlichen den Handlungsrahmen amerikanischer Politik festlegen. Sicherheit wird in erster Linie subjektiv definiert. Um es mit den Worten des ehemaligen amerikanischen Präsidenten Franklin D. Roosevelt auszudrücken: „(It) is freedom from fear (...) which (...) means a world-wide reduction of armaments to such a point and in such a thorough fashion that no nation will be in a position to commit an act of physical aggression against any neighbor – anywhere in the world".[37] Vor diesem Hintergrund sollen nun im Folgenden basierend auf den Einstellungen der amerikanischen Öffentlichkeit und der außenpolitischen Eliten amerikanische Bedrohungswahrnehmung vor und nach dem 11. September dargestellt werden, um mögliche Veränderungen aufzudecken.

---

35 In der Literatur werden drei Kernelemente der Bush-Doktrin identifiziert: Terrorismus in Verbindung mit Massenvernichtungswaffen als zentrale Bedrohung, Unilateralismus als präferierte Handlungsnorm und der präventive Einsatz militärischer Gewalt (vgl. Charles Krauthammer, Charlie Gibson's Gaffe, The Washington Post 3.9.2008; Ivo H. Daalder, James M. Lindsay, America Unbound. The Bush Revolution in US Foreign Policy, Hoboken, NJ 2003, S. 84).

36 Ivo H. Daalder, James M. Lindsay, America Unbound. The Bush Revolution in US Foreign Policy. Hoboken, NJ 2003.

37 Vgl. Franklin D. Roosevelt, Annual Message to the Congress, 6.1.1941, in: Samuel I. Rosenman, The Public Papers and Adresses of Franklin D. Roosevelt, 1941, New York 1950, S. 663-673, S. 673.

Der Chicago Council on Foreign Relations[38] hat in regelmäßigen Abständen Befragungen durchgeführt, anhand derer sich eine langfristige Entwicklung der amerikanischen Bedrohungswahrnehmung nachzeichnen lässt.[39] Dabei stellt sich heraus, dass diese Entwicklung zum Teil durch ein erstaunlich hohes Maß an Kontinuität geprägt ist. So belegten die Furcht vor Massenvernichtungswaffen (WMD), insbesondere deren Proliferation an sogenannte „unfreundliche Länder", und der internationale Terrorismus in der Nennung „kritischer Bedrohungen" seit 1991 regelmäßig die ersten drei Plätze. Von besonderem Interesse ist in diesem Zusammenhang die Tatsache, dass sich zwischen 1999 und 2002, also kurz vor bzw. unmittelbar nach dem 11. September 2001, keinerlei Veränderung bei den ersten drei Nennungen – internationaler Terrorismus, Massenvernichtungswaffen sowie deren Proliferation an „unfreundliche Länder" – ergeben hat. Der Terrorismus ragt vielmehr seit der Einführung der Umfrage des Chicago Council on Foreign Relations im Jahre 1974 in der öffentlichen Wahrnehmung als eines der meistgenannten außenpolitischen Probleme der USA heraus.

Eine deutliche (wenn auch kurzfristige) Veränderung offenbart sich in der Qualität der Wahrnehmung dieser Bedrohungen im Laufe der Jahre nach dem Ende des Ost-West-Konflikts. So stieg die Anzahl derer, die die Verbreitung von Massenvernichtungswaffen (WMD) als „kritische Bedrohung" ansahen, von 72 Prozent im Jahre 1995 und 76 Prozent im Jahre 1999 nach den Anschlägen des 11. September 2001 sprunghaft auf 86 Prozent im Jahre 2002 an. Ein ähnliches Bild zeigt sich auch bei der Bewertung des internationalen Terrorismus. In diesem Fall stiegen die Werte im selben Zeitraum von 69 Prozent auf 84 Prozent und schließlich auf 91 Prozent an. Eine ähnliche Entwicklung lässt sich auch bei der politischen Elite in den USA nachweisen.[40] Seit Beginn des Irakkrieges hat sich dieses Bedrohungsbild jedoch in seiner Intensität wieder den Werten vor dem 11. September 2001 angeglichen. So gaben im Jahr 2004 nur noch 75 Prozent, im Jahr 2006 74 Prozent und im Jahr 2010 73 Prozent den internationalen Terrorismus als „wichtigste Bedrohung für das lebenswichtige Interesse der USA" dar. Die Verbreitung von Massenvernichtungswaffen in der Hand „unfreundlicher Länder" fiel im Jahr 2004 sogar auf 64 Prozent, um in den Jahren 2006 und 2010 zumindest wieder auf 69 Prozent

---

38   Der Chicago Council on Foreign Relations hat sich mittlerweile in Chicago Council on Global Affairs umbenannt.

39   Die folgenden Erhebungen basieren auf den Umfragen des Chicago Council on Foreign Relations „American Public Opinion and U.S. Foreign Policy" aus den Jahren 1991, 1995, 1999, 2002, 2006 und 2010.

40   Allerdings fallen die Prozentwerte bei der amerikanischen Elite deutlich niedriger aus als bei der amerikanischen Öffentlichkeit (Massenvernichtungswaffen, 1995: 61%, 1999: 64%, 2002: 72%; internationaler Terrorismus, 1995: 33%, 1999: 61%, 2002: 83%).

anzusteigen (vgl. Tabelle 2).[41] Im Jahr 2014 sahen 77 Prozent der Befragten den internationalen Terrorismus bzw. 76 Prozent die Verbreitung von Massenvernichtungswaffen (insbesondere in Hinblick auf den Iran) als wichtigste Bedrohung der kommenden zehn Jahre an[42].

Tabelle 2: Bedrohungswahrnehmung in den USA (Percentage who see each of the following as a „critical" threat to U.S. vital interest in the next ten years)

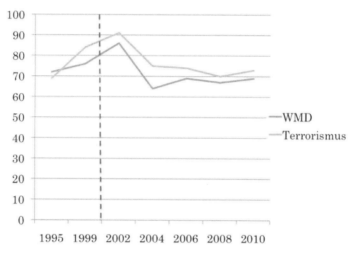

Quelle: Chicago Council on Global Affairs (eigene Darstellung).

Daran zeigt sich, dass die Darstellung des internationalen Terrorismus in Verbindung mit Massenvernichtungswaffen in den Händen sogenannter Schurkenstaaten als bestimmende Bedrohung in der Wahrnehmung der amerikanischen Öffentlichkeit und Eliten kein Produkt der Anschläge des 11. September 2001 ist. Zudem verdeutlichen die Umfragewerte, dass aufgrund der Terroranschläge auf das World Trade Center und das Pentagon 2001 die Furcht vor Terrorismus zwar über einen kurzen Zeitraum hinweg sehr hoch war, sich aber seit 2003 rasch wieder auf frühere Werte einpendelte.

Eine ähnliche Entwicklung zeigt sich, wenn man neben den Bedrohungen die außenpolitischen Ziele der USA betrachtet. Während die Verhinderung der Weiterverbreitung von Massenvernichtungswaffen noch im Jahr 1991 mit 59

41   Vgl. The Chicago Council on Global Affairs, The United States and the Rise of China and India. Results of a 2006 Multinational Survey of Public Opinion, Chicago 2006, S. 16; The Chicago Council on Global Affairs (2010) Global Views 2010, S. 42.
42   Vgl. Gallup, Terrorism, Iranian Nukes Considered Greatest Threats to U.S., 2014, http://www.gallup.com/poll/167672/terrorism-iranian-nukes-considered-greatest-threats.aspx.

Prozent hinter innenpolitischen Problemen wie Arbeitslosigkeit nur den fünften Rang einnahm, sah die amerikanische Öffentlichkeit dasselbe Thema im Jahr 1995 mit einem sprunghaften Anstieg auf 82 Prozent bereits als drittwichtigstes außenpolitisches Ziel der Vereinigten Staaten an. Die Bekämpfung des Drogenhandels sowie der Schutz amerikanischer Arbeitsplätze standen damals aus Sicht der amerikanischen Öffentlichkeit an der Spitze der außenpolitischen Agenda. Mit der gleichen Prozentzahl wie im Jahre 1995 belegte das Problem der Weiterverbreitung von Massenvernichtungswaffen im Jahr 1999 sogar den ersten Rang. Nach den Anschlägen des 11. September 2001 wurde das Thema zwar vom Terrorismus auf den zweiten Platz verdrängt, stieg aber in seinen Umfragewerten auf 90 Prozent an. Die Bekämpfung des internationalen Terrorismus rangierte 1999 mit 79 Prozent auf Platz vier der Liste der außenpolitischen Ziele der USA, um im Jahr 2002 mit 91 Prozent Zustimmung von der amerikanischen Öffentlichkeit als wichtigstes außenpolitisches Ziel identifiziert zu werden. Nach dem Irakkrieg hat sich jedoch der Schutz amerikanischer Arbeitsplätze mit 76 Prozent im Jahre 2006 (also noch vor der Wirtschafts- und Finanzkrise) wieder als wichtigstes außenpolitisches Ziel etabliert, gefolgt von der Verhinderung der Verbreitung von Massenvernichtungswaffen mit 74 Prozent sowie der Bekämpfung des internationalen Terrorismus mit 72 Prozent, die damit beide wieder auf das Niveau der 1990er Jahre zurückgefallen sind.[43] Diese Entwicklung setzt sich 2007 mit nahezu gleich bleibenden Werten fort.[44] Im Jahr 2010 sehen sogar nur noch 69 Prozent die Bekämpfung des Terrorismus bzw. 73 Prozent die Verhinderung der Verbreitung von Massenvernichtungswaffen als maßgebliches außenpolitisches Ziel an.[45] Seitdem ist die Intensität der Bedrohungswahrnehmung im Zuge von ISIS und des Syrienkonflikts zwar wieder ein Stück weit angestiegen. An der Priorisierung der außenpolitischen Ziele hat dies jedoch nichts geändert.[46] Es hat sich also aufgrund des 11. Septembers kein dauerhafter, neuer außenpolitischer Konsens über die Bedrohungswahrnehmung in den USA gefestigt, was wiederum den Schluss nahe legt, dass die langfristigen Auswirkungen der Terroranschläge für die Vereinigten Staaten im Rückblick deutlich überbewertet wurden. Tatsächlich bewirkte 9/11 lediglich eine temporäre Verstärkung bereits bestehender Bedrohungsmuster (vgl. Tabelle 3).

---

43 Vgl. ebd. S. 17.
44 Vgl. The German Marshall Fund of the United States, Transatlantic Trends 2007. Key Findings, Washington D.C. 2007, S. 9.
45 The Chicago Council on Global Affairs, Global Views 2010. Constrained Internationalism. Chicago 2010, S. 26.
46 Gallup, Americans Say Preventing Terrorism Top Foreign Policy Goal, 2014, http://www.gallup.com/poll/160628/americans-say-preventing-terrorism-top-foreign-policy-goal.aspx.

Tabelle 3: Außenpolitische Ziele der USA (Percentage who think each of the following should be a „very important" foreign policy goal of the United States)

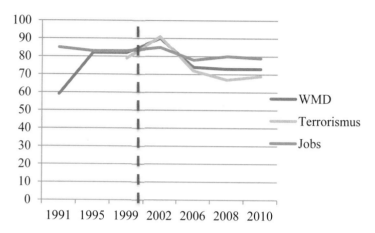

Quelle: Chicago Council on Global Affairs (eigene Darstellung).

Auch die Einstellungen der außenpolitischen Elite sind, was die wichtigsten außenpolitischen Ziele der Vereinigten Staaten angeht, weitgehend von Kontinuität geprägt. Das Ziel der Verhinderung der Weiterverbreitung von Massenvernichtungswaffen stand während der gesamten 1990er Jahre mit sehr hohen Zustimmungsraten durchweg an erster Stelle. Die Bekämpfung des internationalen Terrorismus lag im Jahr 1999 bereits an zweiter Stelle der außenpolitischen Ziele der USA. Was die George W. Bush Administration nach dem 11. September 2001 in Form der Verknüpfung aus Terrorismus und Massenvernichtungswaffen als neuartige monolithische Bedrohung konstruierte, war im übrigen bereits von der Clinton Administration in ähnlicher Form zur zentralen Bedrohung erklärt worden.[47]

Vergleicht man nun die Umfragewerte von Öffentlichkeit und politischer Elite über die Jahre nach dem Ende des Ost-West-Konflikts, so ergibt sich fol-

---

47 „*Many people believe that we no longer face such a unifying threat, but I believe we do, and NATO has recognized it before. It is to stop the proliferation of nuclear, chemical and biological weapons. It is to douse the combustible combination of technology and terror, the possibility, as unthinkable as it may seem, that weapons of mass destruction will fall into the hands of people who have no compunctions about using them.*" Madeleine K. Albright, Statement by the U.S. Secretary of State during the North Atlantic Council Ministerial Meeting, Brüssel 16.12.1997, <http://www.nato.int/docu/speech/1997/s971216aa.htm> (abgerufen am 23.6.2008).

gendes Bild: Während beim Thema Massenvernichtungswaffen die Prozent-
zahlen bei der Elite ausgehend von 94 Prozent im Jahre 1991 auf 90 Prozent
im Jahre 1995 sowie 85 Prozent im Jahre 1999 leicht gefallen sind, stiegen die
Prozentwerte für das gleiche Thema in der Öffentlichkeit von nur 59 Prozent
im Jahre 1991 auf 82 Prozent in den Jahren 1995 und 1999 sprunghaft an. Eine
ähnliche Entwicklung lässt sich auch beim Ziel der Bekämpfung des internationalen Terrorismus nachweisen, das bereits 1999 mit 74 Prozent bei den Eliten
sowie 79 Prozent bei der Öffentlichkeit auf beiden Seiten vergleichsweise hoch
angesetzt wurde. Dies zeigt deutlich, dass sich die Präferenzen außenpolitischer Ziele zwischen Elite und Öffentlichkeit in den Vereinigten Staaten bereits vor 2001 weitgehend angeglichen hatten.

Zusammenfassend wird so eine Entwicklung sichtbar, die dem internationalen Terrorismus und der Verbreitung von Massenvernichtungswaffen seit
dem Ende des Ost-West-Konflikts eine kontinuierlich ansteigende Bedeutung
als zentrales amerikanisches Bedrohungsbild einräumt, und die damit keineswegs durch die Terroranschläge des Jahres 2001 oder durch die Politik der
Bush Administration ausgelöst oder verursacht wurden. Vielmehr lässt sich
von weitgehender Kontinuität amerikanischer Bedrohungsmuster seit dem
Ende des Ost-West-Konflikts sprechen.

4.2 Handlungsnormen und diskursive Argumentationsprozesse

Neben der Bedrohungswahrnehmung in der amerikanischen Gesellschaft und
unter außenpolitischen Eliten sind es vor allem Handlungsnormen und diskursive Argumentationsprozesse, die außenpolitische Interessen, Normen und
Identitäten konstituieren bzw. abbilden und somit zusammengenommen einen
unverwechselbaren außenpolitischen Fingerabdruck hinterlassen. Im Folgenden sollen zwei wesentliche Handlungsnormen amerikanischer Außenpolitik
diskutiert werden, denen nach dem 11. September durch die sogenannte Bush-
Doktrin eine zentrale Rolle bei der Veränderung amerikanischer Außenpolitik
zugeschrieben worden ist: Multilateralismus und der Einsatz bzw. die Projek-
tion militärische Gewalt. Wenn es nachhaltige Veränderungen in der amerikanischen Außenpolitik nach 9/11 gegeben haben sollte, so wären diese wohl
neben der Bedrohungswahrnehmung am ehesten in diesen Kategorien zu erwarten.

4.2.1 Selektiver Multilateralismus

Zu Beginn ihrer Amtszeit signalisierte die Clinton Administration eine Stärkung ihrer multilateralen Zusammenarbeit im Rahmen kollektiver Sicherheit.
So befürwortete die Administration im Rahmen des „assertive multilateralism"
nicht nur die Beteiligung amerikanischer Truppen an Friedensmissionen unter

dem Oberkommando der Vereinten Nationen (VN) sondern schien ferner sogar bereit, diese Truppen auch als Teil einer ständigen VN-Eingreiftruppe gemäß Artikel 43 der VN-Charta zur Verfügung zu stellen.[48] Die damalige amerikanische Botschafterin bei den Vereinten Nationen, Madeleine K. Albright,
sprach sich in diesem Zusammenhang vor dem amerikanischen Kongress sogar explizit für „standby-Truppen" (VN-Eingreiftruppen) aus.[49] Allerdings war
gerade letzteres nicht nur im Kongress sondern auch innerhalb der Administration heftig umstritten, wie der damalige Außenminister Warren Christopher
deutlich machte: „We are the only superpower in the world. We have the re-
sponsibility to act unilaterally where that's appropriate, and to lead multilater-
ally where that's appropriate. We also will protect our vital interests, if we have
to, unilaterally."[50]

Angesichts des innenpolitischen Drucks im Zuge der Kongresswahlen
1994 ließ Madeleine K. Albright den Begriff „kollektive Sicherheit" rasch wieder fallen und sprach fortan nur noch von „kooperativer Sicherheit".[51] Nichtsdestotrotz machte die Clinton Administration deutlich, dass ihre außenpolitische Präferenz auf einer multilateralen Einbindung anderer Nationen lag. Die
damit verbundene Politik eines selektiven Multilateralismus sollte Macht und
Verantwortung des globalen Engagements der USA auf mehrere Schultern ver-
teilen, und damit gleichzeitig die finanziellen Kosten eines solchen Engagements reduzieren. Indes stellte die Administration klar, dass es zwar keinerlei
Einschränkung amerikanischer Souveränität im multilateralen Kontext geben
würde, dass aber nationale Alleingänge der USA die Ausnahme bleiben sollten. Der damalige Staatssekretär für politische Angelegenheiten im amerikanischen Außenministerium, Peter Tarnoff, fasste die Grundsätze dieser Politik
bei einem Hintergrundgespräch mit Journalisten im Mai 1993 wie folgt zusammen:

> „We're talking about new rules of engagement for the United States. There will
> have to be genuine power-sharing and responsibility-sharing. (...) There may be
> occasions in the future where the United States acts unilaterally – if we perceive
> an imminent danger very close to home that can be defended and where the amount

---

48   Vgl. Volker Rittberger, Claudia Dedeke, Gabriele Kittel, Langsame Annäherung. Das Ver-
     hältnis zwischen USA und UN unter den Präsidenten Reagan, Bush und Clinton, in: Vereinte
     Nationen 42/2, 1994, S. 45-52, S. 51.
49   Madeleine K. Albright, Statement, 24.6.1993, in: 103/1 U.S. Congress, House, Committee
     on Foreign Affairs, Subcommittee on International Security, International Organizations and
     Human Rights, Hearing: U.S. Participation in United Nations Peacekeeping Activities,
     Washington, D.C. 1993, S. 174.
50   Warren M. Christopher, in: U.S. Policy and Information Texts (USPIT), 3.6.1993, S. 19.
51   Madeleine K. Albright, Address to the Council on Foreign Relations Conference on Cooper-
     ative Security and the United Nations, 11.6.1993, in: 103/1 U.S. Congress, House, Commit-
     tee on Foreign Affairs, Subcommittee on International Security, International Organizations
     and Human Rights, Hearing: U.S. Participation in United Nations Peacekeeping Activities,
     Washington, D.C. 1993, S. 123.

of resources that we expend are commensurate with what our interests are. But these will be exceptions."[52]

Diese Einstellung zu multilateralem Handeln spiegelte sich auch in Präsident Clintons berühmten Credo „We will act with others when we can, but alone when we must" wider, und wurde 1994 mit der Presidential Decision Directive (PDD) 25 zur offiziellen amerikanischen Position erklärt. Auch VN-Botschafterin Madeleine K. Albright unterstützte daraufhin letztendlich den selektiven Multilateralismus.[53]

Auch wenn die Clinton Administration auf der Grundlage dieser Entscheidung im Zuge ihres Krisenmanagements auf dem Balkan einem multilateralen Vorgehen mit den europäischen Verbündeten prinzipiell den Vorzug gab, so darf dies nicht über die Tatsache hinwegtäuschen, dass dabei der Multilateralismus in den internationalen Beziehungen im Allgemeinen und im transatlantischen Verhältnis im Besonderen „a means, not an end" darstellte.[54] Nur solange keine vitalen Interessen der USA auf dem Spiel standen, würde die Administration dem Multilateralismus den Vorzug geben.[55]

Die Einstellungen zu multilateralem Handeln gingen jedoch insbesondere bei den außenpolitischen Eliten weit auseinander. Auf der einen Seite plädierten namhafte Persönlichkeiten des amerikanischen außenpolitischen Establishments in einem offenen Brief vom 4. März 1998 für einen normorientierten Multilateralismus, der bestehende internationale Institutionen ernst nehmen müsse und sich gegen einen falsch verstandenen Unilateralismus richten solle[56] Auf der anderen Seite hagelte es Kritik von Vertretern der sogenannten hegemonialen Internationalisten wie Donald Rumsfeld, Paul Wolfowitz oder Richard Perle. Aus deren Sicht hatte der Wegfall der Sowjetunion eine unipolare Weltordnung geschaffen, in der die USA ihre einzigartige militärische

52 Zitiert in: Mark T. Clark, The Future of Clinton's Foreign and Defense Policy: Multilateral Security, in: Comparative Strategy 13/2, 1994, S. 181-195, S. 188.
53 „Though sometimes we will act alone, our foreign policy will necessarily point toward multilateral engagement." Madeleine K. Albright, Statement, 24.6.1993, in: 103/1 U.S. Congress, House, Committee on Foreign Affairs, Subcommittee on International Security, International Organizations and Human Rights, Hearing: U.S. Participation in United Nations Peacekeeping Activities, Washington, D.C. 1993, S, 3.
54 Warren M. Christopher, Rede vor der Columbia University am 20.9.1993, zitiert in: Michael Brenner, A United States Perspective, in: Michael Brenner (Hrsg.), Multilateralism and Western Strategy, New York 1995, S. 131-184, S. 150.
55 Vgl. William J. Clinton, Rede vor der Generalversammlung der Vereinten Nationen am 27.9.1993, in: Public Papers of the Presidents, 1993, Book II, S. 1612-1618, S. 1615.
56 Zu den Unterzeichnern des Briefs zählten u.a. die ehemaligen Präsidenten Jimmy Carter und Gerald Ford sowie die ehemaligen Außenminister Henry Kissinger und Cyrus Vance. Einen ähnlichen Offenen Brief richteten im März 1999 sieben frühere US-Außenminister beider Parteien an die führenden Kongressmitglieder. Vgl. Henry A. Kissinger, Cyrus R. Vance, Alexander M. Haig, George P. Shultz, James A. Baker III, Lawrence S. Eagleburger und Warren M. Christopher, Offener Brief an Dennis J. Hastert, Richard J. Gebhardt, Trent Lott, Thomas A. Daschle, Washington D.C. 16.3.1999, <http://www.betterworldfund.org/backdues/031899_letter.htm> (abgerufen am 23.6.2008).

Machtstellung zur einseitigen Verfolgung nationaler Interessen nutzen sollten, um so ihre globale Vormachtstellung auf lange Zeit hin auszubauen. Nur so würden die USA eine hegemoniale Stabilität und damit letztendlich auch internationale Stabilität in Zukunft garantieren können.[57] Von Seiten der hegemonialen Internationalisten erschien am 26. Januar 1998 ebenfalls ein offener Brief an Präsident Clinton, der sich ausdrücklich für einen unilateralen und gewaltsamen Regimewechsel im Irak aussprach.[58] Tatsächlich erklärte die Clinton Administration daraufhin in einer offiziellen Erklärung einen Regimewechsel im Irak zum außenpolitischen Ziel der USA, ließ dieser Deklaration jedoch keinerlei Taten folgen.[59]

Die Clinton Administration behielt die Politik eines selektiven Multilateralismus bis zum Ende ihrer Amtszeit aus zwei Gründen bei. Erstens sah sie sich seit 1994 mit einem republikanisch dominierten Kongress konfrontiert, der zwar keine prinzipielle Abneigung gegenüber multilateralem Handeln an den Tag legte, einer zunehmenden multilateralen Verstrickung der USA in internationalen Organisationen jedoch äußerst skeptisch gegenüberstand und sich für mehr Flexibilität und Handlungsfreiheit in der amerikanischen Außenpolitik aussprach. So erklärte der damalige Vorsitzende des Auswärtigen Ausschusses im amerikanischen Senat, Senator Jesse Helms (R-NC): „If the United Nations does not respect American sovereignty, if it seeks to impose its presumed authority over the American people without their consent, then it begs for confrontation and, more important, eventual U.S. withdrawal."[60]

Der zweite Grund für den selektiven Multilateralismus der Clinton Administration lag in der öffentlichen Meinung zu diesem Thema begründet. Eine Politik des nationalen Alleingangs in Form einer prinzipiellen Kooperationsverweigerung gegenüber den VN oder der NATO bzw. der formale Rückzug aus diesen Organisationen war in den Vereinigten Staaten zu keinem Zeitpunkt gesellschaftlich mehrheitsfähig. Vielmehr sprach sich die amerikanische Bevölkerung auch nach dem Ende des Ost-West-Konflikts durchgehend für eine aktive Rolle der USA in den internationalen Beziehungen aus und befürwortete

---

57   Vgl. Peter Rudolf, Von Clinton zu Bush: Amerikanische Außenpolitik und transatlantische Beziehungen, in: Hans-Jürgen Puhle, Sönke Schreyer, Jürgen Wilzewski (Hrsg.), Supermacht im Wandel. Die USA von Clinton zu Bush, Frankfurt 2004, S. 263-295, S. 271.
58   Vgl. Elliott Abrams, Richard L. Armitage, William J. Bennett, Jeffrey Bergner, John Bolton, Paula Dobriansky, Francis Fukuyama, Robert Kagan, Zalmay Khalilzad, William Kristol, Richard Perle, Peter W. Rodman, Donald Rumsfeld, William Schneider Jr., Vin Weber, Paul Wolfowitz, James Woolsey, Robert B. Zoellick, Offener Brief an Präsident William J. Clinton, Washington D.C. 1998, <www.newamericancentury.org/iraqclintonletter.htm> (abgerufen am 23.6.2008).
59   Vgl. Iraq Liberation Act of 1998, <http://thomas.loc.gov/cgi-bin/query/z?c105:H.R.4655. ENR:> (abgerufen am 10.7.2008).
60   Jesse A. Helms, American Sovereignty and the UN, in: The National Interest, Winter 2001, S. 31-34, S. 34.

sogar mehrheitlich die Entsendung von US-Soldaten unter einem VN-Ober-kommando.[61] So fand sich Präsident Clinton eingekeilt zwischen der öffentlichen Sympathie für ein multilaterales Vorgehen im Rahmen kollektiver Sicherheit auf der einen sowie einer entsprechend restriktiven Haltung im Kongress auf der anderen Seite wieder. Vor diesem Hintergrund wählte Clinton den pragmatischen Mittelweg eines selektiven Multilateralismus, der ihm genügend innen- und außenpolitischen Handlungsspielraum im internationalen Krisenmanagement ließ.

Mit dem Einzug der Bush Administration ins Weiße Haus verdrängten die hegemonialen Internationalisten zunehmend den liberalen Internationalismus der Clinton-Ära. Damit einher ging eine veränderte Einstellung gegenüber internationaler Kooperation und multilateralem Handeln. Ausgehend von der Grundannahme, dass sich die Vereinigten Staaten in einem äußerst gefährlichen internationalen Umfeld bewegten, das von den einzelnen Interessen der nach Einfluss und Macht strebenden Nationalstaaten dominiert werde, empfand die Bush Administration, dass multilaterale Abkommen und Institutionen weder einen essentiellen noch zweckdienlichen Bestandteil des amerikanischen Interesses ausmachten.[62] So schrieb die designierte Nationale Sicherheitsberaterin, Condoleezza Rice, bereits während des amerikanischen Präsidentschaftswahlkampf 2000: „Foreign policy in a Republican Administration will (...) proceed from the firm ground of the national interest, not from the interests of an illusory international community."[63]

Dies bedeutete jedoch keineswegs, dass die Vereinigten Staaten wiederum unilateralem Handeln generell den Vorzug geben würden. Die Bush Administration sprach sich zu keinem Zeitpunkt (auch nicht nach 9/11) für einen Rückzug oder eine Reduzierung der Rolle der USA in internationalen Organisationen aus. Allerdings sollten diese noch stärker als zuvor der Durchsetzung amerikanischer Interessen dienen.[64] Da aus Sicht der Bush Administration internationale Organisationen aufgrund ihrer inhärenten Interessensvielfalt oft handlungsunfähig bleiben würden, musste sich Washington angesichts „neuer" Bedrohungen darauf einstellen, verstärkt eigenmächtig handeln zu müssen.[65] Im Zuge des 11. September erschienen daher Flexibilität und Handlungsfreiheit amerikanischer Außenpolitik wesentlich gewichtiger als die mit einem stärker unilateralen Vorgehen verbundene Reduzierung internationaler Legitimität.

---

61   Vgl. Chicago Council on Foreign Relations, Worldviews 2002. American Public Opinion and Foreign Policy, Chicago 2002, S. 6.
62   Vgl. Ivo H. Daalder, James L. Lindsay, America Unbound. The Bush Revolution in Foreign Policy, Washington D.C. 2003, S. 43.
63   Condoleezza Rice, Campaign 2000. Promoting the National Interest, in: Foreign Affairs 79/1 (2000), S. 45-62, S. 49.
64   Josef Braml, UN-engagiertes Amerika?, in: Internationale Politik 12/2006, S. 40-47, S. 47.
65   Harald Müller, Supermacht in der Sackgasse? Die Weltordnung nach dem 11. September, Bonn 2003, S. 27.

Letztendlich, so eine weit verbreitete Annahme innerhalb der Bush Administration, würden die europäischen Verbündeten ohnehin mangels Alternativen der amerikanischen Führung folgen.[66] Die Anschläge von New York City, Arlington und Shanksville stellten somit keine Transformation sondern vielmehr eine Bestätigung und Betonung der bereits vorhandenen Skepsis gegenüber eines normorientierten Multilateralismus dar:

> „We had certain strategies and policies and institutions that were built to deal with the conflicts of the 20th century. They may not be the right strategies and policies and institutions to deal with the kind of threat we face now from a nuclear armed al-Qaeda organization (...) and we have to find new ways to deal with those threats."[67]

Diese Skepsis schlug sich im amerikanischen Konfliktmanagement in Afghanistan und im Irak deutlich nieder. Die Politik eines selektiven Multilateralismus bestand hier aus ad hoc-Koalitionen ohne institutionelle Bindung, deren Mitglieder weniger auf der Grundlage gemeinsamer Werte und Normen als vielmehr ausschließlich aufgrund eines gemeinsamen Gegners und aufgrund gemeinsamer Interessen handelten. Dies galt insbesondere für die multilaterale Koordination der *extraordinary renditions* mithilfe repressiver und autoritärer Regime. Die Praxis solcher Gefangenentransporte stellte jedoch kein Novum im amerikanischen Umgang mit Terrorverdächtigen dar. Dieses Verfahren, also der Transport von Gefangenen ohne jedes rechtsstaatliche Verfahren von einem Staat in einen anderen, war nach dem gleichnamigen Programm der CIA unter der Bezeichnung *extraordinary rendition* (oder kurz: *rendition*) bereits unter der Clinton Administration praktiziert worden. Nach den Anschlägen des Jahres 2001 wurde das *rendition*-Programm zu einem der zentralen Instrumente im amerikanischen „Krieg gegen den Terror" ausgebaut, ohne es jedoch grundsätzlich zu verändern. Die Bush-Administration setzte vielmehr einen stärkeren Fokus auf das Erfassen und Sammeln von Informationen über mögliche Terrorverdächtige sowie deren Wissen über Struktur, Planung und Organisation von al Qaida.[68]

Während die Clinton Administration noch versucht hatte, einen selektiven Multilateralismus vorwiegend innerhalb bestehender internationaler Institutionen und Abkommen zu verfolgen, stellte die Bush Administration diesen

---

66 „America has friends and allies in this cause, but only we can lead it. (...) We are in a unique position because of our unique assets – because of the character of our people, the strength of our ideals, the might of our military, and the enormous economy that supports it." Richard B. Cheney, Remarks of the Vice President before the Council on Foreign Relations, New York, 15.2. 2002.
67 Richard B. Cheney, Interview with the Vice-President, NBC „Meet the Press",16.3. 2003.
68 Simon Koschut, Germany and the USA in the ‚War against Terror': Is Extraordinary Rendition Putting Transatlantic Cooperation under Strain?", in: Internationale Politik und Gesellschaft 3, 2007, S. 36-52, S. 37-44.

Multilateralismus zur Bewältigung der entscheidenden Krisen in weit stärkerem Maße außerhalb bestehender Institutionen. So setzte Präsident George W. Bush einem prinzipientreuen Multilateralismus seine Vorstellungen eines ergebnisorientierten Multilateralismus gegenüber: „The success of multilateralism is not measured by adherence to forms alone, the tidiness of the process, but by the results we achieve to keep our nations secure."[69]

Die hier geäußerte Betonung der Effektivität von Multilateralismus ist jedoch keineswegs neu in der amerikanischen Außen- und Sicherheitspolitik, sondern beschreibt vielmehr ein kontinuierliches Merkmal amerikanischen (selektiven) multilateralen Handelns. Insofern war es auch übertrieben, daraus eine „Bush-Revolution" in der amerikanischen Außenpolitik abzuleiten. Zu den Hauptargumenten der Befürworter einer solchen These zählt die unilaterale Machtausübung der USA unter Umgehung internationaler Institutionen.[70] Dies mag auf die erste Amtszeit der Bush-Administration noch eingeschränkt zu treffen, wobei sich die Frage stellt, warum die USA vor dem Einmarsch in den Irak überhaupt den Weg über den VN-Sicherheitsrat wählten, was dem Schwarz-Weiß-Bild eines unilateralen Handlungsakteurs widerspricht. Spätestens in ihrer zweiten Amtsperiode betrat die Bush-Administration den Pfad eines selektiven Multilateralismus unter Einbeziehung internationaler Institutionen (z.B. beim Wiederaufbau in Afghanistan und im Irak). Die amerikanischen Einstellungen zu multilateralem Handeln haben sich zwar den Vorstellungen einer kurzzeitig intensiveren Bedrohungswahrnehmung angepasst. Die grundsätzliche Präferenz der USA für einen instrumentellen oder selektiven Multilateralismus gegenüber einem normorientierten bzw. prinzipienorientierten Multilateralismus muss jedoch als Kontinuitätsmerkmal amerikanischer Außenpolitik angesehen werden.

Auch unter Barack H. Obama bleibt der Multilateralismus „a means, not an end" amerikanischer Außenpolitik. Dies wird in der Nationalen Sicherheitsstrategie 2010 noch einmal deutlich unterstrichen: „The United States must reserve the right to act unilaterally if necessary to defend our nation and our interests".[71] In der Praxis äußert sich dieser selektive Multilateralismus in der Erhöhung der Anzahl unbemannter Drohnenangriffe auf pakistanischem Territorium, dem Verzicht der Obama Administration, die pakistanische Regierung über die gezielte Tötung von Osama Bin Laden vorab zu informieren, der Ausgrenzung europäischer Verbündeter auf dem Klimagipfel von Kopenhagen 2009 sowie der strategischen Hinwendung zu den Staaten des pazifischen Raums. In seiner Rede am 24. Juli 2008 in Berlin hatte Barack H. Obama den transatlantischen Verbündeten zwar noch eine verstärkte Zusammenarbeit angeboten. Gleichzeitig stellte er jedoch klar, dass dieser Multilateralismus an

---

69 George W. Bush, President Bush Discusses Iraq Policy, London 19.11.2003.
70 Vgl. Ivo H. Daalder, James L. Lindsay, America Unbound. The Bush Revolution in Foreign Policy, Washington D.C. 2003, S. 2.
71 The White House, National Security Strategy, Washington D.C. 2010, S. 22.

konkrete Bedingungen geknüpft sein würde: „A change of leadership in Washington will not lift this burden [of global citizenship]. In this new century, Americans and Europeans alike will be required to do more – not less."[72] Obama unterstrich damit seine Absicht (wie bereits seine beiden Vorgänger), dass die transatlantische Partnerschaft auf einem fairen Lastenausgleich aufbauen und konkrete Ergebnisse im Sinne eines effektiven Multilateralismus erzielen müsse.

4.2.2 Militärische Interventionen

Die militärische Eskalation und öffentliche Demütigung von US-Truppen während der UN-Friedensmission in Somalia (UNOSOM) veränderte die amerikanische Unterstützung für multilaterales Handeln im Rahmen der UN, als im Oktober 1993 der Leichnam eines amerikanischen Soldaten vor laufenden Fernsehkameras von jubelnden somalischen Rebellen durch die Straßen von Mogadischu geschleift wurde. Trotz dieser negativen Erfahrungen in Somalia hielt die Clinton Administration an ihrer außenpolitischen Strategie aus Engagement und Erweiterung (vgl. Fn. 75) fest. Diese beinhaltete die aktive Verbreitung freier Märkte, Demokratie und Menschenrechte innerhalb von Staaten als zentralem Bestandteil amerikanischer Außen- und Sicherheitspolitik nach dem Ende des Ost-West-Konflikts.[73] Diese Strategie diente zugleich als Legitimation für den verstärkten Einsatz militärischer Gewalt unter der Clinton Administration, sei es die bloße Androhung von Gewalt gegenüber Haiti 1994, die Bombardierung Iraks 1998, die Militärintervention in Bosnien 1994/95 und in Kosovo 1999 oder die Vergeltungsangriffe auf den Sudan und Afghanistan 1998. Der sogenannte „neue amerikanische Interventionismus" diente sowohl amerikanischen Interessen wie dem Zusammenhalt der NATO als auch der Stärkung regionaler Stabilität, was im Falle des Genozids in Ruanda Mitte der 1990er Jahre ein Eingreifen verhinderte.[74]

Eine erweiterte Grundlage für den Einsatz militärischer Gewalt findet sich auch in der Nationalen Sicherheitsstrategie vom Dezember 1999 wieder. Ausgehend von der Nationalen Sicherheitsstrategie vom Mai 1995 erhob die Clinton Administration darin drei Kategorien für den Einsatz militärischer Gewalt[75]. Dieser sollte nicht nur aufgrund „vitaler" Interessen wie etwa der physischen Bedrohung des amerikanischen Territoriums oder seiner Bürger erfolgen. Auch wichtige Interessen wie die Stabilität von Staaten und Regionen, in

---

72 Barack Obama, A World That Stands As One, Rede am 24. Juli 2008 in Berlin.
73 Vgl. Anthony Lake, From Containment to Enlargement. Address at the John Hopkins School of Advanced International Studies, Washington, D.C. 21.9.1993, <http://www.mtholyoke.edu/acad/intrel/lakedoc.html> (abgerufen am 23.6.2008).
74 Vgl. Demetrios J. Caraley (Hrsg.), The New American Interventionism: Lessons from Successes and failures: Essays from Political Science Quarterly, New York 1999.
75 The White House. A National Security Strategy of Engagement and Enlargement, Washington, D.C. 1995.

denen die USA ökonomische Interessen verfolgen bis hin zu humanitären Interessen wurden als Rechtfertigung für den Einsatz amerikanischer Soldaten angesehen.[76] Damit entfernte sich die Clinton Administration von der wesentlich restriktiveren Weinberger-Doktrin von 1984, die den Einsatz des amerikanischen Militärs gänzlich ausgeschlossen hatte, „unless the particular engagement or occasion is deemed vital to our national interest or that of our allies."[77] Die unterschiedlichen Einstellungen gegenüber dem Einsatz militärischer Gewalt werden anhand einer internen Debatte über das Vorgehen in der Bosnienkrise zwischen dem Verfechter und Weiterentwickler der Weinberger-Doktrin, Colin L. Powell, und der Befürworterin eines stärkeren militärischen Engagements der USA auf dem Balkan, Madeleine K. Albright besonders deutlich:

„,What's the point of having this superb military you're always talking about if we can't use it?' Madeleine Albright screamed at me. I thought I would have an aneurysm. American GIs are not toy soldiers to be moved around on some global game board."[78]

Während die Clinton-Administration angesichts der Kriege in Bosnien und im Kosovo die Kriterien für den Einsatz militärischer Gewalt sukzessive erweiterte, machte sie mit Rücksicht auf den amerikanischen Kongress und die Öffentlichkeit gleichzeitig deutlich, dass sie im Falle einer multilateralen Militäroperation im Rahmen der VN oder der NATO die vollständige und ausschließliche Kontrolle über amerikanische Truppen ausüben würde.[79] Gleichzeitig unterstrich der Präsident in der sogenannten Clinton-Doktrin seine Entschlossenheit zum verstärkten Einsatz militärischer Gewalt auch und besonders unter humanitären Gesichtspunkten.[80] Mit der selektiven Selbstverpflichtung zur Verhinderung kollektiver Menschenrechtsverletzungen in anderen Staaten appellierte Präsident Clinton an den „humanitären Instinkt" der amerikanischen Öffentlichkeit.[81]

76 Vgl. The White House. A National Security Strategy for the New Century. Washington, D.C. 1999.

77 Caspar W. Weinberger, Rede des amerikanischen Verteidigungsministers vor dem Nationalen Presseklub in Washington über den Einsatz militärischer Macht, in: Europa-Archiv 1985/2, S. D23-30, S. D 27f.

78 Colin L. Powell, My American Journey, New York 1995, S. 576. Der Wortlaut dieses Dialogs wird auch von Madeleine Albright bestätigt. Vgl.: Madeleine K. Albright, Madam Secretary, A Memoir. New York 2003, S. 182.

79 Vgl. Statement by the Press Secretary on Reforming Multilateral Peace Operations. Washington D.C. 5.5.1994, in: Public Papers of the Presidents of the United States, 1994, Book I & II, S. 853.

80 „(W)hether you live in Africa or central Europe or any other place, if somebody comes after innocent civilians and tries to kill them en masse because of their race, their ethnic background, or their religion, and it's within our power to stop it, we will stop it." William J. Clinton, Remarks to Kosovo international security force troops in Skopje, Macedonia. 22.6.1999, in: Public Papers of the Presidents of the United States, 1999, Book I, S. 993.

81 Vgl. Chicago Council on Foreign Relations, American Public Opinion and U.S. Foreign Policy, Chicago 1999, S. 17.

Unabhängig von den jeweiligen Auslösern für einen Kampfeinsatz stellte der Einsatz militärischer Gewalt bereits unter Präsident Clinton nicht die Ultima Ratio amerikanischer Außenpolitik dar sondern ein „normales" außenpolitisches Instrument. Ausgehend von einem Vergleich öffentlicher Umfragewerte aus den 1980er Jahren mit Umfragewerten Ende der 1990er Jahre kam ein Meinungsforschungsinstitut im Auftrag der Regierung auf gesellschaftlicher Ebene zu einem ähnlichen Schluss: „The use of the military is now considered part of a continuum of potential foreign policy responses, rather than a distinctly different type of response to be used only in very unusual circumstances."[82] Ausgehend von den erfolgreichen Erfahrungen mit der Androhung militärischer Gewalt zur Erreichung politischer Ziele, etwa in Haiti 1994, setzte die Clinton Administration militärische Gewalt – insbesondere die Luftwaffe – bevorzugt als Mittel ein, um eine diplomatische Einigung etwa in Konflikten wie in Bosnien und im Kosovo zu erzwingen.[83]

Während seines Wahlkampfes im Jahr 2000 distanzierte sich der Präsidentschaftskandidat George W. Bush von diesem, aus seiner Sicht ausufernden, militärischen Interventionismus der Clinton Administration. Im Gegensatz zu seinem Vorgänger versprach George W. Bush eine selektivere und stärker an amerikanischen Interessen ausgerichtete militärische Interventionspolitik. Gleichzeitig sprach er sich für eine militärisch robustere Außenpolitik aus. „Armies and missiles are not stopped by stiff notes of condemnation. They are held in check by strength and purpose and the promise of swift punishment."[84] Der Clinton Administration wurde vorgeworfen, das amerikanische Militär zunächst für die falschen Interessen und im konkreten Fall dann aber zu restriktiv eingesetzt zu haben. Schon bald widmete sich die neugewählte Administration daher einer quantitativen und vor allem qualitativen Transformation der amerikanischen Streitkräfte.[85]

Nach dem 11. September 2001 wurde der transnational agierende Terrorismus mit den Interventionen in Afghanistan und Irak zwar nicht ausschließlich aber doch maßgeblich militärisch beantwortet. Aufgrund der kurzzeitig erhöhten Bedrohungswahrnehmung stieg die öffentliche Unterstützung in der

---

82   Mark J. Penn, People to Government: Stay Engaged, in: The New Democratic Blueprint, Winter 2000, S. 72-82, <http://www.ndol.org/specials/blueprint_archives/winter00_penn. pdf> (abgerufen am 25.6.2008).
83   Vgl. Ivo H. Daalder, Getting to Dayton. The Making of America's Bosnia Policy, Washington D.C. 2000, S. 182f.
84   George W. Bush, A Distinctly American Internationalism. Speech at Ronald Reagan Presidential Library, Simi Valley/CA (USA) 19.11.1999, <http://www.mtholyoke.edu/acad/ intrel/bush/wspeech.htm> (abgerufen am 23.6.2008).
85   „The US is a global power with interests, responsibilities, and commitments that span the world (...) U.S. forces need to be prepared to address a wider range of geographically and functionally distinct contingencies around the world." Donald H. Rumsfeld, Guidance and Terms of Reference for the 2001 Quadrennial Defense Review Report, Washington D.C. 22.6.2001, S. 6.

amerikanischen Bevölkerung für den Einsatz militärischer Gewalt zunächst rasant an.[86] Im direkten Anschluss an die Terroranschläge auf New York und Washington, D.C. verzeichneten die Umfragewerte Zustimmungen von 75 Prozent bis 90 Prozent für eine militärische Reaktion gegen Gruppen oder Staaten, die an den Terroranschlägen in irgendeiner Form beteiligt gewesen waren, auch wenn dies möglicherweise hohe Opferzahlen auf amerikanischer Seite bedeuten würde.[87] Im September 1999 hatte sich lediglich die Hälfte der Befragten für eine militärische Antwort im Falle eines Terroranschlags ausgesprochen.[88] Einer Gallup-Umfrage zufolge befürworteten im November 2001 80 Prozent der Befragten den Einsatz amerikanischer Bodentruppen in Afghanistan, der in den 1990er Jahren während der Krisen auf dem Balkan noch von einer deutlichen Mehrheit abgelehnt worden war.[89] In diesem Klima überragender öffentlicher Unterstützung für den Einsatz militärischer Gewalt im Ausland wurde der Boden für eine Strategie der globalen Interventionspolitik zur Verbreitung von Demokratie und Freiheit bereitet: „This time of adversity offers a unique moment of opportunity (...). And we have a great opportunity during this time of war to lead the world toward the values that will bring lasting peace."[90]

Neben der öffentlichen Meinung begünstigte noch ein weiterer Faktor den verstärkten Einsatz militärischer Gewalt. Mit der sogenannten Revolution in Military Affairs (RMA) verband sich insbesondere im Pentagon die Hoffnung auf neue technologische Innovationen, mit deren Hilfe die Kommunikation und Information in einer militärischen Auseinandersetzung der Politik eine noch größere Kontrolle über den Kriegsverlauf als auch eine präzisere Erfassung militärischer Ziele bei geringen bis gar keinen Verlusten auf beiden Seiten zu ermöglichen schien und deren Einsatz sich insbesondere im Kosovokrieg und in Afghanistan vermeintlich bewährt hatte.[91] Der Einsatz militäri-

---

86 So stieg insbesondere die Zustimmung für den Einsatz von US-Bodentruppen gegen terroristische Einrichtungen von 57% im Jahre 1998 auf 84% im Jahre 2002 an. Vgl. Chicago Council on Foreign Relations/The German Marshall Fund of the United States, Worldviews 2002. American Public Opinion & U.S. Foreign Policy, Washington D.C. 2002, S. 23.

87 Vgl. Seyom Brown, The Illusion of Control. Force and Foreign Policy in the 21st Century, Washington D.C. 2003, S. 41.

88 Vgl. Mark J. Penn, People to Government: Stay Engaged, in: The New Democratic Blueprint, Winter 2000, S. 72-82, <http://www.ndol.org/specials/blueprint_archives/winter00_penn. pdf> (abgerufen am 25.6.2008).

89 Vgl. Support for President Bush and military action (Interview mit Frank Newport), in: CNN, 6.11.2001, <http://edition.cnn.com/2001/COMMUNITY/10/23/gen.newport/index. html> (abgerufen am 10.7.2008).

90 George W. Bush, State of the Union Address, Washington D.C. 29.1.2002, <http://www.whitehouse.gov/news/releases/2002/01/20020129-11.html> (abgerufen am 23. 6.2008).

91 Zur Revolution in Military Affairs vgl. u.a.: Donald H. Rumsfeld, Transforming the Military, in: Foreign Affairs 81/3, Mai/Juni 2002, S. 20-32; Thierry Gongora, Harald von Riekhoff (Hrsg.), Toward a Revolution in Military Affairs?: Defense and Security at the Dawn of the

scher Gewalt sollte danach als Instrument noch stärker als bisher in die Außenpolitik integriert werden, dessen Machtbasis eine verlässliche Kontrolle der
USA in der Welt sichern konnte und dessen Einsatz nicht nur legitim, sondern
vor allem angesichts einer zentralen Bedrohung notwendig erschien. So heißt
es daher auch in der Nationalen Sicherheitsstrategie vom März 2006:

> „The United States can no longer simply rely on deterrence to keep the terrorists
> at bay or defensive measures to thwart them at the last moment. The fight must be
> taken to the enemy, to keep them on the run. (...) the fight involves using military
> force and other instruments of national power to kill or capture the terrorists, deny
> them safe haven or control of any nation, prevent them from gaining access to
> WMD (weapons of mass destruction), and cut off their sources of support.“[92]

Diese zunehmende Bedeutung und qualitative Veränderung militärischer
Macht in der amerikanischen Außenpolitik begann jedoch nicht mit dem 11.
September 2001, sondern lässt sich bereits während der 1990er Jahre nachweisen. Im Januar 1998 vermerkte etwa ein internes Dokument des Pentagon: „A
robust nonlethal countermateriel capability will facilitate the employment of
military force to defuse potentially volatile situations under circumstances in
which more destructive conventional military means might prove counterpro-
ductive.“[93] Nach dem 11. September wurden diese laufenden Veränderungen
öffentlich propagiert und im Irak und Afghanistan in die Tat umgesetzt. Eine
Transformation ergab sich hier auf der transatlantischen Ebene. Der Afghanistaneinsatz beendete de facto die Out-of-Area-Debatte[94] innerhalb der NATO.
Aus Sicht der USA stellte die Ausweitung des Einsatzgebietes der NATO allerdings lediglich die Bestätigung eines ihrer Kernanliegen an das transatlantische Bündnis seit dem Ende des Ost-West-Konflikts dar: „If NATO does not
go out of area, it will go out of business.“[95] Insofern kann man hier kaum von
einer Veränderung in der amerikanischen Außenpolitik sprechen.

In diesem Zusammenhang werden zudem häufig die Anwendung militärischer Präventivschläge (*pre-emptive strikes*) gegen „unkalkulierbare Bedrohungen" wie Irak, Iran oder Nordkorea – die sogenannte „axis of evil", – als
wesentliche Neuerung im Zuge der Anschläge des 11. September herangezogen. Diese basieren auf einer Rede von George W. Bush, in der dieser das präventive Element amerikanischer Militärstrategie betonte:

Twenty-First Century, Westport/CT (USA) 2000; Colin S. Gray, Strategy for Chaos: Revo-
lutions in Military Affairs and The Evidence of History, London 2004; Michael O'Hanlon,
Technological Change and the Future of Warfare, Washington D.C. 2000.

92 The White House, The National Security Strategy of the United States of America, Washington D.C. 2006, S. 8f.

93 U.S. Department of Defense, Joint Non-Lethal Weapons Program. A Joint Concept for Non-
Lethal Weapons, Washington D.C. 1998, S. 4.

94 Die sogenannte Out-of-Area-Debatte bezog sich auf die Frage, ob die NATO grundsätzlich
Militäreinsätze auch außerhalb ihres Vertragsgebietes durchführen darf.

95 Richard Lugar, Rede beim Open Forum des US State Departments am 2.8.1993, Washington.

„We cannot defend America and our friends by hoping for the best. (...) If we wait for threats to materialize, we will have waited too long. Our security will require transforming the military (...) to be ready for preemptive action when necessary."[96] Doch auch diese Argumentation ist keineswegs so neu wie es den Anschein haben mag. Tatsächlich ist die Möglichkeit eines militärischen Präventivschlages seit langem Bestandteil amerikanischer Verteidigungsstrategie. So erwog bereits die Clinton Administration Ende der 1990er Jahre ernsthaft einen militärischen Präventivschlag gegen den nordkoreanischen Nuklearreaktor Yongbyon, um einer potentiellen atomaren Bedrohung durch Nordkorea zuvorzukommen.[97] Das klassische Prinzip der militärischen Abschreckung wurde im Zuge des 11. September lediglich neu definiert. Anstelle von Panzerdivisionen und Raketensilos setzen die USA heute auf die abschreckende Wirkung der gezielten Tötung von Anführern terroristischer Gruppen mithilfe unbemannter Drohnen.[98]

Die Bedeutung militärischer Gewalt für die amerikanische Außenpolitik bleibt auch nach dem Ende des Ost-West-Konflikts allgegenwärtig. Seitdem hat sich die Zahl der militärischen Auslandseinsätze der USA von 19 Operationen in 14 Staaten während der 1980er Jahre auf über 100 solcher Operationen in mehr als 53 Ländern während der folgenden zwei Jahrzehnte sukzessive erhöht.[99] Darüber hinaus lag das Verteidigungsbudget 2005 12 Prozent über den durchschnittlichen Verteidigungsausgaben während des Ost-West-Konflikts.[100] Die absoluten Verteidigungsausgaben der Obama Administration überstiegen 2010 sogar die Verteidigungsausgaben der Reagan Administration aus dem bisherigen Rekordjahr 1985.[101] Der Anstieg der militärischen Auslandsinterventionen ist zum Teil der größeren Handlungsfreiheit der USA durch den Wegfall der Sowjetunion und innenpolitischer Lobbyaktivitäten geschuldet. Gleichzeitig spiegeln die Anzahl der Einsätze sowie größere Verteidigungsausgaben die Einstellung im Kongress, in der amerikanischen Öffentlichkeit und in der Regierung wider, dass amerikanische militärische Macht – und sei es nur deren Androhung – ein effektives Instrument für die Lösung internationaler Krisen und Konflikte darstellt. So resümiert Andrew J.

96 George W. Bush, Graduation Speech at West Point, 2002.
97 Jungsup Kim, International Politics and Security in Korea, Northampton, MA 2007, S. 106.
98 David Ignatius, „A hint of deterrence in U.S. drone-war strategy", Washington Post 3.10.2011.
99 Vgl. Philip H. Gordon, Jeremy Shapiro, Allies at War. America, Europe, and the Crisis over Iraq, New York 2004, S. 57.
100 Vgl. Steven M. Kosiak, Analysis of the Fiscal Year 2005 Defense Budget Request, Center for Strategic and Budgetary Assessment, Washington D.C. 2004, S. 1; Bush's Defense Budget Biggest Since Reagan Era. Iraq, Afghanistan Spending Top Vietnam War, in: Washington Post, 6.2.2007.
101 Vgl. Todd Harrison, Analysis of the Fiscal Year 2010 Defense Budget Request, Washington, DC 2009.

Bacevich: „The global military supremacy that the United States presently enjoys – and is bent on perpetuating – has become central to our national identity."[102] Daran wird auch die Ankündigung Obamas wenig ändern, die Verteidigungsausgaben im kommenden Jahrzehnt deutlich zurückzufahren. Die nach wie vor bedeutsame Rolle militärischer Gewalt in der amerikanischen Außenpolitik, hat nach dem Wegfall der Sowjetunion entgegen vieler Erwartungen nicht nachgelassen sondern sich vielmehr verstärkt. Auch Barack Obama folgt diesem Kontinutitätsmerkmal:

> „Yes, our military will be leaner, but the world must know the United States is going to maintain our military superiority with armed forces that are agile, flexible and ready for the full range of contingencies and threats."[103]

5 Fazit

Auf der Grundlage der empirischen Ergebnisse soll nun eine abschließende Bewertung der einzelnen Analysekategorien (Bedrohungswahrnehmung, Handlungsnormen und -diskurse) anhand der oben ausgeführten Typologie von außenpolitischem Wandel (Anpassung, Transformation, Diskontinuität) vorgenommen werden. Damit soll die eingangs gestellte Frage beantwortet werden, ob der 11. September 2001 tatsächlich eine Zeitenwende darstellt, die einen tiefgreifenden und anhaltenden Wandel in der amerikanischen Außenpolitik hervorgerufen hat.

Bezüglich des wahrgenommenen Bedrohungsbilds in den USA ist eine Entwicklung sichtbar geworden, die dem internationalen Terrorismus und der Verbreitung von Massenvernichtungswaffen seit dem Ende des Ost-West-Konflikts eine kontinuierlich ansteigende Bedeutung als zentrales Bedrohungsbild der USA einräumt, und die damit keineswegs durch die Terroranschläge des 11. September 2001 oder durch die Politik der George W. Bush Administration ausgelöst oder verursacht, wohl aber temporär verstärkt wurden. Insgesamt lässt sich dennoch von weitgehender Kontinuität amerikanischer Bedrohungsmuster seit dem Ende des Ost-West-Konflikts sprechen.

Die aus der Bush-Doktrin hervorgehenden maßgeblichen Handlungsnormen und -diskurse lassen ebenfalls nicht auf einen tiefgreifenden Wandel amerikanischer Außenpolitik im Sinne fundamentaler Diskontinuität (*foreign policy restructuring*) schließen. Während die Clinton-Administration noch versucht hatte, einen selektiven Multilateralismus vorwiegend innerhalb bestehender internationaler Institutionen und Abkommen zu verfolgen, stellte die

---

102 Andrew J. Bacevich, The New American Militarism. How Americans Are Seduced by War, New York 2005, S. 1.
103 Barack H. Obama, Remarks on Military Spending (5.1.), Washington D.C. 2012.

Bush Administration diesen Multilateralismus zur Bewältigung der entscheidenden Krisen in weit stärkerem Maße außerhalb bestehender Institutionen. Die Obama-Administration hat diese Auswüchse zwar begrenzt, jedoch wurden keine substantiellen Veränderungen an der grundsätzlich selektiven Ausrichtung des amerikanischen Multilateralismus vorgenommen. Die Betonung der Effektivität von Multilateralismus ist daher keineswegs ein neues Element in der amerikanischen Außenpolitik, sondern beschreibt vielmehr ein kontinuierliches Merkmal selektiven multilateralen Handelns, dass im Zuge des 11. September sukzessive erweitert jedoch nur geringfügig verändert wurde.

In militärischer Hinsicht hat 9/11 und die damit verbundenen Interventionen im Irak und Afghanistan die USA kriegsmüde gemacht und ökonomisch ausgezehrt. Dennoch ist nicht mit einer grundsätzlichen Reduzierung der militärischen Präsenz der USA auf der Welt zu rechnen sondern lediglich mit einer schrittweise Umorientierung der vorhandenen Ressourcen vor allem in den pazifischen Raum, die im übrigen im Grunde nur die konsequente Fortschreibung amerikanischer Schwerpunktsetzung seit dem Ende des Ost-West-Konflikts darstellt[104]. Auch die qualitative Veränderung militärischer Macht in der amerikanischen Außenpolitik im Sinne der RMA oder militärischer Präventivschläge hat nicht mit dem 11. September 2001 begonnen sondern war bereits während der 1990er Jahre grundlegender Bestandteil amerikanischer Verteidigungspolitik und wurden auf deren Basis weiterentwickelt sowie diskursiv stärker in den Vordergrund gestellt und praktisch umgesetzt.[105]

Insgesamt stellen die zweifellos vorhandenen Veränderungen der Handlungsnormen und -diskurse amerikanischer Außenpolitik insgesamt allenfalls inkrementalistische Anpassungen im Sinne von *normal foreign policy change* dar (vgl. Tabelle 4). Eine Ausnahme bilden hier die Terrorbekämpfung und die Menschenrechtspolitik. In diesen Bereichen lassen sich durchaus transformative Veränderungen feststellen, wie etwa der systematische Ausbau der *extraordinary renditions* und die juristische Legitimierung fragwürdiger Verhörmethoden verdeutlichen. Doch solche sektorspezifischen Veränderungen sind wie oben dargelegt auch innerhalb eines *normal foreign policy change* durchaus möglich. Mit einer sektorenübergreifenden Neuorientierung der außenpolitischen Ziele und Mittel amerikanischer Außenpolitik (*foreign policy restructuring*) ist dies jedenfalls nicht gleichzusetzen.

---

104 Vgl. Alexandra de Hoop Scheffer, A Post-American Europe? Not Just Yet. GMF Blog Expert Commentary, 2012, <http://blog.gmfus.org/a-post-american-europe-not-just-yet/> (Zugriff am 10.1.2012).
105 Vgl. hierzu auch Simon Koschut, Die Grenzen der Zusammenarbeit. Sicherheit und transatlantische Identität nach dem Ende des Ost-West-Konflikts, Baden-Baden 2010, S. 221-234.

Tabelle 4: Außenpolitischer Wandel in den USA nach dem 11. September

Kategorie	Außenpolitischer Wandel
Bedrohungswahrnehmung	Weitgehende Kontinuität
Multilateralismus*	sektorenspezifische oder inkrementalistische Anpassungen (*normal foreign policy change*)
Militärische Gewalt*	sektorenspezifische oder inkrementalistische Anpassungen (*normal foreign policy change*)

*Eine Ausnahme bilden hier die Terrorbekämpfung und die Menschenrechtspolitik. In diesen Sektoren lassen sich durchaus transformative Veränderungen feststellen.

Quelle: eigene Darstellung.

Es erscheint daher aufgrund der Ergebnisse des vorliegenden Beitrages für das Forschungsfeld der Internationalen Beziehungen (IB/FPA) nicht gerechtfertigt, für den 11. September 2001 den Begriff der „Zeitenwende" zu verwenden. Insofern decken sich die empirischen Erkenntnisse mit der theoretischen Diskussion in den IB. In seiner Gesamtheit setzt sich die Außenpolitik der USA seit dem Ende des Ost-West-Konflikts aus einer Kontinuität der Bedrohungswahrnehmung, der fortlaufenden Aufweichung multilateraler Handlungsnormen sowie einer kontinuierlich wachsenden Bedeutung militärischer Gewalt zusammen. Dabei lassen sich im Zuge der Terroranschläge auf New York, Virginia und Pennsylvania allenfalls inkrementalistische Anpassungen und Erweiterungen mit sektorspezifischen Transformationselementen (Terrorbekämpfung, Menschenrechtspolitik) feststellen. Der 11. September nimmt somit die Rolle eines Katalysators ein, der bereits vorhandene Trends und Veränderungen in der amerikanischen Außenpolitik verstärkte und beschleunigte. Als Verursacher dieser Entwicklungen kann dieser jedoch nicht herangezogen werden.

„Our war on terror begins with al-Qaeda, but it does not end there" – Der 11. September als Zeitenwende in der amerikanischen Sicherheitspolitik?[1]

Robin Schroeder

Nach Ansicht des renommierten Historikers John Lewis Gaddis gab es seit Gründung der Vereinigten Staaten von Amerika drei zentrale historische Ereignisse, die einen grundsätzlichen Wandel der US-amerikanischen Außenpolitik mit sich brachten: Erstens, das Niederbrennen der Hauptstadt Washington durch die britische Armee im Jahre 1814, welches zum Ende der isolationistischen Außenpolitik der noch sehr jungen Nation und zu einem regionalen Hegemonieanspruch der Vereinigten Staaten in Nordamerika führte. Zweitens, der unangekündigte Angriff auf die amerikanische Pazifikflotte in Pearl Harbor im Jahr 1941, der zum US-amerikanischen Kriegseintritt in Asien und in Europa führte und damit den Beginn des Aufstiegs der Vereinigten Staaten zu einer globalen Supermacht markierte. Drittens, die beispiellosen Anschläge auf das World Trade Center und das Pentagon am 11. September 2001.[2] Allen drei Ereignissen ist gemeinsam, dass sie die Vereinigten Staaten unerwartet und direkt trafen, bisherige Grundannahmen hinsichtlich der nationalen Sicherheit in Frage stellten und zu einem Wandel der außenpolitischen Gesamtstrategie – der *Grand Strategy* – führten. Während der fundamentale Strategiewandel der amerikanischen Außenpolitik nach 1814 und 1941 jedoch unverkennbar zu sein scheint, so ist der Zäsurcharakter der Anschläge vom 11. September 2001 trotz der gewaltigen Reaktionen der Vereinigten Staaten umstritten. So argumentiert etwa Melvynn Leffler, ein nicht weniger renommierter Kollege von Gaddis, dass sich die Grundprinzipien amerikanischer Außen-

---

1   Der folgende Beitrag ist auf dem Stand vom Dezember 2012. Zitat: George W. Bush, Rede vor dem Kongress, 20.09.2001, http://georgewbushwhitehouse. archives.gov/news/releases/ 2001/09/20010920-8.html, (03.08.2012).

2   John Lewis Gaddis, *Surprise, Security and the American Experience*, Cambridge/London 2004.

und Sicherheitspolitik auch durch die Anschläge vom 11. September nicht wesentlich geändert hätten.[3] In diesem Spannungsfeld soll im vorliegenden Beitrag der sogenannte *Global War on Terrorism*[4] als prägendes Element der amerikanischen Sicherheitspolitik seit 2001 verortet werden.

1 Amerikanische Sicherheitspolitik in der Dekade vor dem 11. September

Der Kalte Krieg war nicht zuletzt dadurch beendet worden, dass die US-Streitkräfte unter der Präsidentschaft von Ronald Reagan so massiv aufgerüstet wurden, dass die Sowjetunion bei dem Versuch auf Basis einer ökonomisch maroden und ineffektiven Planwirtschaft rüstungstechnisch gleichzuziehen sowie zeitgleich einen verlustreichen Krieg in Afghanistan zu führen wirtschaftlich zusammenbrach. Im Zuge des Zweiten Golfkriegs von 1991 demonstrierten die Vereinigten Staaten dann vor den laufenden Kameras der internationalen Medien, dass ein konventioneller Krieg gegen die einzig verbliebene Supermacht und deren Alliierte zukünftig aussichtslos sein wird. Bis heute verfügt kein weiterer Staat auch nur annähernd über militärische Kapazitäten, die mit denen der Vereinigten Staaten vergleichbar wären.

Das von Francis Fukuyama im Jahr 1989 prophezeite „Ende der Geschichte" war nach dem Zusammenbruch der Sowjetunion nicht eingetreten.[5] Es wurde schnell deutlich, dass mit dem Ende der bipolaren Weltordnung die Anzahl der als „neue Kriege" bezeichneten regionalen Konflikte und Bürgerkriege, welche häufig asymmetrisch geführt wurden und sich oft durch Gewaltökonomien verstetigten, zunahm. Diese brachten nicht nur großes Leid und Elend über die lokal betroffenen Menschen, sondern gefährdeten auch die internationale Gemeinschaft.[6] Die Folgeerscheinungen dieser neuen Kriege wie regionale Destabilisierung, Waffenproliferation, humanitäre Katastrophen, Flüchtlingsströme und auch Terrorismus wurden von den Vereinigten Staaten aufgrund ihres Ausmaßes als neue Herausforderungen ihrer Sicherheitspolitik bewertet. Abgesehen von der Proliferation von Massenvernichtungswaffen, welcher die USA mit zahlreichen Maßnahmen entgegenzuwirken versuchten, wurden

3   Melvyn P. Leffler, „September 11 in Retrospect. George W. Bush's Grand Strategy, Reconsidered", in: *Foreign Affairs*, September/October 2011, S. 33-44.
4   Auch wenn der Begriff „Global War on Terror" geläufiger ist, soll im Folgen der präzisere Begriff „Global War on Terrorism" verwendet werden.
5   Francis Fukuyama, The End of History?, in: National Interest, 16:4, Summer 1989, S. 3-18.
6   Siehe z.B. Martin van Crefeld, The Transformation of War, New York 1991; Mary Kaldor, New and Old Wars. Organized Violence in a Global Era, Stanford 1999; Herfried Münkler, Die neuen Kriege, Reinbek 2002.

diese Probleme jedoch zunächst nicht als eine unmittelbare Bedrohung vitaler amerikanischer Sicherheitsinteressen angesehen. Die amerikanische Außen- und Sicherheitspolitik unter Präsident Bill Clinton, der 1993 sein Amt antrat, war nicht zuletzt aus diesem Grund von militärischer Zurückhaltung gegenüber den von Staatszerfall und Bürgerkrieg betroffenen Krisenregionen geprägt.

Die Wurzeln dieser Politik liegen noch in den Tagen des Kalten Krieges. Bereits 1984 manifestierte die sogenannte Weinberger-Doktrin, benannt nach dem damaligen US-Verteidigungsminister Caspar Weinberger, den Unwillen der Vereinigten Staaten, militärisch in strategisch wenig relevanten Ländern zu intervenieren. Die Weinberger-Doktrin war vor allem eine Reaktion auf den *Peacekeeping*-Einsatz im Libanon des Jahres 1983, auf den im Folgenden noch genauer eingegangen wird. Es war jedoch vor allem das damals noch relativ frische nationale Trauma des Vietnam-Krieges, welches die Vereinigten Staaten vor der direkten militärischen Einmischung in Konflikte in weit entfernten Ländern zurückschrecken ließ. Dies galt insbesondere für schwer kalkulierbare, unkonventionelle und asymmetrische Konflikte mit irregulär kämpfenden und nicht-staatlichen Akteuren.[7] Die Weinberger-Doktrin war im zweiten Golfkrieg auch ein bedeutender Grund für die strategische Entscheidung, die irakischen Invasoren in Kuwait zwar durch den massiven Einsatz konventioneller militärischer Mittel schnell und vernichtend zu schlagen, aber im Weiteren auf die potentielle Möglichkeit zu verzichten, anschließend mit Bodentruppen tiefer in den Irak vorzudringen und das Regime Saddam Husseins zu stürzen.[8] Die in diesem Kampfeinsatz von dem damaligen Generalstabschef und späteren Außenminister Colin Powell propagierte Anwendung von *decisive force* wurde zu einer neuen Leitlinie der US-Kriegsführung, die von nun an auch als „Weinberger-Powell-Doktrin" bezeichnet wurde.

Der US-amerikanische Rückzug aus Somalia als Reaktion auf das „Blackhawk Down"-Fiasko von Mogadischu im Jahr 1993 reflektierte klar die Prämisse der Weinberger-Powell-Doktrin, amerikanische Streitkräfte nicht in asymmetrische Landkriege hineinziehen zu lassen. Die Entscheidung der Clinton-Administration, im Jahr 1994 nicht in dem ethnischen Konflikt in Ruanda zu intervenieren, der dann in einen Völkermord eskalierte, lässt sich ebenfalls hierauf zurückführen. Auch die politischen Entscheidungen der Clinton-Administration zur amerikanischen Beteiligung an den Interventionen in Bosnien (1995) und im Kosovo (1999) müssen im Kontext der Weinberger-Powell-Doktrin gesehen werden. Nicht zuletzt aufgrund der schrecklichen Ereignisse in Ruanda wurde hier angesichts der ethnisch motivierten Kriege auf dem Balkan eingegriffen. Doch erst nachdem die NATO unter amerikanischer Führung mit

---

7   Siehe hierzu: Thomas X. Hammes, The Sling and the Stone. On War in the 21st Century, St. Paul 2006.

8   Vgl.Frank G. Hoffmann, Decisive Force. The New American Way of War, Westport 1996.

zahlreichen Luftschlägen dafür gesorgt hatte, dass die Gewalt am Boden weitestgehend eingedämmt und das Sicherheitsrisiko für die *Peacekeeping*-Trup-
pen damit minimiert worden war, wurden diese entsandt.[9] Auch im Nahen Osten setzte die Clinton-Administration auf eine Kriegsführung aus der Luft. Ge-
legentliche Luftschläge gegen irakische Militärstellung (1993, 1996 und 1998)
sowie die bloße Präsenz von starken US-Truppenkontingenten in der Golf-Re-
gion hatten das Ziel, Saddam Hussein sicherheitspolitisch unter Kontrolle zu
behalten, nicht aber dessen Diktatur durch eine militärische Intervention zu
beenden.

Insgesamt befanden sich die Vereinigten Staaten in den gesamten 1990er Jahren sicherheitspolitisch in einer Phase der Orientierungslosigkeit: Ein konventioneller Krieg mit einem anderen Staat, dessen Streitkräfte ein ernsthafter
Gegner für das US-Militär darstellen würde, stellte kein reales Bedrohungssze-
nario mehr dar.[10] Gleichzeitig entwickelten sich unkonventionelle Konflikte
im Zusammenhang mit den Negativaspekten einer schnell wachsenden Globalisierung zu neuen Sicherheitsbedrohungen. Die US-Streitkräfte blieben im
Einklang mit der Weinberger-Powell-Doktrin dennoch auch weiterhin auf die
Führung konventioneller Kriege ausgerichtet. Da für die nationale Sicherheit
keine unmittelbare Bedrohung vorlag, setzten die Vereinigten Staaten zur
Adressierung der „neuen" globalen Sicherheitsprobleme stattdessen auf einen
langfristig gedachten strategischen Ansatz, der in seiner konkreten Anwendung allerdings häufig recht vage blieb.[11] Basierend auf den Ideen des liberalen
Friedens sowie der amerikanischen *soft power* sollte die Förderung von Demokratie, freier Marktwirtschaft sowie von neuen sicherheitspolitischen Partnerschaften auf lange Sicht mehr Stabilität und Sicherheit in die von Unruhe und
Instabilität geprägten Länder und Regionen der Welt bringen.[12]

---

9   Der Einsatz amerikanischer Streitkräfte auf dem Balkan war vor allem ein Fall von enger
    Bündnissolidarität, nachdem sich die europäischen Staaten als unfähig erwiesen hatten, die
    Bürgerkriege vor der eigenen Haustür selbstständig zu beenden.
10 Die Entsendung einer Flugzeugträgerkampfgruppe in die Straße von Taiwan (1996) war eine
    wohlkalkulierte Demonstration von militärischer Stärke in Reaktion auf eine aggressive Rhe-
    torik der Volksrepublik China gegenüber Taiwan, aber kein kriegerischer Akt.
11 The White House (Hrsg.), A National Security Strategy for a New Century. May 1997, Wash-
    ington D.C. 1997.
12 Vgl. Joseph S. Nye, Soft Power. The Means to Success in World Politics, New York 2004;
    Robert J. Lieber (Hrsg.), Eagle Rules? Foreign Policy and American Primacy in the Twenty-
    first Century, Upper Saddle River 2002.

2 Terrorismus-Bedrohungsperzeption und Anti-Terror-Maßnahmen vor dem 11. September

Die Vereinigten Staaten wurden bereits vor dem 11. September 2001 mehrfach Ziel terroristischer Gewalttakte. Die meisten dieser Anschläge richteten sich jedoch gegen amerikanische Ziele in Übersee. Die US-amerikanische Intervention im libanesischen Bürgerkrieg in den 1980er Jahren ist in diesem Kontext besonders hervorzuheben. Dort griffen die Vereinigten Staaten 1982 im Rahmen des *Multinational Force in Lebanon* (MNF) *Peacekeeping*-Einsatzes in dem vom Bürgerkrieg zerrissenen Land militärisch ein. Im darauffolgenden Jahr erfolgten als Reaktion auf diesen Einsatz verheerende Selbstmordanschläge. Am 18. April 1983 starben bei einem Selbstmordanschlag auf die amerikanische Botschaft in Beirut 63 Menschen, darunter 17 US-Amerikaner. Ein halbes Jahr später, am 23. Oktober, erfolgte ein weiterer schwerer Anschlag. Zwei Selbstmordattentäter griffen mit Sprengstoff beladenen Lastwagen die Unterkünfte amerikanischer und französischer Truppen auf dem Gelände des Beiruter Flughafens an, wo sich das Hauptquartier der multinationalen Kräfte befand. Der Anschlag, der 241 US-Marines und 58 französischen Soldaten das Leben kostete, leitete das Ende der Mission ein.

Darüber hinaus erfolgte bis 1990 eine Welle von Entführungen von US-Amerikanern durch terroristische Organisationen im Libanon, welche die Reagan-Administration zu inoffiziellen Verhandlungen mit dem Iran und Syrien zwang.[13] Um die Unterstützung der iranischen Regierung bei der Befreiung von US-Amerikanern zu erlangen, die durch schiitische Gruppen entführt worden waren, kam es neben den Waffenlieferungen an die Contra-Rebellen in Nicaragua auch zu solchen an den Iran. Diese waren allerdings nicht zuvor vom U.S. Kongress genehmigt worden und gingen 1986 als politischer Skandal („Iran-Contra-Affäre") in die Geschichte der USA ein. Neben den terroristischen Anschlägen, die in Verbindung mit dem Libanon standen, erwies sich in den 1980er Jahren auch das libysche Regime unter Muammar Gaddafi als ein Drahtzieher von terroristischen Angriffen, die sich gegen die Vereinigten Staaten richteten. Neben Bombenanschlägen auf amerikanische Staatsbürger in Madrid, Rom, Wien und West-Berlin erfolgte 1988 der Bombenanschlag auf eine im Flug befindliche Boeing 747 der Pan-Am über dem schottischen Lockerbie, bei dem 270 Menschen starben.

Die Serie von terroristischen Anschlägen auf US-Amerikaner im Libanon veranlasste Präsident Ronald Reagan im März 1984 dazu, den *War on Terrorism* auszurufen. Der Begriff des „Krieges gegen den Terrorismus", der oft Präsident George W. Bush zugeschrieben wird, ist somit nachweislich bereits in den

---

13 Vgl. Hala Jaber, Hezbollah. Born With a Vengeance, New York 1997.

1980er Jahren entstanden. Präsident Reagans *War on Terrorism*, der sich in erster Linie gegen die Terrororganisation Abu Nidal, einer Abspaltung der Palästinensischen Befreiungsorganisation (PLO) richtete, war jedoch ein unkonventioneller „Schattenkrieg", der im Verborgenen durch den US-amerikanischen Auslandsnachrichtendienst *Central Intelligence Agency* (CIA) sowie durch militärische Spezialeinheiten geführt wurde. Dem bemerkenswerten Erfolg dieser geheimen Operationen wurde jedoch aufgrund der zeitgleichen Einführung der auf konventionelle Kriegsführung ausgerichteten Weinberger-Doktrin von der politischen und militärischen Führung in Washington kaum Beachtung geschenkt.[14] Terrorismus wurde während dieser Jahre von der amerikanischen Öffentlichkeit lediglich als eine Bedrohung der US-amerikanischen Peripherie, nicht aber des Heimatlandes selber wahrgenommen. Als eine substantielle Bedrohung der nationalen Sicherheit wurde auch in den Zeiten des ausklingenden Systemgegensatzes weiterhin lediglich das *Evil Empire* der Sowjetunion angesehen.

In der ersten Hälfte der 1990er Jahre wurde dann deutlich, dass Terrorismus auch für die innere Sicherheit der Vereinigten Staaten eine ernsthafte Gefahr darstellen konnte. Bereits 1993 kam es zu einem ersten erfolgreichen terroristischen Anschlag auf das *World Trade Center* in New York: In einer Tiefgarage unter dem Nord-Turm explodierten in einem Transportfahrzeug über 600 Kilogramm Sprengstoff. Eine islamistische Terrorzelle um Ramzi Yussuf, einem gebürtigen Kuwaiti mit pakistanischem Pass, beabsichtigte auf diese Weise den nördlichen Turm in den südlichen stürzen zu lassen und den symbolträchtigen Gebäudekomplex damit vollständig zu zerstören. Drahtzieher des Anschlages war Yussufs Onkel, Khalid Scheich Mohammed, ein frühes Führungsmitglied der Al Kaida, der acht Jahre später auch die Anschläge des 11. September mit orchestrierte.[15] Der Anschlag erreichte nicht wie beabsichtigt den Einsturz der Türme, dennoch starben sechs Menschen und viele weitere wurden teilweise schwer verwundet.[16] Hätte der Anschlag sein Ziel erreicht, hätte er das Ereignis und die Folgen des 11. Septembers 2001 zumindest teilweise vorweggenommen. So blieb der Fokus der amerikanischen Sicher-

---

14 David C. Willis, The First War on Terrorism. Counter Terrorism Policy during the Reagan Administration, Maryland 2003; John Arquilla, Three Wars on Terror. Ronald Reagan and the Battle for Obama's Strategic Soul, 10.09.2012, http://www.foreignpolicy.com/articles/2012/09/10/three_wars_on_terror, (13.10.2012).

15 Ramzi Yussuf und alle bis auf einen seiner Komplizen konnten in den Folgejahren gefasst werden. Auch Khalid Scheich Mohammed befindet sich heute in amerikanischem Gewahrsam.

16 Federal Bureau of Investigation: FBI 100. First Strike: Global Terror in America, 26.02.2008, http://www.fbi.gov/news/stories/2008/february/tradebom_022608, (09.10.2012).

heitspolitik jedoch vorerst weiterhin auf eine kontrollierte Neuordnung der internationalen Staatenwelt nach dem Ende des Ost-West-Konfliktes ausgerichtet.[17]

Am 19. April 1995 ereignete sich der bis dahin schwerste terroristische Anschlag auf amerikanischem Boden. Ein Bombenanschlag auf ein Bundesverwaltungsgebäude in Oklahoma City führte zu 168 Toten und 680 Verletzten. Die Verantwortlichen, Timothy McVeigh und Terry Nichols, waren jedoch Einzeltäter, deren Motiv eine extremistische Ausprägung der amerikanischen rechtskonservativen Ablehnung gegenüber der starken US-amerikanischen Bundesregierung war. Die Dimension und die Opferzahlen des Anschlags machten erstmals die Verwundbarkeit der amerikanischen Gesellschaft durch Terrorismus deutlich. Nach den Anschlägen von 1993 und 1995 wurde Terrorismus im eigenen Land durch die amerikanische Regierung allerdings noch vorwiegend als eine Herausforderung der Kriminalbehörden und weniger der internationalen Politik bewertet.

Erst in der zweiten Hälfte der 1990er Jahre begann die amerikanische Regierung damit, sich verstärkt mit dem Phänomen des global-islamistischen Terrorismus auseinanderzusetzen. Die Person Osama bin Laden und dessen Organisation Al Kaida wurden dabei als eine besonders ernstzunehmende Bedrohung identifiziert. Dies hatte seine Ursache u.a. darin, dass es den US-amerikanischen Sicherheitsbehörden gelungen war, bin Laden mit dem Anschlag auf das *World Trade Center* im Jahr 1993 in Verbindung zu bringen. Die US-Regierung beobachtete den Aufbau der Al Kaida-Trainingslager in Afghanistan daher mit zunehmender Sorge. Vor diesem Hintergrund wurde innerhalb der CIA 1996 erstmals eine *Bin Laden Issue Station* eingerichtet. 1998 folgte die Einrichtung einer *Counterterrorism Security Group (CSG)*, die Präsident Clinton beauftragt hatte, einen Plan zur Festnahme des Al Kaida-Chefs in dessen Wohnsitz im südafghanischen Kandahar auszuarbeiten. Die geplante Operation kam jedoch nicht zustande, da sie aufgrund der völkerrechtlichen Rahmenbedingungen mit hohen politischen Risiken verbunden gewesen wäre und auch aus militärtaktischer Perspektive beachtliche Risiken beinhaltete.[18]

Die schweren Anschläge auf die amerikanischen Botschaften in den ostafrikanischen Hauptstädten Daressalam (Tansania) und Nairobi (Kenia), die nahezu simultan am 7. August 1998 erfolgten, bestätigten die Einschätzung der amerikanischen Sicherheitsbehörden, dass das Al Kaida-Netzwerk eine nicht zu unterschätzende Gefahr darstellte. Die Anschläge führten zu insgesamt 223 Toten und ca. 4.000 Verletzten, wobei die Mehrheit der Opfer Einheimische

17   The White House (Hrsg.), A National Security Strategy for a New Century. December 1999, Washington D.C. 1999.
18   Richard A. Clarke, Against All Enemies: Inside America's War on Terror, New York 2004.

waren. Dreizehn Tage später erfolgten erstmalig Militärschläge gegen bin Ladens terroristisches Netzwerk. Im Rahmen dieser Vergeltungsmaßnahmen wurden Ziele im Sudan und in Afghanistan mit Marschflugkörpern angegriffen. Die Clinton-Administration erhoffte sich hierbei, Osama bin Laden in einem der von ihm aufgebauten Ausbildungslager in Afghanistan direkt zu treffen. Bin Laden hatte jedoch kurz vor dem Angriff seinen Aufenthaltsort gewechselt.[19] In den beiden folgenden Jahren wurde das Al Kaida-Netzwerk seitens der Amerikaner kontinuierlich weiter verfolgt. Mit geheimdienstlichen und diplomatischen Maßnahmen wurde versucht, der Al Kaida-Führung habhaft zu werden. In diesem Zuge konnten geplante Anschläge des Netzwerkes in Jordanien und New York in den Jahren 1999 und 2000 vereitelt werden.[20] In einem Fernsehinterview im Jahr 2006 bekräftigte der ehemalige Präsident Bill Clinton retrospektiv sein damaliges Ziel, Al Kaida zu schwächen und bin Laden töten zu lassen: „I worked hard to try to kill him. I authorized a finding for the CIA to kill him. We contracted with people to kill him. I got closer to killing him than anybody has gotten since."[21]

Ein Vergleich der Nationalen Sicherheitsstrategien (NSS) der USA von 1997 und 1999 zeigt, dass gegen Ende der 1990er Jahre das Bedrohungspotential des internationalen Terrorismus von der Clinton-Administration zunehmend höher eingeschätzt wurde. In der NSS von 1999 wurde der Name Osama bin Laden erstmalig explizit genannt. Ebenfalls zum ersten Mal erwähnte die Clinton-Administration in der NSS 1999, dass man sich in Ergänzung zu dem bereits in der NSS 1997 genannten *comprehensive program of diplomatic, economic and intelligence activities* zur Bekämpfung des Terrorismus nun auch das Recht vorbehalte, im Rahmen der nationalen Selbstverteidigung Militärschläge gegen Stützpunkte von Terroristen sowie gegen deren Unterstützer durchzuführen.[22] Auch die Gefahr des Einsatzes von Massenvernichtungswaffen durch Terroristen wurde in der NSS 1999 erstmalig erwähnt.[23] Dennoch blieb das Thema Terrorismus lediglich ein kurzes Unterkapitel in dem Strategiepapier.

Zum Ende der Amtszeit Präsident Clintons, am 7. Oktober 2000, schlug Al Kaida erneut zu. Ein mit Sprengstoff beladenes Boot rammte das im Hafen von Aden (Jemen) vor Anker liegende Kriegsschiff *USS Cole*, wobei 17 Besatzungsmitglieder starben. Im Januar 2001 erhielt die neue Regierung von Prä-

---

19 Ebd.
20 National Commission on Terrorist Attacks Upon the United States (Hrsg.): The 9/11 Commission Report. Washington D.C. 2010.
21 Chris Wallace, Interview with Bill Clinton, Fox News am Sonntag, 22.09.2006. Vollständige Transkription des Interviews unter http://thinkprogress.org/clinton-interview/ (07.10.2012).
22 National Security Strategy 1999, S. 14.
23 Ebd.

sident George W. Bush eine in den letzten Monaten der Clinton-Administration entworfene *Strategy for Eliminating the Threat from the Jihadist Networks of al Qida [sic]* in Verbindung mit einem Memorandum, welches die von Al Kaida ausgehende Gefahr unterstrich.[24] Bis zu den neun Monate später stattfindenden Anschlägen vom 11. September 2001 wurden die in der vorgelegten Strategie empfohlenen Schritte jedoch nicht umgesetzt, wohl auch, da sich die neue Regierung unter Präsident Bush in den ersten Monaten ihrer Amtszeit vornehmlich innenpolitischen Themen widmete.

Insgesamt lässt sich für die beiden Dekaden vor den Anschlägen des 11. September 2001 feststellen, dass Terrorismus in Washington durchaus als eine Sicherheitsbedrohung erkannt wurde. Insbesondere in der ersten Amtsperiode von Präsident Reagan und in der zweiten Amtsperiode von Präsident Clinton kam es dabei aus gegebenen Anlässen auch zu gezielten Gegenmaßnahmen. Grundsätzlich blieb Terrorismusbekämpfung allerdings ein Aufgabenfeld der für die innere Sicherheit zuständigen Polizeibehörden sowie der US-amerikanischen Inlands- und Auslandsnachrichtendienste. Das Militär spielte in diesem Zusammenhang lediglich eine unterstützende Rolle. Aufgrund der strikt auf konventionelle Kriegsführung ausgerichteten Militärdoktrin wurden die Streitkräfte dabei explizit nicht als Instrument der Terrorismusbekämpfung betrachtet.

3 Eine neue Bedrohungsperzeption

Durch die Terroranschläge des 11. September 2001 kam es zu einer fundamentalen Änderung der Bedrohungswahrnehmung des internationalen Terrorismus durch amerikanische Behörden und innerhalb der Bevölkerung der USA. Über 3.000 Menschen starben vor den Augen der Weltöffentlichkeit durch die Anschläge auf die beiden höchsten Gebäude der Weltmetropole New York sowie auf das Verteidigungsministerium in der Hauptstadt Washington. Der Schock, den diese gezielten Angriffe auf das *World Trade Center* als Symbol wirtschaftlicher Macht und das Pentagon als Symbol militärischer Macht auslösten, war weder mit dem Angriff auf Pearl Harbor noch mit einem anderen Ereignis in der Geschichte der Vereinigten Staaten vergleichbar. Al Kaida demonstrierte an diesem Tag eindrucksvoll, dass transnational organisierte terroristische Organisationen grundsätzlich in der Lage sind, die USA in ihren urbanen Zentren anzugreifen und enormen Schaden zu verursachen.

---

24 Richard A. Clarke, Memorandum an die Nationale Sicherheitsberaterin Condoleeza Rice vom 25.01.2001, The George Washington University National Security Archive, http://www.gwu.edu/~nsarchiv/NSAEBB/NSAEBB147/clarke%20attachment.pdf sowie http://www.gwu.edu/~nsarchiv/NSAEBB/NSAEBB147/clarke%20memo.pdf, (beide 30.07.2012).

Vom Moment der Anschläge an wurden Terrorismus sowie die eng mit ihm verbundenen Phänomene wie Staatszerfall und politisch-religiöse Radikalisierung als eine zentrale Bedrohung der nationalen Sicherheit der USA angesehen. Aufgrund ihres gewaltigen Ausmaßes wurden die Terroranschläge des 11. September mit einem militärischen Angriff gleichgesetzt, was nicht zuletzt durch die Ausrufung des NATO-Bündnisfalles am 12. September 2001 belegt wurde. Die wenige Tage später erfolgte Ankündigung des „War on Terrorism"[25] durch George W. Bush kann vor diesem Hintergrund als ein rhetorischer Reflex auf die nationale Wahrnehmung, von Al Kaida militärisch angegriffen worden zu sein, betrachtet werden. Weiterhin muss dieser umstrittene und oft kritisierte Begriff, der wie oben erwähnt auch schon von Präsident Reagan gebraucht wurde, im Kontext des amerikanischen Sprachgebrauchs verstanden werden. So wird der Begriff „war" im (amerikanischen) Englisch wesentlich allgemeiner verwendet als es die direkte deutsche Übersetzung vermuten lässt. „War" wird hier vielmehr als ein Bündel von konzertierten, proaktiven (Regierungs-)Maßnahmen von besonders hoher Intensität gesehen, welche das Ziel haben einem Missstand entgegenzuwirken. Beispiele hierfür sind die Wortschöpfungen *War on Poverty* oder der *War on Drugs*. In diesem Sinne, muss auch der *Global War on Terrorism* als eine Summe verschiedener Maßnahmen und Ereignisse betrachtet werden, die das Ziel haben, eine Bedrohung zu beseitigen. Kritiker des Begriffs „Global War on Terrorism" haben allerdings vielfach zu Recht darauf hingewiesen, dass Terrorismus an sich lediglich eine Taktik ist und man grundsätzlich keinen Krieg gegen eine Taktik führen kann.[26]

4 Die „Bush-Doktrin"

Für eine Untersuchung der Zielsetzungen des *Global War on Terrorism* anhand von strategischen Grundlagedokumenten sind die *National Counter-Terrorism Strategy* von 2003 und 2006, welche weiter unten diskutiert werden, sowie die *National Security Strategy* von 2002 maßgeblich. Letzteres Dokument, das auch als „Bush-Doktrin" bekannt wurde, spielte insbesondere in der ersten Amtsperiode George W. Bushs eine wichtige Rolle.

---

25 „Our war on terror begins with al-Qaeda, but it does not end there. It will not end until every terrorist group of global reach has been found, stopped, and defeated." George W. Bush, Rede vor dem Kongress, 16.09.2001, http://georgewbushwhitehouse.archives.gov/news/releases/2001/09/20010920-8.html, (03.08.2012).

26 Siehe z.B. David C. Gompert, John Gordon IV, et al., War by Other Means: Building Complete and Balanced COIN Capabilities. RAND Counterinsurgency Study – Final Report, Santa Monica 2008, S. 6.

Die *National Security Strategy* war das erste offizielle Strategiepapier, welches die Bush-Administration nach dem 11. September 2001 vorlegte. Im Gegensatz zu den vorherigen nationalen Sicherheitsstrategien nahm das Thema transnationaler Terrorismus nun einen prominenten Platz ein. Der „War on Terrorism" wurde durch dieses Dokument offizieller Bestandteil der US-amerikanischen nationalen Sicherheitsstrategie: „The enemy is not a single political regime or person or religion or ideology. The enemy is terrorism – premeditated, politically motivated violence perpetrated against innocents."[27]

Der bedeutendste inhaltliche Punkt dieser Strategie war die äußerst umstrittene Auslegung des Rechts auf präemptives Handeln zum Schutz der nationalen Sicherheit.[28] Insbesondere ein Szenario, in dem ein sogenannter „rogue state" oder „Schurkenstaat" in seinem Besitz befindliche Massenvernichtungswaffen an eine terroristische Organisationen weitergibt, war hier ausschlaggebend: In dem Moment, in dem aufgrund eines solchen Szenarios, ein Angriff auf die Vereinigten Staaten unmittelbar bevorsteht und ein sofortiger militärischer Erstschlag zur Abwehr dieser Gefahr erforderlich ist, erklärte die Bush-Administration, dass sie diesen *preemptive strike* jederzeit und ungeachtet des völkerrechtlicher Angriffskriegsverbots und der Position des UN-Sicherheitsrat durchführen würde. Die Bedeutung dieses wichtigen Aspekts der Bush-Doktrin wird in dem weiter unten folgenden Textabschnitt zur Invasion des Iraks im Jahr 2003 sowie vor allem in der am Ende dieses Beitrags erfolgenden Analyse des *Global War on Terrorism* diskutiert.

Hinsichtlich der Frage, wie der Herausforderung des islamitischen Terrorismus international strategisch zu begegnen ist, spielten die amerikanischen Grundwerte Freiheit und Demokratie eine entscheidende Rolle. Dabei wurde ganz im Sinne der Idee des liberalen Friedens, welche die amerikanische Außenpolitik seit der Präsidentschaft von Woodrow Wilson (1913-1921) stark beeinflusst, die Notwendigkeit der Verbreitung und Förderung von Demokratie unterstrichen. Demokratisierung wurde als wichtigster Weg betrachtet, um die „battle of ideas" gegenüber extremistischen Weltanschauungen zu gewinnen.[29] Entscheidend war hierbei, dass sich in Folge des Schocks vom 11. September 2001 die außenpolitischen Ideen neokonservativer Denker gegenüber

---

27 The White House (Hrsg.), The National Security Strategy of the United States of America. Washington D.C. 2002, S. 5.

28 The United States has long maintained the option of preemptive actions to counter a sufficient threat to our national security. The greater the threat, the greater is the risk of inaction – and the more compelling the case for taking anticipatory action to defend ourselves, even if uncertainty remains as to the time and place of the enemy's attack. To forestall or prevent such hostile acts by our adversaries, the United States will, if necessary, act preemptively." National Security Strategy 2002, S. 15

29 The White House (Hrsg.), National Strategy for Combating Terrorism, September 2006, Washington D.C. 2006, S. 9.

denen der Realisten durchsetzten.[30] Während die Realisten den Einsatz militärischer Mittel primär auf Basis rationaler machtpolitischer Interessen und nüchtern Kosten-Nutzen Abwägung diskutieren, steht die neokonservative Denkschule für eine stark idealistisch geprägte Außenpolitik. Den Vereinigten Staaten wird hier aufgrund der liberalen Werte, die sie seit ihrer Gründung repräsentieren, sowie auch der nationalen Macht eine herausragende Rolle im internationalen System zugeschrieben. Die Idee des amerikanischen Exzeptionalismus geht dabei im neokonservativen Denken mit einem spezifischen, nationalen Sendungsbewusstsein einher, in der es als moralische Verpflichtung begriffen wird, das gesamte Spektrum der staatlichen Macht zu nutzen um Freiheit und Demokratie in der Welt zu etablieren. Freiheit und Demokratie werden dabei als alternativlose Bedingung für den internationalen Frieden erachtet. Vor diesem Hintergrund ist nach neokonservativer Ansicht die Verbreitung von Freiheit und Demokratie insofern auch durch militärische Intervention legitim und zweckmäßig. Die von Realisten stets zuerst gestellte Frage, inwiefern eine solche Außenpolitik die Machtposition der Vereinigten im Verhältnis zu anderen Staaten beeinflusst, kann hierbei im Zweifel der Durchsetzung idealistischer Ziele untergeordnet werden.

Nachdem die neokonservative Schule schon in den 1990er Jahren für tot erklärt wurde, führte der 11. September 2001 somit dazu, dass die Neokonservativen stärker als je zuvor Einfluss auf die US-amerikanische Außenpolitik nehmen konnten.[31] Letztendlich beschränkte sich dieser Einfluss jedoch im Wesentlichen auf die erste Amtszeit von George W. Bush. Die NSS 2002 sowie der damit begründete Irakkrieg von 2003 müssen hier als absoluter Höhepunkt neokonservativer Einflussnahme auf die amerikanische Außen- und Sicherheitspolitik betrachtet werden.

---

30 Es ist eine häufig propagierte Meinung, dass die außenpolitischen Ziele der Regierung unter George W. Bush von Beginn an von neokonservativem Denken beeinflusst waren. Tatsächlich aber bedurfte es dem katalytischen Effekt der Anschläge vom 11. September 2001, dass sich die neokonservativen Denker im engeren Kreise der Bush-Administration gegenüber den Realisten durchsetzten. Es ist davon auszugehen, dass die Außen- und Sicherheitspolitik George W. Bushs andernfalls ähnlich der Politik seines Amtsvorgängers Clinton zurückhaltender gewesen wäre. Siehe dazu: Stanely A. Renshon, The Bush Doctrine Considered, in: Suedfeld, Peter (Hrsg.), Understanding the Bush-Doctrine, New York 2007, S. 1-37, hier S. 7ff.

31 Stefan Halper, Jonathan Clarke, America Alone. The Neo-Conservatives and the Global Order, Cambridge 2004.

5 Die Ziele des „Global War on Terrorism"

Im Gegensatz zu den *National Security Strategies*, welche die strategischen Ziele der amerikanischen Außen- und Sicherheitspolitik in ihrer Gesamtheit definieren, veröffentlichte die Bush-Administration 2003 und 2006 auch zwei Strategien, die sich spezifisch auf die globale Bekämpfung des Terrorismus konzentrieren. Die erste *National Counter-Terrorism Strategy* der Bush-Administration von 2003 formulierte vier grundlegende Ziele: 1) Defeat Terrorists and Their Organizations, 2) Deny Sponsorship, Support, and Sanctuary to Terrorists, 3) Diminish the Underlying Conditions that Terrorists Seek to Exploit, 4) Defend U.S. Citizens and Interests at Home and Abroad.[32]

Diese sogenannte „4D Strategy" wurde drei Jahre später durch die überarbeitete *National Counter-Terrorism Strategy* von 2006 abgelöst, die bis 2011 Gültigkeit besaß. Im Gegensatz zur vorherigen Strategie wurde in dieser Neuauflage deutlicher zwischen langfristigen und kurzfristigen Zielsetzungen unterschieden. Das umfassende und damit schwer zu erreichende Ziel, weltweit ein politisches und gesellschaftliches Umfeld zu schaffen, in dem terroristische Organisationen nicht länger Unterstützung finden können, wurde in der neuen Strategie aus der Gruppe konkreter Vorhaben herausgelöst und stattdessen als langfristig angestrebtes, allgemeines Ziel den Kurz- und Mittelfristigen vorangestellt. Die in der *National Counter-Terrorism Strategy* von 2006 aufgeführten „four priorities of action" definieren die Zielsetzungen, welche durch direkte Maßnahmen kurzfristig erreicht werden können, um die Bedrohung der USA durch den internationalen Terrorismus abzuwehren. Im Folgenden sollen die im Zuge dieser Zielsetzung tatsächlich erfolgten Maßnahmen kurz dargestellt und bewertet werden.

5.1 Zielsetzung Nr. 1: „Prevent attacks by terrorist networks"

Die grundsätzliche Verhinderung von Anschlägen durch terroristische Netzwerke hatte in der Strategie von 2006 oberste Priorität. Im Gegensatz zum Vorgängerdokument wurden unter dieser Zielvorgabe verschiedene konkrete Defensiv- und Offensivmaßnahmen zusammengefasst.

Verschiedene defensive Maßnahmen zur Verbesserung der Abwehr vor terroristischen Anschlägen im eigenen Land sowie von Angriffen auf us-amerikanische Liegenschaften und Bürger im Ausland wurden unmittelbar nach den Anschlägen vom 11. September getroffen. Dabei ging es vor allem darum, die

---

32 The White House (Hrsg.), National Strategy for Combating Terrorism, February 2003, Washington D.C. 2003.

eigenen Fähigkeiten zur rechtzeitigen Aufklärung und Verhinderung terroristischer Aktivitäten zu optimieren und die dafür als notwendig erachteten Rahmenbedingungen zu schaffen. Bereits im Oktober 2001 verabschiedete der Kongress den sogenannten USA PATRIOT ACT, der die Rechte der Sicherheitsbehörden erheblich ausweitete und aufgrund einer daraus resultierenden Einschränkung der Bürgerrechte bis heute sehr umstritten ist.[33] Weiterhin wurde 2002 mit dem *Department of Homeland Security* ein mächtiges eigenständiges Ministerium für den Heimatschutz neu geschaffen. Die Gründung dieses Ministeriums war einer der ersten Schritte im Rahmen der ebenfalls 2002 konzipierten *National Strategy for Homeland Security*. Dieses Strategiepapier wurde zur Grundlage für Maßnahmen zur verstärkten Kontrolle von Ein- und Ausreisenden, zur verstärkten Sicherheit von Häfen und vereinfachten Kontrolle von Frachtcontainern, zur Sicherung der Landesgrenzen, zum Schutz unverzichtbarer nationaler Infrastruktur und Ressourcen, zur Vorbeugung gegen Angriffe mit Massenvernichtungswaffen, zur Abwehr von „Cyber-Angriffen" sowie zur Schaffung effektiverer Strukturen für ein verbessertes Katastrophenmanagement im Angriffsfall.[34] Die Anschläge auf New York und Washington vom September 2001 hatten weiterhin gravierende Defizite in der Zusammenarbeit der nationalen Sicherheitsbehörden offengelegt.[35] Aus diesem Grund wurde 2005 das Amt des *Director of National Intelligence* (DNI) geschaffen, mittels welchem von nun an die Aufgabe wahrgenommen wurde, die Aktivitäten der sechzehn (!) verschiedenen amerikanischen Nachrichtendienste zu koordinieren. Auch das *National Counterterrorism Center* (NCTC) entstand in diesem Kontext.

Als offensive Maßnahmen im Zuge der *National Counter-Terrorism Strategy* sind zuallererst die militärischen Interventionen in Afghanistan (2001) sowie im Irak (2003) zu nennen, auf die im Folgenden gesondert eingegangen wird. Darüber hinaus erfolgte jedoch auch eine grundsätzliche Aufrüstung von militärischen, nachrichtendienstlichen und polizeilichen Kapazitäten, welche die Fähigkeiten der Sicherheitsbehörden zur Identifizierung, Lokalisierung und Festnahme oder Tötung von Terroristen deutlich stärkte. Insbesondere zur Durchführung von *Counter-Terrorism*-Operationen im Ausland verfügen die Vereinigten Staaten heute inzwischen über weltweit einzigartige Fähigkeiten.

---

33 USA PATRIOT ACT ist ein Akronym für: „Uniting (and) Strengthening America (by) Providing Appropriate Tools Required (to) Intercept (and) Obstruct Terrorism Act of 2001". Zur Kritik am Patriot Act siehe z.B.: Joachim Krause, Die amerikanische Politik der Terrorismusbekämpfung, in: Institut für Sicherheitspolitik an der Universität Kiel (ISPK) (Hrsg.), Jahrbuch Terrorismus 2006, Opladen/Farmington Hills 2007, S. 157-182, S. 167-169.
34 Office of Homeland Security (Hrsg.): National Strategy for Homeland Security. Washington D.C. 2002. Siehe auch Krause, Die amerikanische Politik der Terrorismusbekämpfung, S. 159-166.
35 Amy Zegart, September 11 and the Adaptation Failure of U.S. Intelligence Agencies, in: International Security, 29:4, Spring 2005, S. 78-111, S. 88.

Dies wurde durch den systematischen Ausbau der dazu erforderlichen Fähigkeiten erreicht. Neben den zivilen und militärischen Nachrichtendiensten profitierte auch das Spezialkräftekommando der US-Streitkräfte (*U.S. Special Operations Command*) in besonderem Maße von den Ressourcen, die für diesen Zweck zur Verfügung gestellt wurden.

5.2 Zielsetzung Nr. 2: „Deny WMD to rogue states and terrorist allies who seek to use them"

Das Ausmaß der Anschläge vom 11. September 2001 machte deutlich, dass Terrororganisationen wie Al Kaida in ihrer Bereitschaft zum Massenmord keine Grenzen kennen. Der Einsatz von biologischen, chemischen oder gar atomaren Massenvernichtungswaffen – eine der wenigen Möglichkeiten um noch größeren Schaden zu erzielen – wurde plötzlich zu einem Szenario, das niemandem mehr abwegig erschien.[36] Die Vereinigten Staaten begannen daher unmittelbar nach dem 11. September ihre seit den 1990er Jahren stattfindenden, umfassenden Bemühungen zur Verhinderung der Proliferation von Massenvernichtungswaffen noch weiter zu verstärken. Zu diesem Zweck wurden auch diplomatische Non-Proliferationsinitiativen von nun an noch stärker forciert sowie die internationale Überwachung von Massenvernichtungswaffen und Materialien und Gegenständen, die zu deren Produktion geeignet sind, verschärft. Zwei multinationale Marineverbände operieren vor diesem Hintergrund seit 2001 im Mittelmeer und seit 2002 im Indischen Ozean.[37] Da die Produktion von Massenvernichtungswaffen höchst aufwendig ist, wurde die größte Gefahr für die westliche Welt darin gesehen, dass ihr feindlich gesonnene „Schurkenstaaten" derartige Waffen an terroristische Organisationen weitergeben könnten. Die von der Bush-Administration in diesem Zusammenhang geäußerte Entschlossenheit zu einem militärischen Präventivschlag unterstrich die extrem hohe Bedrohungsperzeption nach 2001.

---

36 Vgl. Andrew O'Neil, Terrorist use of weapons of mass destruction: how serious is the threat?, in: O'Day, Alan (Hrsg.), Weapons of Mass Destruction and Terrorism, Aldershot 2004, S. 1-14; Charles D. Ferguson, William C. Potter, The Four Faces of Nuclear Terrorism, New York 2005.

37 Die Bedrohungsperzeption wurde und wird von nahezu allen Staaten der Welt geteilt. Aus diesem Grunde wurde z.B. 2001 im Zuge der Ausrufung des NATO-Bündnisfalls die bis heute fortgeführte Marineoperation *Active Endeavour* ins Leben gerufen, welche einen möglichen Transport von Massenvernichtungswaffen und Bewegungen terroristischer Organisationen im Mittelmeerraum unterbinden soll. Der im Rahmen des *Operation Enduring Freedom* Mandats eingesetzte multinationale Marineverband *Combined Task Force 150* übernimmt seit 2002 die selbe Aufgabe rund um das Horn von Afrika und die südliche arabische Halbinsel.

5.3 Zielsetzung Nr. 3: „Deny terrorists the support and sanctuary of rogue states"

Die Unterstützung des radikal-islamischen Taliban-Regimes, welches seit Ende der 1990er Jahre in Afghanistan herrschte, war ein wesentlicher Faktor dafür, dass sich Osama bin Ladens Terrororganisation Al Kaida in ihren dortigen Ausbildungslagern frei entfalten konnte. Auch die Planung der Anschläge vom 11. September fand zum überwiegenden Teil in Afghanistan statt. Der 11. September hat somit deutlich werden lassen, dass Staaten, die terroristische Organisationen durch die Bereitstellung von Rückzugsgebieten, Waffen, Ausrüstung oder finanziellen Mitteln unterstützen, wesentlich zur weltweiten Gefahr von terroristischen Anschlägen beitragen. Die Vereinigten Staaten betonten in Folge der Anschläge mehrfach, dass sie zukünftig weder die offene noch die verdeckte Unterstützung terroristischer Organisationen durch andere Staaten dulden würden. Stärker denn je versuchten sie, Terrorismus normativ zu ächten und die internationale Gemeinschaft geschlossen gegen jene Staaten zu einen, welche terroristische Organisationen unterstützen. Die Vereinigten Staaten drohten daher den Ländern, die in Verdacht standen, Terroristen zu unterstützen mit politischer und wirtschaftlicher Isolierung und ggf. auch mit militärischen Aktionen. Nichts reflektiert diese Position besser als die umstrittene Aussage Präsident Bushs in dessen Rede vor dem Kongress am 20. September 2001, in welcher er die Welt in zwei Lager einteilte: „Every nation, in every region, now has a decision to make. Either you are with us, or you are with the terrorists. From this day forward, any nation that continues to harbor or support terrorism will be regarded by the United States as a hostile regime".[38]

Der Sturz der aktiv mit Al Kaida verbündeten Taliban sowie des irakischen Baath-Regimes – dessen Verbindung zu islamistischen Terroristen später allerdings nie überzeugend nachgewiesen werden konnte – machten deutlich, wie weit die Vereinigten Staaten in dieser Zeit zu gehen bereit waren. Die Konsequenzen dieser Entscheidungen wurden von der Bush-Administration jedoch erheblich unterschätzt.

5.4 Zielsetzung Nr. 4: „Deny terrorists control of any nation they would use as a base and launching-pad for terror"

Fragile oder gescheiterte Staaten, deren Regierungen zu schwach sind, um das staatliche Gewaltmonopol durchzusetzen, und die so zu potentiellen Rückzugsräumen für Terroristen werden, können ebenso eine Gefahr für die west-

---

38 George W. Bush, Rede vor dem Kongress, 20.09.2001.

liche Welt darstellen wie Staaten, deren Regierungen terroristische Organisationen aktiv unterstützen. Aus diesem Grund begannen die Vereinigten Staaten nach 9/11, die Regierungen zahlreicher schwacher Staaten im Kampf gegen Extremismus im Allgemeinen und gegen lokale islamistische Terrororganisationen im Besonderen massiv zu unterstützen. Dieses Vorgehen, welches sowohl militärische als auch zivile Maßnahmen beinhaltet, wird in der amerikanischen Außenpolitik als *Foreign Internal Defense* (FID) bezeichnet. Die im Rahmen der FID durchgeführten militärischen Maßnahmen sind zu einem großen Teil indirekter Natur, d.h. hier sollen die Sicherheitskräfte eines anderen Staates durch Ausbildung, Beratung, Informationsaustausch sowie durch finanzielle und materielle Unterstützung in die Lage versetzt werden, selbstständig effektiv gegen terroristische Organisationen im eigenen Land vorzugehen. FID-Programme finden u.a. auf den Philippinen, in Pakistan, Jordanien sowie in einigen afrikanischen Ländern statt. Da Afrika im Zuge des *Global War on Terrorism* an geostrategischer Bedeutung gewonnen hat, wurde 2007 mit dem *United States Africa Command* (AFRICOM) ein eigenes militärisches Operationsführungskommando der U.S. Streitkräfte für den afrikanischen Kontinent geschaffen.

Der deutlich kleinere Teil der militärischen Maßnahmen der USA sind direkter Natur. Dabei handelt es sich zumeist um punktuelle und von Spezialkräften durchgeführte Operationen mit dem Ziel, führende Terroristen festzunehmen oder zu töten. Auch Luftschläge, die vor allem durch den umstrittenen Einsatz bewaffneter Drohnen zur gezielten Tötung von Zielpersonen erfolgen, finden in diesem Rahmen statt. Letztere beschränken sich in der Regel auf Gebiete, über welche die entsprechende Regierung faktisch keine Kontrolle mehr hat. Hierzu gehören die pakistanischen Stammesgebiete an der Grenze zu Afghanistan, sowie schwer zugänglichen Regionen im Jemen, in Somalia und in der Sahara-Region.

Da die mediale Berichterstattung über den *Global War on Terrorism* sich fast ausschließlich auf militärische Aspekte konzentriert, wird dessen zivile Seite selten wahrgenommen. Jedoch gehen militärische und zivile Unterstützung gemäß dem strategischen Konzepts FID zumeist Hand in Hand. In Folge des 11. September 2001 wurde in zahlreichen islamischen Ländern, die von einer gesellschaftlichen Radikalisierung durch Islamismus betroffen sind, das amerikanische Engagement in der zivilen Entwicklungszusammenarbeit und Demokratieförderung stark erhöht. In den Vereinigten Staaten besteht ein parteiübergreifender Konsens, dass islamistischer Extremismus lediglich eine Folge der zahlreichen politischen, wirtschaftlichen und gesellschaftlichen Probleme sei, die heute in vielen muslimischen Staaten vorzufinden sind. Die amerikanische Entwicklungshilfe ist daher stets an die Förderung von guter Regierungsführung (*good governance*) und demokratischen Strukturen gekoppelt. Nicht nur das in der *National Counter-Terrorism Strategy* von 2006 formulierte langfristige Ziel einer weltweiten Demokratisierung sondern auch die an einer liberalen Weltordnung orientierte generelle Grundausrichtung der amerikanischen Außenpolitik spiegeln sich hierin wieder. Zu den zehn Ländern, die in den letzten Jahren den größten Anteil der amerikanischen Entwicklungsgelder erhielten, zählen daher vor allem Krisenstaaten wie Afghanistan, Irak, Pakistan, Ägypten, Sudan, Jordanien oder die Palästinensergebiete.[39] Jedoch zeigen die politischen Situationen in diesen Ländern sowie die weiterhin oft sehr schlechten *Governance-* und Wirtschaftsindikatoren, dass die Bekämpfung der Ursachen von Extremismus durch diese Maßnahmen allein bisher nur wenig Erfolg aufweisen konnte.[40]

6 Afghanistan und Irak als Epizentren des *Global War on Terrorism*

Die Invasionen Afghanistans und des Irak stehen für die konsequenteste Umsetzung der oben dargestellten strategischen Ziele der Bush-Administration und markieren damit die extremste Erscheinungsform des *Global War on Terrorism*. Die beiden Fälle sollen deswegen gesondert und in ihren jeweiligen Kontexten dargestellt werden.

6.1 Afghanistan

Der Sturz der Taliban steht im Einklang mit der Ankündigung der Bush-Administration, gegen Regime militärisch vorzugehen, welche terroristische Organisationen aktiv unterstützen. Im Fall Afghanistans beabsichtigten die USA einerseits die Strukturen der Al Kaida und der Taliban nachhaltig zu zerschlagen sowie andererseits einen funktionierenden, demokratischen Staat aufzubauen, um so einen Rückfall des Landes in Anarchie oder radikalislamischen Fundamentalismus zu verhindern. Das erste Ziel erforderte offensive militärische *Counter-Terrorism*-Maßnahmen im Rahmen der *Operation Enduring Freedom* (OEF). Die oberste Priorität dieser Operation war es, Osama bin Laden zu ergreifen, der jedoch wie viele andere Taliban- und Al Kaida-Führer nach Pakistan entwichen war und sich damit dem Zugriff der U.S.-Streitkräfte zunächst entzogen hatte. Das Ziel des Demokratieaufbaus erforderte umfas-

---

39 Siehe U.S. Foreign Assistance Database, http://gbk.eads.usaidallnet.gov/, (10.10.2012).
40 Weltbank (Hrsg.), The Worldwide Governance Indicators (WGI) project, http://info. worldbank.org/governance/wgi/index.asp, (10.10.2012).

sendes *Statebuilding*. Um den zivilen Wiederaufbau abzusichern wurde die *International Security Assistance Force* (ISAF) ins Leben gerufen. Der Aufbau staatlicher Strukturen in dem von dreißig Jahren Krieg zerrütteten Land sollte trotz der höchst ambitionierten Zielsetzungen schnell und kostengünstig erfolgen. Militärisch wollten die USA dabei nur ein „kleinen Fußabdruck" hinterlassen. Sowohl die Präsenz der amerikanisch geführten OEF-Kräfte als auch der ISAF-Einheiten, die ab 2003 unter NATO-Führung standen, war daher zunächst relativ gering und nur auf wenige Standorte im Land beschränkt.[41]

Der Fokus des zivilen Wiederaufbaus lag fast ausschließlich auf der Hauptstadt Kabul und den wenigen anderen größeren Städten im Land. Der unkoordinierte und mit zu wenigen Ressourcen unterfütterte Aufbau afghanischer Sicherheitskräfte durch die internationale Gemeinschaft schritt nur langsam voran. Dies führte dazu, dass in weiten Teilen des Landes ein Vakuum entstand, in dem die neue, demokratisch gewählte afghanische Regierung von Präsident Hamid Karzai weder durch Sicherheitskräfte noch durch andere staatliche Institutionen und Dienstleistungen vertreten war. Diese Missstände ermöglichten es den Taliban und anderen regierungsfeindlichen Kräften, das entstandene Vakuum schnell wieder zu füllen. Ab 2006 verschlechterte sich die Sicherheitslage dramatisch. Eine von den Taliban dominierte Aufstandsbewegung begann einen Guerilla-Krieg gegen die afghanische Regierung und die internationalen Kräfte im Land zu führen.[42] Pakistan stellte sich dabei für die in Afghanistan agierende Staatengemeinschaft als ein unzuverlässiger Verbündeter im Kampf gegen den Terrorismus heraus, der die grenzüberschreitenden Aktivitäten der Aufständischen duldete oder aus strategischem Kalkül sogar förderte.[43] Doch der politische Fokus der Vereinigten Staaten lag auf dem Irak, in dem der größte Teil der militärischen Ressourcen gebunden war. Die meisten europäischen Verbündeten zeigten allerdings nicht den politischen Willen, dem tatsächlich vorhandenen Bedarf an internationalen Kräften in Afghanistan durch eine Truppenaufstockung gerecht zu werden und sich an den gefährlichen Kampfeinsätzen zu beteiligen- Die mangelnde Bereitschaft einiger europäischer Staaten, einen substanziellen militärischen Beitrag in Afghanistan zu leisten, führte zu erheblichen Verstimmungen innerhalb der transatlantischen Allianz.

Der *Mission Creep*, also der ungewollte aber lagebedingt erforderliche Wandel der Ziele des Afghanistaneinsatzes setzte ein, als die westlichen Truppen gezwungen waren, anstelle der nicht vorhandenen oder ineffektiv operierenden

---

41 Seth G. Jones, In the Graveyard of Empires. America's War in Afghanistan, New York 2009.
42 Robin Schroeder, Terrorismus, Aufstandsbekämpfung und Wiederaufbau in Afghanistan: Eine Bilanz, in: Institut für Sicherheitspolitik an der Universität Kiel (ISPK) (Hrsg.), Jahrbuch Terrorismus 2009, Opladen / Farmington Hills, 2010, S. 77-107.
43 Ahmed Rashid, Descent into Chaos. The United States and the Failure of Nation Building in Pakistan, Afghanistan, and Central Asia, New York et al. 2009.

afghanischen Sicherheitskräfte in die Fläche zu gehen, um die Sicherheit wiederherzustellen. Die Zielsetzung der westlichen Staaten, demokratische und rechtsstaatliche Strukturen in Afghanistan zu schaffen, wurde zunehmend von ausufernder Korruption auf allen Ebenen und einer gefälschten Wiederwahl Karzais konterkariert. Gleichzeitig wurden die Ziele der OEF-Mission ad absurdum geführt, da sowohl die Al-Kaida- als auch die Taliban-Führung sich inzwischen in das benachbarte Pakistan abgesetzt hatten. Die Rückzugsgebiete in Pakistan und die Unterstützung der wachsenden Aufstandsbewegung in Afghanistan durch den pakistanischen Geheimdienst wurden zu einem schwerwiegenden Problem.

6.2   Irak

Die Invasion des Iraks im März 2003 wurde von der Bush-Administration durch das zweite strategische Primärziel des *Global War on Terrorism* begründet, also der Absicht zu verhindern, dass Massenvernichtungswaffen durch „Schurkenstaaten" in die Hände von Terroristen fallen. Offiziell rechtfertigten die Vereinigten Staaten daher die Invasion mit einer immanenten Gefahr für die nationale Sicherheit, die von der – vermuteten – Existenz von Massenvernichtungswaffen in den Arsenalen Saddam Husseins ausging. Der irakische Diktator hatte bereits mehrfach bewiesen, dass er keine Skrupel besaß, Chemiewaffen gegen einen anderen Staat, wie im Falle Irans, oder gar gegen ethnische Minoritäten des eigenen Volkes, wie im Falle der irakischen Kurden, einzusetzen. Weiterhin hatte der Irak wiederholt die vollständige Kooperation mit internationalen Waffenkontrolleuren verweigert und war ein ausgewiesener Feind der Vereinigten Staaten. Darüber hinaus lagen Aussagen eines in Deutschland befindlichen Irakers vor, dass Saddam Hussein illegal Massenvernichtungswaffen produziere. Die Angaben des unter dem Decknamen „Curveball" geführten Informanten wurden durch den Bundesnachrichtendienst, der die Quelle führte, und auch in Kreisen der CIA bezweifelt und stellten sich nach der Invasion endgültig als falsch heraus. Dennoch wurden diese selbst vom eigenen Auslandsgeheimdienst als wenig belastbar geltenden Aussagen von „Curveball" am Ende zum primären Argument für die Invasion des Iraks. Auch wenn der Irak-Krieg in den obersten Ebenen der Bush-Administration vorsätzlich unter einem bewusst falschen bzw. nicht bestätigten Vorwand begonnen wurde, so wurde der Krieg dennoch in der Öffentlichkeit erfolgreich in den Kontext des *Global War on Terrorism* gerückt. Die politisch instrumentalisierte Furcht vor einem drohenden terroristischen Anschlag mit irakischen Massenvernichtungswaffen sowie die Überzeugung der neokonservativen

Meinungsführer innerhalb der Bush-Administration, dass Freiheit und Demokratie schnell zu stabilen innerstaatlichen Verhältnissen nach dem Sturz Saddams führen würden, ebneten den Weg für den Krieg.[44]

Nachdem die Versuche amerikanischer Diplomaten, ein Mandat des Sicherheitsrates der Vereinten Nationen für den Krieg gegen den Irak zu erwirken, gescheitert waren, formte sich um die Vereinigten Staaten eine „Koalition der Willigen" aus Staaten, die den Krieg unterstützten. Dabei kam es zu einem tiefen Riss zwischen denjenigen europäischen Staaten, die dieser Koalition angehörten, und denen, die den Krieg ablehnten. Die Entscheidung Letzterer, zu denen Deutschland und Frankreich gehörten, führte zu einer deutlichen Abkühlung in deren Verhältnis zu Washington. Der amerikanische *Global War on Terrorism* führte insbesondere vor diesem Hintergrund zu einer der schwersten Krisen in der Geschichte des transatlantischen Bündnisses. Die Unterteilung Europas in ein „neues" und ein „altes Europa" (mit letzterem Fall waren vor allem Deutschland, Frankreich und Russland gemeint), durch den damaligen US-Verteidigungsministers Donald Rumsfeld, wurde zum Sinnbild dieser Krise.[45]

Die militärische Invasion des Iraks durch die überlegenen amerikanischen Streitkräfte erfolgte wie zuvor in Afghanistan schnell und ohne große Gegenwehr. Der anschließende Prozess der Stabilisierung und des Aufbaues neuer staatlicher Strukturen wurde jedoch zu einem Fiasko. Maßgeblich dafür war die US-amerikanische Entscheidung, die irakische Armee und den größten Teil des Verwaltungsapparates auf Grundlage eines „De-Baathifizierungsprogramms" aufzulösen anstatt diese in das neu zu schaffende Gesellschaftssystem zu integrieren. Tausende sunnitische Iraker verloren damit ihren sozialen Status sowie ihre finanzielle Lebensgrundlage und begannen noch im Sommer 2003 einen blutigen Guerilla-Krieg gegen die amerikanischen Besatzungstruppen. Diesen Kampf setzten sie ab 2005 gegen die von der schiitischen Bevölkerungsmehrheit demokratisch gewählte Regierung fort.[46]

Die Aufstandsbewegung wurde zuerst primär von sunnitischen Nationalisten getragen, die sich aus der aufgelösten irakischen Armee und der vormaligen Baath-Partei rekrutierten. Innerhalb kurzer Zeit organisierten sich jedoch auch Gruppierungen mit einer vornehmlich islamistischen Agenda. Letzteren Gruppen schlossen sich nicht nur Iraker sondern auch zahlreiche junge Männer aus anderen muslimischen Ländern an. In diesem Zuge bildete sich der offizielle

44 Bob Woodward, Plan of Attack, London 2004.
45 O.V.: „Outrage at ‚old Europe' remarks", 23.01.2003, http://news.bbc.co.uk/2/hi/europe/ 2687403.stm, (12.10.2012).
46 Vgl. Thomas E. Ricks, Fiasco. The American Military Adventure in Iraq, New York, 2007; Robin Schroeder, Die Entwicklung der Sicherheitslage im Irak. Grund zur Hoffnung?, in: Joachim Krause, Kristina Eichhorst, Jahrbuch Terrorismus 2007/2008, Opladen/Farmington Hills 2008, S. 59-88.

irakische Ableger der Al Kaida, der bis zu dessen Tod im Juni 2006 von dem für seine Brutalität berüchtigten Jordanier Abu Mussab al Zarkawi geführt wurde.[47] Der Irak wurde zum Sammelbecken für tausende ausländische Kämpfer, die in das Land kamen, um gegen die amerikanischen Besatzungstruppen zu kämpfen. Dieser Feldzug gegen die westlichen Besatzer wurde von der Al Kaida propagandistisch ausgeschlachtet und ermöglichte es ihr, verstärkt Kämpfer zu rekrutieren und somit zu erstarken.[48] Die Tatsache, dass im Irak keine Massenvernichtungswaffen gefunden wurden, diskreditierte die Bush-Administration international und erhärtete den Narrativ, dass die irakischen Ölvorkommen das eigentliche Motiv hinter der amerikanischen Invasion waren – selbst wenn auch die heutige Faktenlage noch gegen eine solche Interpretation der Ereignisse spricht: US-amerikanischen Firmen wurden von der souveränen irakischen Regierung bei der Vergabe von Ölförderungslizenzen keineswegs bevorteilt und wurden oft von anderen Nationen, insbesondere chinesischen Firmen, überboten.[49]

Die im Einklang mit der Weinberger-Powell-Doktrin auf konventionelle Kriegsführung ausgerichteten amerikanischen Streitkräfte erlitten insbesondere während der ersten Jahre der Besatzung hohe Verluste. Den amerikanischen Truppen fehlte die notwendige Ausbildung und Einsatzdoktrin, um inmitten der Zivilbevölkerung effektiv auf die Guerilla-Taktiken der Aufständischen zu reagieren. Die verzweifelte Lage änderte sich erst 2007 durch drei zentrale Faktoren. Der erste Faktor war die Einführung einer *Counterinsurgency*-Doktrin, mit der General David Petraeus, ab 2007 Oberbefehlshaber der US-Truppen im Irak, ein radikales Umdenken innerhalb der amerikanischen Streitkräfte manifestierte. Die *Counterinsurgency*-Doktrin verschob der Fokus von den Aufständischen zur Bevölkerung. Ziel war nicht länger der militärische Sieg über die Aufständischen, welcher sich wie z.B. auch in Algerien oder Vietnam als kaum möglich erwiesen hatte, sondern der Schutz der Zivilbevölkerung. Durch eine effektive Verbesserung der Sicherheit, ein gesteigertes Bewusstsein für die komplexen Konfliktursachen innerhalb der irakischen Gesellschaft, sowie umfassende zivile Maßnahmen zur Stärkung der Fähigkeit

---

47 Ziel von al Zarkawis brutalen Anschlägen, die sich zumeist gegen die irakische Regierung richteten, war es, einen Bürgerkrieg zwischen Sunniten und Schiiten im Irak zu entfachen. Angesichts der heftigen Gewalteskalation zwischen den beiden Volksgruppen zwischen 2005 und 2007, kann behauptet werden, dass al Zarkawi sein Ziel erreichte, bzw. mit den von ihm orchestrierten Anschlägen wesentlich dazu beitrug. Mussab al Zarkawi wurde am 7. Juni 2006 nach langen Bemühungen der US-amerikanischen Nachrichtendienste aufgespürt und durch einen Luftangriff getötet. Siehe: Schroeder, Die Entwicklung der Sicherheitslage im Irak, S. 50-53.

48 Vgl. Robin Schroeder, Good from far, but far from good. Stabilität und Sicherheit im Irak seit 2008, in: Joachim Krause, Diana Witt, Jahrbuch Terrorismus 2009, Opladen/Farmington Hills 2010, S. 43-76.

49 Siehe z.B.: Tim Arrango, Clifford Krauss, China Is Reaping Biggest Benefits of Iraq Oil Boom, in: New York Times, 02.06.2013

zur Bereitstellung staatlicher Grundleistungen sollte das Vertrauen der Iraker unter deren neue Regierung unter Nuri al Maliki hergestellt werden. Die Aufständischen, die sich zuvor das Stillschweigen der Menschen erzwingen konnten, wurden so zunehmend von der Zivilbevölkerung isoliert. Auf diese Weise konnten viele aufständische Gruppen zum Niederlegen ihrer Waffen bewegt werden. Andere Gruppen verloren ihre Fähigkeit effektiv zu agieren, lösten sich auf oder wurden von amerikanischen und irakischen Sicherheitskräften ausgeschaltet.[50]

Der zweite Faktor war der sogenannte *Surge*, eine massive Truppenaufstockung von ca. 20.000 zusätzlichen US-Soldaten. Um die *Counterinsurgency*-Doktrin strategisch umzusetzen, benötige Petraeus mehr Truppenpräsenz – *boots on the ground*. Die politische Entscheidung für einen eine solche Truppenaufstockung war in Washington hoch umstritten. Am Ende konnten jedoch die Befürworter der Strategie um General Petraeus und dem neuen Verteidigungsminister Robert Gates den Präsidenten überzeugen. Am 10. Januar 2007 verkündete Präsident Bush öffentlich den *new way forward* im Irak. Die *Surge*-Truppen wurden im Großraum Bagdad sowie in der besonders unruhigen Anbar Provinz eingesetzt. Gleichzeitig hatte ein verstärkter Aufwand bei der Ausbildung die Quantität und Qualität der irakischen Sicherheitskräfte deutlich erhöht. Die Masse an zusätzlichen amerikanischen und irakischen Kräften, die in kleinen Gruppen inmitten der Populationszentren stationiert wurden, ermöglichte im Einklang mit der *Counterinsurgency*-Doktrin einen erheblich bessern Schutz der Bevölkerung. Die Strategie, die maßgeblich auf der von General Petraeus entwickelten neuen Doktrin beruhte, konnte so mit bemerkenswertem Effekt umgesetzt werden.

Der dritte Faktor waren politische Entwicklungen innerhalb der irakischen Bevölkerung. Die terroristischen Gräueltaten der Al Kaida-nahen Aufständischen sowie die Sorge, politisch vollständig isoliert zu werden, hatten dazu geführt, dass ein Großteil der sunnitischen Bevölkerung sich von der Aufstandsbewegung distanzierte. Weiterhin hatte die Gewalt der Vorjahre dazu geführt, dass ethnisch gemischte Stadtviertel, in denen sich die ethnischen Spannungen zwischen Schiiten und Sunniten besonders heftig entladen hatten, kaum noch existierten. Dies im Zusammenspiel mit den erheblich verstärkten Sicherheitsmaßnahmen führte zu einer langsamen Verbesserung der Sicherheitslage ab 2008.[51] Seit dem vollständigen Abzug der amerikanischen Truppen Ende 2011 hat die terroristische Gewalt im Irak jedoch wieder stark zugenommen. Gründe dafür

---

50   Bing West, The Strongest Tribe. War, Politics, and the Endgame in Iraq, New York 2008; Thomas Ricks, The Gamble: General David Petraeus and the American Military Adventure in Iraq, New York 2009.
51   Vgl. Stephen Biddle, Jeffrey A. Friedman, Jacob Shapiro, Testing the Surge: Why Did Violence Decline in Iraq in 2007?, in: International Security, 37:1, Summer 2012, S. 7-40; Robin Schroeder, Good from far, but far from good, S. 43-76.

sind vor allem die Korruption der schiitisch dominierten Regierung, die politische Benachteiligung der sunnitischen Minderheit und anderer Gruppen sowie eine regionale Destabilisierung durch den seit 2012 herrschenden Bürgerkrieg im Nachbarland Syrien.

7 Obamas Krieg

Der Kampf gegen den Terrorismus endete nicht mit der zweiten Amtszeit George W. Bushs. Zum Vermächtnis des 43. Präsidenten der Vereinigten Staaten zählten unter anderem die andauernden Konflikte im Irak und in Afghanistan. Während die Gewalt im Zweistromland abnahm, entwickelte sich die Sicherheitslage am Hindukusch zunehmend negativ. Hinzu kam, dass sich Osama bin Laden als Drahtzieher der Terroranschläge des 11. September weiterhin auf freiem Fuß befand und das internationale Ansehen der Vereinigten Staaten durch die Irak-Invasion stark gelitten hatte. Seit der *Subprime Crisis* 2007, die sich ab 2009 zu einer zweiten Weltwirtschaftskrise auswachsen sollte, war die wirtschaftspolitische Lage in den USA angespannt; zunehmend wurden Stimmen laut, die eine stärkere Konzentration auf die innenpolitischen Herausforderungen verlangten. Zum Ende der Amtszeit Präsident Bushs herrschte weitverbreitete Kriegsmüdigkeit in den USA.

Am 20. Januar 2009 trat Barack Obama als 44. Präsident der Vereinigten Staaten das Amt an. Obamas Wahlversprechen beinhalteten ein schnelles Ende der Präsenz amerikanischer Truppen im Irak, ein verstärktes ganzheitliches Engagement zur Stabilisierung Afghanistans und Pakistans sowie die konsequente Fortsetzung der Jagd auf die führenden Köpfe der Al Kaida, die Schließung des umstrittenen Gefangenenlagers in Guantanamo Bay und einen Neustart im Verhältnis der Vereinigten Staaten zur islamischen Welt.[52] Von dem Begriff *War on Terrorism*, der weltweit schon lange vornehmlich negativ konnotiert wurde, distanzierte sich die Obama-Administration von Beginn an. Die militärischen Maßnahmen zur Terrorismusbekämpfung wurden stattdessen als „overseas contingency operations" (OCO) bezeichnet.[53]

Obama, der den Krieg im Irak als Senator stets abgelehnt hatte, beendete den dortigen Militäreinsatz achteinhalb Jahre nach Beginn der Invasion, nachdem sich die Sicherheitslage im Land wie oben dargestellt deutlich verbessert hatte.

---

52 Barack Obama, A New Strategy for a New World. Rede in Washington, D.C., 15.07.2008. Volle Transkription unter: http://www.nytimes.com/2008/07/15/us/politics/15text-obama.html?pagewanted=all, (15.10.2012).
53 Scott Wilson, Al Kamen, 'Global War on Terror' Is Given New Name, in: Washington Post, 25.03.2009.

Bis Ende 2011 wurden alle amerikanischen Truppen zurückverlegt. In Afghanistan hingegen versuchte Obama durch eine auf zwei Jahre befristete, massive Aufstockung an Truppen sowie eine erhebliche Verstärkung des zivilen Staatsaufbaus die Situation zu Gunsten der internationalen Allianz zu wenden. Dazu setzte er viele der zuvor im Irak gebundenen militärischen und zivilen Ressourcen, die nun zur Verfügung standen, ein. Auch wenn mittels der ganzheitliche Aufstandsbekämpfungsstrategie ab 2011 die Taliban in Afghanistan zurückgedrängt werden und die allgemeinen Lebensumstände der afghanischen Bevölkerung beträchtlich verbessert werden konnten, so ist es doch ungewiss, wie sich die Lage am Hindukusch nach dem Abzug der internationalen (Kampf-)Truppen Ende 2014 entwickeln wird. Ein aufrichtiger Wille der afghanischen Regierung zur guten Regierungsführung und eine aktive Kooperation der pakistanischen Regierung im Kampf gegen die grenzübergreifend operierenden Terroristen waren Kernelemente der 2009 vorgestellten „Af-Pak Strategie" Obamas. Beides ist bis heute nicht oder nur bedingt eingetreten.[54]

Den größten Erfolg im Kampf gegen den Terrorismus erzielte Präsident Obama mit der Tötung Osama bin Ladens am 2. Mai 2011 in Pakistan. Einem Spezialkräftekommando gelang es, unbemerkt mit Hubschraubern in pakistanischen Luftraum einzudringen und das Al Kaida-Oberhaupt in seinem Versteck, einem Gebäudekomplex in der Stadt Abottabad, aufzuspüren und zu erschießen. Diese Operation ist bezeichnend für einen unter der Obama-Administration erfolgten Wandel im Kampf gegen den Terrorismus. Die Vereinigten Staaten verfolgen heute eine wesentlich „schlankere" *Counter-Terrorism*-Strategie, die ihren Schwerpunkt konsequent auf den weltweiten Einsatz von verdeckt operierenden Spezialkräften, Geheimdiensten und bewaffneten Drohnen legt.[55] Bis September 2012 hat Obama bereits sechsmal mehr Drohnenangriffe zur gezielten Tötung autorisiert als Präsident Bush in seiner gesamten Amtszeit.[56] Insbesondere in Pakistan und im Jemen kommen die unbemannten Waffenplattformen zum Einsatz. Gleichzeitig sind „Capture or Kill"-Einsätze von Spezialkräften in Afghanistan zu einem Eckpfeiler der dortigen Strategie im Vorgehen gegen islamistische Fundamentalisten geworden. George W. Bushs *Global War on Terrorism* hat sich unter der Regierung Barack Obamas zu einem *Shadow War* gewandelt, einem Krieg der von Nachrichtendiensten und

54 Robin Schroeder, Not too Little, but too Late – ISAF's Strategic Restart of 2010 in Light of the Coalition's Previous Mistakes, in: Joachim Krause, Charles King Mallory (Hrsg.), Afghanistan, Pakistan and Strategic Change Adjusting Western Regional Policy, London 2013. Im Erscheinen.

55 David E. Sanger, Confront and Conceal: Obama's Secret Wars and Surprising Use of American Power, New York 2012; Trevor McCrisken, Ten Years on: Obamas War on Terrorism, in: International Affairs, 87:4, 2011, S. 781-801.

56 Peter Bergen, Megan Braun, Drone is Obama's weapon of choice, 12.09.2012, http://edition.cnn.com/2012/09/05/opinion/bergen-obama-drone/index.html (15.10.2012).

Spezialkräften im Geheimen geführt wird und so von der öffentlichen Bildflä-
che weitgehen verschwindet.[57]

8 Verletzung von Menschenrechten

Im Rahmen des *Global War on Terrorism* kam es seit 2001 zu zahlreichen
Menschenrechtsverletzungen. Dies führte zu einer nachhaltigen Stigmatisierung der Regierung George W. Bushs und des amerikanischen Kampfes gegen
den Terrorismus. Zu trauriger Berühmtheit gelangten die Gefängnisanlagen in
Guantanamo Bay auf dem amerikanisch kontrollierten Teil Kubas, im irakischen Abu Ghraib sowie im afghanischen Bagram. In allen drei Gefängnissen
kam es zu Fällen von teils schweren Menschenrechtsverletzungen. Zum einen
handelte es sich dabei um Vorfälle, für die Einzelpersonen und Gefängniswär-
ter verantwortlich waren. Die 2004 durch Fotografien dokumentierten Miss-
brauchsfälle im Gefängnis Abu Ghraib wurden zum wohl bekanntesten Beispiel solcher Vergehen. Die in den Medien veröffentlichten Bilder gedemütig-
ter Gefangener führten zu weltweiter Entrüstung. Zum anderen geriet die Integrität der amerikanischen Regierung durch die von ihr offiziell genehmigten
Methoden im Umgang mit Gefangenen, wie beispielsweise das simulierte Er-
tränken („waterboarding") als Verhörmethode, stark ins Wanken.[58] Die rechtsstaatlichen Grauzonen, in denen sich solche Vernehmungen festgenommener
Terrorverdächtiger bewegten, wurden seitens amerikanischer Behörden bewusst für deren Zwecke ausgenutzt und teilweise künstlich ausgeweitet oder
sogar ganz neu geschaffen. Die Fälle, in denen Häftlinge zum Verhör in andere
Staaten ausgeflogen wurden, sind hierfür ein Beispiel. Diese „extraordinary
renditions" ermöglichten der CIA und anderen Behörden, die in den Vereinigten Staaten geltenden Rechtsvorschriften für Verhöre zu umgehen. Die Beteu-
erung der damaligen Außenministerin Condoleezza Rice, die Gefangenen würden in diesem Zusammenhang nicht gefoltert, wurde von der Weltöffentlichkeit als wenig glaubwürdig bewertet.[59]

Auch der Status der auf dem US-Marinestützpunkt Guantánamo Bay inhaftierten Personen ist seit 2001 ein umstrittenes Thema. Als „ungesetzliche Kom-

57   John Nagl, Matt Irvine, A Long War in the Shadows. The Future of U.S. Counterterrorism,
     in: Institut für Sicherheitspolitik an der Universität Kiel (ISPK) (Hrsg.), Jahrbuch Terroris-
     mus 2011/2012, Opladen/Farmington Hills, 2012, S. 325-336.
58   Stephan Büsching, Innere Sicherheit in den USA nach 9/11, in: Thomas Jäger (Hrsg.), Die
     Welt nach 9/11. Auswirkungen des Terrorismus auf Staatenwelt und Gesellschaft, Zeitschrift
     für Außen- und Sicherheitspolitik, VS, Sonderheft 2, 2011, S. 80-92.
59   Condoleeza Rice, Rede von Außenministerin Condoleeza Rice auf der Andrews Air Force
     Base, 05.12.2005, http://2001-2009.state.gov/secretary/rm/2005/57602.htm, (12.10.2012).

battanten" haben Mitglieder von Al Kaida und den Taliban keinen Kriegsgefangenstatus, wie ihn Soldaten regulärer Armeen genießen. Der in der Genfer Konvention vorgesehene Rechtsschutz gilt hier nicht. Auf Grund dieses Sonderstatus unterstehen die Inhaftierten in Guantánamo nach Auffassung der USA weder einer zivilen noch einer militärischen Gerichtsbarkeit. Bis heute wurde den meisten Insassen von Guantánamo, das nicht als offizielles amerikanisches Staatsgebiet gilt, daher ein ordentliches Gerichtsverfahren verwehrt, da diese sich eben nicht auf US-amerikanischem Territorium befinden. Darüber hinaus besteht in den USA die Frage, ob und wie die Inhaftierten wieder aus der Haft entlassen werden können, da ein Ende des Konflikts nicht absehbar ist und die meisten Gefangenen in Guantánamo – im Gegensatz zu einem in Folgen eines Friedensvertrages haftentlassen Kriegsgefangenen – nach ihrer Freilassung weiterhin eine Sicherheitsbedrohung darstellen.[60] Nicht zuletzt aufgrund dieser rechtlichen Probleme sind die US-Bundesstaaten nicht bereit, „ungesetzliche Kombattanten" in ein Gefängnis auf deren Territorialgebiet zu überführen und somit die Schließung des unpopulären Gefangenenlagers auf Kuba zu ermöglichen. Trotz der Debatte um den Rechtsstatus der Gefangenen wurde die Vereinigten Staaten angesichts diverser Misshandlungsvorwürfe auf internationaler Ebene scharf darauf hingewiesen, dass auch bei einem Nichtgelten der Genfer Konvention die von den Vereinten Nationen 1988 festgelegten Normen zur grundsätzlichen Behandlung von jeglichen Gefangenen eingehalten werden müssen.

Die hier dargestellten Sachverhalte sowie auch die auf Grundlage des USA PATRIOT ACT und anderer Gesetze teilweise erfolgende Aushöhlung von Menschen- und Bürgerrechten, stellen den US-amerikanische Kampf gegen den Terrorismus in vielen Bereichen in einen Konflikt mit den Grundwerten einer liberalen Gesellschaftsordnung. Auch wenn Präsident Obama die Bedeutung der Bürger- und Menschenrechte im Kampf gegen den Terrorismus wieder stärken wollte, so wurde dies bisher nur begrenzt umgesetzt.[61] So konnte Obama sein Wahlversprechen aus dem Jahr 2008, das umstrittene Gefangenlager in Guantánamo zu schließen bis heute nicht einlösen. Darüber hinaus wirft Obamas zunehmender Rückgriff auf gezielte Tötungen durch Drohnenangriffe in diesem Bereich ganz neue rechtliche und ethische Fragen auf.

---

60 Michael C. Dorf, The Detention and Trial of Enemy Combatants: A Drama in Three Branches, in: *Political Science Quarterly,* Spring 2007, S. 47-58.
61 Büsching, Innere Sicherheit in den USA, S. 91; McCrisken, Ten Years On, S. 789-793.

9 Konsequenzen des Global War on Terrorism

Grundsätzlich kann konstatiert werden, dass zwei Ziele des *Global War on Terrorism* weitgehend erreicht wurden. Erstens, konnte verhindert werden, dass es, mit Ausnahme des Anschlags auf den Boston Marathon vom 15. April 2013,[62] zu weiteren schweren Anschlägen in den Vereinigten Staaten kam. Seit dem 11. September 2001 konnten mindestens fünfzig terroristische Anschläge auf amerikanischem Boden durch die US-Sicherheitsbehörden verhindert werden.[63] Zweitens, wurde der Kern der Al Kaida sowohl mit Blick auf seine Personal- als auch Organisationsstrukturen größtenteils zerschlagen. Die terroristische Organisation ist nicht nur eine geringere Bedrohung als noch vor zehn Jahren, sondern hat auch an Einfluss in der islamischen Welt verloren.[64] In diesem Zusammenhang muss auch festgehalten werden, dass trotz aller weiterhin bestehenden Probleme im Irak und in Afghanistan bedeutenden Erfolge im (Wieder-)Aufbau dieser Staaten durch die USA bzw. durch die internationale Staatengemeinschaft erzielt werden konnten – eine Tatsache, die bei der fast ausschließlich negativen Berichterstattung über diese Länder von den Medien und der Öffentlichkeit häufig nicht wahrgenommen werden.

Die meisten Folgen des *Global War on Terrorism* können allerdings kaum als ein strategischer Erfolg dargestellt werden. Insbesondere die im Rahmen des *Global War on Terrorism* begonnenen Militäreinsätze haben zu horrenden Kosten geführt. Die finanziellen Gesamtkosten dieser Einsätze wurden vom wissenschaftlichen Dienst des US-Kongress im März 2011 auf 1,283 Billionen US-Dollar beziffert.[65] Das „Costs of War" Forschungsprojekt der Brown University errechnete sogar eine Summe von vier Billionen US-Dollar.[66] In Geldwerten nicht zu bemessen, sind die immensen menschlichen Kosten: Mehr als

---

62 Durch den Bombenanschlag auf den Boston Marathon wurden drei Menschen getötet und 264 verwundet. Bei den Tätern handelte es sich um zwei gebürtige Tschetschenen, bei denen sich vor alle, der ältere der beiden Brüder radikalisiert hatte. Die beiden verwendeten Bomben waren mit Druckkochtöpfen gebaut wurden. Siehe: Curti Covi, Stefan Hansen, Der Anschlag auf den Boston-Marathon. Hintergründe und Schlussfolgerungen, ISPK Policy Brief, April 2013.

63 Eine Auflistung dieser Anschlagsversuche findet man in: James Jay Carafano, Steve Bucci, Jessica Zuckermann, Fifty Terror Plots Foiled Since 9/11: The Homegrown Threat and the Long War on Terrorism, in: The Heritage Foundation Backgrounder, No. 2682, April 25, 2012, S. 20-23; sowie bei John Mueller, Mark G. Stewart, The Terrorist Delusion. America's Overwrought Response to September 11, in: International Security, 37:1, Summer 2012, S. 81-110.

64 Brian Fishman, Phill Mudd, Al Qaeda on the Ropes, 23.02.2012. http://www.foreignpolicy.com/articles/2012/02/23/al_qaeda_on_the_ropes, (12.10.2012).

65 Amy Belasco, The Cost of Iraq, Afghanistan, and Other Global War on Terror Operations Since 9/11, Congressional Research Service (CRS) Report to Congress, März 2011.

66 Siehe Website des Costs of War Projects: http://costsofwar.org/article/economic-cost-summary, (15.10.2012).

sechseinhalb tausend US-amerikanische Soldaten und Soldatinnen fielen im Irak und in Afghanistan. Dazu kommt ein Vielfaches an Kriegsversehrten, deren Leben oft allein durch die fortschrittliche Medizintechnik gerettet werden konnte. Auf Seiten der Bündnispartner, zu denen auch Deutschland zählt, fielen seit 2001 etwa eineinhalb tausend Soldaten und Soldatinnen. Eine ungleiche höhere Zahl an Toten haben jedoch die Menschen in den Einsatzländern selbst zu beklagen:

Tabelle 1: Kriegstote in Afghanistan, Pakistan und Irak[67]

	Afghanistan	Pakistan	Irak	Gesamt
US Militär	2.130		4.486	6.616
US Privatfirmen	1.263	21	1.587	2.871
Lokale Sicherheitskräfte	8.665	4.650	10.125	23.440
Alliierte Truppen	1.066		318	1.384
Zivilisten	15.500 - 17.400	14.780 - 43.149	122.00 - 132.000	152.280- 192.550
Gegnerische Kräfte	15.000 - 25.000	25.000	36.400	76.400 - 86.400
Journalisten	25	54	230	309
Nichtregierungs-Organisationen	209	49	62	320
Kriegstote insgesamt	43.858 - 55.758	44.554 - 72.923	175.208 - 185.208	263.620 - 313.889

Quelle: Costs of War Projects: http://costsofwar.org/ (15.10.2012).

Die aus der oben aufgeführten Tabelle erkennbar hohe Anzahl an Toten wird von der Anzahl an Verwundeten noch deutlich überstiegen. Doch diese Zahlen allein vermögen das durch die Kampfhandlungen verursachte menschliche Leid nicht zu fassen, bedenkt man, dass außerdem über zwei Millionen Menschen durch Flucht oder Vertreibung ihre Heimat verlassen mussten.[68] Die Gefahr, welcher die Zivilisten ausgesetzt waren, verdeutlicht eine Betrachtung der besonders hohen Zahl an zivilen Opfern, die auf die täglichen Anschläge der Aufständischen bzw. Terroristen zurückzuführen sind. Die Ermordung von Zivilisten bzw. die bewusste Inkaufnahme von massenhaft Toten unter der Zi-

---

67 Alle Zahlen basieren auf den Angaben des *Costs of War Projects* der Brown University. Das Projekt repräsentiert die bisher umfassendste Datensammlung zu den Kosten des *Global War on Terrorism* seit 2001. Siehe Costs of War Projects: http://costsofwar.org/, (15.10.2012).
68 Ebd.

vilbevölkerung ist ein zentrales Element der terroristischen Strategie der Aufständischen im Irak, in Afghanistan und in Pakistan. Erklärtes Ziel ist es dabei, die Lage in dem jeweiligen Staat so weit zu destabilisieren, dass die vom Westen unterstützten Regierung mittelfristig kollabieren, damit langfristig streng islamistische Staatsordnung etabliert werden können.

Dass die meisten zivilen Opfer auf die Anschläge der Aufständischen zurückzuführen sind, ändert jedoch nichts daran, dass das Vorgehen der amerikanischen Streitkräfte ebenfalls viel Leid verursacht hat: unbeabsichtigte Tötung von Menschen bei Kampfeinsätzen, die Zusammenarbeit mit korrupten lokalen Machthabern, der häufige Rückgriff auf gezielte Tötungen von Zielpersonen durch Spezialkräfte und Drohnen, Festnahmen von Unschuldigen, Rücksichtslosigkeiten von US-Soldaten gegenüber der lokalen Bevölkerung in alltäglichen Situation wie etwa im Straßenverkehr oder bei Personenkontrollen und nicht zuletzt medienwirksame Skandale, wie die Misshandlung von Häftlingen in Abu Ghraib oder der Amoklauf des US-Unteroffiziers Robert Bales[69] haben in den Einsatzländern selbst aber auch international viel Kritik hervorgerufen. Die Kriege im Irak und Afghanistan sowie der Drohnenkrieg in Pakistan haben den Ruf der Vereinigten Staaten daher vor allem in der muslimischen Welt schwer beschädigt.

Das durch den *Global War on Terrorism* direkt und indirekt hervorgerufene menschliche Leid hat daher dessen strategische Ziele teilweise ins Gegenteil verdreht: anstatt dem islamistischen Terrorismus effektiv den Nährboden zu entziehen kam es in vielen muslimischen Ländern zu einer noch stärken Radikalisierung. Der rekrutierungswirksame Narrative der Al Kaida, welcher die Vereinigten Staaten als aggressive und islamfeindliche Macht darstellt, wurde in den Augen vieler Muslime bestätigt. Während die ursprüngliche Al Kaida-Organisation tatsächlich massiv geschwächt wurde, hat sich deren Ideologie daher dennoch stark verbreitet, wobei nicht zuletzt das Internet hierzu wesentlich beigetragen hat. Al Kaida wurde geradezu zu einer „Marke", einer „Franchise" in deren Namen heute kleine Gruppen islamistischer Extremisten oder Einzeltäter oft völlig eigenständig agieren. Doch auch mit Blick auf die Nichtverbreitungspolitik von Kernwaffen hat der *Global War on Terrorism* das gegenteilige Ziel erreicht: Der Sturz der Regime in Afghanistan und Irak hat den Regierungen der „Schurkenstaaten" Iran und Nordkorea umso mehr Anlass gegeben, ihr Kernwaffenprogramm voranzutreiben, um sich so langfristig vor einem Regimesturz durch eine US-geführte Intervention abzusichern. Und auch die vollständige Sicherheit des pakistanischen Nuklearwaffenarsenals

---

69   Der in der afghanischen Provinz Kandahar eingesetzte Staff Sergeant Robert Bales erschoss
     am 11. März 2012 bei einem Amoklauf 16 afghanische Zivilisten.

muss angesichts der besorgniserregend wachsenden Radikalisierung der pakistanischen Gesellschaft stärker hinterfragt werden, als noch vor zehn Jahren.[70] Die hier dargestellten Konsequenzen des *Global War on Terrorism* weisen insgesamt eine düstere Bilanz auf. Betrachtet man die erreichten Ziele in Relation zu den menschlichen, materiellen und politischen Kosten dieser Militäraktionen, so scheinen diese unverhältnismäßig.[71] Selbst wenn alle von der Bush-Administration definierten strategischen Ziele des *Global War on Terrorism* erreicht worden wären, so hätte dennoch die Angemessenheit des bis zum heutigen Tage gezahlten Preises bezweifelt werden müssen. Da in einigen Aspekten allerdings sogar das Gegenteil der ursprünglich anvisierten Ziele eingetreten ist, muss der *Global War on Terrorism* des George W. Bush als ein strategischer Fehlschlag von historischer Dimension bewertet werden. Die politischen Pfadabhängigkeiten, welche durch die strategischen Entscheidungen der USA in unmittelbarer Reaktion auf die Anschläge des 11. Septembers geschaffen wurden, werden die Entwicklungen des internationalen Systems und damit auch die amerikanische Sicherheitspolitik noch in vielen Jahren beeinflussen. Weder Präsident Obama noch ein zukünftiger Inhaber des amerikanischen Präsidentenamtes, werden in der Lage sein den 11. September 2001, als die US-amerikanische Nation nachhaltig prägendes Ereignis, oder die Entwicklungen im Zuge des *Global War on Terrorism* vollständig rückgängig zu machen. In vielen außen- und sicherheitspolitischen Bereichen muss die US-Regierung, ob sie es will oder nicht, der zwischen 2001 und 2003 eingeschlagenen Pfad weitergehen. Eine plötzliche Kehrtwende, wie beispielsweis ein in der öffentlichen Debatte regelmäßig geforderter „sofortiger und vollständiger Rückzug" aus Afghanistan war bisher nicht möglich, da dies außenpolitisch verantwortungslos gewesen wäre. Die berühmte Porzellan-Laden-Regel (*pottery-barn-rule*), welche Colin Powell als US-Außenminister bereits 2004 formulierte, brachte diesen Sachverhalt auf den Punkt: „You break it, you own it."[72] Auch die Politik Barack Obamas basiert auf dieser Erkenntnis. Im Lager derjenigen, die sich von Obama radikale Kehrwenden in der US-amerikanischen Außen- und Sicherheitspolitik erhofft hatten, führte dies wiederholt zu Enttäuschungen.

---

70 Zur wachsenden Radikalisierung der pakistanischen Gesellschaft: Ahmed Rashid, The Anarchic Republic of Pakistan, in: The National Interest, 109, September-Oktober 2010, S. 23-30.
71 Mueller, Stewart, The Terrorist Delusion.
72 Zitiert in Woodward, Plan of Attack, S. 150.

10 Analyse: 9/11 als Zeitenwende in der amerikanischen Sicherheitspolitik?

Die Beantwortung der Leitfrage des vorliegenden Beitrages muss in zwei Schritten erfolgen. Zuerst sollen die politischen Motive der Bush-Administration bertachtet werden, die dazu führten, dass die USA mit nicht weniger als einem *Global War on Terrorism* auf die Anschläge des 11. Septembers reagierten. Zweitens muss hinterfragt werden, ob und inwieweit diese Reaktion trotz ihres gewaltigen Ausmaßes auch als eine tatsächliche Zeitenwende in der amerikanischen Außen- und Sicherheitspolitik bewertet werden kann.

Eine Betrachtung der schieren Dimensionen des *Global War on Terrorism* lässt die Aussage zu, dass es sich hierbei um eine extreme Reaktion seitens der Vereinigten Staaten handelte: Zeitlich ist der *Global War on Terrorism* (hier konkret der in diesem Rahmen stattfindende Kampfeinsatz in Afghanistan von 2001 bis 2014) der längste Krieg in der Geschichte der USA. Räumlich ist es ein tatsächlich global geführter Kampf, der im Heimatland beginnt und bis heute auf jedem Kontinent geführt wird. Hinsichtlich der Kosten, zeigen die oben aufgeführten Zahlen, welch enormen Preis in *blood and treasure* der globale Krieg gegen den Terrorismus bis heute gefordert hat. Um eine solche extreme Reaktion zu verstehen, muss diese im Lichte eines ebenso extremen Ereignisses, sprich den Anschlägen vom 11. September, betrachtet werden. Zuerst einmal herrschte in den USA eine immense Furcht, dass sich erneut ein ähnlicher oder sogar noch schwererer Anschlag auf amerikanischem Boden ereignen könnte. Anstatt sie als ein singuläres Ereignis zu betrachten, wurde die Anschläge des 11. Septembers – ganz im Einklang mit der Propaganda von Al Kaida – nur als der Auftakt eines Krieges zwischen zwei Weltanschauungen begriffen, der zwangsläufig neue terroristische Angriffe auf die USA mit sich bringen würde. Insbesondere in neokonservativen Kreisen wurde der *Global War on Terrorism* dabei zu eine schicksalhaften Kampf zwischen Gut und Böse hochstilisiert, wobei bezeichnenderweise auch die Begriffe *Islamofascsism* und *World War IV* verwendet wurden (der Kalte Krieg, als Konflikt zwischen der „freien Welt" und dem „Reich des Bösen" wurde in diesem Zusammenhang als *World War III* interpretiert).[73]

Die schockierende Erkenntnis, dass die amerikanischen Bürger im eigenen Land vor Angriffen wie am 11. September 2001 nicht sicher sind, führte innerhalb der Regierung zu einer übersteigerten Wahrnehmung der staatlichen Schutzverantwortung. Bis heute steht die US-Regierung dabei unter einem hohen öffentlichen Erwartungsdruck, dem Sicherheitsbedürfnis der amerikani-

---

73 Norman Podhoretz, World War IV: The Long Struggle Against Islamofascism, New York 2007. Siehe dazu auch die kritische Analyses von: Halper, Clarke, America Alone.

schen Öffentlichkeit Sorge zu tragen. Es ist das Zusammenspiel zwischen jenem Erwartungsdruck nach Sicherheit seitens der US-amerikanischen Öffentlichkeit und jener übersteigerten Wahrnehmung von Schutzverantwortung seitens des Staates, die es der US-Regierung bis heute politisch ermöglichen, ihre Operationen im Kampf gegen den Terrorismus in rechtlichen Grauzonen durchzuführen und zu legitimieren. Die daraus entstehenden ethischen Fragen, welche letztendlich sogar den Feinden Amerikas in die Hände spielen, sind dabei in der amerikanischen Gesellschaft von nachrangiger Bedeutung und nehmen trotz ihrer Brisanz im öffentlichen Diskurs einen vergleichsweise geringen Stellwert ein.

Der Erfolg Al Kaidas hatte schwere Defizite in der amerikanischen Sicherheitsarchitektur aufgezeigt und belegt, dass die US-Regierungen es versäumt hatten, dem hohen Bedrohungspotential im Vorfeld der Anschläge angemessen zu begegnen.[74] Die nun hektisch erfolgenden reaktiven Maßnahmen waren einerseits von dem Motiv getrieben, diese Versäumnisse schnellstmöglich nachzuholen, reflektierten andererseits aber ebenso die von der amerikanischen Öffentlichkeit und Politik gleichermaßen ausgehende Forderung nach Vergeltung. Nach den Momenten schockierender Hilflosigkeit, die sich am 11. September vor den Augen der Welt abgespielt hatten, musste die gedemütigte Supermacht nun die Initiative zurückgewinnen. Dabei wurde durch die Subjektivierung des Begriffs „Terrorismus" ein neues Feindbild geschaffen – die Tat wurde zum Täter. Allein dieser rhetorische Fehlgriff weist jedoch bereits auf das zentrale Problem hin, dass sich den Vereinigten Staaten nach den Anschlägen des 11. Septembers 2001 stellte: Der eigentliche Feind, nämlich hochgradig gewaltbereite Islamisten auf der ganzen Welt, war weitgehend unbekannt und konnte nur schwer identifiziert werden. Die Strategie der Bush-Administration im Kampf gegen den Terrorismus spiegelt dabei die eigentliche Ratlosigkeit wider, mit der die Vereinigten Staaten diesem amorphen Feind entgegentraten. Reflexartig wurde auf zwei elementare amerikanischen Institutionen gesetzt, die man für die stärksten Waffen der Vereinigten Staaten hielt – die Demokratie und das Militär.

Die Idee der „strategischen Demokratisierung" begründete sich dabei auf der in der US-Außenpolitik fest verwurzelten Idee des demokratischen Friedens und der davon ausgehenden Schlussfolgerung, dass eine liberale Gesellschaftsordnung in der islamischen Welt gewalttätigen Extremismus langfristig eindämmen würde. Was die Bush-Administration dabei wesentlich von der Clinton-Administration unterschied, war die vor allem auf neokonservativen Ideen beruhende Überzeugung, dass eine solche Demokratisierung ähnlich wie im

---

74 Dass die Clinton-Administration auf die bereits damals von Al Kaida ausgehende Bedrohung vergleichsweise zaghaft reagiert hat, lag jedoch nicht zuletzt an dem großen politischen Lager in Washington, das sich zu diesem Zeitpunkt u.a. aufgrund völkerrechtlicher Problematiken gegen ein entschlosseneres militärisches Vorgehen aussprach.

Falle Deutschlands und Japans nach dem Zweiten Weltkrieg auch durch einen militärisch herbeigeführten Regimewechsel eingeleitet werden kann. Dass eine Gleichsetzung des Iraks und Afghanistans mit Deutschland und Japan nach Ende des Zweiten Weltkriegs eine krude und, wie sich später erwies, schwerwiegende Fehlinterpretation der Geschichte ist, wurde in neokonservativen Kreisen kaum hinterfragt oder bewusst ignoriert. Stattdessen wurde davon ausgegangen, dass der Sturz zweier menschenverachtender Regime und der anschließende Aufbau demokratischer Staaten den euphorischen Beifall der Afghanen und Iraker finden und in der gesamten Region ein Zeichen setzen. Die letzte Dekade zeigte jedoch, dass die Transformation von Staaten und Gesellschaften ein äußerst langwieriger und reversibler Prozess ist, auf den ein externer Akteur nur begrenzten Einfluss nehmen kann – selbst wenn es sich bei diesem Akteur um die Vereinigten Staaten oder gar die Gesamtheit der westlichen Staatengemeinschaft handelt.

Die massive militärische Reaktion auf die Anschläge des 11. September war unvermeidlich. Die Vereinigten Staaten verfügen über die mit Abstand schlagkräftigste Armee der Welt und die amerikanische Nation forderte Vergeltung für den beispiellosen Angriff auf ihr Land. Ganz egal ob Republikaner oder Demokrat, kein US-Präsident hätte es sich leisten können, in dieser Situation entgegen dem öffentlichen Druck die amerikanische Militärmacht nicht einzusetzen. Nur durch einen Militäreinsatz konnte ein nach dem 11. September 2001 politisch dringend erforderlicher – wenn auch kurzfristiger – Erfolg erzielt werden. Die Bush-Administration beschränkte sich jedoch nicht auf die gezielte Jagd auf Al Kaida. Das Vertrauen in die eigene militärische Stärke und die Überzeugung, auf viel Dankbarkeit und wenig Widerstand in der Bevölkerung zu stoßen, gaben den Ausschlag dafür, dass die Vereinigten Staaten sowohl in Afghanistan als auch in den Irak einmarschierten. *Counter-Terrorism* nahm die Form von *Statebuilding* an. Der Schutz des Staatsaufbaus vor zahlreichen aufständischen Gruppen, mit deren gewaltsamen Widerstand die Bush-Administration nicht gerechnet hatte, erforderte wiederum schon bald aufwendige *Counterinsurgency*-Operationen.

Die Obama-Administration hat aus diesen Ereignissen gelernt. Obamas Kampf gegen den Terrorismus findet heute weitgehend im Geheimen statt, während er die amerikanischen Truppen seit dem Abzug aus dem Irak nun auch schrittweise aus Afghanistan zurückziehen lässt. Damit ähnelt Obamas strategischer Ansatz stark dem eher verdeckt geführten *War on Terrorism* der Reagan-Administration in der ersten Hälfte der 1980er Jahre.[75] Auch Präsident Clinton setzte im Kampf gegen Al Kaida Ende der 1990er Jahre auf Kontinuität und die CIA, welche mit dem gezielten Einsatz von Marschflugkörpern, die später

---

75 John Arquilla, Three Wars on Terror. Ronald Reagan and the Battle for Obama's Strategic Soul, 10.09.2012, http://www.foreignpolicy.com/articles/2012/09/10/three_wars_on_terror, (13.12.2012).

durch die neue Drohnentechnik ersetzt wurden. Dieses Vorgehen zeigt deutliche Parallelen zur heutigen Strategie Obamas. Erfuhr die amerikanische Politik im Kampf gegen den Terrorismus also durch eine Rückkehr zum „Schattenkrieg" unter Präsident Obama eine Normalisierung, die den *Global War on Terrorism* der Bush-Administration zur historischen Anomalie werden lässt? Oder haben die Ereignisse am 11. September 2001 doch eher zu einer grundlegenden Veränderung der amerikanischen Sicherheitspolitik geführt?

10.1 Elemente des sicherheitspolitischen Wandels

Zu den politischen Entscheidungen, die im Zuge des *Global War on Terrorism* als tatsächlich neue Elemente amerikanischer Außen- und Sicherheitspolitik bewertet werden müssen, zählen vor allem jene, die aus der umstrittenen Bush-Doktrin resultierten. Zunächst ist in diesem Zusammenhang die absolute „with us or against us"-Trennung der US-Regierung zu nennen. Eine solche strikte Freund-Feind-Unterteilung wurde von den Vereinigten Staaten auf internationaler Ebene nicht einmal während des Höhepunkts des Kalten Krieges propagiert. Des Weiteren ist die Politik des gewaltsamen Regimewechsels und des anschließenden extrem ressourcenaufwendigen Staatsaufbaus ein herausragendes Element des *Global War on Terrorism*. Insbesondere der Zweite Weltkrieg zeigt, dass die Vereinigten Staaten schon zuvor aufwendige Kriege geführt haben, um Regime zu stürzen und anschließend freiheitlich-demokratische Strukturen in den besiegten Staaten Deutschland und Japan aufzubauen. Was die Regimewechsel in Afghanistan und insbesondere im Irak hiervon maßgeblich unterscheidet, ist, dass es sich in letzeren Fällen um sogenannte *Wars of Choice* handelt, d.h. um Kriege, die von den Vereinigten Staaten im Gegensatz zu *Wars of Necessity* ohne zwingende Notwendigkeit auf eigenen Initiative begonnen wurden. Im Falle Afghanistans hätte der begrenzte Militäreinsatz wie er zwischen 2001 und 2002 erfolgte, um mithilfe den lokalen Taliban-feindlichen Gruppen der Nordallianz die radikalen Islamisten zu vertreiben und anschließend mithilfe von Drohnen, Spezialkräften, etc. sicherzustellen, dass Afghanistan nie wieder ein sicherer Rückzugsort von Al Kaida mehr wird. Dieses Ziel wurde bereits früh in Afghanistan erreicht und hätte den folgenden langwierigen, kostspieligen und bis heute nur teilweise erfolgreichen Staatsaufbau theoretisch in diesem Ausmaß nicht erfordert. Es ist eine Ironie der Geschichte, dass die Vereinigten Staaten und deren Verbündete den Erfolg in Afghanistan nach zwölf Jahren heute zu einem bedeutenden Teil an dem bereits gegen Ende 2002 erreichten Minimalziel festmachen. Im Falle des Iraks steht heute außer Frage, dass der Krieg und der ebenfalls damit verbundende für alle beteiligten Akteure schmerzhafte Staatsaufbau strategisch unnötig war.

Die Absicht der Vereinigten Staaten, Afghanistan und den Irak in stabile Demokratien mit liberalen Gesellschaftsordnungen zu transformieren, übertraf alle vorherigen Fälle von modernem Post-Konflikt-Statebuilding. Das anfängliche *Level of Ambition* der Interventionen in Afghanistan und im Irak, d.h. das anvisierte Niveau an politischer Stabilität, Sicherheit, Demokratie, Menschenrechten und wirtschaftlicher Entwicklung, welches man in beiden Staaten erzielen wollte, war bemerkenswert hoch angesetzt. Sowohl Afghanistan als auch der Irak sind im Kern konservative muslimische Gesellschaften, die noch nie demokratisch regiert wurden und bis heute von ethnischen Spannungen, Stammesstrukturen und Klientelpolitik geprägt sind. Im Fall Afghanistans kommt dabei noch erschwerend hinzu, dass es sich zu einem der am niedrigsten entwickelten Länder der Welt gehört. Insbesondere vor dem Hintergrund dieser äußerst unvorteilhaften Rahmenbedingungen, muss die Höhe der Zielsetzungen, die die USA zu Beginn der Invasionen verfolgte, als ein historisches Novum in der US-amerikanischen Außenpolitik bewertet werden.

Weiterhin führte die Rahmen der Bush-Doktrin konzipierte Idee des *Preemptive War*, auf deren Grundlage der Einmarsch in Irak erfolgte, zu vielen gänzliche neuen Phänomenen in der US-amerikanischen Außen- und Sicherheitspolitik. Bis heute wird der Begriff Präemption in der Debatte regelmäßig mit Prävention gleichgesetzt, obwohl es sich hier tatsächlich um zwei unterschiedliche strategische Konzepte handelt: Präemption steht für einen zeitkritischen militärischen Erstschlag, um die Bedrohung eines unmittelbar bevorstehenden Angriffs abzuwenden bevor es zu diesem Angriff kommt. Prävention hingegen steht im strategischen Sprachgebrauch für einen Angriffskrieg, der auf die mittelfristige Bedrohung reagiert, dass sich im weiteren Zeitverlauf der strategische Vorteil zugunsten des Gegners verschieben wird.[76] Dieser kleine aber feine Unterschied wurde 2003 mit dem Beginn des Irakkrieges politisch höchst relevant, da sich die Bush-Administration nämlich ausdrücklich auf das in der *National Security Strategy* von 2002 genannte Konzept der *Präemption* berief, um den Sturz Saddam Husseins zu legitimieren. Im letzteren Fall handelte es sich allerdings keineswegs um einen Akt der Präemption, da weder das irakische Regime selbst noch ein von irakischem Territorium aus operierender nicht-staatlicher Akteur kurz davor standen, einen Angriff auf die USA zu verüben. Viel mehr entsprach die Invasion des Iraks 2003 der Logik eines Präventivkriegs, wie Jack S. Levy feststellt, denn mit der Invasion wurde – wenn überhaupt – auf die antizipierte mittelfristige Gefahr reagiert, dass Saddam Hussein Massenvernichtungswaffen an eine terroristische Organisation weitergeben könnte.

---

76 Jack S. Levy, Preventive War and the Bush Doctrine. Theoretical Logic and Historical Roots, in: Stanley A. Reshon, Peter Suedfeld (Hrsg.), Understanding the Bush-Doctrine, New York 2007, S. 175-200, hier S. 177.

Die oben genannte begriffliche Konfusion kam der Bush-Administration durchaus zunutze. Sie half dabei, den Krieg gegen den Irak mit dem strategischen Konzept der Präemption zu legitimieren, welches sich auf eine gänzlich andere Bedrohungslage, nämlich der eines unmittelbar bevorstehenden Angriffs, bezieht.[77] Vor dem Hintergrund des hier dargestellten Sachverhalts, stellt es ein Novum in der US-amerikanischen Außenpolitik dar, dass ein Präventivkrieg mit dem Konzept der Präemption begründet wurde, um dadurch den Militäreinsatz als alternativlosen Akt der Selbstverteidigung angesichts einer antizipierten imminenten Gefahr zu rechtfertigen. Gleichzeitig muss auch der explizite Hinweis in der *National Security Strategy* 2002, dass man selbst dann handeln würde, wenn es keinen konkreten Nachweis dafür gäbe, wann, wo und wie es zu einem Angriff auf USA kommen würde, als außergewöhnlich bewertet werden.[78] Nicht nur Präsident George W. Bush, sondern auch Barack Obama und frühere US-Präsidenten haben sich vorbehalten, im Falle einer Bedrohung der nationalen Sicherheit auch ohne UN-Sicherheitsratsmandat sowohl präemptiv als auch präventiv zu handeln. Bei der in der Bush-Doktrin besonders weitgefassten und damit völkerrechtlich hochproblematischen Auslegung des Rechts auf Präemption handelte es sich jedoch ebenfalls um ein Novum in der US-amerikanischen Außen- und Sicherheitspolitik.

Die hier aufgeführten Aspekte, die neuartige Elemente der amerikanischen Außen- und Sicherheitspolitik nach dem 11. September 2001 markieren, beziehen sich vor allem auf George W. Bushs erste Amtszeit. Aus den späteren Strategiepapieren der Bush-Administration sowie aus denen der Regierung Obama lässt sich ableiten, dass es sich bei diesen kritischen Punkten der Bush-Doktrin um einen extremen Zeigerausschlag im historischen Verlauf der amerikanischen Außen- und Sicherheitspolitik handelt. Da sich die amerikanische Politik in Bezug auf diese Punkte – nicht zuletzt auch aufgrund der Negativerfahrungen der vergangenen Dekade – wieder gemäßigt hat, kann diesbezüglich nicht von einer Zeitenwende gesprochen werden.

Andere neuartige Elemente amerikanischen Außen- und Sicherheitspolitik, die im Zuge des *Global War on Terrorism* unter Bush entstanden, wurden von der Obama-Administration durchaus fortgesetzt. Die grundsätzliche Bedrohungsperzeption durch den internationalen Terrorismus ist unverändert hoch geblieben. Auch eine sicherheitspolitische Rückbesinnung auf die Gefahr zwischen-

---

77 Ebd.
78 The United States has long maintained the option of preemptive actions to counter a sufficient threat to our national security. The greater the threat, the greater is the risk of inaction – and the more compelling the case for taking anticipatory action to defend ourselves, even if uncertainty remains as to the time and place of the enemy's attack. To forestall or prevent such hostile acts by our adversaries, the United States will, if necessary, act preemptively." National Security Strategy 2002, S. 15.

staatlicher oder hybrider Konflikte, die vor allem mit der stärkeren außenpolitischen Orientierung der USA in den pazifischen Raum einher geht, hat daran
nichts geändert. Die Anschläge des 11. Septembers haben das von nichtstaatlichen Akteuren ausgehende Bedrohungspotential nachhaltig in den Fokus der
amerikanischen Sicherheitspolitik gerückt. Der *Global War on Terrorism*, der
von amerikanischen Medien inzwischen oft auch als *The Long War* bezeichnet
wird, hat durch die Obama-Administration vielleicht einen neuen Namen
(*Overseas Contingency Opterations*) und eine neue Form (Drohnen) erhalten.
Aber Obama wird genauso wenig wie dessen zukünftige Amtsnachfolger den
globalen Kampf gegen terroristische Organisationen und islamitischen Extremismus aus eigener Kraft beenden können. Seit der Antike zeigt die Geschichte, dass es zu jeder Zeit gewaltbereiten Widerstand gegen einen politischen Status Quo gab, der aufgrund eines asymmetrischen militärischen Kräf-
teverhältnisses terroristische Taktiken anwendete. Im Gegensatz zu anderen
Kriegen, wird es daher im Kampf gegen den Terrorismus genauso wie im
Kampf gegen die organisierte Kriminalität niemals zu einem endgültigen Sieg
kommen. Dabei ist es gerade die außerordentliche konventionelle Stärke der
US-Streitkräfte, die auch in Zukunft dazu führen wird, dass die meisten Feinde
der USA auf Taktiken der asymmetrischen Kriegsführung zurückgreifen müssen, um strategische Erfolge erzielen zu können. Vor diesem Hintergrund kann
festgehalten werden, dass die Vereinigten Staaten zwar auch schon vor 2001
auf terroristische Bedrohungen reagierten, aber erst die Anschläge des 11. Septembers 2001 und deren Folgen ein Bewusstsein dafür schufen, dass es sich
bei dem Kampf gegen den Terrorismus um einen *Long War* handelt, dessen
Ende nicht absehbar ist.

Der tiefgreifende und nachhaltige Wandel in der US-amerikanischen Bedrohungsperzeption durch Terrorismus nach 2001 wird in der Politik der inneren
Sicherheit besonders deutlich. Die Bedeutung der *Homeland Security* hat
durch die Anschläge des11. September einen völlig neuen Stellwert eingenommen. Die omnipräsenten Sicherheitsmaßnahmen haben das öffentliche Leben
in der Vereinigten Staaten nachhaltig verändert. Da zu erwarten ist, dass der
durch die Anschläge ausgelöste Schock über Generationen im nationalen Gedächtnis erhalten bleiben wird, ist es unwahrscheinlich, dass sich diese Entwicklung eines Tages umkehren wird.

10.2 Elemente der sicherheitspolitischen Kontinuität

Viele außen- und sicherheitspolitischen Aspekte, welche häufig in direkten Zusammenhang mit dem *Global War on Terrorism* gesetzt werden, sind keineswegs neu. Erstens ist unilaterales Handeln, für das insbesondere die Bush-Administration kritisiert wurde, nichts Ungewöhnliches in der Geschichte der

amerikanischen Außen- und Sicherheitspolitik. Gerade in sicherheitspolitischen Fragen behalten es sich die Vereinigten Staaten seit jeher vor, unilateral
zu handeln. Dies gehört ebenso zur amerikanischen Staatsraison wie der stete
Versuch möglichst breite Allianzen bei der Verfolgung außen- und sicherheitspolitischer Ziele anzustreben.

Zweitens, ist es nicht ungewöhnlich, dass die Vereinigten Staaten wie im Fall
des Irakkrieges auf *Coalitions of the Willing* zurückgreifen, wenn im Rahmen
formalisierter Allianzen nicht gehandelt werden kann.[79] Und gleichzeitig bildet
die transatlantische Partnerschaft trotz der Differenzen, die innerhalb der
NATO durch den Irakkrieg und teilweise auch durch den Afghanistankrieg
verursacht wurden, auch weiterhin den Kern der amerikanischen Bündnispolitik. Tatsächlich normalisierten sich die transatlantischen Beziehungen bereits
in der zweiten Amtszeit George W. Bushs wieder. Die enge Abstimmung der
Vereinigten Staaten mit den europäischen Bündnispartnern hinsichtlich der aktuellen Syrien-Krise muss (trotz des bisher unbefriedigenden politischen Er-
gebnisses) grundsätzlich als ein Beweis dafür gesehen werden, dass die USA
einer multilateralen Sicherheitspolitik im Rahmen der transatlantischen Allianz weiterhin einen hohen Stellwert einräumen. Es könnte sogar sein, dass die
sicherheitspolitische Zusammenarbeit im Rahmen der transatlantischen Allianz vor dem Hintergrund der zunehmenden Instabilität Nordafrikas und des
Nahen Ostens bei einer gleichzeitigen (geostrategisch erforderlichen) US-amerikanischen Ressourcenverschiebung in den pazifischen Raum mittelfristig
zwangsläufig enger wird.

Drittens, wird Außenpolitik der Vereinigten Staaten spätestens seit dem Zweiten Weltkrieg stark von der Theorie des liberalen Friedens beeinflusst und verfolgt dementsprechend das Ziel, demokratische Bestrebungen weltweit zu för-
dern. Die amerikanische Entwicklungspolitik ist hierbei mit dem außenpolitischen Ziel der Demokratieförderung eng verzahnt. Die neokonservativ geprägte Idee, dass sich die globale Verbreitung von Freiheit und Demokratie
wenn nötig auch als Legitimationsgrund für eine strategisch nicht zwingend
notwendige militärische Intervention gelten kann, ist zwar für sich genommen
ein Novum in der US-Außenpolitik. Die dieser Idee zugrundeliegenden Ideale
sind jedoch ein klares Element der Kontinuität.

Viertens, ist die Verhinderung einer Proliferation von Massenvernichtungswaffen, welche seit dem 11. September ein Kernelement der *National Coun-
terrorism Strategies* sowie auch der *National Security Startegies* darstellt,
keineswegs ein neuer strategischer Schwerpunkt. Intensive Bemühungen im
Bereich *Counter-Proliferation* bestimmen seit dem Ende des Kalten Krieges

---

79 Vgl. Sarah E. Kreps, Coalitions of Convenience: United States Military Interventions after
    the Cold War, New York, 2011.

die außenpolitische Agenda der Vereinigten Staaten. Durch den *Global War on Terrorism* hat dies Politikfeld lediglich eine zusätzliche Aufwertung erfahren.

Fünftens, ist die im Zuge des *Global War on Terrorism* erfolgende Transformation der US-Streitkräfte, trotz ihres beachtlichen Ausmaßes, kein völlig neues Phänomen. Der 11. Septembers 2001 hat das Ausmaß der Bedrohung, die von Terrorismus ausgehen kann, zweifellos in ein neues Licht gerückt. Die aus dieser Erkenntnis resultierenden neuen sicherheitspolitischen Herausforderungen führten in Washington gezwungenermaßen zu einer endgültigen Abkehr von der Weinberger-Powell-Doktrin und brachten stattdessen sicherheitspolitische Doktrin-Dokumente hervor, welche den spezifischen Herausforderungen asymmetrischer Konflikte Rechnung tragen. In diesem Kontext, sowie auch vor dem Hintergrund der tagtäglichen Einsatzerfahrungen im Irak und in Afghanistan erfolgte in den letzten Jahren eine bemerkenswerte Anpassung der amerikanischen Streitkräfte an die heute erforderlichen militärischen Fähigkeiten. Doch auch wenn diese Transformation tiefgreifend und nachhaltig ist, so muss dennoch betont werden, dass sich die amerikanischen Streitkräfte seit ihrer Gründung stets an neue Umstände und Anforderungen anpassen mussten. Historische Ereignisse von maßgeblicher strategischer Bedeutung wie der 11. September 2001 wirken dabei stets als Katalysatoren oder Beschleuniger. Insofern ist die Anpassung der US-Streitkräfte an neue Sicherheitsbedrohungen ein Element außen- und sicherheitspolitischer Kontinuität.

Sechstens, trifft es zwar zu, dass der *Global War on Terrorism,* bzw. noch konkreter der darin inbegriffene Afghanistankrieg, schon jetzt als längster Krieg der Vereinigten Staaten in die Geschichte eingegangen ist. Die enormen Kosten, die dieser Krieg verursacht hat, sind deshalb jedoch keine historische Außergewöhnlichkeit. Alle amerikanischen Kriege haben den Staatshaushalt schwer belastet und die langen Listen der in vorherigen Kriegen auf allen Seiten ums Leben gekommen Personen sind ein mahnender Beleg dafür, dass Kriege stets mit dem Tod vieler Menschen einhergehen.

Siebtens und abschließend, muss an dieser Stelle leider auch festgehalten werden, dass es sich bei den ethisch und rechtlich äußert umstrittenen Politiken, die im Rahmen des *Global War on Terrorism* bis heute erfolgen, um kein Novum in der amerikanischen Außen- und Sicherheitspolitik handelt. Die Vereinigten Staaten führten schon vor dem 11. September 2001 völkerrechtlich durchaus umstrittene Kriege. Und auch Verletzungen von Menschenrechten begleiteten bisher fast jeden Krieg der Vereinigen Staaten (und auch der meisten anderen Nationen).

11 Fazit

Zur Beantwortung der Frage, ob der 11. September 2001 eine Zeitenwende in Sicherheitspolitik der Vereinigten Staaten markiert, erfolgte in diesem Kapitel des vorliegenden Sammelbandes eine Analyse von Elementen des Wandels und Elementen der Kontinuität in der US-amerikanischen Sicherheitspolitik, die im Vergleich zwischen den Jahren vor und nach dem 11. September festzustellen sind. Nach der Abwägung von Elementen des Wandels auf der einen Seite und Elementen der Kontinuität auf der anderen Seite, kommt dieser Beitrag zu dem Fazit, dass der Wandel insgesamt zu gering und vor allem nicht nachhaltig genug war, um von einer „Zeitenwende" in der Sicherheitspolitik der Vereinigten Staaten zu sprechen.

Bereits in der Dekade vor dem 11. September 2001 zeichnete sich deutlich ab, dass die Entstaatlichung des Krieges und der damit verbundene (Wieder-)Aufstieg nichtstaatlicher Gewaltakteure, zukünftig eine zentrale sicherheitspolitische Herausforderung darstellen werden. Eine neue Multipolarität des internationalen Machtgefüges und die Dynamiken der Globalisierung, welche diesen privaten Gewaltakteuren zuvor nie dagewesen Handlungsmöglichkeiten boten, trugen maßgeblich zu dieser Entwicklung bei. Auch wenn ein extremes Ereignis wie der 11. September 2001 nicht stattgefunden hätte, wäre es zu einer Anpassung der US-amerikanischen Sicherheitspolitik (sowie auch der Sicherheitspolitik aller anderen Nationen) auf die veränderte Bedrohungslage gekommen. Ein solcher Prozess hätte sich jedoch höchstwahrscheinlich über einen wesentlich längeren Zeitraum hingezogen und nicht die teils drastische Erscheinungsform angenommen, die in diesem Beitrag aufgezeigt wurden.

Doch der 11. September 2001 fand statt – und er wurde zu einem Katalysator, der die Bedrohungsperzeption des transnationalen Terrorismus um ein Vielfaches potenzierte. Das tatsächliche Zerstörungspotential, das von nichtstaatlichen Gewaltakteuren ausgehen kann, wurde der Welt erst an diesem Tag auf brutale Weise vor Augen geführt. Der aus diesem extremen Ereignis resultierende Schock in den Vereinigten Staaten, führte mit dem *Global War on Terrorism* zu einer ebenso extremen Reaktion der Bush-Administration. Dabei kann davon ausgegangen werden, dass kein Mitglied der damaligen US-Regierung sich darüber im Klaren war, welche immensen Kosten die schicksalhaften außenpolitischen Entscheidungen der Jahre 2001 bis 2003 mit sich bringen würden. Die einsetzenden Ereignisse führten vor allem in Afghanistan und im Irak zu einer Eskalation der Gewalt, die sich vor den Terroranschlägen des 11. Septembers noch niemand vorzustellen vermochte. Doch die Pfadabhängigkeit der getroffenen Entscheidungen machte es den Vereinigten Staaten unmöglich, die in Gang gesetzten Prozesse und deren Folgen wieder rückgängig zum machen. Das sprichwörtliche „Porzellan" aus der Metapher, der sich der damalige US-Außenminister Colin Powell bediente, um Präsident Bush im Sommer 2002 vor den Konsequenzen einer Invasion des Iraks zu warnen, war bereits zerbrochen.

Trotz der dramatischen Ereignisse, die durch die Anschläge vom 11. September 2001 eingeleitet wurden, sollte jedoch nie vergessen werden, dass die Vereinigten Staaten sowie auch viele andere Nationen schon lange vor 2001 einen Kampf gegen den Terrorismus führten und auch zukünftig führen werden. Selbst wenn Al Kaida irgendwann einmal nicht mehr existieren sollte, werden Extremismus und terroristische Gewalt wie auch schon in der Zeit vor Al Kaida eine bedeutende sicherheitspolitische Herausforderungen bleiben. Die allgemeinen gesellschaftlichen Probleme, die aus den heutigen globalen Entwicklungen resultieren, aber leider eben auch jene spezifischen Dynamiken, die als konkrete Folgen des 11. Septembers 2001 zu beurteilen sind, werden dies sicherstellen.

12 Literaturverzeichnis

12.1 Sekundärliteratur und Zeitungsartikel

Arquilla, John: Three Wars on Terror. Ronald Reagan and the Battle for Obama's Strategic Soul, 10.09.2012, http://www.foreignpolicy.com/articles/2012/09/10/three_wars_on_terror, (13.10.2012).

Arrango, Tim/Krauss, Clifford: „China Is Reaping Biggest Benefits of Iraq Oil Boom", in: New York Times, 02.06.2013.

Belasco, Amy: The Cost of Iraq, Afghanistan, and Other Global War on Terror Operations Since 9/11. Congressional Research Service (CRS) Report to Congress, März 2011.

Bergen, Peter/Braun, Megan: „Drone is Obama's weapon of choice", 12.09.2012, http://edition.cnn.com/2012/09/05/opinion/bergen-obama-drone/index.html (15.10.2012).

Biddle, Stephen/Friedman, Jeffrey A./Shapiro, Jacob: „Testing the Surge: Why Did Violence Decline in Iraq in 2007?", in: International Security, 37:1 (Summer 2012), S. 7-40.

Büsching, Stephan: Innere Sicherheit in den USA nach 9/11, in: Jäger, Thomas (Hrsg.): Die Welt nach 9/11. Auswirkungen des Terrorismus auf Staatenwelt und Gesellschaft. Zeitschrift für Außen- und Sicherheitspolitik, VS, Sonderheft 2 (2011), S. 80-92.

Carafano, James Jay/Bucci, Steve/Zuckermann, Jessica: Fifty Terror Plots Foiled Since 9/11: The Homegrown Threat and the Long War on Terrorism. The Heritage Foundation Backgrounder, No. 2682, April 25, 2012, S. 20-23.

Clarke, Richard A.: Against All Enemies: Inside America's War on Terror. New York 2004.

Crefeld, Martin van: The Transformation of War. New York 1991.

Covi, Curti/Hansen, Stefan: Der Anschlag auf den Boston-Marathon. Hintergründe und Schlussfolgerungen. ISPK Policy Brief, April 2013.

Dorf, Michael C.: „The Detention and Trial of Enemy Combatants: A Drama in Three Branches", in: Political Science Quarterly (Spring 2007), S. 47-58.

Ferguson, Charles D./Potter, William C.: The Four Faces of Nuclear Terrorism. New York 2005.

Fishman, Brian/Mudd, Phill: Al Qaeda on the Ropes, 23.02.2012. http://www.foreignpolicy.com/articles/2012/02/23/al_qaeda_on_the_ropes, (12.10.2012).

Fukuyama, Francis: „The End of History?", in: National Interest, 16:4 (Summer 1989), S. 3-18.

Gaddis, John Lewis: Surprise, Security and the American Experience. Cambridge/London 2004.

Gompert, David C./Gordon IV, John, et al.: War by Other Means: Building Complete and Balanced COIN Capabilities. RAND Counterinsurgency Study – Final Report. Santa Monica 2008, S. 6.

Halper, Stefan/Clarke, Jonathan: America Alone. The Neo-Conservatives and the Global Order. Cambridge 2004.

Hammes, Thomas X.: The Sling and the Stone. On War in the 21st Century. St. Paul 2006.

Hoffmann, Frank G.: Decisive Force. The New American Way of War. Westport 1996.

Jaber, Hala: Hezbollah. Born With a Vengeance. New York 1997.

Jones, Seth G.: In the Graveyard of Empires. America's War in Afghanistan. New York 2009.

Kaldor, Mary: New and Old Wars. Organized Violence in a Global Era. Stanford 1999.

Krause, Joachim: Die amerikanische Politik der Terrorismusbekämpfung, in: Institut für Sicherheitspolitik an der Universität Kiel (ISPK) (Hrsg.): Jahrbuch Terrorismus 2006. Opladen/Farmington Hills 2007, S. 157-182, S. 167-169.

Leffler, Melvyn P.: „September 11 in Retrospect. George W. Bush's Grand Strategy, Reconsidered", in: Foreign Affairs, September/October 2011, S. 33-44.

Levy, Jack S.: „Preventive War and the Bush Doctrine. Theoretical Logic and Historical Roots", in: Stanley A. Reshon, Stanley A./Suedfeld, Peter (Hrsg.): Understanding the Bush-Doctrine. New York 2007, S. 175-200, hier S. 177.

Lieber, Robert J. (Hrsg.): Eagle Rules? Foreign Policy and American Primacy in the Twenty-first Century. Upper Saddle River 2002.

McCrisken, Trevor: „Ten Years on: Obamas War on Terrorism", in: International Affairs, 87:4 (2011), S. 781-801.

Mueller, John/Stewart, Mark G.: „The Terrorist Delusion. America's Overwrought Response to September 11", in: International Security, 37:1 (Summer 2012), S. 81-110.

Münkler, Herfried: Die neuen Kriege. Reinbek 2002.

Nagl, John/Irvine, Matt: A Long War in the Shadows. The Future of U.S. Counterterrorism, in: Institut für Sicherheitspolitik an der Universität Kiel (ISPK) (Hrsg.): Jahrbuch Terrorismus 2011/2012. Opladen/Farmington Hills, 2012, S. 325-336.

Nye, Joseph S.: Soft Power. The Means to Success in World Politics. New York 2004.

O.V.: „Outrage at ‚old Europe' remarks", 23.01.2003, http://news.bbc.co.uk/2/hi/europe/2687403.stm, (12.10.2012).

O'Neil, Andrew: „Terrorist use of weapons of mass destruction: how serious is the threat?", in: O'Day, Alan (Hrsg.): Weapons of Mass Destruction and Terrorism. Aldershot 2004, S. 1-14.

Podhoretz, Norman: World War IV: The Long Struggle Against Islamofascism. New York 2007.

Rashid, Ahmed: „The Anarchic Republic of Pakistan", in: The National Interest, 109 (September-October 2010), S. 23-30.

Rashid, Ahmed: Descent into Chaos. The United States and the Failure of Nation Building in Pakistan, Afghanistan, and Central Asia. New York et al. 2009.

Renshon, Stanely A.: „The Bush Doctrine Considered", in: Renshon, Stanely A./Suedfeld, Peter (Hrsg.): Understanding the Bush-Doctrine. New York 2007, S. 1-37.

Ricks, Thomas E.: Fiasco. The American Military Adventure in Iraq. New York, 2007.

Ricks, Thomas: The Gamble: General David Petraeus and the American Military Adventure in Iraq. New York 2009.

Sanger, David E.: Confront and Conceal: Obama's Secret Wars and Surprising Use of American Power. New York 2012.

Schroeder, Robin: Die Entwicklung der Sicherheitslage im Irak. Grund zur Hoffnung?, in: Institut für Sicherheitspolitik an der Universität Kiel: Jahrbuch Terrorismus 2007/2008. Opladen/Farmington Hills 2008, S. 59-88.

Schroeder, Robin: Good from far, but far from good. Stabilität und Sicherheit im Irak seit 2008 in: Institut für Sicherheitspolitik an der Universität Kiel: Jahrbuch Terrorismus 2009. Opladen/Farmington Hills 2010, S. 43-76.

Schroeder Robin: Terrorismus, Aufstandsbekämpfung und Wiederaufbau in Afghanistan: Eine Bilanz, in: Institut für Sicherheitspolitik an der Universität Kiel (Hrsg.): Jahrbuch Terrorismus 2009. Opladen/Farmington Hills 2010, S. 77-107.

Schroeder, Robin: Not too Little, but too Late – ISAF's Strategic Restart of 2010 in Light of the Coalition's Previous Mistakes, in: Krause, Joachim/Mallory, Charles King (Hrsg.), Afghanistan, Pakistan and Strategic Change Adjusting Western Regional Policy. New York 2013, S. 19-69.

West, Bing: The Strongest Tribe. War, Politics, and the Endgame in Iraq. New York 2008.

Willis, David C.: The First War on Terrorism. Counter Terrorism Policy during the Reagan Administration. Maryland 2003.

Wilson, Scott/Kamen, Al: „,Global War on Terror' Is Given New Name", in: Washington Post, 25.03.2009.

Woodward, Bob: Plan of Attack. London 2004.

Zegart, Amy: „September 11 and the Adaptation Failure of U.S. Intelligence Agencies", in: International Security, 29:4 (Spring 2005), S. 78-111.

12.2 Primärquellen

Bush, George W.: Rede vor dem Kongress, 16.09.2001, http://georgewbushwhitehouse.archives.gov/news/releases/2001/09/20010920-8.html (03.08.2012).

Bush, George W.: Rede vor dem Kongress, 20.09.2001, http://georgewbushwhitehouse.archives.gov/news/releases/2001/09/20010920-8.html (03.08.2012).

Clarke, Richard A.: Memorandum an die Nationale Sicherheitsberaterin Condoleeza Rice vom 25.01.2001. The George Washington University National Security Archive, http://www.gwu.edu/~nsarchiv/NSAEBB/NSAEBB147/clarke%20attachment.pdf sowie http://www.gwu.edu/~nsarchiv/NSAEBB/NSAEBB147/clarke%20memo.pdf (beide 30.07.2012).

Costs of War Projects: http://costsofwar.org/article/economic-cost-summary (15.10.2012).

Federal Bureau of Investigation (Hrsg.): FBI 100. First Strike: Global Terror in America, 26.02.2008, http://www.fbi.gov/news/stories/2008/february/tradebom_022608 (09.10.2012).

National Commission on Terrorist Attacks Upon the United States (Hrsg.): The 9/11 Commission Report. Washington D.C. 2010.

Obama, Barack: A New Strategy for a New World. Rede in Washington, D.C., 15.07.2008. Volle Transkription unter: http://www.nytimes.com/ 2008/07/15/us/politics/15text-obama.html?pagewanted=all (15.10.2012).

Office of Homeland Security (Hrsg.): National Strategy for Homeland Security. Washington D.C. 2002.

Rice, Condoleeza: Rede von Außenministerin Condoleeza Rice auf der Andrews Air Force Base, 05.12.2005, http://2001-2009.state.gov/secretary/ rm/2005/57602.htm (12.10.2012).

The White House (Hrsg.): A National Security Strategy for a New Century. May 1997. Washington D.C. 1997.

The White House (Hrsg.): A National Security Strategy for a New Century. December 1999. Washington D.C. 1999.

The White House (Hrsg.): The National Security Strategy of the United States of America. Washington D.C. 2002.

The White House (Hrsg.): National Strategy for Combating Terrorism, February 2003. Washington D.C. 2003.

The White House (Hrsg.): National Strategy for Combating Terrorism, September 2006. Washington D.C. 2006.

U.S. Foreign Assistance Database, http://gbk.eads.usaidallnet.gov/ (10.10. 2012).

Wallace, Chris: Interview with Bill Clinton, Fox News am Sonntag, 22.09.2006. Vollständige Transkription des Interviews unter http://think-progress.org/clinton-interview/ (07.10.2012).

Weltbank (Hrsg.): The Worldwide Governance Indicators (WGI) project, http://info.worldbank.org/governance/wgi/index.asp (10.10.2012).

Der 11. September 2001 und die amerikanische Einwanderungspolitik in historischer Perspektive

Dorothee Schneider

Wie viele Amerikaner erinnere auch ich mich noch lebhaft an die Ereignisse des 11. September 2001. Wie in den Sekunden vor einem Autounfall weiß ich noch genau, wo ich war, was gesagt wurde und wie die Menschen um mich herum und ich selbst reagierten. Der Zusammensturz des World Trade Centers in New York lähmte fast das gesamte Land und der 11. September stellte von diesem Tag an für nahezu alle US-Amerikaner einen Referenzpunkt dar, von dem ausgehend zwischen „Davor" und „Danach" unterschieden wurde. Würde das Leben niemals wieder in seine alten Bahnen zurückkehren? Von amerikanischen Politikern kam rasch die Antwort: Nach diesem Angriff hatte sich Amerika grundlegend und für immer verändert. In den Augen der Öffentlichkeit und aus der Perspektive der Politik markierte dieses Ereignis eine faktische Zeitenwende. Medien, Politiker und das Weiße Haus unterstrichen immer wieder den noch nie dagewesenen Charakter von 9/11. Gleichzeitig wurden nach altbewährter Manier die Widerstandsfähigkeit der Demokratie, der amerikanische Patriotismus und der Verteidigungswille der Heimat betont. Wachsamkeit, Kontrolle und ein gewisses Maß an Rücksichtslosigkeit auf der Suche nach den Übeltätern seien nun geboten, verkündete das Weiße Haus in den Tagen nach den Anschlägen.

In vielerlei Hinsicht bestätigten die darauffolgenden Ereignisse die Erwartungen, die solche Rhetorik geweckt hatten. Während die „noch nie da gewesene" Krise die Medien dominierte, wurde die politische Antwort auf die Anschläge paradoxer Weise durch die Erfahrung ähnlicher Krisen in der Vergangenheit bestimmt. Die Reaktion auf den 11. September ist daher am besten als Erschütterung entlang einer bereits bekannten Erdbebenfalte zu verstehen. Im Folgenden wird die Reaktion auf den 11. September insbesondere mit Blick auf verschiedene Einwanderergruppen in den USA im historischen Vergleich beleuchtet. Dieser Vergleich erlaubt eine genauere Analyse des Zäsurcharakters dieser Krise im Kontext der amerikanischen Zeitgeschichte. Parallel dazu werden die grundlegenden Auswirkungen der Terroranschläge auf die amerikanische Einwandererpolitik untersucht. Dabei soll vor allem der Frage nachgegangen werden, auf welche Weise die Regierung von George W. Bush den rechtlichen Status und die soziokulturelle Identität von Einwanderern nach dem 11. September nachhaltig veränderte oder sogar neu gestaltete.

Das Schicksal der Einwanderer in den USA war mit den Ereignissen des 11. September auf vielen Ebenen verknüpft. Die amerikanische Öffentlichkeit wies ihnen eine Reihe unterschiedlicher Rollen zu; manche wurden als Opfer der Anschläge wahrgenommen, andere als Verbündete der USA im Kampf gegen den Terror gesehen, während eine dritte Gruppe als Mittäter verunglimpft wurden. Im öffentlichen Diskurs dominierte das Thema des feindlichen Einwanderers als Täter, obwohl die überwältigende Mehrheit der Einwanderer zu den Opfern der Katastrophe gehört. Dies wurde von vielen Beobachtern in den ersten Tagen, Wochen und Monaten nach dem 11. September zunächst auch gewürdigt. Einwanderer arbeiteten in den Twin Towers und verloren ihr Leben als die Gebäude zusammenstürzten. Unter den Passagieren in den Flugzeugen, die in New York, Pennsylvania und Washington D.C. abstürzten befanden sich ebenfalls viele Einwanderer. Von 2977 Toten nach den Angriffen waren 372 keine amerikanischen Staatsbürger, während weitere 560 im Ausland geboren waren und womöglich erst vor kurzem die amerikanische Staatsbürgerschaft erhalten hatten.[1] In gewisser Hinsicht betonen diese Zahlen, dass dies eine Tragödie war, die Amerikaner und Einwanderer mindestens gleichermaßen betraf – ein Aspekt, den besonders die New Yorker Medien immer wieder hervorhoben. Zeitungen erwähnten ebenfalls die Tatsache, dass der Einsturz des World Trade Centers nicht nur die Gegend um die Wall Street zerstört, sondern auch in stark von verschiedenen Ethnien geprägten Stadtteilen wie etwa Chinatown verheerende Schäden angerichtet hatte. Tausende von Einwanderern, die im Dienstleitungsbereich in diesen Vierteln der Stadt gearbeitet hatten, verloren ihre Anstellung. Ein Jahr nach den Angriffen stellte ein Reporter der *New York Times* fest, dass viele kleinere Geschäfte und Unternehmen in der Nähe der Twin Towers noch geschlossen waren. Ganze Gegenden um Ground Zero herum machten einen verlassenen Eindruck und Tausende der einstmals dort beschäftigten Immigranten hatten noch keine Neuanstellung gefunden. Die Angriffe auf das World Trade Center hatten mithin auch extreme negative Folgen für die Wirtschaft der Einwanderermetropole New York.[2]

Nationale und internationale Krisen des 19. und 20. Jahrhunderts hatten oft direkte Auswirkungen auf Einwanderer und ihre Gemeinschaften in den USA. In internationalen Konflikten war das Territorium der Vereinigten Staaten jedoch fast nie direkt betroffen gewesen. Kriegshandlungen fanden fern der Heimat statt. In dieser Hinsicht waren die Angriffe am 11. September beispiellos. Zu den ersten weithin bekannten amerikanischen Todesopfern im Ersten Weltkrieg kam es z.B. weit entfernt vom US-amerikanischen Festland auf

---

1 *The New York Times*, April 19, 2002.
2 Erika Kimetz, „Shadows Across the Bridge: Nine Miles Away", *The New York Times*, September 23, 2001. Dean E. Murphy, „A Nation Challenged: Chinatown, its Streets Empty Quietly Begins to take Action", *The New York Times*, October 4, 2001. David Chen, „Public Frustration Persists over 9/11 Relief Program," *The New York Times*, October 12, 2002, Anthony DePalma, „Home Front: From all Walks, Reeling from 9/11," *The New York Times*, January 12, 2003.

transatlantischen Passagierschiffen. Durch die Versenkung der Lusitania schufen deutsche U-Boote ein Gefühl der Verunsicherung bei denjenigen Zivilisten, die es dennoch wagten, auch weiterhin den Atlantik zu überqueren. Solche Angriffe brachten jedoch keine unerwartete Zerstörung amerikanischer Städte oder amerikanischer Einrichtungen.[3] Dies änderte sich im Zweiten Weltkrieg. Der japanische Angriff auf der amerikanischen Militärstützpunkt Pearl Harbor auf Hawaii im Dezember 1941 geschah auf amerikanischem Boden und hatte den Tod von etwa fünfzig Zivilisten zur Folge. Die meisten von ihnen waren japanische oder chinesische Einwanderer oder deren Nachkommen, die sich auf dem Gelände der Militärbasis aufhielten oder sich in der Schusslinie der amerikanischen Artillerie befanden. Innerhalb von Minuten war ihre Heimat zur Kriegszone geworden. Diese zivilen Opfer und die darauffolgende exponierte Position von tausenden von Amerikanern asiatischer Herkunft in Hawaii wurden in den Kriegsjahren des Zweiten Weltkrieges in der amerikanischen Presse so gut wie nie erwähnt.[4] Der niedrige soziale Status der meisten nichtweißen Hawaiianer machte sie in den Augen vieler Kontinentalamerikaner nahezu unsichtbar. Diesbezüglich lassen sich gewisse Parallelen zu den Geschehnissen nach dem 11. September 2001 aufzeigen. Denn auch das Schicksal der chinesischen Einwohner Manhattans blieb nach den Anschlägen weitgehend unbeachtet.

Die Erinnerung an Einwanderer als Opfer direkter Gewalt ausländischer Mächte verblasste bald nach dem 11. September, genauso wie dies nach den beiden Weltkriegen geschehen war. Die Überzeugung, dass Einwanderer auf irgendeine Weise mit den ausländischen Attentätern des 11. September in Verbindung gestanden hätten, verdichtete sich bald zu einer bleibenden Vorstellung vieler US-Amerikaner. Insbesondere Immigranten aus der arabischen oder muslimischen Welt wurden rasch als Personen identifiziert, die den Tätern vermeintlich nahegestanden hätten. In gewisser Weise wurden die Übeltäter selbst als harter Kern einer Fünften Kolonne feindseliger Ausländer betrachtet, die innerhalb des schützenden Mantels einer Gemeinschaft von Einwanderern gelebt hatten.[5] So wurde zum Beispiel im offiziellen Bericht der 9/11-Untersuchungskommission des amerikanischen Kongresses vermerkt, dass die Täter als Studenten eingereist waren, obwohl keiner von ihnen ein Einwanderungsvisum besessen hatte. Dieser Weg gilt in den Vereinigten Staaten nicht selten

---

3   Zu den Heimatländern und Staatsangehörigkeiten der Opfer der „Lusitania" siehe www.mslusitania.info/people/, aufgerufen am 4.2, 2012.

4   Die überwältigende Mehrheit der zivilen Todesopfer von Pearl Harbor starb durch den Beschuss amerikanischer Artillerie, häufig auch als „friendly fire" bezeichnet. Jack G. Henckels, „Civilians died on Dec. 7, too", *Honolulu Star Bulletin*, December 7, 1996.

5   Diese Realität beleuchtete schlaglichtartig die große Zahl von Ausländern, die sich zum Teil für lange Zeiträume in den USA aufgehalten haben, ohne aber formal als Einwanderer zu gelten. Alles in allem gibt es 74 verschiedene Visenkategorien, die zum Aufenthalt in den USA berechtigen, aber nicht als Einwanderervisen gelten (Congressional Research Service Report 7-5700 RL32381).

als eine Art Übergangsphase zum Einwandererstatus und damit als Anwart-schaft auf die US-amerikanische Staatsbürgerschaft. Und tatsächlich hatten sich die meisten der Attentäter vor den Anschlägen informell als quasi-Ein-wanderer in den USA etabliert: Sie hatten amerikanische Bankkonten eröffnet, Führerscheine erworben und Englischunterricht genommen. Diese Männer hatten sich unauffällig, wenn auch nicht sonderlich tiefgreifend, in die großen Gemeinschaften der muslimischen Einwanderer in Südkalifornien, Florida und Virginia integriert. Sie besuchten dort Moscheen, suchten die Freundschaft und Hilfe etablierter Einwanderer, mieteten Zimmer von ihnen und gingen auf Feste und andere gesellschaftliche Veranstaltungen innerhalb dieser Kreise. Wie frühere Generationen von Einwanderern fielen sie lediglich aufgrund ihrer Unvertrautheit mit den Regeln der amerikanischen Kultur auf.[6] So unsichtbar sie vor dem 11. September auch waren, so deutlich wurde durch ihre Taten der Bruch mit dem impliziten Vertrag, der für alle gilt, die in die Vereinigten Staa-ten einreisen – sei es als Besucher, als Studierende oder als Einwanderer: Von allen wird erwartet, dass sie so in den USA leben, als seien sie für immer dort, sozusagen als zukünftige Staatsbürger des Landes.

Die öffentliche Wut auf Einwanderer und Amerikaner muslimischer Her-kunft brach vielerorts sofort nach dem 11.9.2001 aus. Innerhalb weniger Tage wurden in vielen Teilen der USA neben Turban tragenden Sikhs vor allem Amerikaner arabisch-muslimischer Herkunft Ziel von physischen Angriffen, Beschimpfungen und öffentlicher Feindseligkeit.[7] Die Hotline, welche die U.S. Bürgerrechtskommission für solche Fälle eingerichtet hatte, erhielt innerhalb von wenigen Tagen hunderte von Anrufen mit Meldungen fremdenfeindlicher Übergriffe. Auch die Abteilung für Bürgerrechte des FBI notierte im Vergleich zu den Jahren vor den Anschlägen einen zwanzigfachen Anstieg von Tätlich-keiten gegen Muslime nach 9/11.[8] Diese Entwicklung hatte eine gewisse Nachhaltigkeit, denn noch lange nachdem die Erinnerung an die ursprüngli-chen Attacken verblasst war, blieben Animositäten und Schikanen gegen diese Einwanderergruppe bestehen. Feindselige Äußerungen gegenüber Muslimen

---

6   National Commission on Terrorist Attacks upon the United States, The 9/11 Commission Report: Final Report of the National Commission on Terrorist Attacks upon the United States (New York, W.W. Norton 1004) 215-27. Im Folgenden zitiert als „9/11 Commission Report".

7   U.S. Commission on Civil Rights „Civil Rights Concerns in the Metropolitan Washington, D.C., Area in the Aftermath of the September 11, 2001, Tragedies", aufgerufen am, June 4, 2012.

8   „Post 9/11 Hate Crime Trends: Muslims, Sikhs, Hindus and Jews in the U.S. (2005)", http://pluralism.org/reports/view/104 „The Pluralism Project at Harvard University". Siehe auch „FBI Uniform Crime Reports: Hate Crime Statistics", 2001, Table 1, http://www.fbi.gov/about-us/cjis/ucr/hate-crime/2001, aufgerufen am, June 5, 2012.

in der Öffentlichkeit waren auch ein Jahrzehnt nach dem 11. September für Politiker und Repräsentanten des öffentlichen Lebens immer noch hoffähig.[9] Die Angst vor einem neuen Angriff von außen, der aber durch Einwanderer im Lande durchgeführt wird, lässt sich bis weit in die Vergangenheit zurückverfolgen. In den langen Jahren internationaler Konflikte des 20. Jahrhunderts spielte die Furcht vor einer Fünften Kolonne feindseliger Unterstützer in der Wahrnehmung der US-amerikanischen Bevölkerung oft eine bedeutende Rolle. Jedes Mal sah sich die Öffentlichkeit in dem Glauben vereint, dass, obwohl Amerika von fremden Mächten angegriffen worden war, dies nur mit der aktiven Unterstützung im Untergrund operierender Einwanderergruppen gleicher Herkunft hätte geschehen können. Die langjährige Präsenz der Einwanderer wurde dabei lediglich als Beweis für das geheime Bündnis mit dem Feind ausgelegt.[10] Ebenso wie es in beiden Weltkriegen als nationale Pflicht galt, solche feindselige Gruppen so schnell wie möglich loszuwerden, war dies auch nach dem 11. September 2001 der Fall. Die Aufgabe des Staates war es in diesem Kontext herauszufinden, welche Einwanderer feindlich gesonnen waren, so dass diese Gruppen dann von „wahren Patrioten", ganz gleich ob von anderen Einwanderern oder Amerikanern, unterschieden und entfernt werden konnten. Die Unterstützung der amerikanischen Öffentlichkeit war von entscheidender Bedeutung für dieses Vorgehen. Die Zusammenarbeit zwischen staatlichen Einrichtungen und den Medien war ebenfalls unabdingbar, um ein System der Überwachung und Repression gegen diese Personengruppen zu etablieren. Spontane und örtlich begrenzte Gewalttätigkeiten spielten ebenfalls eine Rolle, um die Öffentlichkeit zu alarmieren, in Kriegszeiten genauso wie nach dem 11. September.[11]

Unmittelbar nach den Angriffen von 2001, als die Medien und die breitere Öffentlichkeit noch über die Täter und ihre Hintermänner spekulierten, hatten das FBI und andere Abteilungen des Justizministeriums bereits ihre Untersuchungen aufgenommen. FBI, National Security Agency (NSA) und CIA begannen ihre Recherchen mit der Analyse und Auswertung von Daten, die sie bereits Jahre zuvor erhoben und gespeichert hatten. Dabei handelte es sich meist um Register von Terrorverdächtigen, die vor allem aus Aufstellungen

---

9   David A. Farentholt asnd Michelle Boorstein, „Representative Peter King's Muslim Hearings: A Key Moment in an Angry Conversation", *Washington Post,* March 9, 2011; siehe auch die Zusammenfassung der Buergerrechtsorganisation People for the American Way, „The Right Wing Playbook on anti-Muslim Extremism" http://www.pfaw.org/rww-in-focus/the-right-wing-playbook-anti-muslim-extremism (aufgerufen am 18.11. 2012).
10   *Philadelphia Inquirer,* September 13, 2001.
11   Katja Wüstenbecker, Deutschamerikaner im Ersten Weltkrieg: US-Politik und nationale Identitäten im Mittleren Westen (Stuttgart, Franz Steiner Verlag, 2007), sowie Brian Masaru Hayashi, Democratizing the Enemy: The Japanese American Internment (Princeton: Princeton University Press, 2004). United States Department of Justice, „A Review of the Restrictions on Persons of Italian Ancestry during World War II" (Washington D.C., Government Printing Office, 2001).

von Namen radikaler Ausländer und deren Organisationen bestanden. Diese Sammlungen geheimdienstlicher Daten über verdächtige Immigranten hatten ihre Wurzeln in der Internationalisierung des Palästinenserkonflikts in den 1970er Jahren, auch wenn sich die Tradition der Führung solcher Verzeichnisse noch bis in die Zeit vor den beiden Weltkriegen zurückverfolgen lässt. Sie wurden wären der islamischen Revolution im Iran im Jahr 1979 fortgesetzt und die Bemühungen durch den ersten terroristischen Anschlag auf das World Trade Center im Jahr 1993 noch verstärkt. Diese Anhäufung sensibler geheimdienstlicher Informationen und die Überwachung der Aktivitäten verdächtiger Personen wurde durch die Behörden nicht publik gemacht. Wie jedoch der Bericht der 9/11-Kommission aufzeigt, waren radikale Muslime sehr wohl darüber informiert, dass es Aufstellungen über ihre Organisationen und deren Mitglieder gab und dass ihre Tätigkeiten und Kontakte von amerikanischen Behörden in Zusammenarbeit mit den Geheimdiensten anderer Länder verfolgt wurden. Einige der Täter, die mit der Planung der Angriffe vom 11. 9. 2001 befasst waren, hatten keine Einreiseerlaubnis in die USA erhalten, andere waren an der Grenze zurückgewiesen worden, weil sie in einem solchen Register geführt worden waren. Die Notwendigkeit, für die Durchführung solcher Anschläge anonym zu bleiben und geheimdienstlich nicht in Erscheinung zu treten, hatte das Verhalten von radikalen Muslimen gegenüber den USA schon während der 1990er Jahre entscheidend beeinflusst.[12]

Nach dem 11. September blähte sich die Zahl der auf solchen Listen als verdächtig geführten Personen heftig auf. Innerhalb weniger Wochen wurde deutlich, dass die amerikanische Regierung die genaueren Ursprünge und die Größe dieses Datenpools geheim hielt. Es war dem Weißen Haus jedoch wichtig, die Existenz dieser Liste mit Terrorverdächtigen sowie deren Gebrauch als vielversprechendes Beispiel für die Tatkraft und den Erfolg der Regierung zur Schau zu stellen. Die Akkumulation solcher Daten über vermeintlich Terrorverdächtige wurde gegen Ende 2001 von der US-amerikanischen Einwandererbehörde (INS) auf die Spitze getrieben. Ihre Liste über „alien absconders", sogenannte ausländische Entwichene, hatte – ergänzt durch Daten des FBI über internationale Terrorverdächtige – geradezu absurde Größenordnungen angenommen. Über 300.000 Ausländer galten demnach als Personen, die sich entweder illegal in den USA aufhielten, ihre Visumsauflagen verletzt hatten oder die im Verdacht standen, terroristische Absichten zu haben. Vor der breiten Öffentlichkeit wurde zwischen diesen beiden Gruppen seitens der Behörden nicht unterschieden.[13] Innerhalb von zwei Jahren nach dem 11. September berichtete das Government Accounting Office (GAO), dass neun verschiedene

12   The 9/11 Commission Report, 155, 156, 161, 169.
13   „Chronology of Events Since September 11, 2001, Related to Immigration and National Security"; May 1, 2003. Prepared by Migration Policy Institute with assistance from the law firm of Cleary, Gottlieb, Steen and Hamilton and Sarah Schuette, Cornell Law School, http://www.migrationinformation.org/chronology.pdf; p. 6, aufgerufen am 6. Juni, 2012.

Bundesbehörden ein Dutzend Datenbanken führten, um verdächtige Terroristen identifizieren und festzunehmen zu können. Diese reichten von der FBI Akte zu „gewalttätigen Banden und Terroristen" bis zur sogenannten „Immigration Lookout"-Datei des Immigration and Naturalization Service (INS).[14] Wenige Monate nach der Veröffentlichung des GAO-Berichts wurden die entsprechenden Listen zusammengeführt und eine neue Behörde geschaffen, das Terrorist Screening Center (TSC, dem FBI zugehörig), welches von nun an ein globales Verzeichnis (die sogenannte „Terrorist Screening Database") verdächtiger Einzelpersonen und Organisationen mit Verbindungen zum Terrorismus führte. Im Mai 2009 zählte der Generalinspektor des US-amerikanischen Justizministeriums sogar über 1,1 Millionen sogenannter „bekannter oder vermuteter terroristischer Identitäten" auf dieser Liste. Aber nicht nur die US-Behörden sammeln solche Information. Auch Fluglinien und private Organisationen haben vergleichbare Informationen zur Überwachung und Prävention von Anschlägen zusammengetragen, unter der Hand oft auch als „no fly lists" bekannt. Mehr als ein Jahrzehnt nach dem 11. September existieren diese Listen parallel nebeneinander. Ihr Inhalt bleibt jedoch weitgehend geheim. Auch gibt es kein bekanntes Verfahren, um als zu Unrecht beschuldigte Person von einer dieser Listen zu entfernen, wobei dieses Problem sowohl muslimische Einwanderer als auch andere amerikanische Staatsbürger betrifft. Die Besorgnis über den Erhalt bürgerlicher Freiheiten im Angesicht der Überwachungsmacht des Staates ist dementsprechend groß, sowohl unter muslimischen als auch unter nicht-muslimischen Amerikanern.[15]

In der amerikanischen Geschichte des 20. Jahrhunderts litten viele Einwanderergruppen unter der Angst vor Ausgrenzung durch Register, die sie inoffiziell als Staatsfeinde oder als feindliche Ausländer führten und somit stigmatisierten. Deutsche Sozialisten, russische Revolutionäre und kommunistische Gewerkschafter in den Vereinigten Staaten waren z.B. bereits vor dem Ersten Weltkrieg in solchen Verzeichnissen zu finden, welche die Einwandererbehörde oder die örtliche Polizei führten. J. Edgar Hoover, der berüchtigte Begründer und jahrzehntelange Chef des FBI, begann seine Laufbahn als junger Beamter beim Alien Enemy Bureau (AEB), für das er während des Ersten Weltkriegs Namen von verdächtigen Ausländern für das Justizministerium sammelte und diese mittels einer Kartei systematisch zugänglich machte. In den Kriegsjahren waren nicht eingebürgerte Einwanderer aus „Feindländern",

---

14 General Accounting Office Report 03-322 April 2003: aufgerufen am 15. Mai 2012, gao.gov/new.items/do0322.pdf May 15, 2012.

15 U.S Department of Justice, Inspector General, Audit Division, „The Federal Bureau of Investigation's Terrorist Watch List nomination Practices", Audit Report, 09/25, Mai 2009. http://www.justice.gov/oig/reports/FBI/a0925/final.pdf, aufgerufen am 30. Mai 2012. Siehe auch http://www.aclu.org/technology-and-liberty/watch-lists, aufgerufen am 29. Mai, 2012. Die Mehrheit derer, die auf einer solchen Liste geführt wurden, waren keine amerikanischen Staatsbürger. Jedoch wurden viele Amerikaner durch Zufall oder aufgrund ihrer Bekanntschaft oder Verwandtschaft mit verdächtigen Personen in solchen geführt.

sogenannte „alien enemies", außerdem verpflichtet, sich beim U.S. Marshals Service (USMS), einer Abteilung der Bundespolizei zu melden. Diese sammelte vor allem Daten über Einwanderer, die aus den USA feindlich gesonnenen Ländern wie Deutschland und Österreich-Ungarn stammten.[16] Das Erstellen solcher Datensammlungen war nur ein Teil einer größeren und übergreifenden staatlichen Überwachungs- und Kontrollstrategie von vermeintlich subversiven Personen und Gruppen. Denn nur durch den konkreten Gebrauch der erhobenen Daten durch weitere staatliche Behörden erfuhren diese praktische Relevanz und dienten als wichtiges Kontrollinstrument verschiedener Bevölkerungsgruppen – eine Tatsache, über die sich Hoover durchaus im Klaren war. Obwohl einige radikale Ausländer während des Ersten Weltkriegs in den USA inhaftiert worden waren, befanden sich weiterhin tausende von Mitgliedern linker Organisationen, die das Alien Enemy Bureau ebenfalls als potentielle Staatsfeinde klassifiziert hatte, auf freiem Fuß. Der Grund dafür ist unter anderem darin zu suchen, dass Hoovers Abteilung keine Polizeigewalt besaß und nur wenige Unterstützer in der Regierung hatte gewinnen können. Während der Kriegsjahre hatte Hoover sich daher kontinuierlich darum bemüht, die nationale Einwandererbehörde und die örtlichen Polizeireviere in sein Vorgehen gegen vermeintlich verdächtige Immigranten und linke Gruppierungen einzubinden und durch diese Razzien und Festnahmen vornehmen zu lassen. Solche Bemühungen Hoovers waren jedoch nur im Ausnahmefall erfolgreich. Dies änderte sich mit dem Ende des Ersten Weltkrieges. Aufgrund des Wegfalls der Mittelmächte als feindliche Kriegskoalition wurde Hoovers kleine Behörde zwar geschlossen, doch wurde er bald Leiter des neugegründeten Bureau of Investigation, das dem Justizministerium angegliedert war. Diese Position erlaubte ihm die Verfolgung unliebsamer Personen und Organisationen entschlossener denn je fortzusetzen. Es war vor allem Justizminister A. Mitchell Palmer, der Hoovers Bemühungen die Polizeigewalt zu mobilisieren ermöglichte und Hoover bei dessen Maßnahmen weitgehend freie Hand ließ. Im Herbst 1919 konnte Hoover daher unter Rückgriff auf örtliche Polizeibehörden in Massenaktionen verdächtige Einwanderer in großangelegten Razzien verhaften lassen. Diese Hexenjagd der Jahre 1919/1920 auf Sozialisten, Kommunisten und Immigranten, die innerhalb weniger Monate zu über 10.000 Verhaftungen führte, wurde auch als „Red Scare" oder „Rote Angst" bezeichnet. Den „Palmer Raids", den „Palmer Razzien" dieser Zeit fielen auch über 500 Einwanderer zum Opfer. Diese Maßnahmen nach dem Ersten Weltkrieg waren Zeugnis der wachsenden Macht bundesstaatlicher Organisationen, vor allem mit Blick auf die Überwachung politisch Andersdenkender und Einwanderer. Der Vollzug staatlicher Gesetzgebung gegen Ausländer und Radikale wurde von nun an nicht länger dezentral von Gemeinden durchgeführt,

---

16 Zur Meldung von „alien enemies" im ersten Weltkrieg siehe Kansas Council of Genealogical Societies, http://skyways.lib.ks.us/genweb/kcgs/alienbyco.htm.

sondern war ab diesem Zeitpunkt dauerhaft zu einer nationalen Aufgabe zentral organisierter Behörden geworden.[17]

Obwohl die Anfertigung und Verwaltung von Listen mutmaßlich gefährlicher Ausländer nach dem Krieg in den zwanziger Jahren an Bedeutung verlor, setzte Hoovers FBI dennoch seine Datenakkumulation fort und behielt auch in den darauf folgenden Dekaden die Kontrolle über die von ihm angelegten Register. Regionale und örtliche Behörden konnten dabei immer auf Hoovers Mitarbeit und Unterstützung zählen, wenn es um Maßnahmen gegen die politische Linke oder Immigranten ging. Einwanderer, die auf einer von Hoovers Listen standen und zudem örtliche Behörden oder Arbeitgeber gegen sich aufgebracht hatten, mussten von nun an mit der Abschiebung in ihre Heimatländer rechnen und befürchten, dass Ihnen die Wiedereinreise in die USA verwehrt werden würde.[18]

Hoovers Listenwahn erfuhr eine Renaissance nach der Verabschiedung des „Smith Act" im Jahr 1940. Dieses Gesetz, das später vor allem als Instrument zur Verfolgung von Kommunisten nach dem Zweiten Weltkrieg bekannt werden sollte, verlangte die Meldung aller in den USA wohnhaften Ausländer im Alter von über 14 Jahren. Die Daten, die im Rahmen dieses Prozess erhoben wurden, waren recht detailliert. Rücksicht auf Persönlichkeitsrechte oder die Privatsphäre der Einwanderer wurde dabei kaum genommen. So wurden z.B. nicht nur Fingerabdrücke verlangt und nach dem Geburtsdatum und -ort sowie nach dem Einreisedatum in die USA gefragt. Ausländer mussten auch angeben, wo, wann und für wen sie gearbeitet hatten, ob sie jemals von der Polizei festgenommen worden waren und welchen Organisationen sie als Mitglieder angehörten. Auch jeglicher Wohnortwechsel musste umgehend gemeldet werden. Dies war das erste Mal in der Geschichte der USA, dass alle Einwanderer in die Vereinigten Staaten einer systematischen und landesweiten Meldepflicht unterlagen. Nur die Einbürgerung und der damit verbundene Status als amerikanischer Staatsbürgert konnte die Einwanderer von dieser Meldepflicht befreien. Innerhalb weniger Monate nach der Verabschiedung des Gesetzes hatten sich bereits fast fünf Millionen Einwanderer auf den Postämtern des Landes gemeldet.

Die Vereinigten Staaten traten innerhalb von achtzehn Monaten nach der Verabschiedung des Alien Registration Gesetzes in den Zweiten Weltkrieg ein. In den Tagen nach dem Angriff auf Pearl Harbor wurde eine große Zahl von japanischen Einwanderern und Amerikanern japanischer Herkunft verhaftet und verhört. Insgesamt wurden aufgrund dieser Aktionen 2192 Japaner gefangen gehalten, viele von ihnen sogar für die gesamte Kriegsdauer. Es ist allerdings wahrscheinlich, dass fast keiner von ihnen auf Grund von Informationen,

17 Dorothee Schneider, Crossing Borders: Migration and Citizenship in the Twentieth Century United States (Cambdridge: Harvard University Press, 2011) 135-141.
18 Schneider, Crossing Borders, 143-44.

die auf der Basis des Alien Registration Act gesammelt worden waren, festgenommen wurde. Stattdessen hatten die Namen dieser schon früh Verhafteten auf der Liste von verdächtigen feindlichen Ausländern gestanden, die Hoovers FBI und andere Bundesbehörden bereits seit längerer Zeit geführt hatten.[19] Auch andere in den USA lebende Staatsbürger der Achsenmächte wurden verhaftet und verhört. Dies geschah jedoch aus ganz unterschiedlichen Motiven heraus. Denn Deutsche und Italiener wurden nicht nur vorgeladen, weil sie faschistischen Organisationen angehörten oder als Repräsentanten ihrer den USA feindlich gesonnenen Landesregierungen galten; manche wurden auch verhört, weil sie Gruppen von Dissidenten wie etwa linken Gewerkschaften angehörten. Andere wiederum waren einfach Opfer von Denunziationen ihrer amerikanischen Nachbarn geworden. Wie diese Beispiele zeigen, waren auch in den dreißiger und vierziger Jahren Listen nach wie vor ein wichtiges Mittel zur Kontrolle und Einschüchterung von Einwanderern. Ihr geheimer Charakter und ihre Vielfalt verstärkten ihre Wirkung auf die Immigranten und erhöhten die Furcht vor der US-amerikanischen Obrigkeit.[20]

Die Masseninternierung japanischer Einwanderer und Amerikaner japanischer Herkunft hatte ebenfalls nichts mit dem Alien Registration Act zu tun. Die „Executive Order 9066" verpflichtet die über 120.000 Japaner und Amerikaner japanischer Herkunft, die innerhalb eines Radius von 50 Meilen von der pazifischen Küste entfernt wohnten, sich fast unmittelbar nach den Angriffen auf Pearl Harbor in notdürftig organisierten Sammelstellen zu melden.[21] Ihre darauffolgende Umsiedlung, die einer Deportation in das Landesinnere gleichkam, ließ nicht lange auf sich warten. Die Internierung in Lagern im ländlichen Westen der USA dauerte für die allermeisten einheimischen Japaner bis zum Kriegsende 1945 an. Die überwältigende Mehrheit der Insassen dieser Lager befand sich auf keinerlei Liste und war keiner Behörde in irgendeiner Weise wegen verdächtiger Tätigkeiten aufgefallen. Nur eine kleine Minderheit, wie etwa die obengenannten früh Verhafteten, sowie andere, die gegen ihre Zwangsinternierung protestiertenk galten als Ruhestörer und wurden in separaten Lagern unter Aufsicht des Justizministeriums und in gefängnisähnlichen Verhältnissen interniert. Einige Tausend Deutsche und Italiener teilten dasselbe Schicksal.[22]

19 Roger Daniels, Prisoners without Trial: Japanese Americans in World War II (New York Hill and Wang, 1993) 24-25.
20 Mae Ngai: Impossible Subjects, Illegal Aliens and the Making of Modern America (Princeton: Princeton University Press, 2006) 175-76. Roger Daniels, Concentration Camps USA: Japanese Americans and World War II, New York: Holt, Rinehart Winston, 1972) 34-35.
21 Den Wortlaut des Originaldokumentes der Presidential Order 9066 sowie zusätzliche Informationen können unter http://www.ourdocuments.gov/doc.php?flash=true&doc=74 eingesehen werden.
22 Ngai, Impossible Subjects, 175-81.

Die massenhafte Internierung von verdächtigen Ausländern endete im Jahr 1945 und wiederholte sich bis zum 11. September 2001 nicht wieder. Der Gebrauch von Namensregistern hatte jedoch weiter einschüchternde Wirkung auf die in das Land einwandernden Menschen, vor allem während der McCarthy-Ära.[23] In dieser Zeit wurden an die 15.000 Einwanderer zwischen den Jahren 1946 und 1966 vom Immigration and Naturalization Service (INS) als „politisch unzuverlässig" klassifiziert, ein Urteil auf das alsbald die Abschiebung drohte. Dass zwei Prozent dieser Gruppe nicht abgeschoben, sondern deportiert und in den USA inhaftiert wurden, hatte damit zu tun, dass ihre Herkunftsländer ihre Wiederaufnahme verweigerten. Die relativ geringe Anzahl solcher Deportationen darf nicht darüber hinwegtäuschen, dass solche Maßnahmen in den Jahren des Kalten Krieges eine stark verunsichernde Wirkung hatten.[24]

Der Übergang von Identifikation zur Überwachung und Deportation von Einwanderern war nach den Angriffen vom 11. September recht kurz, kürzer als in den Jahren des Kalten Krieges. Da muslimische Immigranten schon seit Jahrzehnten im Visier von Medien und Behörden gestanden hatten, war es keine Überraschung, als Justizminister John Ashcroft Ende September 2001 ankündigte, dass fast 500 Personen innerhalb weniger Wochen wegen terroristischer Kontakte verhaftet und vernommen worden waren. Die Öffentlichkeit kam sofort zu dem Schluss, dass es sich bei den Verdächtigen um muslimische Radikale gehandelt haben müsse. Einen Monat später waren bereits über 1000 Personen betroffen; nach dem Oktober 2001 gab das Justizministerium dann überhaupt keine Zahlen mehr öffentlich bekannt. Spätere Schätzungen sprachen von etwa 1200 muslimischen Männern, die in den Wochen nach dem 11. September verhaftet worden waren. *New York Times* Reporter William Glaberson beschrieb eindrücklich, wie Verhaftungen dieser Tage und Wochen oft nur auf unbewiesenen Verdächtigungen und Gerüchten basierten. Die Namen der Festgenommenen wurden anfangs weder Rechtsbeiständen noch Familienmitgliedern mitgeteilt. Dieses Verhalten der Behörden verstärkte die Vorstellung der Bevölkerung, dass die Verhafteten selbst zu gefährlich seien, um ihre Namen den eigenen Familien mitteilen zu können.[25]

Einige Wochen später weiteten das Justizministerium und das FBI die Suche nach den Verdächtigen sowie nach zusätzlichen Informationen aus und

---

23 Auch wenn die Festnahme und Internierung von verdächtigen Ausländern in der zweiten Hälfte des 20. Jahrhunderts nicht die Regel war, so kam es doch in den achtziger und neunziger Jahren sehr häufig zu langfristigen Festsetzungen illegaler Einwanderer und sogenannter „criminal aliens" deren Abschiebung in ihre Herkunftsländer nicht möglich war. Siehe Thomas Alexander Aleinikoff, David A. Martin and Hiroshi Motomura, Immigration and Citizenship: Process and Procedure 5th ed. (ST, Paul: Westlaw Thomson, 2003) 700-703.

24 Ellen Schrecker, Immigration and Internal Security: Political Deportations during the McCarthy Era", Science and Society, 60, no. 4 (1996), 401, 416.

25 „Chronology of Events", p. 3; William Glaberson, „A Nation Challenged: The Arrests"; New York Times Times, September 29, 2001.

begannen, männliche Muslime zu bitten, „freiwillig" an Befragungen teilzunehmen. Zu diesem Zweck wurden Gemeindeorganisationen wie etwa Moscheen kontaktiert und um Mitarbeit gebeten. Die Behörden setzten sich mit mehr als 5.000 Männern in Verbindung und schlußendlich kam es zu über 2.400 „Gesprächen". Diese an Rasterfahndungen erinnernde Initiative auf der Basis ethnischer und religiöser Kriterien enttarnte keinen Terroristen, führte aber zur Festnahme von über 1000, überwiegend pakistanischen Männern, die wegen oft geringfügiger Verletzungen des Einwanderergesetzes abgeschoben wurden. Das Misstrauen und die Einschüchterung, die durch diese Maßnahmen gesät wurden, waren innerhalb der muslimischen Gemeinden sehr nachhaltig. Örtliche Polizeibehörden standen diesen Verhören, die sich bis ins Frühjahr 2002 fortsetzen, sehr kritisch gegenüber.[26] In den darauffolgenden Jahren kam es nicht mehr zu solch groß angelegten und nach dem Zufallsprinzip organisierten Verhören, die an die Razzien und Massenbefragungen während des Ersten Weltkrieges und an die McCarthy-Ära erinnerten.

All diese gezielten Aktionen waren eng miteinander verknüpft und hatten eine sehr nachhaltige Wirkung, denn bis heute beeinträchtigen sie das Verhältnis zwischen Behörden und muslimischen Gemeinschaften in Nordamerika. Mit der Absicht, die Überwachung und Jagd nach Terroristen über kurzfristige Maßnahmen hinaus zu gestalten und um die Wichtigkeit und Relevanz des neu gegründeten Ministeriums für Heimatschutz, des Department of Homeland Security (DHS), unter Beweis zu stellen, schuf eben diese Behörde im September 2002 das sogenannte „National Security Entry Exit Registration System" (NSEERS).[27] Diese Maßnahme, die an den Alien Registration Act aus dem Jahr 1940 erinnerte, verpflichtete alle männlichen Nichteinwanderer aus 25 Nationen, bei denen es sich abgesehen von Nordkorea ausschließlich um Staaten der muslimischen Welt handelte, zur Meldung und zu einem Interview mit der Einwandererbehörde, dem Immigration and Naturalization Service. Alle Personen, die in dieses Raster fielen, wurden fotografiert und über ihre Mitgliedschaft in politischen Vereinigungen befragt. Die Ergebnisse dieser im Anschluß jährlich stattfindenden Befragung wurden in einer Datenbank archiviert. Von den über 80.000 Männern, die sich registrieren ließen, wurden 13.000 einer genaueren Untersuchung unterzogen, 2.300 wurden daraufhin abgeschoben. Fast alle dieser Abschiebungen wurden lediglich aufgrund von Verletzungen des Einwanderergesetzes veranlaßt. Einige Männer wurden auch in ihre Herkunftsländer zurückgeschickt, weil sie vorbestraft waren. Ob diese

---

26 Chronology of Events, 3, 4.
27 Das Department of Homeland Security, das durch den USA PATRIOT Act ins Leben gerufen wurde, war der bedeutendste Versuch der Regierung, alle Aspekte der Überwachung und Kontrolle von Einwohnern der USA innerhalb einer Behörde zu zentralisieren. Das neue Ministerium begann als Behörde von geradezu monströsen Ausmaßen mit unübersehbar vielen, zum Teil widersprüchlichen Aufgaben und mit mehr als 50,000 Angestellten. Zur internen Organisation der Behörde siehe: http://www.netage.com/economics/gov/USHomeland-chart-top.html.

Maßnahmen überhaupt terroristische Aktivitäten irgendwelcher Art aufdeckten, ist unbekannt und obliegt daher reiner Spekulation. Bürgerrechtsorganisationen und Repräsentanten von Einwandererorganisationen protestierten lauthals gegen diese Art des „racial profiling". Die kanadische Regierung warnte zu dieser Zeit sogar ganz offiziell kanadische Staatsbürger pakistanischer und arabischer Herkunft vor der Einreise in die USA.[28]

Das NSEERS-Programm wurde im April 2011 nach etwas weniger als zehn Jahren ohne größere Ankündigungen wieder zurückgenommen. Dies bewirkte de facto jedoch nur, dass eine plumpe und politisch kontroverse Maßnahme aus der Politik verschwunden und damit nicht mehr Gegenstand kritischer Berichterstattung ist. Die eigentliche Überwachung von Einwanderern war längst durch die „United States Visitor and Immigrant Status Indicator Technology" (US-VISIT), einem neuen Programm des Department of Homeland Security, ersetzt worden. Heute verlangt US-VISIT digitale Fingerabdrücke und weitere biometrische Daten von allen Ausländern, die in die USA einreisen und dort nicht bereits als „permanent residents" erfasst sind. Diese Daten werden sodann mit den Einträgen in der Terrorist Screening Database verglichen. Reisenden, die in dieser Datenbank erscheinen, kann selbst wenn sie ein gültiges Visum besitzen, die Einreise in die Vereinigten Staaten ohne Begründung verweigert werden.[29]

Mit diesen Überprüfungen haben Besucher der USA jedoch noch nicht unbedingt alle Kontrollen hinter sich gelassen. Ausländische Studierende etwa, eine Gruppe die seit dem 11. September 2001 als potentielles nationales Sicherheitsrisiko gesehen wird, werden mittels des sogenannten „Student and Exchange Visitor Information System" (SEVIS) erfasst. Alle Bildungseinrichtungen in den Vereinigten Staaten sind in dieses Programm eingebunden und verpflichtet, ausländische Studierende nach ihrer Ankunft in den USA beim Department of Homeland Security zu melden und laufende Daten wie belegte Kurse, absolvierte Lehrveranstaltungen, Noten und finanzielle Informationen über sie weiterzugeben. Dies geschieht, um den Aufenthalt von „falschen Studenten", die ein Studienvisum zur Einreise in die USA nutzen, dann aber kein Studium beginnen, zu verhindern. Dies ist eine der sicherheitspolitischen Lehren der Anschläge, denn bei einem der Attentäter des 11. September handelte es sich eben um solch einen offiziell immatrikulierten Studenten. Doch anstatt

---

28 NSEERS: „The consequences of America's Efforts to secure its Borders, Prepared for the American-Arab Discrimination Committee by Penn State University's Dickinson School of Law for Immigrant's Rights," http://www.adc.org/PDF/nseerspaper.pdf; aufgerufen am 6. Juni, 2012.

29 US-VIST steht für „United States Visitor and Immigration Status Technology"; siehe auch Chris Rickerd, „Homeland Security Suspends Ineffective Discriminatory Immigration Program" ACLU Blog of Rights, May 6, 2011 http://www.aclu.org/blog/immigrants-rights-racial-justice/homeland-security-suspends-ineffective-discriminatory, aufgerufen am 6. Juni, 2012.

wie vom US-Kongress geforder, eine nahtlose Kontrolle von Ein- und Ausreisenden in die USA zu gewährleisten und damit das durch 9/11 entstandene Sicherheitsbedürfnis der US-Amerikaner zu befriedigen, gewähren diese Maßnahmen keinen lückenlosen Schutz sondern bergen zusätzliche Nachteile für die erfassten Personen. So behindert SEVIS z.B. die Mobilität von solchen Studierenden, die einen Universitätswechsel anstreben und kann die Beteiligung an außeruniversitären Aktivitäten oder Praktika erschweren. SEVIS und US-VISIT sind Teil eines lückenhaften und restriktiven Systems der Überwachung von Besuchern, Studenten und anderen nicht-amerikanischen Reisenden. Solche Kontrollen sind für die meisten US-Amerikaner wenig sichtbar und die neu eingeführten Überwachungsinstrumente ermöglichen es dem Department of Homeland Security außerhalb des Lichtes der Öffentlichkeit zu operieren.[30]

Überwachungsprogramme wie SEVIS und US-VISIT müssen im erweiterten Kontext des „USA PATRIOT Act", dem wichtigsten Gesetzespaket dieser Epoche, betrachtet und können nur vor diesem Hintergrund verstanden werden. Dieses umstrittene Gesetz, das vom Kongress im Oktober 2001 verabschiedet wurde, ist zum Grundstein amerikanischer Versuche geworden, verdächtige Personen weltweit zu überwachen.[31] Es erweiterte die Befugnisse des Justizministeriums und des Pentagons und ermächtigte diese Behörden, das tägliche Leben von Terrorismusverdächtigen in vielfältiger Art und Weise zu überwachen. Mittels minimaler richterlicher Aufsicht und durch bloße Benachrichtigung der Justiz konnten die entsprechenden Behörden nun Einsicht in elektronische Kommunikationen nehmen, Finanztransaktionen, Kontoauszüge und e-mails lesen oder Angaben zu Bibliotheksausleihen einholen.[32] Weiterhin definierte das Gesetz den Begriff „Terrorismusverdacht" neu und stellte auf dieser definitorischen Grundlage alle Bürgerrechte wie habeas corpus oder den Anspruch auf einen Rechtsbeistand für Ausländer, die unter Terrorismusverdacht standen, grundsätzlich in Frage. Neben der Etablierung solcher Überwachungsinstrumente und der Einschränkung der Rechte von Ausländern ermächtigte der PATRIOT Act auch den Justizminister praktisch unbegrenzt

---

30 Dibya Sarkar, „DHS Beams over SEVIS", Federal Computer Week, August 27, 2004 http://fcw.com/articles/2004/08/27/dhs-beams-over-sevis.aspx?sc_lang=en, aufgerufen am 4. Juni ,2012.

31 Das Gesetz lautet offiziell und in voller Länge „Uniting and Strengthening America by Providing Appropriate Tools Required to Intercept and Obstruct Terrorism Act of 2001" und wurde vom House of Representatives mit nur 60 Gegenstimmen verabschiedet. Nur ein Senator, Russell Feingold aus Wisconsin stimmte im Senat dagegen und Präsident Bush unterzeichnete es letztendlich am 26. Oktober 2001.

32 Der Wortlaut des Gesetzes ist auf folgender Website zu finden: http://thomas.loc.gov/cgi-bin/bdquery/z?d107:H.R.3162. Zum USA PATRIOT Act siehe auch die Website des Justizministeriums http://www.justice.gov/archive/ll/highlights.htm; siehe auch American Civil Liberties Union, „Reclaiming Patriotism, AS Call to Reconsider the Patriot Act" (New York: ACLU National Office, 2009) http://www.aclu.org/pdfs/safefree/patriot_report_20090310.pdf.

Grenzpolizei einzustellen. Doch obschon dies wenig mit den Angriffen des 11. September 2001 zu tun hatte, bewilligte der US-Kongress einen bedeutenden Etat allein für diesen Zweck. Diese Bestimmungen des Gesetzes wurden von Bürgerrechtsorganisationen sofort hinterfragt und scharf kritisiert. Und tatsächlich erklärten in den darauffolgenden Jahren amerikanische Gerichte Teile des Gesetzpakets für verfassungswidrig. Manche Bestimmungen traten 2005 automatisch außer Kraft, da sie bei ihrer Verabschiedung im Kongress von vornherein nur auf eine bestimmte Laufzeit ausgelegt waren. Andere Regelungen hingegen wurden danach Teil einer permanenten Gesetzgebung, sei es als eigenständige Gesetze, sei es als Teil eines neuen Gesetzapparats wie etwa die Bestimmungen zur Identifizierung von verdächtigen Ausländern aus dem Jahr 2005.[33]

Auch wenn der Patriot Act die enge Verknüpfung von Einwandererkontrolle und Überwachung weitgehend ermöglichte, verhinderten die einander widerstrebenden Interessen des amerikanischen Staates jedoch die Einführung eines nahtlosen Kontrollsystems nach dem 11. September 2001. Deutlich wird dies etwa an dem Widerstand großer Teile des US-Kongresses gegen die Einführung einer umfassenden Meldepflicht und eines einheitlichen Ausweissystems für alle in den USA lebenden Ausländer, da dies letztlich auch zu einer Erfassung aller Einwohnern der USA geführt hätte und dies als ein zu weitgehender Eingriff in die Bürgerrechte der US-amerikanischen Bevölkerung gewertet wurde. Auch ein gut funktionierendes und zentrales System zur zuverlässigen Erfassung der Ausreise von Ausländern gibt es zum Beispiel bis heute noch nicht. Auch die Visumserteilung von U.S. Konsulaten im Ausland ist dezentralisiert und in der Praxis uneinheitlich. Seit der erstmaligen Einführung eines Systems von Nationalitätsquoten im Jahr 1921 hatten die Konsulate eine Schlüsselfunktion bei der Durchführung der damaligen Einwanderungspolitik, die durchaus als restriktiv bewertet werden kann. Manchmal handelten Konsulate bei der Erteilung von Visa gegen den Willen anderer Bundesbehörden, wie etwa dem Arbeitsministerium oder dem Weißen Haus. Unmittelbar nach dem 9/11 beschuldigten Politiker das Außenministerium der Nachlässigkeit, weil das Personal in verschiedenen Konsulaten nicht imstande gewesen war, die Einreise von muslimischen Fundamentalisten zu verhindern, die sich als Studenten oder Touristen ausgegeben hatten. Ende 2001 begannen deshalb alle U.S. Konsulate, Antragsteller für ein Visum in die USA genauestens zu überprüfen. Insbesondere die Anträge von Einwohnern der Länder des Nahen Ostens wurden akribisch geprüft. Dies hatte zum Teil beträchtliche Wartezeiten für Bewerber aus diesen Ländern sowie für pakistanische und indische Staatsbürger zur Folge. Im April des Jahres 2002 war die Zahl von Besuchern und

---

33 Verschiedene Bestandteile des Patriot Act wurden 2005 erneuert und als „USA PATRIOT Improvement and Reauthorization Act of 2005" erneut ratifiziert; (PIRA), Pub. L. No. 109-177, 120 Stat. 192 (2006); siehe auch Real ID Act of 2005, (May 11, 2005), Publ.L. 109-12, 119 Stat. 302.

Studenten aus dem Nahen Osten im Vergleich zum Vorjahr um 14% gesunken. Besonders Touristen und Studenten scheuten sich davor, angesichts der Wartezeiten und der Unsicherheit darüber, ob sie überhaupt eine Einreiserlaubnis erhalten würden, ein Visum zu beantragen. Während der Dekade nach 9/11 fluktuierte die Zahl der Einwanderer und Besucher aus dem Nahen Osten und weiteren muslimischen Ländern jedoch relativ wenig und blieb im Vergleich zu den Jahren vor den Anschlägen weitgehend konstant. Allerdings sank die Zahl der Studenten, die sich um ein Visum bemühten und dies auch erhielten dauerhaft nach dem 11. September. Die Ursache für diese divergierenden Entwicklungen zwischen „normalen" Einwanderern und Studenten liegt in den verschiedenen Sachzwängen und Motivationen dieser Gruppen. Während Studenten die Möglichkeit hatten, auf andere Zielländer zur Durchführung eines Studiums auszuweichen, waren die übrigen Einwanderer aus Gründen wie der Familienzusammenführung oft an die USA gebunden und ließen sich nicht durch langwierige Prozesse der Visumvergabe mit ungewissem Ausgang abschrecken.[34]

Auf den ersten Blick erscheint es nicht so, als ob die meisten Gesetze, Maßnahmen und Programme, die nach den Angriffen des 11. September 2001 geschaffen wurden, einen nachhaltigen Einfluss auf das Ausmaß der Einwanderung in die USA nahmen. Dennoch hatten sie mannigfaltige Auswirkungen auf viele Teile der amerikanischen Gesellschaft, Einwanderer wie gebürtige Amerikaner, Besucher wie langfristig im Lande lebende Ausländer. Besonders deutlich spürbar waren die Folgen für die muslimischen und arabischen Einwanderergruppen. Wie viele Beobachter und Experten feststellten, waren die Einwanderer aus dem arabischen Kulturkreis, von denen etwa die Hälfte christlichen Glaubens waren, vor 2001 vor allem durch ihre politisch konservative Grundhaltung und ihren Patriotismus gegenüber dem amerikanischen Staat aufgefallen. Nach 2001 wurden sie jedoch äußerst zurückhaltend in ihrem Umgang mit den staatlichen Behörden und deren Repräsentanten. Besonders in der zweiten Einwanderergeneration muslimischer Gruppen, also solcher US-amerikanischer Staatsbürger arabischer Herkunft, deren Eltern zwischen den siebziger und neunziger Jahren in die USA kamen, sehen sich junge Menschen von zwei Welten bedrängt. Sie fühlen sich sehr ambivalent und zerrissen zwischen ihrem Bedürfnis nach individuellem Erfolg in der amerikanischen Gesellschaft einerseits und nach Verbindung mit ihrem kollektiven kulturellen Erbe andererseits. Diese Zerrissenheit führt für eine Minderheit von jungen

---

34 Zur Einwanderung aus dem Nahen Osten siehe: United States Department of Homeland Security, Office of Immigration Statistics, Yearbook of Immigration Statistics, 2006, Table 2 (Washington D.C. 2007) http://www.dhs.gov/xlibrary/assets/statistics/yearbook/2006/OIS_2006_Yearbook.pdf.

„Arab Americans" zu radikaleren Einstellungen, wie etwa einer ultra-religiösen Lebensweise, einem durch die Möglichkeiten des Internets genährtem Jihadismus oder gar zur Rückkehr in die Heimat ihrer Eltern.[35]

Obwohl Deutschamerikaner und japanische Einwanderer in den Jahren nach 1918 und 1945 ähnlich stigmatisiert waren, hielt ihre Diskriminierung nicht so lange an und führte zu einer weniger starken Zerrissenheit in Bezug auf den amerikanischen Patriotismus. Die amerikanischen Siege und die Integration Westdeutschlands und Japans innerhalb des von den USA beherrschten „Westens" während des Kalten Krieges erleichterten den Übergang für die Einwanderer aus diesen Ländern weg vom Image der feindlichen Ausländer und hin zu sogenannten „bevorzugten Nationalitäten" bei der Immigration. Für muslimische Immigranten, deren Heimatländer immer noch darauf warten sowohl von der amerikanischen Regierung als auch von der amerikanischen Bevölkerung zu den „bevorzugten Nationalitäten" bei der Einwanderung gezählt zu werden, hat sich der Übergang vom „Ausländer" zum „normalen Einwanderer" schwieriger gestaltet. Die kalte Umarmung ihrer Heimatländer durch die amerikanische Politik ist von offener Feindseligkeit vieler Amerikaner gegenüber der muslimischen Kultur begleitet.

„Wie fühlt es sich an ein Problem zu sein?", fragte der Sozialwissenschaftler W.E.B. DuBois in seinem 1903 erschienenen Buch *The Souls of Black Folk*, einer Aufsatzsammlung über die Geschichte und Kultur der Afroamerikaner.[36] In den Jahren nach dem 11. September 2001 stellte der kanadisch-amerikanische Autor Moustafa Bayoumi dieselbe Frage an eine Gruppe junger New Yorker arabischer Herkunft und erhielt viele nuancierte Antworten. Keiner seiner Gesprächspartner glaubte an eine baldige Verbesserung der Stellung von Amerikanern arabischer Herkunft durch politische Entscheidungen oder Gesetzesänderungen. Dennoch hatten alle die Hoffnung, dass die USA für sie und ihre Familien letztendlich zur wirklichen Heimat werden würde. Bayoumi schloss daraus, dass diese Jugendlichen

„[...] innerhalb ihrer Umstände und durch ihre Tatkraft die Zukunft der amerikanischen Gesellschaft gestalten werden. Auch wenn sie nicht immer in ihren Bemühungen erfolgreich sind, so ist doch das menschliche Drama ihrer Lebensumstände ein Teil dessen was es heißt Amerikaner zu sein."[37]

---

35 Die Sekundärliteratur zu Einwanderern arabischer Herkunft in die USA nach dem 11. September ist sehr umfangreich. Siehe zum Beispiel Sunaina Maira, „Flexible Citizenship/Flexible Empire: South Asian Muslim Youth in post 9/11 America," American Quarterly 60 (3) 2008, 697-720, M. Isabel Medina, „Immigrants and the Government's War on Terrorism" in CR, The New Centennial Review, 6 (1), 2006 225-235, and Bayomi (vgl. unten). Siehe auch die dreiteilige Artikelserie von Andrea Eliott, „Muslims in America", New York Times, March, 5, 6, and 7th 2006.

36 W.E.B. DuBois, The Souls of Black Folk, (Chicago: McClurg Co:,1903).

37 Moustafa Bayoumi, How does it Feel to be a Problem; Being Young and Arab in America (New York; Penguin Books, 2008) 260.

Bayoumi's vorsichtiger Optimismus in Bezug auf seine Interviewpartner wäre wahrscheinlich noch von DuBois zurückgewiesen worden. Denn dieser bewertete die Lebensumstände der Afroamerikaner im Süden der USA, die durch Diskriminierung und Rassentrennung geprägt waren, als tief verwurzelten Bestandteil der Mentalität der weißen Bevölkerung im in dieser Region; die Rassentrennung war anerkannter Brauch, Tradition und Gesetz. Sie beherrschte den Alltag. DuBois bezeichnete diese Beobachtung metaphorisch als einen „Schleier", denn für ihn waren die Schwarzen in der Gesellschaft der Südstaaten zwar sichtbar, aber dennoch als Gruppe wie durch eine Barriere vom Rest der Bevölkerung getrennt. Muslimische Einwanderer sind heutzutage gleichermaßen in einen solchen Schleier gehüllt: Er erlaubt zwar eine gegenseitige Wahrnehmung, verhindert aber, dass sich die verschiedenen gesellschaftlichen Gruppen wirklich nahekommen oder miteinander eine Gemeinschaft bilden. Muslimische und arabische Einwanderer teilen diesen Schleier mit früheren Generationen von Immigrantengruppen aus anderen Ländern, von den Iren des 19. Jahrhunderts bis zu den mexikanischen Neuankömmlingen der Gegenwart. Langsam und allmählich hob sich der Schleier für die meisten Einwanderer in der Geschichte der USA. Gesetz, Politik und Kultur wandelten sich und ermöglichten vielen dieser Immigranten in den USA eine neue Heimat zu finden. Im 21. Jahrhundert, nach dem Beginn des „Krieges gegen den Terrorismus" verfestigte sich der trennende Schleier für viele Einwanderer arabisch-muslimischer Herkunft in vielerlei Hinsicht jedoch zu einer Mauer. Sie niederzureißen, oder auch nur für Risse im Fundament zu sorgen wird bedeutende Anstrengungen seitens der Politik, der öffentlichen Meinung sowie von den Einwanderern selbst erfordern.

9/11 und das (post-)ethnische muslimisch-amerikanische „Wir" in den USA

Sabina von Fischer

„Mr. President, if you follow what you have in your mind, which many of those around you are encouraging you to do, then, you will do what Osama Bin Laden and no Muslim extremist could ever do. […] You will unite the Muslim world in hostility against America and Great Britain, and, you will use your great position of power inadvertently to call for a Holy War against the West."[1]

Das an den damaligen Präsidenten George W. Bush gerichtete Zitat des *Nation of Islam* Leaders Louis Farrakhan zeigt einen Ausschnitt aus dem Post-9/11-Repertoire der muslimisch-amerikanischen Selbstthematisierung in den USA. Der folgende Beitrag geht der Frage nach, ob und inwiefern der 11. September 2001 als eine Zäsur in diesem Diskurs wirkt, indem er dominante Narrative, die Muslimen in den USA für ihre zeitgenössischen Identitätsprojekte zur Verfügung stehen, (re-)konstruiert und interpretiert.

Der vorliegende Beitrag argumentiert, dass die Narrativisierung des äußerst heterogenen muslimisch-amerikanischen Kollektivs seit 9/11 inklusiver geworden ist – eine Tendenz, die sowohl durch die Ethnifizierung der Kategorie Muslim als auch durch die postethnische Konzeptualisierung eines muslimisch-amerikanischen „Wir" begünstigt wurde und wird. Um diese inklusivere Erzählung fassbar zu machen, stellt der Beitrag zunächst ein methodisches Instrumentarium für die Analyse von Zäsuren vor, um die muslimische Selbstthematisierung präziser (re-)konstruieren zu können. Danach werden historische sowie zeitgenössische Dimensionen der muslimisch-amerikanischen Selbstthematisierung beleuchtet und die empirischen Daten für die Analyse beschrieben. Anhand der (Re-)Konstruktion der muslimisch-amerikanischen Selbstthematisierung wird aufgezeigt, inwiefern diese – trotz der sozialen Heterogenität der US-amerikanischen Muslime – seit 9/11 als inklusiver verstan-

---

1   FC 2006/2/7. Das in diesem Beitrag verwendete FC Korpus umfasst alle Kolumnen der *Final Call Online Edition*, die zwischen 2002 und 2009 publiziert wurden. Der *Final Call* ist die Hauptpublikation der *Nation of Islam*, die seit 1979 herausgegeben wird und seit 1995 in einer Online Version verfügbar ist. (www.finalcall.com) Das Korpus wurde im Sommer 2010 zusammengestellt und hat einen Umfang von 1'282 Texten oder 1'944'530 Wörtern. Auszüge daraus werden nach dem folgenden Prinzip zitiert: FC Erscheinungsjahr/-monat/-tag.

den werden kann. Zum Schluss stellt der Beitrag die Ergebnisse in einen breiteren Zusammenhang, indem er sie mittels verschiedener Konzeptionen von Gemeinschaft interpretiert.

1 Zäsuren (re-)konstruieren: Perspektive & Instrumente

Als muslimische Selbstthematisierung wird die Art und Weise verstanden, wie sich Muslime in sprachlichen Sinnzusammenhängen selber beschreiben. Im Folgenden werden sprachliche Sinnzusammenhänge mit dem Konzept des *Narrativ* gefasst. Dieses Konzept ermöglicht es einerseits, die muslimische Selbstthematisierung anhand gewisser sprachlicher Muster festzumachen. Andererseits wird damit die konzeptuelle Anlehnung der Analyse an jene Theorien signalisiert, die sich seit dem *narrative turn* etabliert haben.

Im Zuge des *narrative turn* wurde das Narrativ nicht mehr als Repräsentantin von Wirklichkeit interpretiert, sondern stattdessen als konstitutives Moment des Sozialen verstanden.[2] Diesem konstruktivistischen Verständnis nach nutzen individuelle oder kollektive Akteure Narrative, um ihren Interpretationen des Selbst und der Welt Kohärenz zu verleihen.[3] Diese Vorstellung ermöglicht autonomere Modelle von *agency*, als sie beispielsweise in der poststrukturalistischen Konzeption des Subjekts zu finden ist.[4] Das Selbst – oder die Identität – wird mit den Poststrukturalisten zwar als externalisiert und fluid und nicht als fixe Essenz gedacht, in Abgrenzung von ihnen aber nicht (nur) als Machteffekt konzeptualisiert, sondern als narrative Konstruktion, die angeeignet und damit auch konfiguriert werden kann. Dieser Beitrag soll in diesem Zusammenhang aufzeigen, inwiefern 9/11 mit der Narrativisierung amerikanischer Muslime interferiert.

Im Folgenden wird die narrative Praxis großer muslimisch-amerikanischer Organisationen analysiert. Diese werden aufgrund ihrer medialen Reichweite und dem Umfang ihrer Anhängerschaft als wirkungsmächtige Teilnehmer einer öffentlichen Debatte über amerikanisches Muslim-Sein und Islamität in den USA

---

2   Somers, Margaret R. (1994). The Narrative Constitution of Identity: A Relational and Network Approach. *Theory and Society, 23*(5), S. 605-649.
3   Viehöver, Willy. (2001). Diskurse als Narrationen. In R. Keller, A. Hirseland, W. Schneider & W. Viehöver (Eds.), *Handbuch Sozialwissenschaftliche Diskursanalyse. Band 1: Theorien und Methoden* (3. ed., Vol. 2, S. 179-208). Opladen: Leske & Budrich.
4   McNay, Lois. (2000). *Gender and Agency. Reconfiguring the Subject in Feminist and Social Theory*. Cambridge: Polity Press.

verstanden.[5] Die öffentliche Debatte wird empirisch als Interaktion von Narrativen gefasst. Aus einer diachronen und intertextuellen Perspektive können Prozesse der Angleichung, Abgrenzung und Kombination verschiedener, im US-amerikanischen Kontext dominanter sprachlicher Muster beobachtet werden. In der Momentaufnahme bilden diese interagierenden Narrative ein zeitlich und räumlich begrenztes narratives Repertoire. In Anlehnung an Margaret Somers' wissenschaftstheoretischen Ansatz zur Konstitution von Identität wird davon ausgegangen, dass sich Akteure wie die untersuchten Organisationen immer in Relation zu einem narrativen Repertoire artikulieren. Ein Repertoire an zur Verfügung stehenden Narrativen beschränkt folglich die Wirkungsmacht der Akteure, die sich Narrative aneignen und diese konfigurieren.[6]

Damit eine Zäsur analytisch fassbar wird, muss der Prozess der Narrativisierung aus einer diachronen Perspektive beobachtet werden. Die von den Organisationen verbreiteten Narrative stellen einen Ausschnitt der Narrativisierung des muslimisch-amerikanischen Selbstverständnisses dar. Die Organisationen werden dabei nicht als Urheber dieses Selbstverständnisses verstanden, sondern als Teil relationaler Verhältnisse angesehen, welche den Prozess der Narrativisierung wechselseitig beeinflussen. Die Konstruktion amerikanischen Muslim-Seins geschieht also nicht in einem Vakuum, sondern kann mitunter als Reaktion auf Konstruktionen verstanden werden, die beispielsweise von einer breiteren US-Öffentlichkeit getragen werden. Der Handlungsspielraum der Organisationen wird durch das jeweils zur Verfügung stehende narrative Repertoire beschränkt. In diesem Beitrag wird deshalb besonders auf die Beziehung zwischen der amerikanisch-muslimischen Selbstthematisierung und den in der amerikanischen Öffentlichkeit dominanten Narrativen eingegangen. Des Weiteren stehen die untersuchten Organisationen in einer Beziehung mit ihrer Anhängerschaft, von der sie u.a. auch finanziell unterstützt werden. Angelehnt an Marketingtheorien werden solche Organisationen und ihre Anhänger als Marketer und Konsumenten verstanden, die in wechselseitiger Wirkung jene Narrative aus dem zur Verfügung stehenden Repertoire auswählen und konfigurieren, die am besten zu ihren jeweiligen „Identitätsprojekten" passen.[7]

Das Narrativ wird zu einer fassbaren analytischen Kategorie, indem es anhand bestimmter sprachlicher Muster identifiziert wird. Da zu diesem Zweck eine große Datenmenge auf dominante sprachliche Sinnzusammenhänge hin untersucht werden soll, werden quantitative methodische Werkzeuge der Kor-

5   Von Fischer, Sabina. (2012). *What is American about American Islam? Muslim American Narratives and the Configuration of Islam in the United States*. from http://www.zb. unibe.ch/download/eldiss/11vonfischer_s.pdf.
6   Somers (1994), S. 605-649.
7   Holt, Douglas B. (2004). *How Brands Become Icons. The Principles of Cultural Branding*. Boston: Harvard Business School Press, S. 1-10.

puslinguistik in den Dienst einer grundsätzlich qualitativ ausgerichteten Untersuchung gestellt.[8] Als empirische Basis dienen Textkorpora, die den Output wirkungsmächtiger muslimisch-amerikanischer Organisationen in bestimmten Zeitabständen wiedergeben. Diese Korpora werden mittels korpuslinguistischem Instrumentarium mit dem Ziel durchsucht, dominante sprachliche Muster freizulegen. Die Dominanz solcher Muster wird aus korpuslinguistischer Perspektive anhand ihrer quantitativen Verbreitung festgestellt. Analyseverfahren erheben dementsprechend beispielsweise, welche Begriffe überzufällig häufig zusammen mit anderen Begriffen auftreten (*Kollokationen*). So kann anhand eines diachronen Verlaufs festgestellt werden, wie bestimmte Begriffe und Konzepte semantisiert oder auch resemantisiert werden und somit im Laufe der Zeit ihre Bedeutung verändern. Die festgestellten dominanten sprachlichen Muster werden in einem zweiten Schritt mittels Analyse der unmittelbaren Textumgebung (*Ko-Text*) und ihrer textübergreifenden Beziehungen (*Intertextualität*) kontextualisiert und interpretiert. Die Interpretation erfolgt entlang der Theorieleitung von Vertretern der *Critical Discourse Analysis*, die sich ganz grundsätzlich für das Verhältnis von Sprache und Macht interessieren.[9]

2 Historische Dimensionen der muslimisch-amerikanischen Selbstthematisierung

Bevor der Einfluss von 9/11 auf die muslimisch-amerikanische Selbstthematisierung untersucht werden kann, muss ein Ausschnitt aus dem narrativen Repertoire beschrieben werden, das für die Kontextualisierung wichtig ist. Dabei stehen naturgemäß jene dominanten historischen Narrative im Mittelpunkt, welche die zeitgenössische muslimisch-amerikanische Selbstthematisierung prägen. Am Rande sei hier bemerkt, dass auch die Historiographie der Muslime in den USA als Teil dieses narrativen Repertoires angesehen wird. Aufgrund des oben vorgeschlagenen Frameworks zur Perspektivierung von Narrativisierungsprozessen gibt es kein Außerhalb dieser Prozesse. Jegliche Art

8   Dieses Vorgehen lehnt sich an die Forschung an, die korpuslinguistische und diskursanalytische Verfahren kombiniert, besonders: Baker, Paul. (2007). *Using Corpora in Discourse Analysis* (Reprinted ed.). London: Continuum; Bubenhofer, Noah. (2009). *Sprachgebrauchsmuster: Korpuslinguistik als Methode der Diskurs- und Kulturanalyse*. Berlin: Walter de Gruyter; und Mautner, Gerlinde. (2009). Checks and Balances: How Corpus Linguistics can Contribute to CDA. In R. Wodak & M. Meyer (Eds.), *Methods of Critical Discourse Analysis* (S. 122-143). Los Angeles: Sage.
9   In Anlehnung an Reisigl und Wodak wird vor allem auf Strategien der Benennung, Bewertung und Begründung von Gegenständen der Narrativisierung fokussiert. Reisigl, Martin, & Wodak, Ruth. (2009). The Discourse-Historical Approach (DHA). In R. Wodak & M. Meyer (Eds.), *Methods of Critical Discourse Analysis* (S. 87-121). Los Angeles: Sage.

von Auseinandersetzung mit amerikanischen Muslimen sowie dem Islam unterliegt der Konjunktur des narrativen Markts – dies gilt auch für den vorliegenden Beitrag. Somit ist jede Rekonstruktion auch gleichzeitig Konstruktion – dementsprechend wird die wissenschaftliche Auseinandersetzung mit einem bestimmten Gegenstand hier als (re-)konstruierend verstanden.

Da die wissenschaftliche Auseinandersetzung mit Muslimen und dem Islam in diesem Aufsatz als (re-)konstruierend verstanden wird, sollen an dieser Stelle die in der aktuellen Geschichtsschreibung zu diesem Thema vorherrschenden narrativen Trends vorgestellt werden. Übersichtsdarstellungen zum Islam in den USA fokussieren meistens die historische Entwicklung der verschiedenen muslimischen Gemeinschaften. Dabei werden üblicherweise zwei größere historische Narrative nachgezeichnet: Jenes der afroamerikanischen Muslime sowie jenes der muslimischen Immigranten.[10] Die erste dieser Gruppen, also die der afroamerikanischen Muslime, führt ihren Ursprung auf den amerikanischen Sklavenhandel zurück. Obwohl die historische Herleitung der afroamerikanisch-muslimischen Geschichte vom 15. Jahrhundert bis heute Lücken aufweist, ist sie für das historische Selbstverständnis großer Teile dieser Bevölkerung von zentraler Bedeutung.[11]

Trotz dieses mehr als vierhundert Jahre alten, identitätsstiftenden Narrativs konzentriert sich die Historiographie der afroamerikanischen Muslime jedoch vor allem auf das 20. Jahrhundert:[12] Sie beginnt mit der schillernden Figur von Noble Drew Ali, der im Chicago der 1920er Jahre mit der *Moorish Science* seinen Anhängern ein neues Identitätsnarrativ anbot. Die von verschiedenen religiösen und philosophischen Richtungen inspirierte *Moorish Science* verlieh ihren Anhängern eine neues Selbstbewusstsein, die auf der Identifikation mit einem maurischen Erbe basiert.[13] Sie nimmt ihren Lauf mit Fard Muhammed, der Gründerfigur der *Nation of Islam*, dessen Botschaft sich im Detroit der 1930er Jahre rasch unter den desillusionierten afroamerikanischen Ankömmlingen aus dem Süden der USA verbreitete, die während der ersten Jahre der Großen Depression ihre Existenzgrundlage verloren hatten. Fard Muhammeds Botschaft traf das kollektive Bewusstsein der afroamerikanischen Bevölkerung in Detroit, indem es einen neuen Rahmen für den Umgang mit dem Erbe der Sklaverei bot, das christliche Sklavenhalter von muslimisch-afrikanischen

---

10 Leonard, Karen. (2003). *Muslims in the United States: The State of Research*. New York: The Russell Sage Foundation.

11 Gomez, Michael A. (2005). *Black Crescent: The Experience and Legacy of African Muslims in the Americas*. New York: Cambridge University Press.

12 Vgl. dazu neben Gomez: Turner, Richard B. (1997). *Islam in the African-American Experience*. Bloomington: Indiana University Press; oder: Berg, Herbert. (2009). *Elijah Muhammad and Islam*. New York: New York University Press.

13 Noble Drew Ali war inspiriert vom Gedankengut der Rosenkreuzer, der Neugeist-Bewegung und vor allem von den Freimaurern. Seine *Moorish Science* war dem entsprechend ein stark synkretistisches Gedankengebilde. Zu den einzelnen Einflüssen vergleiche Gomez (2005), S. 250.

Sklaven differenzierte. Dies bedeutete, dass sich die Kluft zwischen schwarz und weiß nun in die Differenz zwischen Christentum und Islam übersetzte. Als logische Konsequenz beschränkte Fard die Mitgliedschaft in der *Nation of Islam* auf Afroamerikaner.[14] Die Geschichtsschreibung fokussiert sich schließlich auf Elijah Muhammad, der selbst als Teil der *Great Migration* von Georgia ausgezogen war, um sich in Detroit dem Kampf um Arbeit und Wohnung zu stellen und sich, als er scheiterte, Fard Muhammad anschloss. Als dessen späterer Nachfolger prägte Elijah Muhammad die Doktrin der *Nation of Islam* nachhaltig und bis über seinen Tod im Jahr 1975 hinaus. Elijah Muhammad schrieb seinem Lehrer Fard einen göttlichen Status zu, ernannte sich selber zum Propheten und brachte damit traditionelle Muslime gegen sich und die *Nation of Islam* auf. Auch die Ideologie der „racial supremacy" – die als Reaktion auf den Zeitgeist, das heißt, auf den Rassismus gegenüber Schwarzen, angesehen wird[15] – und die damit verbundene Verunglimpfung von nichtschwarzen Amerikanerinnen und Amerikaner als „weiße Teufel", polarisierte und erregte deutlichen Anstoß. Muhammads Lehre reichte jedoch weit über ihre häufig thematisierten rassistischen Aspekte hinaus. Da es im Folgenden aber nicht um die *Nation of Islam* per se gehen wird, sondern um die Narrativisierung der Grenzen der muslimisch-amerikanischen Gemeinschaft, müssen hier vor allem jene Narrative der *Nation of Islam* thematisiert werden, die Gegenstand innermuslimischer Kontroversen sind.

Teile der separatistischen Lehre, die Elijah Muhammad für die *Nation of Islam* entwickelte, übersetzten sich in politische Forderungen. Mitgliedern wurde z.B. anstelle ihres Nachnamens ein X verliehen, welches als Symbol für die durch den Sklavenhandel verlorene historische Identität stehen sollte. Als Wiedergutmachung für die Sklaverei und Jahrhunderte rassistischer Unterdrückung forderte Muhammad ein eigenes Territorium innerhalb der USA, um dort eine eigenständige schwarze Nation zu gründen.[16]

In den späten 1950er und frühen 1960er Jahren sprach die *Nation of Islam* vor allem jene Teile der afroamerikanischen Bevölkerung an, denen die auf Rassenintegration abzielende Philosophie der Gewaltlosigkeit des schwarzen Bürgerrechtlers Martin Luther King nicht radikal genug war. Insbesondere Malcolm X, der in den 1950er Jahren der *Nation of Islam* beitrat und schnell ihr bekanntester Sprecher wurde, zog viele Afroamerikaner mit seiner radikalen Kritik an King in seinen Bann. In den frühen 1960er Jahren begannen sich Elijah Muhammad und Malcolm X jedoch zu entzweien. Malcolm X begann die religiösen sowie die politischen Positionen der *Nation of Islam* zu hinterfragen, ein Prozess, der seinen Höhepunkt im Frühling 1964 anlässlich seiner Pilgerfahrt nach Mekka fand. Das Zusammentreffen von Muslimen aus der

---

14 Turner (1997), S. 171.
15 Ebd., S. 158.
16 Muhammad, Elijah. (1965). *Message to the Blackman in America*. Chicago: Muhammad's Temple No. 2, S. 161.

ganzen Welt anlässlich der Pilgerfahrt war für Malcolm X ein Schlüsselerlebnis und überzeugte ihn von der „Farbenblindheit" des Islam, eine Einsicht, die ihn die Lehren der *Nation* endgültig zurückweisen ließ. Als Symbol seines Wandels nahm er den Namen El-Hajj Malik El-Shabazz an und wandte sich von der *Nation of Islam* ab. Dies führte zum endgültigen Bruch mit Elijah Muhammad und schließlich zur Ermordung von Malcolm X. Wer die Drahtzieher hinter dem Attentat waren, ist bis heute Gegenstand diverser Spekulationen.[17]

Nach Elijah Muhammads Tod im Jahr 1975 spaltete sich die Anhängerschaft der *Nation of Islam*. Ein Teil schloss sich Elijah Muhammads Sohn Warith Deen Mohammad an, der wie El-Hajj Malik El-Shabazz Muhammads rassistische Lehren sowie Fard Muhammads göttlichen Status zurückwies und sich stattdessen dem sunnitischen Islam zuwandte. Andere Mitglieder folgten Louis Farrakhan, der die *Nation of Islam* im Sinne Elijah Muhammads weiterführte. Während Warith Deen Muhammad 2008 verstarb, führt Louis Farrakhan die *Nation of Islam* bis heute.

Das hier bruchstückhaft wiedergegebene historiographische Narrativ der afroamerikanischen Muslime simplifiziert die Geschichte einer höchst heterogenen Gemeinschaft, die sich nicht auf die Lehren weniger männlicher Führer reduzieren lässt.[18] Da es hier aber um dominante und sozusagen „marktbeherrschende" Narrative sowie deren Veränderung geht, kann für unseren Zweck auf eine umfassendere Darstellung verzichtet werden. Wichtig ist an dieser Stelle festzuhalten, dass es für die muslimischen Immigranten kein gleichermaßen dominantes Gegenstück zu dem Narrativ der afroamerikanischen Muslime gibt.

Monographien, die sich mit der Geschichte der muslimischen Immigranten beschäftigen, betonen zumeist deren Heterogenität. Dabei werden national-ethnische Bezüge normalerweise stärker in den Vordergrund gerückt als religiöse Bekenntnisse. Die Historiographie der muslimischen Immigranten geht in der Regel zunächst auf die verschiedenen Wellen der Einwanderung ein und setzt diese in Bezug zu der Einwanderungspolitik der jeweiligen US-Administration.[19] So geht etwa Haddad zuerst auf Muslime ein, die im ausgehenden 19. Jahrhundert aus Gebieten des osmanischen Reiches in die USA einwanderten.[20] Während des 1. Weltkrieges wurde die Einwanderung aus dem Mittleren Osten zunächst gestoppt und dann im Jahr 1924 mit dem *National Origins Act*

---

17 Zum Bruch zwischen Elijah Muhammad und Malcolm X vergl. Turner (1997), S. 190ff und Gomez (2005), S. 368ff.
18 McCloud's *African American Islam* gibt einen Eindruck von dieser Heterogenität. McCloud, Aminah Beverly. (1995). *African American Islam*. New York: Routledge.
19 Einen Überblick zum Forschungsstand findet sich in Leonard (2003), S. 9-15.
20 Dieser Abschnitt folgt Haddads Darstellung. Haddad, Yvonne Yazbeck. (2004). *Not Quite American? The Shaping of Arab and Muslim Identity in the United States*. Waco, TX: Baylor University Press.

auf 100 Personen pro Jahr beschränkt. Diese frühen muslimischen Einwanderer wurden Haddads Darstellung zufolge entsprechend der Metapher des Schmelztiegels, des *melting pot*, assimiliert, was sich beispielsweise in der Amerikanisierung ihrer Namen verdeutliche. So sei aus Muhammad Mo, aus Rashid Dick und aus Ali Al geworden. Während muslimische Kinder die öffentliche Schule besuchten, kämpften ihre Väter in beiden Weltkriegen an der Seite ihrer amerikanischen Mitbürger. Nach dem 2. Weltkrieg erreichte eine neue Welle von Einwanderern die USA, darunter viele Studenten, die an amerikanischen Universitäten ausgebildet wurden, oft mit dem Ziel, in den neuen und nun unabhängigen arabischen Staaten nach ihrer Heimkehr aus den USA amerikanische Interessen zu vertreten. Nach der Aufhebung des Asian Exclusion Act im Jahr 1965 immigrierten Muslime aus der ganzen muslimischen Welt in die USA.

Die Historiographie der muslimischen Einwanderung in die USA zeichnet diese meist anhand des Aufbaus muslimischer Institutionen wie Moscheen und islamische Zentren, Schulen und Organisationen nach. Obwohl der erste Bau von Moscheen in den USA auf die beginnenden 1930er Jahre datiert wird, wurde der Großteil der Moscheen erst ab den 1970er Jahren gebaut.[21] Analog zur Errichtung der Moscheen wurden die meisten Institutionen, die sich auf den Islam als kollektiven Bezugspunkt konzentrierten, erst in den 1960er Jahren gegründet. Muslimische Studentenorganisationen wuchsen an amerikanischen Universitäten als Folge der stark zunehmenden Anzahl von Studenten, die aus muslimischen Ländern in die USA einwanderten. Die 1963 gegründete *Muslim Students Association of the United States and Canada* (MSA) stellte den diversen Organisationen eine gemeinsame Plattform zur Verfügung. Als mit der Lockerung der Immigrationspolitik Mitte der 1960er Jahre immer mehr muslimische Arbeitsmigranten in die USA einwanderten und der MSA beitraten, fand sich die Organisation außer Stande, den verschiedenen Bedürfnissen ihrer Mitglieder gerecht zu werden. Als Folge wurde im Jahr 1982 die *Islamic Society of North America* (ISNA) gegründet, eine jener Organisationen, die bis heute aktiv ist.

Generell wird eine Zunahme muslimischer Partizipation und Repräsentation in US-amerikanischen Institutionen in den 1990er Jahren konstatiert. In der Historiographie werden symbolische Ereignisse betont, wie beispielsweise das erste Bittgebet, das ein Muslim vor der Tagung des US-Repräsentantenhauses 1991 sprach, oder der Empfang von Muslimen im Weißen Haus im Rahmen des Ramadan, des muslimischen Fests des Fastenbrechens, im Jahr 1996. In den 1990er Jahren wurden außerdem diverse Muslim Public Affairs Gruppen gegründet, die gegen die Diskriminierung von Muslimen vorzugehen begannen. Der 1994 gegründete *Council on American-Islamic Relations* (CAIR) ist ein Beispiel für eine bis heute zivilrechtlich aktive Organisation.

---

21 Bagby, Ihsan, Perl, Paul M., & Froehle, Bryan T. (2001). *The Mosque in America: A National Portrait*. Washington D.C.: Council on American-Islamic Relation, S. 23.

Heute kümmern sich verschiedene Organisationen darum, die Position der Muslime zu stärken, wie z.b. über die Einführung von islamischen Feiertagen an amerikanischen Universitäten, politische Bildung sowie die Begleitung und Unterstützung von Konvertiten.[22] Während also das historiographische Narrativ der afroamerikanischen Muslime vor allem um charismatische Leitfiguren kreist, ist jenes der eingewanderten Muslime eher auf den Aufbau von Institutionen ausgerichtet.

3 Lebensweltliche Dimensionen der zeitgenössischen muslimisch-amerikanischen Selbstthematisierung

Um die historische Darstellung und die sie dominierenden Narrative zu ergänzen, sollen an dieser Stelle noch ein paar demographische Angaben zur muslimisch-amerikanischen Gemeinschaft gemacht werden: Laut Erhebungen des *Pew Research Center* (PEW)[23] sind 81% der Muslime, die in den USA leben, amerikanische Staatsbürger, obwohl 63% dieser Gruppe Einwanderer der ersten Generation sind. Die muslimischen Immigranten der ersten Generation stammen aus 77 verschiedenen Nationen. 59% der Muslime, deren Eltern in den USA geboren wurden, sind Afroamerikaner. Im Vergleich zur amerikanischen Bevölkerung sind amerikanische Muslime darüber hinaus viel jünger. 59% von ihnen sind im Alter zwischen 18 und 39 Jahren. Dementsprechend sind im Vergleich auch mehr Muslime in amerikanischen Bildungsinstitutionen eingeschrieben. In Bezug auf Bildungsstand und Einkommen entsprechen amerikanische Muslime in etwa dem Durchschnitt der US-amerikanischen Gesamtbevölkerung.

Der PEW-Report hat neben demographischen Parametern auch Daten zur Befindlichkeit amerikanischer Muslime sowie zur „Außenansicht" durch die amerikanische Bevölkerung erhoben. In Bezug auf die in diesem Beitrag behandelte Fragestellung sind vor allem die folgenden Tendenzen von großer Bedeutung: 55% der amerikanischen Muslime waren der Ansicht, dass ihr Leben seit 9/11 schwieriger geworden sei, was einer geringen Zunahme seit der letzten Erhebung im Jahr 2007 entspricht.[24] In diesem Zusammenhang gaben amerikanische Muslime an, dass die negative Wahrnehmung von Muslimen in

---

22 Für einen umfassenden Überblick zur muslimisch-amerikanischen Organisationslandschaft vergleiche von Fischer (2012), S. 45-56.

23 Pew Research Center. (2011). Muslim Americans. No Signs of Growth in Alienation or Support for Extremism [Electronic Version], from http://www.people-press.org/2011/08/30/muslim-americans-no-signs-of-growth-in-alienation-or-support-for-extremism/.

24 Die Zunahme um 2% gegenüber der Befragung von 2007 ist im Allgemeinen recht gering. Sie ist jedoch bei einzelnen Befragten, wie beispielsweise unter Studenten, höher. 62% der Studenten gaben an, dass ihr Leben seit 9/11 schwieriger geworden sei.

der US-amerikanischen Öffentlichkeit, deren Stereotypisierung und Diskriminierung sowie die Ignoranz gegenüber dem Islam, ihre größten Probleme darstellten. Die Wahrnehmung der nicht-muslimischen Bevölkerung durch die amerikanischen Muslime unterschied sich hierbei erheblich vom muslimisch-amerikanischen Selbstverständnis: Während 56% der befragten amerikanischen Muslime eine positive Einstellung zu amerikanischen Sitten und Bräuchen hatten, glaubten nur 33% der amerikanischen Nichtmuslime, dass sich Muslime dem *American Way of Life* anpassen wollten.

Dieses durch den PEW-Report skizzierte Bild findet Entsprechungen in der muslimischen Selbstthematisierung, die nun anhand des Outputs muslimisch-amerikanischer Organisationen rekonstruiert werden soll. Für die (Re-)Konstruktion wird in diesem Beitrag der Output der *Islamic Society of North America* (ISNA), der *Nation of Islam* (NOI) sowie des *Council of American-Islamic Relations* (CAIR) untersucht. Wie die Darstellung oben gezeigt hat, sind die Organisationen Teil verschiedener historischer Narrative. Dementsprechend wird die NOI als afroamerikanische Organisation typologisiert, ISNA und auch CAIR hingegen als Organisationen muslimischer Immigranten.[25] Für die Analyse wurden teilweise gedruckte, hauptsächlich aber Online-Materialien in verschiedenen Korpora zusammengestellt.[26] Die folgende Darstellung bezieht sich vor allem auf ein Korpus, das aufgrund der Publikation *Islamic Horizons* (IH) zusammengestellt wurde, einem Magazin, das seit 1971 alle zwei Monate von der ISNA herausgegeben wird und seit Anfang 2008 online verfügbar ist. Die Zeitschrift erreicht laut Angaben der ISNA 250.000 Leserinnen und Leser.[27] Sie behandelt vor allem den Alltag der muslimischen Gemeinschaften in den USA, diskutiert aber auch Entwicklungen in der muslimischen Welt, erläutert theologische Fragen und bietet Anleitungen für Muslime bezüglich verschiedener lebensweltlicher Belange.

---

25 Leonard (2003), S. 17ff.
26 Das IH Korpus umfasst Texte aus einer Zeitspanne von 1996 bis 2009, die Aspekte amerikanischen Muslim-Seins und amerikanischer Islamität beleuchten. Das Korpus hat einen Umfang von 786 Texten oder 1'161'535 Wörtern. Texte der Print Ausgabe wurden elektronisch aufbereitet, jene der Online Version sind unter www.isna.net/Islamic-Horizons/pages/Islamic-Horizons.aspx abrufbar und wurden im Frühjahr 2009 zusammengestellt. Auszüge daraus werden wie folgt zitiert: IH Erscheinungsjahr/Heftnummer/Seitenzahlen des Artikels. Das CAIR Korpus umfasst alle online verfügbaren Pressemitteilungen, die in einer Zeitspanne von 2000 bis 2009 unter www.cair.com/PressCenter/PressReleases.aspx verfügbar sind. Das Korpus wurde im Sommer 2010 zusammengestellt und hat einen Umfang von 2'771 Texten oder 680'034 Wörtern.
27 http://www.isna.net/Documents/Islamic-Horizons/Advertising_Specifications_for_IH_Advertisers.pdf (zuletzt besucht am 19. Oktober 2010).

4 Die Ethnifizierung der Kategorie Muslim

Bevor es nun um die Analyse im engeren Sinne geht, muss an dieser Stelle ein Hinweis zur Begrifflichkeit gemacht werden. Da sich das vorgeschlagene Analyseverfahren auf die Textoberfläche konzentriert, werden Begriffe im Folgenden so wiedergegeben, wie sie in den Korpora vorkommen. Auf eine Übersetzung ins Deutsche wird weitgehend verzichtet, da damit Assoziationen geweckt würden, die mit einem anderen kontextabhängigen dominanten narrativen Repertoire verknüpft sind.

Um festzustellen, ob der 11. September 2001 als Zäsur gewertet werden kann, fokussiert die nachfolgende Analyse darauf, ob sich sprachliche Muster in den dominanten Diskursen US-amerikanischer Muslime vor den Terroranschlägen von jenen nach diesen unterscheiden lassen. Mittels korpuslinguistischer Instrumente und einer diachronen Perspektive auf das die Zeitspanne von 1996 bis 2009 umfassende IH Korpus lässt sich unter anderem verdeutlichen, dass sich amerikanische Muslime seit dem 11. September 2001 vermehrt als Opfer von *racial profiling* verstehen. *Racial profiling* bezeichnet die diskriminierende Praxis, jemanden aufgrund seiner ethnischen Zugehörigkeit zu überprüfen – ein oft genanntes Beispiel dafür ist etwa die gezielte Überprüfung von Teilnehmern im Straßenverkehr durch die Polizei aufgrund ihres fremdländischen Phänotyps. Tatsächlich sind in den USA traditionellerweise Afroamerikaner überdurchschnittlich häufig Opfer von *racial profiling*.[28] Dass sich Muslime seit dem 11. September 2001 vermehrt als Opfer von *racial profiling* verstehen, lässt sich anhand der unten abgebildeten Korpusauszüge nachvollziehen. Sie zeigen alle Vorkommnisse des Begriffs *profiling* zwischen 1996 und 2009, die das Korpus abbildet, und heben dessen Attribuierung als *racial* hervor.[29]

ls to deal with concerns such as secret evidence, <u>profiling</u> and Muslim hiring. AMA National Chair Dr. Agha Sa	IH 1999/5/ 56-57
uslim American delegation concerned about airline <u>profiling</u>, secret evidence, and the need for greater inclus	IH 2000/1/ 34-35

---

28 Harris beschreibt die Praxis von *racial profiling* wie folgt: „This type of thinking means that anyone who is African-American is automatically suspect during every drive to work, the store, or a friend's house. Suspicion is not focused on individuals who have committed crimes, but on a whole racial group. Skin color becomes evidence, and race becomes a proxy for general criminal propensity." Harris, David A. (1999). The Stories, the Statistics, and the Law: Why „Driving While Black" Matters. *Minnesota Law Review, 84*, S. 265-326, hier: S. 268.

29 Alle Hervorhebungen hier und im Folgenden sind von der Autorin.

e. Defending Basic rights During 1999, airline profiling and secret evidence topped the Muslim American po — IH 2000/1/ 34-35

and presidential campaigns to voice concerns over profiling and secret evidence. Muslim Anlericans called at — IH 2000/1/ 34-35

i." The Columbus incident is closely tied to the profiling being employed by American airlines, a discrimina — IH 2000/1/ 36-37

t. He told The Baltimore Sun (Nov. 24, 1999) that profiling „seems well worth it in order to keep would-be te — IH 2000/1/ 36-37

be at a disadvantage and be subjected to. racial profiling at airports, secret evidence laws, discrimination — IH 2000/5/54

Secret Evidence Act (HR 2121) and the practice of profiling, among others. A SPECIAL TREAT The wishes of m — IH 2000/6/ 26-50

or ending discriminatory practices such as racial profiling and the use of secret evidence. Yet, perhaps a f — IH 2001/5/50

e Anti-Defamation League on issues such as racial profiling and election reform. When Muslim groups are wil — IH 2001/5/50

d the Muslim American viewpoint on issues such as profiling, the war on terrorism, and the government action — IH 2002/6/10

es of law enforcement and civil rights, including profiling, harassment, detentions, visa delays, and registr — IH 2004/2/ 31-34

eports of hate crimes, discrimination, and racial profiling. (CAIR, „Stereotypes and Civil Liberties: The Sta — IH 2004/4/ 16-30/36-39

or harassment; and 191 reported cases of airport profiling. Law and Politics. Although much of the discrim — IH 2004/4/ 16-30/36-39

Liberties Union (ACLU), „Sanctioned Bias: Racial Profiling Since 9/11", February 2004) The list was comprise — IH 2004/4/ 16-30/36-39

victims of secret evidence, PATRIOT Acts, racial profiling, and job   IH 2005/2/
discrimination. It's enough to make a Mu   36-42

ce workplace discrimination, racial and religious profiling, challeng- IH 2005/3/
ing businesses environments, and travel   36-37

. They have achieved a limited degree of success: profiling Muslims   IH 2006/6/
in airports, smearing the good name of ma   18-31

t in a series of overzealous ethnic and religious profiling, and of tar- IH 2006/6/
geting law, abiding American Muslims i   18-31

ention and de, portation of Muslim immigrants, to profiling the pre-   IH 2006/6/
dominantly lawabiding Muslim Americans, to   18-31

more reports of ‚flying while Muslim' and racial profiling incidents   IH 2007/2/
from members of the Islamic community n   18-21

d an apology from US Airways and an end to racial profiling. The far-   IH 2007/2/
right „Washington Times," owned by Rev.   18-21

iot Act and see no problem with racially targeted profiling. Shared   IH 2007/5/
Lessons. As for Muslim Americans, especi   52-54

ell have been called „A Dummy's Guide to Racially Profiling Mus-   IH 2007/6/
lims." It is inflammatory, confused, and, at   32-40

however, by the Islamophobia manifested in racial profiling and hate   IH 2008/1/9
crimes that she has encountered in Ameri

eligion defines susceptibility-a prescription for profiling if ever we've IH 2008/1/
heard one. And it puts judgments ab   14-15

is illegal and unethical. Racial and Religious Profiling. Prior to   IH 2008/1/
9/11, a national consensus outlawing r   32-33

or to 9/11, a national consensus outlawing racial profiling was emerg- IH 2008/1/
ing. After 9/11, public calls for racial   32-33

premise that it is „a matter of survival." Racial profiling is not only	IH 2008/1/
unethical, because it brands someone	32-33

erminological simplicity, we use the term „racial profiling" here to	IH 2008/1/
avoid unnecessary confusion. Racial prof	32-33

Ling" here to avoid unnecessary confusion. Racial profiling is „the	IH 2008/1/
practice oftargeting individuals for poli	32-33

r." The ineffectiveness and difficulty of racial profiling is highlighted	IH 2008/1/
by the Muslim American community's	32-33

maneuvers its way around the clumsiness of racial profiling by trying	IH 2008/1/
to recruit inconspicuous White converts	32-33

metro/news/features/10559/). In addition, racial profiling can under-	IH 2008/1/
mine critical sources of intelligence, "	32-33

Vor 9/11 taucht der Begriff *profiling* im IH Korpus zehn Mal in sechs Texten auf und wird drei Mal in zwei Texten als *racial* attribuiert. Nach 9/11 kommt der Begriff 24 Mal in insgesamt zwölf Texten vor, wobei er in acht dieser Texte insgesamt 17 Mal als *racial* attribuiert wird. Das Korpus der zivilrechtlichen Organisation CAIR zeigt eine ähnliche Tendenz in Bezug auf die Attribuierung: *profiling* taucht im Korpus 215 Mal auf. 83 Mal davon wird es als *racial* attribuiert, 70 mal als *religious*. Es kann also festgehalten werden, dass der Begriff *profiling* und dessen Attribution als *racial* schon vor 9/11 im Korpus auftaucht, dass die Verwendung des Begriffs *profiling* allgemein und vor allem dessen Attribuierung als *racial* nach 2001 allerdings zunimmt.

Der Bezug zur muslimisch-amerikanischen Selbstthematisierung dieser quantitativ festgestellten Wortvorkommnisse und Kollokationen kann erst durch die qualitative Analyse einer erweiterten Textumgebung festgestellt werden. Die folgenden Korpusauszüge dienen beispielhaft der Veranschaulichung:

> „Ayah Ibrahim (former president of the MSA of the College of William and Mary) said that she appreciated her country more than ever when she encountered support from non-Muslim groups after 9/11. She was galvanized, however, by the Islamophobia manifested in racial profiling and hate crimes that she has encountered in America."[30]

---

30 IH 2008/1/9.

„Prior to 9/11, a national consensus outlawing racial profiling was emerging. After 9/11, public calls for racial profiling of Muslims and others who ,look Muslim' became common due to the faulty premise that it is ,a matter of survival.'"[31]

„Nihad Awad, executive director of the Council on American-Islamic Relations (CAIR), said: ,CAIR is receiving more reports of ,flying while Muslim' and racial profiling incidents from members of the Islamic community nationwide.'
,Pray-in' demonstrations at various airports demanded an apology from US Airways and an end to racial profiling."[32]

Die Korpusauszüge bezeichnen diskriminierende Praktiken gegen Muslime als *racial profiling*. Im letzten Ausschnitt verweist CAIR Präsident Nihad Awad zusätzlich auf einen Topos, der erst nach den Anschlägen des 11. September aufkam: *flying while Muslim*. Dieser Topos ist eine Analogie zu *driving while black*, ein älterer Topos, der sich auf den oben beschriebenen Generalverdacht bezieht, dem Afroamerikaner auf US-amerikanischen Straßen ausgesetzt sind. Bezogen auf die muslimisch-amerikanische Selbstthematisierung bezieht sich der Topos hier auf den Terrorismusverdacht, dem Muslime auf US-amerikanischen Flughäfen ausgesetzt sind. Er übersetzt sich bezogen auf Muslime zum Beispiel in die Frage „Could I be arrested for ,flying while Muslim'?" Diese Frage wird auf einer Internetseite mit dem Domainnamen www.flyingwhilemuslim.org einem virtuellen Publikum gestellt und mit „Yes!" beantwortet. Als Begründung für die Bejahung widmet sich die Webseite dem folgenden Fall von *racial profiling*: www.flyingwhilemuslim.org entstand aufgrund der Festnahme und des Verhörs von sechs Imamen, die am 20. November 2006 einen US Airways Flug von Minneapolis nach Phoenix antreten wollten. Kurz bevor die Imame das Flugzeug bestiegen, hatten vier von ihnen im Terminal gebetet. Bevor das Flugzeug starten konnte, wurden die sechs Imame von Vertretern der US-amerikanischen Bundespolizei (FBI) aufgrund von Verdachtsmomenten, die Mitreisende geäußert hatten, in Gewahrsam genommen und mehrere Stunden befragt. Der Verdacht der Mitreisenden basierte, gemäß den Ausführungen auf der Website, hauptsächlich auf deren Beobachtung der betenden Imame. Als die Imame aufgrund fehlender Tatbestände entlassen wurden, verweigerte ihnen US Airways jedoch auch die Beförderung in einer anderen Maschine. In Folge dieses Ereignisses reichten die Imame Klage gegen US Airways ein. Die Website www.flyingwhilemuslim.org wurde genutzt, um den Fall der sechs Imame publik zu machen und um Spendengelder für ihren Prozess gegen US Airways zu sammeln. Die Urheberschaft für die Website wird nirgends genau angegeben. Allerdings werden Spendewillige auf eine von CAIR betriebene Website weitergeleitet.[33]

---

31 IH 2008/1/32-33.
32 IH 2007/2/18-21.
33 Vergl. die Rubrik „How You Can Help", http://www.flyingwhilemuslim.org/the-case-of-the-six-imams/how-you-can-help.html (zuletzt besucht im Mai 2013).

Dieser kurze Exkurs sowie die korpuslinguistische Analyse legen also die Vermutung nahe, dass amerikanische Muslime sich das narrative Repertoire aneignen, das durch die afroamerikanische Rassismuserfahrung geprägt wurde. Dementsprechend lehnt sich der Topos *flying while Muslim* an die afroamerikanische Selbstthematisierung an, die im Topos *driving while black* ihren Ausdruck findet. In der muslimisch-amerikanischen Selbstthematisierung ist die Bezeichnung *racial profiling* dementsprechend eine Reaktion auf den Terrorismusverdacht der amerikanischen Öffentlichkeit gegenüber Muslimen, muslimisch aussehenden Menschen und solchen, die wie die Imame aufgrund ihres Verhaltens als Muslime identifiziert werden. Damit wird suggeriert, dass Muslime anhand bestimmter äußerlicher Merkmale oder scheinbar typischen Verhaltens erkennbar sind. Diese Stereotypisierung von Muslimen als „mittelöstlich" oder „arabisch" aussehend hat eine lange Tradition in den USA und wurde unter anderem durch die amerikanische Filmindustrie gefördert. Schon vor 9/11 kritisierten muslimisch-amerikanische Organisationen wie die ISNA diese stereotypen Darstellungen in der Populärkultur.[34] Nach den Terroranschlägen wurde die muslimische Erfahrung der Stereotypisierung und Diskriminierung mittels Rückgriff auf das narrative Repertoire der afroamerikanischen Erfahrung ethnifiziert. Diese Ethnifizierung findet ihren Ausdruck in Aussagen wie „Arabs (or Muslims) became the new blacks".[35]

Diese Aussage und die ethnifizierte Kategorie Muslim lässt das integrative Potential eines amerikanisch-muslimischen Narratives anklingen, das die herkömmliche Unterscheidung zwischen afroamerikanischen Muslimen und muslimischen Immigranten aufbricht. Die sogenannten muslimischen Immigranten teilen seit 9/11 mit afroamerikanischen Muslimen die Erfahrung, aufgrund ihres Aussehens diskriminiert zu werden und formulieren auf dieser Basis ein inklusiveres Narrativ. In den Worten von Louis Farrakhan, dem Leader der *Nation of Islam*, klingt das zum Beispiel wie folgt:

> „Since 9/11 (Sept. 11), Arabs and Muslims have suffered and are suffering now in the United States. There's great pain in the Arab and Muslim community because now they know what we've been knowing – that racial profiling exists. Now they understand it in a terrible way. Their homes are being broken into in the middle of the night. They are having their bank accounts closed so that they cannot do effective peace work. They have been detained even without counsel, or without justification. Many Arabs and Muslims now are even afraid to speak because they love America. They want to stay in America and they're afraid that if they speak out their green cards may be taken away. They may be forced to be deported. But I don't have a green card. I'm born in America. The Nation of Islam doesn't have that fear. So those who have rejected us as non-Muslims, look at us again. We are Muslims and we love you. It is our duty to defend the cause of justice where you

---

34 IH 1996/2/38-39; IH 1996/6/26-27; IH 1999/6/12; IH 2007/3/18-20.
35 Bayoumi, Mustafa. (2010). The Race is on: Muslims and Arabs in the American Imagination [Electronic Version]. *Interventions: A Middle East Report Online Feature.* Retrieved March 3, 2010.

are concerned. So, we will rise to that occasion. And whatever the consequences are, we are willing to pay that price."[36]

Louis Farrakhans Statement verweist auf verschiedene narrative Grenzziehungen, welche die amerikanisch-muslimische Gemeinschaft in verschiedene Gruppen unterteilt. Dabei wird die Differenzierung von „Arabern und Muslimen" und „uns" je nach Zusammenhang aufgehoben oder verstärkt. Einerseits wird die Differenzierung aufgrund der gemeinsamen Erfahrung von Diskriminierung aufgehoben. Andererseits wird die Differenzierung aufgrund der amerikanischen Staatsbürgerschaft aufrechterhalten, welche die meisten Anhänger der *Nation of Islam* seit ihrer Geburt haben. Denn im Gegensatz zu afroamerikanischen Mitgliedern der NOI müssen eingewanderte Muslime den Verlust ihrer Arbeitserlaubnis und die Abschiebung fürchten. Dennoch zeigte sich die von den immigrierten Muslimen aufgrund ihrer unorthodoxen Lehrinhalte häufig zurückgewiesene *Nation of Islam* nach dem 11. September 2001 angesichts der gemeinsam erfahrenen Ungerechtigkeit solidarisch mit eben dieser Gruppe.

5 Eine muslimisch-amerikanische Theorie der Vielfalt

Die muslimisch-amerikanische Erfahrung von Diskriminierung kann als eine Art Katalysator für die Vergemeinschaftung interpretiert werden. Sie begünstigt eine Tendenz, welche von der früheren ISNA-Präsidentin Ingrid Mattson als Entwicklung einer „theory of diversity" beschrieben wurde.[37] Mattson erklärte, dass die muslimisch-amerikanische Gemeinschaft sich stärker mit ihrer Heterogenität habe auseinandersetzen müssen. Diese Selbstreflexion über die unterschiedliche Herkunft der Mitglieder dieser Gemeinschaft habe schließlich zur Entwicklung einer *theory of diversity* geführt. Diese Theorie der Vielfalt, so Mattson, verstehe Heterogenität als Potenzial und Stärke.
Mattsons Darstellung findet ihre Entsprechung im IH Korpus. Die Reflexion über die Vielfalt ist wichtiger Bestandteil des Selbstverständnisses der muslimisch-amerikanischen Gemeinschaft. Diese wird im Korpus z.B. folgendermaßen artikuliert:

> „In community dinners in over 1100 Islamic centers all over the nation, Whites, Blacks, Pakistanis, Indians, Arabs, Indonesians and Hispanics meet to consciously build a sense of community in their children and to renew the same in adults. To one who is sensitive to issues of diversity the proliferation of inter-racial marriages

---

36 FC 2009/1/13/2.
37 Interview von Sabina von Fischer mit Ingrid Mattson, aufgezeichnet am 5. Juli 2009 während der 46. Jahreskonferenz der ISNA.

and the prevalent camaraderie at these gatherings is symbolic of what a truly cosmopolitan America can be like."[38]

Der oben wiedergegebene Korpusauszug gibt einen Eindruck davon, wie heterogen die muslimisch-amerikanische Gemeinschaft ist und wie einschneidend die Reflexion über diese Vielfalt sein muss. Jedoch wird in dem zitierten Beispiel offen gelassen, auf welcher Basis die gemeinschaftliche Vielfalt konzeptualisiert wird. Wenn von Gemeinsamkeit die Rede ist, finden wir im Korpus jedoch eine Analogie zum amerikanischen Motto *E pluribus unum*. Das Motto *E pluribus unum* entstand ursprünglich im Zusammenhang mit dem Zusammenschluss der 13 amerikanischen Kolonien während der amerikanischen Revolution, wird heute aber innerhalb der Diskussion um soziale Vielfalt in den USA verwendet. Dabei gibt es in der amerikanischen Debatte um soziale Heterogenität mehr als eine Interpretation des nationalen Mottos: Im Widerstreit stehen verschiedene Konzeptionen der amerikanischen Gesellschaft. Der eine Pol stützt liberale, universalistische Modelle, die sich aus Vorstellungen von Rationalität, Universalität und Neutralität speisen. Der andere stützt Modelle, die Partikularität in den Vordergrund stellen und Vorstellungen von Intersubjektivität, Historizität und Kontingenz. Das amerikanische Motto *E pluribus unum* wird dabei von beiden Seiten unterschiedlich gewichtet. Während die liberale Gewichtung auf dem Unum liegt, betont die kommunitaristische das Pluribus. Dementsprechend wird *E pluribus unum* einerseits im Sinne von „aus der Vielfalt Einheit" verstanden – eine Metapher dafür ist der sogenannte amerikanische Schmelztiegel (*melting pot*), der Partikularitäten angeblich einschmelzen und assimilieren soll. Andererseits wird das Motto im Sinne von „innerhalb der Einheit, Vielfalt" verstanden, was wiederum einen Ausdruck findet in der Metapher der Salatschüssel (*salad bowl*), die Partikularitäten zwar umschließt und vermischt, jedoch nicht aufhebt.[39]Der folgende Korpusauszug verdeutlicht die Anlehnung der muslimisch-amerikanischen Konzeption von Gemeinsamkeit an das amerikanische Motto:

„Religions Have Unity in Diversity

We live in a global village, a neighborhood of unity within diversity. Often, our neighbors differ in color, habits, and religion. In America, many people are trying to develop a multifaith and multicultural society characterized by peace and harmony. American democracy is built on the principle of unity in diversity (E Pluribus Unum), and presents a good example of such pluralism.

Islam teaches that diversity is natural and beautifies nature. Allah, Who created the universe with diversity, says: ‚Do you not see that Allah sends down rain from the sky? With it, We bring out produce of various colors. In the mountains are tracts

---

38   IH 1997/2/28-30.
39   Einen Überblick der verschiedenen Modelle und deren Entstehungsgeschichte gibt zum Beispiel Hildebrandt, Mathias. (2005). *Multikulturalismus und Political Correctness in den USA*. Wiesbaden: VS Verlag für Sozialwissenschaften, S. 23-70.

of white and red, of various shades of color, and black, intense in hue. And among humanity and crawling creatures and cattle are those of various colors. Those truly fear Allah, among His Servants, who have knowledge. Allah is Exalted in Might, Oft-Forgiving' (35:27-28)."[40]

In diesem Auszug wird impliziert, dass Muslime ihre Gemeinsamkeit im Islam finden, genauso wie die amerikanische Gesellschaft ihre Gemeinsamkeit in bestimmten Prinzipien wie *E pluribus unum* erblickt. So wird das amerikanische Motto adaptiert, um ein Narrativ einer pluralen, aber geeinten muslimisch-amerikanischen Gemeinschaft zu konstruieren. Die Bezugnahme auf das Verhältnis zwischen *unity* und *diversity* taucht im Korpus wiederholt auf, wie die folgenden Auszüge verdeutlichen:

Together, they present the unity of Islam and the diversity of those who embrace it. Design sophistication an	IH 1997/2/ 42-44
on where impartial justice, equality and unity in diversity would be realized by conceding autonomy to units	IH 1999/4/ 44/45
practical aspects of forging unity out of ethnic diversity, Dr. Nyang on relations between immigrant and ind	IH 2001/5/ 12/14/16
practical lessons on „Forging unity Out of Ethnic Diversity." Dr. Nyang spoke about „Relations between Immigr	
fe always has contained a unique mix of unity and diversity. Unity is provided by having a common worldview,	IH 2001/5/ 27-40/48
, Islamabad, Pakistan. (Condensed from „Unity and Diversity in the Muslim Ummah: Some Reflections of Hajjat a	
) Muzammil H. Siddiqi Religions Have Unity in Diversity WE LIVE IN a global village, a neighborhood of u	
a global village, a neighborhood of unity within diversity. Often, our neighbors differ in color, habits, an	

---

40   IH 2001/5/27-40/48.

n democracy is built on the principle of unity in diversity (E Pluribus
Unum), and presents a good example of

is no compulsion in religion" (2:256). Unity in Diversity Unity, although a human need, does not negate di

ty Unity, although a human need, does not negate diversity. Unity in
diversity means to explore and enhance

a human need, does not negate diversity. Unity in diversity means to
explore and enhance common values

peaceful pluralism, multiculturalism, or unity in diversity be
achieved? UNESCO's principles on tolerance sa

will help!" (4:75). In order to promote unity in diversity: 1. Other
cultures and religions should not be m

welcoming environment. The principle of unity in diversity cannot
exist in a climate of stereotyping and mis

is simplistic and naive. There is both unity and diversity among religions. While there are common beliefs,

of God's plan (5:48). This doctrine of unity in diversity did not pre- vent Ottoman military campaigus into c	IH 2002/2/ 44/46
of Islam and Arabic on different areas of Muslim diversity. Diversity, like unity, can be a source of streng	IH 2002/3/62
devotion and discipline ... the tolerance ... the diversity and unity." This conversation stayed with me as t	IH 2003/3/ 38/40/41
t causes for division. It is also a reminder that diversity in unity and unity within diversity are possible.	IH 2006/5/ 11/12
y is to seek a unity that celebrates and respects diversity. We must marshal positive energy as religious peo	IH 2006/5/62

(CIOGC) expounded upon „Finding <u>Unity</u> within Our <u>Diversity</u>,"   IH 2007/6/
pointing out that <u>diversity</u> of opinion has been   43-50

ng <u>Unity</u> within Our <u>Diversity</u>," pointing out that <u>diversity</u> of opinion
has been the cornerstone of our rich i

le with Islamic lessons of inclusion and <u>unity</u> in <u>diversity</u>. The deaf   IH 2009/5/
Muslims manned their own booth in the   42-50

Die Beschreibung des islamischen *Unum*, das als Grundlage für *Unity* gesehen wird, bleibt dabei jedoch oft vage. Seine Qualität resultiert vor allem aus dem Verhältnis zur Idee der Vielfalt, die integriert, aber nicht vollständig absorbiert wird. Dementsprechend wird der Islam von großen Teilen seiner Anhängerschaft z.b. auch als „etwas Flexibles" gefasst, etwas, das „nicht brechen kann", da es „sich wie ein Gummiband ausdehnt".[41] An einer anderen Stelle ist die Rede von einer „gemeinsamen Sprache", deren „Schlüsselbegriffe" erst noch festgelegt werden müssen.[42] Der Islam wird also oft in Bezug zur sozialen Heterogenität von Muslimen gesetzt. Dabei werden die unterschiedlichen nationalen oder ethnischen Hintergründe, welche amerikanische Muslime bei ihrer Aushandlung eines islamischen *Unum* mitbringen, generell positiv bewertet und zum Beispiel wie folgt als „Quelle der Stärke" beschrieben: „(...) Muslims, despite their diversity, have much in common and that their diversity should be a source of strength, (...)"[43]

Aufgrund des ISNA Korpus lässt sich also die *theory of diversity*, von der Mattson sprach, anhand rekonstruktiver Verfahren konkretisieren: Das Korpus zeigt eine Reflexion über die Vielfalt der muslimisch-amerikanischen Gemeinschaft. Diese wird nicht bloß konstatiert, sie wird auch in Anlehnung an das amerikanische Motto zu einem *Islamic Unum* in Bezug gesetzt, das jedoch meist recht vage bleibt. Sie wird, ganz im Sinne der Theorien des *Diversity Management*, dem ressourcenorientierten Umgang mit sozialer Vielfalt, als Vergemeinschaftungspotential narrativisiert.

6 Diskussion: Das muslimisch-amerikanische „Wir"

Zwei sich gegenseitig begünstigende Narrative bewirken also, dass die muslimisch-amerikanische Selbstthematisierung im Zuge von 9/11 inklusiver wird:

41   IH 1999/3/50.
42   IH 1999/4/46-51.
43   IH 2001/6/26-35.

Zum einen erfährt die Kategorie Muslim als Folge des Generalverdachts, dem Muslime seit den Anschlägen ausgesetzt sind, eine Ethnifizierung. Zum andern erlaubt die ressourcenorientierte Perspektive auf muslimische Diversität die Konstruktion eines gemeinsamen, wenn auch vagen, islamischen *Unum*.

Um diese narrativen Tendenzen zu interpretieren, lohnt es sich, Theorien heranzuziehen, die Teil des amerikanischen Repertoires der Verhandlung sozialer Vielfalt sind. So könnte nach Richard Rorty einerseits argumentiert werden, dass die narrative Konstruktion eines muslimisch-amerikanischen Kollektivs durch die geteilte Erfahrung von „Schmerz und Demütigung" inklusiver wird.[44] Mit David Hollinger hingegen könnte konstatieren werden, dass die Konzeption eines islamischen *Unum* „postethnische" Charakteristika aufweist.[45] Wenden wir uns zuerst in Anlehnung an Rorty der inklusiver werdenden Konstruktion des Kollektivs zu: Die oben vorgenommene (Re-)Konstruktion hat ergeben, dass die Ethnifizierung der Kategorie Muslim auf der Anlehnung der muslimisch-amerikanischen Selbstthematisierung an das narrative Repertoire der afroamerikanischen Rassismuserfahrung beruht. Diese Tendenz wurde seit 9/11 verstärkt. Dementsprechend werden die Erfahrungen von Afroamerikanern im Allgemeinen und afroamerikanischen Muslimen im Speziellen nach 9/11 auch in der nicht-afroamerikanisch-muslimischen Selbstthematisierung verarbeitet. Wenn sich Muslime als Opfer von *racial profiling* verstehen, bezieht sich *race* also nicht mehr auf eine Kategorie, die Muslime attribuiert, wie dies durch *afroamerikanisch* oder *schwarz* geschieht, sondern auf die Kategorie Muslim per se.

Angelehnt an Rorty können wir also eine narrative Expansion der muslimisch-amerikanischen Solidarität beobachten. Angesichts der seit 9/11 von breiten Kreisen amerikanischer Muslime geteilten Erfahrung von Diskriminierung wird die muslimisch-amerikanische „Wir"-Erzählung umfassender. Dieses „Wir" kann, wie oben bereits angedeutet, mit Hollinger kontextualisiert werden.

Hollinger greift in seinen Ausführungen zur Postethnizität zunächst die Unterscheidung zwischen Kosmopolitismus, Universalismus und Pluralismus auf. Er unterscheidet den Kosmopolitismus, welcher Vielfalt als simple Tatsache begreife und bereit sei, sich auf diese einzulassen, vom Universalismus, welcher Vielfalt im Bezug auf die Schaffung von Gemeinsamkeit als potenzielles Problem sehe. Der stark kollektiv orientierte Pluralismus wiederum ver-

44   Rorty, Richard. (1989). *Contingency, Irony, and Solidarity*. Cambridge: Cambridge University Press, S. 192.

45   Vergl. Hollinger, David A. (2000). *Postethnic America: Beyond Multiculturalism*. New York: Basic Books: „Postethnicity prefers voluntary to prescribed affiliations, appreciates multiple identities, pushes for communities of wide scope, recognizes the constructed character of ethno-racial groups, accepts the formation of new groups as a part of the normal life of a democratic society." S. 116.

suche, Gruppen zu bewahren und aufrechtzuerhalten, während der Kosmopolitismus das Individuum mit seinen verschiedenen Zugehörigkeiten in den Mittelpunkt stelle.[46] Sein Konzept der postethnischen Perspektive lehnt sich an den Kosmopolitismus an, indem sie die Mehrdimensionalität und Freiwilligkeit von Zugehörigkeit betont, im Gegensatz zur festgelegten Zugehörigkeit, auf der beispielsweise eine Erbgemeinschaft basiert. Die postethnische Perspektive, so Hollinger, erkenne zwar den psychologischen und politischen Wert von Zugehörigkeitsgruppen an, begreife diese jedoch nicht als fix. Auch gehe sie davon aus, dass ein Individuum mehreren Gruppen angehöre. Das Individuum sei also nicht Teil einer homogenen Gruppe, so wie es manche Kommunitaristen verstehen, sondern Teil von verschiedenen Gruppen. Diese Konstruktion ergibt sich nicht zwangsläufig aus der Adaption des Mottos, das wie oben gezeigt verschieden ausgelegt wird.

Im Zuge der vorliegenden Analyse konnte gezeigt werden, dass die Narrativisierung des muslimisch-amerikanischen Kollektives das amerikanische Motto *E pluribus unum* adaptiert und dabei das Potenzial der muslimischen Vielfalt für das islamische *Unum* betont.[47] Indem es Heterogenität als Ressource begreift, lässt sich das Narrativ also klar von der universalistischen Problemsicht auf Diversität unterscheiden. Insgesamt weist es sowohl Charakteristika des Pluralismus als auch des Kosmopolitismus auf, indem es Toleranz und Vielfalt propagiert.

Das islamische *Unum* kann auch als postethnisch beschrieben werden, weil es die Bezugsgröße einer Gemeinschaft bildet, die erst noch geschaffen werden muss. Hollinger unterscheidet zwischen dem Begriff Identität, welcher seiner Interpretation nach Beständigkeit und Gegebenheit impliziert, und dem Begriff Zugehörigkeit, welcher die Flexibilität und Performativität von sozialen Bindungen betont, die eben dadurch als postethnisch angesehen werden können.[48] Die Rekonstruktion der muslimisch-amerikanischen Diversitätstheorie lässt sich mithin als postethnisch charakterisieren, da sie gerade die performativ-affirmative Komponente von Zugehörigkeit in den Vordergrund stellt, selbst wenn sie dabei mit dem Begriff Identität operiert. In diesem Sinne ist dann etwa von der „Entwicklung" einer islamischen Identität die Rede.[49] Als

---

46 Ebd., S. 84f.
47 Diese Konstruktion ergibt sich nicht zwangsläufig aus der Adaption des Mottos, das wie oben gezeigt verschieden ausgelegt wird.
48 „Moreover, the word identity implies fixity and givenness, while the word affiliation suggests a greater measure of flexibility consistent with a postethnic eagerness to promote communities of consent. Affiliation is more performative, while identity suggests something that simply is. To be sure, one can construe the achievement of identity as an action, but ‚affiliation' calls attention to the social dynamics of this action" (Hollinger, S. 7).
49 Dies wird zum Beispiel deutlich im folgenden Auszug, der die Entwicklung einer islamischen Identität im Zusammenhang mit einer individualisierten spirituellen Bildung von muslimisch-amerikanischen Teenagern betont: „Failure to recognize the difference in needs results in a failure to provide Muslim-American teens with the curricular-based spiritual support and

„Quelle der Stärke" wird die muslimisch-amerikanische Diversität als Potenzial der Gemeinschaft narrativisiert.[50] Dieses Narrativ verabschiedet sich somit von der Imagination einer Gemeinschaft, die scheinbar natürlich durch Geburt oder das Bekenntnis zu universellen Werten definiert wird. Es konzentriert sich stattdessen eher auf die Definition von Interaktionswerten, zu denen sich ein heterogenes Kollektiv bekennen kann, wie der folgende Auszug exemplarisch zeigt:

> „The real challenge for Muslim Americans lies, therefore, in articulating their values and faith and developing the necessary institutions and community structures for the realization of their mission. The challenge is to express Islamic principles of moral integrity, justice, compassion, cooperation, and respect of religious diversity in ways that relate to the issues and concerns of the time."[51]

Gegenstand der Diskussion ist somit weniger der Islam als normative Ordnung, sondern vielmehr die muslimische Interaktion im Bezug auf ihre fluide, ambivalente und multidimensionale (muslimisch-)amerikanische Lebenswelt. Dies entspricht natürlich nicht jenem Islam-Narrativ, welches in der amerikanischen Post-9/11-Öffentlichkeit Hochkonjunktur hat und den Islam als fixe Einheit und Wahrheitsordnung versteht, die als Matrix der Differenzierung funktioniert.

7 Fazit

Die Frage, ob 9/11 als Zeitwende verstanden werden kann, wurde in diesem Aufsatz mittels korpuslinguistischem Instrumentarium untersucht. Im Fokus standen sprachliche Muster, welche die muslimisch-amerikanische Selbstthematisierung im Zuge von 9/11 prägten. Diese Muster legen nahe, dass 9/11 als Katalysator wirkte, indem bereits vorhandene narrative Tendenzen verstärkt wurden. Die muslimische Erfahrung mit Diskriminierung im US-amerikanischen Kontext wurde schon vor 9/11 thematisiert. Sie nimmt danach aber zu, wobei sie in Anlehnung an das Repertoire der afroamerikanischen Rassismuserfahrung narrativisiert wird. Fragen wie „Are Muslims the new ,Blacks?'" oder „Could I be arrested for ,flying while Muslim?'" werden erst im Zusammenhang mit 9/11 intelligibel.

---

education they need to develop an Islamic identity sufficiently strong to exist in our diverse American society." IH 2002/6/38-61.

50   „(...) Muslims, despite their diversity, have much in common and that their diversity should be a source of strength, (...)" IH 2001/6/26-35.

51   IH 2004/2/18-24.

Darauf aufbauend lässt sich argumentieren, dass die zunehmende Ethnifizierung der Kategorie Muslim die postethnische Konzeptualisierung des muslimisch-amerikanischen Kollektivs begünstigte. Entsprechend wird das muslimisch-amerikanische „Wir" vermehrt auf der Basis eines postethnischen oder kosmopolitischen *Islamic Unum* konzeptualisiert. Die muslimisch-amerikanische Diversität wird dabei als Potenzial für die bewusste und willentliche Zugehörigkeit zum islamischen *Unum* narrativisiert. Der Fokus auf die Kategorie Muslim per se oder auf das islamische *Unum* stellt nicht nur die herkömmliche Typologisierung der muslimisch-amerikanischen Gemeinschaft in Frage, sondern bildet die Grundlage für die Formulierung eines inklusiveren muslimisch-amerikanischen Selbstverständnisses. Die Einschreibung der muslimisch-amerikanischen Selbstthematisierung in die Tradition des amerikanischen Rassismus kann also gewissermaßen als Amerikanisierungsprozess verstanden werden. Diese Tendenz lässt sich auch bei anderen sozialen Kollektiven beobachten. So wurde die Konstruktion einer muslimisch-amerikanischen Identität z.b. mit der Konstruktion einer japanisch-amerikanischen Identität nach dem zweiten Weltkrieg verglichen.[52] Auch japanische Amerikaner bedienten sich des narrativen Repertoires des amerikanischen Rassismus. Dies führte dazu, dass sie ihre Identität nicht länger exklusiv in Bezug zu den USA oder zu Japan zu setzen brauchten, sondern in Bezug zu ihrer eigenen Erfahrungen als diskriminierte japanische Amerikaner.

Diese Tendenz lässt sich auch anhand der muslimisch-amerikanischen Narrativisierungsprozesse beobachten, die amerikanische Muslime sowohl als US-kritische Amerikaner als auch als gegenüber der islamischen Welt kritische Muslime konstruieren. Dabei entsteht eine Art muslimisch-amerikanischer Exzeptionalismus.[53]

Kernargument ist hier also, dass gerade das feindselige Klima, das Muslime in den USA seit 9/11 zu spüren bekommen, zur Amerikanisierung der muslimischen Selbstthematisierung geführt hat. Als Ausblick kann gefolgert werden, dass den besprochenen narrativen Tendenzen, welche die Gemeinschaft dazu disponieren, das muslimisch-amerikanische „Wir" zu erweitern, im Falle anhaltender Diskriminierung noch weiteres Entwicklungspotenzial zugeschrieben werden kann.

52 Iwamura, Jane Naomi. (2007). Critical Faith: Japanese Americans and the Birth of a New Civil Religion. *American Quarterly, 59* (3), S. 937-968; Volpp, Leti. (2009). The Citizen and the Terrorist. In J. A. Radway, K. K. Gaines, B. Shank & P. Von Eschen (Eds.), *American Studies. An Anthology* (S. 78-88). West Sussex: John Wiley and Sons.
53 Zur Konstruktion eines muslimisch-amerikanischen Exzeptionalismus vergleiche von Fischer 2012, S. 124ff.

8 Literaturverzeichnis

Bagby, I., Perl, P. M., & Froehle, B. T. (2001). *The Mosque in America: A National Portrait.* Washington D.C.: Council on American-Islamic Relation.

Baker, P. (2007). *Using Corpora in Discourse Analysis* (Reprinted ed.). London: Continuum.

Bayoumi, M. (2010). The Race is on: Muslims and Arabs in the American Imagination [Electronic Version]. *Interventions: A Middle East Report Online Feature.* Retrieved March 3, 2010.

Berg, H. (2009). *Elijah Muhammad and Islam.* New York: New York University Press.

Bubenhofer, N. (2009). Sprachgebrauchsmuster: Korpuslinguistik als Methode der Diskurs- und Kulturanalyse. Berlin: Walter de Gruyter.

Gomez, M. A. (2005). Black Crescent: The Experience and Legacy of African Muslims in the Americas. New York: Cambridge University Press.

Haddad, Y. Y. (2004). Not Quite American? The Shaping of Arab and Muslim Identity in the United States. Waco, TX: Baylor University Press.

Harris, D. A. (1999). The Stories, the Statistics, and the Law: Why „Driving While Black" Matters. *Minnesota Law Review, 84,* S. 265-326.

Hildebrandt, M. (2005). *Multikulturalismus und Political Correctness in den USA.* Wiesbaden: VS Verlag für Sozialwissenschaften.

Hollinger, D. A. (2000). *Postethnic America: Beyond Multiculturalism.* New York: Basic Books.

Holt, D. B. (2004). *How Brands Become Icons. The Principles of Cultural Branding.* Boston: Harvard Business School Press.

Iwamura, J. N. (2007). Critical Faith: Japanese Americans and the Birth of a New Civil Religion. *American Quarterly, 59*(3), S. 937-968.

Leonard, K. (2003). *Muslims in the United States: The State of Research.* New York: The Russell Sage Foundation.

Mautner, G. (2009). Checks and Balances: How Corpus Linguistics can Contribute to CDA. In R. Wodak & M. Meyer (Eds.), *Methods of Critical Discourse Analysis* (S. 122-143). Los Angeles: Sage.

McCloud, A. B. (1995). *African American Islam.* New York: Routledge.

McNay, L. (2000). Gender and Agency. Reconfiguring the Subject in Feminist and Social Theory. Cambridge: Polity Press.

Muhammad, E. (1965). *Message to the Blackman in America.* Chicago: Muhammad's Temple No. 2.

Pew Research Center. (2011). Muslim Americans. No Signs of Growth in Alienation or Support for Extremism [Electronic Version], from http://www.people-press.org/2011/08/30/muslim-americans-no-signs-of-growth-in-alienation-or-support-for-extremism/.

Reisigl, M., & Wodak, R. (2009). The Discourse-Historical Approach (DHA). In R. Wodak & M. Meyer (Eds.), *Methods of Critical Discourse Analysis* (S. 87-121). Los Angeles: Sage.

Rorty, R. (1989). *Contingency, Irony, and Solidarity*. Cambridge: Cambridge University Press.

Somers, M. R. (1994). The Narrative Constitution of Identity: A Relational and Network Approach. *Theory and Society, 23*(5), S. 605-649.

Turner, R. B. (1997). *Islam in the African-American Experience*. Bloomington: Indiana University Press.

Viehöver, W. (2001). Diskurse als Narrationen. In R. Keller, A. Hirseland, W. Schneider & W. Viehöver (Eds.), *Handbuch Sozialwissenschaftliche Diskursanalyse. Band 1: Theorien und Methoden* (3. ed., Vol. 2, S. 179-208). Opladen: Leske & Budrich.

Volpp, L. (2009). The Citizen and the Terrorist. In J. A. Radway, K. K. Gaines, B. Shank & P. Von Eschen (Eds.), *American Studies. An Anthology* (S. 78-88). West Sussex: John Wiley and Sons.

von Fischer, S. (2012). *What is American about American Islam? Muslim American Narratives and the Configuration of Islam in the United States*, from http://www.zb.unibe.ch/download/eldiss/11vonfischer_s.pdf.

Europäische Migrationspolitik nach 9/11: Die Europäische Union zwischen humanitärer Verantwortung und sicherheitspolitischem Risikomanagement[1]

Alexandra Schmid

1 Einführung

„Nur wenn Europa zusammensteht, werden wir den Terrorismus, die organisierte Kriminalität und illegale Einwanderung erfolgreich bekämpfen können."[2] In ihrer Rede anlässlich des 50. Jahrestages der Unterzeichnung der Römischen Verträge 2007 verknüpfte die deutsche Bundeskanzlerin Angela Merkel irreguläre[3] Migration noch ausdrücklich mit terroristischen Gefahren und organisierter Kriminalität. Diese Bedrohungswahrnehmung scheint hingegen in eklatantem Widerspruch zu der liberalen Aufnahmepraxis zu stehen, die die deutsche Bundesregierung im Zuge der syrischen Flüchtlingskrise verfolgt und für die sie sowohl kritisiert als auch bewundert wird.[4] Ist Angela Merkels neue Politik der offenen Tür repräsentativ für den Rest der Europäischen Union? Hat im sensiblen und durch restriktive Maßnahmen ausgezeichneten Politikfeld Migration und Asyl tatsächlich ein Perzeptionswandel stattgefunden? Auf

---

1   Die Autorin dankt Herrn Dr. Martin Thunert für die wertvollen Kommentare und Hinweise zur Erstellung des Beitrags sowie Herrn Kai Herzog für die Unterstützung bei der finalen Korrekturarbeit.

2   Bundesregierung: Rede von Bundeskanzlerin Angela Merkel beim Festakt zur Feier des 50. Jahrestages der Unterzeichnung der Römischen Verträge am 25.03.2007, Berlin (http://www.eu2007.de/de/News/Speeches_Interviews/March/0325BKBerliner.html, letzter Zugriff am: 03.02.2013).

3   In der wissenschaftlichen Auseinandersetzung mit dem Phänomen der Migration hat sich der politisch neutralere Terminus „irreguläre Migration" durchgesetzt. In Politik und Medien ist hingegen häufig von illegaler Migration die Rede.

4   Vgl.: „CSU rechnet mit Merkels Flüchtlingspolitik ab", in: FAZ Online vom 11.09.2015 (http://www.faz.net/aktuell/politik/fluechtlingskrise/csu-kritisiert-massiv-fluechtlingspolitik-der-bundesregierung-13796731.html, letzter Zugriff am: 15.09.2015). Vgl.: Friedensnobelpreis für Angela Merkel? In: Süddeutsche Zeitung Online vom 04.10.2015 (http://www.sueddeutsche.de/politik/fluechtlingspolitik-friedensnobelpreis-fuer-angela-merkel-1.2676896, letzter Zugriff am: 06.10.2015).

gesamteuropäischer Ebene zeichnet sich ein konträres Bild ab. Osteuropäische Staaten wehren sich vehement gegen eine Aufnahme von Geflüchteten,[5] Ungarn baut gar einen Zaun zur Flüchtlingsabwehr.[6] Doch auch westliche Mitgliedstaaten wie Frankreich und Großbritannien geben sich zurückhaltend und haben bisher im Vergleich zur Bundesrepublik und Schweden nur sehr wenige syrische Flüchtlinge aufgenommen.[7] In Anbetracht eines Flickenteppichs unterschiedlicher Asylpolitiken und einer de facto gescheiterten Dublin III Verordnung,[8] scheint die Europäische Union von einer einheitlichen und kohärenten europäischen Migrationspolitik noch weit entfernt zu sein. Dennoch reicht eine Momentaufnahme nicht aus, um die vielschichtige und komplexe Ausrichtung der europäischen Asyl- und Migrationspolitik und ihre sicherheitspolitischen Implikationen erfassen zu können. Vielmehr ist hierzu ein Blick auf die sich stetig wandelnde europäische Migrationspolitik der letzten Jahrzehnte vonnöten. Um einen möglichen Perzeptions- und Politikwandel in diesem Politikfeld zu analysieren, ist es sinnvoll, politische Ereignisse zu untersuchen, die sich auf die europäische Migrationspolitik ausgewirkt haben könnten. Hierbei spielen externe Schocks eine wichtige Rolle, da sie zu gravierenden politische Veränderungen führen können.[9] Neben der jüngsten syrischen Flüchtlingskrise stehen die Terroranschläge vom 11. September 2001 in den Vereinigten Staaten als welthistorisches Ereignis mit enormer Veränderungsdynamik hierbei an vorderster Stelle, in deren Folge die umfangreichste Sicherheitssektorreform in der Geschichte der Vereinigten Staaten stattfand.

Das Politikfeld Einwanderung stand dabei ganz oben auf der Prioritätsliste der Bush-Regierung.[10] Bei einer Vielzahl der Maßnahmen, wie der Fluggastdatenspeicherung, wurden auch die europäischen Partner mit in die Pflicht genommen.[11] Doch welche Auswirkungen hatte 9/11 auf die europäische Asyl-

---

5   Vgl.: „Osteuropa sträubt sich gegen Quotensystem", in: Zeit Online vom 03.09.2015 (http://www.zeit.de/politik/ausland/2015-09/fluechtlinge-eu-osteuropa-quoten, letzter Zugriff am: 05.09.2015).

6   Vgl.: „Ungarn baut Zaun an der Grenze zu Kroatien", in: FAZ Online vom 18.09.2015 (http://www.faz.net/aktuell/politik/fluechtlingskrise/fluechtlingskrise-ungarn-baut-zaun-an-der-grenze-zu-kroatien-13810213.html, letzter Zugriff am: 20.09.2015).

7   Vgl.: „England und Frankreich nehmen auch ein paar Flüchtlinge", in: Welt Online vom 07.09.2015 (http://www.welt.de/politik/ausland/article146132897/England-und-Frankreich-nehmen-auch-ein-paar-Fluechtlinge.html, letzter Zugriff am: 10.09.2015).

8   Vgl.: Ghelli, Fabio: Experten halten Dublin Regelung für gescheitert, in: mediendienst-integration vom 27.04.2015 (http://mediendienst-integration.de/artikel/mpi-studie-zu-dublin-verordnung-verteilung-von-asylbewerbern.html, letzter Zugriff am: 22.10.2015).

9   Vgl.: Taleb, Nassim Nicholas: Der Schwarze Schwan. Die Macht höchst unwahrscheinlicher Ereignisse, Hanser 2008.

10   Vgl. Rosenblum, Marc R.: U.S. Immigration Policy since 9/11: Understanding the Stalemate over Comprehensive Immigration Reform, Migration Policy Institute, Washington 2011 (http://www.migrationpolicy.org/research/RMSG-us-immigration-policy-cir-stalemate, letzter Zugriff am: 20.09.2015).

11   Vgl. Europäische Kommission. Pressemitteilung: Neues PNR-Abkommen EU-USA stärkt

und Flüchtlingspolitik? Kam es in Folge der Anschläge auch auf dem europäischen Kontinent zu einer restriktiven Wende?

Ziel dieses Beitrags ist es, ein Licht auf die Migrationspolitik der Europäischen Union vor und nach den Anschlägen des 11. September 2001 zu werfen. Nicht zuletzt vor dem Hintergrund der aktuellen Herausforderungen im Bereich Migration und Asyl im Zuge der syrischen Flüchtlingskrise ist es von großer Bedeutung, die Folgewirkungen eines externen Schocks auf die europäische Migrationspolitik zu analysieren. Der Auseinandersetzung mit den beiden Phänomenen Terrorismus und Migration muss dabei die konzeptionelle Frage vorangehen inwiefern das Phänomen Migration überhaupt eine sicherheitspolitische Bedrohung für die EU darstellen kann?

In diesem Zusammenhang spielt der so genannte Migrations-Sicherheitsnexus eine wichtige Rolle, also der Zusammenhang von Migration und Sicherheit.[12] Denn darüber, ob und wie Migration überhaupt ein sicherheitspolitisches Risiko für Staaten oder Gesellschaften darstellen kann, herrscht in Wissenschaft und Politik große Uneinigkeit.

In einem ersten Schritt wird der Migrations-Sicherheitsnexus vorgestellt und die Bedeutung von Grenzen im 21. Jahrhundert analysiert. Darauf aufbauend wird die Genese der europäischen Migrationspolitik komprimiert nachgezeichnet. Hier liegt der Fokus insbesondere auf der Zeitspanne zwischen dem Vertrag von Maastricht und damit auf dem Beginn der institutionalisierten europäischen Migrationspolitik bis zum Reformvertrag von Lissabon, als dem vorläufig letzten und umfangreichsten Gesetzeswerk des europäischen Integrationsprozesses. Darauf aufbauend wird im dritten Teil des Beitrags untersucht, ob die europäische Migrationspolitik durch die Anschläge von 9/11 beeinflusst wurde und welche Implikationen sich dadurch für die Europäische Migrationspolitik im 21. Jahrhundert ergeben.

2 Der Migrations-Sicherheits-Nexus: Eine theoretische Konzeptualisierung

Im Hinblick auf die wissenschaftliche Auseinandersetzung mit dem Migrations-Sicherheitsnexus kann festgehalten werden, dass die Frage nach einem

---

Datenschutz sowie Verbrechens- und Terrorismusbekämpfung, IP/11/1368, Brüssel 17. November 2011.

12   Siehe dazu: Walters, William: Migration and Security, in: Burgess, Peter (Hg.), The Handbook of New Security Studies, London 2010, S. 217-228.

von Migration ausgehenden sicherheitspolitischen Risikopotential lange Zeit weitgehend vernachlässigt wurde.[13]

Ein Erklärungsansatz dafür ist, dass das Themenfeld Migration[14] in den Bereich der *low politics*[15] fiel und deshalb im Gegensatz zu den *high politics*, die sich mit dem Nationalstaat als wichtigstem Akteur in der Weltpolitik sowie mit Fragen von Krieg und Frieden beschäftigten, lange Zeit als nicht sicherheitspolitisch relevant betrachtet wurde.[16] Erstmals in den 1970er Jahren fanden nichtstaatliche Akteure und mit ihnen das Thema Migration Eingang in sicherheitspolitische Studien. Mit der zunehmenden Globalisierung und einer verbesserten Mobilität sowie durch Kriege und Konflikte bedingte Fluchtbewegungen kam es vor allem nach dem Ende des Ost-Westkonflikts zu einer immer stärker sicherheitsorientierten Wahrnehmung des Phänomens.

Ob Migrationsbewegungen und in erster Linie irreguläre Migration ein sicherheitspolitisches Risiko darstellt, hängt entscheidend davon ab, aus welchem theoretischen Blickwinkel das Phänomen betrachtet wird. Aus einer realistischen Perspektive stellt Migration beispielsweise immer dann eine Gefahr dar, wenn durch sie die Souveränität und territoriale Integrität eines Staates verletzt wird.[17] Dies kann durch die Unfähigkeit eines Staates geschehen, die eigene Grenze effektiv zu kontrollieren, wie es beispielsweise bei scheiternden oder gescheiterten Staaten[18] der Fall ist.[19] Weiterhin kann Migration eine Verschiebung der staatlichen Mächteverhältnisse bewirken, etwa durch innerstaatliche

---

13 Vgl. Castles, Stephen/ Miller, Mark J.: The Age of Migration. International Population Movements in the Modern World, 4. Aufl., London 2009, S. 207.

14 Unter Migration wird in diesem Kapitel entsprechend der Definition der Internationalen Organisation für Migration verstanden und zwar als „[t] he movement of a person or a group of persons, either across an international border, or within a State. It is a population movement, encompassing any kind of movement of people, whatever its length, composition and causes; it includes migration of refugees, displaced persons, economic migrants, and persons moving for other purposes, including family reunification", (International Organization for Migration, Key Migration Terms https://www.iom.int/key-migration-terms, letzter Zugriff: 20.09.2015).

15 In der Politikwissenschaft wurde der Bereich der domestic issues, beispielsweise Sozial-, Kultur- und Migrationspolitik als *low politics* klassifiziert, die in den Internationalen Beziehungen von zweitrangiger Bedeutung waren, da sie als irrelevant für das Überleben eines Staates betrachtet wurden.

16 Vgl.: Castles, Stephen/Miller, Mark J.: The Age of Migration, a.a.O., S. 208.

17 Vgl.: Walters, William: Migration and Security, a.a.O., S. 218.

18 Darunter zu verstehen sind Staaten, die nicht mehr in der Lage sind grundlegende Funktionen wie beispielsweise den Schutz des eigenen Territoriums sicherzustellen. Als Prototyp eines gescheiterten Staats gilt Somalia. Für einen scheiternden Staat (*failing state*) hingegen ist die Ausübung von Staatsgewalt nur noch eingeschränkt möglich, mehr hierzu: The Fund for Peace. Fragile State Index 2015, online verfügbar unter http://fsi.fundforpeace.org/, letzter Zugriff am: 22.10.2015.

19 Vgl. Adamson, Fiona B.: Crossing Borders: International Migration and Security, in: International Security, 31, Nr. 1 (2006), S. 177.

Veränderungsprozesse wie dem demographischen Wandel, ausbleibender Immigration oder Phänomene wie dem so genannten *brain drain*.[20] Das dritte Risikopotential bergen durch internationale Konflikte ausgelöste Flüchtlingsbewegungen, die ganze Regionen vor große Herausforderungen stellen und die interne Stabilität eines Landes stark gefährden können. So zeigt sich etwa im anhaltenden Syrien-Konflikt, dass angrenzende Nachbarstaaten wie die Türkei oder Jordanien mit den massiven, syrischen Flüchtlingsströmen trotz internationaler Hilfszuwendungen stark überfordert und an ihre Kapazitätsgrenze gestoßen sind. Ganze Regionen werden dadurch destabilisiert. Problematisch sind in diesem Kontext auch die von Warlords aus Flüchtlingslagern rekrutierten Kämpfer, so genannte *refugee-warriors*, die in Ermangelung alternativer Perspektiven leicht für Einsätze in Krisengebieten rekrutiert werden und damit wesentlich zur Etablierung von Gewaltökonomien beitragen können.[21]

Aus konstruktivistischer Perspektive wird hingegen argumentiert, dass internationale Migration nur dann eine Gefahr darstellt, wenn sie zu einer solchen deklariert wird. Dieser kritischen Lesart zufolge gibt es per se keinen objektiven Sicherheitsbegriff, sondern lediglich eine subjektive Risikozuschreibung. Dadurch kann alles zum Sicherheitsproblem werden, wenn nur es erfolgreich versicherheitlicht wird.[22]

Für den Akteur jedoch, der (irreguläre) Migration als Sicherheitsproblem identifiziert, steht unabhängig von der theoretischen Betrachtungsweise fest, dass herkömmliche Bekämpfungsstrategien nicht mehr wirkungsvoll sind, da hier zentrale Aspekte einer klassischen Bedrohungslage fehlen.[23] Nach Daase entsteht eine klassische Bedrohungssituation wenn drei Kriterien erfüllt sind: Erstens bedarf es mindestens zwei sich gegenüberstehenden staatlichen Akteuren, zweitens einer feindlichen Intention und drittens einer konventionellen Überlegenheit und damit einem militärischen Potential.[24] Alle diese Elemente sind bei potentiellen Risiken, wie sie von (irregulärer) Migration ausgehen können, nicht gegeben, denn hier gilt: „International migration affects the security of states in ways that differ from other threats due to its highly complex, diffuse and often contractdictory nature."[25] Das Risiko irreguläre Migration ist demnach schwer greifbar, diffus und lässt sich nur begrenzt steuern. Wie entwickelt und steuert die Europäische Union auf Basis dieser Grundannahmen ihre Migrationspolitik und welche Rolle spielen Grenzen in diesem

---

20 Vgl. Ebd., S. 186.
21 Vgl. Ebd. S. 177.
22 Vgl. Buzan, Barry/Wæver, Ole/Wilde, de Japp: Security: A New Framework for Analysis, London 1998.
23 Vgl. Daase, Christopher/ Feske, Susanne/ Peters, Ingo (Hg.): Internationale Risikopolitik: der Umgang mit neuen Gefahren in den internationalen Beziehungen, Baden-Baden 2002, S. 15.
24 Vgl. Vgl. Daase, Christopher/ Feske, Susanne/ Peters, Ingo (Hg.): Internationale Risikopolitik, a.a.O, S. 15.
25 Vgl. Adamson, Fiona: Crossing Borders, a.a.O., S. 197.

Gefüge? Um dieser Frage näherzukommen, ist es sinnvoll die Veränderungs-prozesse zu beleuchten, die das Politikfeld Migration seit dem Ende des Ost-Westkonflikts durchlaufen hat. Im Gegensatz zum weit verbreiteten öffentli-chen Diskurs und zu den sicherheitspolitischen Vorbehalten gegenüber Mig-ranten ist es bemerkenswert, dass die Globalisierung zwar die Mobilität von Kapital- und Warenströmen erheblich beschleunigt hat, sich die menschliche Mobilität im Gegensatz dazu aber verhältnismäßig gering verändert hat und ein eher ungewöhnliches Phänomen darstellt. Nach wie vor sind von den 7,3 Milliarden Menschen weltweit nur 3,2 Prozent internationale Migranten.[26] Als einer der Gründe für diese doch eher hohe Immobilität gelten die sozialen und psychologischen Kosten von grenzüberschreitender Migration in einen Dritt-staat; denn die eigene Heimat, das vertraute Umfeld und die familiären Bin-dungen hinter sich zu lassen, ist für die Mehrzahl der Menschen lediglich die letzte Option. Dennoch wächst die Zahl der Migranten stetig an. Während es im Jahr 1990 noch 154,2 Millionen internationale Migranten gab, waren es im Jahr 2013 bereits rund 232 Millionen.[27] Durch den anhaltenden Krieg in Syrien hat die Zahl der Flüchtlinge weltweit im Jahr 2014 mit einem Zuwachs von 8,3 % im Vergleich zum Vorjahreszeitraum ebenso dramatisch zugenommen. Mittlerweile sind 59,5 Millionen Menschen weltweit auf der Flucht; im Jahr 2013 waren es noch 51,2 Millionen.[28] Die Türkei, Pakistan und der Libanon sind dabei weltweit die Staaten, die am meisten Flüchtlinge aufnehmen.[29]

3 Entwicklung und Wandel der europäischen Migrationspolitik: Eine Bestandsaufnahme

Nachdem Migration im Dritten Reich hauptsächlich in Form von Flucht und Vertreibung stattfand, wurde die Arbeitsmigration in Europa im Zeitraum von 1945 bis 1980 als notwendige und sinnvolle Komponente für den Wirtschafts-aufschwung betrachtet.[30] Hintergrund war, dass erst der Wiederaufbau der vom Krieg zerstörten Städte und Siedlungen und später, in den 1950er Jahren, der Konjunkturaufschwung in Westeuropa nicht mit eigener Kraft zu bewältigen

26 Vgl. Deutsche Stiftung Weltbevölkerung. Datenreport der Stiftung Weltbevölkerung 2015, S. 2, online verfügbar unter: http://weltbevoelkerung.de/fileadmin/content/PDF/ Datenreport_2015_Stiftung_Weltbevoelkerung.pdf, August 2015, letzter Zugriff am: 10.10. 2015.
27 Vgl. United Nations Department of Economic and Social Affairs/OECD: Weltweite Migra-tion in Zahlen, Oktober 2013, S. 1, online verfügbar unter: http://www.oecd.org/els/mig/ GERMAN.pdf, letzter Zugriff am: 10.10.2015.
28 Vgl. UNHCR: World at War. Global Trends. Forced Displacement in 2014, S. 2 (http://www.unhcr.de/service/zahlen-und-statistiken.html, letzter Abruf am: 22.10.2015).
29 Vgl. Ebd.
30 Vgl. Castles, Stephen/ Miller, Mark J.: The Age of Migration, a.a.O. S. 207.

waren, da die großen menschlichen Verluste innerhalb der arbeitsfähigen Bevölkerung nicht leicht zu kompensieren waren. Dies gilt insbesondere für Deutschland, wo durch gezielte bilaterale Anwerbeabkommen mit südeuropäischen Staaten wie Italien (1955), Spanien und Griechenland (1960) sowie mit der Türkei (1961) so genannte Gastarbeiter nach Deutschland und in andere westeuropäische Staaten einwanderten.

Das Thema internationale Migrationspolitik und die innerhalb der EG stark variierenden Einreisebestimmungen für Drittstaatsangehörige wurden allerdings erst im Zuge der abflauenden Wirtschaft in den 1970er Jahren relevant, als in den Jahren zuvor angeworbene Gastarbeiter in den betroffenen Mitgliedstaaten nicht mehr als Wirtschaftsfaktor, sondern als Risiko für die politische, sozioökonomische und kulturelle Integrität betrachtet wurden. Als politische Reaktion darauf folgte Anfang der 1970er Jahre in vielen EG-Mitgliedstaaten ein Anwerbestopp. Zusätzlich begann die Europäische Gemeinschaft bilaterale Verträge mit Drittstaaten abzuschließen, in erster Linie mit dem Ziel, Migration zu begrenzen und eine Rückführung von Gastarbeitern in ihre Herkunftsländer zu ermöglichen.[31] In Deutschland führten diese Ressentiments im Jahr 1973 schließlich zu einem absoluten Anwerbestopp für alle Staaten, mit denen temporäre Anwerbeabkommen abgeschlossen worden waren. Bei der Einrichtung der Abkommen war die deutsche Bundesregierung von einer zeitlich befristeten Arbeitsmigration ausländischer Arbeiter ausgegangen, im Falle der Türkei beispielsweise von einem Aufenthaltszeitraum von maximal zwei Jahren.[32] Allerdings kehrten viele nach Deutschland immigrierte Arbeiter entgegen dieser Erwartungshaltung nicht in ihre Herkunftsländer zurück, sondern verlagerten ihren Lebensmittelpunkt in die Bundesrepublik und holten ihre Familien nach, bzw. gründeten Familien vor Ort. Die dadurch in der deutschen Bevölkerung ausgelöste Angst vor Überfremdung und einer Ausnutzung der nationalen Sozialsysteme wurde medial weiter verstärkt und Arbeitsmigranten in öffentlichen Diskursen häufig mit Kriminalität in Verbindung gebracht.[33] Nach dem Ende des Ost-West-Konflikts verschärfte sich die von Migranten

---

31 Vgl. Gusy, Christoph/ Schewe, Christoph S.: Die Rechts- und Asylpolitik der Europäischen Union, in: Werner Weidenfeld (Hg.), Europa-Handbuch, 2. Auflage Bonn 2004, S. 342-358, hier: S. 342ff.

32 Eine Ausnahme stellt hierbei Großbritannien dar, wo sich Angehörige des Commonwealth beispielsweise aus Pakistan oder Indien permanent niederlassen konnten, siehe Castles/Miller: The Age of Migration, a.a.O., S. 214.

33 Vgl. Ruhrmann, Georg/Songul, Demren: Wie Medien über Migranten berichten, in: Schatz, Heribert/ Holtz-Bacha, Christina/ Nieland, Jörg-Uwe (Hg.) Migranten und Medien. Neue Herausforderungen an die Integrationsfunktion von Presse und Rundfunk, Wiesbaden 2000, S. 69-81.

ausgehende Bedrohungsperzeption durch die Flüchtlingsströme aus den Balkanstaaten innerhalb der Bevölkerung sogar noch weiter.[34] Eine schwerwiegende Folge war der Zuwachs rechtsradikaler Parteien in den EU-Mitgliedstaaten sowie eine steigende Fremdenfeindlichkeit innerhalb der deutschen Bevölkerung.

Die europäische Migrationspolitik ab Mitte der 1980er Jahre lässt sich in drei Phasen unterteilen.[35] Die erste Phase begann mit der Unterzeichnung des Schengener Abkommens (1985) und basierte auf einer rein intergouvernementalen Kooperation der Unterzeichnerstaaten Deutschland, Frankreich und den Benelux-Staaten.[36] Der Fokus der Kooperation umfasste eine überwiegend sicherheitspolitische Agenda und beinhaltete in erster Linie die Abschaffung von Grenzkontrollen im gesamten Schengenraum und die damit verbundene Absicht, in Zukunft in Grenz- und Migrationsfragen zu kooperieren. Mit der Unterzeichnung des Vertrags von Maastricht und der Etablierung der dritten, intergouvernementalen Säule wurde die Zusammenarbeit im Bereich Asyl- und Migrationspolitik dann zum ersten Mal institutionalisiert.[37] Im Bereich der justiziellen und polizeilichen Zusammenarbeit etwa regelte dieser, dass die Einwanderungspolitik ein gemeinsames Interesse der Mitgliedsstaaten sei und daher eine staatenübergreifende Koordination nötig mache. 1991 wurde außerdem eine frühe Version des so genannten *Global Approach to Migration* der Europäischen Kommission verabschiedet. Dieser beinhaltete die gemeinsame Migrationskontrolle, eine Verbesserung der Integrationspolitik und die verstärkte Zusammenarbeit mit potentiellen Auswanderungsstaaten. Dieser erste Ansatz wurde von drei weiteren Auflagen abgelöst, mit dem Gesamtansatz für Migration und Mobilität aus dem Jahr 2011 als der heute gültigen, ganzheitlichen Agenda der EU für die langjährige Ausrichtung ihrer Migrationspolitik.[38]

Ein wichtiger Meilenstein auf dem Weg zu einer gemeinsamen Migrations- und Asylpolitik war die Unterzeichnung des Vertrags von Amsterdam im Jahr 1997, in dem weitere wesentliche Bereiche der Migrations- und Asylpolitik von der intergouvernementalen dritten Säule, in die supranationale erste Säule des EU-Gesetzeswerkes übergesiedelt wurden. Dieser läutete auch die

34 Vgl. Boswell, Christina: Migration Control in Europe After 9/11: Explaining the Absence of Securitization, JCMS: Journal of Common Market Studies 45 (2007), Nr. 3, S. 594.
35 Vgl. Lavenex, Sandra/ Stucky, Rachel.: ,Partnering for Migration' in EU external relations, in: Kunz, Rahel/Lavanex, Sandra/Panizzon Marion (Hg.):Multilayered migration governance the promise of partnership. London 2011, S. 118.
36 Vgl. Schengen-Besitzstand – Übereinkommen zwischen den Regierungen der Staaten der Benelux-Wirtschaftsunion, der Bundesrepublik Deutschland und der Französischen Republik betreffend den schrittweisen Abbau der Kontrollen an den gemeinsamen Grenzen.
37 Vgl. Boswell, Migration and Mobility in the European Union, a.a.O., S. 3.
38 Vgl. Europäische Kommission: Mitteilung der Kommission an das Europäische Parlament, den Rat, den Europäischen Wirtschafts- und Sozialausschuss und den Ausschuss der Regionen. Gesamtansatz für Migration und Mobilität, KOM(2011) 743 endgültig, Brüssel 2011.

zweite Phase in der Entwicklung einer gemeinsamen europäischen Migrationspolitik ein. Im Rahmen des Vertrags einigten sich die Mitgliedsländer auf die
Schaffung eines „Raumes der Freiheit, Sicherheit und des Rechts". Dieser zielt
darauf ab, „ein hohes Maß an Sicherheit zu bieten, indem […] ein gemeinsames Vorgehen der Mitgliedstaaten im Bereich der polizeilichen und justiziellen Zusammenarbeit in Strafsachen entwickelt [wird] sowie Rassismus und
Fremdenfeindlichkeit verhütet und bekämpft [werden]".[39] Damit wurde die
rechtliche Basis für gemeinsames EU-Handeln in diesem Politikfeld ermöglicht. Das neue Regelwerk beinhaltete unter anderem die Kontrolle der gemeinsamen Außengrenze der EU, die Visaerteilung im Rahmen des Schengen-Ab-
kommens, Zuständigkeitsregelungen für den Bereich der Asylpolitik zwischen
den Mitgliedsstaaten, Mindeststandards beim Asylverfahren, gemeinsame Regeln im Kampf gegen irreguläre Migration, sowie eine effektivere Zusammenarbeit bei der Rückführung von irregulären Migranten.[40] Insgesamt ging mit
Amsterdam ein erheblicher Kompetenzzuwachs der EU-Kommission einher,
außerdem wurde der Schengen-Besitzstand in den EU-Acquis integriert. Seit
dem Vertrag von Amsterdam wurden vom Europäischen Rat zudem fünfjäh-
rige Arbeitsprogramme etabliert, um die gemeinsamen Ziele der EU im Bereich Migrations- und Asylpolitik zu definieren und festzulegen.[41] Unter dem
Eindruck der Kosovokrise wurde Migration auf dem so genannten „Rat von
Tampere" verabschiedeten, gleichnamigen Programm verstärkt mit Menschenrechten und Entwicklungspolitik in Zusammenhang gebracht, und die
Wichtigkeit bei der EU-internen Koordination von legaler Arbeitsmigration
erkannt.[42]

Als „restriktiver Rückschritt"[43] wird die dritte Phase umschrieben, da das
Haager Programm (2005-2009) wieder eine deutlich sicherheitsorientiertere
Ausrichtung als das liberalere Vorgängerprogramm einnahm. Hier wurde ein
System zur gemeinsamen Überwachung der EU Außengrenze etabliert. Um
Nachbarstaaten zur Kooperation im Bereich der Bekämpfung irregulärer Mig-
ration zu bewegen, wurden zudem verschiedene finanzielle Anreizsysteme und
Konditionalitätsmechanismen etabliert.[44] Der Vertrag von Lissabon aus dem
Jahr 2007 hat die Europäische Migrationspolitik schließlich beinahe vollstän-
dig supranationalisiert. Inzwischen werden beinahe alle wesentlichen Bestim-

---

39 Vgl. Art. 1, Vertrag von Amsterdam 1997.
40 Vgl. Art. 63, Vertrag von Amsterdam 1997.
41 Bisher waren das Programm von Tampere (1999-2004), das Haager Programm (2005-2009)
    sowie das Stockholmer Programm (2010-2014).
42 Vgl. Lavenex, Sandra/Stucky, Rachel: Partnering for Migration in EU External Relations, in:
    Kunz, Rahel/ Lavenex, Sandra/ Panizzon, Marion (Hg.): Multilayered Migration
    Governance: the Promise of Partnership, London 2011. S. 116-142, hier: S. 119.
43 Vgl. Lavenex, Sandra/Stucky, Rachel: Partnering for Migration in EU External Relations,
    a.a.O., S. 120.
44 Vgl. Ebd.

mungen in diesem Bereich gleichberechtigt im ordentlichen Gesetzgebungs-
verfahren von Rat und EU-Parlament verabschiedet.[45] In Bezug auf sicherheitspolitische Kompetenzen ist die schrittweise Etablierung eines integrierten
Grenzmanagementsystems genauso relevant, wie die angestrebte Zusammenarbeit mit Drittstaaten bei der Bekämpfung irregulärer Migration und der Möglichkeit der EU, Rückführungsabkommen mit Drittstaaten abzuschließen. Im
Dokument wird betont, dass „[d]ie gesonderten, aber eng miteinander verbundenen Bereiche Asyl und Migration [...] die Entwicklung einer gemeinsamen
Politik der EU erforderlich [machen]."[46] Dies inkludiert Partnerschaften mit
Drittländern, die Schaffung eines europäischen Asylsystems, sowie die Steuerung von Migrationsströmen. Weiterhin ausgenommen von der Gemein-
schaftsmethode ist die Vergabe von Quoten im Bereich der legalen Arbeitsmigration. Diese kann jeder EU-Mitgliedsstaat nach wie vor selbst festlegen.[47]
Das im Jahr 2014 ausgelaufene Stockholmer Programm orientierte sich im
Wesentlichen an den Bestimmungen des Lissabonner Vertrags und entwickelte
diese weiter.

Insgesamt hat vor allem seit der Implementierung des Vertrags von Maastricht
ein Prozess stattgefunden, der sich durch folgende, wichtige Charakteristika
auszeichnet. Zum einen begann die EU eine gemeinsame Migrationspolitik zu
etablieren und einen Minimalkonsens für die legale Einwanderung in die EU
zu formulieren. Dazu gehören sowohl die Maßnahmen der Schengen-Mitglie-
der zur gemeinsamen Visaausstellung, als auch EU Regulierungen zur Wahrung der Rechte Familienangehöriger von Drittstaatsangehörigen, die sich innerhalb der Europäischen Union aufhalten.[48] Schließlich hat die EU Kommission 2007 einen Plan zur Anwerbung hochqualifizierter Arbeitskräfte vorgelegt,[49] auf den sich im Jahr 2009 alle Mitgliedsstaaten geeinigt haben, und der
es seitdem Arbeitnehmern aus Drittstaaten unter bestimmten Voraussetzungen
ermöglicht, sich für eine so genannte *Blue Card*[50] zu bewerben.[51]

Aus sicherheitspolitischer Perspektive betrachtet hat sich das Politikfeld Migration im Hinblick auf die EU seit dem Ende des Ost-Westkonflikts stark ver-

45 Vgl. Art. 77-80, Vertrag von Lissabon 2009.
46 Vgl. Europäischer Rat Tampere 1999, Art. 10.
47 Vgl. Art. 79, Abs. 5, Vertrag von Lissabon.
48 Vgl. Direktive des Rates 2003/86/EC.
49 Europäische Kommission: Vorschlag für eine Richtlinie des Rates über die Bedingungen für
    die Einreise und den Aufenthalt von Drittstaatsangehörigen zur Ausübung einer
    hochqualifizierten Beschäftigung 2007, KOM(2007) 637 endgültig, Brüssel 2007.
50 Die Blue Card ermöglicht es Drittstaatsangehörigen, für maximal vier Jahre in der EU zu
    arbeiten. Ein Arbeitsvertrag sowie der Nachweis eines Mindesteinkommens sind
    Voraussetzung für diese Maßnahme.
51 Vgl. Angenendt Steffen/Parkes, Roderick: Blue Card – (noch) kein Erfolg?, in: SWP Aktuell
    34, Berlin 2010, Stiftung Wissenschaft und Politik.

ändert, was sich in zwei gegenläufigen Entwicklungen niederschlägt: Einerseits hat der technologische Fortschritt und der Wegfall der Grenzkontrollen im Schengenraum eine noch nie dagewesene Mobilität der EU-Bürger zur Folge. Teilweise profitieren aber auch europäische Nachbarstaaten von den durchlässigeren Grenzen und einer erhöhten Mobilität und werden beispielsweise durch Freihandelsabkommen oder verstärkte Zusammenarbeit im Bereich der Innen- und Justizpolitik in das Grenz- und Migrationsmanagement der Europäischen Union eingebunden. Nach dem Prinzip „sharing everything with the European Union but institutions"[52] werden kooperierenden Staaten spezifische Vorteile gewährleistet, beispielsweise in Form so genannter Mobilitätspartnerschaften, bei denen die Zusammenarbeit im Bereich der Bekämpfung irregulärer Migration mit Zugeständnissen im Bereich der legalen Arbeitsmigration oder Visaerleichterungen honoriert wird.[53] Die im Zuge der Globalisierung immer verbesserten Mobilitätsbedingungen können durchaus positiv bewertet werden, da sie territoriale Grenzen immer mehr als Relikt einer vergangenen Zeit erscheinen lassen. Optimistische Stimmen gehen sogar davon aus, dass Staaten nie wieder „containers of their population"[54] sein werden. Andererseits gestaltet sich die europäische Grenz- und Migrationspolitik in der Realität deutlich komplexer. Denn parallel zu dem konstatierten Prozess der Grenzöffnung für EU-Bürger sowie spezifischer Mobilitätsvorteile für ausgewählte Personengruppen aus Nicht-EU-Staaten, entwickelte die EU – wie auch andere wohlhabende Industriestaaten – eine sukzessive Tendenz zur Abschottung nach außen, die alle betrifft, die auf dem Territorium unerwünscht sind und nicht von der oben genannten selektiven Grenzöffnung profitieren, in erster Linie also irreguläre Migranten.

Diese Grenzverhärtung wird begleitet durch ein immer ausgereifteres (bio-)technologisches Überwachungsregime. Kilometerlange Stacheldrahtzäune entlang der europäischen Außengrenze, Infrarotkameras und Datenbanken wie EURODAC[55] oder das Schengen-Informationssystem (SIS) dienen dazu, irreguläre Migranten aufzugreifen bevor sie die EU erreichen bzw. sie unmittelbar nach ihrer Ankunft zu registrieren. Hierbei spielen die Gründung

---

52 Prodi, Romano: A Wider Europe – A Proximity Policy as the key to stability „Peace, Security And Stability International Dialogue and the Role of the EU", Sixth ECSA-World Conference. Jean Monnet Project. Brüssel, 5-6 Dezember 2002. Das Zitat von Romano Prodi aus dem Jahr 2002 besagt, dass die EU dazu bereit ist, seine Nachbarn grundsätzlich in vielen Bereichen partizipieren zu lassen, diese Annäherung allerdings nicht zum Aufbau gemeinsamer Institutionen führen werde.
53 Vgl. Reslow, Nadja: The Role of Third Countries in EU Migration Policy: The Mobility Partnerships, European Journal of Migration and Law, 14 (2012) Nr. 4, S. 393-415.
54 Walters, William: Migration and Security, a.a.O., S. 218.
55 Vgl. Amtsblatt der Europäischen Union. Verordnung (EU) Nr. 603/2013 des Europäischen Parlaments und des Rates, Brüssel 26. Juni 2013 (http://eur-lex.europa.eu/LexUriServ/LexUriServ.do?uri=OJ:L:2013:180:0001:0030:DE:PDF, letzter Zugriff: 07.10.2015).

der EU-Grenzschutzagentur FRONTEX 2004 sowie die Einrichtung des Europäischen Unterstützungsbüros für Asylfragen (EASO) auf Malta eine wichtige Rolle. Die von FRONTEX bisher durchgeführten Land- und Seeeinsätze entlang der europäischen Außengrenze, wie beispielsweise die nach antiken griechischen Göttern titulierten Einsätze *Hermes* in der Nähe der italienischen Mittelmeerinsel Lampedusa oder *Poseidon* an der griechisch-türkischen Grenze, waren und sind umstritten. Von einer Vielzahl an NGOs wie beispielsweise Pro Asyl oder Amnesty International wird kritisiert, dass sie mit illegalen Zurückweisungen der Migranten gegen das Non-Refoulement-Gebot der Genfer Flüchtlingskommission verstoßen würden, das besagt, dass Flüchtlinge nicht in einen Drittstaat ausgewiesen werden dürfen, in dem ihnen eine Gefahr für Leib und Leben droht.[56]

Die Rechtfertigungsbasis für diese Maßnahmen ist die ökonomische Integration und der Wegfall der Binnengrenzen durch das Schengener-Abkommen im Jahr 1995, die schärfere Kontrollen der gemeinsamen Außengrenze erforderlich mache.[57] Der Nachteil von durchlässigeren Grenzen seien demnach neue Distributions- und Proliferationsmöglichkeiten sowohl für kriminelle Organisationen als auch für politisch motivierte, terroristische Organisationen.[58] Die Staatsgrenze wird im Zuge der fortschreitenden Globalisierung zum vermeintlich letzten Schutzwall des Staatsgebiets vor weitgehend globalisierten und damit entgrenzten Risiken und ist auch deshalb stärker in den sicherheitspolitischen Fokus gerückt.[59]

Neben der Furcht vor kriminellen und terroristisch motivierten Gefahren befürchten EU-Staaten einen durch irreguläre Migration ausgelösten Kontrollverlust ihrer staatlichen Souveränität. Diese Befürchtung fand schließlich sogar Eingang in die europäische Gesetzgebung. Nach einem erfolgreichen Vorstoß des damaligen französischen Innenministers Claude Guéant und seines deutschen Amtskollegen Hans-Peter Friedrich können die nationalen Binnengrenzen im Schengenraum in Notfällen wieder für einen Zeitraum von bis zu 30 Tagen reaktiviert werden.[60] Eine Regelung, die im Zuge der Europäischen Flüchtlingskrise im Jahr 2015 von mehreren EU-Staaten – unter anderem von

---

56   Vgl. Pro Asyl: Pushed Back. Systematische Menschenrechtsverletzungen an den griechisch-türkischen See- und Landesgrenzen, Frankfurt 2014.
57   Vgl. Overhaus, Marco: Editorial, in: Overhaus, Marco/ Maull, Hanns W./ Harnisch, Sebastian (Hg.): Foreign Policy in Dialogue. National Perspectives on EU Immigration Policy, 8 (2007), Nr. 22, S. 4 (http://www.deutsche-aussenpolitik.de/newsletter/issue22.pdf, letzter Zugriff am: 01.09.2015).
58   Vgl. Walters, William: Migration and Security, a.a.O., S. 218.
59   Vgl. Wolff, Sarah: The Mediterranean Dimension of EU Internal Security, New York 2012.
60   Vorstoß gegen Schengen-Abkommen: Deutschland und Frankreich wollen Europa abriegeln, Spiegel Online vom 20.04.2012 (http://www.spiegel.de/politik/deutschland/schengen-abkommen-berlin-und-paris-wollen-grenzkontrollen-zurueck-a-828655.html, letzter Zugriff: 25.03.2013).

Deutschland – auch tatsächlich angewandt wurde.[61] Während die EU im Bereich der Bekämpfung irregulärer Migration mit der Einrichtung der Grenzschutzagentur Frontex und einer Reihe weiterer Beschlüsse einen hohen Vergemeinschaftungsgrad aufweist, lehnt es ein Großteil der EU-Mitgliedstaaten ab, im Bereich der legalen Migration Souveränitätsrechte aufzugeben. Ein Beispiel hierfür ist die Vergabe von Langzeitvisa für Drittstaatenangehörige, über die die Mitgliedstaaten nach wie vor im Alleingang entscheiden. Einzige Ausnahme ist die Vergabe von Kurzzeitvisa, über die seit 2009 auf Grundlage eines gemeinsamen Visa-Kodex auf EU-Ebene einheitlich entschieden wird.[62]

4 Der Einfluss von 9/11 auf die Migrationspolitik in den Vereinigten Staaten und der Europäischen Union

4.1 Migrationspolitik in den USA: Die Versicherheitlichung eines Politikfelds

Weltweit haben sich die Anschläge des 11. Septembers, „die brennenden Twin Towers, sich von den Dächern des World Trade Centers (WTC) [...] stürzende Menschen, ein in Schutt und Asche liegendes Manhattan [...] nachhaltig ins kollektive Bewusstsein gebrannt."[63]

Die Terrorismusbekämpfung ist spätestens zu diesem Zeitpunkt in vielen Staaten der westlichen Welt ins Zentrum des sicherheitspolitischen Interesses gerückt und hat die Ausgestaltung der nationalen Sicherheitsstrategien nicht nur in den Vereinigten Staaten, sondern auch in der EU wesentlich beeinflusst.[64] In den USA wird der Terrorismus seither als existentielle Bedrohung aufgefasst und der globale Kampf gegen den Terror stellt die zentrale Komponente amerikanischer Sicherheits- und Verteidigungspolitik dar. Ein wichtiger Unterschied zwischen den USA und der EU besteht allerdings in der Auffassung darüber, in welcher Art und Weise gegen diese Risiken und Bedrohungen angegangen werden soll. Die Vereinigten Staaten sehen sich im globalen Krieg

---

61 Vgl. Bundesministerium des Innern: Vorübergehende Wiedereinführung von Grenzkontrollen, Pressestatement des Bundesinnenministers Thomas de Maizière vom 13.09.2015 (https://www.bmi.bund.de/SharedDocs/Kurzmeldungen/DE/2015/09/grenzkontrollen-an-der-grenze-zu-oesterreich-wiedereingef%C3%BChrt.html, letzter Zugriff: 15.09.2015).

62 Vgl. Amtsblatt der Europäischen Union: Verordnung (EG) Nr. 810/2009 des Europäischen Parlaments und des Rates der Europäischen Union vom 13. Juli 2009 über einen Visakodex der Gemeinschaft.

63 Vgl. Hartwig, Marcel: Der 11. September 2001 im nationalen Bewusstsein der USA, in: Aus Politik und Zeitgeschehen, 61 (2011). Nr. 27, S. 31-36, hier: S. 31.

64 Vgl. Bendiek, Annegret: An den Grenzen des Rechtsstaates: EU-USA-Terrorismusbekämpfung, SWP-Studie, Stiftung Wissenschaft und Politik, Berlin 2011.

gegen islamistische Terrorgruppierungen wie Al Kaida oder den Islamischen Staat und greifen zu militärischen Interventionen wie 2001 in Afghanistan sowie seit einigen Jahren auch verstärkt zu gezielten Drohneneinsätzen in Staaten wie Pakistan und Jemen. Die EU hingegen arbeitet vorwiegend mit geheimdienstlichen und polizeilichen Maßnahmen, um Terrorismus möglichst präventiv zu bekämpfen. Auch die innenpolitische Dimension der Terrorismusbekämpfung erfuhr in den USA durch 9/11 einen gravierenden Wandel, da vor allem das Feld Migrationspolitik fortan noch enger als bereits schon zuvor mit der Terrorismusbekämpfung verknüpft wurde, und dadurch einen enormen sicherheitspolitischen Bedeutungsgewinn erfahren hat. Unter anderem die Tatsache, dass die Attentäter mit arabischer Herkunft legal in den USA gelebt hatten und dort sogar ihre Flugausbildung absolvierten, hat die Behörden stark für das Thema sensibilisiert. Die Konsequenz daraus waren letztlich schärfere Einreisebestimmungen und eine grundlegende Kompetenzverlagerung im Bereich Migrationspolitik. Am 25. Oktober 2001 wurde ein neues Bundesgesetz, der umstrittene *Patriot Act,* verabschiedet, in dem unter anderem festgelegt wurde, dass Ausländer, die einer von den Vereinigten Staaten als terroristisch eingestuften Gruppierung angehören, abgeschoben werden dürfen. Weiter revolutionierte das in diesem Zusammenhang geschaffene US-Visit-Programm[65] darüber hinaus die Einreisebestimmungen in die USA, beispielsweise durch die obligatorische Pflicht für alle Besucher, bei der Einreise ihren Fingerabdruck abgeben zu müssen. Hinzu kommt, dass Immigranten arabischer Herkunft nach den Anschlägen einer enormen Diskriminierung ausgesetzt waren und oftmals Inhaftierungen sowie stundenlange Verhöre über sich ergehen lassen mussten.[66] Bis heute umstritten ist zudem ein neu eingeführtes Gesetz, das festlegt, dass Passagierflugzeugunternehmen die Fluggastdatensätze ihrer Gäste, die in die Vereinigten Staaten reisen, den dortigen Behörden zur Verfügung stellen müssen. Darunter fällt auch eine Vielzahl privater Informationen der Fluggäste. Das als *Passenger Name Record* bekannte Verfahren wurde vor allem vom Europäischen Parlament massiv kritisiert. Auch institutionell kam es zu gravierenden Veränderungen. Wurden migrationsrelevante Politikfelder vor 9/11 dezentral auf bundesstaatlicher Ebene gesteuert, fallen die Bereiche Immigration und Grenzkontrolle seit dem 1. März 2003 unter die Verantwortung des neu etablierten Heimatschutzministeriums, dem genannten *Department of Homeland Security.* Dessen Einrichtung war mit der größten Reorganisation der US-Regierung seit der Verabschiedung des National Security Acts im Jahr 1947 verbunden.

---

65   US-Visit ist eine Abkürzung für „United States Visitor and Immigrant Status Indicator Technology".
66   Vgl. Laque, Erick C.: Immigration Law and Policy: Before and After September 11, 2001, in: Social Sciences Journal: (10) 2010, Nr. 1, S. 25-35.

4.2 Migrationspolitik in der Europäischen Union nach 9/11

In der Wissenschaft haben sich diesbezüglich zwei Deutungsmuster herausgebildet. Eine Gruppe von Vertretern geht von einem in Folge der Anschläge bedingten Wandel der Risikoperzeption und einer daraus resultierenden Versicherheitlichung *(Securitization)* des Politikfeldes aus.[67] Dieser Interpretation der Ereignisse widerspricht die Politikwissenschaftlerin Christina Boswell. Sie vertritt die These, dass mit den Terroranschlägen auf das World Trade Center keine dramatische Verschärfung des europäischen Migrationsregimes einherging und argumentiert, dass bereits mit dem Ende des Ost-West-Konflikts und der Bipolarität ein Perzeptionswandel in der europäischen Migrationspolitik stattgefunden habe.[68] Dies zeige sich erstens an dem migrationskritischen Diskurs in den Medien und den populistischen Aussagen von Politikern, die Migranten bereits vor 9/11 als Risiko für die innere Sicherheit dargestellt hätten. Erst wurde eine Masseneinwanderung aus den Balkanstaaten befürchtet, in den frühen 2000er Jahren verlagerte sich der Fokus dann auf die afrikanischen Bootsflüchtlinge, die über das Mittelmeer nach Europa kamen.[69] Zweitens wurden Migranten, wie bereits oben ausgeführt, bereits in den 1980er Jahren als Bedrohung für die soziale Sicherheit und als Konkurrenten für den nationalen Arbeitsmarkt wahrgenommen. Und drittens wurde seit dem Ende des Ost-West-Konflikts in den meisten europäischen Staaten gegen mit Migration in Zusammenhang stehende Kriminalität Gefahr wie Menschenhandel angekämpft.[70] Unter Terrorverdacht stehende Verbindungen wie die kurdische Arbeiterpartei PKK wurden in diesem Zusammenhang beispielsweise vorgeworfen, Menschenhandel zu betreiben.[71] Allerdings fand diese Debatte unter dem Aspekt der Kriminalitäts- und nicht der Terrorismusbekämpfung statt.

Nichtsdestotrotz kam es in einigen EU-Staaten in Folge der Anschläge von 9/11 zu einer Verschärfung der Einwanderungsgesetzgebung. In Deutschland wurde im Zuge des 2002 eingeführten Terrorismusbekämpfungsgesetzes beispielsweise eine erleichterte Durchsetzung der Ausreisepflicht im alten Ausländergesetz sowie erweiterte Gründe für die Beendigung des Aufenthaltsrechts von Nichtdeutschen verankert.[72] Davon abgesehen scheiterten die gezielten Versuche einzelner Politiker, Migration nach 9/11 in Verbindung mit

---

67 Vgl. Zucconi, Mario.: ,Migration and Security as an Issue in US-European Relations'. In: Tirman, John. (Hg.) The Maze of Fear: Security and Migration After 9/11, New York 2004.
68 Vgl. Boswell, Christina: Migration Control in Europe After 9/11: Explaining the Absence of Securitization, JCMS: Journal of Common Market Studies 45, Nr. 3 (2007): S. 589-610.
69 Vgl. Ebd., S. 594.
70 Vgl. Castle/Millers: The Age of Migration, S. 213.
71 Vgl. Ebd.
72 Vgl. Schneider, Jan: Rückblick Zuwanderungsgesetz 2005, in: Bundeszentrale für Politische Bildung (Hg). Grundlagendossier Migration, Bonn 2007, online verfügbar unter: http://www.bpb.de/gesellschaft/migration/dossier-migration/56351/zuwanderungsgesetz-2005?p=all, letzter Zugriff am: 01.10.2015.

terroristischer Bedrohung zu bringen, meist schon nach kurzer Zeit und führten nicht dazu, dass Migration verstärkt mit terroristischer Gefahr verknüpft wurde.[73] Ein Beispiel dafür ist die Aussage des damaligen deutschen Innenministers Otto Schily, der nach 9/11 proklamierte, dass Asylsuchende und Flüchtlinge, die unter Terrorismusverdacht stehen, sofort deportiert werden sollen.[74] Außerdem wurde nach den Anschlägen die Verabschiedung des Zuwanderungsgesetzes von ihm vertagt, mit dem Ziel, es in Einklang mit den neuen Antiterrorismusbestimmungen zu bringen. Dennoch standen im Fokus der politischen und öffentlichen Debatte um das Zuwanderungsgesetz eher die anhaltend hohe Arbeitsmigration als die Gefahren irregulärer Migration.[75] Bis auf einige Randbestimmungen gab es im 2005 verabschiedeten Zuwanderungsgesetz daher auch keine Verschärfungen im Hinblick auf irreguläre Migration.[76] In Großbritannien ließ der damalige britische Innenminister David Blunkett zudem verlauten, dass Terroristen in Großbritannien keinerlei Gastfreundschaft entgegengebracht werde und kündigte die Ausweisung und Inhaftierung verdächtiger Ausländer an.[77] Diesen Ankündigungen folgten realpolitisch aber keine wesentlichen Veränderungen der jeweiligen nationalen Immigrationspolitik und auch in der Medienberichterstattung konnte die Verlinkung von Terrorismus und Migration nicht lange aufrechterhalten werden.[78]

Noch deutlicher wird die fehlende Verknüpfung zwischen Migration und Terrorismus in Spanien, wo der neue Ministerpräsident Zapatero nur wenige Tage nach den Bombenschlägen in Madrid 2004 einen neuen Kurs in der Migrationspolitik verkündete, der weniger auf Sicherheitspolitik und mehr auf die ökonomischen Aspekte von Migration ausgerichtet sein sollte.[79] Eine der in diesem Zuge der Neuorientierung beschlossenen Maßnahmen bestand in einer Amnestie für irreguläre Migranten, was zwischen Februar und April 2005 zu einer Legalisierung von über 700.000 Migranten führte. Bemerkenswert hierbei ist, dass der Großteil der betroffenen Migranten ursprünglich aus Marokko, also dem Herkunftsland der Madrider Attentäter im Jahr 2004 kam.[80] Ein Grund für die fehlende Verknüpfung zwischen Migration und Terrorismus durch die Öffentlichkeit, aber auch den Großteil der politischen Eliten, kann darin gesehen werden, dass Terroristen in der öffentlichen Wahrnehmung möglicherweise nicht dem Bild eines entweder schutzbedürftigen Flüchtlings

---

73 Vgl. Boswell, Migration Control in Europe After 9/11: Explaining the Absence of Securitization, a.a.O., S. 596.
74 Vgl. Ebd., S. 596.
75 Vgl. Boswell, Migration Control in Europe After 9/11: Explaining the Absence of Securitization, a.a.O, S. 596.
76 Vgl. Ebd.
77 Vgl. Ebd.
78 Vgl. Ebd.
79 Vgl. Ebd.
80 Vgl. Ebd., S. 597.

oder aber arbeitssuchenden Migranten entsprechen, sondern als hochspeziali-
sierte und gut organisierte Netzwerke perzeptiert wurden, die dem gängigen
„Migrantenbild" klar entgegenstanden.[81]

Außerdem waren bei den Anschlägen von London und Madrid zwar Muslime beteiligt, diese waren aber keine Migranten sondern europäische Staatsbürger mit Migrationshintergrund. Die Gefahr kam also nicht aus dem Ausland, sondern von innen und konnte somit nicht durch schärfere Einwande-
rungsgesetze bekämpft werden.[82] Hinzu kamen auf nationalstaatlicher Ebene
rivalisierende politische Präferenzen. In diesen Fällen stand eine strengere
Migrationspolitik im Widerspruch mit den innenpolitischen Forderungen von
europäischen Mitte-Links Regierungen, die sich für eine Liberalisierung des
Migrationsregimes einsetzten; sei es um hochqualifizierte Facharbeiter oder
Studenten aus dem Ausland anzuwerben wie in Deutschland, oder den Status
von ausländischen Arbeitskräften im Niedriglohnsektor weiterhin zu verbes-
sern wie in Spanien.[83]

Ein letztes Argument, das gegen eine Versicherheitlichung des Politikfelds
Migration spricht, führt Boswell auf, nämlich dass dadurch in der Bevölkerung
Erwartungshaltungen an die Steuerung von Migrationsströmen gestellt werden, die realpolitisch nicht erfüllt werden können, weil Migrationsströme generell schwer zu regulieren und zu kontrollieren sind.[84] Dies trifft insbesondere
auf die Europäische Union zu, wo die Kontrolle einer gemeinsamen Außengrenze von der erfolgreichen Kooperation aller beteiligten EU-Staaten und darüber hinaus vom Engagement involvierter EU-Nachbarstaaten abhängt. Ver-
stärkend kommt hinzu, dass sensible Politikbereiche, die sich im Spannungsfeld Sicherheit und Menschenrechte befinden, von Politikern häufig möglichst
unthematisiert bleiben. Hintergrund ist, dass ein bewusstes Agenda-Setting in
diesen Bereichen oftmals mit erhöhten Kontrollforderungen seitens der Medien sowie zivilgesellschaftlicher Akteure wie beispielsweise von NGOs wie
Amnesty International einhergeht, die der europäischen Migrationspolitik häufig kritisch gegenüberstehen. Durch die Aufdeckung migrationspolitischer
Missstände kann demnach nicht nur die Wiederwahl der verantwortlichen Politiker gefährdet werden, sondern zugleich die praktische Handlungsfähigkeit
der mit der Implementierung europäischer Migrationspolitik betrauten Administration deutlich eingeschränkt werden.[85]

Während sich also der bereits vor 9/11 eingeschlagene, restriktive Kurs in der
EU-Migrationspolitik nicht wesentlich verändert hat, ist verstärkt zu beobach-

---

81 Vgl. Ebd., S. 598.
82 Vgl. Boswell, Migration Control in Europe After 9/11: Explaining the Absence of Securiti-
    zation, a.a.O., S. 600.
83 Vgl. Ebd., S. 600.
84 Vgl. Ebd., S. 594.
85 Vgl. Ebd., S. 606.

ten, dass, wie oben bereits erwähnt, ursprünglich für das Migrationsmanagement entwickelte Steuerungsinstrumente zum Zwecke der Terrorismusbekämpfung zweckentfremdet werden.[86] Dies trifft auf das Schengener-Informationssystem (SIS), EURODAC – eine Datenbank, die Fingerabdrücke von Asylbewerbern speichert – sowie auf das Visainformationssystem (VIS) zu, die einem autorisierten Behördenkreis zur Fahndung und Identifizierung potentieller Terrorismusverdächtiger zugänglich gemacht wurde.[87] Statt neue Maßnahmen zu entwickeln, wurden bestehende Technologien und Datenbanken aus dem Bereich innere Sicherheit für die Terrorismusbekämpfung nutzbar gemacht.[88]

Die Zweckentfremdung der ursprünglich zum Migrationsmanagement eingerichteten Datenbanken wird aus mehreren Gründen für problematisch erachtet. Durch die damit praktizierte Rasterfahndung werden alle Migranten unter Generalverdacht gestellt, in terroristische Aktivitäten verstrickt zu sein; dies widerspricht dem Nichtdiskriminierungs- und Proportionalitätsgeboten sowie dem Unschuldsgrundsatz der Europäischen Union.[89] Weiterhin wird die praktisch nicht vorhandene parlamentarische Kontrolle solcher Datenbanken bemängelt, insbesondere weil unklar ist, welche Behörden, unter welchen Voraussetzungen, welche Zugriffsrechte auf die sensiblen Daten besitzen.[90] Dieser Umstand hat sogar den Europäischen Datenschutzbeauftragten (EDPS) auf den Plan gerufen. Da dieser aber lediglich nichtbindende Empfehlungen geben darf, wurden diese genauso wenig berücksichtigt wie die der nationalen Datenschutzbeauftragten in der Vergangenheit.[91] Im Jahr 2005 hatten bereits 30.000 Einrichtungen im Schengenraum Zugriff auf das SIS, das sich zu diesem Zeitpunkt aus mehr als 260.000 Einträgen zusammensetzte.[92] Fest steht, dass immer mehr Informationen über Migranten gespeichert werden und von

---

86 Vgl. Ebd., S. 590.
87 Dijstelbloem, Huub/ Meijer, Albert/ Brom, Frans: Reclaiming Control over Europe's Technological Borders, in: ders., Migration and the New Technological Borders of Europe, Palgrave Macmillan 2011, S. 170-186, hier: S. 174.
88 Generell wird die Technologisierung und Automatisierung der europäischen Außengrenze vielfach kritisch bewertet, da dadurch das „entry- und exit-System", das Prinzip der Einzelfallgerechtigkeit außer Kraft gesetzt wird. Grund dafür ist, dass Datenbanken wie das Schengen-Informationssystem biometrische Daten wie Fingerabdrücke mit vorhandenen Informationen abgleichen und nach dem Prinzip „Treffer-kein-Treffer" arbeiten. Verwehrt die „Maschine" den Eintritt, bedeutet dies für die betroffene Person, dass eine Einreise nicht möglich ist. Wie Dijstelbloem diesbezüglich feststellt, werden Menschen durch derartige Migrationsapparate dehumanisiert, siehe dazu: Dijstelbloem, Huub/ Meijer, Albert/ Brom, Frans: Reclaiming Control over Europe's Technological Borders, in: ders., Migration and the New Technological Borders of Europe, Palgrave Macmillan, 2011, S. 170-186.
89 Vgl. Dijstelbloem, Huub/ Meijer, Albert/ Brom, Frans: Reclaiming Control over Europe's Technological Borders, a.a.O., S. 176.
90 Vgl. Ebd.
91 Vgl. Ebd., S. 180.
92 Vgl. Ebd., S. 179.

einer wachsenden Zahl an Behörden für verschiedene Fahndungszwecke verwendet werden.[93]

Die Terroranschläge von Madrid im Jahr 2004 und ein Jahr später in London
markieren im Gegensatz zu der Reaktion der EU auf 9/11 eine klare Trendwende in Bezug auf die Verknüpfung von Internationaler Migration und Terrorismus. Zwar wurde oben argumentiert, dass die EU-Mitgliedstaaten teilweise wie in Großbritannien oder auch Deutschland ihre Antiterrorismusge-
setze verschärft haben, die Migrationspolitik aber wie in Spanien nach den
Bombenattentaten in Madrid 2004 sogar liberalisiert wurde. Nichtsdestotrotz
wurde auf EU-Ebene nach den Terroranschlägen von Madrid und London zum
ersten Mal in Sektion 6 der neu etablierten Antiterrorismusstrategie eine deutliche klare Verbindung zwischen Terrorismus und Migration hergestellt.[94] In
der Erklärung wurden Maßnahmen wie schärfere Grenzkontrollen gefordert,
beispielsweise durch die Einrichtung einer Europäischen Grenzschutzagentur,
die Umsetzung einer EU-Direktive zur verpflichtenden Weitergabe von Passa-
gierdaten sowie von Gesetzesentwürfen, die die biometrischen Daten in Pässe
und Visa aufnehmen.[95] Die Antiterrorismusagenda betont folglich die Wichtigkeit von Grenz- und Migrationskontrollen als Mittel zur Bekämpfung des
Terrorismus. Dennoch sind nur vereinzelte Migrationsinstrumente überhaupt
zur Terrorismusbekämpfung geeignet. So macht speziell der Einsatz der
Grenzschutzagentur FRONTEX und mit ihr die Bekämpfung irregulärer Migration in der EU wenig Sinn bei der Bekämpfung von Terrorismus in der EU.[96]
Nichtsdestotrotz richtet sich der Fokus der EU im Kampf gegen den Terrorismus unter anderem auf diesen Bereich. Konkret handelt es sich dabei um folgende drei Maßnahmen: Die EU-weite Kooperation bei der Visaausstellung,
der Austausch von Fluggastdaten, das so genannte „Advanced Passenger Information" (API) sowie Personenkontrollen an den europäischen Außengrenzen.[97] Nach den Terroranschlägen auf europäischem Boden hat die EU zudem
ihre vormals praktizierte Verweigerungshaltung bezüglich des Austausches
von Fluggastdaten aufgegeben und sich dem Druck der Vereinigten Staaten
gebeugt, in diesem Bereich zu kooperieren und ihren sicherheitspolitischen
Forderungen weitgehend entgegen zu kommen. Außerdem wird mit dem
Schengener Informationssystem gearbeitet, dass Informationen darüber beinhaltet, wem Zutritt in die EU gewährt und wem dieser verwehrt wird. Dieses
Überwachungssystem zeigt auf, falls der Einreisewillige ein (terroristisches)

---

93 Vgl. Dijstelbloem, Huub/ Meijer, Albert/ Brom, Frans: Reclaiming Control over Europe's
    Technological Borders., S. 180.
94 Vgl. Leonard, Sarah: The Use and Effectiveness of Migration Controls as a Counter-terrorism
    Instrument in the European Union, a.a.O., S. 34.
95 Vgl. Ebd.
96 Vgl. Leonard, Sarah: The Use and Effectiveness of Migration Controls as a Counter-terrorism
    Instrument in the European Union, a.a.O., S. 37.
97 Vgl. Ebd.

Risiko für die EU darstellt. Ist dies der Fall, kann eine Eintrittsverweigerung erfolgen.

Wie effektiv sind die vorgestellten Maßnahmen zur Terrorismusbekämpfung? Eines der Hauptprobleme besteht darin, dass es äußerst schwierig ist, den Erfolg oder Misserfolg von Datenbanken wie dem Visainformationssystem oder dem Schengener Informationssystem zu bemessen. Bisher gab es keine Statistik, die sich mit der Thematik auseinandergesetzt hat, sondern nur Zahlen zur Ablehnungsquote für Migranten, die derzeit im Durchschnitt bei sieben Prozent liegt. Weiterhin wird der Grund für die Visaablehnung weder genannt noch aufgeführt. Dadurch besteht keine Möglichkeit zu überprüfen, wie viele Personen wegen einer vermuteten Verstrickung in terroristische Tätigkeiten abgelehnt wurden. Diese Problematik gilt ebenfalls für Kontrollen an den Außengrenzen, wo keinerlei Angaben darüber erhoben werden, aus welchen Gründen den entsprechenden Personen der Eintritt in die EU verweigert wurde. Die negativen externen Effekte, die bei der Interoperationalisierung von Migrationsmanagementinstrumenten zur Terrorismusbekämpfung entstehen können, sind davon abgesehen nicht zu verharmlosen. Dies betrifft insbesondere den Datenschutz und die Persönlichkeitsrechte potentieller Verdächtiger.

5 Fazit und Bewertung der europäischen Migrationspolitik nach 9/11

Wie die Analyse aufgezeigt hat, fand in der EU nach 9/11 im Gegensatz zu den Vereinigten Staaten von Amerika zwar keine unmittelbare Verknüpfung zwischen Migration und terroristischen Bedrohungen und kein Versicherheitlichungsprozess statt, dennoch wurden die migrationspolitischen Bestimmungen bereits seit dem Ende des Ost-West-Konflikts sukzessive verschärft.[98] Während die Ereignisse des 11. Septembers 2001 keine exorbitante Auswirkung auf das europäische Migrationsregime hatten, kann im Zuge der Terroranschläge von Madrid und London dahingehend eine Trendwende festgestellt werden, dass die Antiterrorismusstrategie explizit eine Verknüpfung beider Phänomene aufweist und in erster Linie Überwachungs- und Kontrollmaßnahmen im Bereich der Einwanderung verschärft wurden. Seit 9/11 ist darüber hinaus eine zunehmende Zweckentfremdung migrationspolitischer Instrumente und Datenbanken zum Zwecke der Terrorismusbekämpfung zu beobachten. Diese Nutzbarmachung für andere Politikbereiche und die zuneh-

---

98 Vgl. Leonard, Sarah: The Use and Effectiveness of Migration Controls as a Counter-terrorism Instrument in the European Union, a.a.O., S. 40.

mende Technologisierung der EU-Außengrenze durch ein intelligentes Überwachungssystem wurden sowohl von zivilgesellschaftlichen Akteuren, als auch vom Europäischen Parlament sehr kritisch bewertet.

Weiter konnte festgestellt werden, dass innenpolitische Aufgaben zunehmend an Drittstaaten externalisiert und diese damit beauftragt werden, alle damit verbundenen Herausforderungen zu bewältigen. Darunter fällt in erster Linie die Migrations- und Grenzkontrolle, in Zukunft vermutlich aber auch stärker die Terrorismusbekämpfung aus sich zunehmend islamisierenden Saharastaaten wie Mali. Die Analyse hat zudem aufgezeigt, dass sich der so genannte *homegrown terrorism* durch eine restriktivere Migrations- und Grenzpolitik nur schwer bekämpfen lässt. Die Tatsache, dass die Anschläge in Madrid und London zwar von Attentätern mit Migrationshintergrund verübt wurden, die aber dennoch spanische bzw. britische Staatsbürger waren, führt vor Augen, dass der einzige Lösungsansatz für eine effektive Antiterrorismuspolitik in der besseren Integration junger Muslime in Europa zu liegen scheint. Die Anschläge waren zwar von Al Kaida und 9/11 inspiriert, wurden davon abgesehen aber komplett selbstständig geplant und durchgeführt. Die Diskussion, wie junge Muslime besser in die Gesellschaft eingegliedert werden können, wurde deshalb in der EU nach den Anschlägen von Madrid und London auch verstärkt geführt. Erschwerend kommt hinzu, dass seit der US-Invasion im Irak 2003 gezielt europäische Muslime in so genannte Terrorcamps ins Ausland, beispielsweise nach Pakistan gereist sind, um sich dort für den Jihad ausbilden zu lassen. Diese Radikalisierungstendenzen europäischer Muslime geben großen Anlass zur Sorge, insbesondere da es terroristische Organisationen auf Migranten und Bevölkerungsschichten mit Migrationshintergrund abzuzielen scheinen. Dieser Trend hat sich vor allem mit dem anhaltenden Bürgerkrieg in Syrien drastisch verstärkt, da es für europäische Muslime, die bereit sind auf Seiten terroristischer Organisationen an Konflikten teilzunehmen, wesentlich leichter ist nach Syrien zu reisen, als dies in Pakistan oder Afghanistan der Fall war.

Abschließend kann bilanziert werden, dass die EU in erster Linie ihre Integrationspolitik überdenken und positive Anreize in Form von Zukunftsperspektiven vor allem für junge Migranten aus islamischen Ländern schaffen sollte. Zudem muss der Fokus europäischer und nationaler Entscheidungsträger auf eine nach wie vor primär restriktive Migrationspolitik überdacht werden, da durch sie weder Terrorismus noch irreguläre Migration verhindert werden können und stattdessen die menschliche Sicherheit der betroffenen Migranten deutlich gefährdet wird.

Ob die EU vor dem Hintergrund starker Ressentiments einiger EU-Mitgliedsstaaten liberale Immigrationsbestimmungen und eine gerechtere Verteilung der Flüchtlingsströme durchsetzen kann, ist vor dem Hintergrund der aktuellen daher mehr als fraglich. Dennoch kann nur durch eine sukzessive Erhöhung der Immigrationsquoten die wirtschaftliche Stabilität und der soziale

Frieden in der EU gewährleistet werden. Diese muss allerdings an deutliche bessere Integrationsanreize gekoppelt werden, damit zwischen Terrorismus und Migration in Zukunft wieder deutlicher differenziert wird.

6 Literaturverzeichnis

Adamson, Fiona B.: Crossing Borders, in: International Security, 31 (2006) Nr. 1, S. 165-169.

Amtsblatt der Europäischen Union: Verordnung (EU) Nr. 603/2013 des Europäischen Parlaments und des Rates, Brüssel 26. Juni 2013 (http://eur-lex.europa.eu/LexUriServ/LexUriServ.do?uri=OJ:L:2013:180:0001:003 0:DE:PDF, letzter Zugriff am: 07.10. 2015).

Amtsblatt der Europäischen Union: Verordnung (EG) Nr. 810/2009 des Europäischen Parlaments und des Rates der Europäischen Union vom 13. Juli 2009 über einen Visakodex der Gemeinschaft.

Angenendt Steffen/Parkes, Roderick: Blue Card – (noch) kein Erfolg?, in: SWP Aktuell 34, Stiftung Wissenschaft und Politik, Berlin 2010.

Bendiek, Annegret: An den Grenzen des Rechtsstaates: EU-USA-Terrorismus-bekämpfung, SWP-Studie, Stiftung Wissenschaft und Politik, Berlin 2011.

Boswell, Christina: Migration Control in Europe After 9/11: Explaining the Absence of Securitization, Journal of Common Market Studies, 45 (2007), Nr. 3, S. 589-610.

Boswell, Christina: Migration and Mobility in the European Union, Basingstoke [u.a.] Palgrave Macmillan 2011.

Burgess, Peter (Hg.): The Handbook of New Security Studies, Routledge 2010.

Bundesministerium des Innern: Vorübergehende Wiedereinführung von Grenzkontrollen, Pressestatement des Bundesinnenministers Thomas de Maizière vom 13.09.2015 (https://www.bmi.bund.de/SharedDocs/ Kurzmeldungen/DE/2015/09/grenzkontrollen-an-der-grenze-zu-oesterre-ich-wiedereingef%C3%BCChrt.html, letzter Zugriff am: 03.10.2015).

Bundesregierung: Rede von Bundeskanzlerin Angela Merkel beim Festakt zur Feier des 50. Jahrestages der Unterzeichnung der Römischen Verträge am 25.03.2007, Berlin 2007 (http://www.eu2007.de/de/News/Speeches_ Interviews/March/0325BKBerliner.html, letzter Zugriff am: 03.02.2013).

Castles, Stephen/ Miller, Mark J.: The Age of Migration. International Population Movements in the Modern World, 4. Auflage, Palgrave Macmillan 2009.

CSU rechnet mit Merkels Flüchtlingspolitik ab, in: FAZ Online vom 11.09.2015 (http://www.faz.net/aktuell/politik/fluechtlingskrise/csu-kritisiert-massiv-fluechtlingspolitik-der-bundesregierung13796731.html).

Daase, Christopher/ Feske, Susanne/ Peters, Ingo (Hg.): Internationale Risiko-politik. Der Umgang mit neuen Gefahren in den internationalen Beziehungen, Baden-Baden 2002.

Dijstelbloem, Huub/ Meijer, Albert/ Broms, Frans: Migration and the New Technological Borders of Europe, London 2011.

Dijstelbloem, Huub/ Meijer, Albert/ Brom, Frans: Reclaiming Control over Europe's Technological Borders, in: Dijstelbloem, Huub/ Meijer, Albert/ Broms, Frans: Migration and the New Technological Borders of Europe, London 2011, S. 170-186.

„England und Frankreich nehmen auch ein paar Flüchtlinge", in: Welt Online vom 07.09.2015 (http://www.welt.de/politik/ausland/article146132897/ England-und-Frankreich-nehmen-auch-ein-paar-Fluechtlinge.html, letzter Zugriff am: 10.09.2015).

Europäische Kommission: Vorschlag für eine Richtlinie des Rates über die Bedingungen für die Einreise und den Aufenthalt von Drittstaatsangehörigen zur Ausübung einer hochqualifizierten Beschäftigung 2007, KOM(2007) 637 endgültig, Brüssel 2007.

Europäische Kommission: Mitteilung der Kommission an das Europäische Parlament, den Rat, den Europäischen Wirtschafts- und Sozialausschuss und den Ausschuss der Regionen. Gesamtansatz für Migration und Mobilität, KOM(2011) 743 endgültig, Brüssel 2011.

Europäische Kommission. Pressemitteilung: Neues PNR-Abkommen EU-USA stärkt Datenschutz sowie Verbrechens- und Terrorismusbekämpfung, IP/11/1368, Brüssel 17. November 2011.

Deutsche Stiftung Weltbevölkerung. Datenreport der Stiftung Weltbevölkerung 2015, S. 2, online verfügbar unter: http://weltbevoelkerung.de/ fileadmin/content/PDF/Datenreport_2015_Stiftung_Weltbevoelkerung. pdf, August 2015, letzter Zugriff am: 10.10.2015.

„Friedensnobelpreis für Angela Merkel?", in: Süddeutsche Zeitung Online vom 04.10.2015 (http://www.sueddeutsche.de/politik/fluechtlingspolitik-friedensnobelpreis-fuer-angela-merkel-1.2676896, letzter Zugriff am: 06.10.2015).

Ghelli, Fabio: Experten halten Dublin Regelung für gescheitert, in: mediendienst-integration vom 27.04.2015 (http://mediendienst-integration.de/ artikel/mpi-studie-zu-dublin-verordnung-verteilung-von-asylbewerbern. html, letzter Zugriff am: 20.09.2015).

Gusy, Christoph/ Schewe, Christoph S.: Die Rechts- und Asylpolitik der Europäischen Union, in: Werner Weidenfeld (Hg.), Europa-Handbuch, 2. Auflage, Bonn 2004, S. 342-358.

Hartwig, Marcel: Der 11. September 2001 im nationalen Bewusstsein der USA, Aus Politik und Zeitgeschehen, 61 (2011). Nr. 27, S. 31-36.

International Organization for Migration, Key Migration Terms (https:// www.iom.int/key-migration-terms, letzter Zugriff am: 20.09.2015).

Kunz, Rahel/ Lavenex, Sandra/ Panizzon, Marion (Hg.): Multilayered Migration Governance: the Promise of Partnership, London 2011.

Kunz, Rahel/Lavanex, Sandra/Panizzon, Marion: Introduction, in: ders. (Hg.), Multilayered migration governance, The promise of partnership. London 2011.

Lavenex, Sandra/Stucky, Rachel: Partnering for Migration' in EU External Relations, in: Kunz, Rahel/ Lavenex, Sandra/ Panizzon, Marion (Hg.): Multilayered Migration Governance: the Promise of Partnership, London 2011. S. 116-142.

Leonard, Sarah: The Use and Effectiveness of Migration Controls as a Counter-Terrorism Instrument in the European Union, in: Central European Journal of International and Security Studies, 4(2010), Nr. 1, S. 32-50.

Overhaus, Marco: Editorial, in: Overhaus, Marco/ Maull, Hanns W./ Harnisch, Sebastian (Hg.): Foreign Policy in Dialogue. National Perspectives on EU Immigration Policy, 8 (2007), Nr. 22 (http://www.deutsche-aussenpolitik.de/newsletter/issue22.pdf, letzter Zugriff am: 01.09.2015).

„Osteuropa sträubt sich gegen Quotensystem", in: Zeit Online vom 03.09.2015 (http://www.zeit.de/politik/ausland/2015-09/fluechtlinge-eu-osteuropa-quoten, letzter Zugriff am: 05.09.2015).

Pro Asyl: Pushed Back. Systematische Menschenrechtsverletzungen an den griechisch-türkischen See- und Landesgrenzen, Frankfurt 2014.

Prodi, Romano: A Wider Europe – A Proximity Policy as the key to stability „Peace, Security and Stability International Dialogue and the Role of the EU", Sixth ECSA-World Conference. Jean Monnet Project. Brüssel, 5-6 Dezember 2002.

Laque, Erick C.: Immigration Law and Policy: Before and After September 11, 2001, in: Social Sciences Journal: (10) 2010, Nr. 1, S. 25-35.

Reslow, Nadja: The Role of Third Countries in EU Migration Policy: The Mobility Partnerships, European Journal of Migration and Law, 14 (2012) Nr. 4, S. 393-415.

Rosenblum, Marc R.: U.S. Immigration Policy since 9/11: Understanding the Stalemate over Comprehensive Immigration Reform, Migration Policy Institute, Washington 2011 (http://www.migrationpolicy.org/research/RMSG-us-immigration-policy-cir-stalemate, letzter Zugriff: 20.09.2015).

Ruhrmann, Georg / Songül, Demren: Wie Medien über Migranten berichten, in: Schatz, Heribert/ Holtz-Bacha, Christina/ Nieland, Jörg-Uwe (Hg.): Migranten und Medien. Neue Herausforderungen an die Integrationsfunktion von Presse und Rundfunk, Wiesbaden 2000, S. 69-81.

Schneider, Jan: Rückblick Zuwanderungsgesetz 2005, in: Bundeszentrale für Politische Bildung (Hg). Grundlagendossier Migration, Bonn 2007, online verfügbar unter: http://www.bpb.de/gesellschaft/migration/dossier-migration/56351/zuwanderungsgesetz-2005?p=all, letzter Zugriff am: 01.10.2015.

Schatz, Heribert/ Holtz-Bacha, Christina/ Nieland, Jörg-Uwe (Hg.): Migranten und Medien. Neue Herausforderungen an die Integrationsfunktion von Presse und Rundfunk, Wiesbaden 2000.

Taleb, Nassim Nicholas: Der Schwarze Schwan. Die Macht höchst unwahrscheinlicher Ereignisse, Hanser 2008.

The Fund for Peace. Fragile State Index 2015, online verfügbar unter http://fsi.fundforpeace.org/, letzter Zugriff am: 22.10.2015.

„Ungarn baut Zaun an der Grenze zu Kroatien", in: FAZ Online vom 18.09.2015 (http://www.faz.net/aktuell/politik/fluechtlingskrise/Fluechtlingskrise-ungarn-baut-zaun-an-der-grenze-zu-kroatien-1381021 3.html, letzter Zugriff am: 20.09.2015).

UNHCR: Abkommen über die Abkommen über die Rechtsstellung der Flüchtlinge vom 28. Juli 1951, Art. 33.

UNHCR: World at War. Global Trends. Forced Displacement in 2014, online verfügbar unter: http://www.unhcr.de/service/zahlen-und-statistiken. html, letzter Abruf am: 22.10.2015.

United Nations Department of Economic and Social Affairs/OECD: Weltweite Migration in Zahlen, Oktober 2013, online verfügbar unter: http://www.oecd.org/els/mig/GERMAN.pdf, letzter Zugriff am: 10.10. 2015.

Verordnung (EG) Nr. 810/2009 des Europäischen Parlaments und des Rates der Europäischen Union vom 13. Juli 2009 über einen Visakodex der Gemeinschaft.

„Vorstoß gegen Schengen-Abkommen: Deutschland und Frankreich wollen Europa abriegeln", Spiegel Online vom 20.04.2012 (http://www. spiegel.de/politik/deutschland/schengen-abkommen-berlin-und-paris-wollen-grenzkontrollen-zurueck-a-828655.html, letzter Zugriff: 25.03. 2013).

Walters, Wiliam: Migration and Security, in: Burgess, Peter (Hg.) The Handbook of New Security Studies, London 2010, S. 217-228.

Wolff, Sarah: The Mediterranean Dimension of EU´s Internal Security, in: Balzacy, Thierry (Hg.): The External Dimension of EU Justice and Home affairs. Governance, Neighbours, Security. Basingstoke 2009.

Zucconi, Mario: ‚Migration and Security as an Issue in US-European Relations‘. In Tirman, John. (Hg.) The Maze of Fear: Security and Migration After 9/11, New York 2004.

Breaking News – Der 11. September 2001 als Zäsur für den Journalismus und das mediale Islambild in Deutschland?

Tim Karis

„Und was ist mit dem Satz, der uns von überall her entgegenschallt: ‚Nach dem 11. September wird nichts mehr so sein wie vorher'? Bezeichnenderweise wird dieser Satz nie näher bestimmt – er ist lediglich eine leere Geste, mit der man etwas ‚Tiefes' sagen will, ohne dass man so genau weiß, was das wäre."[1]
– Slavoj Žižek

Die These von der Epochenwende 9/11 wird besonders häufig von Journalisten vertreten. Sie fungieren damit nicht selten als Stichwortgeber für die diesbezüglich zurückhaltendere akademische Debatte. Die Idee, dass seit dem 11. September nichts mehr so sei wie zuvor, dominierte auch die journalistische Bearbeitung des zehnten Jahrestages der Ereignisse: Im ZDF lief die zweiteilige Dokumentation „Nine Eleven – Der Tag, der die Welt veränderte", RTL zeigte die Sendung „Der 11. September! Wie ein Tag unser Leben veränderte". Auch im Programmhinweis für die ARD-Dokumentation „11. September – Zehn Jahre danach" findet sich die Formulierung, wonach der 11. September für eine „außergewöhnliche weltpolitische Zäsur"[2] stehe. Diese unter Journalisten offenbar weit verbreitete Überzeugung entwickelte sich schon am Tag des Geschehens selbst und wurde in den Folgetagen und -wochen häufig verbalisiert – Slavoj Žižek veranlasste dies im November 2001 zu der oben zitierten Klage.

Die Vermutung liegt nahe, dass das persönliche Erleben der Anschläge Journalisten vor allem in den ersten Stunden und Tagen nach den Angriffen auf das World Trade Center dazu verleitete, den Zäsurcharakter des 11. Septembers überzubetonen. Mit der von dem Historiker Martin Sabrow vorgeschlagenen Unterscheidung ließe sich folglich davon sprechen, dass die Eigenschaft von

---

1 Slavoy Žižek, Willkommen in der Wüste des Realen. Nach den Anschlägen von New York und Washington wird Amerika gezwungen, die Welt so wahrzunehmen, wie sie ist, in: Hilmar Hoffmann (Hrsg.), Wendepunkt 11. September 2001. Terror, Islam und Demokratie, Köln 2001, S. 131-139, hier S. 138.

2 Programmhinweis des WDR auf die ARD-Sondersendung ‚11. September – Zehn Jahre danach', online verfügbar unter http://www.wdr.de/unternehmen/presselounge/ programmhinweise/fernsehen/2011/09/20110911_11_september.phtml (Stand: 16.01.2013).

9/11 als „sinnweltliche Ordnungszäsur" für die Journalisten deren Deutung des Tages als „historiographische Deutungszäsur" begünstigte. .[3] Den Journalisten blieb weder Zeit zur Recherche, noch hatten sie Gelegenheit, das Gesehene persönlich zu verarbeiten. Zugleich waren sie in der Pflicht, dem journalistischen Ethos entsprechend ausgewogen zu berichten und Dramatisierungen zu vermeiden. Wie der Kommunikationswissenschaftler Stefan Uhl durch Interviews mit einigen der Moderatoren, die am 11. September im deutschen Fernsehen live auf Sendung waren, herausgearbeitet hat, gerieten diese dabei nicht selten an ihre physischen und psychischen Grenzen.[4] Auch für den Fall des US-Journalismus ist vom ‚Trauma 9/11' die Rede, welches die üblichen journalistischen Routinen zeitweise außer Kraft setzte:

> „Normally, journalists don't get struck by events. They report when events strike others. And it is this basic immunity from action that makes the whole regime of neutrality, objectivity, and detachment even thinkable, let alone practical for journalists."[5]

Was aber bleibt an nachhaltiger Veränderung im Journalismus nach dem 11. September 2001, wenn man die Ausnahmesituation des Tages selbst aus der Gleichung herausrechnet? In der Forschung wird diese Frage besonders häufig hinsichtlich zweier Aspekte diskutiert, auf die ich im Folgenden eingehen möchte: Erstens werde ich kurz die Forschungsdebatte skizzieren, die um die Frage kreist, inwieweit sich das Verhältnis von Journalismus und Politik nach dem 11. September verändert habe. Im Fokus dieser Debatte steht der US-amerikanische Fall, denn nach 9/11, so der Tenor der Forschung, ließen Journalisten dort die kritische Distanz zur Bush-Administration oftmals vermissen.

Zweitens werde ich, nun mit Blick auf den Journalismus in Deutschland, auf die Forschungsdebatte um mediale Islambilder eingehen. In Bezug auf die Frage, inwieweit der 11. September einen Wandel in der Islam-Berichterstattung nach sich zog, werde ich einige Ergebnisse einer Längsschnittstudie vorstellen, in der ich die Berichterstattung der Sendung *Tagesthemen* zwischen 1979 und 2010 untersucht habe. Ein zentrales Ergebnis lautet, dass die Berichterstattung am und nach dem 11. September im Kontext eines zum Zeitpunkt

3   Martin Sabrow zitiert nach Manfred Berg, Der 11. September 2001 – eine historische Zäsur? In: Zeithistorische Forschungen (Online-Ausgabe) 8 (3), 2011. Online verfügbar unter http://www.zeithistorische-forschungen.de/16126041-Berg-3-2011 (Stand: 16.01.2013).

4   Uhl führte Interviews mit Ulrich Wickert (ARD), Steffen Seibert (ZDF), Peter Kloeppel (RTL), Astrid Frohloff (SAT. 1), Uta Georgi und Lars Brandau (beide N-TV). Die Analyse findet sich bei Stefan Uhl, Zwischen Moderation und Emotion: Wie deutsche Fernsehmoderatoren den 11. September bewältigen, S. 113-133, in: Michael Beuthner (Hrsg.), Bilder des Terrors – Terror der Bilder? Krisenberichterstattung am und nach dem 11. September, Köln 2003.

5   Jay Rosen, September 11 in the Mind of American Journalism, S. 27-35, in: Barbie Zelizer und Stuart Allan (Hrsg.), Journalism after September 11, London, New York 2003, S. 28.

der Anschläge bereits etablierten Medien-Narrativs um islamistischen Terrorismus steht und insofern von einer Zäsur 9/11 keine Rede sein kann.[6] Ehe ich unter den genannten zwei Gesichtspunkten auf die Folgen des Tages im Sinne einer möglichen Zäsur eingehe, möchte ich allerdings kurz den Tag selbst aus einer kommunikationswissenschaftlichen Perspektive beleuchten, wobei ich den Begriff „Medienereignis" ins Zentrum rücke.

1 Der 11. September als Medienereignis

Die Anschläge von New York, Washington D.C. und Pennsylvania waren ein Medienereignis – soweit besteht Einigkeit in der Forschung. Mit diesem Begriff ist zum einen gemeint, dass es sich bei den Anschlägen um einen Vorgang mit „extremem Nachrichtenwert"[7] handelte. Es ist kaum ein Ereignis vorstellbar, welches in noch höherem Maße den Kriterien entsprechen würde, die Journalisten anlegen, um Berichtenswertes von Nicht-Berichtenswertem zu unterscheiden. Jean Baudrillard hat im November 2001 davon gesprochen, dass man es bei 9/11 mit einem „absoluten Ereignis" zu tun habe, „das in sich alle Ereignisse vereint, die niemals stattgefunden haben."[8] Die Option, am 11. September 2001 statt über die Anschläge von New York und Washington über etwas anderes zu berichten, existierte für Journalisten de facto nicht. Vielmehr erschienen die Vorgänge von solch überragender Relevanz, dass vieles von dem, was normalerweise in den Medien präsentiert wird, an diesem Tag als unpassend und nichtig angesehen wurde. Unterhaltungssendungen wie Jon Stewarts *Daily Show* in den USA oder *Die Harald Schmidt Show* in Deutschland legten Sendepausen ein;[9] der Jugendsender VIVA sendete statt Musikvideos ein Schwarzbild mit einem Laufband, auf dem zu lesen war: „Aus Res-

---

6   Die Dissertation erscheint 2013 unter dem Titel ‚Mediendiskurs Islam. Narrative in der Berichterstattung der Tagesthemen 1979 bis 2010.‘

7   Martin Emmer, Christoph Kuhlmann, Gerhard Vowe und Jens Wolling, Der 11. September – Informationsverbreitung, Medienwahl, Anschlusskommunikation, in: Media Perspektiven 33 (4), 2002, S. 166-177, hier S. 166.

8   Jean Baudrillard, Der Geist des Terrorismus. Das Abendland, das die Stelle Gottes eingenommen hat, wird selbstmörderisch und erklärt sich selbst den Krieg, in: Hilmar Hoffmann (Hrsg.), Wendepunkt 11. September 2001. Terror, Islam und Demokratie, Köln 2001, S. 53-64, hier S. 53.

9   Vgl. Mathias N. Lorenz, Lachen nach dem / über den 11. September 2001. Komik im Angesicht des Schrecklichen, in: Mathias N. Lorenz (Hrsg.), Narrative des Entsetzens. Künstlerische, mediale und intellektuelle Deutungen des 11. September 2001, Würzburg 2004, S. 301-322, hier S. 306.

pekt vor den aktuellen Geschehnissen setzen wir unser Programm vorübergehend aus."[10] Erst am 14. September 2001, also drei Tage nach den Anschlägen, wurde beispielsweise in der ZDF-Sendung *heute* erstmals wieder über etwas berichtet, das mit den Ereignissen von New York und Washington nicht in unmittelbarem Zusammenhang stand.[11] Der Kommunikationswissenschaftler Siegfried Weischenberg äußerte in einer Diskussionsrunde ein Jahr nach dem Anschlag die Auffassung: „Was den Umfang der Berichterstattung angeht, lässt sich das nicht überbieten."[12]

Die Anschläge des 11. Septembers als Medienereignis zu bezeichnen, zielt jedoch noch in eine andere Richtung: Die Medien waren am 11. September nicht nur Berichterstatter von einem Ereignis, sondern waren selbst inhärenter Teil des Ereignisses. Was in New York und Washington geschah, konnte seine Wirkung überhaupt erst dadurch entfalten, dass und wie davon berichtet wurde. Diese These wird in der Forschung in Bezug auf drei Aspekte vertreten. Erstens wird davon ausgegangen, dass die Schockwirkung der Ereignisse durch die offensichtliche Überraschung unter den Journalisten sowie durch deren zum Teil ungewöhnlich emotionalen Reaktionen verstärkt wurde. Der strukturelle Wissensvorsprung, den Journalisten für gewöhnlich gegenüber den Rezipienten haben, war zum Zeitpunkt des Geschehens nicht gegeben, so dass die Zuschauer nicht nur den Ausnahmezustand in New York und Washington live verfolgen konnten, sondern auch die große Verunsicherung in den Redaktionen, die „den eigenen Ausnahmezustand gleich mit inszenierten"[13], miterlebten. Das Ausmaß der Ereignisse war insofern „zuerst an den ratlosen Gesichtern der Fernsehmoderatoren abzulesen."[14] Zweitens gilt der 11. September 2001 in den Medienwissenschaften als „der Tag des Fernsehens"[15], womit gemeint ist, dass der Schwerpunkt der Berichterstattung auf der Visualität der Ereignisse lag. 44,9 Prozent der deutschen Bevölkerung erfuhren unmittelbar durch das Fernsehen von den Ereignissen.[16] Diejenigen, die zunächst durch interpersonale Kommunikation oder durch ein anderes Medium davon erfahren

---

10 Stephan Weichert, Von der Live-Katastrophe zum Medien-Denkmal: Das mediatisierte Krisenereignis ‚11. September', in: Michael Beuthner (Hrsg.), Bilder des Terrors – Terror der Bilder? Krisenberichterstattung am und nach dem 11. September, Köln 2003, S. 74-102, hier S. 84.
11 Vgl. ebd., S. 78.
12 Zitiert nach Sandra Fröhlich, ‚Apocalypse how? Quantität und Qualität der Medienbilder des 11. September' – Eine Podiumsdiskussion am 8. November 2002 im Warburg Haus. Aufgezeichnet und redaktionell bearbeitet von Sandra Fröhlich, in: Michael Beuthner (Hrsg.), Bilder des Terrors – Terror der Bilder? Krisenberichterstattung am und nach dem 11. September, Köln 2003, S. 170-203, hier S. 175.
13 Michael Beuthner und Stephan Weichert, Zur Einführung: Bilder des Terrors – Terror der Bilder? In: Michael Beuthner (Hrsg.), Bilder des Terrors – Terror der Bilder? Krisenberichterstattung am und nach dem 11. September, Köln 2003, S. 10-25, hier S. 13.
14 Weichert, Von der Live-Katastrophe zum Medien-Denkmal, S. 88.
15 Siegfried Weischenberg zitiert nach Fröhlich, ‚Apocalypse how', S. 176.
16 Vgl. Emmer et al., Der 11. September, S. 169.

hatten, suchten zu 90 Prozent anschließend nach weiteren Informationen, wobei die große Mehrheit auf den Fernseher zurückgriff.[17] Während die Printmedien in den Folgetagen vermehrt kommentierend und kontextualisierend arbeiteten, dominierte am 11. September selbst das Fernsehen, welches die Bilder vom Einschlag des zweiten Flugzeugs in den Südturm sowie den Zusammensturz beider Türme in Endlosschleifen wiederholte.[18] Grund dafür war wohl zum einen der unmittelbar nach den Anschlägen bestehende Mangel an Informationen, da es jenseits der Bilder des Ereignisses selbst wenig zu berichten gab. Zum anderen hatte die ständige Wiederholung performativen Charakter: das zunächst Unfassbare wurde erst durch die Wiederholung überhaupt als real vermittelbar. Ein weiterer Effekt dieser Endlosschleifen war auch, dass sich die Bilder sowohl bei den Zuschauern als auch bei den Journalisten in das Bewusstsein geradezu einbrannten und dadurch zu „Instant-Ikonen" wurden.[19] Der Bildtheoretiker W.J.T Mitchell versteht 9/11 in diesem Sinne als die Produktion eines Bildes durch die Zerstörung eines anderen:

> „Die Zerstörung der Twin Towers war ein Akt klassischen Bildersturms (der Zerstörung eines fremden Götzenbildes) als Herstellung einer Gegenikone, die auf ihre Weise weitaus mächtiger geworden ist als die profane Ikone, an deren Stelle sie trat."[20]

Auch hinsichtlich eines dritten Aspektes waren die Medien und ihre Berichterstattung Bestandteil der Geschehnisse vom 11. September, besteht doch in der Wissenschaft die weit verbreitete Annahme, dass die Terroristen die Medialisierung der Anschläge in ihr Kalkül mit einbezogen. Terrorismus wird disziplinübergreifend als eine Kommunikationsstrategie in einem asymmetrischen Konflikt verstanden, die das Erreichen der größtmöglichen Aufmerksamkeit zum Ziel hat.[21] Am 11. September wurde dies auch dadurch umgesetzt, dass die beiden gezielten Abstürze der Passagiermaschinen in die Zwillingstürme des World Trade Centers um 18 Minuten zeitversetzt erfolgten. So konnten die Terroristen davon ausgehen, dass zum Zeitpunkt des zweiten Absturzes die Kameras der Welt bereits auf den Gebäudekomplex des World Trade Center gerichtet sein würden, so dass die Zuschauer den Anschlag auf den Südturm live im Fernsehen würden mitverfolgen können. Dieses Vorgehen der Terroristen kann auch als „Terrorplanung nach den Produktionsbedingungen des

---

17 Vgl. ebd., S. 171.
18 Zum Faktor Wiederholung in den Medienbildern des 11. Septembers vgl. Clément Chéroux, Diplopie. Bildpolitik des 11. September, Konstanz 2011.
19 Vgl. Joan Kristin Bleicher, Lesarten des Wirklichen. Narrative Strukturen der Live Übertragung vom 11. September 2001, in: Michael Beuthner (Hrsg.), Bilder des Terrors – Terror der Bilder? Krisenberichterstattung am und nach dem 11. September, Köln 2003, S. 60-73, hier S. 68f.
20 William J. Thomas Mitchell, Das Klonen und der Terror. Der Krieg der Bilder seit 9/11, Frankfurt am Main 2011, S. 122.
21 Vgl. z.B. Stephan Weichert und Leif Kramp, Die Vorkämpfer. Wie Journalisten über die Welt im Ausnahmezustand berichten, Köln 2011, S. 51.

Fernsehens" bezeichnet werden.[22] Nicht die Visualität des Geschehens alleine begründet also seine Wirkmächtigkeit, sondern auch und vor allem sein Live-Charakter:

> „Other incidents of violence and horror before and since have also been visualized. War, genocide, natural disasters, and accidents are visually documented. In the case of 9/11 we all *participated* in the events, knowing that these things were happening, in real time, to real people."[23]

Auf die Frage, was am 11. September 2001 geschah, wäre also nicht allein zu antworten, dass es in den USA zu terroristischen Anschlägen kam, sondern auch, dass diese Taten vor den Augen von Millionen von Zuschauern live begangen wurden. Wenn der Kommunikations- und Islamwissenschaftler Karim H. Karim in einem Text über den 11. September eine Statistik anführt mittels derer er den ca. 3000 Opfern der Anschläge des 11. September 2001 eine Zahl von 6000 Kindern gegenüberstellt, die durchschnittlich pro Tag an Durchfallerkrankungen sterben, so verdeutlicht er dadurch den Unterschied zwischen der Sichtbarkeit der einen und der Unsichtbarkeit der anderen Tragödie.[24] Zugleich wird deutlich, dass die Bedeutung des Anschlags nicht im individuellen Leid zu suchen ist, das damit keineswegs relativiert werden soll, sondern in seiner Symbolhaftigkeit, die in ihrer Medialität begründet ist.

2 Die schwindende Unabhängigkeit des US-Journalismus nach 9/11

Stellt nun dieses Medienereignis 11. September eine Zäsur für den Journalismus dar? Beziehen Journalisten, die ein Teil des Ereignisses waren, sich selbst mit ein, wenn sie davon sprechen, dass nach 9/11 nichts mehr so sein werde wie zuvor? Nimmt man diese Formulierung für einen Moment wörtlich, so liegt die metaphorische Qualität dieser Aussage auf der Hand, denn niemand könnte ernsthaft bestreiten, dass die Kontinuitäten nach dem 11. September überwiegen. Die *Tagesschau* läuft auch nach dem 11. September noch immer um 20 Uhr, *RTL Aktuell* um 18.45 Uhr, die Bild-Zeitung betreibt weiterhin Boulevard-Journalismus, während sich die Frankfurter Allgemeine Zeitung weiterhin der seriösen Berichterstattung verpflichtet fühlt. Auch der berufliche

---

22   Bleicher, Lesarten des Wirklichen, S. 68.
23   Stewart M. Hoover, Religion in the Media Age, London, New York 2006, S. 237, Hervorh. im Original.
24   Vgl. Karim H. Karim, Making Sense of the 'Islamic Peril', in: Barbie Zelizer und Stuart Allan (Hrsg.), Journalism after September 11, London, New York 2003, S. 101-116, hier S. 103. Der Autor nennt zusätzlich die Zahl von 2700 Kindern, die durchschnittlich pro Tag an Masern sterben und 24.000 Menschen pro Tag, die verhungern.

Alltag der Journalisten, so ein Ergebnis der erwähnten Studie von Uhl, hat sich durch den 11. September nicht nennenswert verändert.[25] Wenn Journalisten von der „Epochenwende 11. September" sprechen, so zielt der Begriff also offenbar auf die weltpolitischen Folgen des Anschlags und weniger auf die eigene Zunft.

Zu diesen Folgen zählt nach der Auffassung einer Vielzahl nordamerikanischer Forscher auch eine problematische Veränderung des Verhältnisses zwischen Medien und Politik in den USA. Die Wissenschaft kritisierte in diesem Zusammenhang häufig, dass Berichterstattung und Politik bezüglich der Bewertung der Anschläge und der daraus abzuleitenden politischen Maßnahmen in einen „overwhelming consensus"[26] eingestimmt hätten. Vielen Journalisten habe es bedingt durch das Aufwallen patriotischer Stimmungen und ihrer subjektiven Betroffenheit in der Zeit nach den Anschlägen an kritischer Distanz zur Politik gefehlt. Die politischen Entscheidungen zum Umgang mit der Katastrophe, insbesondere der Entschluss, in Afghanistan und Irak Krieg zu führen, seien nicht ausreichend kritisch hinterfragt worden:

„What is most striking in the US news coverage following the September 11 attacks is how that very debate over whether to go to war, or how best to respond, did not even *exist*. It was presumed, almost from the moment the South Tower of the World Trade Center collapsed, that the United States was at war, world war."[27]

Die in sicherheits- und außenpolitischer Perspektive kompromisslose Linie der Bush-Administration im Umgang mit den Anschlägen übte offenbar auch auf konkurrierende Medienanstalten Druck aus, da diese vor ihren Konsumenten in der emotional und patriotisch aufgeladenen Stimmung nach den Anschlägen nicht durch kritische Berichterstattung als Nestbeschmutzer oder Vaterlandsverräter dastehen wollten. In einer Zeit, in der die Nation sich hinter ihren Präsidenten stellte und Kongress und Repräsentantenhaus diesem nie dagewesene Vollmachten zur Kriegsführung einräumten,[28] fielen kritische Stimmen dem Kampf um Einschaltquoten zum Opfer. Der Kommunikationswissenschaftler Robert W. McChesney bezeichnet die Journalisten in diesen Sinne als Stenographen der Politik und die US-Berichterstattung der post-9/11-Ära als propagandistisch.[29] Auch die Kommunikationswissenschaftler Nancy Snow und Philip M. Taylor charakterisieren diese Zeit als ein „Revival of the Propaganda

---

25 Vgl. Uhl, Zwischen Moderation und Emotion, S. 129.
26 Michael Schudson, What's Unusual about Covering Politics as Usual, in: Barbie Zelizer und Stuart Allan (Hg.), Journalism after September 11, London, New York 2003, S. 36-47, hier S. 36.
27 Robert W. McChesney, September 11 and the Structural Limitations of US Journalism, in: Barbie Zelizer und Stuart Allan (Hrsg.), Journalism after September 11, London, New York 2003, S. 91-100, hier S. 93.
28 Vgl. Bernd Greiner, 9/11. Der Tag, die Angst, die Folgen, München 2011, S. 83-85.
29 Vgl. McChesney, September 11 and the Structural Limitations of US Journalism, S. 94f.

State"[30] Diese Autorinnen und Autoren stützten ihre Bewertung der medienpolitischen Geschehnisse in den USA nach dem 11. September insbesondere auf ihre Beobachtungen über das Zusammenspiel von Politik und Medien im Vorfeld des Irak-Krieges, einer Phase, in welcher die Medien Fehlinformationen und Halbwahrheiten der Regierung im allgemeinen „war fever"[31] weitgehend unreflektiert und unhinterfragt übernahmen.[32] Durch Einrichtungen wie das *Office for Strategic Influence (OSI)* in Afghanistan, einer Einrichtung des US-Militärs mit dem Ziel, die öffentliche Meinung im Ausland gegenüber den USA und ihrer Außenpolitik durch Propaganda gezielt zu beeinflussen, sowie durch die Akkreditierung von *Embedded Journalists* für die Kriegsberichterstattung erreichten die Versuche der Medienlenkung durch die US-Regierung eine neue Dimension.[33] Als die Existenz des bis dahin geheim gehaltenen OSI bekannt wurde, kam es dann doch zu einem öffentlichen Protest der US-Journalisten. Denn das OSI verfolgte nicht nur das Ziel zum Zwecke der Täuschung militärischer Gegner Fehlinformationen herauszugeben, sondern diese auch durch die US-Medien verbreiten zu lassen. Nach massiver öffentlicher Kritik wurde die Behörde 2002 offiziell geschlossen.[34]

Die fragwürdige Berichterstattung dieser Zeit durch US-Medien lässt sich besonders eindrücklich am Beispiel des Senders CNN zum Afghanistan-Krieg veranschaulichen.[35] Der Sender war zu dieser Zeit sowohl national als auch weltweit der führende Nachrichtensender und war durch dieser Doppelrolle mit einem Dilemma konfrontiert: Hätte CNN wie die heimische Konkurrenz unkritische und regierungsnahe Berichterstattung betrieben, so hätte der Sender mit negativen Reaktionen des internationalen Publikums rechnen müssen und wäre vor dem internationalen Publikum als Erfüllungsgehilfe der Bush-Regierung dagestanden. Hätte CNN hingegen den Wünschen der Nicht-Amerikaner entsprochen und kritisch berichtet, so hätte dies Empörung innerhalb der USA zur Folge gehabt und aller Voraussicht nach zu sinkenden Einschaltquoten geführt. CNN löste dieses Problem pragmatisch: Man produzierte schlicht zwei Versionen des Krieges: „[A] critical one for global audiences, a sugarcoated one for Americans."[36] Für den Fall, dass die letztere doch einmal einen kritischen Kommentar enthielt wurde stets der Hinweis mitausgestrahlt,

30 Nancy Snow und Philip M. Taylor, The Revivial of the Propaganda State. US Propaganda at Home and Abroad since 9/11, in: International Communication Gazette 68 (5-6), 2006, S. 389-407.
31 Douglas Kellner, September 11, the Media, and War Fever, in: Television & New Media 3 (2), 2002, S. 143-151.
32 Vgl. zur Medienstrategie der Bush-Regierung vor dem Irak-Krieg Greiner, 9/11, S. 102-119.
33 Vgl. Susanne Kirchhoff, Krieg mit Metaphern. Mediendiskurse über 9/11 und den „War on Terror", Bielefeld 2010, S. 37.
34 Vgl. Snow und Taylor, The Revivial of the Propaganda State, S. 399.
35 Vgl. i.F. McChesney, September 11 and the Structural Limitations of US Journalism, S. 94.
36 Ebd.

dass es sich bei dem „Krieg gegen den Terror" im Allgemeinen um einen „guten Krieg" handele.

Dass diese Doppelstrategie mit dem Ideal einer freien Presse nichts mehr zu tun hat, muss nicht eigens betont werden. Inwieweit die Politiknähe der Medien nach 9/11 allerdings eine Zäsur markiert, ist durchaus strittig. So geht etwa McChesney davon aus, dass 9/11 gleich einem Katalysator lediglich jenen anti-demokratischen Tendenzen der Presse zum Durchbruch verholfen habe, die auch schon zuvor erkennbar gewesen seien.[37] James W. Carey, Medientheoretiker und Kommunikationswissenschaftler, der die Phase nach dem 11. September in den Kontext einer 100 Jahre umspannenden Journalismus-Geschichte der USA stellt, erkennt darin weniger ein Novum als vielmehr eine Rückkehr in eine Zeit, in der die Arbeit der US-Journalisten noch eine größere Nähe zu den Alltagsdiskursen ihrer Leser und Zuschauer aufgewiesen hatte. In den Jahren vor dem 11. September, so Carey, hatten Journalisten sich vom Gemeinwesen weitgehend entfremdet und über das politische Geschehen aus einer Position der ironischen Distanz heraus berichtet. Die ‚Erdung' des US-Journalismus durch 9/11 bewerte Carey positiv, zugleich jedoch bemerkt er kritisch, dass auch eine Entwicklung hin zu einem medialen ‚Hurrapatriotismus' zu beobachten sei.[38] Letzteres hängt zweifellos auch mit der zunehmenden Polarisierung der US-Medienlandschaft zusammen, in der sich etwa im Fernsehbereich der dezidiert rechtskonservative Sender *Fox News* und der linksliberale Kanal MSNBC gegenüberstehen.

Diese Situation der US-amerikanischen Medien findet in Deutschland bislang keine Entsprechung. Auch kann hierzulande von einer vergleichbaren Abkehr von journalistischen Idealen im Sinne einer unkritischen Unterstützung der Politik nicht die Rede sein. Einzuräumen wäre allerdings, dass deutsche Medien sich mit ihrer Regierung in der Bewertung des Irak-Kriegs ähnlich einig waren wie ihre US-amerikanischen Kollegen mit der Bush-Administration – freilich unter umgekehrten Vorzeichen.[39] Dessen ungeachtet ist in der Forschung häufig eher die Rede davon, der 11. September habe in Deutschland zu positiven Veränderungen im Journalismus beigetragen. So wird die Meinung vertreten, dass die Journalisten ihre eigene Rolle im Kontext der Kriege in Afghanistan und im Irak weitaus kritischer reflektiert hätten, als dies noch zur Zeit des Golfkriegs in den Jahren 1990 und 1991 der Fall gewesen sei.[40] Zudem gingen Redaktionen heute vorsichtiger mit Quellen um oder machten eine problematische Quellenlage für die Rezipienten transparent, etwa indem sie explizit auf die nicht gesicherte Herkunft von Bildmaterial verweisen. Hier

---

37 Vgl. McChesney, September 11 and the Structural Limitations of US Journalism, S. 91.
38 James W. Carey, American Journalism on, before, and after September 11, in: Barbie Zelizer und Stuart Allan (Hrsg.), Journalism after September 11, London, New York 2003, S. 71-90, hier S. 87.
39 Vgl. Kirchhoff, Krieg mit Metaphern, S. 37.
40 Vgl. ebd., S. 27.

habe es, so Weischenberg, einen „Lerneffekt"[41] aus früheren Fehlern gegeben. Positiv beurteilt wird auch die differenziertere Berichterstattung, die zum Beispiel durch die Einrichtung von auf Terrorismus spezialisierten Redaktionsstrukturen ermöglicht wurde. Nicht unkritisch wird allerdings der vermehrte Einsatz von Experten zu Themen wie Terrorismus oder Islam bewertet.[42] Letztere können zwar wertvolle Einblicke in komplexe Sachlagen ermöglichen, stoßen diesbezüglich aber auch leicht an die Grenzen ihrer Möglichkeiten. So sieht etwa der Islamwissenschaftler Manfred Sing das Verlangen der Medien, prägnante und eindeutige Informationen über „den Islam" zu erhalten als eine Überforderung seines Fachs an und warnt vor der Gefahr der Simplifizierung.[43]

3 Der Islam auf der Agenda der Medien

Mit dem Hinweis auf Manfred Sings Einschätzung ist bereits angedeutet, was im deutschen Forschungskontext besonders häufig als Folge des 11. September angesehen wird: Die Erhöhung der massenmedialen Aufmerksamkeit für den Islam. Davon nicht zu lösen, dies sei hier am Rande bemerkt, ist eine mit 9/11 einsetzende Aufmerksamkeitssteigerung für Religion insgesamt. Dies gilt insbesondere für das Verhältnis von Religion und Politik.[44] Am 11. September, so eine pointierte Formulierung von Jürgen Habermas, „ist die Spannung zwischen säkularer Gesellschaft und Religion […] explodiert."[45] Zu der Aufmerksamkeitssteigerung für den Islam finden sich in der Forschung häufig Einschätzungen wie die folgende:

41 Zitiert nach Fröhlich, ‚Apocalypse how', S. 181.
42 Vgl. Lewis Gropp, Die Medien und der 11. September. Diskursive Deeskalation, in: Deutscher Kulturrat (Hrsg.), Islam – Kultur – Politik, Beilage zur Zeitung Politik und Kultur, 2011, S. 13. Eine journalistische Spezialisierung auf den Islam und die Nahost-Region wird in Bezug auf den US-Medien-Kontext in der deutschsprachigen Forschung eher kritisiert, weil damit ein Abbau der Europa-Korrespondenten US-amerikanischer Medien einherging (vgl. Oliver Hahn und Julia Lönnendonker, Transatlantic Foreign Reporting and Foreign Correspondents After 9/11: Trends in Reporting Europe in the United States, in: The Harvard International Journal of Press/Politics 14 (4), 2009, S. 497-515).
43 Vgl. Manfred Sing, Auf dem Marktplatz der Islamgespenster. Die Islamwissenschaft in Zeiten des Erklärungsnotstandes, in: Abbas Poya und Maurus Reinkowski (Hrsg.), Das Unbehagen in der Islamwissenschaft. Ein klassisches Fach im Scheinwerferlicht der Politik und der Medien, Bielefeld 2008, S. 171-192.
44 Vgl. z.B. Hoover, Religion in the Media Age, S. 235 sowie Ulrich Willems und Michael Minkenberg, Politik und Religion im Übergang – Tendenzen und Forschungsfragen zu Beginn des 21. Jahrhunderts, in: Michael Minkenberg und Ulrich Willems (Hrsg.), Politik und Religion, Wiesbaden 2003, S. 13-41, hier S. 13.
45 Jürgen Habermas, Glauben und Wissen. Friedenspreis des Deutschen Buchhandels 2001, Frankfurt am Main 2005, S. 9.

„Kein Tag, an dem der Islam nicht zum Medienthema wird. Keine Woche, in der nicht wenigstens ein Leitartikel der großen deutschen Tages- oder Wochenzeitungen über die verschiedenen Ausprägungen der Konfrontationen zwischen ,dem Westen' und ,dem Islam' räsoniert. Die Terroranschläge vom 11. September 2001 haben den Islam in das Interesse der Öffentlichkeit und auf die Agenda der Medien katapultiert."[46]

Der Eindruck, dass die Berichterstattung über den Islam nach dem 11. September im Umfang gestiegen sei, lässt sich anhand von Zahlen belegen. So wurde etwa in den *Tagesthemen* im Jahr 2002 doppelt so häufig über den Islam berichtet wie noch vor den Anschlägen im Jahr 2000; entsprechende Zahlen zur Berichterstattung in der *Frankfurter Allgemeinen Zeitung* fallen ähnlich aus.[47] Blickt man weiter zurück, werden die Unterschiede tendenziell noch größer. So erschienen in den gesamten 1960er Jahren im *SPIEGEL* lediglich zwei Artikel, die sich überhaupt mit dem Islam beschäftigten.[48] Allein in den ersten acht Monaten des Jahres 2006 schafften es hingegen Themen, die unmittelbar oder mittelbar mit dem Islam in Verbindung gebracht werden, bei acht Ausgaben sogar auf den Titel des Magazins.[49] Der Islam und/oder Muslime fanden im gleichen Zeitraum in 270 Artikeln des *SPIEGELs* Erwähnung.[50] Kai Hafez, einer der wichtigsten Vertreter der Islambildforschung in Deutschland, hat in einer Langzeituntersuchung der Islamberichterstattung von 1955-1994 heraus-

46 Anne Hoffmann, Islam in den Medien. Der publizistische Konflikt um Anne-Marie Schimmel, Münster 2004, S. 9.
47 Suchabfragen in den Archiven von *Tagesthemen* und FAZ nach den Begriffen ,Islam' und ,Muslim' (,Moslem') in allen Varianten wie ,islamisch' ergaben die folgenden Ergebnisse: 01.01.2000-31.01.2000: *Tagesthemen* 35 Beiträge, FAZ 1999 Artikel; 01.01.2002-31.12.2002: *Tagesthemen* 71 Beiträge, FAZ 3310 Artikel. Die Zahlen beziehen sich für den Fall der *Tagesthemen* auf Beitragstitel, redaktionelle Inhaltsangabe und Verschlagwortung, im Falle der FAZ beziehen sie sich auf den Volltext der Artikel.
48 Vgl. Detlef Thofern, Darstellungen des Islams in 'Der Spiegel'. Eine inhaltsanalytische Untersuchung über Themen und Bilder der Berichterstattung von 1950 bis 1989, Hamburg 1998, S. 81.
49 Dieser Befund bezieht sich auf die folgenden *SPIEGEL*-Ausgaben: *Die Agenten von Bagdad* (3/2006), *Die Moral der Rache* (4/2006), *Der heilige Hass* (6/2006), *Amerikas Schande* (8/2006), *Der neue Kalte Krieg* (13/2006), *Der Mann, vor dem die Welt sich fürchtet* (22/2006), *Kann Israel so überleben?* (30/2006) sowie *Strategie Massenmord* (33/2006). Eine prominente Rolle – wenn auch nicht als deutliches Hauptthema – spielt der Islam auch in den Titelgeschichten der Ausgaben *Gewalt im Klassenzimmer* (14/2006), *Du sollst nicht ...* (16/2006), *Die Schnüffler vom Dienst* (17/2006), *Ansturm der Armen* (26/2006) sowie *Lebensgefühl Angst* (35/2006).
50 Die Zahl ergibt sich aus einer Volltext-Suche *im Spiegel*-Archiv nach den Begriffen ,Islam' und ,Muslim' (der Begriff ,Moslem' wird vom *Spiegel* nicht verwendet) in allen Varianten wie ,islamisch'. Inhaltsverzeichnisse, ,Hausmitteilungen' und Leserbriefe wurden dabei nicht berücksichtigt.

gearbeitet, , dass die mediale Aufmerksamkeit für den Islam seit jeher konjunkturellen Schwankungen unterliegt.[51] Als Wendepunkt des Diskurses erscheint in der *longue-durée*-Perspektive die Iranische Revolution von 1978 und 1979. Durch die Ereignisse dieser Jahre, insbesondere die Flucht des Schahs aus dem Iran sowie die Machtübernahme Ayatollah Khomeinis in Teheran, erhöhte sich das Interesse der Medien am Islam. Die Berichterstattung über den Islam erfuhr dabei nicht nur einen quantitativen sondern auch einen qualitativen Wandel: Die bisher dominierende orientalistisch-boulevardeske Berichterstattung, die sogenannte „Soraya Presse", welche in Deutschland vor allem im Journalismus der 1950er und 1960er Jahre dominant gewesen war, verschwand mit diesem Zeitpunkt fast vollständig und die Aufmerksamkeit für das Thema Islam verlagerte sich vor allem in den Bereich der politischen Berichterstattung.[52] Vor diesem Hintergrund stellt sich die Frage, ob es im Jahr 2001 ebenfalls nicht nur eine quantitative sondern zusätzlich wie in den Jahren 1978 und 1979 auch eine qualitative Veränderung der Berichterstattung über den Islam gab.

4 9/11 und das „Feindbild Islam"

Die multidisziplinäre Forschung zu medialen Islambildern geht auf die Pionierstudie *Orientalism*[53] Edward W. Saids zurück und steht zudem in der Tradition der sozialpsychologischen Vorurteils- und Feindbildforschung. Es kann als Konsens dieses Forschungszweigs gelten, dass der Islam in westlichen Medien stereotyp und negativ dargestellt wird.[54] Zentral für den Begriff des „Feindbild Islam" ist die Vorstellung, dass dieses durch das Ende des Kalten Krieges mit dem Golfkrieg der Jahre 1990 und 1991 zu einem Ersatz für das

---

51 Vgl. Kai Hafez, Die politische Dimension der Auslandsberichterstattung, Baden-Baden 2002, S. 293.
52 Vgl. ebd., S. 294f.
53 Edward W. Said, Orientalism, London 1978.
54 Vgl. bezogen auf die deutsche Medienlandschaft exemplarisch die erwähnte Studie von Hafez, Die politische Dimension der Auslandsberichterstattung. In Großbritannien ist die Arbeit von Elizabeth Poole, Reporting Islam. Media Representations of British Muslims, London, New York 2009, besonders einflussreich gewesen; in Frankreich gilt dasselbe für die Studie von Thomas Deltombe, L'islam imaginaire. La construction médiatique de l'islamophobie en France: 1975-2005, Paris 2005. Ein Überblick zum Forschungsstand in den USA findet sich bei Dina Ibrahim, The Middle East in American Media. A 20th-Century Overview, in: The International Communication Gazette 71 (6), 2009, S. 511-524.

nun abhanden gekommene „Feindbild Kommunismus" geworden sei.[55] Zu diesem Zeitpunkt kam es aber keineswegs zur Entstehung dieses Feindbildes. Vielmehr handelte es sich dabei um die Reaktivierung eines alten Deutungsmusters, das Wissenschaftler verschiedener Disziplinen bis in die Zeit theologischer Differenzen zwischen Christentum und Islam im Frühmittelalter datieren. Ein negatives und „unterschwellig wirksame[s] Bild"[56] des Islams, so der Religionswissenschaftler Thomas Naumann, habe sich bereits das „erschreckte Abendland"[57] des 7. und 8. Jahrhunderts eingeprägt. Der Islamwissenschaftler Samir Aly geht über diesen Datierungsansatz noch deutlich hinaus und meint die Wurzeln des Feindbilds Islam gar in einem „Araber-Feindbild" vorislamischer Zeit ausmachen zu können und spricht diesbezüglich von einem „uralte[n] Missverständnis".[58]

Die Forschung zu medialen Islambildern versteht das Feindbild Islam folglich als eine Konstante in den Vorstellungen der „westlichen Welt" über den Islam, die bereits lange vor dem 11. September 2001 existierte. Der Befund einer negativen Islamdarstellung der Medien nach 9/11 zeugt insofern nach verbreiteter Auffassung keineswegs von einer Zäsur, sondern vielmehr von Kontinuität – was freilich den Befund umso bedenklicher macht.

5 Narrativitätskonzepte als Alternative zum Feindbild-Ansatz

Den im Forschungsfeld Islam und Medien verbreiteten Zweifeln am Zäsurcharakter des 11. Septembers schließe ich mich im Grundsatz an. Die starke Konzentration der Forschung auf den Feindbild-Begriff ist aus meiner Sicht allerdings nicht unproblematisch,[59] da er als Analyseraster einer so vielschichtigen

---

55 Vgl. z.B. Jutta Bernard, Claudia Gronauer und Natalie Kuczera, Auf der Suche nach einem neuen Feindbild. Eine vergleichende Metaphernanalyse zu Kommunismus und Islam, in: Tübinger Medienprojekt (Hg.), Der Islam in den Medien, Gütersloh 1994, S. 198-207, hier S. 205.

56 Thomas Naumann, Feindbild Islam – Historische und theologische Gründe einer europäischen Angst, in: Thorsten Gerald Schneiders (Hrsg.), Islamfeindlichkeit. Wenn die Grenzen der Kritik verschwimmen, Wiesbaden 2009, S. 19-36, hier S. 22.

57 Ebd.

58 Samir Aly, Das Bild der islamischen Welt in der westdeutschen Presse in den 70er Jahren. Eine Inhaltsanalyse am Beispiel ausgewählter überregionaler Tageszeitungen mit einem historischen Abriss zur abendländischen und deutschen Imageologie des Islam und seiner Welt im Laufe der Jahrhunderte, Frankfurt am Main 2002, S. 5. Vgl. ebd. umfassen historischen Abriss zu westlichen Islambildern, S. 133-272.

59 Diese Einschätzung habe ich an anderer Stelle ausführlicher begründet: Tim Karis, Postmodernes Feindbild und aufgeklärte Islamophobie? Grenzen der Analysekategorie ‚Feindbild' in der Islambildforschung, in: Alfons Fürst, Harutyun Harutyunyan, Eva-Maria Schrage und

und komplexen Wahrnehmung des Islams zu grob eingestellt ist und damit leicht zu pauschalisierenden Ergebnissen führen kann, während die Feinheiten und Ambiguitäten des Mediendiskurses der Forschung zu entgehen drohen. Gegen die These von einem pauschalen Feindbild Islam der Medien spricht schon der Umstand, dass Feindseligkeiten gegenüber Muslimen häufig in den Medien selbst zum Thema und seitens der Journalisten einhellig verurteilt werden. Insbesondere unmittelbar nach 11. September 2001 war dies häufig der Fall.[60] Soweit diese Seite der Berichterstattung in der Forschung Beachtung findet, wird sie häufig als eine begrüßenswerte, aber randständige Abweichung vom dominanten Feindbild-Muster angesehen.[61] In meiner eigenen Forschungsarbeit zum medialen Islambild schlage ich stattdessen vor, auf den Islam bezogene Berichterstattungsmuster nicht als ‚positiv‘ oder ‚negativ‘, ‚ausgewogen‘ oder ‚voreingenommen‘ zu kategorisieren, sondern die grundsätzliche Kontingenz und Historizität dieser Muster in den Blick zu nehmen. So sollte kritische Forschung aus meiner Sicht sowohl das Medienbild des muslimischen „Fundamentalisten" als auch das Medienbild des „integrierten", oder „gemäßigten" Muslims als Konstrukte begreifen, welche Muslime in ein Kategorienkorsett zwingen, das sie oftmals selbst nicht teilen:

> „The problem is not the categories into which we shoehorn human subjects, but the logic of this binary categorisation itself and the role it plays in constituting them as subjects." [...] „The logic of reducing Muslims to ‚types‘ (benign or not) is a racial project."[62]

Statt der im Forschungsfeld verbreiteten Begrifflichkeiten wie „Stereotyp", „Vorurteil" und „Feindbild" rücken in meiner Studie zum Islambild der *Tagesthemen* von 1979 bis 2010 die Begriffe „Diskurs" und „Narrativ" in den Vordergrund.[63] Der „Mediendiskurs Islam", so meine Begrifflichkeit, setzt sich aus einer Anzahl von auf den Islam bezogenen Narrativen zusammen, in denen kulturelles Wissen über den Islam geordnet ist.[64] Aktuelle Ereignisse werden

Verena Voigt (Hrsg.), Vom Ketzer bis zum Terroristen: Interdisziplinäre Studien zur Konstruktion und Rezeption von Feindbildern, Münster 2012, S. 173-190.

60 Vgl. Dina Ibrahim, The Framing of Islam on Network News Following the September 11th Attacks, in: The International Communication Gazette 72 (1), 2010, S. 111-125, hier S. 116.

61 So z.B. die Argumentation bei Kai Hafez und Carola Richter, Das Islambild von ARD und ZDF. Themenstrukturen einer Negativagenda, in: Der Fachjournalist 8 (3), 2008, S. 10-16, hier S. 12.

62 David Tyrer, ‚Flooding the Embankments‘: Race, Biopolitics and Sovereignty, in: S. Sayyid und Abdoolkarim Vakil (Hrsg.), Thinking through Islamophobia, London 2010, S. 94, S. 93-110, hier S. 106.

63 Ich beziehe mich in erster Linie auf den Ansatz der Narrativen Diskursanalyse, den der Soziologe Willy Viehöver entwickelt hat: Willy Viehöver, Diskurse als Narrationen, in: Reiner Keller, Andreas Hirseland, Werner Schneider und Willy Viehöver (Hrsg.), Handbuch Sozialwissenschaftliche Diskursanalyse Bd. I.: Theorien und Methoden, Wiesbaden 2006, S. 179-208.

64 Vgl. dazu ausführlich Tim Karis, Mediendiskurs Islam. Narrative in der Berichterstattung der Tagesthemen 1979-2010, Wiesbaden 2013.

in der Berichterstattung vor dem Hintergrund dieser Narrative gedeutet und erlangen dadurch allererst Plausibilität und Kohärenz. Die Narrative werden auf diese Weise laufend fortgeschrieben und gleichzeitig verfestigt. Was wir über den Islam wissen, so könnte in Abwandlung des Luhmannschen Diktums formuliert werden, wissen wir aus diesen medialen Islam-Erzählungen.[65] Diese können einander ergänzen, in Konkurrenz miteinander stehen oder einander im Zeitverlauf überlagern und verdrängen.

Vor dem Hintergrund dieser theoretischen Position stellt sich die Frage nach dem Zäsurcharakter des 11. Septembers für das mediale Islambild in anderer Weise als im Kontext der Feindbild-Forschung. Statt zu fragen, ob der Islam nach dem 11. September „negativer" oder „positiver" dargestellt worden sei als zuvor, interessiert mich erstens, ob es den Journalisten am 11. September möglich war, die Ereignisse in ein bestehendes Islam-Narrativ einzuordnen, oder ob sie gezwungen waren, ein gänzlich neues Narrativ zu erschaffen. Diesbezüglich werde ich im Folgenden die These vertreten, dass zu diesem Zeitpunkt bereits ein Narrativ um „islamistischen Terrorismus" im Mediendiskurs über den Islam etabliert war. Nach dem Schock der ersten Minuten wurden die Ereignisse durch die Journalisten sehr schnell in dieses Narrativ eingebettet. Dies markiert, wie sich zeigen lässt, einen Unterschied zur Berichterstattung über den Bombenanschlag auf das World Trade Center im Februar 1993. Denn zu dieser Zeit bestand ein Narrativ um islamistischen Terrorismus noch nicht, so dass der Anschlag von 1993 in dieser Hinsicht eher einen Wendepunkt des Mediendiskurses Islam darstellt als 9/11. Zwei Jahre später, zum Zeitpunkt des Anschlags von Oklahoma City im April 1995 war das Narrativ um den „islamistischen Terrorismus" bereits omnipräsent.

Eine zweite Frage, die sich in Bezug auf den Zäsurcharakter des 11. Septembers im Kontext meines Forschungsansatzes stellt, lautet, inwieweit die Anschläge Auswirkungen auf das narrative Gesamtgefüge des Mediendiskurs Islam hatten. Veränderte sich durch 9/11 beispielsweise das Narrativ um Einwanderung und Integration? Es deutet zumindest einiges darauf hin, dass sich das Narrativ um den „islamistischen Terrorismus" nach dem 11. September verstärkt mit einem Narrativ um muslimische Migration nach Westeuropa verband. Zentrale Nahtstelle war dabei, so meine These, der Topos der *Unsichtbarkeit* der Terroristen einerseits und der Muslime in der „Parallelgesellschaft" andererseits.[66]

65 „Was wir über unsere Gesellschaft, ja über die Welt, in der wir leben, wissen, wissen wir durch die Massenmedien." Niklas Luhmann, Die Realität der Massenmedien, 3. Aufl., Wiesbaden 2004, S. 9.

66 Die nachfolgenden Ausführungen beziehen sich primär auf die deutsche Medienberichterstattung am Beispiel der Tagesthemen. Der Literatur ist zu entnehmen, dass sich der deutsche und der US-amerikanische Mediendiskurs Islam in vielerlei Hinsicht ähneln. So findet sich etwa der deutsche Topos der ‚Parallelgesellschaft' im US-amerikanischen Bild des enemy

6 9/11 und das Terrorismus-Narrativ

In der *Tagesthemen*-Sendung vom 11. September 2001 war zu den Bildern der Trümmer des World Trade Centers sowie von den mit Aufräumarbeiten beschäftigten Feuerwehrleuten der folgende Off-Text zu hören:

> „26. Februar 1993, die Bilder gleichen sich: Anschlag auf das World Trade Center in New York. Der später gefasste Täter Ramzi Ahmed Yousef gab bei seiner Vernehmung an, hätte er mehr Sprengstoff gehabt, hätte er beide Türme zum Einsturz bringen können. Das war nicht gelungen, die Bilanz dennoch verheerend: Tote, über 1000 Verletzte. Eine Nation war geschockt."[67]

Der Verweis auf die Ähnlichkeit der Bilder zeugt von der assoziativen Erzählstruktur des Narrativs sowie von der enormen Bedeutung der Bildebene für die erzählerische Kohärenz: Der Anschlag vom 11. September 2001 gleicht dem Anschlag acht Jahre zuvor und stellt insofern eben kein singuläres und gänzlich neuartiges Phänomen dar, sondern wird als Teil einer Kette von Ereignissen verstanden und dadurch begreiflich gemacht. Im weiteren Verlauf des *Tagesthemen*-Beitrags wurde in diesem Sinne auch auf die Anschläge von Luxor, Nairobi und Daressalam verwiesen. Am 11. September existierte folglich bereits eine Vorstellung von einer, wie es wörtlich heißt, „blutigen Spur des Terrors"[68], die mit den Anschlägen von New York, Washington D.C. und Pennsylvania nicht ihren Ausgang, sondern ihren (vorläufigen) Höhepunkt fand. Auch auf die Frage der Täterschaft gab der Beitrag vom 11. September 2001 durch den Rückbezug auf in der Vergangenheit liegende Anschläge bereits eine Antwort:

> „Und wieder bekommt der Terror ein Gesicht: Osama bin Laden. Der saudische Multimillionär wird zum meistgesuchten Mann der Welt. Die USA setzen ein Kopfgeld von über fünf Millionen Dollar auf ihn aus. Er soll hauptverantwortlich für die blutige Spur des islamischen Terrors sein, er soll ein weltweites Netz terroristischer Zellen gesponnen haben, die nur auf ihren Einsatz gegen die USA warten."[69]

within wieder. Vgl. zu Letzterem Melvin J. Dubnick, F. Olshfski und Kathe Callahan, Aggressive Action: In Search of a Dominant Narrative, in: Matthew J. Morgan (Hrsg.), The impact of 9/11 on the media, arts, and entertainment, New York 2009, S. 9-24, hier S. 15. Ein Unterschied ist im transatlantischen Vergleich dahingehend auszumachen, dass das Islam/Terrorismus-Narrativ in den USA erstens eine stärker patriotische Färbung aufweist und zweitens darin in höherem Maße der Gedanke eines Krieges gegen den Terror im Vordergrund steht. Ein war-on-terror-narrative wurde schon ab dem 12. September 2001 seitens der Bush-Administration gezielt verbreitet und von den Medien bereitwillig aufgenommen. Vgl. dazu Adam Hodges, The „War on Terror" Narrative. Discourse and Intertextuality in the Construction and Contestation of Sociopolitical Reality, Oxford, New York 2011.
67 Tagesthemen vom 11.09.2001.
68 Ebd.
69 Ebd.

Auch wenn sich das Narrativ mit bin Laden im Zentrum in der Zeit nach dem 11. September weiter verdichtete, deuten diese Befunde darauf hin, dass es Journalisten am 11. September sehr wohl möglich war, die Geschehnisse einzuordnen. Während das Gegenteil für die ersten Minuten nach den Anschlägen zutreffen mag, wurde an das Narrativ des „islamistischen Terrorismus" schon sehr schnell nach den Anschlägen angeknüpft und „mit einer schier unglaublichen Geschwindigkeit wurde [...] Osama bin Laden als Urheber des Massenmordes ausgemacht."[70]

7 New York, 1993

Während das Narrativ um den islamistischen Terrorismus am 11. September 2001 bereits in den redaktionellen Schubladen bereitlag, tappten die Journalisten 1993 wesentlich länger im Dunkeln. Die *Tagesthemen*-Beiträge vom 26. und 27. Februar 1993 deuten auf großes Erstaunen in Bezug auf die Bombenexplosion im World Trade Center und Ratlosigkeit in Bezug auf deren mögliche Hintergründe. Nur äußerst zögerlich wurde über die Möglichkeit spekuliert, dass es sich um einen Anschlag gehandelt haben könnte:

> „Es hörte sich an wie eine Bombenexplosion und das zweihöchste Gebäude der Welt schwankte, als sei es ein Erdbeben. [...] Noch ist unklar, wodurch die Explosion unter dem Hochhausturm ausgelöst wurde. Ein Transformator, defekte elektrische Leitungen oder eine Bombe?"[71]

Deutlich vernehmbar ist in diesen Formulierungen, dass die Möglichkeit eines Anschlags sich kaum im Bereich des Denkbaren befand. Die Idee, es könnte sich um eine Bombenexplosion gehandelt haben, wird nur indirekt geäußert: „Es hörte sich an wie eine Bombenexplosion". Bemerkenswert ist, dass dieses Motiv auch im Beitrag vom Folgetag noch dominant ist, obwohl die Ermittlungen der Behörden mittlerweile klar in die Richtung eines Terroranschlages gingen. Weiterhin wurde die These eines terroristischen Anschlages nicht direkt formuliert, sondern lediglich in Zitat- oder Frageform vorgebracht:

> „,Es sieht aus wie eine Bombe, es riecht wie eine Bombe und es war wahrscheinlich eine Bombe', meinte Mario Cuomo, der Gouverneur des Staates New York, als er sah, was die gewaltige Detonation gestern am World Trade Center angerichtet hatte. [...] Zumindest deuten bislang alle Ermittlungen auf einen Bombenanschlag hin. [...] Wer plant einen solch furchtbaren Anschlag? Terroristen? Dafür sprechen vermutlich einige Anzeichen."[72]

---

70 Bleicher, Lesarten des Wirklichen, S. 66.
71 Tagesthemen mit Bericht aus Bonn vom 26.02.1993.
72 Tagesthemen vom 27.02.1993.

Es ist hier regelrecht greifbar, wie die Erkenntnis, dass es sich um einen An-schlag handelte, schrittweise einsetzte: Es hörte sich nicht nur so an wie eine Bombe, sondern es sah auch so aus wie eine Bombe, roch wie eine Bombe und daher war es „wahrscheinlich" auch eine Bombe. Zweifellos war die Situation am 11. September 2001 spätestens nach dem Einschlag des zweiten Flugzeugs, bis zu dem viele Journalisten von einem Unfall ausgegangen waren, eine an-dere, da die Eindeutigkeit dieses Geschehens deutlich größer war, als die der Ereignisse vom 26. Februar 1993. Doch die enorme Zurückhaltung der Jour-nalisten nach dem Bombenanschlag von New York spricht dafür, dass diesen nicht nur Informationen, sondern auch die Deutungsmuster fehlten. Ebenfalls in diese Richtung zu deuten ist der Umstand, dass in den *Tagesthemen* von 1993 ganz im Gegensatz zu 2001 weitgehend Ratlosigkeit in Bezug auf die Täterfrage herrschte. Nur sehr zaghaft wurde die Idee ins Spiel gebracht, dass „Terroristen" für den Anschlag verantwortlich sein könnten, doch die These, dass es sich bei diesen um Muslime handeln könnte, fand keinerlei Erwähnung.

8 Oklahoma City, 1995

Das narrative Deutungsmuster „islamistischer Terrorismus", welches die Be-richterstattung am 11. September 2001 und auch diejenige der Folgezeit prägte, lag folglich 1993 schlicht noch nicht vor. Wie sich zeigen lässt, entwi-ckelte sich dieses Narrativ 1993 allerdings sehr schnell und wurde ausgespro-chen wirkmächtig. Anhand einer Betrachtung der Berichterstattung zum An-schlag auf ein Gebäude in Oklahoma City am 19. April 1995 lässt sich zeigen, wie etabliert das Narrativ um den „islamistischen Terrorismus" zwei Jahre nach dem Anschlag von New York bereits war. In einem *Tagesthemen*-Beitrag vom Folgetag äußerte ein interviewter ‚Terrorismus-Experte' die folgende Auffassung:

> „Vor dem Anschlag auf das World Trade Center glaubten die Amerikaner, Terro-rismus finde nur in anderen Teilen der Welt statt, Amerika sei gegenüber diesem Problem immun. Der Anschlag auf das World Trade Center erschütterte diesen Glauben. Oklahoma City hat ihn endgültig zerstört."[73]

Neben dieser expliziten Deutung der Ereignisse von 1993 als Wendepunkt in der Wahrnehmung der Bedrohungslage in den USA ist bemerkenswert, dass die Frage nach den Verantwortlichen für den Anschlag von Oklahoma in den *Tagesthemen* vom 20. April 1995 scheinbar schnell geklärt war. Indirekt wurde diese Frage zunächst dadurch beantwortet, dass sich ein Beitrag der Sendung

---

73 Interview mit dem ‚Terrorismus-Experten' Ted Carpenter aus den *Tagesthemen* vom 20.04.1995.

mit der Eigenschaft Oklahoma Citys als eines der „Zentren des islamischen Fundamentalismus"[74] beschäftigte. Zudem vertrat der oben erwähnte „Terrorismus-Experte" im Interview die Auffassung, dass es bei den Anschlägen „eine gewisse Verbindung zum Nahen Osten"[75] gebe. Ferner hieß es seitens der *Tagesthemen*-Journalisten: „Der Verdacht wird immer stärker, dass arabische Terroristen für den Anschlag verantwortlich sind."[76]

Diese Einschätzungen hinsichtlich der Täterschaft sind insofern bemerkenswert, als sich noch in derselben *Tagesthemen*-Sendung herausstellte, dass das FBI gar nicht nach Muslimen, sondern, so der Wortlaut, nach „Weißen"[77] suchte. Damit brach das Narrativ um den „islamistischen Terrorismus" in sich zusammen und entlarvte sich zugleich als solches. Wie sich später herausstellte, waren nicht arabische Muslime, sondern der nicht-muslimische US-Amerikaner Timothy McVeigh für den Anschlag verantwortlich. Seine Tat wollte er als Protest gegen das gewalttätige Vorgehen des FBI gegen die Sekte Branch Davidians, auch bekannt als die Koresh-Sekte, verstanden wissen. Diese hatte sich zwei Jahre zuvor 51 Tage lang im texanischen Waco vor den Bundesbehörden verschanzt und anschließend kollektiv Selbstmord begangen. Die Deutung des Anschlags von Oklahoma im Kontext des Narrativs um den islamistischen Terrorismus entbehrte also jeglicher Grundlage und doch warn dieses Narrativ bereits zu diesem Zeitpunkt offenbar so wirkmächtig, dass sie in der Deutung des Geschehens ungeprüft zur Anwendung kamen. Die Unterschiede zur zaghaften Berichterstattung von 1993 liegen auf der Hand; am 11. September 2001 hingegen verlief die Berichterstattung ähnlich – freilich mit dem wesentlichen Unterschied, dass man hinsichtlich der Täterfrage richtig lag. Für die journalistische Praxis der Deutung von Anschlagsereignissen stellte mithin eher der Anschlag von 1993 als der 11. September eine Zäsur dar.

9 Ein alternatives Narrativ?

Der Oklahoma-Fall macht deutlich, dass die Narrative, welche Journalisten zur Deutung von Ereignissen verwenden, unabhängig von den Ereignissen selbst existieren und insofern kontingente Deutungsmuster darstellen. Dies bedeutet nicht, dass die Wissenselemente, aus denen sich die Narrative zusammensetzen, frei erfunden wären. Niemand würde beispielsweise ernsthaft die Verant-

74 Ebd.
75 Ebd.
76 Ebd.
77 Ebd.

wortlichkeit von Al Kaida für die Anschläge des 11. September 2001 bestreiten. Kontingent jedoch ist die Art und Weise, wie diese Fakten aufeinander bezogen und zu Narrativen verwoben werden. Vor diesem Hintergrund wirft der Oklahoma-Fall Fragen auf, die auch den 11. September betreffen: Hätte am 11. September 2001 auch eine andere Geschichte erzählt werden können als die vom „islamistischen Terrorismus"? Über diese Frage kann nur spekuliert werden. Dennoch finden sich an einer Stelle im Beitrag zum Oklahoma-Anschlag Hinweise auf eine mögliche Antwort:

> „Der Anschlag von Tokio und jetzt Oklahoma City zeigen, dass es Terroristen gibt – religiöse oder andere Fanatiker – die anders als politisch motivierte Täter keinen Gedanken daran verschwenden, wen sie töten oder wie viele Menschen. Massenmord scheint einkalkuliert, ja Absicht zu sein."[78]

Der Hinweis auf den Anschlag von Tokio bezieht sich auf den Giftgasanschlag auf die Tokioter U-Bahn, der am 20. März 1995, also einen Monat vor dem Anschlag von Oklahoma, von der religiösen Gruppierung Ōmu Shinrikyō verübt worden war. Der Anschlag von Oklahoma, bezüglich dessen zu diesem Zeitpunkt der Sendung noch von muslimischen Tätern ausgegangen wurde, wird damit in einen Kontext gestellt mit einem Anschlag, der von nicht-muslimischen Tätern verübt wurde. Statt das „islamistische" als zentrales Charakteristikum des Terrorismus anzusehen, wird im obenstehenden Zitat lediglich eine Unterscheidung zwischen „religiösem" und „politischem" Terrorismus vorgenommen.

Inwieweit sich hier Spuren eines Narrativs erkennen lassen, in dem statt vom „islamistischem Terrorismus" von einem „religiösen Terrorismus" in einem allgemeinen Sinne erzählt wird, wäre durch weitere empirische Forschung zu überprüfen. Denkbar ist, dass nicht zuletzt die Klärung der Täterfrage in Bezug auf den Oklahoma-Anschlag dazu beigetragen hat, dass ein solches Narrativ sich nicht durchsetzte, denn hier hatte mit Timothy McVeigh ein politisch motivierter Täter zum Mittel des Massenmords gegriffen. Feststeht, dass sich in der Berichterstattung am und nach dem 11. September keinerlei Hinweise auf ein alternatives Narrativ finden. So kann nur darüber spekuliert werden, wie die Berichterstattung zum 11. September 2001 ausgefallen wäre, hätte sich statt des Narrativs um den „islamistischen Terrorismus" ein Narrativ um „religiösen Terrorismus" oder gar die Vorstellung durchgesetzt, Terrorismus sei eine nicht an bestimmte Weltanschauungen gebundene kriminelle Handlung. Es liegt jedoch die Vermutung nahe, dass die den Alltagsdiskurs der jüngeren Vergangenheit beherrschenden Gleichsetzungen von Islam und Terrorismus sich nicht in dieser Form hätten entwickeln können. Denkbar ist ferner, dass Osama Bin Laden und Al Kaida nicht als Vertreter des Islams wahrgenommen

---

78 Ebd.

worden wären, sondern lediglich als eine isolierte Sektenbewegung oder fanatische Kriminelle.

10 Utøya, 2011

Sowohl am 11. September als auch im Kontext der Al-Kaida-Anschläge der Folgejahre finden sich in den *Tagesthemen* jedenfalls keinerlei Rückbezüge auf Oklahoma, Waco oder Tokio. Die Erinnerung an den Oklahoma-Anschlag wurde erst im Juli 2011 aus traurigem Anlass wiedererweckt. Bei den von Anders Behring Breivik in Norwegen verübten Anschlägen gingen in Norwegen wie einst in Oklahoma viele Beobachter zunächst von einem „islamistischen" Hintergrund aus. Erst als sich herausstellte, dass es sich bei dem Täter um einen rechtsradikalen Islamfeind handelte, der sich in der Nachfolge christlicher Tempelritter wähnte, wurde der lang vergessene Oklahoma-Vergleich bemüht. SPIEGEL-Online schrieb am 23. Juli 2011:

> „Nein, es war nicht der 11. September Norwegens, was da am Freitag in Oslo und auf der Insel Utøya geschah. [...] Weder Ausmaß noch Hintergrund und absehbare Folgen lassen den Vergleich mit den Anschlägen von New York und Washington zu [...]. Schon früh hieß es bei der Suche nach angemessenen Vergleichen denn auch in der norwegischen Polizei: Alles deutet eher auf ein ‚norwegisches Oklahoma City' hin."[79]

In der Printausgabe des Magazins vom 1. August 2011 wurden die Taten Breiviks hingegen als „Norwegens 9/11" bezeichnet. Ferner hieß es in dem Artikel:

> „Breivik hat manches gemeinsam mit Mohammed Atta, der am 11. September 2001 den Angriff auf den Nordturm des New Yorker World Trade Center flog. Ein Atta des Abendlandes, so könnte man ihn nennen."[80]

An dieser ambivalenten Deutung der Gewalttaten von Oslo und Utøya ist erkennbar, dass die medialen Narrative ständigem Wandel unterliegen und dass insofern auch die medialen Deutungen des 11. Septembers sich laufend verschieben. Eine Geschichte des 11. Septembers, die 1993 in New York beginnt, über Luxor, Nairobi und Daressalam dorthin zurückführt und sich dann nach Madrid und London fortsetzt, ist eine ganz andere Geschichte als jene, die beispielsweise auch die Taten von Tokio und Oklahoma umfasst und schließlich in Utøya ihr vorläufiges Ende findet. So wie der Mediendiskurs Islam weiter fortgeschrieben wird, verändert sich auch die Bedeutung des 11. Septembers

---

79 Der Artikel mit dem Titel „Er kam einfach aus dem Nichts" ist online verfügbar unter http://www.spiegel.de/politik/ausland/0,1518,776090,00.html (Stand: 16.01.13).

80 Sven Becker et al., Der Terrorist und die Brandstifter, in: DER SPIEGEL, Ausg. v. 01.08.2011, S. 70-80, hier S. 78.

in diesem Diskurs. Daher können wissenschaftliche Deutungen des 11. Septembers als Zäsur für den Mediendiskurs Islam immer nur vorläufigen Charakter habe; Gleiches gilt für die gegenteilige Position. Zum jetzigen Zeitpunkt bliebe allerdings festzuhalten, dass die Einordnung der Anschläge in ein Narrativ um den „islamistischen Terrorismus" am 11. September selbst schnell und weitgehend frei von Ambivalenzen und Ungewissheiten erfolgte. Von einer Zäsur im Sinne eines Ereignisses, das alles Bisherige in Frage stellte und sich nicht in die existierenden Erzählströme der Gesellschaft hätte einordnen lassen, kann daher (bislang) keine Rede sein.

11 9/11 und die „Parallelgesellschaft" der Muslime in Deutschland

Dieses vorausgesetzt möchte ich die Frage nach dem Zäsurcharakter von 9/11 noch einmal anders stellen: Hatten die Anschläge des 11. September 2001 Auswirkungen auf das narrative Gesamtgefüge des Mediendiskurses Islam? Besteht also die Zäsur möglicherweise nicht darin, dass durch die Anschläge ein neues Narrativ entstanden wäre, sondern in einer strukturellen Verschiebung innerhalb der vorhandenen Narrative? Auch diese Frage ist mit Blick auf den Zäsur-Begriff nicht eindeutig zu beantworten. Es finden sich jedoch Hinweise darauf, dass mit dem 11. September eine Verbindung von zwei Islam-Narrativen eintrat, die zuvor weitgehend separat erzählt worden waren. Dabei handelt es sich zum einen um das erwähnte Narrativ vom ‚islamistischen Terrorismus' und zum anderen um ein Narrativ, in dem vom ‚Scheitern der Integration' erzählt wird.

Die zentrale Nahtstelle der Verbindung der beiden Narrative, so meine These, ist der Topos der Unsichtbarkeit. Diese erscheint in der Berichterstattung zum einen als wesentliches Charakteristikum von Terroristen, zum anderen aber auch als vermeintlicher Beleg der gescheiterten Integration von Migranten. Terroristen sind gemäß des Narrativs demnach unsichtbar, weil sie sich nicht offen organisieren, sondern in Terrornetzwerken und Schläferzellen miteinander in Kontakt stehen, um sich so möglichst der Beobachtung durch staatliche Behörden zu entziehen und ihre Pläne ungestört umsetzen zu können. Der RTL-Moderator Peter Kloeppel äußerte sich dazu in einer Diskussionsrunde wie folgt:

„Das, was immer wieder als das Al Kaida-Netzwerk bezeichnet wird, ist unsichtbar. Wir wissen nur, dass es das in irgendeiner Form gibt. Wie groß, wie engma-
schig, wo überall, darüber wissen wir relativ wenig."[81]

Osama bin Laden, so Kloeppel weiter, fungiere für Journalisten als sichtbare
Projektionsfläche dieser unsichtbaren Struktur. Trotz dieser medialen Funktion
bin Ladens blieb dieser, so muss ergänzt werden, bis zu seiner Tötung im Mai
2011 in der medialen Berichterstattung weitgehend ominös. Er war der „meist-
gesuchte Mann der Welt"[82], der mit dem Westen oftmals nur „per Botschaft
vom Tonband"[83] kommunizierte. Bin Laden verkörperte insofern in der Logik
des Narrativs den unsichtbaren und doch hyperpräsenten Terrorismus in idea-
ler Weise. Es verwundert insofern nicht, dass politische Strategien der Terrorismusbekämpfung häufig im Wesentlichen Strategien der Sichtbarmachung
von Terroristen darstellen. Diese Vorstellung kommt besonders deutlich in einer Rede des damaligen US-Präsidenten George W. Bush vom 12. September
2001 zum Ausdruck: „This enemy hides in shadows. [...] This is an enemy that
tries to hide. But it won't be able to hide forever. This is an enemy that thinks
its harbors are safe. But they won't be safe forever."[84]

Im Kontext des zweiten Narrativs um die muslimische Migration und Integration in Westeuropa spielt der Topos der Unsichtbarkeit insofern eine Rolle, als
Muslimen häufig vorgeworfen wird, sie zögen sich in die Unsichtbarkeit der
sogenannten ‚Parallelgesellschaft' zurück.[85] Statt sich den Gepflogenheiten der
„Mehrheitsgesellschaft" anzupassen, bauten sie in Deutschland parallele Inf-
rastrukturen auf, welche den Kontakt mit Nicht-Muslimen stark einschränkten
und somit eine Integration in die deutsche Gesellschaft verhinderten. Nach
dem 11. September, so meine These, kommen diese beiden Vorstellungen von
der muslimischen Unsichtbarkeit im Mediendiskurs zusammen. Damit entsteht
die Vorstellung, dass die unsichtbaren Terroristen aus dem Terrorismus-Nar-
rativ mit den unsichtbaren Migranten aus dem Migrations-Narrativ zumindest
potentiell identisch seien. Dieser Eindruck wurde in den *Tagesthemen* regelmäßig dadurch verstärkt, dass zur Illustration beider Narrative identischen
Symbole verwendet wurden. So wurde etwa in der Anmoderation zu einem
Tagesthemen-Beitrag vom 19. September 2001 ein Foto von betenden Muslimen im Hintergrund eingeblendet. Dazu hieß es: „Die Bundesrepublik
Deutschland wird dieser Tage immer wieder als ein Ruhe- und Rückzugsraum
von islamistischen Terroristen beschrieben."[86] Die Idee des „Rückzugsraums"

81   Zitiert nach Fröhlich, ‚Apocalypse how', S. 190.
82   Tagesthemen vom 11.09.2001.
83   Tagesthemen vom 11.03.2004.
84   Zitiert nach Hodges, The „War on Terror" Narrative, S. 25.
85   Es findet sich auch der gegenteilige Vorwurf, verbunden mit der Aufforderung gegenüber
      den Muslimen, ihre Religionszugehörigkeit unsichtbar zu machen – man denke etwa an die
      Forderung nach einem Kopftuchverbot.
86   Tagesthemen vom 19.09.2001.

findet sich auch in einem Beitrag, der am Tag der Terroranschläge von Madrid am 11. März 2004 ausgestrahlt wurde: „Das iberische Land – bequem und sicher für Bin Ladens Kämpfer; hier leben viele arabische Einwanderer, hier lässt sich einfach untertauchen."[87]

Die „Parallelgesellschaft" muslimischer Einwanderer wird so durch die Verknüpfung mit dem Begriff des „Rückzugsraums" zum Schutzschild für Terroristen umgedeutet und erweitert. Doch in der Parallelgesellschaft – so die Vorstellung – werde nicht nur Terroristen Schutz gewährt, sondern es handle sich auch um den Ort, an dem sich junge Muslime radikalisierten und die Bereitschaft zum Verüben terroristischer Akte entwickeln könnten. Im Rahmen der Berichterstattung zum Mord an dem niederländischen Filmemacher Theo van Gogh wurde dieser Topos besonders häufig angeführt. In Bezug auf den Mörder, den niederländisch-marokkanischen Muslim Mohammed Bouyeri, hieß es:

„Vernünftige Menschen können sich nicht vorstellen, wie sich ein beliebter und engagierter Bürger in einen islamistischen Fanatiker und Mörder verwandeln kann. Er beginnt, westliche Werte in Frage zu stellen, lehnt die Demokratie und ihr Rechtssystem ab, ruft schließlich zum weltweiten Dschihad, zum Heiligen Krieg auf und dann ermordet er am zweiten November vorigen Jahres in aller Öffentlichkeit den holländischen Filmemacher Theo van Gogh – wegen seiner kritischen Filme über die islamische Kultur."[88]

Die Geschichte des Mordes an Theo van Gogh wurde hier zu einer Parabel für einen bedrohten „Westen" und ähnelte in ihrer Struktur dem Narrativ um den islamistischen Terrorismus: Ein argloser „Westen" wusste zunächst nichts von der unsichtbaren Bedrohung, die sich hinter seinem Rücken in der „gefährliche[n] Parallelgesellschaft"[89], in den „Hinterräumen der Moscheen"[90] entwickelte, bis diese plötzlich in Gestalt von „Fanatikern" aus der Unsichtbarkeit heraustrat und „in aller Öffentlichkeit" einen Gewaltakt verübte. Der van Gogh-Mord erschien so als eine Art „hausgemachtes 9/11" und die „Parallelgesellschaft" als ein Ort, den es sichtbar zu machen galt – durch Aktivitäten des Verfassungsschutzes, durch die Forderung nach Predigten der Imame in der Landessprache und nicht zuletzt: durch die Beobachtung der Medien.

87   Tagesthemen vom 11.03.2004.
88   Tagesthemen vom 26.07.2005.
89   Tagesthemen vom 13.11.2004.
90   Ebd.

12 Die Assoziation der Muslime mit dem Terrorismus

Inwieweit sich die hier nur angedeutete Verbindung der Narrative um Terrorismus und Migration tatsächlich eindeutig auf den 11. September 2001 zurückführen lässt, so dass zumindest in dieser Hinsicht von einer Zäsur die Rede sein könnte, wäre auf der Basis weiterer empirischer Untersuchungen zu prüfen.[91] Bereits jetzt lässt sich jedoch sagen, dass muslimische Einwanderer insgesamt seit 9/11 häufig nach dem Prinzip *guilty by association* mit den Ereignissen von New York, Washington D.C. und Pennsylvania in Verbindung gebracht werden. Dieses Prinzip war und ist nicht nur in solchen Fällen virulent, in denen medial nicht ausreichend zwischen „Islam" und „Islamismus" unterschieden wurde und wird. Vielmehr zeigt es sich bereits darin, dass der Terrorismus nach dem 11. September regelmäßig zum Anlass für Berichte über muslimisches Leben in Deutschland genommen wurde. Die *Tagesthemen*-Sendung vom 3. Oktober 2001 widmete sich etwa erstmals einen knappen Monat nach den Anschlägen dem bereits fünf Jahre zuvor ins Leben gerufenen „Tag der offenen Moschee" und berichtete aus einer Moschee in Köln. Im Beitrag ist davon die Rede, dass das Ereignis in diesem Jahr aufgrund der aufrüttelnden politischen Ereignisse „besonders wahrgenommen"[92] worden sei. Dies belegt auch ein ausgestrahltes Interview mit einem der Moscheebesucher:

> „Nach dem Ereignis am 11. September [...], dass auf einmal [...] so etwas Versöhnliches reinkommt in solche Besuche und [...] diesen Teil finde ich so wichtig, und darum bin ich dies Jahr auch so aufmerksam geworden, als das so angekündigt wurde. Das hängt ganz eng damit zusammen."[93]

Eine „Versöhnung", wie sie diesem Besucher vorschwebt, setzte allerdings voraus, dass die Muslime in der Kölner Moschee als das Gegenüber angesehen würden, mit dem es sich zu versöhnen gälte. Es erfolgt also eine Assoziation dieser Muslime mit denjenigen, welche die Anschläge von New York und Washington zu verantworten haben. Was als Moment der Differenzierung und des Dialogs gedacht ist, bestätigt damit letztlich die gedankliche Verknüpfung, die zu überwinden das eigentliche Ziel der interreligiösen Begegnung sein sollte.

Das Problem des Prinzips *guilty by association* besteht aus meiner Sicht nicht nur in der Medienberichterstattung. So wurde auch in der akademischen De-

---

91 Vgl. Mehmet Ata, Der Mohammed-Karikaturenstreit in den deutschen und türkischen Medien. Eine vergleichende Diskursanalyse, Wiesbaden 2011, S. 86. Der Autor geht dort ebenfalls von einer mit dem 11. September 2001 eintretenden Überlappung von – in Atas Terminologie – politischem Islamdiskurs und Integrationsdiskurs aus.

92 Tagesthemen vom 03.10.2001.

93 Ebd.

batte regelmäßig die nach dem 11. September eingetretene „beispiellos intensive intellektuelle Auseinandersetzung mit dem Islam"[94] gleichsam als positiver Nebeneffekt der Anschläge begrüßt. Von einem solchen sprach auch der
damalige Vorsitzende des Zentralkomitees der Muslime in Deutschland, Nadeem Elyas, in einem Text von 2002:

> „Eine positive Auswirkung des 11. September war und ist das anhaltende Interesse
> für den Islam und die muslimische Denk- und Lebensweise. Fast alle Koranüber-
> setzungen waren kurzfristig vergriffen, Bücher über den Islam erlebten eine ein-
> malige Hochkonjunktur, und der Informationsbedarf sowie die Nachfrage nach is-
> lamischen Referenten war [sic] kaum zu decken."[95]

Auch zum zehnten Jahrestages der Anschläge fanden sich beispielsweise in
Buchhandlungen Auslagen, in denen journalistische Abhandlungen zu 9/11
mit den brennenden Zwillingstürmen auf dem Buchdeckel neben Koranausga-
ben zu finden waren. Zwar kann es im Grundsatz nur begrüßt werden, dass
sich mehr Menschen mit der reichen und vielschichtigen Religion des Islams
und den von ihr beeinflussten Kulturen auseinandersetzen wollen, doch der 11.
September 2001 kann dazu nicht der passende Anlass sein, denn damit ist die
Verknüpfung von Islam und Terrorismus letztlich bereits vorprogrammiert.[96]
Möglicherweise ist es gerade die Selbstverständlichkeit, mit der sich diese gedankliche Verknüpfung vollzieht, welche als eine auf den 11. September zu-
rückgehende Zäsur für die gesellschaftliche Islamwahrnehmung gedeutet werden könnte. 1993 wäre wohl niemand auf die Idee gekommen, nach dem Bombenanschlag in New York zum Zwecke der Versöhnung mit „den Muslimen"
eine Moschee aufzusuchen – ebenso wie heute niemand den Gedanken hegt,
aus Anlass der Gewalttaten Anders Breiviks ein norwegisches Kulturzentrum
zu besuchen.

13   Ausblick: Ein neues Narrativ?

„Writing the Middle East's new narrative"[97] lautet der Titel eines in der Online-Ausgabe der *Washington Post* erschienenen Kommentars vom 19. Mai
2011. Der Autor des Beitrags, David Ignatius, bezieht sich darin auf eine Rede

94   Berg, Der 11. September 2001, S. 8.
95   Nadeem, Elyas, Die Auswirkungen des 11. September auf das Leben der Muslime in
     Deutschland, in: Georg Stein und Volkhard Windfuhr (Hrsg.), Ein Tag im September –
     11.9.2001. Hintergründe – Folgen – Perspektiven, Heidelberg 2002, S. 301-315, hier S. 311.
96   Der Verfasser bezieht sich selbst und den vorliegenden Text in diese Kritik ausdrücklich mit
     ein.
97   David Ignatius, Writing the Middle East's New Narrative, in: The Washington Post Online,
     Artikel v. 19.05.2011, online verfügbar unter http://www.washingtonpost.com/opinions/
     writing-the-middle-easts-new-narrative/2011/05/17/AFTmAm6G_story.html (Stand: 16.01.
     2013).

des US-Präsidenten vom selben Tag. In der sowohl im Vorfeld als auch im Nachhinein intensiv diskutierten Ansprache äußerte sich Obama zu den Freiheitsbewegungen in den Ländern des Nahen Ostens und Nordafrikas, dem sogenannten „Arabischen Frühling". In seiner Rede bezeichnete Obama die Bewegung als eine sich entwickelnde „story of self-determination"[98]. Diese Story, jenes „new narrative of hope and self-reliance"[99], so der Kommentator, sollte nach Obamas Wunsch ein anderes Narrativ ersetzen: „the old narrative of rage that was Osama bin Laden."[100] Ob und inwiefern sich die Islamwahrnehmung im Zuge des „Arabischen Frühlings" tatsächlich verschiebt, muss noch abgewartet werden. Je nachhaltiger dieser Wandel sich darstellt, desto wahrscheinlicher ist es allerdings, dass das erste Jahrzehnt nach dem 11. September in der Retrospektive nicht als Beginn einer neuen Epoche, sondern als Episode erscheinen wird.

Zur Frage des Zäsurcharakters des 11. Septembers möchte ich abschließend eine These des Medienwissenschaftlers Knut Hickethiers aufgreifen. Wie dieser feststellt, vermittelten Journalisten zwar am Tag des Geschehens einerseits das Bild eines weltweiten Ausnahmezustands – nicht zuletzt durch die Formel, dass „nichts mehr so sei wie zuvor". Andererseits vermittelten sie jedoch durch die bloße Tatsache ihrer Berichterstattung auch etwas anderes:

> „Da ist etwas geschehen, aber die Welt ist trotzdem nicht wirklich aus den Fugen geraten, denn die Kameras können ja immer noch ungehindert aufgestellt werden und aufnehmen, die Leitungen sind ja noch intakt, es ‚funktioniert' alles noch."[101]

Von einer Epochenschwelle, so ließe sich dies deuten, kann erst die Rede sein, wenn die Kameras nicht mehr funktionieren. Der 11. September 2001 aber war ein Medienereignis.

---

98 Die Veröffentlichung der Pressestelle der US-Regierung v. 19.05.2011 ist online verfügbar unter   http://www.whitehouse.gov/the-press-office/2011/05/19/remarks-president-middle-east-and-north-africa (Stand: 16.01.2013).
99 Ignatius, Writing the Middle East's New Narrative.
100 Ebd.
101 Knut Hickethier, Wie aus der Katastrophe eine Nachrichtengeschichte wurde. Ulrich Wickert und der '11. September', in: Michael Beuthner (Hrsg.), Bilder des Terrors – Terror der Bilder? Krisenberichterstattung am und nach dem 11. September, Köln 2003, S. 103-112, hier S. 104.

Neue Angst durch 9/11? Mediendarstellung und Interpretation von Terrorismus

Eva-Maria Mayer

1 Einleitung

Die zentrale Frage dieses Beitrags lautet, ob der 11. September 2001 für die mediale Verarbeitung (Darstellung und Interpretation) von Terrorismus eine Zeitenwende darstellt? Sie soll am Beispiel des US-amerikanischen Fernsehens diskutiert werden. Der Artikel befasst sich zunächst mit der Entwicklung des internationalen Terrorismus und dem technischen Fortschritt der Medien in der 2. Hälfte des 20. Jahrhunderts. Hier wird deutlich, dass ein Terrorereignis zunehmend mit der Intention verübt wird, es zum Medienereignis werden zu lassen, weshalb die Spiegelung des Terrorismus in den Medien zum zentralen Ankerpunkt wird, um das Terrorereignis vergleichend zu analysieren. Anschließend wird der Deutungsrahmen, in den ein Terrorereignis eingebettet wird, näher betrachtet. *Risky Choice Framing* wird genutzt, um einem möglichen Zusammenhang zwischen dem durch den Präsidenten gesetzten Deutungsrahmens und einem *rally-around-the-flag-effect* in den Medien nachzugehen. Präsidentielle Äußerungen sind über das *government printing office* abrufbar.[1] Zugang zur Mediendarstellung des 11. September liefert das Internetarchiv *internet archive understanding 9/11,* das Liveberichterstattung der größten englischsprachigen Fernsehsendern zugänglich macht.[2]

Der Hauptargumentationsstrang des Beitrages lässt sich wie folgt zusammenfassen. Hinsichtlich der Darstellung des Terrorismus in den Medien zeigt sich, dass nach 9/11 keine abrupten Änderungen zu verzeichnen sind, dem 11. September jedoch eine Katalysatorenrolle zugeschrieben werden kann, da technischer Fortschritt der Medien und die auf die Medien abgestimmte Terrorismusstrategie in zuvor nicht dagewesener Weise und Intensität zusammentrafen. Was sich durch den 11. September jedoch ändert ist der Deutungsrahmen, in welchem Terrorismus in den Medien behandelt wird. Der Beitrag

---

1   http://www.gpo.gov/fdsys/browse/collection.action?collectionCode=PPP.
2   https://archive.org/details/911/day/20010911.

zeigt, dass ein durch die politische Elite gesetzter Deutungsrahmen auch die Interpretation des Terrorismus in den Medien verändert.

2 Das Terrorereignis als Medienereignis

Der Begriff der Medien ist sehr facettenreich. Neben den klassischen Massenmedien wie Printmedien, Hörfunk und Fernsehen wächst seit den 1990er-Jahren die Bedeutung der elektronischen und digitalen Medien (Internet, Soziale Medien, etc.). In der folgenden Untersuchung liegt der Fokus auf der Darstellung und Interpretation von Terrorismus im Fernsehen. Das Fernsehen war nach dem 11. September 2001 das Medium, das am häufigsten frequentiert wurde, um Informationen zu den Anschlägen zu erhalten.[3] Am 11. September sahen die Menschen in den USA durchschnittlich 8,1 Stunden Berichterstattung im Fernsehen, 18% der Amerikaner sahen sogar mindestens 13 Stunden fern.[4] Da Fernsehsender ihr Sendeformat am 11. September 2001 (und meist auch für einige Tage danach) auf eine Liveberichterstattung umstellten, war das Fernsehen das aktuellste und somit auch attraktivste Medium für den interessierten Konsumenten. Die Printmedien hingegen konnten am 11. September und in den ersten Tagen danach meist nur aufgreifen, was in Fernsehen oder Internet bereits berichtet wurde, da es zunächst keine neuen Erkenntnisse gab, die sie im Unterschied zum Fernsehen hätten vertiefen können. Printmedien wurden vor allem in den Wochen nach dem 11. September dazu genutzt, um sich Analysen und weitergehende Informationen anzueignen.[5]

Der Fortschritt in der Nachrichtentechnik sowie die Zugänglichkeit der Anschlagsziele vereinfachten am 11. September die Unmittelbarkeit der Berichterstattungen.[6] Lediglich acht Minuten nach Beginn der Anschläge durch Einschlag des ersten Flugzeuges in das World Trade Center in New York City waren die ersten Fernsehsender vor Ort und berichteten live von den sich gerade abspielenden Ereignissen. Am 11. September 2001 waren innerhalb von

---

3   Carsten Brosda, Sprachlos im Angesicht des Bildes. Überlegungen zum journalistischen Umgang mit bildmächtigen Ereignissen am Beispiel der Terroranschläge vom 11. September 2001, in: Christian Schicha und Carsten Brosda (Hrsg.), Medien und Terrorismus. Reaktionen auf den 11. September 2001, Münster 2002, S. 63f.

4   Lisa Finnegan, No questions asked. News coverage since 9/11, (Democracy and the news), Westport 2007, S. 24.

5   Barbie Zelizer, Stuart Allan, Journalism after September 11, 2. Aufl., London, New York 2011, S. 7.

6   Christian Schicha, Terrorismus und Symbolische Politik. Zur Relevanz politischer und theatralischer Inszenierungen nach dem 11. September 2001, In: Christian Schicha und Carsten Brosda (Hrsg.), Medien und Terrorismus. Reaktionen auf den 11. September 2001, Münster 2002, S. 95.

einer Stunde 90 % der Amerikaner über den Anschlag informiert.[7] Am eindrucksvollsten lässt sich die Weiterentwicklung der Medien aufgrund technischen Fortschritts in einem Vergleich mit dem Informationsfluss bei dem Angriff auf *Pearl Harbor* im Dezember 1941 verdeutlichen. Nach *Pearl Harbor*, mit dem der 11. September 2001 oftmals verglichen wird, dauerte es drei Stunden bis die Menschen auf dem Festland der USA von den Anschlägen erfuhren. Ein erstes Foto konnte die New York Times erst nach etwa einer Woche veröffentlichen.[8]

Vor dem 11. September 2001 war die Berichterstattung in den Medien zu einem Terrorereignis zumindest in groben Zügen strukturiert. Die Medien stießen erst nach einem vollzogenen Anschlag zum Geschehen und hatten zumindest einige Minuten, um sich auf die Berichterstattung vorzubereiten. Zudem waren Bombenanschläge und Flugzeugentführungen ein bereits bekanntes Schema in der Aktionsweise des Terrorismus, das folglich auch für Journalisten relativ schnell einzuordnen war. Am 11. September 2001 verbanden sich jedoch die zwei bereits zuvor von Terroristen genutzten Operationen zu einer neuen Variante des Terrorismus: ein entführtes Passagierflugzeug wurde als eine Art Bombe eingesetzt, mit der eine möglichst hohe Zahl von Opfern sowie spektakuläre Bilder erzeugt werden sollte. Diese Neuerung in Form sich überschlagender Ereignisse verhinderte eine schnelle Einordnung durch die Medien, so dass live im Fernsehen spekuliert wurde, was überhaupt geschehen war. Am Tag der Anschläge wurden die Medien von den Terroristen in einem gewissen Sinne instrumentalisiert, da über das Geschehen berichtet wurde, die Journalisten zunächst jedoch ebenso Augenzeugen waren wie die Menschen vor dem Fernsehen und somit eine objektive Einordnung der Ereignisse zunächst nicht möglich war.[9]

Die Inszenierungsstrategie der Terroristen des 11. September orientierte sich vor allem an dem bewegten Bild der Fernsehmedien, weshalb auch die Zuschauer sich kaum von den stets wiederholten Bildern des Anschlages abwenden konnten und diese somit großen Wiedererkennungswert im kollektiven Gedächtnis des amerikanischen Volkes erlangten.[10] Am 11. September trafen sich die Intention des Terrorismus – höchstmögliche Aufmerksamkeit – mit den Möglichkeiten der Medien, direkten Zugang zum sich gerade

7   E.M. Rogers, Diffusion of New of September 11 Terrorist Attacks, in: Noll, M (Hg.), Crisis Communications: Lessons from September 11, Lanham 2009, S. 21.
8   Robert E. Denton, Language, symbols, and the media. Communication in the Aftermath of the World Trade Center attack, New Brunswick 2004, S. 2.
9   James W. Carey, American Journalism on, before, and after September 11. In: Barbie Zelizer (Hrsg.): Journalism after September 11, 1. publ. London u.a 2002, S. 73.; A. Eisman, The Media of Manipulation: Patriotism and Propaganda – Mainstream News in the United States in the Weeks following September 11, in: Critical Quarterly, Vol. 45, 1-2, 2003. S. 64.
10   Susanne Kirchhoff, Krieg mit Metaphern. Mediendiskurse über 9/11 und den War on Terror, 1. Aufl., Bielefeld 2009, S. 36f.

ereignenden Geschehen zu haben. Die Anschläge waren somit nicht nur ein Terrorereignis, sondern auch ein Medienereignis.

3 Darstellung des Terrorismus in den Medien

Die inhaltliche Darstellung der Anschläge des 11. September ähnelte derer von vorangegangenen Ereignissen. In den ersten Tagen nach dem 11. September bestimmte die Darstellung von Fakten und die stete Wiederholung der Bilder des Anschlages die Berichterstattung. Gerade dann, wenn Bürger eines Landes betroffen sind, entweder Opfer einer Geiselnahme werden oder aber auch einem Attentat zum Opfer fallen, wird das Geschehen in dem entsprechenden Land eine breite Berichterstattung erfahren.[11] Vor dem 11. September gab es auf dem Staatsgebiet der USA lediglich einen weiteren islamistischen Terroranschlag: den Anschlag auf das World Trade Center im Jahre 1993 durch eine Bombe in der Tiefgarage des Gebäudes bei dem sechs Menschen getötet und über 1.000 Menschen verletzt wurden. Weitere islamistische Terroranschläge auf amerikanische Einrichtungen fanden in den 1990er Jahren allesamt außerhalb der USA statt – z.B. in Kenia, Tansania, Saudi-Arabien und Jemen.

Zum allerersten Mal wurde in den Medien über ein terroristisches Ereignis live und intensiv im Zusammenhang mit der Entführung dreier Flugzeuge am 6. September 1970 durch die Terrororganisation Volksfront zur Befreiung Palästinas (PFLP) berichtet; ein Ereignis, das später als Teil des so genannten Schwarzen September bekannt wurde (im Englischen auch *Skyjack Sunday* genannt).[12] Fast zeitgleich wurden drei Flugzeuge der Fluggesellschaften BOAC, Swissair und TWA entführt. Anders als bei dem 11. September 2001 gab es hier jedoch zunächst keine Liveaufnahmen. Da auch amerikanische Geiseln an Bord waren, wurde aber auch in den USA intensiv über die Ereignisse berichtet. In einem Medienspektakel wurde die Sprengung der Flugzeuge durch die Terroristen vor laufenden Kameras in der Wüste Jordaniens durchgeführt. Zudem nutzten die Terroristen die Medien, um ihren Forderungen mit den eher konservativen, weil auch von den Medien genutzten, Mitteln einer Pressekonferenz Gehör zu verschaffen. In diesen Pressekonferenzen erklärten sie ihre Forderungen und ließen auch einige Geiseln interviewen, die berichteten, es gehe ihnen gut und sie würden gut behandelt.[13] So konnten die Terroristen auch gleichzeitig einer rein negativen Berichterstattung entgegenwirken, da sie sich menschlich zeigten und versuchten, ihre Taten zu rechtfertigen.

---

11 Brigitte L. Nacos, Terrorism and the media. From the Iran hostage crisis to the World Trade Center bombing, New York 1996, S. 10.
12 J. David Slocum, Terrorism, media, liberation, New Brunswick 2005, S. 124f.
13 Ebd., S. 124.

Ein ähnliches Vorgehen wählten die durch die Geschehnisse im September 1970 formierte Gruppe Schwarzer September (*Black September*) bei der Geiselnahme bei den Olympischen Sommerspielen 1972 in München. Auch hier erschien einer der Terroristen vor Fernsehkameras. Die in einer missglückten Geiselbefreiung sehr tragisch endenden Geschehnisse von München wurden im Fernsehen von etwa achthundertmillionen Menschen weltweit verfolgt.[14]

Ein weiteres zentrales Ereignis, das in den Medien intensive Berichterstattung erfuhr und auch die immer mehr auf die Medien ausgerichtete Taktik der terroristische Aktivitäten deutlich macht, ist die Geiselnahme von Teheran (*Iran Hostage Crisis*). Ab dem 4. November 1979 wurden 52 amerikanische Botschaftsangehörige für 444 Tage in der amerikanischen Botschaft und an anderen Orten in Teheran festgehalten. Über den gesamten Zeitraum wurde in den Medien über die Geiselnahme berichtet und kritische Stimmen wurden laut, dass ein terroristischer Akt in den Medien zur Zirkusveranstaltung würde, die die Menschen vor dem Fernseher unterhielt.[15]

Auch die Medienberichterstattung der Entführung des TWA Fluges 847 von Athen nach Boston durch Angehörige der libanesischen Amal-Milizen im Jahr 1985 wurde zum Ziel heftiger Debatten. Einige Tage nach dem das entführte Flugzeug zur Landung in Beirut gezwungen wurde, wurde es Reportern des amerikanischen Fernsehsenders ABC gestattet, die Geiselnehmer zu interviewen. Die Journalisten aßen gemeinsam mit den Geiseln schwer bewacht vor laufenden Kameras.[16] Dieses für die Zuschauer vor dem Fernsehen inszenierte Ereignis und das Verhältnis von Journalisten und Terroristen, sowie im Allgemeinen von Medien und Terrorismus wurde stark kritisiert. Kritikpunkt war die fehlende nötige Distanz für eine objektive Berichterstattung.

Die Berichterstattung über Geiselnahmen unterscheidet sich generell von solcher bei Anschlägen, da hier nicht bloß Opfer und Verletzte zu beklagen sind, sondern es Menschen aus der Geiselnahme zu retten gilt, weshalb sich auch ein anderer Umgang mit den Geiselnehmern in den Medien ergeben mag, sei es nur, um an Informationen über die Geiseln zu gelangen. Seit den 1990er Jahren mehrten sich simultan ausgeführte Terroranschläge. Bei solchen gibt es nicht ein Anschlagsziel, sondern mehrere, die zugleich oder kurz nacheinander angegriffen werden. Dieses Vorgehen erhöht nicht nur die Reichweite der Anschläge, sondern macht auch die Entschlossenheit der Terroristen deutlich, die sich in der minutiös abgestimmten Planung zeigt. Für die Berichterstattung in den Medien bedeutet dies, dass die Ausmaße des Anschlages zunächst nicht zu überblicken sind und die terroristische Gefahr nicht genau zu lokalisieren ist. Diese Unsicherheit wird durch die Direktübertragung an die Zuschauer ausgedehnt.

---

14   Brigitte Lebens Nacos, Mass-mediated terrorism. The central role of the media in terrorism and counterterrorism, Lanham 2002, S. 34.
15   Slocum, Terrorism, media, liberation, S. 125.
16   Ebd., S. 126f.

Die Terroranschläge auf die amerikanischen Botschaften in Daressalam und Nairobi am 7. August 1998 waren solch simultan ausgeführte Anschläge. Nur einige Minuten versetzt starben durch Autobomben 200 Menschen in Kenia (darunter elf Amerikaner) und neun Menschen in Tansania.[17] Die Umstände dieser Anschläge und die des 11. September sind sehr ähnlich. Bei beiden simultanen Terroranschlägen waren Osama bin Laden und die Al-Qaeda für die Anschläge verantwortlich. Am 11. September erreichte die Intensität der Berichterstattung des Terroranschlages dennoch einen neuen Höhepunkt. Alleine die großen Fernsehsender wie ABC, CBS, FOX oder NBC berichteten 90 Stunden ausschließlich über den 11. September 2001. Dies überstieg die Zeit, die der Berichterstattung des Kennedy Attentats und des 1. Golfkrieges eingeräumt wurde.[18] Die gesteigerte Intensität in der Quantität der Berichterstattung ist zum einen darauf zurückzuführen, dass die USA nie zuvor in einem solchen Maß von einer Terrorgruppe auf ihrem Festland angegriffen wurde. Zudem besaßen die Anschlagsziele vom 11. September eine hohe Symbolkraft: das World Trade Center stand für die finanzielle und wirtschaftliche Machtposition der USA, das Pentagon für die militärische Stärke des Landes.[19] Somit wurden auch in den Medien die Anschläge nochmals emotionaler dargestellt. Auch weil der Einschlag des ersten Flugzeuges in das World Trade Center lediglich zufällig von einer Kamera aufgezeichnet wurde, war die Berichterstattung weniger strukturiert und stärker von Emotionen geleitet war als bei vorangegangenen Terrorereignissen, bei denen die Medienberichterstattung weitgehend geordnet war.

Auch wenn die quantitative Darstellung des Terrorismus in den Medien keine tatsächliche Neuerung darstellte, so leitete der 11. September doch eine neue Phase der medialen Berichterstattung über Terrorismus ein. Gründe sind das Aufeinandertreffen der Intention des Terrorismus und des technischen Fortschritts sowie das Ausmaß, die Art und die Orte der Anschläge. Aus den genannten Punkten ergeben sich auch Effekte für die Medieninterpretation des 11. September im Fernsehen.

17   Todd M. Schaefer, Framing the U.S. embassy bombings and September 11 Atacks in African and US Newspapers, in: Pippa Norris, Montague Kern und Marion Just (Hrsg.), Framing Terrorism. The News Media, the Government, and the Public, New York u.a. 2003, S. 93f.
18   Robert E. Denton, Language, symbols, and the media. Communication in the Aftermath of the World Trade Center attack, New Brunswick 2004, S. 2.
19   Marcel Hartwig, Der 11. September im nationalen Bewusstsein der USA, in: Bundeszentrale für Politische Bildung (Hrsg.), APuZ: Aus Politik und Zeitgeschichte. 11. September 2001, Ausgabe 27 2011, 04.07.2011. S. 32.

4 *Rally-around-the-flag-effect* in den Medien

Nach dem 11. September konnte in den USA ein so genannter *rally-around-the-flag-effect* beobachtet werden, bei dem sich eine von Patriotismus geleitete Bevölkerung um den Präsidenten gruppierte. Der Begriff *rally-around-the-flag-effect* wurde von John Mueller geprägt.[20] Er beschrieb den Effekt als „plötzlichen Anstieg von Popularitätswerten des Präsidenten". Ein *rally-effect* setzt für gewöhnlich dann ein, wenn eine außenpolitische Krise das Land in einen Bedrohungszustand versetzt.[21] In den Wochen nach dem 11. September 2001 war in den USA ein sehr ausgeprägter *rally-effect* zu verzeichnen. Nach dem 11. September stiegen die Zustimmungswerte in der Bevölkerung für Präsident Bush um 35 bis 40 Prozentpunkte auf etwa 90 Prozent.[22]

Auch unter den politischen Eliten (wie dem Kongress) und den Medien war ein *rally-effect* spürbar. So erhöhten sich die Zustimmungswerte für Gesetzesinitiativen im Kongress, zu denen Präsident Bush eine Position bezogen hatte. Im Bereich der Außen-, Sicherheits- und Innenpolitik belief sich die Durchsetzungsrate präsidialer Gesetzesinitiativen im Kongress im Jahre 2001 auf 87%.

Dass nach dem 11. September auch eine Art *rally-effect* in den Medien einsetzte, findet bisher weniger Beachtung. In den Medien äußerte sich das Phänomen der *rally-effect* durch Patriotismusbekundungen, die sich durch starke Parteinahme für die Regierung und einem fast ikonischen Status für Präsident Bush auszeichnete.[23] Die Medien übten sich, teilweise auf Initiative der Regierung, in Einschränkung in der Berichterstattung, die an Selbstzensur grenzte. Ein Beispiel hierfür ist, dass, auf Bitten der damaligen Nationalen Sicherheitsberaterin Condoleezza Rice hin, zunächst keine von Al Qaida hergestellten Videos ausgestrahlt wurden, um die Bevölkerung nicht unnötig zu verunsichern und zudem keine Sympathisanten zu wecken.[24]

Natürlich gab es auch in den Tagen nach dem 11. September kritische Stimmen oder auch solche, die Verbindungen zogen zwischen amerikanischer

---

20 John Mueller, Presidential Popularity from Truman to Johnson, in: *American Political Science Review*, 64.1 (1970). S. 18-34.

21 John E. Mueller, War, presidents, and public opinion. Lanham 1985.

22 James N. Schubert, Patrick A. Stewart, Curran, Margaret Ann, A Defining Presidential Moment. 9/11 and the Rally Effect, in: Political Psychology, 23: 3, Special Issue: 9/11 and Its Aftermath Perspectives, 2002, S. 572.

23 Oliver Boyd-Barrett, Doubt foreclosed: U.S. mainstream media and the attacks of September 11, 2001, in: N. Chitty, R.R. Rush, M. Semati (Hrsg.), Studies in Terrorism. Media Scholarship and the Enigma of Terror, Southbound 2003, S. 37ff.

24 FAIR (2002): „Fear & Favor 2001" http://www.fair.org/index.php?page=2044 (abgerufen am 24.08.2011); Andrew Gross, Ingrid Stapf, Terror und Konsens. Reaktionen der US-Medien infolge der Terroranschläge am 11. September, in: Christian Schicha, Carsten Brosda (Hrsg.), Medien und Terrorismus. Reaktionen auf den 11. September 2001, Münster 2002, S. 132f.

Außenpolitik und den Gründen für die Anschläge, die über die Medien zu hören waren. Sie wurden allerdings häufig als unpatriotisch, anti-amerikanisch, als Parteinahme für die Terroristen diffamiert. Die breite Öffentlichkeit ging jedoch konform mit der Rolle der Medien in der Berichterstattung zum 11.September. Das erste Mal seit 16 Jahren bewertete das amerikanische Volk die Arbeitsweise der Medien positiv.[25] Die Medien verstärkten nach dem 11. September die durch die Bevölkerung empfundene Bedrohung und können somit als Katalysator oder auch verstärkende Kondition (*antecedent condition*[26]) bezeichnet werden.

Generell finden Wissenschaftler hinsichtlich des *rally-effects* und der Abwesenheit von Kritik durch Eliten eines Landes verschiedene Erklärungen. Die so genannte Opinion Leadership School schreibt die Ursache des *rally-effects* der Abwesenheit von Kritik der politischen Eliten zu. Einer ihrer Verfechter ist Richard Brody, der der Auffassung ist, dass das monopolisierte Informationsmanagement der Regierung (Beitrag und Zurückhaltung von Informationen) naturgemäß dazu führt, dass Kritikäußerungen von oppositionellen Eliten gemieden werden. Die Abwesenheit von offener Kritik vermittelt der Öffentlichkeit den Eindruck, dass es de facto keine Notwendigkeit für Kritik gibt. Folglich steigen die Zustimmungswerte.[27] Hetherington und Nelson (2003) argumentieren hingegen, dass die Abwesenheit von Kritik an der Regierung der Öffentlichen Meinung zuzuschreiben ist. Folglich hindert ein verursachter *rally-effect* potenziell oppositionelle Eliten an kritischen Äußerungen, da sie sich nicht entgegen der hohen Zustimmungswerte des Präsidenten äußern wollen.[28] Dieser Beitrag möchte einer weiteren möglichen Ursache für einen *rally-effect* nachgehen und untersucht daher, inwiefern der Deutungsrahmen eines Ereignisses einen Einfluss auf die weitgehende Abwesenheit kritischer Stimmen in den Medien haben könnte.

5 Interpretation in den Medien: der Deutungsrahmen des 11. Septembers

Der ‚Globale Krieg gegen den Terrorismus' bildet, wie Peter Rudolf, ehemaliger Leiter der Forschungsgruppe Amerika der Stiftung Wissenschaft und Politik in Berlin, erkennt, einen Deutungsrahmen,

25 Lisa Finnegan, No questions asked. News coverage since 9/11, (Democracy and the news), Westport 2007, S. 33f.
26 Stephen van Evera, Guide to Methods for Students of Political Science, Ithaca 1997), S. 9ff.
27 Christophe Chowanietz, Rallying Aound the Flag? Political Parties' Reactions to Terrorist Acts, 2007. Web 20 Aug. 2013.
28 Marc J. Hetherington, Michael Nelson, Anatomy of a Rally Effect: George W. Bush and the War on Terrorism, in: PS: Political Science and Politics, 36, 2003.

„der Fakten einen Zusammenhang verleiht, den Strom der Ereignisse strukturiert und Prioritäten setzt. (…) [Solche „*frames*"] geben Beurteilungsmaßstäbe an die Hand, offerieren Lösungen und tragen dazu bei, dass bestimmte Fragen und Probleme aus der Diskussion herausfallen. Auf diese Weise wirken sie mit bei der Konstruktion politischer Identität."[29]

Frames sorgen dafür, dass Geschehnisse kohärent interpretiert und evaluiert werden. Stets gleiche Selektionsmuster und Exklusionsmuster sowie Schwerpunktsetzung bilden einen Rahmen für den Gegenstand und die Art der Darstellung in den Medien. Für das Wort *frame*, oder auch das entsprechende Adjektiv *framing*, existieren unterschiedliche Bedeutungen. Gerade definitorische Unterscheidung zwischen *framing*, *priming* und *agenda setting* sind oftmals nicht klar abgegrenzt.[30] Zudem wird der Begriff *frame* oder *framing* in verschiedenen Disziplinen verwendet. Diesem Artikel liegt eine enge Definition des *risky choice framing* aus der politischen Psychologie zugrunde.[31] Diese Art des *framing* beschreibt Situationen, in denen mögliche Entwicklungen als positiv oder negativ geframed werden. Risky Choice *Framing* wird hier verwendet, um die Deutung von Politikinitiativen als Notwendig zur Vermeidung zukünftiger Risiken oder zukünftiger gewinne zu beschreiben. *Risky Choice Framing* beeinflusst das Risikoverhalten von Akteuren. Dies bedeutet, dass der Wille eines Akteurs ein Risiko einzugehen abhängig ist davon, ob ein Inhalt positive oder negative kodiert ist. Dies ist auch die Auffassung der Neuen Erwartungstheorie, die von Kahneman und Tversky entwickelt wurde. [32] Nachfolgend soll untersucht werden, ob der Deutungsrahmen des Terroranschlages am 11. September ausschlaggebend für die weitgehende Suspendierung der Kritik- und Kontrollfunktion der etablierten Medien und das Einsetzten eines rally-effects in den Medien sein könnte.

Der *frame* für den 11. September 2001 wurde von dem damaligen 43. Präsidenten der USA, George W. Bush, geliefert. In seiner Rede am Abend des 11. September 2001 und später nochmals deutlicher in einer Ansprache vor beiden Häusern des Kongresses am 30. September 2001, die beide zu bester Zeit (prime time) im Fernsehen übertragen wurden, bettete Bush die Anschläge und

---

29   Peter Rudolf, Imperiale Illusionen. Amerikanische Außenpolitik unter Präsident George W. Bush, in: Internationale Politik und Sicherheit, 61, 1. Aufl., Baden-Baden 2007, S. 13.
30   Samuel L. Popkin, The reasoning voter. Communication and persuasion in presidential campaigns, Chicago 1994, Shanto Iyengar, Donald R. Kinder, News that matters: television and American opinion. American politics and political economy, Chicago 1987.
31   D. Kahneman, A. Tversky, Prospect theory: An analysis of decision under risk, in: Econometrica, 47.2, 1979, S. 263-291.
32   Ebd.; D. Kahneman, A. Tversky, Advances in prospect theory: cumulative representation of uncertainty, in: Choices, Values and Frames. D. Kahneman, A. Tversky (Hrsg.), Cambridge 2000, S. 44-66.

die Reaktion der USA, die folgen sollte, in ein größeres Konzept ein und bezeichnete es als den „Global War on Terror".[33] Diese Bezeichnung zog sich wie ein roter Faden durch die Amtszeit Bushs.[34] Hierdurch fand nicht nur die Reaktion der USA, sondern auch die Interpretation des 11. September an sich einen Rahmen.

Der Terminus *war against terrorism* (Krieg gegen den Terrorismus) wurde zum ersten Mal von Ronald Reagan verwendet und bezog sich auf die amerikanische Reaktion hinsichtlich der bereits erwähnten Geiselnahme des TWA-Fluges (1985) und der ebenfalls oben erörterten Geiselnahme von Teheran (1979-1981). Reagan verwendete den Begriff hinsichtlich der terroristischen Bedrohung für die internationale Sicherheit.[35] Bei Bush bezog sich der Krieg gegen den Terrorismus vor allem auf die nationale Sicherheit der USA und erst in zweiter Instanz auf die internationale Sicherheit. Aus diesem Grund – und weil die USA direkt im Land betroffen waren – wurde der Deutungsrahmen schneller und zentraler als vorherrschender Deutungsrahmen in den Medien aufgegriffen als dies früher der Fall war. Der *frame* stellte die Bedrohungssituation in den Vordergrund und strukturierte somit die Wahrnehmung der Medien und änderte die Bewertungsmechanismen dahingehend. Er trug so zu einer Änderung in der Wahrnehmung amerikanischer Sicherheitspolitik bei. Der Wandel war jedoch nur möglich, weil der zu Zeiten Reagans noch übergeordnete *frame* des Kalten Krieges 2001 seine Gültigkeit verloren hatte.[36]

Der Präsident hat in den USA generell eine so genannte *prime time position* inne, die es ihm unter anderem erlaubt, Reden etc. zu den besten Sendezeiten ausstrahlen zu lassen. Zusätzlich greifen Medien häufig von dem Präsidenten benutzte Schlagworte auf und unterstützen somit die Präsenz von den durch ihn geforderten Politikinhalten in der Öffentlichkeit. Auch nach dem 11. September 2001 wurden Teile der präsidentiellen Rhetorik von den Medien übernommen. Was sich vor allem durch den 11. September änderte, war die Perzeption des internationalen Terrorismus in der Öffentlichkeit, nicht notwendigerweise eine geänderte Realität.[37] Die Medien spielten in dieser geänderten Wahrnehmung eine entscheidende Rolle, da sie diese mitprägten. Die von den Medien übernommene Terminologie wird so, wie der Historiker Arthur M.

---

33 George W. Bush, „President Bush's address to a joint session of Congress and the Nation", Washington Post Online, 20.09.2001. Online verfügbar unter http://www. washingtonpost.com/wp-srv/nation/specials/attacked/transcripts/bushaddress_092001.html, zuletzt geprüft am 23.08.2011.

34 Präsident Barack Obama beschloss nach Amtsantritt diesen Terminus nicht mehr zu verwenden.

35 Robert E. Denton, Language, symbols, and the media. Communication in the aftermath of the World Trade Center attack. New Brunswick 2006, S. 6.

36 Pippa Norris, Montague Kern, Marion Just (Hrsg.), Framing Terrorism. The News Media, the Government, and the Public, New York u.a. 2003, S. 14f.

37 Ebd., S. 4.

Schlesinger sagte, die „primäre Definition der Realität."[38] Komplexere Ereignisse werden vereinfacht und oftmals in einen Wissens- und Erfahrungskontext gestellt.[39] Das heißt, dass Journalisten sich an bekannten Deutungsrahmen orientieren, um Fakten einzuordnen und Geschehnissen einen Sinn zu verleihen und die Berichterstattung zu strukturieren. Nach dem 11. September war dies jedoch schwerlich möglich, da der Anschlag das Ausmaß vorangegangener überstieg. Einzig ein Vergleich mit dem Angriff auf Pearl Harbor wurde aufgegriffen. Auch hier wurden die USA unvorhergesehen auf eigenem Territorium getroffen. Dieser Anschlag findet seine Einbettung jedoch in dem eines Krieges und kann nicht als Terroranschlag bezeichnet werden. Dieser Vergleich könnte zu einer Verfestigung des *frames* Krieg gegen den Terrorismus beigetragen haben. Auch die nationalen Werte und Verhaltensweisen eines Volkes sind ausschlaggebend für die Annahme eines Deutungsrahmens.[40] Patriotismus spielt in den Vereinigten Staaten eine große Rolle, deren Bedeutung nochmals zunimmt, wenn das Land sich einem Feind gegenüber sieht.

Die durch die Krise des 11. September und den beschlossenen Krieg gegen den Terrorismus erhöhten Zustimmungswerte wirkten sich positiv auf die Akzeptanz der präsidentiellen Rhetorik in den Medien aus. Die öffentliche Unterstützung für den Krieg gegen den Terrorismus lag zwischen 89% und 90% im Jahre 2001.[41] Umso höhere Zustimmungswerte der Präsident erhält, umso höher ist die Wahrscheinlichkeit, dass Medien seine Aussagen unkritisch übernehmen.[42]

Betrachtet man nun das innerhalb des Deutungsrahmens genutzte *Risky Choice Framing*, lässt sich erkennen, dass präsidentielle Rhetorik mit dem *rally-effect* in den Medien in Zusammenhang stehen könnte. Folgende Graphik zeigt, dass zwischen *loss framing* durch Präsident Bush und dem weitestgehend kritikfreien Fokus der Medien auf die Opferrolle und die Vergeltung des Anschlages ein Zusammenhang bestehen könnte. Die Grafik zeigt, dass die Abnahme des *loss framing* durch Präsident Bush mit der Wiederaufnahme der Kontroll- und Kritikfunktion der Medien wie oben beschrieben einhergeht. In

38 Adam Lockyer, The Relationship between Media and Terrorism, The Australien National University 2003, Online verfügbar unter http://rspas.anu.edu.au/papers/sdsc/viewpoint/paper_030818.pdf, zuletzt aktualisiert am 03.09.2003, zuletzt geprüft am 26.08.2011. S. 3.
39 Susanne Kirchhoff, Krieg mit Metaphern. Mediendiskurse über 9/11 und den War on Terror, 1., Aufl. Bielefeld 2009, S. 58.; Norris, Kern, Marion, Framing Terrorism, S. 4.
40 A. Trevor Thrall, Jane K. Cramer, American foreign policy and the politics of fear. Threat inflation since 9/11, London, New York 2009, S. 10.
41 Wojtek Mackiewicz Wolfe, Winning the war of words. Selling the war on terror from Afghanistan to Iraq, Westport 2008, S. 46.
42 Robert E. Denton, Language, symbols, and the media. Communication in the aftermath of the World Trade Center attack, New Brunswick 2006, S. 5.; Adam Lockyer, The Relationship between Media and Terrorism, The Australien National University 2003, Online verfügbar unter http://rspas.anu.edu.au/papers/sdsc/viewpoint/paper_030818.pdf, zuletzt aktualisiert am 03.09.2003, zuletzt geprüft am 26.08.2011. S. 2.

der Analyse wurden alle Aussagen des Präsidenten bezüglich des War on Terror gewichtet und in *loss und gain framing* eingeteilt.

Abbildung 1: Präsidentielles *loss framing* und *gain framing* nach dem 11. September 2001

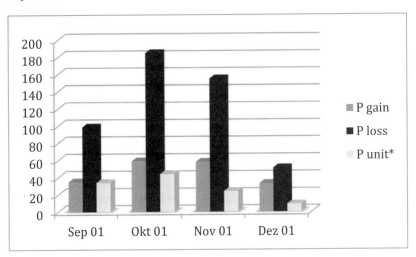

Quelle: eigene Darstellung.

Die Interpretation der Ereignisse durch die Medien war nach dem 11. September (vor allem kurz nach den Anschlägen) eng verknüpft mit der Rhetorik Präsident Bushs. Berichte speisten sich hauptsächlich aus Regierungskreisen oder ihr nahestehenden Quellen (etwa 71%), was dazu führte, dass die Medien oftmals zum de facto Sprachrohr der Regierung wurden, da *frames* eher übernommen werden wenn sie von einer vertrauenswürdigen Quelle etabliert werden.[43]

Gleich nach den Anschlägen nutzten Fernsehsender für ihre Nachrichtensendungen Slogans, wie „Attack on America" oder „America under Attack".[44] In Anlehnung an die Einbettung der Anschläge in einen „Globalen Krieg gegen den Terrorismus"[45] durch Präsident Bush, nutzten Fernsehsender in ihren Be-

43   Norris, Kern, Marion, Framing Terrorism, S. 4.; Carey, American Journalism on, before, and after September 11, S. 73.; Danny Schechter, Media wars. News at a Time of Terror, Lanham 2003, S. 60ff.
44   https://archive.org/details/911/day/20010911.
45   George W. Bush, „President Bush's address to a joint session of Congress and the Nation", Washington Post Online, 20.09.2001. Online verfügbar unter http://www.washingtonpost. com/wp-srv/nation/specials/attacked/transcripts/bushaddress_092001.html, zuletzt geprüft am 23.08.2011.

richten dann Slogans wie „War on America", die auf den ausgerufenen Kriegs-zustand hinwiesen und den von Bush initiierten Kurs somit verbreiteten.[46] CNN stellte seinen Slogan nach einigen Tagen, passend zur Rhetorik des Prä-sidenten, auf „America's New War" um.

Um zu beurteilen, inwiefern sich der Deutungsrahmen eines Terrorereig-nisses einen Einfluss auf einen *rally-effect* in den Medien und die Abwesenheit von Kritik hat, muss zunächst die Diskursstruktur und der Diskurswandel nach dem 11. September in Augenschein genommen werden. Ein bedeutender Un-terschied im Diskurs zu dem 11. September und zu vorangegangenen Terror-ereignissen besteht darin, dass der 11. September, wie zuvor beschrieben, in ein Kriegskonzept gegen den Terrorismus eingebettet wurde. Dieser Deutungs-rahmen bestimmte die Interpretation des Terrorismus in den Medien und in-tensivierte einen *rally-effect* in den Medien. Hieraus ergibt sich ein bedeuten-der Unterschied zu der Interpretation vorangegangener Terrorereignisse. Diese wurden, so beispielsweise die oben beschriebenen Anschläge auf die amerika-nischen Botschaften in Tansania und Kenia, als kriminelle Handlung von Ter-roristen eingeordnet und in den Medien als solche beschrieben und behandelt. [47] Dies änderte nicht nur die Medieninterpretation der Ereignisse, sondern auch den Fokus der Berichterstattung. Die Berichterstattung zum Terrorismus vor dem 11. September war zumeist gezielt auf das jeweilige Geschehen gerichtet und nicht thematisch oder kontextuell eingebunden.[48] Die Medienberichterstat-tung über diesen Terroranschlag war, genau wie jene über die Bombenan-schläge in Kenia und Tansania 1998 und der Anschlag auf die USS Cole im Jahre 2000, sehr intensiv. Jedoch wurden diese Geschehnisse als einzelne Er-eignisse betrachtet und das Gesamtkonzept des internationalen Terrorismus und eine mögliche Reaktion der USA gingen, trotz vorhandener Regierungs-aussagen hierzu, weitestgehend in den Medien verloren.[49] Passend hierzu fand Iyengar in seinen Studien heraus, dass episodische Berichterstattungen (*episo-dic frames*) über Terroranschläge dazu führen, dass Einzelpersonen verant-wortlich gemacht werden, wobei thematisch eingebundene Berichterstattun-gen (*thematic frames*) eher dazu führen, dass Zuschauer gewillt sind, auch die Ursachen des Terrorismus zu bekämpfen.[50] So kann der Krieg gegen den Ter-rorismus als thematischer Deutungsrahmen bezeichnet werden, der um die An-

46 Douglas Kellner, Bushspeak and the Politics of Lying. Presidential Rhetoric in the ‚War on Terror', in: Presidential Studies Quarterly, 37: 4, 2007, S. 625.
47 Todd M. Schaefer, Framing the U.S. embassy bombings and September 11 Atacks in African and US Newspapers, in: Norris, Kern, Marion, Framing Terrorism, S. 102.
48 Brigitte L. Nacos, Oscar Torres-Reyna, Framing Muslim-Americans Before and After 9/11, in: Norris, Kern, Marion, Framing Terrorism, S. 135.
49 Wolfgang Donsbach, (Hrsg.), Chancen und Gefahren der Mediendemokratie. [... vom 29. bis 31. Mai 2002 in Dresden], Konstanz 2003, S. 21.
50 S. Iyengar, Is Anyone Responsible? How Television Frames Political Issues, Chicago 1991, S. 26ff.

schläge selbst sowie auch über Reaktionen der USA einen thematischen Kontext setzt. Vorangegangene Terrorereignisse hingegen wurden eher als episodische Ereignisse einzelner Gewaltverbrechen gedeutet. Bei einem Gewaltverbrechen ist es Ziel, einzelne Täter verantwortlich zu machen. Bei der Einbettung des 11. September in einen Krieg gegen den Terror ging es nicht alleine darum, die Drahtzieher zur Verantwortung zu ziehen, sondern auch die die Terroristen unterstützenden Gruppen wie die Taliban in Afghanistan.

Interessant ist, dass die Berichterstattung in den Medien hinsichtlich der Anthraxanschläge deutlich kritischer war als derer im Kampf gegen den Terrorismus.[51] Eine Erklärung hierfür könnte sein, dass die Anthraxanschläge nach dem 11. September auch eher als krimineller Akt denn als Terrorismus eingestuft wurden.

In der Berichterstattung zum 11. September gab es zunächst zwei Hauptthemenfelder: Verantwortlichkeit für die Anschläge und Vergeltung. Folglich entstanden zwei Bereiche, über die näher berichtet wurde: Berichte über die Opfer des 11. September und Berichte über einen militärischen Gegenschlag.[52] Fox News forcierte vor allem den Aspekt, dass Amerika zum Opfer einer unvorhersehbaren Attacke wurde. CNN deutete die Verbreitung des Krieges als eine notwendige und gerechtfertigte Reaktion auf die Anschläge des 11. September.[53] Daher wurde nach dem 11. September intensiver über dessen Folgen und Reaktionen auf die Anschläge berichtet und auch Regierungsquellen fanden häufiger Gehör. Somit besteht ein weiterer zuvor bereits angedeuteter Unterschied in dem Terrorismusdiskurs der Medienberichterstattung des 11. September darin, dass in vergangenen TV-Berichterstattungen über terroristische Geiselnahmen, in denen die Geiselnehmer auch mit den Medien direkt in Kontakt traten, die Rhetorik der Terroristen in Berichten gespiegelt wurde; so beispielsweise in ABC World News Tonight, Good Morning America, Time, Newsweek, U.S. News and War Report.[54]

Einige Wochen nach dem 11. September 2001 und mit Beginn des Diskurses um den Afghanistankrieg wurden Ereignisse eingeordnet und neue Informationen in Analysen aufgegriffen, die jedoch stark von Spekulationen gekennzeichnet waren. Der Anteil an spekulativer Berichterstattung, bei der meist auch eine Quellenangabe fehlte, stieg laut einer Studie auf 75%. Bei diesen Analysen mangelte es jedoch zunächst, vor allem in dem Fernsehen, oftmals an Objektivität, da Hintergrundinformationen zu den Anschlägen fehlten und die Ereignisse nicht in einen Kontext eingebettet wurden. Zwar stand

51 Brigitte Lebens Nacos, Mass-mediated terrorism. The central role of the media in terrorism and counterterrorism, Lanham 2002, S. 59.
52 Brian A. Monahan, The shock of the news. Media coverage and the making of 9/11, New York u.a 2010, S. 64f.
53 Ebd., S. 65.
54 J. David Slocum, Terrorism, media, liberation, New Brunswick 2005, S. 134f.

schon bald fest, dass Osama bin Laden Initiator der Anschläge sein könnte, aber warum sie verübt wurden, wurde nicht näher thematisiert.[55]

Ende des Jahres 2001, etwa zu dem Zeitpunkt, als die Taliban in Afghanistan von der Macht in Kabul verdrängt wurden, nahmen die Medien wieder ihre Kritik- und Kontrollfunktion wahr. Eine Ursache kann darin gesehen werden, dass sich der Krieg gegen den Terrorismus nach dem Beginn des Afghanistankriegs territorial sichtbar auf das Ausland verschob. Der Beginn des Afghanistankrieges selbst wurde in den Medien intensiv behandelt. Banner wie „America Strikes Back" wurden nicht weiter genutzt (galten jetzt als unprofessionell) und Chefredakteure und Intendanten entschuldigen sich für übertriebenen Patriotismus.[56]

Ein wichtiger Faktor in der allgemeinen Wiederherstellung eines „Normalzustandes" der medialen Berichterstattung war sicherlich auch die von der Bevölkerung empfundene Bedrohung einer Einschränkung der Freiheitsrechte als innenpolitische Folge des Krieges gegen den Terrorismus, die letztendlich die wahrgenommene terroristische Bedrohung überstieg. Bereits im Dezember 2001 pendelte sich das Interesse an politischen Informationen bei den Rezipienten in den Medien in etwa auf das Niveau des Vorjahres ein.[57]

6 Fazit

Abschließend widmet sich der Artikel nochmals der eingangs gestellten Frage: Stellte der 11. September 2001 für die Medien in den USA a) bezüglich der Darstellung des Terrorismus und b) bezüglich der Interpretation des Terrorismus eine „Zeitenwende" dar?

Wie erläutert, gab es in der Mediendarstellung des Terrorismus vom 11. September 2001 und vorangegangen Ereignissen einige Gemeinsamkeiten. So waren Intensität der Berichterstattung und des Interesses der Bevölkerung sehr ähnlich. Dennoch war das Terrorereignis vom 11. September in seiner Symbolkraft, dem eindrucksstarken Ablauf und der Größe in den USA einmalig. Dass die Anschläge auf dem amerikanischen Festland durchgeführt wurden, verstärkte die Berichterstattung. Zudem erlaubten der technische Fortschritt und der Ablauf der Ereignisse eine Live-Berichterstattung im Fernsehen, in der auch die Journalisten zum Zuschauer wurden und somit eine Einordnung des Erlebten zunächst nicht möglich war. Folglich kann der 11. September 2001

55 Danny Schechter, Media wars. News at a Time of Terror, Lanham 2003, S. 56.
56 Michael Haller, Der Journalismus im Medien-Theater, in: Christian Schicha, Carsten Brosda (Hrsg.), Medien und Terrorismus. Reaktionen auf den 11. September 200, Münster 2002, S. 50.
57 Susanne Kirchoff, Krieg mit Metaphern. Mediendiskurse über 9/11 und den War on Terror, 1., Aufl. Bielefeld 2009, S. 25.

als ein vorläufiger Höhepunkt in der Medienberichterstattung des Terrorismus in den USA gesehen werden.

Nach dem 11. September haben sich die Medien jedoch nochmals rasant weiterentwickelt; gerade das Internet und seine spezifischen Möglichkeiten (wie Blogs, Twitter, Soziale Netzwerke). Dies hat zu einer weiteren Forcierung der medialen Verbreitung des Terrorismus geführt.[58] Das Internet bietet Möglichkeiten, terroristische Anschläge zu steuern. Im Internet können Anleitungen gefunden werden, wie ein terroristischer Anschlag erfolgreich verübt werden kann. Dies schließt Anweisungen zu Bombenbau ebenso mit ein wie Vorschläge zu möglichen Zielen, so dass der einzelne auch herausgelöst von der „terroristischen Gemeinschaft" aktiv werden kann und sich zudem leichter kleine Splittergruppen bilden können.

Andererseits bieten die neuen digitalen Medien jedoch auch dem Terrorismus entgegenlaufende Instrumente. Durch die sozialen Medien gibt es ebenso größere Möglichkeiten für jedes Individuum, das an der Online-Kommunikation teilnehmen kann, seine eigene Meinung Kund tun zu können; so kann das Internet in gewisser Weise als demokratiesteigerndes Element in der Medienstruktur bezeichnet werden.[59] Die Weiterverbreitung und -entwicklung des Internets und der sozialen Netzwerke könnten somit auch einen Einfluss auf Festsetzung und Zerstörung von *frames* haben. Der *frame* des Krieges gegen den Terrorismus zog ein gewisses Verhalten in den Medien und der Öffentlichen Meinung mit sich. Durch die Einbettung der Anschläge in das größere Konzept des Krieges, entfaltete sich ein Mechanismus der Negativen Integration, die die Nation vor dem terroristischen Feind einte.[60]

Die Art und Weise, in welchen Rahmen Nachrichten gesetzt, wie sie ge-*framed* werden, beeinflusst die Art und Weise, wie die Nachrichten in der Bevölkerung aufgenommen werden.[61] Für die Medien der Deutungsrahmen des Krieges, dass der Krieg gegen den Terrorismus wiederholt thematisiert wurde und folglich stete Aufmerksamkeit auf die Thematik gerichtet wurde, wodurch sich der Deutungsrahmen verfestigte.[62]

Folglich wurde die Äußerung von Kritik an dem Vorgehen der Regierung oder auch der Politik im Allgemeinen in diesem Krieg erschwert. Hinzu kamen die amerikanische Opferrolle und auch der Wunsch nach Vergeltung (mitsamt

58   Friedrich Schneider, Bernhard J. Hofer, Ursachen und Wirkungen des weltweiten Terrorismus. Eine Analyse der gesellschaftlichen und ökonomischen Auswirkungen und neue Ansätze zum Umgang mit dem Terror, 1. Aufl. Wiesbaden 2008, S. 54f.

59   Pamala L. Griset, Sue Mahan, Terrorism in perspective, Thousand Oaks 2003, Online verfügbar unter http://www.loc.gov/catdir/enhancements/fy0658/2002012736-d.html.

60   Robert E. Denton, Language, symbols, and the media. Communication in the aftermath of the World Trade Center attack, New Brunswick 2006, S. 6.

61   Philip M. Seib, Dana M. Janbek, Global Terrorism and New Media. The post-Al Qaeda Generation. New York u.a. 2010, S. 8.

62   D.L. Altheide, J.N. Grimes, WAR PROGRAMMING: The Propaganda Project and the Iraq War, in: The Sociological Quarterly 46, 2005, S. 3ff.

einer militärischen Reaktion), was Kritik der Medien noch unwahrscheinlicher machte. Der *rally-effect* und dadurch entstandene Patriotismusschub verhinderte dies weiter. Lediglich als der Punkt Demokratiestiftung in der Rechtfertigung des Afghanistankrieges ergänzt wurde, ermöglichte dies in der Medienberichterstattung einen neuen Ansatzpunkt, der eher Kritik zu erlauben schien. Betrachtet man die Medien in den USA nach dem 11. September auf längere Sicht, kann ein deutlicher Wandel von krisengeleiteter Medienberichterstattung hin zur Normalisierung und der Wiederherstellung der Funktion der Medien als vierte Gewalt erkannt werden. Somit kann der 11. September zwar (im Hinblick auf die Darstellung des terroristischen Serienereignisses als Medienereignis) als ein Höhepunkt vorheriger Entwicklungen bezeichnet werden. Es wurde deutlich, dass der angewandte Deutungsrahmen eines Terrorereignisses für die Medienperzeption ausschlaggebend ist. Der Krieg gegen den Terrorismus als thematischer Deutungsrahmen ordnete die Hierarchie relevanter Politikthemen durch die Identifizierung einer vorrangigen Gefahr für die Sicherheit des Landes und der in ihm lebenden Menschen, wodurch auch ein Rahmen für die weitere Behandlung des terroristischen Problems und alle tangierenden Bereiche gesetzt wurde.[63] Anders als bei den episodischen Berichterstattungen (*episodic frames*) über Terroranschläge vor dem 11. September, wurde der 11. September 2001 nicht als krimineller Akt eingestuft. Der von der Regierung gesetzte und den Medienakteuren aufgegriffene *frame* des Krieges verzögerte die Wiederaufnahme der Kontroll- und Kritikfunktion der Medien nach 9/11. Da sich die mediale Deutung und Interpretation des Terrorismus jedoch nach dem 11. September wieder normalisierte, konnte hier in der Mediendarstellung und Medieninterpretation hinsichtlich des Terrorismus in den USA keine „Zeitenwende" festgestellt werden.

---

63   Susanne Kirchhoff, Krieg mit Metaphern. Mediendiskurse über 9/11 und den War on Terror, 1. Aufl., Bielefeld 2009, S. 58.

Mediale Terrorberichterstattung und deren Interpretation vor und nach 9/11

Wolfgang Frindte, Nicole Haußecker und Jens Jirschitzka

1 Annäherung

Sicher ist es nicht beliebig, nach der terroristischen Bedrohung vor und nach dem 11. September 2001 zu fragen. Für Giovanna Borradori ist der 11. September 2001 die „Apokalypse"[1], für Hoffmann und Schoeller der „Wendepunkt"[2], als „Superlativ ohne Präzedenz"[3] bezeichnet ihn Ulrich Schneckener. Auch für Andreas Bock war es ein „Akt von beispielloser Symbolkraft"[4] und für Jean Baudrillard ist das Attentat auf das World Trade Center in New York gar die „Mutter aller Ereignisse"[5]. Dass die Anschläge vom 11. September 2001 in diesem Sinne als singuläres Ereignis erscheinen, hat wohl auch mit der medialen Dimension der Anschläge zu tun. Erstmals gab es in der Geschichte Live-Bilder eines Anschlages. In Echtzeit konnte die Weltöffentlichkeit das Einstürzen der *Twin Towers* und die verzweifelten Rettungsaktionen verfolgen. Diese Bilder haben sich in das kollektive Gedächtnis der westlichen Welt eingebrannt.[6]

Möglicherweise erinnern sich die Leserinnen und Leser noch an die Äußerung von Karlheinz Stockhausen, mit der dieser wenige Tage nach den Terroranschlägen vom 11. September 2001 die Öffentlichkeit verschreckte. Stockhausen (1928-2007), einer der bedeutendsten Komponisten des 20. Jahrhunderts, antwortete am 16. September 2001 in einem Interview mit dem *Norddeutschen Rundfunk* auf die Frage, wie er die Ereignisse vom 11. September persönlich sehe:

---

1 Zitiert aus G. Borradori, Vorwort. In J. Habermas & J. Derrida. Philosophie in Zeiten des Terrors. Zwei Gespräche, geführt, eingeleitet und kommentiert von Giovanna Borradori, Hamburg 2006, S. 9.
2 Zitiert aus H. Hoffmann, W. F. Schoeller, Wendepunkt 11. September. Terror, Islam und Demokratie, Köln 2001.
3 Zitiert aus U. Schneckener, Transnationaler Terrorismus, Frankfurt am Main 2006, S. 12.
4 Zitiert aus A. Bock, Terrorismus, Paderborn 2009, S. 7.
5 Zitiert aus J. Baudrillard, Der Geist des Terrorismus, Wien 2003, S. 11.
6 Vgl. Schneckener, Transnationaler Terrorismus, S. 13.

„Also – was da geschehen ist, ist natürlich – jetzt müssen Sie alle ihr Gehirn um-stellen – das größtmögliche Kunstwerk was es je gegeben hat, dass also Geister in einem Akt etwas vollbringen, was wir in der Musik nie träumen könnten, dass Leute zehn Jahre üben wie verrückt, total fanatisch für ein Konzert und dann ster-ben."[7]

Sicher ist Stockhausen missverstanden worden; auch mag der Zeitpunkt seiner Äußerung in hohem Maße unpassend gewesen sein. Was aber nicht übersehen werden sollte, ist der implizite Verweis auf den Schrecken angesichts des Ter-rors, ein Schrecken, der alles Bisherige übersteigt und eben mit den bislang genutzten ökonomischen, politischen und sozialen Erklärungsmustern kaum zu begreifen ist. Die Terroranschläge des 11. September 2001 waren – und darauf wollte Stockhausen hinweisen – auch eine riesige mediale Inszenierung.

Um 8:46 Uhr New Yorker Ortszeit – 14:46 Uhr mitteleuropäischer Zeit – flog die erste Boeing 767 in den Nordturm des *World Trade Center* (WTC). Acht Minuten später erschien die erste Meldung der Nachrichtenagentur *Associated Press*; gegen 15.00 Uhr mitteleuropäischer Zeit konnten deutsche Fernsehzuschauer die ersten Live-Bilder auf *n-tv* und *N24* verfolgen. Um 15.00 Uhr berichteten auch die ersten deutschen Radiosender, dass in Manhattan ein Flugzeug in den Nordturm des *WTC* geflogen sei. Um 15:10 Uhr ging Peter Klöppel mit der ersten Sondersendung zu den Anschlägen für den Sender *RTL* auf Sendung. Die öffentlich-rechtlichen Fernsehsender folgten kurze Zeit spä-ter. Peter Klöppel blieb am 11. September 2001 mit *RTL-aktuell* von 15:10 bis 19:21 Uhr auf Sendung und erhielt im März 2002 dafür sogar den Grimme-Preis. Die *ARD-Tagesschau* erzielte an diesem Tag mit mehr als neun Millio-nen Zuschauern Rekordeinschaltquoten.

Auch die Zuschauer nahmen – zunächst wohl weniger reflektierend – den potentiellen Zäsurcharakter wahr, der sich mit den Anschlägen verbindet, wie die folgende Aussage aus einem Interview illustriert. Dieses Interview wurde im Rahmen einer Studie aufgezeichnet, die zwischen 2007 und 2009 durchge-führt wurde und auf die noch einzugehen sein wird:

> „Also erfahren habe ich davon direkt durch die SMS von einem Freund, na ja und dann bin ich natürlich nach Hause und habe diverse Nachrichtensender laufen las-sen CNN, Phoenix etc. ... Wie ich die Berichterstattung wahrgenommen habe, na ja es wurden halt immer wieder diese Bilder präsentiert, die natürlich auch ziem-lich heftig waren. Meine erste Reaktion war, als ich gesehen hab, wie der erste von den beiden Türmen zusammen gestürzt ist, OK, das ist Weltkrieg drei. Und wo auch immer das herkam, das ist demnächst der tiefste Punkt der Erde ...".[8]

---

7   Zitiert aus Internetquelle: http://www.swin.de/kuku/kammchor/stockhausenPK.htm; aufge-rufen am 15.11.2010.
8   Vgl. W. Frindte, N. Haußecker, Inszenierter Terrorismus – Mediale Konstruktionen und in-dividuelle Interpretationen, Wiesbaden 2010, S. 17f.

„Weltkrieg", „Wendepunkt", „Zeitenwende"? Hat der 11. September 2001 die Welt verändert und wenn ja, wie haben die Medien und die Mediennutzer darauf reagiert? Dies ist die Frage, der auch wir uns im Folgenden zuwenden wollen. Die Perspektive, die wir als Autoren dabei einnehmen, ist eine kommunikations- und medienpsychologische. Wir werden zunächst fragen, ob und inwiefern die wissenschaftliche Gemeinschaft, der wir uns zugehörig fühlen, auf den 11. September reagiert hat und zu welchen Einsichten sie dabei gekommen ist. Anschließend wird auf der Grundlage eigener Ergebnisse versucht, Antworten auf die Fragen zu finden, welche Rolle die Verbreitungsmedien in der Konstruktion des Terrorismus spielen und wie potentielle Mediennutzer diese Konstruktionen interpretieren.

2 Terrorismus, Medien und Islam – wissenschaftliche Beobachtungen vor und nach *9/11*

2.1 *Terrorismus*

Terror und Terrorismus sind unscharfe Begriffe. Die damit bezeichneten Phänomene sind es nicht minder. Die Bemühungen, eine umfassende, passfähige und gleichermaßen operationalisierbare Definition zu finden, scheitern meist,

> „… denn die Natur des Terrorismus verändert sich je nach Ort und Zeit, was für eine terroristische Bewegung … zutrifft, gilt nicht notwendigerweise auch für eine andere Gruppe in einem anderen Land, einer anderen Zeit und einer anderen politischen Tradition."[9]

Die Versuche, „Terrorismus" und „Terror" zu definieren, sind zahlreich und umstritten. Einige dieser Definitionen heben vor allem die Motive, andere dagegen vor allem die Ziele der terroristischen Aktionen (z.B. die von der *RAND-Corporation* entwickelte Definition) hervor.[10] Andere Begriffsbestimmungen wie die der *United Nations* oder der *Task Force on Disorder and Terrorism*

---

9   Zitiert aus W. Laqueur, Krieg dem Westen. Terrorismus im 21. Jahrhundert, Berlin 2003, S. 208; Vgl. auch B. Hoffman, Terrorismus – der unerklärte Krieg. Neue Gefahren politischer Gewalt, Bonn 2002, S. 34ff.
10 Vgl. G. Weimann, H.-B. Brosius, The predictability of international terrorism: A time series analysis, in: Terrorism, 11, 1989, S. 491-502.

definieren den Terrorismus durch seine kriminelle Gewaltaffinität.[11] Waldmann[12] sowie Berger und Weber betonen, dass Terrorismus von nicht-staatlichen Gruppen oder Individuen[13] ausgeübt wird. Hoffman[14] sieht im Terrorismus eine Gewalthandlung, die darauf abzielt, ein politisches System radikal zu verändern. Die intendierte Erzeugung psychischer Effekte (wie Angst, Furcht und Schock) steht im Mittelpunkt einer weiteren Gruppe von Definitionen.[15] Die Neutralität der Opfer bzw. die Unterscheidung zwischen Terrorzielen und Terroropfern bilden ebenfalls einen Kern möglicher Begriffsbestimmungen.[16]

Um die Ziele des Terrorismus (Unsicherheit, Schrecken, Schadenfreude und Sympathie) erreichen zu können, bedarf es der medialen Inszenierung von Terror, Terroranschlägen und Terrorismus. Wir definieren deshalb:

Terrorismus (von lat. terror: „Furcht, Schrecken") ist a. eine kalkuliert inszenierte gewalttätige Kommunikationsstrategie, mit der b. (nichtstaatliche) Akteure versuchen, die Gesellschaft, Staaten, deren Institutionen oder bestimmte gesellschaftliche Gruppen zu schädigen und/oder c. in Angst und Schrecken zu versetzen, um d. auf diese Weise politische Ziele zu erreichen.

Die wirksame Inszenierung des Terrorismus bemisst sich nicht nur an der symbolhaften und spektakulären *Gewaltperformance* und schließt auch nicht nur die *mediale* Aufführung durch Journalisten und Medienmacher ein. An der Inszenierung sind die Akteure und Sympathisanten des Terrorismus, die Ziele, die Opfer, die politischen, wissenschaftlichen und Alltags-Beobachter und die Medien vielmehr alle gleichermaßen beteiligt. Nur so erhält der Terror seine Form und Wirkung. *Inszenieren* meint in diesem Zusammenhang das „kalkulierte Auswählen, Organisieren und Strukturieren von Darstellungsmitteln, das in besonderer Weise strategisch auf Publikumswirkung berechnet ist".[17]

Spätestens seit dem 5. September 1972, an dem Terroristen einer palästinensischen Terrororganisation während der Olympischen Sommerspiele in München elf israelische Athleten töteten, hat der Terrorismus die internationalen Operationsgebiete erobert. Dieser Terroranschlag dürfte eine Initialzündung für die Internationalisierung und spätere Globalisierung des Terrorismus

---

11   W. E. Biernatzki, Terrorism and Mass Media. In Communication research trends: a quarterly information service from the Centre for the Study of Communication and Culture London, 21(1), 2002, S. 1-19.
12   P. Waldmann, Terrorismus. Provokation der Macht, Hamburg 2005, S. 12ff.
13   Zitiert aus L. Berger, F. Weber (Hrsg.), Terrorismus, Erfurt 2006, S. 17ff.
14   Hoffman, Terrorismus – der unerklärte Krieg.
15   Vgl. z.B. P. V. Brinkemper, Die neue zivilsoldatische Mentalität, in: G. Palm, F. Rötzer (Hrsg.), Medien. Terror. Krieg. Zum neuen Kriegsparadigma des 21. Jahrhunderts (S. 207-222), Hannover 2002, S. 212.
16   Vgl. A. P. Schmid, J. de Graaf, Violence as communication. Insurgent terrorism and the western news media, London, Beverly Hills 1982, S. 15; Vgl. auch Biernatzki. Terrorism and Mass Media, S. 5.
17   In Anlehnung an C. Schicha, R. Ontrup, Medieninszenierung im Wandel: Interdisziplinäre Zugänge, Münster u.a. 1999, S. 80.

ausgeübt haben.[18] Zumindest lässt die seit den frühen 1970er Jahren beobacht-
bare dynamische Zunahme an weltweiten Terroranschlägen eine solche Vermutung nicht abwegig erscheinen. Allerdings sind die Datenquellen, auf denen
solche Beobachtungen aufzubauen vermögen, auch nur bedingt als valide einzuschätzen.

Die in der Literatur häufig genutzte Datenquelle, um einen Überblick über
die Entwicklung des Terrorismus – gemessen an den Anschlägen pro Jahr – zu
erhalten, war meist die von der St. Andrews Universität in Schottland in Zusammenarbeit mit der kalifornischen RAND-Corporation betreute und ge-
pflegte Datenbank, die bis etwa Mitte 2008 unter der Webadresse
http://db.mipt.org erreichbar war.[19] Einen zeitlich umfangreicheren Überblick
über diesen Entwicklungstrend bietet eine andere, US-amerikanische Quelle,
die *Global Terrorism Database* (GTD), an. Diese *GTD* ist eine frei zugängli-
che Quelle, die vom *National Consortium for the Study of Terrorism and
Responses to Terrorismus* (einer Einrichtung des US-amerikanischen *Department of Homeland Security*) betreut wird und an der Universität von Maryland
beheimatet ist. Die Informationen, auf die sich die Daten der *GTD* über den
internationalen Terrorismus stützen, stammen alle ausschließlich aus frei zugänglichen Quellen, z.B. aus Internetnachrichten, digitalen Archiven, Büchern, Zeitungen und anderen öffentlichen Dokumenten.

Eine auf dieser Basis mögliche Analyse der Entwicklung des internationalen Terrorismus zeigt die folgende *Abbildung 1.*[20]

---

18   Bruce Hoffman sieht diese Initialzündung bereits durch einen anderen, früheren Terroran-
     schlag ausgelöst und meint, das erste Auftauchen des „modernen internationalen Terroris-
     mus" könne auf den 22. Juni 1968 datiert werden. An diesem Tag kidnappten palästinensische
     Terroristen der *Volksfront für die Befreiung Palästinas* ein israelisches AL-EL-Flugzeug auf
     dem Weg von Rom nach Tel Aviv (Hoffman, Terrorismus – der unerklärte Krieg, S. 85).
19   Vgl. z.B. Waldmann, Terrorismus. Provokation der Macht, S. 23.
20   Auf andere Zahlen kommen die Forscher vom Institut für Sicherheitspolitik an der Universität
     Kiel. Die von ihnen ermittelten Daten (Jahrbuch Terrorismus 2009) verweisen für 2007 auf
     5026 (und in 2008 auf 2515) terroristische Anschläge weltweit (J. Krause, Terrorismus am
     Wendepunkt? Eine Bilanz der Jahre 2008 und 2009, in: Institut für Sicherheitspolitik an der
     Universität Kiel (Hrsg.), Jahrbuch Terrorismus 2009, Opladen & Farmington Hills 2010, S.
     13-27).

Abbildung 1: Zahlenmäßige Entwicklung terroristischer Anschläge weltweit
(1970 bis 2013, für 1993 liegen keine Daten vor)

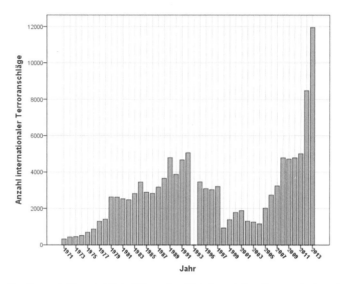

Quelle: erstellt nach Global Terrorism Database (https://www.start.umd.edu/gtd/).

Dass eine generelle Vorsicht gegenüber diesen und ähnlichen Daten geboten ist, hängt nicht nur mit der gegenstandsimmanenten Schwierigkeit zusammen, Terrorismus zu definieren und seine Erscheinungen, jegliche terroristische Akte, zu beobachten.

Die Vorsicht hat auch mit den offenbar politisch motivierten Zählweisen dieser Terrorakte zu tun. So hat Florian Rötzer darauf aufmerksam gemacht, dass das US-amerikanische *National Counterterrorism Center* in den Jahren 2003 und 2004 unzutreffende Zahlen verkündet habe, denen zu Folge der Terrorismus weltweit zurück gegangen sei.[21] Tatsächlich ist er aber angestiegen. Ob nun Rechenfehler, wie damals vom US-amerikanischen Außenministerium mitgeteilt wurde, zu diesen fehlerhaften Angaben geführt haben, oder ob auch politische Absichten dafür verantwortlich waren, um z.B. auf vermeintliche Erfolge im Kampf gegen den Terrorismus aufmerksam zu machen, lässt sich heute schwer nachweisen.

---

21   F. Rötzer, Lieber keine Zahlen vom „Erfolg" im US-Krieg gegen den globalen Terrorismus, 2005, Internetquelle: http://www.heise.de/tp/r4/artikel/19/19901/1.html; aufgerufen am 15.05.2009.

2.2 Medien

„Es gibt keine gute Weise des Mediengebrauchs, die Medien sind Teil des Ereignisses, sie sind Teil des Terrors, und sie wirken im einen oder im anderen
Sinne", meinte Jean Baudrillard angesichts der Terroranschläge des 11. September 2001.[22] Und es waren wohl auch diese Terroranschläge, die als *Media
Events*[23] eine Zäsur in den wissenschaftlichen und politischen Diskussionen
darstellen, in denen die Zusammenhänge zwischen dem Einfluss der Medien
auf die Wahrnehmung terroristischer Bedrohung im Allgemeinen und der Beurteilung von Muslimen und dem Islam im Besonderen problematisiert werden.[24] Der 11. September 2001 wirkte quasi als Katalysator dieser Diskussionen, die – nachweislich – bereits vor den Terroranschlägen begonnen hatten.[25]

Prototypisch für diese Debatten sind sicher die Auseinandersetzungen
über den Einfluss des arabischen Fernsehsenders *Al Jazeera*. Der Sender wurde
1996 gegründet, hatte aber bis 2000 nur regionale Bedeutung für den Nahen
Osten. Weltweite Aufmerksamkeit erhielt der Sender erst nach *9/11*, dem anschließenden Krieg in Afghanistan sowie durch die Ausstrahlung englischspra-
chiger Beiträge während des Irakkrieges ab März 2003. Seit dieser Zeit nehmen die öffentlichen, wissenschaftlichen und politischen Kontroversen über
die Rolle und den Einfluss des Senders ständig zu. Die Auseinandersetzungen
drehten und drehen sich u.a. um die folgenden Fragen:[26] Handelt es sich um
einen politisch unabhängigen Fernsehsender? Sind die Berichte von *Al Jazeera*
über solche Themen wie den Irakkrieg oder den Gazakonflikt amerikafeindlich
und antisemitisch? Fördert der Sender mit seiner Berichterstattung den islamischen Fundamentalismus oder den interkulturellen Austausch zwischen Muslimen und Nichtmuslimen? Nutzen islamistische und terroristische Bewegungen wie *al Qaida* den Sender im Nahen und Mittleren Osten gar als Sprachrohr
für ihre Botschaften?

---

22 Baudrillard, Der Geist des Terrorismus, S. 32.
23 Nach Daniel Dayan und Elihu Katz ist ein Medienereignis ein Ereignis, das das normale Fern-
    sehprogramm unterbreche, live gesendet werde, von historischer und symbolischer Bedeu-
    tung sei und zentrale gesellschaftliche Werte transportiere. D. Dayan, E. Katz, Media Events.
    The Live Broadcasting of History, Cambridge (MA), London 1992.
24 Vgl. J. A. Edy, P. C. Meirick, Wanted, dead or alive: Media frames, frame adoption, and
    support for the war in Afghanistan, in: Journal of Communication, 57(1), 2007, S. 119-141;
    Vgl. auch T. Vukov, Affective politics, effective borders: News media events and the gov-
    ernmental formation of Canadian immigration policy, in: Dissertation Abstracts International
    Section A, 69, 2008.
25 Vgl. z.B. B. Jenkins, International Terrorism, Los Angeles 1975; W. Laqueur, Terrorismus.
    Die globale Herausforderung, Frankfurt/M. 1987; A. P. Schmid, J. de Graaf, Violence as
    communication. Insurgent terrorism and the western news media, London, Beverly Hills
    1982.
26 Vgl. Korte & Tonn (2007). http://www.tbsjournal.com/Archives/Fall01/Jazeera_special.
    htm; aufgerufen am 15.09.2011; F. Rötzer, Al-Dschasira unter Druck, 2005, Internetquelle:
    http://www.heise.de/tp/artikel/19/19352/1.html; aufgerufen am 15.09.2011.

Vor diesem Hintergrund scheint in den letzten zehn Jahren insgesamt sowohl der mediale Umgang mit dem Terrorismus als auch mit dem Islam stärker in den Fokus sozial- und medienwissenschaftlicher Forschung gerückt zu sein. Dies bestätigte auch eine Literaturrecherche in der online-Datenbank *Web of Science*[27]. Stichwörter der Suche waren in einem ersten Schritt „terrorism" und „media"; in einem zweiten Schritt wurden Arbeiten mit den Stichwörtern „terrorism" und „muslim" gesucht. Die *Abbildung 2* illustriert den Zuwachs der entsprechenden wissenschaftlichen Veröffentlichungen vor allem nach 2001. Während im Zeitraum Januar 1990 bis Dezember 2001 nur 66 Artikel mit den Stichwörtern „terrorism" und „media" bzw. 7 Beiträge mit den Stichwörtern „terrorism" und „muslim" zu finden waren, erhöhte sich die Zahl für den Zeitraum 2002 bis 2013 auf 443 bzw. 318 wissenschaftliche Beiträge.

Abbildung 2: Zahlenmäßige Entwicklung der wissenschaftlichen Publikationen mit den Stichwörtern „terrorism" und „media" bzw. „terrorism" und „muslim"

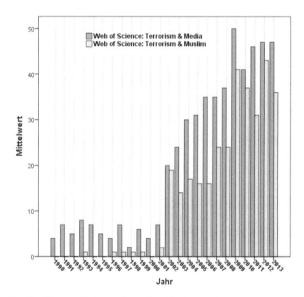

Quelle: Web of Science (http://wokinfo.com/).

27   *Web of Science* (http://wokinfo.com/) ist eine interdisziplinäre Datenbank, in der ca. 9200 Zeitschriften aus den Bereichen der Kunst, der Geistes- und Sozialwissenschaften, der Medizin, Naturwissenschaft und Technik ausgewertet werden. Die Recherche wurde im Oktober 2011 durchgeführt.

Moderner Terrorismus ist auf die Funktion von Verbreitungsmedien angewiesen und spekuliert auf deren Wirkungen.[28] Um Medienaufmerksamkeit zu erlangen, bedarf es einer sorgfältigen Inszenierung der terroristischen Risiken. Indem sich die Medien an diesen Inszenierungen beteiligen und Angebote zur Antizipation terroristischer Anschläge unterbreiten, erfüllen sie bereits ein Ziel des Terrorismus, nämlich das Erreichen von Öffentlichkeit.[29] Dabei können die psychologischen Effekte der Risikoinszenierung, also der Antizipation möglicher Bedrohungen, oftmals stärker sein als die der eigentlichen Anschläge.[30]

Daniel Schmidthäussler machte in diesem Zusammenhang darauf aufmerksam, dass sich die reale Bedrohungslage in Deutschland, gemessen an tatsächlich stattgefundenen Terroranschlägen, zwischen 2001 und 2006 nicht geändert habe. Die dennoch erhöhte Bedrohungswahrnehmung der deutschen Bevölkerung in dieser Zeit sei wahrscheinlich eher auf die mediale Berichterstattung über den Terrorismus zurückzuführen.[31] Für diese Vermutung sprechen die von Schmidthäussler vorgelegten Befunde über die Präsenz terrorismusrelevanter Themen in der *Tagesschau*, den Hauptnachrichten der *ARD*, zwischen 1968 und 2006. Erfasst und inhaltsanalytisch ausgewertet wurden zwischen dem 1. Januar 1968 und dem 30. Juni 2006 insgesamt 2744 Nachrichtenbeiträge, in denen über Terrorismus berichtet wurde. Dass sich diese Berichte nicht gleichmäßig über den Zeitraum (von 14060 Tagen) verteilten, sondern nach 2001 in Anzahl und Umfang dramatisch zunahmen, illustriert die folgende *Abbildung 3*.

---

28 Vgl. Biernatzki, Terrorism and Mass Media; H.-B. Brosius, Medien, Gewalt und Terrorismus, in: Gewerkschaftliche Monatshefte, 11-12, 2001, S. 718-725; B. A. Dobkin, The television terrorist, in: D. J. Slocum (Hrsg.), Terrorism, Media, Liberation, New Brunswick, NJ 2005; P. Fuchs, Das System "Terror". Versuch über eine kommunikative Eskalation der Moderne, Bielefeld 2004; S. Glaab (Hrsg.), Medien und Terrorismus – Auf den Spuren einer symbiotischen Beziehung, Berlin 2007; B. L. Nacos, Mass mediated terrorism. Central role of media in terrorism. Lanham 2002; Schmid & de Graaf, Violence as communication; Waldmann, Terrorismus. Provokation der Macht.

29 Vgl. Biernatzki, Terrorism and Mass Media; Frindte & Haußecker, Inszenierter Terrorismus; N. Haußecker, Nachrichtenberichterstattung über Terrorismus. Eine Analyse der TV-Nachrichten über die Terroranschläge in Kenia, in: Conflict & Communication Online, 6(1), 2007, S. 1-18.

30 Vgl. Robin Gerrits, Terrorists Perspectives, in: D. Paletz (Hrsg.), Terrorism and the Media. In Journal of Communication, Bd. 44/1994, 1, New York 1992, S. 122.

31 D. Schmidthäussler, Terrorismus in den deutschen Medien. Von Heißer Herbst bis 9/11, Kölner Arbeitspapiere zur internationalen Politik, 2006, S. 51.

Abbildung 3: ARD-Tagesschau: Anzahl und Gesamtlänge der Beiträge in
Minuten, Zahlen für 2006 hochgerechnet

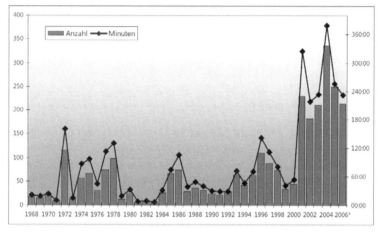

Quelle: erstellt nach D. Schmidthäussler, Terrorismus in den deutschen Medien. Von
Heißer Herbst bis 9/11, Kölner Arbeitspapiere zur internationalen Politik, 2006.

Wie in der Abbildung ersichtlich, ist die Präsenz von Terrorismus in den
Hauptnachrichten der ARD seit dem 11. September 2001 dramatisch angestiegen. Die Berichterstattung über terrorismusrelevante Themen hat sich in den
letzten Jahren im Vergleich mit der Zeit vor 2001 verdoppelt und lag zwischen-
zeitlich sogar auf dem Dreifachen des Durchschnitts der vorhergehenden 30
Jahre.[32] Bemerkenswert ist in diesem Zusammenhang auch der Befund, dass
sich in den Berichten nach 2001 eine eindrucksvolle Steigerung der Präsenz
von Anti-Terror-Maßnahmen beobachten lässt.[33] Schlussfolgernd meint
Schmidthäussler:

> „Indem die Medien bestimmten Arten der Gewalt den Namen *Terrorismus* geben,
> lenken sie die Angst der Bevölkerung in einen bestimmten Kanal, der bedient wer-
> den kann. Dass dieser Kanal bedient wird, wird deutlich an der Häufigkeit mit der
> in der Zeit nach *9/11* das Wort *Terrorismus* in Beiträgen auftaucht, die ursprüng-
> lich nichts mit Terrorismus im originären Sinne zu tun haben".[34]

Besonders seit dem 11. September 2001 ist es Terroristen gelungen, eine hohe
Beachtung in der Medienberichterstattung zu erhalten. Sie haben es geschafft,
eine diffuse Atmosphäre von Unsicherheit und Angst zu verbreiten und diese
durch weitere medienwirksame Anschläge kontinuierlich aufrechtzuerhalten.

---

32 Schmidthäussler, Terrorismus in den deutschen Medien, S. 51.
33 Ebd., S. 50.
34 Zitiert aus Ebd., S. 56.

Eine stark emotionalisierende Berichterstattung über Terrorismus spielt nicht nur den Zielen der Terroristen in die Hände, eine diffuse Atmosphäre von Angst und Schrecken zu verbreiten[35], sondern kann auch das Verständnis der Problematik behindern, weil sie zum einen die Informationsverarbeitung beeinflusst und zum anderen Stereotypisierung, Vorurteile und vorschnelle Freund-Feind-Schemata aktivieren kann.

Die nach den Terroranschlägen am 11. September 2001 gestarteten Forschungsprojekte beschäftigen sich nicht nur mit den Stimmungen und Einstellungen in der Bevölkerung, sondern auch kritisch mit den Medieninhalten und ihren Gestaltungen. So wird der vornehmlich auf Ereignisse fokussierten Berichterstattung u.a. vorgeworfen, die Darstellung von Ursache-Wirkungszusammenhängen und Konfliktanalysen zu vernachlässigen, dafür aber emotionalisierende Merkmale und negative Stereotypisierungen in den Vordergrund zu rücken.[36] Auch die Terrorismus-Berichterstattung in den Bildmedien scheint mit der ansteigenden Tendenz zu Visualisierung und Emotionalisierung (auf die auch Biernatzki oder Maier hinweisen)[37] eine immer größere Rolle in der Inszenierung des Terrorismus zu spielen. So nähert sich eine stark dramatisierende und emotionalisierende Berichterstattung nicht nur den Inszenierungszielen der Terroristen an, sondern beeinflusst auch die Wahrnehmung, Bewertung und Interpretation des Terrorismus und kann stereotype und vorurteilsbehaftete Sichtweisen auf den Terrorismus verstärken.[38] Auch Differenzierungen zwischen Religion, Islamismus, Extremismus, Fundamentalismus und Terrorismus finden sich in derartigen *Ereignisberichterstattungen* kaum.[39] Muslime werden häufig fanatisch und fundamentalistisch dargestellt, was eine allgemein negative Stereotypisierung befördert. Außerdem konnte gezeigt

---

35 Vgl. Nacos, Mass mediated terrorism; B. L. Nacos, Y. Bloch-Elkon, R. Y. Shapiro, Post-9/11 terrorism threats, news coverage, and public perceptions in the United States, in: International Journal of Conflict and Violence,1(2), 2007, S. 105-126.

36 Vgl. u.a. J. Becker, Afghanistan: Der Krieg und die Medien, in: U. Albrecht (Hrsg.), Medien zwischen Krieg und Frieden, Baden-Baden 2002, S. 142-172; N. Haußecker, Zur Berichterstattung über Terrorismus in TV-Nachrichtensendungen, am Beispiel der Terroranschläge in Kenia, Unveröffentlichte Magisterarbeit, Friedrich-Schiller-Universität Jena, Bereich Medienwissenschaft, 2003; M. Kuntze, Visionen vom Endkampf zwischen Gut und Böse. Freund- und Feindbilder während der Krise am Beispiel von FAZ und NZZ, in: M. Beuthner, J. Buttler, S. Fröhlich, I. Neverla, S. A. Weichert (Hrsg.), Bilder des Terrors – Terror der Bilder? Krisenberichterstattung am und nach dem 11. September, Köln 2003, S. 238-276; S. Werthes, R. Kim, C. Conrad, Die Terrorkrise als Medienereignis? In: C. Schicha, C. Brosda (Hrsg.), Medien und Terrorismus. Reaktionen auf den 11. September 2001, Münster, Hamburg 2002, S. 80-93.

37 Biernatzki, Terrorism and Mass Media; M. Maier, Analysen deutscher Fernsehnachrichten 1992-2001, in: G. Ruhrmann, J. Woelke, M. Maier, N. Diehlmann, Der Wert von Nachrichten im deutschen Fernsehen, Opladen 2003, S. 61-98.

38 Vgl. auch Haußecker, Zur Berichterstattung über Terrorismus; Haußecker. Nachrichtenberichterstattung über Terrorismus.

39 Werthes, Kim & Conrad. Die Terrorkrise als Medienereignis?

werden, dass Muslime am häufigsten „als Terroristen" dargestellt werden.[40] Nach *9/11* sprechen manche Autoren deshalb von visuellen Kriegserklärungen an den Islam.[41]

2.3 Die Rezipienten

Die Wahrnehmungen und Interpretationen des Terrorismus durch die Bevölkerung – und dazu gehören Frau und Mann auf der Straße ebenso wie die Politiker oder wir wissenschaftlichen Beobachter – also unsere alltäglichen Interpretationen des Terrorismus haben nur wenig mit den terroristischen Wirklichkeiten zu tun. Wirklich ist, was wirkt, meinte Kurt Lewin[42] vor vielen Jahren. In unserem Falle wirken nicht diese Wirklichkeiten, sondern es wirken die Vorstellungen, die sich Frau und Mann über diese Wirklichkeiten konstruieren, nicht zuletzt unter dem Einfluss von Politik, Medien und Wissenschaft.

Die von der *American Psychological Association* (APA) betreute und veröffentlichte Datenbasis *PsycINFO*[43] – siehe *Abbildung 4* – zeigt, dass auch auf diesem Forschungsfeld die wissenschaftlichen Publikationen nach 2001 rasant zugenommen haben. Stichwörter der Suche waren in diesem Falle „terrorism" und „threat". Zwischen 1990 und 2001 registriert *PsycINFO* für diese Wortkombination 36 Publikationen; im Zeitraum von 2002 bis 2013 sind es dagegen bereits 757 Veröffentlichungen.

---

40 S. Steiger, Medienforschung: Düstere Aussichten: Islam in den Medien, in: Medien Monitor-Online Magazin für den aktuellen Medienjournalismus, 2007.
41 Vgl. z.B. G. Seeßlen, Krieg der Bilder: Bilder des Krieges. Abhandlungen über die Katastrophe und die mediale Wirklichkeit, Berlin 2002.
42 K. Lewin, Principles of Topological Psychology, New York, McGraw-Hill 1936, S. 41.
43 PsycINFO (http://www.apa.org/pubs/databases/psycinfo/index.aspx/) ist die prominenteste Datenbank der internationalen psychologischen und psychologierelevanten Literatur. Quellen dieser Datenbank sind Zeitschriften, Bücher, Dissertationen und technische Berichte.

Abbildung 4: Zahlenmäßige Entwicklung der psychologischen Publikationen mit den Stichwörtern „terrorism" und „threat"

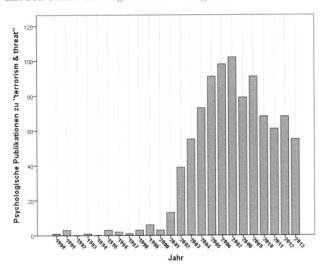

Quelle: PsycINFO (http://www.apa.org/pubs/databases/psycinfo/index.aspx/).

Besonders dominant sind dabei solche Studien, die sich auf die emotionalen Bewertungen, Befindlichkeiten und das Bedrohungserleben hinsichtlich des Terrors und der Terrorgefahr beziehen. So belegen zahlreiche Studien, dass viele Menschen als Folgereaktionen auf den 11. September u.a. unter posttraumatischen Stresssymptomen, Angstzuständen bzw. Angst vor Terrorattacken litten und teilweise auch heute noch leiden.[44]

44 Vgl. z.B. P. J. Carroll, A. L. Wichman, R. M. Arkin, Security in the aftermath of 9/11, in: Basic and Applied Social Psychology, 28(4), 2006, S. 289-290; H. Chen, H. Chung, T. Chen, L. Fang, J.-P. Chen, The emotional distress in a community after the terrorist attack on the World Trade Center, in: Community Mental Health Journal, 39(2), 2003, S. 157-165; T. Q. Chu, M. D. Seery, W. A. Ence, E. A. Holman, C. R. Silver, Ethnicity and gender in the face of a terrorist attack: A national longitudinal study of immediate responses and outcomes. Two years after September 11, in: Basic and Applied Social Psychology, 28(4), 2006, S. 291-301; L. E. DeLisi, A. Maurizio, M. Yost, C. F. Papparozzi, C., Katz, C. L. Fulchino, J. Altesman, M. Biel, J. Lee, P. Stevens, A survey of New Yorkers after the Sept. 11, 2001, terrorist attacks, in: American Journal of Psychiatry, 160, 2003, S. 780-783; B. Fredrickson, M. Tugade, C. E. Waugh, G. R. Larkin, What good are positive emotions in crisis? A prospective study of resilience and emotions following the terrorist attacks on the United States on September 11th, 2001, in: Journal of Personality and Social Psychology, 84(2), 2003, S. 365-376; Y. Gidron, Posttraumatic stress disorder after terrorist attacks: a review, in: The Journal of Nervous and Mental Disease, 190(2), 2002, S. 118-121; T. Klein, E. R. Devoe, C. Miranda-Julian, K. Linas, Young children's respones to September 11th: The New York City experience, in: Infant Mental Health Journal, 30(1), 2009, S. 1-22; R. D. Marshall, S. Galea, D. Kilpatrick, Psychological reactions to terrorist attacks. Findings from the National Study of Americans'

345

Eine besondere Rolle in der sozialwissenschaftlichen und psychologischen Beschäftigung mit dem Terrorismus und seinen Folgen nehmen verstärkt seit etwa 2002 auch die Forschungen zu Anti-Terrorismus und seiner Beurteilung ein. Dazu gehören auch solche Arbeiten, in denen die Einstellungen zu Anti-Terror-Maßnahmen untersucht wurden, wie z.b. Einstellungen zur militärischen Bekämpfung des Terrorismus und zum Militäreinsatz in Afghanistan,[45] zu verschärften Sicherheitsmaßnahmen an öffentlichen Plätzen[46] und zu Anti-Terrorwarnungen.[47]

Zudem werden zunehmend Studien veröffentlicht, in denen nach Zusammenhängen zwischen dem Erleben von Terrorbedrohungen, dem Sicherheitserleben und der Zustimmung zu bzw. der Ablehnung von nationalen und internationalen Sicherheits- und Anti-Terror-Maßnahmen gesucht, die Effektivität von Anti-Terror-Maßnahmen untersucht oder nach den Folgen von Anti-Terror-Maßnahmen für muslimische Minderheiten in den europäischen Ländern

reactions to September 11, in: Journal of the American Medical Association, 288(21), 2002, S. 2683-2684; R. Murphy, K. Wismar, K. Freeman, Stress symptoms among African-American, in: The Journal of Nervous and Mental Disease, 191, 2003, S. 108-114; Y. Neria, R. Gross, B. Litz, S. Maguen, B. Insel, G. Seirmarco, H. Rosenfeld, E. J. Suh, R. Kishon, J. Cook, R. D. Marshall, Prevalence and Psychological Correlates of Complicated Grief Among Bereaved Adults 2.5-3.5 Years After September 11th Attacks, in: Journal of Traumatic Stress, 20(3), 2007, S. 251-262; Y. Neria, M. Olfson, M. J. Gameroff, P. Wickramaratne, R. Gross, D. J. Pilowsky, C. Blanco, J. Manetti-Cusa, R. Lantigua, S. Shea, M. M. Weissman, The mental health consequences of disaster-related loss: Findings from primary care one year after the 9/11 terrorist attacks, in: Psychiatry, 71(4) Winter, 2008, S. 339-348; M. A. Schuster, B. D. Stein, L. H. Jaycox, Reactions to the events of September 11, in: Journal of Medicine, 346(8), 2002, S. 629-630; R. C. Silver, M. Poulin, E. A. Holman, D. N. McIntosh, V. Gil-Rivas, J. Pizarro, Exploring the myths of coping with a national trauma: A longitudinal study of responses to the September 11th terrorist attacks, in: Journal of Aggression, Maltreatment and Trauma, 9, 2005, S. 129-141; R. D. Strous, R. Stryjer, N. Keret, M. Bergin, M. Kotler, Reactions of psychiatric and medical in-patients to terror and security instability in Israel, in: The Journal of Nervous and Mental Disease, 191(2), 2003, S. 126-129.

45 Vgl. z.B. J. C. Cohrs, S. Kielmann, B. Moschner, J. Maes, Befragung zum 11. September 2001 und den Folgen: Grundideen, Operationalisierungen und deskriptive Ergebnisse der ersten Erhebungsphase, Unveröffentlichter Forschungsbericht 148, Bielefeld 2002; J. C. Cohrs, S. Kielmann, B. Moschner, J. Maes, Befragung zum 11. September 2001 und den Folgen: Bericht über die dritte Erhebungsphase, Unveröffentlichter Forschungsbericht 160, Bielefeld 2003; J. C. Cohrs, B. Moschner, J. Maes, S. Kielmann, Personal values and attitudes toward war, in: Peace and Conflict: Journal of Peace Psychology, 11(3), 2005a, S. 293-312; J. C. Cohrs, B. Moschner, J. Maes, S. Kielmann, The motivational bases of right-wing authoritarianism and social dominance orientation: Relations to values and attitudes in the aftermath of September 11, 2001, in: Personality and Social Psychology Bulletin, 31, 2005b, S. 1425-1434.

46 Vgl. z.B. J. L. Chandler, Attitudes toward airport screening procedures since 9/11/01, Dissertation Abstracts International: Section B: The Sciences and Engineering, 68(8-B), 2008, S. 5632.

47 Vgl. z.B. P. Kimmel, C. Stout, Collateral damage: The psychological consequences of America's war on terrorism, Westport 2006.

gefragt wird.[48] So gaben nach den Anschlägen des 11. September 2001 zwei Drittel der Amerikaner an, dass sie Einschränkungen in ihren Bürgerrechten zustimmen würden, wenn der Terrorismus dadurch besser bekämpft werden könnte.[49] Im Rahmen einer Studie zur Terror-Management-Theorie konnte zudem nachgewiesen werden, dass das Priming mit Gedanken zum 11. September 2001 eine größere Unterstützung für George W. Bush und seine Anti-Terror-Politik erzeugen kann.[50] Eine repräsentative US-amerikanische Studie belegt zudem, dass nicht Terrorangst, sondern Zorn ein entscheidender Prädiktor für die Zustimmung zum Afghanistan-Krieg ist; Menschen, die dagegen Angst vor Terrorismus empfinden, befürworten im Gegensatz zu zornigen Menschen eher die Ausweisung von Amerikanern arabischer Herkunft.[51]

Darüber hinaus richten sich zahlreiche Studien auf die Untersuchung der individuellen und sozialen Bedingungen terroristischer bzw. anti-terroristischer Einstellungen. So werden u.a. sozio-psychologische Bedingungen der Wahrnehmung und Beurteilung der eigenen (bedrohten) Gruppe und fremder (potentiell bedrohlicher) Gruppen sowie der Einfluss sozialer Kategorisierungen (z.B. Ethnozentrismus, Nationalismus, Patriotismus, Fremdenfeindlichkeit, Antisemitismus, Anti-Amerikanismus, Islamophobie), auf terrorrelevante Attributionen (z.B. über Ursachen, Wirkungen und Wahrscheinlichkeiten von Terroranschlägen) und die Akzeptanz von Terrorismus bzw. Anti-Terror-Maßnahmen untersucht.

Dabei zeigen nationale wie internationale Befunde nach 2001 enge Zusammenhänge zwischen negativen bzw. ablehnenden Einstellungen gegenüber relevanten Fremdengruppen (vor allem Muslimen), der Zunahme sog. *In-group-Favorisierungen* (also der positiven Hervorhebung der Eigengruppe, wie z.B. Ethnozentrismus, Nationalismus und Patriotismus) und den Einstel-

---

48 Vgl. z.B. L. Huddy, S. Feldman, C. Weber, The political consequences of perceived threat and felt insecurity, in: The Annals of the American Academy, 614, 2007, S. 131-153; C. Lum, L. W. Kennedy, A. Sherley, Are counter-terrorism strategies effective? The results of the Campbell systematic review on counter-terrorism evaluation research, in: Journal of Experimental Criminology, 2(4), 2006, S. 489-516; E. Staub, Preventing violence and terrorism and promoting positive relations between Dutch and Muslim communities in Amsterdam, in: Peace and Conflict: Journal of peace Psychology, 13(3), 2007, S. 333-360.

49 L. J. Skitka, C. W. Bauman, E. Mullen, Political tolerance and coming to psychological closure following the September 11, 2001: An integrative approach, in: Personality and Social Psychology Bulletin, 30, 2004, S. 743-756.

50 M. J. Landau, S. Solomon, J. Greenberg, F. Cohen, T. Pyszczynski, J. Arndt, C. H. Miller, D. M. Ogilvie, A. Cook, Deliver us from evil: The effects of mortality salience and reminders of 9/11 on support for President George W. Bush, in: Personality and Social Psychology Bulletin, 30, 2004, S. 7-12.

51 L. J. Skitka, C. W. Bauman, N. P. Aramovich, G. S. Morgan, Confrontational and preventative policy responses to terrorism: Anger wants a fight and fear want „Them" to go away, in: Basic and Applied Social Psychology, 28(4), 2006, S. 375-384.

lungen gegenüber Terrorismus im Allgemeinen und der Angst vor Terroranschlägen im Besonderen.[52] Diese Resultate differenzieren zwischen Kulturen bzw. ethnischen Gruppen und sind abhängig von der erlebten oder gefühlten Nähe potentieller und/oder tatsächlicher Terroranschläge.[53] Außerdem werden das Bedrohungserleben, die gruppenbezogenen Einstellungen (*Ingroup-Favorisierungen* und *Outgroup-Diskriminierungen*) und anti- und pro-terroristische Stellungnahmen wie die Befürwortung oder die Ablehnung von Anti-Terror-Maßnahmen durch verschiedene personale und soziale Variablen beeinflusst. Zu diesen Variablen gehören Alter, Religion, Geschlecht, Bildung, die Qualität sozialer Beziehungen, individuelle autoritäre Neigungen, soziale Dominanzorientierungen, Zukunftsorientierungen und übergreifende Werthaltungen.[54] Das

52   Vgl. z.B. G. A. Bonanno, J. T. Jost, Conservative shift among highexposure survivors of the September 11th terrorist attacks, in: Basic and Applied Social Psychology, 28, 2006, S. 311-323; V. Cheung-Blunden, B. Blunden, The emotional construal of war: Anger, fear and other negative emotions, in: Peace and Conflict – Journal of Peace Psychology, 14, 2008, S. 123-150; C. D. Kam, D. R. Kinder, Terror and Ethnocentrism: Foundations of American Support for theWar on Terrorism, in: The Journal of Politics, 69(2), 2007, S. 320-338; S. Moskalenko, C. McCauley, P. Rozin, Group identification under conditions of threat: College students' attachment to country, family, ethnicity, religion, and university before and after September 11, 2001, in: Political Psychology, 27(1), 2006, S. 77-97; D. L. Oswald, Understanding anti-Arab reactions Post-9/11: The role of threats, social categories, and personal ideologies, in: Journal of Applied Social Psychology, 35, 2005, S. 1775-1799; G. Sahar, Patriotism, *attributions* for the *9/11* attacks, and support for war: Then and now, in: Basic and Applied Social Psychology, 30, 2008, S. 189-197.
53   Vgl. z.B. P. Glick, S. T. Fiske, D. Abrams, B. Dardenne, M. C. Ferreira, R. Gonzalez, C. Hachfeld, L. Huang, P. Hutchison, H.-J. Kim, A. M. Manganelli, B. Masser, A. Mucchi-Faina, S. Okiebisu, N. Rouhana, J. L. Saiz, N. Sakalli-Ugurlu, C. Volpato, M. Yamamoto, V. Yzerbyt, Anti-American sentiment and America's perceived intent to dominate: An 11-nation study, in: Basic and Applied Social Psychology, 28(4), 2006, S. 363-373; Q. Li, M. B. Brewer, What does it mean to be an American? Patriotism, nationalism, and American identity of 9/11, in: Political Psychology, 25, 2004, S. 727-739.
54   Vgl. z.B. D. Bar-Tal, D. Lapin, The effect of a major event on stereotyping: terrorist attacks in Israel and Israeli adolescents' perception of Palestinians, Jordanians and Arabs, in: European Journal of Social Psychology, 31, 2001, S. 265-280; B. Brosig, E. Brähler, Die Angst vor dem Terror – Daten aus deutschen Repräsentativerhebungen vor und nach dem 11. September, in: Journal für Konflikt und Gewaltforschung, 4(2), 2002, S. 77-94; C. M. Eederico, A. Golec, J. L. Dial, The relationship between the need for closure and support for military action against Iraq: Moderating effects of national attachment, in: Personality and Social Psychology Bulletin, 31, 2005, S. 621-632; V. M. Esses, J. F. Dovidio, G. Hodson, Public attitudes toward immigration in the United States and Canada in response to the September 11, 2001 „Attack on America", in: The Society for the Study of Social Issues, 2(1), 2002, S. 69-85; S. Haddad, H. Khashan, Lebanese Muslim Views on September 11, in: Journal of Conflict Resolution, 46(6), 2002, S. 812-828; E. A. Holman, C. R. Silver, Future-oriented thinking and adjustment in a nationwide longitudinal study following the September 11th terrorist attacks, in: Motivation and Emotion, 29(4), 2005, S. 385-406; S. McFarland, On the eve of war: Authoritarianism, social dominance, and American students' attitudes toward attacking Iraq, in: Personality and Social Psychology Bulletin, 31, 2005, S. 360-367; J. Sidanius, P. J. Henry, F. Pratto, S. Levin, Arab attributions for the attack on America, in: Journal of Cross-Cultural Psychology, 35(4), 2004, S. 403-416.

heißt beispielsweise, dass mit zunehmendem Alter, stärker ausgeprägter religiöser Bindung oder geringerer Bildung das Bedrohungserleben steigt. So zeigt die Langzeitstudie „Die Ängste der Deutschen", die das Infocenter der *R+V Versicherung* seit 1991 jährlich in Auftrag gibt, dass nach 2001 die Angst vor Terrorismus im Vergleich zu den Jahren zuvor kontinuierlich anstieg. 2010 und 2011 gab sogar jeder zweite Deutsche an, große Angst vor Terrorismus zu haben. In dieser Studie werden jährlich ca. 2400 Menschen ab 14 Jahren nach ihren persönliche Ängsten und Sorgen, die sie sich um Gesellschaft, Wirtschaft und Politik machen, befragt (vgl. *Abbildung 5*).[55]

Abbildung 5: Umfrage der R+V Versicherung

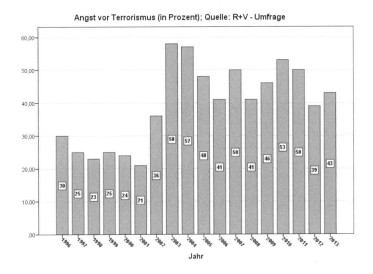

Quelle: erstellt nach R+V Versicherung (2013; http://www.ruv.de/de/presse/r_v_infocenter/studien/aengste-der-deutschen.jsp).

Dass derartige Ängste vor Terrorismus kaum etwas mit der Wirklichkeit zu tun haben, liegt auf der Hand. Dies verdeutlicht ein Blick auf die seit 2005 rückläufigen Zahlen der in Westeuropa verübten bzw. vereitelten Terroranschläge.

Diese komplizierten und durchaus widersprüchlichen Zusammenhänge zwischen Terrorgefahr, medialer Berichterstattung und individuellen Interpretationen des Terrorismus werden auch in folgender *Abbildung 6* deutlich. In dieser eigenen Darstellung wird die jährliche Anzahl der durch die – durchaus

---

55 R+V Versicherung (2010). Die Ängste der Deutschen. Internetquelle: http://www.ruv.de/de/presse/r_v_infocenter/studien/aengste-der-deutschen.jsp; aufgerufen am 13.03.15.

kritisierbare – *GTD* registrierten tatsächlichen bzw. vereitelten Terroranschläge in Westeuropa mit der Anzahl der terrorrelevanten Fernsehberichte in
der *Tagesschau* (nach Schmidthäussler[56]) und den jährlichen Umfrageergeb-
nissen zu den Ängsten der Deutschen der *R+V Versicherung* verglichen.[57] Die
verschiedenen Linien verdeutlichen dabei Folgendes:

- Die graue Linie illustriert, dass in Westeuropa seit dem 11. September
  2001 bis zum Jahre 2006 ein deutlicher Rückgang der terroristischen
  Anschläge zu verzeichnen ist.
- Die schwarze Linie zeigt dagegen das relativ hohe Ausmaß der Angst
  vor möglichen Terroranschlägen. Besonders in den Jahren 2004 und
  2005, in denen in Madrid und London durch Terroranschläge zahlreiche Menschen getötet und verletzt wurden, war diese Angst besonders
  ders hoch.
- Die gestrichelte Linie verweist auf die Terrorberichte in der *Tagesschau.*

Abbildung 6: Vergleiche auf der Basis z-transformierter Werten zwischen
Anzahl von Terroranschlägen in Westeuropa, Angst vor Terrorismus (*R+V*-
Umfragen) und TV-Berichten über Terrorismus (*Tagesschau*)

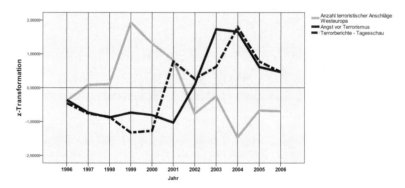

Quelle: erstellt nach Global Terrorism Database (https://www.start.umd.edu/gtd/);
Schmidthäussler, Terrorismus in den deutschen Medien; R+V Versicherung
(http://www.ruv.de/de/presse/r_v_infocenter/studien/aengste-der-deutschen.jsp).

---

56 Schmidthäussler, Terrorismus in den deutschen Medien.
57 Für diesen Vergleich waren nur Angaben bis 2006 verfügbar. Die Abbildung zeigt dabei nicht
    die tatsächlichen bzw. absoluten Werte, sondern sog. z-Scores. Die z-Transformation ist ein
    statistisches Hilfsmittel, um Werte aus unterschiedlichen Datenquellen (oder Stichproben)
    vergleichbar zu machen.

Bei einer näheren Betrachtung dieser graphischen Darstellung fällt auf, dass die graue Linie (Anzahl der Terroranschläge in Westeuropa) und die schwarze Linie (Angst der Deutschen vor Terrorismus) auseinander driften. Tatsächlich korrelieren diese beiden Datenreihen signifikant negativ ($r = -.67$, $p < .05$). Relativ deckungsgleich scheint hingegen die schwarze mit der gestrichelten Linie (Anzahl der Terrorberichte) zu sein. Diese beiden Datenreihen korrelieren ebenfalls signifikant, hier allerdings positiv ($r = .74$, $p < .01$).

Angesichts dieser Ergebnisse könnte man vermuten, dass die Ängste vor Terrorismus offenbar mehr mit den medialen Berichten über den Terrorismus als mit der tatsächlichen Terrorbedrohung zu tun haben. Diese Vermutung war der Ausgangspunkt eines umfangreichen Forschungsprojekts, das von der *Bundesstiftung Friedensforschung* gefördert wurde und sich mit dem Zusammenhang von medialen Konstruktionen und individuellen Interpretationen des Terrorismus beschäftigte.[58]

3 Terrorismus – mediale Konstruktionen und individuelle Interpretationen

Berichterstattungen über terroristische Ereignisse sind Teil eines *komplexen (sozialen) Inszenierungssprozesses,* an dem die Vermittlungsmedien (und die Medienproduzenten), die (potentiellen) Terroristen, die Ziele und Opfer des Terrors, aber auch die „Durchschnittsbevölkerung" beteiligt sind. Erst durch dieses komplexe Netz erhalten die Berichterstattungen ihre Bedeutungen und entfalten mit Blick auf die antizipierte Gefahr ihre Wirkungen. Aus diesem komplexen Zusammenhang haben wir zwei zentrale Fragestellungen abgeleitet:

1. *Welche Rolle spielen die Verbreitungsmedien in der Terrorismus-Inszenierung?*
2. *Wie nehmen Vertreter der deutschen Bevölkerung die Terrorismus-Inszenierung wahr und mit welchen Interpretationen beteiligen sie sich an diesen Inszenierungen?*

---

58 Dieses Projekt, das durch die *Deutsche Stiftung Friedensforschung* unterstützt und im Zeitraum von Juli 2007 bis November 2009 realisiert wurde, trägt den Titel „Terrorismus – mediale Konstruktion und individuelle Interpretation: Ein friedenswissenschaftlicher Beitrag zur medien- und sozialwissenschaftlichen Analyse und Bewertung terroristischer Bedrohungen in Deutschland". Das Projekt wurde von *Wolfgang Frindte, Nicole Haußecker* und *Bertram Scheufele* geleitet und war Teil eines größeren Forschungsvorhabens unter dem Titel *Jenaer Terrorismus Studie.*

3.1 Zur Frage 1: Medienanalyse

Um die Rolle von Verbreitungsmedien in der Terrorismus-Inszenierung zu untersuchen, konzentrierten wir uns ausschließlich auf das Fernsehen, das in Deutschland noch immer das zentrale Leitmedium darstellt.[59]

Für unsere Analyse wählten wir auf der Basis aktueller Zuschauerzahlen[60] folgende Abendnachrichten aus: *ARD-Tagesschau*, *ZDF-heute*, *RTL-aktuell* und *Sat.1-Nachrichten*. Die Nachrichten von *ARTE* und *n-tv* wurden gemeinsam mit denen der vier Hauptsender für eine deskriptive Voranalyse herangezogen. Für die Hauptauswertung von *ARD*, *ZDF*, *RTL* und *Sat.1* konnten letztlich im Zeitraum von August 2007 bis Februar 2009 insgesamt 1145 terrorrelevante Fernsehbeiträge identifiziert, codiert und mit mehr als 15.000 Variablen beschrieben werden.

Ausgewählte Ergebnisse:
Tabelle 1 gibt zunächst einen Überblick über die senderspezifische Verteilung der Beiträge und einen Einblick in die dominierenden Themen der Terrorismusberichterstattung.

Tabelle 1: Senderspezifische Verteilung der terrorismusrelevanten Beiträge

Anzahl	ARD	ZDF	RTL	Sat.1	Gesamt
	n	*n*	*n*	*n*	*n*
Beiträge über Terrorismus-Gesamt	368	323	273	181	1145
Beiträge, in denen über mindestens ein terroristisches Ereignis berichtet wird	174	153	150	101	578
Beiträge über Terror-Bedrohung	94	97	66	50	307
Beiträge über Ursachen des Terrorismus	41	48	34	33	156
Beiträge über Anti-Terror-Maßnahmen	239	205	151	112	707

Quelle: eigene Darstellung.

Augenscheinlich berichten die öffentlich-rechtlichen Sender *ARD* und *ZDF* insgesamt mehr über Terrorismus als die privaten Sender *RTL* und *Sat.1*. Im

---

59 A. Egger, B. van Eimeren, Die Generation 60plus und die Medien. Zwischen traditionellen Nutzungsmustern und Teilhabe an der digitalen (R)evolution, in: *Media Perspektiven*, *11*, 2008, S. 577-588, hier S. 581.
60 Vgl. Basisdaten Media Perspektiven (2006). Internetquelle: http://www.media-perspektiven.de/1393.html; aufgerufen am 29.08.2007.

Aggregat aller Sender war an fast jedem zweiten Tag (44% aller Publikationstage) mindestens ein Beitrag über Terrorismus zu sehen. Zwei Themenkomplexe dominieren im Querschnitt in den untersuchten Sendern – der Kampf gegen Terrorismus und terroristische Ereignisse. Weitere Themen wie Terrorgefahren und Hintergründe sind dagegen weit seltener im Fernsehen präsent. Die Sender scheinen also die Zuschauer kaum über Terrorismus und dessen Hintergründe aufzuklären, sondern vor allem ereignisbezogene Primärberichterstattung zu leisten.

Unsere quantitative Medienanalyse der Fernsehberichterstattung bestätigt zudem, was bereits andere Studien nach dem 11. September 2001 festgestellt und kritisiert haben:[61] Durch den Fokus der Berichterstattung gewinnen die Fernsehzuschauer den Eindruck, dass es in den Berichten über den Terrorismus vor allem auf den *Kampf gegen Terrorismus* ankommt, während Erklärungen und die Suche nach möglichen *Ursachen des Terrorismus* in der Berichterstattung eher vernachlässigt werden (*Abbildung 7*).

Abbildung 7: Ursachen und Maßnahmen in den Fernsehnachrichten von ARD, ZDF, RTL und Sat.1 – Prozentuale Anteile an der senderspezifischen Gesamtbeitragszahl (die Summe der Anteilswerte pro Sender ergibt in Folge der vorgenommenen Codierung nicht 100%)

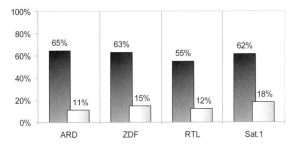

Quelle: eigene Darstellung.

In den Berichten über Anti-Terror-Maßnahmen dominieren vor allem Maßnahmen, die man unter dem Etikett „Krieg/Kampf gegen Terrorismus" zusammenfassen kann. Dazu gehören polizeiliche Maßnahmen, innenpolitische Sicherheitsmaßnahmen, sowie militärische Maßnahmen und Aspekte der Außenpolitik. Entwicklungspolitische Maßnahmen dagegen thematisieren alle vier Sender kaum. Wird über solche Maßnahmen doch einmal berichtet, so geschieht dies fast immer im Kontext militärischer Maßnahmen.

---

61 Vgl. z.B. Biernatzki, Terrorism and Mass Media; Kim, Conrad, Die Terrorkrise als Medienereignis?

Wie weiter oben ausgeführt, können Visualisierung und Emotionalisierung entsprechende mediale Bezugsrahmen unterstützen und verstärken. *Abbildung 8* stellt die Anzahl themenrelevanter Nachrichtenbeiträge nach Sendern (linke Hälfte) der Anzahl terrorismusbezogener Visualisierungen nach Sendern (rechte Hälfte) gegenüber. Daran wird deutlich, dass die beiden öffentlich-rechtlichen Sender zwar etwas häufiger als die beiden Privatsender über Terrorismus berichten, dabei aber visuell, also mit Bildern von Terrorschauplätzen und Opfern, zurückhaltender sind. Im Sendervergleich hat *Sat.1* die wenigsten Beiträge, aber diese mit den meisten Einstellungs- und Kamerawechseln. Anders ausgedrückt lässt sich festhalten, dass die Beiträge der Privatsender mehr terrorismusrelevante Visualisierungen bzw. eine schnellere Schnittfrequenz („cuts") aufweisen, welche diesen Beiträgen eine größere Dynamik verleiht. Solch „schnelle Schnitte"[62] können neben anderen Gestaltungsmerkmalen wie z.B. Nahaufnahmen oder ungewöhnlichen Perspektiven bei den Zuschauern eine physiologische Erregung bzw. entsprechende Emotionen und Bedrohungsgefühle hervorrufen.

Abbildung 8: Anzahl an Beiträgen über Terrorismus und durchschnittliche Kameraeinstellungen pro Beitrag in Fernsehnachrichten von *ARD*, *ZDF*, *RTL* und *Sat.1* – Absolute Häufigkeiten

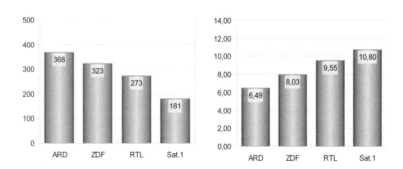

Hinweis: Die linke Hälfte zeigt die absoluten Häufigkeiten der Beiträge über Terrorismus pro Sender, während die rechte Hälfte die mittlere Anzahl terrorismusbezogener Kameraeinstellungen pro Beitrag (Mittelwerte) wiedergibt.

Quelle: eigene Darstellung.

62 H. Bonfadelli, Gewalt im Fernsehen. Gewalt durch Fernsehen, in: H. Bonfadelli, W. A. Meier (Hrsg.), Krieg, Aids, Katastrophen. Gegenwartsprobleme als Herausforderung der Publizistikwissenschaft, Konstanz 1993, S. 49-174, hier S. 166.

Derartige Visualisierungen, wie z.B. von Terrorschauplätzen und Opfern, haben in den letzten zehn Jahren in der Berichterstattung über Krieg und Terrorismus deutlich zugenommen.[63] Die dramatischen und häufig wiederholten Bilder der einstürzenden Türme des *WTC* am 11. September 2001 sind dafür prototypisch. Sie sind letztlich genau das, worauf Terroristen generell abzielen – weltweit ausgestrahlte Bilder voller Dramatik und Emotion, die Aufmerksamkeit und Angst erzeugen. Einige Autoren sprechen in diesem Kontext von einer einseitigen, verzerrten Mediendarstellung.[64] Ob auch die von uns untersuchten Fernsehnachrichten von *Dramatisierung* und *Emotionalisierung* Gebrauch machen, haben wir anhand unterschiedlicher Indikatoren wie z.B. visuelle Opferdarstellungen untersucht. *Abbildung 9* zeigt, dass *RTL* und *Sat.1* häufiger als *ARD* und *ZDF* auch Bilder von Opfern zeigen.

Abbildung 9: Visualisierung von Opfern in Fernsehnachrichten von *ARD*, *ZDF*, *RTL* und *Sat.1* – Anteile an allen Beiträgen

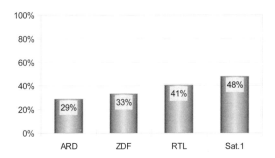

Quelle: eigene Darstellung.

Nun erweitern wir unsere Analysen und suchen nach übergeordneten Dimensionen bzw. Faktoren, welche die Terrorberichterstattung über alle Beiträge auszeichnen und u.U. die Rezipienten in ihrer Sicht auf den Terrorismus beeinflussen. Wir nehmen an, dass mögliche Wirkungen der Terrorismusberichterstattung nicht von einzelnen Beiträgen abhängig sind, sondern von charakteristischen Themensetzungen über die Beiträge und u.U. auch über die Sender hinweg.

Mittels faktorenanalytischer und clusteranalytischer Verfahren haben wir die codierten Nachrichtenbeiträge ($N = 1095$) der vier Fernsehsender gruppiert. Dabei ließen sich bei der Berichterstattung zum Terrorismus insgesamt acht

63 M. Maier, K. Stengel, Bedeutung des Faktors Visualität für die Nachrichtenberichterstattung über internationale Krisen, in: S. Glaab (Hrsg.), Medien und Terrorismus – Auf den Spuren einer symbiotischen Beziehung, Berlin 2007, S. 127-138.
64 Waldmann, Terrorismus. Provokation der Macht.

Themenfelder isolieren. Diese Themengruppen oder Cluster lassen sich folgendermaßen beschreiben: *Aktueller Terroranschlag* (Cluster 1), *Islamistischer Terrorismus* (Cluster 2), *Islamistische/Unbestimmte Terrorgefahr in Deutschland* (Cluster 3), *Polizei und Sicherheitspolitik im Innern* (Cluster 4), *Justiz und juristische Maßnahmen* (Cluster 5), *Militär und militärische Maßnahmen* (Cluster 6), *Ethnisch-Nationalistischer/Separatistischer Terrorismus* (Cluster 7) und *Terrorismus unspezifisch* (Cluster 8).

Abbildung 10 zeigt diese acht Themenschwerpunkte im Sendervergleich. Hier bestätigt sich weitgehend das Muster, dass die öffentlich-rechtlichen Sender mehr über Terrorismus berichten als die beiden Privatsender. Eine Ausnahme bildet das Cluster *Islamistische/Unbestimmte Terrorgefahr für Deutschland*. Hier liegen öffentlich-rechtliche und private Sender in etwa gleich auf.

Abbildung 10: Sendergruppenspezifische Häufigkeitsverteilung der Beiträge von *ARD/ZDF* (*N* = 660) und *RTL/Sat.1* (*N* = 435) auf die Beitragscluster – Absolute Häufigkeiten (Gesamtbeitragszahl *N* = 1095)

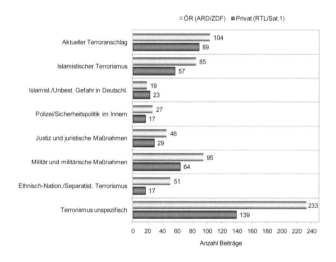

Quelle: eigene Darstellung.

Schlussfolgernd lässt sich feststellen: Potentielle Rezipienten werden, sofern sie sich für bestimmte Gruppen von Nachrichten interessieren, über die von uns untersuchten Sender nur ausschnitthaft mit den charakteristischen Dimensionen oder Mustern des Terrorismus konfrontiert. Den Rezipienten wird dabei Folgendes suggeriert:

In Deutschland bestehe eine unbestimmte aber allgegenwärtige terroristische Gefahr, die vor allem vom islamistischen Terrorismus ausgehe und insbesondere mit verschärften Gesetzen und mit verstärkten polizeilichen, militärischen, sicherheits- und verteidigungspolitischen Mitteln bekämpft werden müsse.

Erklärungen für historische, politische, soziale oder kulturelle Hintergründe und Ursachen werden potentiellen Rezipienten durch die medialen Berichterstattungen ebenso spärlich angeboten, wie hinreichende und nachvollziehbare Begründungen für die verstärkten sicherheitspolitischen und militärischen Maßnahmen im Kampf gegen den Terrorismus.

Wenn es – bis auf die höhere Beitragsanzahl der öffentlich-rechtlichen Sender – in den inhaltlichen Dimensionen der Terrorismusberichterstattung keine auffallenden Unterschiede zwischen den Sendern gibt, ist zu fragen, ob sich in den formal-stilistischen Dimensionen, also in der Gestaltung der Berichterstattung, senderspezifische Unterschiede finden lassen. Um diese Frage beantworten zu können, wurde für alle analysierten Nachrichtenbeiträge ein Dramatisierungsindex berechnet. Dieser Index wurde aus folgenden Variablen gebildet: Visuelle Opferdarstellung, Thematisierung von Gefühlen, visuelle Authentizität, Dramatisierung in Sprache und Ton und visualisierter Polizeieinsatz. In *Abbildung 11* sind die senderspezifischen Dramatisierungsmittelwerte für die o.g. acht Themenschwerpunkte veranschaulicht.

Abbildung 11: Mittlerer Dramatisierungsindex, getrennt nach Clusterzugehörigkeit und öffentlich-rechtlichen (*ARD/ZDF*) und privaten Sendern (*RTL/Sat.1*) – Mittelwerte pro Cluster und Sendergruppe

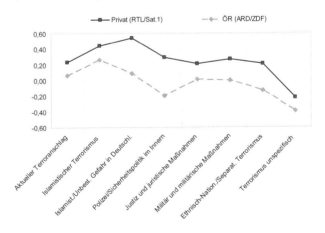

Quelle: eigene Darstellung.

Die Unterschiede zwischen den öffentlich-rechtlichen Sendern und den privaten Sendern sind statistisch signifikant. D.h. die Beiträge der Privatsender weisen unabhängig von den Themenschwerpunkten einen im Durchschnitt höheren Dramatisierungsgehalt auf als die Beiträge der öffentlich-rechtlichen Sender. Dabei handelt es sich vor allem um bildliche Darstellungen von Opfern, Verletzten/Toten oder um mögliche Folgen vereitelter Terroranschläge, über die mit dramatischen Sprach- und Toneffekten berichtet wird.

Die folgende Abbildung zeigt, dass diese Unterschiede in der Dramatisierung zwischen Öffentlich-Rechtlichen und Privaten augenscheinlich auch für den gesamte Analysezeitraum anzunehmen sind.

Abbildung 12: Mittlerer Dramatisierungsindex aller terrorismusbezogenen Beiträge (*N* = 1145) in den öffentlich-rechtlichen (*ARD/ZDF*) und privaten (*RTL/Sat.1*) Fernsehnachrichten im Zeitverlauf – Sendergruppenspezifische Mittelwerte pro Monat

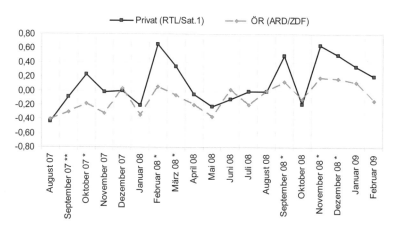

Quelle: eigene Darstellung.

Abgetragen sind in *Abbildung 12* die Mittelwerte des Dramatisierungsindex für die öffentlich-rechtlichen und privaten Sender bezogen auf die monatlich zusammengefassten Beiträge. Die Spitzen der Dramatisierung bei den privaten Fernsehsendern sind nicht zu übersehen. Statistische Prüfungen (mittels *Mann-Whitney-U-Tests*) bestätigen die augenscheinlichen Unterschiede und verweisen auf signifikante rangplatzbezogene Unterschiede zwischen dem Dramatisierungsindex von Öffentlich-Rechtlichen und Privaten in den Monaten September und Oktober des Jahres 2007 sowie in den Monaten Februar, März, September, November und Dezember des Jahres 2008.

Die Schlussfolgerung liegt auf der Hand: Wenn die Privatsender über Terrorismus berichten, dann nutzen sie stärker ausgeprägte Dramatisierungsstrategien als die öffentlich-rechtlichen Fernsehsender. Auch über die Zeitspanne unseres Untersuchungszeitraums lassen sich die Unterschiede in den Dramatisierungstendenzen in den Beiträgen von *RTL* und *Sat.1* im Vergleich zu *ARD* und *ZDF* deutlich aufzeigen. Der Vergleich zwischen *ARD* und *ZDF* zeigt überdies, dass die *ARD*-Nachrichten die am wenigsten dramatisierten Beiträge senden.

Besondere Dramatisierungsspitzen finden sich seitens der Privatsender jeweils in Monaten vor den Panelbefragungen und -interviews, die wir zur Beantwortung der Fragestellung 2 unseres Projekts durchgeführt haben. Die Befragungen und Interviews fanden in den Zeiträumen November 2007 bis Januar 2008, Mai bis Juli 2008 und Januar bis März 2009 statt. Die gegenüber den öffentlich-rechtlichen Sendern auffallenden Dramatisierungsspitzen bei den Privatsendern finden sich im September und Oktober 2007, im Februar und März 2008 sowie im September, November und Dezember 2008.

Es liegt deshalb die Vermutung nahe, dass diejenigen Befragten in der Panelstudie, die vor allem Privatsender nutzen, um sich über Terrorismus zu informieren, in der Zeit vor den Interviews insbesondere mit solchen Nachrichten konfrontiert wurden, die einen besonders hohen Dramatisierungsgehalt aufwiesen.

Welche Folgen eine solche mediale Konfrontation haben könnte, wird im nächsten Abschnitt dargestellt.

3.2 Zur Frage 2: Rezipientenanalyse

Um individuelle Einstellungsmuster zur Interpretation, Bewertung, Erklärung von und zum handlungsbezogenen Umgang mit Terrorismus analysieren zu können, wurde eine Kombination verschiedener und aufeinander bezogener Erhebungs- und Auswertungsverfahren genutzt. Umgesetzt wurde dieses methodische Vorgehen, indem 100 Personen mittels eines standardisierten Fragebogens und eines halbstandardisierten Interviewleitfadens über drei Erhebungszeitpunkte (Welle 1: November 2007 bis Januar 2008, Welle 2: Mai bis Juli 2008 und Welle 3: Januar bis März 2009), wiederholt interviewt, befragt bzw. um Dokumentation ihrer Mediennutzungsgewohnheiten gebeten wurden. Die Auswahl der Teilnehmer richtete sich nach dem Alter, dem Geschlecht und der Bildung. Dabei wurde eine Gleichverteilung der Stichprobe in Bezug auf diese Attribute angestrebt. Mit dem standardisierten Fragebogen sollten relevante Einstellungen zum Terrorismus erfasst und operationalisiert werden. Mit dem Interviewleitfaden für die halbstandardisierten Interviews wurden den Teilnehmern Fragen vorgelegt, die sie frei beantworten konnten.

Ausgewählte Ergebnisse:
Da die befragten Personen über zwei Jahre hinweg insgesamt drei Mal interviewt wurden, liegt ein Datensample vor, das es uns erlaubt, auf statistischem Wege – mit Hilfe von *Cross-Lagged-Regression Analysen* – nach Wirkungszusammenhängen (Kausalitäten) zwischen einzelnen Variablen zu suchen. Ein statistischer Hinweis auf Kausalität zwischen einer unabhängigen Variable, in diesem Falle der *Outgroup-Ablehnung* bzw. der Ablehnung von Fremden, und einer abhängigen Variable, hier den Einstellungen gegenüber Anti-Terror-Maßnahmen, liegt dann vor, wenn erstens die Ursache der Wirkung zeitlich vorgelagert ist. Das heißt, die Messung der unabhängigen Variablen muss vor der Messung der abhängigen Variablen erfolgen. Zweitens müssen Ursache und Wirkung kovariieren. Es muss also ein nicht zufälliger Zusammenhang zwischen unabhängigen und abhängigen Variablen nachgewiesen werden. Drittens muss die Ursache die alleinige oder mindestens hauptsächliche Erklärung für die Wirkung darstellen. Prinzipiell ist in diesem Sinne die Überprüfung von Kausalität nicht nur in Prä-Post-Experimenten möglich, sondern kann auch durch Panelstudien[65], so wie wir sie durchgeführt haben, erfolgen. Dazu müssen bei einer Befragung mit mindestens zwei Messzeitpunkten die unabhängigen und abhängigen Variablen zeitversetzt erfasst und deren empirische Relation zueinander ermittelt werden. Dies haben wir durch die drei Erhebungswellen realisieren können. Das auf diesen Annahmen aufbauende Vorgehen in *Cross-Lagged Analysen* ist in den folgenden Abbildungen illustriert.

Aus nationalen und internationalen Befunden war es zunächst naheliegend, nach kausalen Zusammenhängen zwischen Bedrohungserleben und der Zustimmung zu Anti-Terror-Maßnahmen zu fahnden[66]. Allerdings ließen sich in der vorliegenden Studie über die drei Wellen keine signifikanten Effekte nachweisen: Weder die Zustimmung noch die Ablehnung von Anti-Terror-Maßnahmen werden davon beeinflusst, ob das Bedrohungserleben gering oder stark ausgeprägt ist. Im Umkehrschluss bedeutet dies auch, dass Personen, die bestimmte Anti-Terror-Maßnahmen befürworten oder ablehnen, dies zumindest nicht primär aufgrund ihres verstärkten Bedrohungsempfindens mit Blick auf den internationalen Terrorismus tun.

Die Frage, die sich angesichts dieser Befunde stellen lässt, lautet deshalb: Unter welchen Bedingungen stimmen die interviewten Personen bestimmten Anti-Terror-Maßnahmen zu bzw. unter welchen Voraussetzungen lehnen sie solche Maßnahmen ab? In der weiteren statistischen Auswertung unserer Interviewdaten zeigten sich folgende Zusammenhänge, die aufgrund des methodischen Vorgehens durchaus als Wirkzusammenhänge zu interpretieren sind,

---

65 Eine Panelstudie ist eine spezielle Form der Längsschnittstudie. Dabei wird jede Erhebung mit derselben Stichprobe und demselben Erhebungsinstrument wiederholt durchgeführt.
66 Vgl. z.B. Cohrs et al. The motivational bases of right-wing authoritarianism and social dominance orientation, S. 1425-1434. C. Gordon, A. Arian, Threat and decision making, in: Journal of Conflict Resolution, 45, 2001, S. 197-215.

auch wenn sie sich zunächst nicht so einfach erschließen lassen (*Abbildung 13*).[67]

Abbildung 13: Querschnittliche, längsschnittliche und kausale Zusammenhänge zwischen Ablehnung von fremden Gruppen (Ausländer und Muslime) und der Zustimmung zu Anti-Terror-Maßnahmen

Anmerkung: + p < .10, * p < .05, ** p < .01, *** p < .001

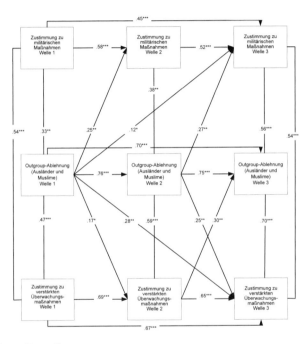

Quelle: eigene Darstellung.

---

67   Die Pfeile und die beigefügten Zahlen verweisen auf die kausalen Zusammenhänge zwischen den Variablen *Outgroup*-Ablehnung und Zustimmung zu militärischen Maßnahmen bzw. zu verstärkten Sicherheits- und Überwachungsmaßnahmen. Die Zahlen, die in der Regel zwischen -1 und +1 variieren können, zeigen die Stärke der Zusammenhänge an. Werte nahe 1 drücken starke Zusammenhänge, Werte nahe 0 sehr schwache Zusammenhänge aus. Die Sternchen an den Zahlen geben an, dass die Zusammenhänge mit einer Irrtumswahrscheinlichkeit von 5%, 1% bzw. 0.1% signifikant bzw. hochsignifikant sind, also nicht zufällig zustande kamen.

Die kausalen Pfade, also solche Pfade, die über einen Zeitpunkt hinaus reichen, zeigen, dass es über die Zeit unidirektionale kausale Wirkungen von ablehnenden Einstellungen gegenüber Fremdgruppen (*Outgroups*) zu Anti-Terror-Maßnahmen gibt, während die umgekehrten Kausalpfade nicht signifikant sind. In anderen Worten: Personen, die fremde Gruppen stärker ablehnen, befürworten deshalb auch verschärfte Anti-Terror-Maßnahmen, in diesem Falle militärische Einsätze und verstärkte Sicherheits- und Überwachungsmaßnahmen.

Die Ablehnung von Fremden bzw. die sog. *Outgroup-Ablehnung* setzt sich in unserer Untersuchung aus zwei Facetten zusammen: aus der generellen Ablehnung von Ausländern und aus der spezifischen Ablehnung von Muslimen. Bezogen auf o.g. Befund bedeutet dies, dass Personen, die Ausländer *und* Muslime ablehnen, auch eher die besagten verschärften Anti-Terror-Maßnahmen befürworten.

Im nächsten Schritt wurde deshalb gefragt, ob die Ablehnung von Ausländern und Muslimen in spezifischer Weise mit dem Erleben von Terrorbedrohung zusammenhängt. Dabei fanden sich zunächst keine interpretierbaren Zusammenhänge zwischen dem Gesamtkonstrukt *Outgroup-Ablehnung* und den Facetten der wahrgenommenen persönlichen und nationalen Bedrohung durch Terrorismus. In den weiteren Schritten wurde deshalb das Gesamtkonstrukt *Outgroup-Ablehnung* wieder in seine Facetten, also in die Ablehnung von Ausländern sowie die Ablehnung von Muslimen zerlegt und nach jeweiligen Prädiktoren für diese beiden Facetten gesucht.

In statistischen Kausalanalysen, den *Cross-Lagged Analysen*, über alle Interviewwellen hinweg zeigte sich, dass nur die Ablehnung von Muslimen in Welle 3 offenbar eine Folge der subjektiv wahrgenommenen persönlichen Terrorbedrohungen in den Wellen 1 und 2 ist. Je stärker sich Personen in Welle 1 und/oder 2 persönlich bedroht fühlten, desto stärker war auch die geäußerte Ablehnung von Muslimen in Welle 3. Für die generelle Ablehnung von Ausländern sowie für das Gesamtkonstrukt *Outgroup-Ablehnung* konnten diese Zusammenhänge indes nicht nachgewiesen werden. Die *Abbildung 14* fasst die Befunde ohne die nichtsignifikanten Zusammenhänge zusammen:

Abbildung 14: Kausale Zusammenhänge zwischen persönlichem Bedrohungserleben und der Ablehnung von Muslimen

Anmerkung: * p < .05, ** p < .01, *** p < .001

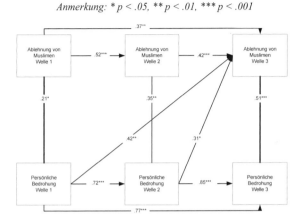

Quelle: eigene Darstellung.

Eine Frage liegt nun nahe: Weisen die Daten über die Zusammenhänge zwischen dem Bedrohungserleben, der Ablehnung von Muslimen und der Zustimmung zu militärischen und sicherheitspolitischen Anti-Terror-Maßnahmen Parallelen zu den öffentlichen und medial verbreiteten Diskursen über die Verknüpfung von Terrorismus, Islam und Muslimen auf?

Mittels Regressionsanalysen[68] wurde zunächst geprüft, ob von einer der
im Panel operationalisierten Medien-Nutzungs-Variablen (Nutzung von *ARD*,
ZDF, *RTL*, *Sat.1*) ein kausaler Einfluss auf das Bedrohungserleben ausgeht.
Die einzigen bedeutsamen kausalen Effekte, die sich dabei finden ließen, zei-
gen sich bei der *RTL*-Nutzung in Welle 2 und Welle 3 (siehe *Abbildung 15*).
Menschen, die vornehmlich *RTL* zur politischen Information nutzen, fühlen
sich durch Terrorismus bedroht. Hinsichtlich der Nutzung von *ARD*, *ZDF* und
Sat.1 ließ sich ein solcher Befund nicht nachweisen.

---

68   Die Regressionsanalyse ist ein statistisches Analyseverfahren, mit dem Beziehungen zwischen einer abhängigen und einer oder mehreren unabhängigen Variablen getestet werden.

Abbildung 15: Zusammenhänge zwischen TV-Nutzung und Bedrohungserleben

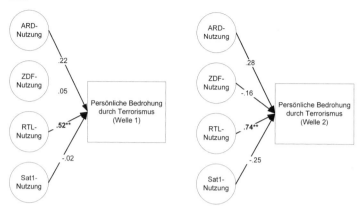

Quelle: eigene Darstellung.

Ein weiterer Befund, der mittels *Cross-Lagged Analysen* bestätigt werden konnte, ist erwähnenswert: Personen, die in hohem Umfang *RTL* als Informationsquelle nutzten, lehnten auch stärker Muslime ab (*Abbildung 16*).

Abbildung 16: Kausale Zusammenhänge zwischen *RTL*-Nutzung und Ablehnung von Muslimen

Anmerkung: $* p < .05$, $** p < .01$, $*** p < .001$

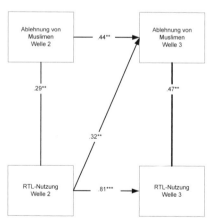

Quelle: eigene Darstellung.

Fragt man nun nach der politischen und wertorientierten Beurteilung, mit der sich die Personen in den Interviews selbst beschreiben, die im hohen Umfange *RTL* nutzen, um sich zu informieren, so zeigen die statistischen Vergleiche mittels nichtparametrischem *Mann-Whitney-U-Test* zwischen diesen Personen und jenen, die kaum *RTL* nutzen, folgende signifikanten Unterschiede: *RTL-Nutzer* verorten sich politisch eher im rechts-konservativen Spektrum ($p <$ .01), sie sind nationalistischer eingestellt als die *Nicht-* oder *Kaum-RTL-Nutzer* ($p <$ .05), ausländerfeindlicher ($p <$ .001), konformistischer ($p <$ .01) und generell autoritärer orientiert ($p <$ .000).

4 Fazit

Hat der 11. September 2001 die Welt verändert und wenn ja, wie haben die Medien und die Mediennutzer darauf reagiert?

Zunächst einmal muss festgehalten werden, dass die internationale Forschung auf den 11. September reagiert hat. Zumindest für die sozial-, kommunikations- und medienpsychologische Forschung lässt sich feststellen, dass die Folgen von *9/11* zu zentralen Forschungsthemen wurden. So ist die Anzahl entsprechender Publikationen, die sich mit diesen Folgen beschäftigen, exponentiell angestiegen. Die Befunde zeigen, dass die mediale Berichterstattung über die Terroranschläge in den USA im Speziellen und über die globalen Terrorgefahren im Allgemeinen das Bedrohungserleben stark beeinflusst haben. Derartige Zusammenhänge zwischen der medialen Konstruktion des Terrorismus und seinen Wirkungen ist aber keine neue Erkenntnis. Bereits 1975 sprach Brian Jenkins vom „Theater of Terror"[69], um den Terrorismus als Kommunikationsstrategie, die der medialen Verbreitung bedarf, zu charakterisieren. Vor dem Hintergrund von *9/11* haben Tsfati und Weimann[70], Peter Waldmann[71] und viele andere diese Metapher zum Ausgangspunkt elaborierter Forschungsansätze gemacht, um den Zusammenhang zwischen internationalem Terrorismus und medialer Berichterstattung zu analysieren und zu erklären. In dieser Hinsicht hat sich *9/11* gewiss als Katalysator für die Erkundung neuer Forschungsfelder erwiesen.[72]

Die in den vorausgegangenen Abschnitten präsentierten Befunde zeigen aber noch mehr: Sowohl in den öffentlich-rechtlichen als auch in den privaten

---

69 B. Jenkins, International Terrorism, Los Angeles 1975.
70 Y. Tsfati, G. Weimann, Terror on the internet, in: Studies in Conflict & Terrorism, 25, 2002, S. 317-332.
71 Waldmann, Terrorismus. Provokation der Macht.
72 Vgl. auch A. Spencer, A. Kocks, K. Harbrich (Hrsg.), Terrorismusforschung in Deutschland. Wiesbaden 2011.

Fernsehnachrichten wird über die Ursachen von Terrorismus relativ wenig berichtet. Anti-Terror-Maßnahmen werden dagegen umso häufiger thematisiert. Den Fernsehzuschauern werden also vorrangig die Gefahren der Terrorbedrohung sowie die Notwendigkeit des Anti-Terrorkampfes vermittelt. Erklärungen für die Terrorgefahr, ihre Ursachen und Begründungen für politisch beschlossene Anti-Terror-Maßnahmen werden aber medial kaum angeboten. Die Privatsender berichten tendenziell zwar weniger über Terrorismus, doch wenn sie dies tun, dann nutzen sie stärker ausgeprägte Dramatisierungsstrategien als die öffentlich-rechtlichen Fernsehsender. Insgesamt lässt sich festhalten, dass die Wirkung der Terrorismus-Berichterstattung eher von deren Qualität, als der Quantität abzuhängen scheint. Mehr als die Hälfte der Beiträge mit starken Dramatisierungseffekten, die durch bildliche Darstellungen von Opfern, Verletzten und Toten und durch dramatische Sprach- und Toneffekte erzeugt werden, stammen von den Privatsendern. Überdies lehnte die Mehrheit der Befragten in der berichteten Panelstudie verschärfte Sicherheits- und Überwachungsmaßnahmen und verstärkte Militäreinsätze im „Kampf gegen Terrorismus" ab. Die in den internationalen Studien oft dargestellten Zusammenhänge zwischen dem persönlichen Bedrohungserleben und den Einstellungen gegenüber Anti-Terror-Maßnahmen können nicht bestätigt werden. Vor allem Personen, die Muslime ablehnen, befürworten die militärische Einsätze und verschärfte Sicherheits- und Überwachungsmaßnahmen im „Kampf gegen den Terrorismus". Außerdem zeigte sich, dass persönliches Bedrohungserleben angesichts terroristischer Gefahren die Ablehnung von Muslimen erhöht. Das Bedrohungserleben durch den Terrorismus wiederum hängt mit dem als stark erlebten medialen Einfluss der privaten Fernsehsender zusammen: Personen, die angeben, mehr Privatfernsehen als öffentlich-rechtliches Fernsehen zu schauen und die sich in ihrer Meinungsbildung über den Terrorismus vornehmlich von privaten Fernsehnachrichten beeinflussen lassen, erleben stärkere persönliche Bedrohungen als Personen, die sich überwiegend durch die Öffentlich-Rechtlichen beeinflusst sehen oder gar nicht fernsehen. Andererseits lässt sich vermuten, dass sich die erstgenannten Personen durch das Privatfernsehen auch in ihren Einstellungen, Emotionen und Wertvorstellungen bestätigt sehen und deshalb die medialen Angebote der Privatsender präferieren.

Diese Effekte sind vor allem auf die stärker ausgeprägten Dramatisierungsstrategien der privaten Fernsehsender zurückzuführen. Es kann daher geschlussfolgert werden, dass vom transnationalen und internationalen Terrorismus nachgewiesenermaßen lokale sowie globale Gefahren ausgehen; der Umgang mit diesen Gefahren wird allerdings nicht leichter, wenn die Terrorgefahren und -risiken in medial inszenierter Weise dramatisiert werden, so wie das vor allem für die privaten Fernsehsender nachgewiesen werden konnte. Auf der Basis dieser Zusammenfassung könnte man folgende Kaskade individueller Interpretationen des Terrorismus postulieren (*Abbildung 17*):

Abbildung 17: Kaskade der Wirkung von der Medienberichterstattung über den Terrorismus auf die individuellen Interpretationen über den Terrorismus, seine psychologischen Folgen und Konsequenzen

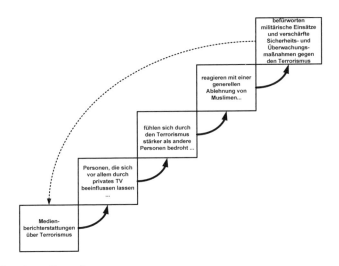

Quelle: eigene Darstellung.

Den Massenmedien kann einerseits kaum die Schuld oder Verantwortung für die Terroranschläge der letzten Jahre zugeschrieben werden. Die Verbreitungs-medien schaffen aber andererseits die Voraussetzungen, damit lokale terroris-tische Ereignisse globale Wirkungen erzielen und ein globales Publikum fin-den. Auch unter diesem Aspekt stellt *9/11* eine Zeitenwende dar. Zugespitzt und zugegebenermaßen provokant ließe sich formulieren: Spätestens seit *9/11* haben sich die Verbreitungsmedien auf eine ungewollte, aber für die Medien-nutzerinnen und Mediennutzer tragische Symbiose mit dem Terrorismus ein-gelassen.[73]

---

73 Vgl. auch Glaab, Medien und Terrorismus.

5 Literaturverzeichnis

Bar-Tal, D. & Lapin, D. (2001). The effect of a major event on stereotyping: terrorist attacks in Israel and Israeli adolescents' perception of Palestinians, Jordanians and Arabs. *European Journal of Social Psychology, 31*, S. 265-280.

Basisdaten Media Perspektiven (2006). Internetquelle: http://www.mediaperspektiven.de/1393.html aufgerufen am 29.08.2007.

Baudrillard, J. (2003). *Der Geist des Terrorismus*. Wien: Passagen Verlag.

Becker, J. (2002). Afghanistan: Der Krieg und die Medien. In U. Albrecht (Hrsg.), *Medien zwischen Krieg und Frieden* (S. 142-172). Baden-Baden: Nomos Verlag Gesellschaft.

Berger, L. & Weber, F. (Hrsg.) (2006). *Terrorismus*. Erfurt: Landeszentrale für politische Bildung Thüringen.

Biernatzki, W. E. (2002). Terrorism and Mass Media. In Communication research trends: a quarterly information service from the Centre for the Study of Communication and Culture London, 21(1), S. 1-19.

Bonanno, G. A. & Jost, J. T. (2006). Conservative shift among highexposure survivors of the September 11th terrorist attacks. *Basic and Applied Social Psychology, 28*, S. 311-323.

Bonfadelli, H. (1993). Gewalt im Fernsehen. Gewalt durch Fernsehen. In H. Bonfadelli & W. A. Meier (Eds.), *Krieg, Aids, Katastrophen. Gegenwartsprobleme als Herausforderung der Publizistikwissenschaft* (S. 49-174). Konstanz: UVK Verlag.

Borradori, G. (2006). Vorwort. In J. Habermas & J. Derrida. Philosophie in Zeiten des Terrors. Zwei Gespräche, geführt, eingeleitet und kommentiert von Giovanna Borradori. Hamburg: Europäische Verlagsanstalt.

Brinkemper, P. V. (2002). Die neue zivilsoldatische Mentalität. In G. Palm & F. Rötzer (Hrsg.), *Medien. Terror. Krieg. Zum neuen Kriegsparadigma des 21. Jahrhunderts* (S. 207-222). Hannover: Heise Verlag.

Brosig, B. & Brähler, E. (2002). Die Angst vor dem Terror – Daten aus deutschen Repräsentativerhebungen vor und nach dem 11. September. *Journal für Konflikt und Gewaltforschung, 4(2),* S. 77-94.

Brosius, H.-B. (2001). Medien, Gewalt und Terrorismus. *Gewerkschaftliche Monatshefte, 11-12,* S. 718-725.

Carroll, P. J., Wichman, A. L. & Arkin, R. M. (2006). Security in the aftermath of 9/11. *Basic and Applied Social Psychology, 28(4),* S. 289-290.

Chandler, J. L. (2008). Attitudes toward airport screening procedures since 9/11/01. *Dissertation Abstracts International: Section B: The Sciences and Engineering, 68(8-B),* S. 5632.

Chen, H., Chung, H., Chen, T., Fang, L. & Chen J.-P. (2003). The emotional distress in a community after the terrorist attack on the World Trade Center. *Community Mental Health Journal*, 39(2), S. 157-165.

Cheung-Blunden, V. & Blunden, B. (2008). The emotional construal of war: Anger, fear and other negative emotions. *Peace and Conflict – Journal of Peace Psychology, 14*, S. 123-150.

Chu, T. Q., Seery, M. D., Ence, W. A., Holman, E. A. & Silver, C. R. (2006). Ethnicity and gender in the face of a terrorist attack: A national longitudinal study of immediate responses and outcomes. Two years after September 11. *Basic and Applied Social Psychology, 28(4)*, S. 291-301.

Cohrs, J. C., Kielmann, S., Moschner, B. & Maes, J. (2002). Befragung zum 11. September 2001 und den Folgen: Grundideen, Operationalisierungen und deskriptive Ergebnisse der ersten Erhebungsphase. *Unveröffentlichter Forschungsbericht 148*. Bielefeld: Universität Bielefeld.

Cohrs, J. C., Kielmann, S., Moschner, B. & Maes, J. (2003). Befragung zum 11. September 2001 und den Folgen: Bericht über die dritte Erhebungsphase. *Unveröffentlichter Forschungsbericht 160*. Bielefeld: Universität Bielefeld.

Cohrs, J. C., Moschner, B., Maes, J. & Kielmann, S. (2005a). Personal values and attitudes toward war. *Peace and Conflict: Journal of Peace Psychology, 11(3)*, S. 293-312.

Cohrs, J. C., Moschner, B., Maes, J. & Kielmann, S. (2005b). The motivational bases of right-wing authoritarianism and social dominance orientation: Relations to values and attitudes in the aftermath of September 11, 2001. *Personality and Social Psychology Bulletin, 31*, S. 1425-1434.

Dayan, D. & Katz, E. (1992): *Media Events. The Live Broadcasting of History*. Cambridge (MA) /London: Harvard University Press.

DeLisi, L. E., Maurizio, A., Yost, M., Papparozzi, C. F., Fulchino, C., Katz, C. L., Altesman, J., Biel, M., Lee, J. & Stevens, P. (2003). A survey of New Yorkers after the Sept. 11, 2001, terrorist attacks. *American Journal of Psychiatry, 160*, S. 780-783.

Dobkin, B. A. (2005). The television terrorist. In D. J. Slocum (Ed.), *Terrorism, Media, Liberation*. New Brunswick, NJ: Rutgers University Press.

Edy, J. A. & Meirick, P. C. (2007). Wanted, dead or alive: Media frames, frame adoption, and support for the war in Afghanistan. *Journal of Communication*, 57(1), S. 119-141.

Eederico, C. M., Golec, A. & Dial, J. L. (2005). The relationship between the need for closure and support for military action against Iraq: Moderating effects of national attachment. Personality and *Social Psychology Bulletin, 31*, S. 621-632.

Egger, A. & Eimeren, van B. (2008). Die Generation 60plus und die Medien. Zwischen traditionellen Nutzungsmustern und Teilhabe an der digitalen (R)evolution. *Media Perspektiven, 11*, S. 577-588.

Esses, V. M., Dovidio, J. F. & Hodson, G. (2002). Public attitudes toward immigration in the United States and Canada in response to the September 11, 2001 „Attack on America". *The Society for the Study of Social Issues, 2(1)*, S. 69-85.

Fredrickson, B., Tugade, M., Waugh, C. E., & Larkin, G. R. (2003). What good are positive emotions in crisis? A prospective study of resilience and emotions following the terrorist attacks on the United States on September 11th, 2001. *Journal of Personality and Social Psychology, 84(2)*, S. 365-376.

Frindte, W. & Haußecker, N. (2010). *Inszenierter Terrorismus – Mediale Konstruktionen und individuelle Interpretationen.* Wiesbaden: VS Verlag für Sozialwissenschaften.

Fuchs, P. (2004). Das System "Terror". Versuch über eine kommunikative Eskalation der Moderne. Bielefeld: transcript Verlag.

Gerrits, Robin (1992). Terrorists Perspectives. In D. Paletz (Hrsg.), Terrorism and the Media. In *Journal of Communication.* New York: Oxford Univ. Press, Bd. 44/1994, 1, S. 122.

Gidron, Y. (2002). Posttraumatic stress disorder after terrorist attacks: a review. *The Journal of Nervous and Mental Disease, 190(2)*, S. 118-121.

Glaab, S. (Hrsg.) (2007). Medien und Terrorismus – Auf den Spuren einer symbiotischen Beziehung. Berlin: Berliner Wissenschaftsverlag.

Glick, P., Fiske, S. T., Abrams, D., Dardenne, B., Ferreira, M. C., Gonzalez, R., Hachfeld, C., Huang, L., Hutchison, P., Kim, H.-J., Manganelli, A. M., Masser, B., Mucchi-Faina, A., Okiebisu, S., Rouhana, N., Saiz, J. L., Sakalli-Ugurlu, N., Volpato, C., Yamamoto, M., & Yzerbyt, V. (2006). Anti-American sentiment and America's perceived intent to dominate: An 11-nation study. *Basic and Applied Social Psychology, 28(4)*, S. 363-373.

Gordon, C., & Arian, A. (2001). Threat and decision making. *Journal of Conflict Resolution, 45*, S. 197-215.

Haddad, S. & Khashan, H. (2002). Lebanese Muslim Views on September 11. *Journal of Conflict Resolution, 46(6)*, S. 812-828.

Haußecker, N. (2003). Zur Berichterstattung über Terrorismus in TV-Nachrichtensendungen, am Beispiel der Terroranschläge in Kenia. *Unveröffentlichte Magisterarbeit.* Friedrich-Schiller-Universität Jena, Institut für Medienwissenschaft.

Haußecker, N. (2007). Nachrichtenberichterstattung über Terrorismus. Eine Analyse der TV-Nachrichten über die Terroranschläge in Kenia. *Conflict & Communication Online, 6(1)*, S. 1-18.

Hoffman, B. (2002). Terrorismus – der unerklärte Krieg. Neue Gefahren politischer Gewalt. Bonn: Bundeszentrale für politische Bildung.

Hoffmann, H. & Schoeller, W. F. (2001). *Wendepunkt 11. September. Terror, Islam und Demokratie*. Köln: DuMont-Literatur-und-Kunst-Verlag.

Holman E. A. & Silver, C. R. (2005). Future-oriented thinking and adjustment in a nationwide longitudinal study following the September 11th terrorist attacks. *Motivation and Emotion, 29(4)*, S. 385-406.

Huddy, L., Feldman, S. & Weber, C. (2007). The political consequences of perceived threat and felt insecurity. *The Annals of the American Academy, 614*, S. 131-153.

Jenkins, B. (1975*). International Terrorism*. Los Angeles: Crescent Publication.

Kam, C. D., & Kinder, D. R. (2007). Terror and Ethnocentrism: Foundations of American Support for the War on Terrorism. *The Journal of Politics, 69(2)*, S. 320-338.

Kimmel, P. & Stout, C. (2006). *Collateral damage: The psychological consequences of America's war on terrorism*. Westport, CT: Praeger Publishers/Greenwood Publishing Group.

Klein, T., Devoe, E. R., Miranda-Julian, C. & Linas, K. (2009). Young children's respones to September 11th: The New York City experience. *Infant Mental Health Journal, 30(1)*, S. 1-22.

Korte & Tonn (2007). http://www.tbsjournal.com/Archives/Fall01/Jazeera_special.htm; aufgerufen am 15.09.2011.

Krause, J. (2010). Terrorismus am Wendepunkt? Eine Bilanz der Jahre 2008 und 2009. In Institut für Sicherheitspolitik an der Universität Kiel (Hrsg.), *Jahrbuch Terrorismus 2009* (S. 13-27). Opladen & Farmington Hills: Verlag Barbara Budrich.

Kuntze, M. (2003). „Visionen vom Endkampf zwischen Gut und Böse". Freund- und Feindbilder während der Krise am Beispiel von *FAZ* und *NZZ*. In M. Beuthner, J. Buttler, S. Fröhlich, I. Neverla & S. A. Weichert (Hrsg.), *Bilder des Terrors – Terror der Bilder? Krisenberichterstattung am und nach dem 11. September* (S. 238-276). Köln: Herbert von Halem Verlag.

Landau, M. J., Solomon, S., Greenberg, J., Cohen, F., Pyszczynski, T., Arndt, J., Miller, C. H., Ogilvie, D. M. & Cook, A. (2004). Deliver us from evil: The effects of mortality salience and reminders of 9/11 on support for President George W. Bush. *Personality and Social Psychology Bulletin, 30*, S. 7-12.

Laqueur, W. (2003). Krieg dem Westen. Terrorismus im 21. Jahrhundert. Berlin: Ullstein Verlag.

Lewin, K. (1936). *Principles of Topological Psychology*. New York, McGraw-Hill.

Li, Q., & Brewer, M. B. (2004). What does it mean to be an American? Patriotism, nationalism, and American identity of 9/11. *Political Psychology, 25*, S. 727-739.

Lum, C., Kennedy, L. W. & Sherley, A. (2006). Are counter-terrorism strategies effective? The results of the Campbell systematic review on counter-terrorism evaluation research. *Journal of Experimental Criminology, 2(4)*, S. 489-516.

Maier, M. & Stengel, K. (2007). Bedeutung des Faktors Visualität für die Nachrichtenberichterstattung über internationale Krisen. In S. Glaab (Hrsg.), *Medien und Terrorismus – Auf den Spuren einer symbiotischen Beziehung* (S. 127-138). Berlin: Berliner Wissenschaftsverlag.

Maier, M. (2003). Analysen deutscher Fernsehnachrichten 1992-2001. In G. Ruhrmann, J. Woelke, M. Maier & N. Diehlmann (Hrsg.), *Der Wert von Nachrichten im deutschen Fernsehen* (S. 61-98). Opladen: Leske & Budrich.

Marshall, R. D., Galea, S. & Kilpatrick, D. (2002). Psychological reactions to terrorist attacks. Findings from the National Study of Americans' reactions to September 11. *Journal of the American Medical Association, 288(21)*, S. 2683-2684.

McFarland, S. (2005). On the eve of war: Authoritarianism, social dominance, and American students' attitudes toward attacking Iraq. *Personality and Social Psychology Bulletin, 31,* S. 360-367.

Moskalenko, S., McCauley, C., & Rozin, P. (2006). Group identification under conditions of threat: College students' attachment to country, family, ethnicity, religion, and university before and after September 11, 2001. *Political Psychology, 27(1)*, S. 77-97.

Murphy, R., Wismar, K. & Freeman, K. (2003). Stress symptoms among African-American. *The Journal of Nervous and Mental Disease, 191,* S. 108-114.

Nacos, B. L. (2002). Mass mediated terrorism. Central role of media in terrorism. Lanham: Rowman & Littlefield.

Nacos, B. L., Bloch-Elkon, Y. & Shapiro, R. Y. (2007). Post-9/11 terrorism threats, news coverage, and public perceptions in the United States. *International Journal of Conflict and Violence,1(2)*, S. 105-126.

Neria, Y., Gross, R., Litz, B., Maguen, S., Insel, B., Seirmarco, G., Rosenfeld, H., Suh, E. J., Kishon, R., Cook, J. & Marshall, R. D. (2007). Prevalence and Psychological Correlates of Complicated Grief Among Bereaved Adults 2.5-3.5 Years After September 11th Attacks. *Journal of Traumatic Stress, 20(3)*, S. 251-262.

Neria, Y., Olfson, M., Gameroff, M. J., Wickramaratne, P., Gross, R., Pilowsky, D. J., Blanco, C., Manetti-Cusa, J., Lantigua, R., Shea, S. & Weissman, M. M. (2008). The mental health consequences of disaster-related loss: Findings from primary care one year after the 9/11 terrorist attacks. *Psychiatry, 71(4) Winter,* S. 339-348.

Oswald, D. L. (2005). Understanding anti-Arab reactions Post-9/11: The role of threats, social categories, and personal ideologies. *Journal of Applied Social Psychology, 35,* S. 1775-1799.

R+V Versicherung (2010). Die Ängste der Deutschen. Internetquelle: http://www.ruv.de/de/presse/r_v_infocenter/studien/aengste-der-deutschen.jsp; aufgerufen am 13.03.15.

Rötzer, F. (2005). Al-Dschasira unter Druck. Internetquelle: http://www.heise.de/tp/artikel/19/19352/1.html; aufgerufen am 15.09.2011.

Rötzer, F. (2005). Lieber keine Zahlen vom „Erfolg" im US-Krieg gegen den globalen Terrorismus. Internetquelle: http://www.heise.de/tp/r4/artikel/19/19901/1.html aufgerufen am 15.05.2009.

Sahar, G. (2008). Patriotism, *attributions* for the *9/11* attacks, and support for war: Then and now. *Basic and Applied Social Psychology, 30,* S. 189-197.

Schicha, C. & Ontrup, R. (1999). *Medieninszenierung im Wandel: Interdisziplinäre Zugänge.* Münster u.a.: LIT-Verlag.

Schmid, A. P. & de Graaf, J. (1982). Violence as communication. Insurgent terrorism and the western news media. London, Beverly Hills: Sage.

Schmidthäussler, D. (2006). Terrorismus in den deutschen Medien. Von Heißer Herbst bis 9/11. *Kölner Arbeitspapiere zur internationalen Politik.*

Schneckener, U. (2006). *Transnationaler Terrorismus.* Frankfurt am Main: Suhrkamp.

Schuster, M. A., Stein, B. D. & Jaycox, L. H. (2002). Reactions to the events of September 11. *Journal of Medicine, 346(8),* S. 629-630.

Seeßlen, G. (2002). Krieg der Bilder: Bilder des Krieges. Abhandlungen über die Katastrophe und die mediale Wirklichkeit. Berlin: Edition Tiamat.

Sidanius, J., Henry, P. J., Pratto, F. & Levin, S. (2004). Arab attributions for the attack on America. *Journal of Cross-Cultural Psychology, 35(4),* S. 403-416.

Silver, R. C., Poulin, M., Holman, E. A., McIntosh, D. N., Gil-Rivas, V. & Pizarro, J. (2005). Exploring the myths of coping with a national trauma: A longitudinal study of responses to the September 11th terrorist attacks. *Journal of Aggression, Maltreatment and Trauma, 9,* S. 129-141.

Skitka, L. J., Bauman, C. W. & Mullen, E. (2004). Political tolerance and coming to psychological closure following the September 11, 2001: An integrative approach. *Personality and Social Psychology Bulletin, 30,* S. 743-756.

Skitka, L. J., Bauman, C. W., Aramovich, N. P. & Morgan, G. S. (2006). Confrontational and preventative policy responses to terrorism: Anger wants a fight and fear want „Them" to go away. *Basic and Applied Social Psychology, 28(4),* S. 375-384.

Spencer, A., Kocks, A. & Harbrich, K. (Hrsg.) (2011). Terrorismusforschung in Deutschland. Wiesbaden: VS Verlag für Sozialwissenschaften.

Staub, E. (2007). Preventing violence and terrorism and promoting positive relations between Dutch and Muslim communities in Amsterdam. *Peace and Conflict: Journal of peace Psychology, 13(3)*, S. 333-360.

Steiger, S. (2007). Medienforschung: Düstere Aussichten: Islam in den Medien. *Medien Monitor-Online Magazin für den aktuellen Medienjournalismus.*

Stockhausen, Karlheinz (2001). Interview mit Norddeutschen Rundfunk am 16. September. Internetquelle: http://www.swin.de/kuku/kammchor/stockhausenPK.htm; aufgerufen am 15.11.2010.

Strous, R. D., Stryjer, R., Keret, N., Bergin, M. & Kotler, M. (2003). Reactions of psychiatric and medical in-patients to terror and security instability in Israel. *The Journal of Nervous and Mental Disease, 191(2)*, S. 126-129.

Tsfati, Y. & Weimann, G. (2002). WWW.terrorism.com: Terror on the internet. *Studies in Conflict & Terrorism, 25*, S. 317-332.

Vukov, T. (2008). Affective politics, effective borders: News media events and the governmental formation of Canadian immigration policy. *Dissertation Abstracts International Section A*, S. 69.

Waldmann, P. (2005). *Terrorismus. Provokation der Macht.* Hamburg: Murmann Verlag.

Weimann, G. & Brosius, H.-B. (1989). The predictability of international terrorism: A time series analysis. *Terrorism, 11*, S. 491-502.

Werthes, S., Kim, R. & Conrad, C. (2002). Die Terrorkrise als Medienereignis? In C. Schicha & C. Brosda (Hrsg.), *Medien und Terrorismus. Reaktionen auf den 11. September 2001* (S. 80-93). Münster, Hamburg: Lit-Verlag.

Die AutorInnen des Bandes

Endler, Tobias
Dr. Tobias Endler ist wissenschaftlicher Mitarbeiter und Ph.D. & Research
Coordinator am Heidelberg Center for American Studies. Er hat über US-amerikanische Intellektuelle der Gegenwart, die Aufklärung und Demokratiefra-
gen gearbeitet. Momentan gilt sein Hauptinteresse der amerikanischen Außenpolitik im 21. Jahrhundert sowie aktuellen Entwicklungen in den transatlantischen und transpazifischen Beziehungen. Endler ist Autor von *After 9/11: Lea-
ding Political Thinkers about the World, the U.S. and Themselves* (2011), *How
to Be a Superpower* (2012) und *Entzauberung: Skizzen und Ansichten zu den
USA in der Ära Obama* (2015, zusammen mit Martin Thunert). Er kommentiert
regelmäßig aktuelle Entwicklungen innerhalb der USA und in den transatlantischen Beziehungen für die deutschen Medien und schreibt u.a. für das On-
line-Magazin *Carta*.

Fischer, Sabina von
Nach dem Studium der Kultur- und Sozialwissenschaften (Lic. phil.) promovierte Dr. Sabina von Fischer mit der Arbeit *What is American about Islam?
Muslim American Narratives and the Configuration of Islam in the United
States* im Jahr 2012 an der Universität Bern. Sie ist gelernte Journalistin und
arbeitet nach einem Aufbaustudium an der Zürcher Hochschule für Angewandte Wissenschaften (ZAHW) als Coach und Beraterin.

Frindte, Wolfgang
Prof. Dr. Wolfgang Frindte ist Inhaber des Lehrstuhls für Kommunikationspsychologie am von ihm mitgegründeten Institut für Kommunikationswissenschaft der Friedrich-Schiller-Universität Jena. Neben zahlreichen Publikationen und gutachterlichen Tätigkeiten leitete Frindte u.a. das durch die Bundesstiftung für Friedensforschung geförderte Drittmittelprojekt „Terrorismus
– mediale Konstruktion und individuelle Interpretation: Ein friedenswissenschaftlicher Beitrag zur medien- und sozialwissenschaftlichen Analyse und
Bewertung terroristischer Bedrohungen in Deutschland" (Laufzeit 2007-
2009). Seine Forschungsschwerpunkte umfassen psychologische Prozesse der
kommunikativen Konstruktion von Wirklichkeit, mit den Unterthemen makrosozialer Stress und Terrorismusforschung, Digitale Medien und Gewalt sowie
Rechtsextremismus, Antisemitismus und Islamismus. Er ist Mitherausgeber
von *Extremismus – Gewalt – Terrorismus: Hintergründe und Handlungskon-*

sequenzen (2003) und, gemeinsam mit Dr. Nicole Haußecker, Autor der Monographie *Inszenierter Terrorismus* (2010). Jüngste Publikation ist *Der Islam und der Westen: Sozialpsychologische Aspekte einer Inszenierung* (2013).

Gassert, Philipp

Prof. Dr. Philipp Gassert ist seit Februar 2014 Inhaber des Lehrstuhls für Zeitgeschichte an der Universität Mannheim. Er hat zuvor am DHI Washington sowie an der Universität Heidelberg, der LMU München, der University of Pennsylvania sowie an der Universität Augsburg geforscht und gelehrt. Gastprofessuren in Haifa und Wien. Seit 2011 ist er Executive Director und Mitglied des Vorstandes der Deutschen Gesellschaft für Amerikastudien. Seine Arbeitsschwerpunkte umfassen die deutsche und europäische Zeitgeschichte seit 1933 sowie die transatlantische Geschichte des 20. Jahrhunderts. Außerdem forscht er über die Geschichte der internationalen Beziehungen der USA und Amerikas Rolle in der Welt. Seine wichtigsten aktuellen Themengebiete sind die Protest- und Friedensbewegungen im Kalten Krieg, die Geschichte der transatlantischen Beziehungen sowie des Antiamerikanismus. Gegenwärtig schreibt er an einer globalen Geschichte des politischen Protests im 20. und 21. Jahrhundert. Neben zahlreichen Publikationen zu den genannten Themengebieten ist zuletzt die Monographie *Amerikas Kriege* (2014, mit Alexander Emmerich) erschienen.

Haußecker, Nicole

Dr. Nicole Haußecker ist Kommunikationspsychologin und wissenschaftliche Mitarbeiterin am Lehrstuhl von Professor Wolfgang Frindte an der Universität Jena. Ihre Forschungsschwerpunkte liegen im Bereich der Nachrichtenforschung und beziehen sich insbesondere auf Terrorismusberichterstattung, Krisen- und Kriegsberichterstattung in Fernsehnachrichten, Medieninhalte und Medienwirkungen sowie auf Emotionsforschung. Neben der gemeinsamen Leitung des oben erwähnten Forschungsprojektes (siehe Kurzbiographie Wolfgang Frindte) sowie zahlreichen Publikationen zum Nexus Terrorismus und Rezeptionsforschung, promovierte sich Haußecker 2013 mit *Terrorismusberichterstattung in Fernsehnachrichten: Visuelles Framing und emotionale Reaktionen.*

Jirschitzka, Jens

Dr. Jens Jirschitzka ist Doktorand und wissenschaftlicher Mitarbeiter in der Arbeitsgruppe Wissenskonstruktion am Leibniz-Institut für Wissensmedien (IWM), einer in Tübingen ansässigen, außeruniversitären Forschungseinrichtung. Jirschitzka studierte Psychologie an den Universitäten Wuppertal und Jena (Diplom 2007). Von 2008 bis 2010 war er wissenschaftlicher Mitarbeiter der Abteilung Kommunikationspsychologie des Instituts für Kommunikations-

wissenschaft an der Friedrich-Schiller-Universität Jena bei Professor Wolfgang Frindte. Vor seiner Tätigkeit am IWM war er Promotionsstipendiat an
der interdisziplinären Doktorandenschule „Laboratorium Aufklärung" in Jena.
Seine Forschungsschwerpunkte beziehen sich auf die Wissenskonstruktion
durch Neue Medien und den Zusammenhang von generalisierten Einstellungen
und impliziten Motiven.

Karis, Tim
Dr. Tim Karis ist Post-Doctoral Fellow im Bereich Medien & Religion (Käte-
Hamburger-Kolleg) am Centrum für Religionswissenschaftliche Studien (CE-
RES) der Ruhr-Universität Bochum. Karis studierte Kommunikationswissenschaft, Neuere Geschichte und Öffentliches Recht in Münster und Amsterdam.
Am Münsterschen Exzellenzcluster „Religion und Politik" entstand seine 2013
eingereichte Dissertation zum Mediendiskurs Islam in den Tagesthemen. Daneben publizierte er zu diskurstheoretischen Fragen, insbesondere zum Verhältnis von Diskurs und Massenmedien. Nach seiner Promotion war er zunächst Koordinator der Post-Doc-Gruppe „Religiöse Pluralität als Herausforderung für Religionen und Gesellschaften" des Münsterschen Zentrums für Islamische Theologie. Sein aktuelles Forschungsprojekt fokussiert die sich im
Kontext der religiösen Pluralisierung vollziehenden Veränderungen im Bereich der Medienregulierung. Seine Forschungsinteressen umfassen Religion
in den Massenmedien, ‚Religion, Media, and Culture‘, Medienregulierung,
Religionssoziologie sowie Diskurstheorie.

Karmann, Till
Till Karmann ist Doktorand am Department of Politics and International Studies (POLIS) der University of Cambridge. In seiner Dissertation beschäftigt er
sich mit der deutschen Außenpolitik gegenüber dem ehemaligen Jugoslawien
während der dortigen Staatszerfallskriege (1991-1999). Zuvor studierte Karmann Anglistik, Geschichte und Politikwissenschaften und schloss sein Studium nach Auslands- und Forschungsaufenthalten in London, Cambridge und
Hong Kong mit einem Staatsexamen an der Universität Heidelberg „mit Aus-
zeichnung" ab. Anschließend folgte ein Master of Studies (M.St) in Modern
British und European History an der University of Oxford. Karmann wurde
2015 durch den ehemaligen Verteidigungsminister Volker Rühe für das
„Young Leaders Program" der Atlantik-Brücke vorgeschlagen. Forschungsinteressen: Deutsche Außen- und Sicherheitspolitik, Wandel der politischen Kultur während der späten Bonner und frühen Berliner Republik, Aufarbeitung
der Vergangenheit, humanitäre Interventionen & State Building sowie die
Transatlantischen Beziehungen.

Knelangen, Wilhelm
Dr. Wilhelm Knelangen ist Akademischer Oberrat am Institut für Sozialwissenschaften (Bereich Politikwissenschaft) der Christian-Albrechts-Universität zu Kiel. Knelangen wurde nach dem Studium der Fächer Politikwissenschaft, Neuere und Neueste Geschichte und Kommunikationswissenschaft an der Universität Münster 2001 mit der Arbeit *Innere Sicherheit im Integrationsprozess: Die Entstehung einer europäischen Politik der inneren Sicherheit* (summa cum laude) an der Universität Osnabrück promoviert. 2006 vertrat er dort auch die Professur für Politikwissenschaft am Fachbereich Sozialwissenschaften. Zu seinen Forschungsschwerpunkten zählen die Europäische Integration, die innere und äußere Sicherheit der Europäischen Union, die internationale Kooperation der Polizeibehörden sowie Terrorismus und Terrorismusbekämpfung in Deutschland und der EU, zu denen er zahlreiche Publikationen verfasst hat.

Koschut, Simon
Prof. Dr. Simon Koschut ist Gastprofessor für Internationale Beziehungen und Europäische Integration am Otto-Suhr-Institut an der Freien Universität Berlin. Zuvor war er von 2006 bis 2009 wissenschaftlicher Mitarbeiter bei der Deutschen Gesellschaft für auswärtige Politik (DGAP), vertrat 2009/10 die Juniorprofessur für Außen- und Sicherheitspolitik Nordamerikas am John-F.-Kennedy-Institut für Nordamerikastudien an der FU Berlin und war anschließend bis Mitte 2011 als Fritz Thyssen Fellow am Weatherhead Center for International Affairs der Harvard University. Von 2011 bis 2015 war Koschut akademischer Rat am Lehrstuhl für Auslandswissenschaften (Englischsprachige Gesellschaften, Fachbereich Wirtschaftswissenschaften) an der Friedrich-Alexander-Universität Erlangen-Nürnberg. Koschuts Forschungsinteressen sind die Internationalen Beziehungen, Friedens- und Konfliktforschung, Internationale Sicherheitspolitik, Theorien der Außenpolitikanalyse, Deutsche Außenpolitik, die Transatlantischen Beziehungen sowie die US-amerikanische Außenpolitik. Seine aktuellen Veröffentlichungen umfassen u.a. *Die Grenzen der Zusammenarbeit: Sicherheit und transatlantische Identität nach dem Ende des Ost-West-Konflikts* (2010) und *Friendship and International Relations* (2014, mit Andrea Oelsner). Im Jahr 2016 wird sein neues Buch *Undoing Peace: Normaitve Change and Security Community Disintegration* bei Palgrave Macmillan erscheinen.

Mayer, Eva-Maria
Eva-Maria Mayer (*geb. Kiefer) ist Stipendiatin der Konrad-Adenauer-Stiftung und Doktorandin am Heidelberg Center for American Studies (HCA), wo sie derzeit an ihrer Dissertation mit dem Titel *U.S. Government in Times of Crises: How Securitization shaped Congressional Behavior after 9/11* arbeitet. Vor ihrem Wechsel an das HCA im Jahr 2010 studierte Mayer Amerikastudien, Psychologie und Politikwissenschaften und absolvierte 2007 ein durch

den DAAD gefördertes Studienjahr an der University of Pennsylvania. Ihr Studium schloss sie 2009 an der Rheinischen Friedrich-Wilhelms-Universität Bonn mit einer Arbeit über die „imperiale" Präsidentschaft George W. Bushs ab.

Oppermann, Kai
Dr. Kai Oppermann ist Reader in Politics an der University of Sussex. Nach seinem Studium an der FU Berlin und einer Tätigkeit als Referent im Deutschen Bundestag war er zwischen 2002 und 2012 zunächst als wissenschaftlicher Mitarbeiter, später als akademischer Rat am Institut für Politische Wissenschaft und Europäische Fragen der Universität zu Köln tätig, wo er sich 2007 promovierte. Anschließend war Oppermann 2010 Marie Curie Fellow an der University of Sussex sowie zwischen 2012 und 2013 Lecturer in European and German Politics am King's College London. 2013 wurde ihm mit einer Arbeit über die innerstaatlichen Determinanten außen- und europapolitischer Entscheidungsprozesse die Venia Legendi für Politikwissenschaften durch die Universität Köln verliehen. Seine Forschungsschwerpunkte liegen in der Außenpolitikforschung und betreffen vor allem die innenpolitischen Restriktionen außen- und europapolitischer Entscheidungsprozesse. Zurzeit arbeitet er an Forschungsprojekten zur Außenpolitik von Koalitionsregierungen sowie zu außenpolitischen Fehlentscheidungen. Seine Forschungsergebnisse wurden in zahlreichen internationalen Fachzeitschriften publiziert. Er ist zudem Koautor eines deutschsprachigen Lehrbuchs zur Außenpolitikanalyse, das 2014 im Oldenbourg Verlag erschienen ist.

Schmid, Alexandra
Alexandra Schmid war wissenschaftliche Mitarbeiterin, Hochschuldozentin und Doktorandin am Jean-Monnet-Lehrstuhl für Europäische Politik an der Philosophischen Fakultät der Universität Passau. Schmid studierte Politikwissenschaften an der LMU München sowie der University of Auckland. In ihrer Forschung setzt sie sich primär mit der externen Dimension europäischer Migrationspolitik sowie mit dem Politikbereich Justiz und Inneres auf europäischer Ebene auseinander.

Schneider, Dorothee
Dr. Dorothee Schneider ist Lecturer am Department of History der University of Illinois in Urbana-Champaign. Schneider, die 1983 im Fach Geschichte an der Ludwig-Maximilians-Universität München promovierte, war anschließend Mitherausgeberin der Samuel Gompers Papers und hatte nach einem Post-Doctoral Fellowship am National Museum of American History in Washington D.C. verschiedene Lehraufträge. Fellowships und Gastprofessuren führten sie später an das Scripps College, das Occidental College (beide Kalifornien), das Shelby Cullom Davis Center der Princeton University, die École des Hautes

Études en Sciences Sociales (EHESS) in Paris sowie als Fulbright-Professorin an die Universität Leipzig. Schneiders Forschungsinteresse gilt insbesondere Fragen zur Migration und Identität im globalen Kontext. Ihr 2011 publiziertes Buch *Crossing Borders: Migration and Citizenship in the Twentieth-Century United States* (Harvard University Press) trägt diesem Rechnung.

Schroeder, Robin
Robin Schroeder ist seit 2009 wissenschaftlicher Mitarbeiter und Doktorand am Institut für Sozialwissenschaften der Christian-Albrechts-Universität zu Kiel (Lehre) sowie am Institut für Sicherheitspolitik (Forschung). 2008 war er als Research Assistant am Potomac Institute for Policy Studies (International Center for Terrorism Studies) in Washington D.C. Zuvor studierte er Politikwissenschaften, Öffentliches Recht sowie Mittlere und Neuere Geschichte in Kiel und als Fulbright-Stipendiat an der Indiana University in den USA. Zwischen 2011 und 2013 leitete er ein staatlich gefördertes Forschungsprojekt zur Zusammenarbeit der deutschen Bundesministerien im Kontext der zivil-militärischen Aufstandsbewältigungsstrategie (Counterinsurgency) in Afghanistan. Schroeder ist nicht nur Autor zahlreicher Publikationen zu den Themen Sicherheitspolitik und Terrorismus und seit 2007 Mitherausgeber des „Jahrbuch Terrorismus", sondern hielt im Rahmen der Afghanistan-Einsatzvorbereitung auch regelmäßig Vorträge bei der NATO und der Bundeswehr. Seine Forschungsinteressen umfassen die deutsche Außen- und Sicherheitspolitik, die US-amerikanische Außen- und Sicherheitspolitik, politische Gewalt und Konfliktanalyse, zivil-militärische Interaktion in Stabilisierungseinsätzen, das Zusammenwirken von Sicherheit und Entwicklung sowie fragile Staaten und Krisenmanagement.

Steinmeier, Frank-Walter
Dr. Frank-Walter Steinmeier (SPD) ist seit Dezember 2013 der amtierende Bundesminister des Auswärtigen im Kabinett Merkel III. Dieses Amt bekleidete er bereits zwischen 2005 und 2009 und war zwischen 2007 und 2009 außerdem Vizekanzler der Bundesrepublik Deutschland. Zwischen 2009 und 2013 war der promovierte Jurist Steinmeier außerdem Oppositionsführer im Deutschen Bundestag. Steinmeier, der am 9. September 2011 die Eröffnungsrede für die am HCA stattgefundene 9/11-Konferenz hielt, kommt als Zeitzeuge für die Terroranschläge des 11. September besondere Bedeutung zu, da er in seiner Position als Chef des Bundeskanzleramtes (1999-2005) unter Bundeskanzler Gerhard Schröder auch der Koordinator der Dienste im Bundeskanzlamt war. Nach den Terroranschlägen des 11. September 2001 hatte Dr. Steinmeier damit eine Schlüsselfunktion inne und bildete den Mittelpunkt eines Krisenstabes, an dem außer ihm, dem Kanzler, den Ministern für Äußeres, Inneres sowie Verteidigung nur noch wenige Ministeriale teilnahmen. Darüber hinaus waren auch seine Afghanistan- und Irak-Politik als Außenminister und

deren Tragweite für die weitere Entwicklung der Transatlantischen Beziehungen nach 9/11 für die Zielsetzung der Konferenz von großer Bedeutung.

Struck, Peter †
Dr. Peter Struck (SPD), MdB von 1980 bis 2009, war ab Juli 2002 bis zum Ende des Kabinetts Schröder II Bundesminister der Verteidigung. Unter ihm erhielt die Bundeswehr im Mai 2003 neue Verteidigungspolitische Richtlinien (VPR), die Struck bereits im Dezember des Vorjahres mit der inzwischen legendär gewordenen Kernaussage zusammenfasste: „Die Sicherheit der Bundesrepublik Deutschland wird auch am Hindukusch verteidigt". Dieser nicht unumstrittene Ausspruch verdeutlicht sowohl die Konfrontation der deutschen Streitkräfte mit den neuen Herausforderungen im 21. Jahrhundert, wie auch die damit verbundene Notwendigkeit der Professionalisierung derselben. Bei der Bundeswehr, die in Afghanistan dreizehn Jahre lang im Bündnis (ISAF) mit den Folgen des 11. September 2001 rang, war Struck hoch angesehen. Er war er von 1998 bis 2002 sowie von 2005 bis 2009 Vorsitzender der SPD-Bundestagsfraktion. Der 1943 geborene, promovierte Jurist und spätere Vorsitzende der Friedrich-Ebert-Stiftung, starb 2012 an den Folgen eines Herzinfarktes.

Thunert, Martin
Dr. Martin Thunert ist habilitierter Politikwissenschaftler und Nordamerikaexperte und arbeitet seit 2007 als Senior Lecturer (Forschungsdozent) am Heidelberg Center for American Studies und am Institut für Politikwissenschaft der Universität Heidelberg. Thunert hat u.a. an den Universitäten Frankfurt/M., Tübingen, Glasgow, McGill (Montreal) Politikwissenschaft, Anglistik und Philosophie studiert und wurde an der Universität Augsburg mit einer Arbeit zur kanadischen Verfassungspolitik promoviert. Es folgten eine Tätigkeit am Senat der USA, (im HELP Ausschuss bei Senator Edward M. Kennedy), ein Forschungsaufenthalt an der Harvard University und eine 4-jährige Lehrtätigkeit in European Studies und Politikwissenschaft an der University of Michigan, Ann Arbor von 2002-2006. Neben der Nordamerikaforschung beschäftigt sich Thunert mit dem Thema Politikberatung und Interessenvertretung und gibt die „Zeitschrift für Politikberatung" heraus. Derzeit leitet Martin Thunert zusammen mit einer Kollegin von der Hertie School of Governance, Berlin, ein von der Hans-Böckler-Stiftung finanziertes Forschungsprojekt zur wirtschaftspolitischen Beratung in Deutschland und den USA.

Wendt, Simon
Dr. Simon Wendt ist Juniorprofessor für Amerikanistik an der Goethe-Universität Frankfurt. Zu seinen Forschungsinteressen gehören die Geschichte der Afroamerikaner, amerikanische Geschlechtergeschichte sowie die Geschichte von Nationalismus, Erinnerung und Heldentum in den USA. Er ist der Autor

des Buches *The Spirit and the Shotgun: Armed Resistance and the Struggle for Civil Rights* (2007) und Mitherausgeber einer Reihe von Sammelbänden über die transnationalen Dimensionen von Rassismus, rassistischer Gewalt und Nationalismus.

Politik aktuell

Tobias Endler
Martin Thunert
**Entzauberung: Skizzen
und Ansichten zu den
USA in der Ära Obama**

Michael Wolffsohn
Tobias Grill
Israel
Geschichte, Politik,
Gesellschaft, Wirtschaft

2016. 235 S. Kt.
29,90 € (D), 30,80 € (A)
ISBN 978-3-8474-0673-0
eISBN 978-3-8474-0822-2

8. Auflage 2016. 344 S. Kt.
29,90 € (D), 30,80 € (A)
ISBN 978-3-8474-0044-8
eISBN 978-3-86649-515-9

Tobias Endler und Martin Thunert
nehmen die aktuellen Entwicklungen in den USA unter die Lupe.

„Das beste Nachschlagewerk in
deutscher Sprache"
Prof. Dr. Michael Brenner, Uni
München und Direktor des Center
for Israel Studies an der American
University, Washington, DC

shop.budrich-academic.de • info@budrich.de